U0651038

法治思维与检察工作

——第九届国家高级检察官论坛论文集

胡卫列　韩大元　主　编
郭立新　姜　廉　副主编

中国检察出版社

图书在版编目（CIP）数据

法治思维与检察工作：第九届国家高级检察官论坛论文集/胡卫列、韩大元主编．—北京：中国检察出版社，2013.9
ISBN 978－7－5102－0966－6

Ⅰ．①法…　Ⅱ．①胡…　②韩…　Ⅲ．①检察机关－工作－中国－文集
Ⅳ．①D926.3－53

中国版本图书馆 CIP 数据核字（2013）第 183268 号

法治思维与检察工作

——第九届国家高级检察官论坛论文集

胡卫列　韩大元　主　编

郭立新　姜　廉　副主编

出版发行：中国检察出版社
社　　址：北京市石景山区香山南路 111 号（100144）
网　　址：中国检察出版社（www.zgjccbs.com）
电　　话：(010)68630384(编辑)　68650015(发行)　68636518(门市)
经　　销：新华书店
印　　刷：河北省三河市燕山印刷有限公司
开　　本：720 mm×960 mm　16 开
印　　张：46.75 印张　　插页 4
字　　数：865 千字
版　　次：2013 年 9 月第一版　　2013 年 9 月第一次印刷
书　　号：ISBN 978－7－5102－0966－6
定　　价：108.00 元

编者的话

国家高级检察官论坛是国家检察官学院倡议，国家检察官学院与中国人民大学法学院联合主办的一个系列学术会议。论坛的宗旨是围绕检察理论与检察实践中的前沿热点问题展开多元的全方位的探索与对话，以期对促进中国特色社会主义检察制度的科学发展，推动社会主义法治的进步有所助益。

2012 年 11 月 8 日，胡锦涛同志在中国共产党第十八次全国代表大会上的报告中指出“法治是治国理政的基本方式”，要“提高领导干部运用法治思维和法治方式深化改革、推动发展、化解矛盾、维护稳定能力”。“法治思维”这一开创性的全新表述，是对依法治国方略的发展和完善，标志着社会主义法治国家建设进入新阶段。作为国家法律监督机关，检察机关在推进法治建设中肩负着重要职责。运用法治思维正确行使检察权，要求检察机关必须尊重法制权威与司法规律，维护社会公平正义，尊重和保障人权，强化法律监督与自身监督制约机制建设，不断转变观念主动适应新一轮司法体制改革与法治建设的内在要求。鉴于此，我们将今年论坛的主题确定为“法治思维与检察工作”，希望通过对“检察官的法治思维及其养成”、“法治思维与检察官职业伦理”、“法治思维与依法独立行使检察权”、“法治思维与优化检察权配置”及“法治思维与检察机关自身监督制约机制建设”等议题的思考和讨论，进一步阐明对相关问题的理解和把握，强化检察机关依法规范行使检察权的能力，推动检察工作的科学发展。

论坛的组织得到各方的积极响应和参与，共收到各院校专家学者和各级检察机关检察同仁的相关论文200余篇。但囿于篇幅的限制，我们只能挑选部分有代表性的文章结集出版，特此说明。

本届论坛由黑龙省大庆市人民检察院承办，中国检察出版社对于论文集的出版给予了大力支持，我们表示衷心的感谢！同时，由于时间紧迫，未能尽如人意的地方在所难免，诚请大家批评指正！

编　者

2013 年 7 月 1 日

目　录

一、检察官的法治思维及其养成

二、法治思维与检察官职业伦理

三、法治思维与依法独立行使检察权

四、法治思维与优化检察权配置

五、法治思维与检察机关自身监督制约机制建设

一、检察官的法治思维及其养成

法治思维中的利益衡平原则

张雪樵[*]

公正是司法的灵魂，也是法治的价值目标。但公正的实质是利益分配的公正，公正的利益分配现实地说就是利益的均衡，或者说是利益的衡平。当下中国正处于转型社会阶段，既是经济发展的重要机遇期，也是社会矛盾的凸显期、体制改革的攻坚期、资源环境的瓶颈期、发展模式的调整期、内外环境的复杂多变期。国人历来不患寡而只患不均，仇富、仇官的不满情绪正逐步转化为客观的情势和带有严重报复色彩的恶性案件，虽不合章法但来势汹汹。于是我们不禁要追问：其根源究竟是法治本身的原因，还是立法的超前或滞后，或者是执法的机械和浮躁？无论怎么样，经济的效率不能丢弃，法律的公正不能放弃，分配的衡平更不能忽视。司法的时势在变，以利益衡平作为法治思维的重要原则应是顺应时势的司法回应，也是与时俱进的执法思辨。

一、利益衡平原则的价值取向

罗尔斯认为，“正义是社会制度的首要价值，正像真理是思想体系的首要价值一样。一种理论，无论多么精致和简洁，只要它不真实，就必须加以拒绝或修正；同样，法律和制度，不管它们如何有效率和有条理，只要它们不正义，就必须加以改造或废除，作为人类活动的首要价值，真理和正义是绝不妥协的”。① 公正是良性社会的基本标准，在中国特色社会主义法治的进程中，党的事业至上、人民利益至上和宪法法律至上决定了正义是我们执法的首要价值和目标，司法正义的观念不仅是司法实践的理论指导，而且应当是完全融入创造性的司法实践活动，体现为一种思维艺术或者技巧，从而使正义的实现更加直观性和程式化。那么，法律正义的评价体系是什么？利益衡平的思维基点

* 浙江省人民检察院副检察长。

① ［美］约翰·罗尔斯：《正义论》，何怀宏等译，中国社会科学出版社 1988 年版，第 3—4 页。

是什么？这些问题虽然是法哲学上经久不衰的论题，但在我们今天这个特定时代、特定国家，又该怎样理解和把握？我们执法者在回答问题的思索中除了凝视于法律条文的传统习惯，是否应该仰望着朴素正义，关注着执法者的内心良知，或者是社会的影响导向，甚至考量民众的舆情口碑。

（一）朴素正义是法则正义的本源和补充

朴素正义往往是以感性的方式存在的，指那些出于人性和社会本质需要的、根植于民众的思维和社会文化、伦理、习惯，而无须政治意识形态渲染的对正义的认同和行为。在中国社会的语境中，正义观念并不像一般西方思想家习惯对正义作一理性的界定，而是一种以社会生活为基础的以伦理为本位的正义观。在民众看来，一切纠纷都可以在生活中找到解决的依据。恩格斯也曾经说过，民法是将经济关系直接翻译为法律原则，或许有的时候讲原则、讲法律太多了点，在无法用现实的法律去套用时，我们是不是应该考虑用一颗善良正义的心去取舍。[①] 这种法律规则之外的善良正义，虽然没有以特定的方式公之于众，但潜移默化，相对固定，逐渐演变成一种生活的传统规则——朴素正义，在一定程度上替代着法的功能，或弥补法的不能。归纳起来，朴素正义包含道德良知、公理民情和经验法则三个方面的要素。

1. 道德良知

为什么需要伦理道德？这一古老话题柏拉图早在《理想国》对话录第二卷一开始就在探讨。传统上对道德起源研究最典型的是十六、十七世纪英国哲学家霍布斯（Thomas Hobbes）。因为人性利己，如果没有规范，会导致互相为敌的恶劣环境。因而理性促使人们通过契约方式建立互利的合作关系，于是产生了道德。中国古代的思想智慧，是多从内在心性的道德悟性层面来诠释人的外在行为及社会义理的合理性根据。《荀子·论篇》强调“天道有常，不以尧存，不以桀亡”。人们必须替天行道，以德感天，而不能怨天尤人。《中庸》更提出了“天命之谓性”的命题，[②] 用天命来说明人的本性，又用人性来说明天之所命；于是自然引出了“天人合一”的理想。道家把天的范畴发展到道的范畴，儒家强调“达则兼济天下”，这种着眼于生命道德的人生智慧，以敬天爱民的道德实践为出发点，把主体的德行觉悟，视作体天道、知事理、顺人心的先决条件，正所谓先“正德”，而“厚生”。因此，对于社会正义而言，只有先具备了正义之心性觉悟的内在意识，之后才有社会正义的行为努力和制度安排。

---

① 参见《马克思恩格斯选集》（第 4 卷），人民出版社 1995 年版，第 248 页。

② 《中庸》：“天命之谓性，率性之谓道，修道之谓教。”

良知的基础就是道德内心的觉悟。“良”即良心，是指个人有能力实行道德自我控制，赋予自我的道德职责，并以此评价自我的行为，它是个人道德自我意识的一种表现。“知”是指一个人对于善与恶的主观反映以及在这个认识指导下的伦理实践。因而良知是认识和实践在道德领域内的有机统一。明朝哲学家王阳明认为：“知善知恶是良知。”①穆勒也把良心视为“我们内心的一种情感，一种伴随违反义务引起的相当强烈的痛苦；这种痛苦，在经过适当培育道德品性的人那里，遇到比较严重的场合，就会强度增加，那么，它就是良心的本质”。

1795年法国颁布的《罪行法典》规定：“法律不要求陪审员说明他们是如何获得心证的。法律也不规定他们必须遵守的关于证据的规则。法律命令他们以真挚的良心问自己：为了证明被告有罪而提出的证据和被告方面的防御给了他们的理性以何种印象——法律只是向他们提出一个能够概括他们职务上全部尺度的问题：你们是真诚地确信吗?”从这一著名的“内心确信”证明标准看，司法者必须具有真挚的良心。在法治建设高歌猛进的今天，手中权力的裁量与内心良知的把握是每个司法者无法回避的内心矛盾。如果说不断被推到阳光下暴晒的冤假错案迫使我们去反思司法制度的弊病和执法理念的陈旧，那么，无端蒙冤被打入牢狱经年而连累的一个个破碎的家庭血泪犹如在直接拷问集时代所宠于一身的“法律精英”是否真的丢掉了良心。但司法的良心又在哪里？是从程朱理学的“格物致知”主导法律的客观性特征，还是从陆王心学中的“心即是理”拾起修身正觉的法宝？司法者经常会遇到两个重要的选择：其一，个人的忠心与办案的公心、良心哪个最重要？办案子最尴尬的就是上级领导的要求与案件的事实法律不相符，司法官若不听话会担心被理解为靠不住而影响个人进步。但是我们除了对个人政治前途的忧心之外，是否把对法律的忠心，对老百姓的公心，做人做官的良心还放在第一位呢？其二，办案机关的形象、面子与当事人的生命自由哪个最重要？为官者平时都在讲执法为民，但办理有些案件时，很容易把司法机关的面子放在第一位，譬如办理复议、复核案件，尽量维持原来决定；出庭公诉，对自己的错误意见也强词夺理；更不用说面对一个无罪案件，在把检察机关的名誉、影响与几个普通当事

① 明朝哲学家王阳明的《传习录》：“无善无恶是心之体，有善有恶是意之动，知善知恶是良知，为善去恶是格物。”王阳明的本意是说，作为人心本体的至善是超经验界的，它不是具体的善的行为。有所为而为的善是手段，无所为而为的善才是至善。人心的至善超越世间具体的善恶。具体的善行只是无善而至善之心的自然流行。王阳明说人心之无善恶是要人们不要去执着具体的善行而认识本心。

人的命运放在一起考量时，为官者心中的天平是倾向哪一边呢？官官相卫是封建时代的诟病，如果今天还是官场的“潜规则”，那么再伟大的监督制度也只能是与虎谋皮。所以，法律的授权重要，监督的手段也重要，但如果丢失了执法者的良心，偏离了利益衡平的底线，丧失人性的法治与暗无天日的人治又有什么结果上的差异呢？

2. 公理民情

公理民情是指民众对法律适用所产生的肯定或否定的心理态度。它反映着社会的正义观念，在一定程度上表现为“直觉正义”和“天经地义”，是对真善美的肯定和崇尚，对假丑恶的否定和愤恨，是一种朴素的民众感觉。这种朴素的“正义观”深深根植于民众的精神观念和社会生活之中，成为民众强烈的感情体验，它经过世代感染、传承，相沿成习，在反复适用中逐渐被人们认同，成为在民间社会中具有高度稳定性、延续性、群体认同性和权威性的“公道”，实质是民间社会事实上的“法律样式”。

法国社会学大师涂尔干指出，社会成员平均具有的信仰和感情的总和，构成了他们自身明确的生活体系，我们可以称之为集体意识或共同意识。① 涂尔干还指出，如果一种行为触犯了强烈而又明确的集体意识，那么这种行为就是犯罪。②笔者认为，这种集体意识或共同意识之所以不能被冒犯，是因为它承载了社会的正义，自觉或者不自觉地被奉为评价社会行为的是非标准。所以它是客观的，不以个别人的情感意志为转移；它是巨型的，可以对一切势力摧枯拉朽而无所不能；它是万象的，从网络舆情到街谈巷语而无所不在；它是波动的，从顶礼膜拜高呼万岁到千夫所指万人唾弃而无所不可。而关键它是真的，是善的，无论捍卫神圣的人权底线，还是呼唤理想的社会秩序，都反映和代表着朴素正义的存在。

毋庸讳言，如果我们执法忽视民众情感，民众对执法的需求无法满足，其最直接影响就是民众纠纷的解决从公力救济转向私力救济，会导致各种暴力性事件、群体性事件大量发生，不仅国家和公民的合法权利不能得到维护，而且社会秩序受到破坏，国家机关包括法律的权威将严重削弱甚至荡然无存。“徒法不足以自行。”执法只有表达社会公众普遍共同的精神、情感、意识和文化价值观，公众才能对法产生一种神圣的法律情感，从而自觉地践行法律，维护法律的权威，保持社会的稳定。

---

① ［法］涂尔干：《社会分工论》，渠东译，三联书店2000年版，第42页。

② ［法］涂尔干：《社会分工论》，渠东译，三联书店2000年版，第43页。

3. 经验法则

经验法则，是由一般生活经验归纳得出的关于事物的因果关系或属性状态的知识或法则，是依照日常生活中所形成的反映事物之间内在必然联系等事理形成的总结，是大量经验的归纳和抽象，表现为一般人或一定范围内的人所共有的知识、常识、法则经验。执法者运用经验法则可以发现事实和应用法律，创造善的规则体系，更好地实现接近正义。因为在诉讼中，执法人员对案件的认识始于感觉、经验，在根据已知事实来推导未知事实时，十分需要一些知识、经验、常识、法则能够作为推理的前提。可以说，在诉讼的每一个过程，都贯穿着经验法则的运用，大到对一个案件事实的认定，小到对一个证据的判断、运用。

经验法则不同于民众感情，是理性的，已经过前人的无数次论证而无须关注的逻辑推理的过程；它也不同于证据规则，是具体的，直接表现为对某个事实真或假的判断；它也不同于道德良知，是公共的，更强调人类的集体智慧；关键它是具有公信力的，是社会朴素正义的重要内涵。当个案的证据与经验法则冲突之时，我们是无奈地让谎言和伪证在程序规则的保护伞下变为真理，还是智慧地运用经验法则还原客观事实的本色？究其问题的实质，与其说考量我们执法的诉讼技巧，毋宁是拷问我们执法的正义本源。

从古希腊开始，无论是“人治”论者还是“法治”论者都发现并提出了关于法律局限性的思想。立法及司法实践表明法律是不完备的，有缺陷的。法在作用于社会生活的范围、方式、效果以及实施等方面都存在一定的局限性，法律在从创制到付诸实施的过程中，由于立法者和法律自身的原因及种种客观因素的影响，不可能完全实现其精神和取得预期的效果。所以，我们在明确朴素正义是法则正义之本源的同时，应该在执法中充分发挥朴素正义的导向和补充作用。

（二）朴素正义与法则正义的辩证统一

1. 事实认定——朴素正义是方向，法则正义是路径

在人类社会中，纠纷主要来自对事实的误解，而就纠纷的解决而言，事实真相的明了对纠纷的解决具有决定性的价值。在司法实践中，我们一般根据有效证据，运用证据规则来认定一个法律事实，进而把它作为唯一的案件事实。但法律事实只是由证据证明的案件事实，是经过人的主观活动明确或确认的案件事实，它并不完全等同于客观世界中发生的案件真实，即客观事实。在任何案件中，法律事实和客观事实都存在质和量的差异，形象地说，法律事实只是客观事实的影子，影子与原型毕竟有差距，甚至是一个假象。如果把假象当真，那么无论执法多么严格，也是颠倒黑白，是非不分，那还有什么正义可

言？所以在认定事实的过程中应该以朴素正义为方向，始终不忘对客观事实的追求，始终不离客观事实这个执法的根本和基础。

对执法者来说，要到达客观事实的理想彼岸，必须“摆好事实”。摆事实，不是摆经验、摆感觉，而是摆规则、摆证据，否则，执法者手里摆出的就不是铁案，即使是事实，也注定摆不上台面。所以，追求对客观事实的无限接近还必须以法则正义为路径，要按照法律规定的标准、程序、方法和手段去收集证据，去认定案件事实。法则正义又分为法则形式正义和法则实质正义，前者要求其执行的程序合理，后者要求其包含的内容正义。现代诉讼要求，不仅要努力查明案件事实，使办案人员对案件事实的认识尽量符合或接近客观事实真相，而且要规制发现事实真相的手段和方法，使证明的程序和途径符合现代司法民主与文明的理念，具有正义性、合理性、公平性。如果用非法的手段收集证据，根据非法证据排除规则的规定，所收集的证据就不具有证据能力，就不能作为证明案件事实的依据。前文述及的经济行政机关存在的程序错误、违法取证等问题，不仅仅是反映了执法人员素质不够，实质上还说明对行政相对人的法律主体地位认识不够，没有一个诉讼利益的衡平理念，仍存在“有权就是特权，执法就是霸道”等极其落后、错误的思想糟粕。所以，我们在办案中，不仅要以朴素正义为方向，还要以法则正义为路径，强调程序的重要性，准确认定案件事实。

2. 法律适用——法则正义是准绳，朴素正义是尺度

科学执法要求执法者以法律为信仰，但坚守法律的确定性，不等于迷信法律，不能因为成文法体系或法典本身的明确性、一致性、完备性和逻辑的自足性，相信法律无漏洞的“神话”。严格以法律为准绳，同时也应当允许自由裁量权的存在。而自由裁量权的行使，需要有正义的理念为指导，选择正确的价值观来权衡，即以朴素正义为尺度，来保证执法的公正。

法律的适用过程并非是一种简单的执法活动，而是一种复杂的以法律为框架和标准综合考虑政策、经济、文化、心理、社会发展等多种因素的高度技术性的创造性活动。法规条文千千万，法理解释百家鸣，因而，执法结果是否公正在很大程度上取决于法律规则的选择和取舍。做人要有良知，办案要掂量分寸，执法者在选择法则时只有本着良知，将心比心，才有可能让法律的天平守护朴素正义的度量。当发现法律不明确、不确定，需要执法者对法律进行解释，需要判明模糊的概念、术语、规定或规则时，执法者必须善意地将成文法律规范朝着正义的方向解释，以道德良知和民众感情为尺度，权衡什么才是最为公正的、法律上也是有根据的执法选择。只有把执法行为严格规范于法度之中，才会使公序良俗得以方圆；只有把握朴素正义的尺度，才能去法律之烦

琐，得正义之根本。

二、利益衡平原则的实践进路

现代法治社会必须把握两个重要特征：限定公权和主权在民的本质要求。但在我们的习惯思维中，法治之“治”被理解为“对付”、“整治”，“命令式的控制”，具有上层对下层，浓厚的不平等的报复色彩。执法者习惯居于对付或者惩罚执法管理的相对人的思维定势，因而容易走向公共利益的对立面，得不到公众的理解和响应。如果依法治国就是控制，那么依法治市、依法治县、依法治乡、依法治村就是依法治民，控制民众，那么，人民政权的主权到底是在民还是在官呢？面对事实，冷心思理，我们是否该用依理办案来更新我们的法治思维？其实，法治的“治”应该有“理”的内涵，理解为以法操持更为恰当，是依法办案与依理办案的有机结合。因为人民是政权的主人，机关及其官员只是受人民之委托操持公共事务，执法和管理的基础是主体间的平等性。在主体平等的执法基础上，执法的科学性就离不开公民的参与性，执法的公正性就离不开公民的监督性，而能够承载公民的参与和监督职能的应该是法与理的大同性，而不仅是法的权威性。因此，我们执法应该依赖说理讲理的权威作用，而不是强调司法机关作为国家机器的威慑力量。

（一）穷法理

柏拉图认为，“人之个性的差异，人之活动的多样性，人类事务无休止的变化，使得人们无论拥有什么技术都无法制定出在任何时候都可以绝对适用于各种问题的规则”。柏拉图还认为“最佳的方法不是给予法律以最高权威而是给予明晓统治权术，具有大智大慧的人以最高权威”。①柏拉图的话对我们科学执法具有启示意义。法制文明需要真正远见卓识的指引，需要大智慧的指引。可以说，完全不考虑所适用法律的正义价值，而唯求严格执法所体现的形式公正绝非司法公正。不少案件的处理，当事人之所以深感司法不公正，其原因并非司法机关没有依法办事，而是司法机关机械执法，没有坚持法律的正义价值，只具备执法的知识而欠缺执法的智慧，其后果难免扭曲了是非，混淆了正义与邪恶，因而造成人民群众对法律的怀疑与不信任。

科学执法应该本着正义价值的追求，探究立法精神和法则的立法原意来适用法律；在处理法律规范适用冲突的案件时，要优先适用上位法，以保证法律的统一性；在处理混合过错的案件时，不仅要审查具体的过错行为，还要比较

① ［美］E. 博登海默：《法理学——法哲学及其方法》，邓正来等译，华夏出版社1987年版，第7—8页。

当事人的行为环境、知识背景和社会评价；在处理因果关系复杂难定的案件时，数字式的逻辑推理更需要模糊式的综合判断；要注重定性裁量的正确，更要注重法律文书的说理论证，使案件处理有理有据，以取得当事人的信服和社会的认可。

（二）明事理

所谓“事理”，是处理事情、解决问题的工作规律。马克思主义哲学认为，人们为了正确认识世界，能动改造世界，需要在理论上掌握“三理”：物质运动的规律，即物理；思维活动的规律，即心理；处理事情的规律，即事理。在中国传统社会里，历来强调要先学会做人，这就是最高最大的明事理。执法办案本是一门科学，客观定理、办事常理和当事人心理，理理为真为善。依理办案，是现代法治理性品格的重要体现。首先是尊重“理”的客观性，循理而行。一方面要坚持客观、全面、深入地看问题，志在求真；另一方面要按照客观规律执法，志在求善。这里的“善”就是符合广大人民群众的需要，按照人民的需要调整执法的尺度、方式和方法。

执法打官司，离不开诉讼技巧，办案摆事实，离不开证据规则。但必须清醒牢记，一切诉讼手段都为了正义的实现，法庭不能成为诉讼的竞技场，法律规则不能成为权势恃强凌弱的文字游戏。依理办案，还必须发挥理的能动性，说理办案。主权在民，任何一个执法者都没有资格在群众面前摆官谱，而是应该以释案述职的姿态取信于民，以提高司法的公信力。

（三）讲情理

情理是情与理的辩证统一。所谓“情”，是人情，它既包含与执法有关的情节、情况，也有当事人在特定场合的心情、感情，还有具体环境中的情面、面子。所谓“理”，有蕴藏在大量民间习俗中的道理、礼数的意思，也有儒家所谓“天理”的内涵。情与理相互连接、相互补充形成情理，就是中国式的理智、良知。用现代的法言法语来表达，“天理”是自然法，“人情”是习惯法，情理就是自然法与习惯法的融合。

法律事务本是人的事务，人所复杂的情感、思绪，组合成多样的生活行为，法律的产生就在于使人们的多样生活行为取得和谐并进的最大公约数。因此法的建构与执行，就不能脱离以人为本的取向，必须摆脱机械式的法律操作，以符合人性的思维出发。我国著名社会学家费孝通在《乡土中国》中用“差序格局”来概括中国传统社会的伦理关系：“在差序格局中，社会关系是逐渐从一个一个人推出去的，是私人联系的增加”、“在这种社会中，一切普遍标准并不发生作用，一定要问清了，对象是谁，和自己是什么关系之后，才能决定拿出什么标准来”。一方面，我们的司法执法中要实现定分止争的目的，不能忽视具有浓厚血缘家族和乡土意识的“正义观”。只有立足于这种乡土国情和社情民意，执法的结果才能在情理上说得过去，为“公道”所认同。另一方面，必须遵守法治的平等原则，破除差序格局的法外特权。

三、公正在衡平中守护

如果说朴素正义与规则正义的统一是利益衡平的基点，依法办案和依理办案的统一是利益衡平的路径，那么法律效果与社会效果的统一则是前两者的追求目标和实现结果。法律效果和社会效果相统一的提法源于在法律的解释与适用中注入更多的社会需求、社会意义和社会后果。英美法系的陪审团制度可以说是将这一理念在法律制度设计中推到了一个极致，陪审团制度的最大价值就在于使民众的行为模式和价值观得以介入司法领域，被视为一种与国家权力抗衡的力量加以发挥，从而体现司法公正范畴中不可缺失的衡平精神。当前我国正处于社会的转型期，经济社会关系高度复杂化、多元化及呈现极强的变动性，法律适用不再是田园诗般静态的逻辑推演，科学执法必须加入多样化的社会价值的思考，实质正义必须贯穿多元化主体之间利益分配的衡平原则。

（一）衡平公正的底线在于法律的理性

法治情形下的法律效果是有效的法律适用实效，有效的法律适用不仅要求法律是正义的，而且应当具有确定性和权威性。法治情形下的法律效果也当然要求将社会价值、情势考量纳入法律适用的范围，以衡平求公正，目的在于防范法律的机械适用和政策压倒法律的两种极端。所以，逻辑是最重要的法律适用概念，正如卡多佐所说：“假如要排除侥幸和偏私，假如要以确定无疑、不偏不倚的统一规则调整人间事务——这是法律概念的精髓——那么，法院就必须继续以哲学方法为其工具。”① 只有以社会效果衡量，有更大的价值需要打破惯常的逻辑时，我们才会考虑以逻辑以外的其他方法，实现社会效果。

科学执法的本质在于理性的色彩，而执法理性的底线在于对规律、规则的恪守。执法者要善于抓住事物的本质，不为乱象所迷惑。我们在办案中要考量百姓的呼声，但绝不是唯民众的评论为办案的依据，社会舆情只是办案时掌握社会关注度的重要窗口；我们办案要参照多年积累的经验，但任何个案必须有其独立的整套的法律适用逻辑推理过程，即使当事人的感觉良好，但不符合法律规则，办案人也应毫不犹豫作出割舍的选择。

（二）法律的生命在于公正的衡平

美国法学家霍姆斯在《普通法》一书中提出的著名论断：“法律的生命不

① 参见［德］L. 考夫曼：《卡多佐》，张守东译，法律出版社2001年版，第214页。

在于逻辑，而在于经验。众所周知的或者尚未被人们意识到的、占主导地位的道德或政治理论，对公共政策的直觉甚至法官和他的同行所持有的偏见，在法官决定人们都应一体遵守的法律的时候，所起的作用要远远大于三段论所起的作用。”虽然我们办案作出的每一个公正的决定，往往都是根据已有的法律规定，按照严格的逻辑规则推理获知的。从外观上看，法律推理的过程似乎仅仅是一个封闭的形式理性的过程。但是，不应忽视的是，每一个公正的决定以及其所适用的法律规则其实都是有其特定的历史语境。也就是说，隐藏它们背后的那些习惯、信仰、民意和需求，才是其之所以具有合法性的真正基础。因此，机械地遵从规则，既是对历史的忽视或藐视，也是对我们身处其间的社会现实熟视无睹，这种执法无异于刻舟求剑、缘木求鱼，其结果必然导致司法逻辑上的混乱和失败，并最终丧失法律的生命。

自古以来，当法律规则用于特殊情况时，执法者将依据正义原则使案件得到公正处理。这种执法中的衡平原则，不仅见于古希腊、古罗马的法律传统，也能在中华法系的历史中找到经典。明朝海瑞曾如是介绍他的判案经验：“凡讼之可疑者，与其屈其兄，宁屈其弟；与其屈叔伯，宁屈其侄。与其屈贫民，宁屈富民；与其屈愚直，宁屈刁顽。事在争产业，与其屈小民，宁屈乡宦以救弊也。事在争言貌，与其屈乡宦，宁屈小民，以存体也。”海瑞断案的经验法则就是良好地掌握了法律的灵活性和衡平性，在涉及财产的纠纷中，倾向于穷人，在涉及人格尊严和体面的问题时，倾向于富人，很符合科斯定理中所说的将产权分配给对其评价最高的人的理论。

无疑，利益衡平原则对于当下的法治建设是不可或缺的。在社会转型期，贫富分化严重，利益分配不公，社会矛盾突出，人心浮躁，信仰缺失，关键是政府和司法的威信降低，当仇富、仇官和仇警的不良情绪已演变为一种客观的情势，任何一件小案都有可能酿成惊天巨变。因此，司法不再是田园诗般静态的逻辑推演，公正的司法应当是赋予多元化社会价值的思考，并贯穿于多元化主体之间利益分配的衡平原则。

检察官法律思维研究

赵 宁*

在我国，近年来对检察权性质、检察体制、检察机关法律监督内容等检察基础理论方面展开了深入而卓有成效的研究，这些研究主要是从检察机关的角度，对我国检察制度的特殊性和运作方式进行论证和研究，但对检察官个人依据法律，运用法律思维审查案件方面的研究却很少。我们认为法律思维是法律职业者对法律的基本认识态度，并根据现行法律和自身法律角色思考、判断和解决具体法律问题的思维过程和方法。事实上，在检察官审查案件过程中，法律、事实、经验、价值等各种司法构成要素的意义以及相互之间的关系，均需通过法律思维来揭示和凸显。由此可见，对检察官法律思维的关注和研究是建立在整个国家法治事业、检察制度以及法学理论研究长期发展的基础上，近年来的法学理论、检察基础理论诸多研究可以在检察官法律思维的研究中加以统摄和体现，进行某种理论上推理和深化。可以说，在检察基础理论研究已经开始前行的道路上，检察官法律思维问题是自然浮出水面的，也是必经路径。①

一、法律思维和检察官法律思维

虽然法官、检察官等司法职业者一直在利用各自的法律思维解决着现实问题，但相比其他法律问题，法律思维引起人关注和研究的时间却短得多，且目前对许多基本问题仍然存在争议。对此，有学者认为："法律思维作为一个问题出现于我们的理论视野，乃是建立于前此的法学理论对于法律权利、法律价值、法律解释、法律推理、法律方法、法律职业、司法改革等诸问题已有较长期的研究基础之上。"② 法律思维的概念和内容便是存在较多争议的基本问题

---

* 上海市长宁区人民检察院检察官，法学博士。

① 参见苏力：《反思法学的特点》，载苏力：《制度是如何形成的》，中山大学出版社1999年版，第157—160页。

② 谌洪果：《法律思维：一种思维方式上的检讨》，载《法律科学》2003年第2期，第9页。

之一，比较典型的观点有以下三种：

第一种观点，学者将法律思维认定为在法治社会背景下，“存在着一种与之相适应的社会思想方式，即只有当人们能够自觉的而不是被动的、经常的而不是偶然的按照法治的理念来思考问题”。“即围绕着合法和非法来思考和判断一切有争议的行为、主张、利益和关系。”① 这种观点将法律思维认定为法治社会中，法律人对法律的基本认识态度和思维定势，但没有包括法律思维方法。第二种观点，学者们又进一步对法律思维的含义进行拓展，认为“法律思维系指生活于法律制度架构之下的人们对于法律的认识态度，以及从法律的立场出发，人们思考和认识社会的方式，还包括在这一过程中，人们运用法律解决具体问题的方法”。② 还有学者对该观点进一步深化和细化，认为法律思维与法律思维方式同义，包括法律思维结构（主要包括法律的心理、理论、经验三个层次）、法律思维方法（主要包括定罪量刑的思维操作方法和法律解释、推理论证等理论工具方法）、法律思维的基本程序（即从法律出发，根据法律进行思维，最终达到维护法治的目的）。③ 第三种观点，还有部分学者从法律职业的角度对法律思维的特征进行讨论和研究，④ 其中比较典型的就是直接从法官的角度定义法律思维，认为“法律思维是指法官依据法律逻辑，以价值为取向的思考、合理的论证，运用相应的法律方法使法律能够公正地适用案件事实的心理过程”。⑤

我们认为，将上述第二种和第三种观点结合起来，能够比较全面地把握法律思维在我国的实然状态，即从法律思维的一般内容和不同法律职业者法律思维的特殊内容角度对法律思维进行把握，其基本内容是法律职业者对法律的基本认识态度，以及法律职业者运用法律解决法律问题的思维过程和方法。具体到检察官法律思维，即在我国现行宪政和司法体制下，一方面指作为法律监督者的检察官个人，对法律和检察事业的信仰与价值观以及相应的检察文化内涵及精神品格；另一方面则指在上述第一方面的指引和影响下，依据现行法律和

① 郑成良：《法治理念与法律思维》，载《吉林大学社会科学学报》2004 年第 4 期，第 3—10 页。

② 谌洪果：《法律思维：一种思维方式上的检讨》，载《法律科学》2003 年第 2 期，第 11 页。

③ 陈金钊：《法律思维及其对法治的意义》，载《法商研究》2003 年第 6 期，第 65—68 页。

④ 相关内容参见贺卫方：《运送正义的方式》，上海三联书店 2002 年版，第 212—215 页。

⑤ 李秀群：《司法裁判中的类型思维》，载《法律思维》2006 年第 7 期，第 81 页。

经验，运用法律推理、法律解释、法律论证和价值衡量等方法，审查处理各种法律案件的思维方式和过程。同时需要说明的是，虽然我们将法律思维基本上分为上述两类，但在具体司法过程中这两类思维内容却是相互渗透和包含，难以截然分开的。因此，我们将通过检察官审查起诉过程中法律思维的一般过程，来对检察官法律思维的一般内容和特性进行阐述与分析。

二、检察官审查案件的法律思维逻辑模式分析

我国系成文法典国家，包括检察官在内的司法者均是依法办案，而不允许司法者出现英美法系遵循先例的“造法”活动。因此传统观点认为，司法者适用法律的基本思维模式是演绎式，检察官法律思维逻辑模式也不例外，也就是人们常说的大陆法系司法三段论。其基本内容是：大前提是成文法条文（T），小前提是案件事实（S），如该案件事实（S）能够被归入大前提法律条文（T）中的法律构成要件，则对该案件事实（S）就可以适用大前提法律条文中的法律效果（R）。其简约模式是：

T→R（对 T 的每个事例均赋予法效果 R）

S = T（S 为 T 的一个事例）

S→R（对于 S 应赋予法效果 R）①

传统观点认为上述三段论法律适用逻辑模式可以有效排除司法者的主观意志，代表成文法国家司法者适用法律一般思维逻辑，在我国则体现为“以事实为根据，以法律为准绳”。但从检察官审查案件实际过程来讲，司法三段论的思维模式和过程存在诸多疑问：

第一，检察官审查案件中的案件事实（即三段论中的小前提）是怎样形成和表述的。一般认为检察官认定案件事实来自案件证据的证明，这个说法没有错误，但遮蔽了思维过程中两个很重要的问题：一是检察官所审查的案件事实本身是多姿多彩、变动不居的，检察官在思维中对案件事实的确定必然经过选择，那么选择的依据是什么？如果依据是相应的法条，那么该法条又如何一开始就从检察官的思维中获得。二是对于案件事实检察官通常不能亲身感知，如有目击证人证言等直接证据，检察官首要的任务就是依据证据规则和经验对证据内容进行审查。而对于仅有间接证据的案件，检察官还需依靠一些经验法则、自然法则（如一个人不能同时出现在两地）或者盖然性法则（如 DNA 鉴

① ［德］卡尔·拉伦茨：《法学方法论》，陈爱娥译，商务印书馆 2003 年版，第 150 页。

定）进行推论，以形成内心确信。① 此外，诸如非法证据排除、疑罪从无或从轻等规则，在检察官对案件事实确定的思维过程中也发挥着价值判断作用。

第二，检察官对法条进行理解和解释的思维过程如何。恩吉施认为："与小前提（案件事实）相连的法律大前提（法条）本身也是透彻的法律思维活动的结果，当我们通过从制定法中进行演绎和论证来把握法律发现时，至少是这样的。"② 在一般案件中，法律和相关法律解释已经将法条的具体构成要件明确化，检察官只需根据经验将法条的构成要件与具体案件事实进行"对接"，进行类型化判断即可。但在法条构成要件没有明确的情况下，检察官首先必须运用法律思维对抽象法条进行理解和解释。在法律思维方法中，解释方法有很多，正是通过应用各种解释方法不断将法律规范具体化，消减其抽象性，并以解释结果对案件事实进行判断和选择。但解释方法并不能全部解决法条含义的确定问题，因为不同的解释方法和应用方式可能会得出不同的解释结论，虽然解释方法本身无涉价值，但方法的选择和如何应用则必然包含了价值判断与检察官个人经验的运用。对于检察官的这个思维过程如何进行，司法三段论并不能给予我们明确的答案。

第三，检察官在将案件事实（三段论中小前提）归类于法律规范的构成要件（三段论中大前提）之中的"涵摄"过程怎样。涵摄过程实际上属于司法三段论的第二步，其也存在一个思维上的逻辑推演模式：

T（法条）具有 m^1、m^2、m^3 等构成要件要素。

S（案件事实）也具有 m^1、m^2、m^3 等要素。

因此 S 是 T 的一个事例。③

对于这个过程，有学者将其认定为"对已经确认的案件事实以某种形式提出最终结论，表明该案件的实际情况已在某个法律规范中被假定（预见到），从而属于该法律规范适用范围的司法归类"。④ 拉伦茨认为，许多（但非全部）法条构成要件，已经由立法者、司法解释或者法学理论大体用概念的形态明确表现出来（如刑法对"毒品"的定义，以及相关司法解释、规定

① ［德］卡尔·拉伦茨：《法学方法论》，陈爱娥译，商务印书馆 2003 年版，第 185 页。

② ［德］卡尔·恩吉施：《法律思维导论》，郑永流译，法律出版社 2004 年版，第 70—71 页。

③ ［德］卡尔·拉伦茨：《法学方法论》，陈爱娥译，商务印书馆 2003 年版，第 152 页。

④ 周舜隆：《司法三段论在法律适用中的局限性》，载《比较法研究》2007 年第 6 期，第 12 页。

对毒品种类的具体列举和折算方法规定），对这种事例可用涵摄推论的方式直接做归类的工作，但涵摄的本质和前提仍然是对案件事实要素的判断。[①] 例如，从上述涵摄的推演模式看，就是要判断经过类型化的案件事实（S）所具备的要素是否就属于 m^1、m^2、m^3 等法条（T）的构成要件要素。检察官审查案件过程中，该判断的基础和标准是涵摄法律思维过程中的关键。在其中，检察官的个人生活经验、情感、法律知识、价值选择等发挥着实质推理的作用。此外，拉伦茨还注意到类比推理在思维涵摄过程中的重要作用，其实质就是法条的构成要件无法确定时（即 T 具有的 m^1、m^2、m^3 等构成要件要素无法确定），将要判断的案件事实与另一个或者一类性质已经非常明确的案件事实进行类比，并判断前者是否归属于后者。[②] 类比推理对于办案经验丰富的检察官而言是最经常使用的一种思维方式，也是处理一般案件最便捷和广泛使用的思维方式。故美国法学家伯顿认为，法律思维最基本的模式就是类比思维。[③] 对于这两种涵摄过程中的判断，司法三段论也不能给予体现。

第四，司法三段论作为演绎式思维逻辑模式在检察官审查案件中的作用。从上述分析可知，司法三段论并不支配着检察官适用法律的思维过程，那么为何还被认为是行之有效和充分可靠的法律适用工具呢？我们认为，三段论作为一种典型的形式思维逻辑，在检察官思维过程中有着其他思维模式不可替代的重要作用。三段论的演绎逻辑形式体现了成文法法律适用的稳定结构，使人觉得司法结论“是适用意义确定而清楚的法律条文的必然结果”。[④] 因此，在检察官利用利益衡量、价值和目的判断等实质推理，以及归纳和类比等形式推理形成关于案件的结论后，他需要借助三段论的演绎推演模式来进行论证、表达和体现，要利用三段论无懈可击的逻辑性证明来书写起诉书，并出庭公诉说服法官和驳倒对方。对此，有学者给予了相应表述，认为包括三段论演绎推理在内的“形式逻辑的论证与推演能够满足人们对法律安定性的需求，而非形式逻辑（实质推理）的论证和推演则可以满足人们对公平正义的追求以及克服形式逻辑的机械性，二者的适度结合可使司法者既注意司法判决的法律效果，

---

① ［德］卡尔·拉伦茨：《法学方法论》，陈爱娥译，商务印书馆 2003 年版，第 154 页。

② ［德］卡尔·拉伦茨：《法学方法论》，陈爱娥译，商务印书馆 2003 年版，第 153—154 页。

③ ［美］伯顿：《法律的道路及其影响》，张芝梅、陈绪刚译，北京大学出版社 2005 年版，第 59 页。

④ ［英］哈特：《法律的概念》，张文显等译，中国大百科全书出版社 1996 年版，第 13 页。

又可能注意到社会效果，这对构建以法治为基础的和谐社会有积极的意义”。[①]

三、检察官审查案件中案件事实的形成和法条的确定

从司法三段论逻辑过程上看，案件事实的形成和适用法条的确定分属不同的逻辑过程，但如果从检察官审查案件的实际思维过程进行考察，二者实质上是一个思维上的动态往返过程，检察官适用法律的工作通常不是就已有的案件事实作法律上的判断，而是在案件事实的形成过程中就已经开始。

（一）检察官形成案件事实的思维过程

美国法学家杰罗姆·弗兰克认为，从心理学角度，人们判断一个前提的过程很少是从该前提本身开始，相反它是从一个模糊地形成的结论开始，从这样一个结论出发，然后试图找到能证明这一结论的前提。如果他找不到自己满意的论据，从而无法将它的结论和他认为可以接受的前提联系起来，除非他很武断或者发疯，他就会放弃这一结论而另找其他结论。司法者也同样如此，也是从暂时形成的结论回过头来进行验证，以形成司法判断的。[②] 这个对案件暂时模糊的结论在哲学诠释学中称为思维判断中的“前见”，对于检察官审查的案件而言，其判断案件最为经常的“前见”就是侦查机关起诉意见书中对案件事实的法律判断。而所谓的审查过程，首先就要求检察官在法律思维中一方面将“前见”法律判断中的法条具体化为相应的构成要件；另一方面以该构成要件为指导，从众多的案件事实要素中进行选择和抽象，使之适应法条关于案件事实构成要素的描述，在此基础上才能将案件事实置于法条之下进行涵摄过程中的判断。在此过程中，一个思维的分支还要对该案件事实是否真实发生进行程序法上的确认。

因此，检察官在思维中形成案件事实并不仅是一个运用证据还原事实的过程，并非“就事论事”，而是受到法条构成要件的限制和指引。[③] 实质上，案件事实和具体适用法条的分别确定在检察官的思维中是一个动态的往返过程，恩吉施将其称为“在大前提（制定法）与生活事实间之眼光的往返流转。”[④] 拉伦茨也认为对案件事实的陈述和确定只采择与其法律判断有关者，而对法律

---

① 陈金钊：《法律思维的逻辑基础》，载《北京行政学院学报》2005 年第 4 期，第 48 页。

② 沈宗灵：《现代西方法理学》，北京大学出版社 1992 年版，第 300—301 页。

③ 参见卡尔·恩吉施：《法律思维导论》，郑永流译，法律出版社 2004 年版，第 44—69 页。

④ English, Logische Studien zur, S. 15. 转引自［德］卡尔·拉伦茨：《法学方法论》，陈爱娥译，商务印书馆 2003 年版，第 162 页。

判断是否具有意义，则又取决于可能适用于案件事实的法条。同时认为，以最初的案件事实为起点，还要进一步审查可以适用案件事实的法条有哪些，并根据这些法条的构成要件再进一步补充案件事实，如果不能满足法条的判断需求，则需进一步对案件事实具体化。即只有在考虑可能是判断依据的法条之下，成为陈述的案件事实才能获得最终的形式，而法条的选择乃至必要的具体化，又必须考量被判断的案件事实。经过该思想过程，最终，“未经加工的案件事实”逐渐转化为最终的（作为陈述的）案件事实，而（未经加工）规范条文也转化为足够具体而适宜判断案件事实的规范形式。这个程序以提出法律问题始，而以对此问题作终局的（肯定或否定）答复终。①

（二）检察官在思维中对适用于案件事实的法条选择

通常情况下，检察官对案件事实进行法律判断的最初“前见”来自侦查机关，并将思维中在案件事实与具体法条（侦查机关适用的法条）之间来回审视和相互关照。在此过程中，检察官一方面根据思维中的“前见”和适用法条的构成要件，对案件事实进行选择和“剪裁”；另一方面检察官还会根据“前见”和具体案件事实，对需要适用的法条进行解释，分解成可以适用于本案的具体构成要件。如果检察官对侦查机关的法律判断予以认可，并将之形成最终的司法结论，他就会在起诉书中对经过“剪裁”的案件事实和经过分解的法条进行表述。最后，检察官还会以司法三段论的演绎推演模式，根据已经表述的案件事实和法条解释，在起诉书中对其形成的司法结论进行说理和论证。

但在相对疑难复杂的案件中，完全可能出现检察官对于侦查机关的法律判断经过思维循环后不能说服自己，随后另外形成了自己最初的“前见”；或者在思维循环过程中凭借直觉和经验放弃侦查机关的法律判断，直接形成自己最初模糊司法结论的情况。那么这种模糊的结论来自检察官思维的何处呢？对此，有学者认为该“前见”其实就是规范和事实在司法者内心深处交织而成的一种感觉，往往来自规范关于事实要素的描述和事实所具有的规范性特质，司法者正是以这种内心感觉为框架和方向，为案件事实寻找一些可能的规范。② 我们认为，对于一个成熟的检察官而言，其对案件判断的法律“前见”主要来自对整个现行法律体系的把握、办案经验积累、价值目标的判断，以及

---

① ［德］卡尔·拉伦茨：《法学方法论》，陈爱娥译，商务印书馆2003年版，第162—163页。

② 梁兴国：《判决形成过程中的法律思维及其应用》，载《法律适用》2006年第11期，第26页。

对社会公共政策和利益的权衡等因素。因此，其“前见”并非漫无边际、无所依据，而是相对准确和务实。

当然，“前见”对于检察官而言只是一个相对模糊的结论，并在很大程度上受到检察官个人掌握的案件信息、价值观念、所处社会阶层等主观因素影响，难免会出现疏漏和错误，需要在后来的思维循环中进行审查、纠正和论证，最终形成司法结论，同时辅以已被类型化的案件事实和具体化的法条。毫无疑问，通过对法律“前见”进行审查和论证，形成最终司法结论是司法者处理案件的基本思维过程，但在“前见”和结论的形成过程中，法官、检察官、律师这样不同的法律职业者，在思维的方式、倾向、职业价值观等方面存在差别，并会导致他们在“前见”、结论的实质内容上出现差异。

四、检察官法律思维的特性

对于检察官个体而言，其具有的法律思维一端连接着信仰和价值，另一端连接着说理方法和处理案件的艺术，正是这样的思维方式从内在方面确保了检察官从法律角度解决社会问题的能力、检察官的社会角色和地位、检察职业在现实社会中运作的生命历程。① 而其思维特性又体现在以下三个方面：

（一）论证思维与证明思维并存

一般认为诸如三段论式的演绎法、归纳法等形式逻辑属于证明思维的逻辑；而经验和价值判断、利益和目的衡量等非形式逻辑属于论证思维的逻辑。② 在检察官处理案件（特别是疑难、存在争议的案件）的过程中，形式逻辑和非形式逻辑的思维方法往往是交互使用的。对于一个案件模糊的最初结论形成，通常就直接来自检察官个人办案经验和对法律知识整体的感觉、价值的判断、社会舆论和利益的衡量等实质方面的推理（非形式逻辑）。随后，对于这个暂时形成的“司法结论”，检察官要利用司法三段论的演绎式形式思维逻辑进行验证（至少我国和大陆法系如此）。而司法三段论的成立是建立在案件事实符合法条构成要件的基础上，虽然对法条的解释和案件事实的“剪裁”同样体现了检察官个人实质推理的影响，③ 但三段论毕竟保证了司法结论建立

① 参见谌洪果：《法律思维：一种思维方式上的检讨》，载《法律科学》2003 年第 2 期，第 14 页。

② 侯学勇：《法律论证中的证明思维和论证思维》，载《法制和社会发展》2006 年第 6 期，第 14—17 页。

③ 有学者就认为司法中的法律解释许多情况下主要不是对法律文本的解释，而是受到个案情势的深刻影响，但同时却又受到法律文本的限制。参见桑本谦：《私法中法律解释的思维过程探析》，载《法学论坛》2002 年第 3 期，第 30—34 页。

在案件事实和法条的基础上，况且法律解释本身要受到法律文本含义的限制，案件事实也是建立在相应的证据规则之上。因此，对于检察官而言，三段论式的形式思维逻辑虽然不能在实质上保证司法结论的正当性，但却可以将形式上谬误的结论排除在外。当然，对于检察官个人而言，对一个案件司法结论正当性的获得，运用形式逻辑的证明思维只是必要而不是充分条件，要想司法结论在实质方面让他人和社会接受，获得实际的裁决效果，他必须借助于实质推理的论证思维。这里需要说明的是，论证思维和证明思维并存是所有司法者判断案件时法律思维具有的共同特征，包括法官，但在具体的运用方式和主要方向上存在一定差别。虽然我国刑事诉讼程序具有线性结构的特征，但在具体审判过程中法官的中立性会比较明显，其判断结论具有最终裁决的性质，这种角度、地位也必然影响到法官判断案件时的法律思维。就我国目前的司法实践而言，在证明思维方面，法官的中立地位决定其在利用司法三段论时，更多地是从案件是否存在不构成指控犯罪的因素方向进入；在论证思维方面，“案结事了”的办案目标决定其在面临控方、辩方、社会多方面时，会更加仔细、全面地运用经验和价值判断、利益和目的衡量等论证思维方法作出衡平裁决。

（二）法律监督者角色有利于检察官法律思维的完善

我国检察制度重要特色就是检察官在司法格局中以法律监督者的身份出现，而审查起诉只是其法律监督职能的体现形式之一，这从两个方面对检察官法律思维方式产生影响。首先，法律监督者角色使检察官在诉讼中不同于一般的单纯起诉人或者刑事自诉人，而是代表了社会公益和正义的客观立场起诉犯罪，不存在角色个体的私利。① 从一般的刑事诉讼结构考察，检察官仅承担着控诉职能，主要任务就是如何能够在法庭审理中证明犯罪指控，因此会更加注重对司法三段论等证明思维的运用。但我国检察官同时承担着法律监督职能，具体体现为审查批捕职能、对侦查活动合法性的监督职能、对庭审行为合法性的监督职能等，这种职能地位对检察官审查判断案件的法律思维方式必然会产生深刻影响，促使检察官在运用经验直觉、价值判断、利益衡量等实质推理获得法律“前见”和司法结论时，更加注重社会公益和实质正义的实现，而不是单纯地以指控犯罪成功为唯一目标。其次，法律监督者的角色有利于检察官法律思维的充分发展。一般认为，法官对案件的审查裁决是法律思维最典型的运行方式，主要原因就在于法官具有中立的地位，从事的又是司法行为。而我国检察机关是国家专门的法律监督机关，对侦查活动、审判活动具有法律监督职责，其虽然承担着指控犯罪的诉讼职能，但同时承担着保护被指控人合法权

① 石少侠：《检察权要论》，中国检察出版社2006年版，第196—202页。

益的诉讼职能；除此之外，其承担的审查批捕职能还具有司法审查性质，因此我国检察官在刑事诉讼中不同于仅代表诉讼一方的控诉职能承担者，而是保证法律严格执行的监督者，这种角色定位保证检察官是从国家法律严格执行的角度来审查案件，即运用法律的思维方式来判断案件、指控犯罪、审查案件裁判结果。具体而言，一方面，这种专门法律监督者的角色能够培养检察官个体从法律角度看待和分析问题、以法律的方式和途径解决社会问题的思维定势，而这属于法律思维中的法律意识和法律信仰部分。另一方面，检察官进行法律监督的基本方式，就是从法律规定和案件事实出发，运用司法三段论等形式逻辑思维对法律决定和司法裁决进行检验，而这些逻辑方法属于法律思维中法律思维方法的重要部分。

（三）检察官法律思维现实地进行着法律解释和法律续造

传统观点认为司法中的法律解释和法律续造来自法官，在非刑事案件裁判中这个观点没有问题，但在刑事案件的处理中，检察官是否起诉（特别是不起诉）的决定权实质上是对法官司法权的一种分割，并和法官一样在利用法律思维现实地进行着法律解释和法律续造。在刑事法律条文中，同样存在不确定的法律概念、规范性法律概念、一般性条款，以及立法者为适应具体社会现实而故意预留给司法者的自由裁量空间，此外还存在法律漏洞和法律空白。① 作为国家法定的唯一公诉机关，除极少数自诉案件外，法律不允许检察官以法律条文含义模糊、存在法律漏洞和空白而对案件处理保持沉默，他必须利用各种法律思维解释方法去明确这些概念和条款的含义，并利用举轻明重、举重明轻等反面推理、类比推理、归纳推理思维方法对法律漏洞进行填补，对法律空白进行法律续造。在各种解释方法和推理方式的选择与应用中，目的和价值判断、利益和个案情势衡量等实质推理还充斥于其中。因此，在检察官进行审查起诉的过程中，法律解释和法律续造在其思维中现实地进行着，并以法律监督权和起诉或者不起诉决定现实地维护着这种法律解释和法律续造。对此有学者还从现代刑事诉讼控审分离的角度进行了必要性阐述，认为："如果不赋予检察官独立的法律解释权，而是要求检察官受制于法院的判例或者法官的法律见解，那么，检察官就将丧失起诉的主动性，难以发挥控制裁判'入口'的把关作用，也难以实现控审分离的目的。"②

---

① 参见［德］卡尔·恩吉施：《法律思维导论》，郑永流译，法律出版社 2004 年版，第 129—247 页。

② 万毅：《检察官法律解释权研究》，载《东方法学》2009 年第 3 期，第 24 页。

检察官的法治思维及其养成

高继明*

所谓法治思维，即法律思维方法，是在法治理念背景下，按照法律的逻辑（包括法律的规范、原则和精神）来观察、分析和解决社会问题的思维方式。① 对法治思维的这种界定是以法治理念为核心展开的，法治的实现离不开法治思维融入人们的日常生活思维，而法治思维方式的重心在于对合法性的分析，即围绕着合法与非法来思考和判断一切有争议的行为、主张、利益和关系。检察官的法治思维，是检察官对法律的基本认识态度，并根据现行法律与自身法律角色思考、判断和解决具体法律问题的思维过程与方法。事实上，在检察官审查案件过程中，法律、事实、经验、价值等各种司法构成要素的意义以及相互之间的关系，均需通过法治思维来揭示和凸显。检察官法治思维的养成，对于公民权利的保障、法律的统一正确实施及法治的发展实现具有重要意义。

一、检察官法治思维的特性

对于检察官个体而言，其具有的法治思维一端连接着信仰和价值，另一端连接着说理方法和处理案件的艺术，正是这样的思维方式从内在方面确保了检察官从法律角度解决社会问题的能力、检察官的社会角色和地位、检察官职业在现实社会中运作的生命历程。② 而其思维特性又体现在以下几方面：

（一）具有独立性

检察权属于司法权，具有司法权的属性，这一点已为我国的法学界和实务界所认同。司法权的独立性原则已成为现代法治国家所普遍承认和确立的一项基本法律准则。韦伯认为司法权独立形态的标准为：一是要有完全以履行司法职能为运行目的的组织机构；二是这些组织机构能够独立存在，不附属于任何

---

* 甘肃省人民检察院党组成员、副检察长。

① 刘静：《法治思维与社会和谐之思考》，载《企业家天地》2012 年第 5 期。

② 谌洪果：《法治思维：一种思维方式上的检讨》，载《法律科学》2003 年第 2 期，第 14 页。

国家权力机构；三是有着自己的权力运行程序；四是有专门从事司法活动的人员。[①] 这四条标准归纳起来即是以下三个规则：其一，司法权的专属性规则，即国家的审判权和检察权只能由国家审判机关和检察机关行使，其他任何机关和个人都不得行使；其二，行使司法权的独立自主规则，即司法机关依法独立行使审判权、检察权，不受外界任何机关、团体和个人的干扰、影响和控制；其三，行使司法权的合法性规则，即司法机关行使司法权时，应当服从宪法和法律。为保障检察权的独立性必须树立司法独立的法治思维。法律是检察权的唯一权源，因而检察权只服从于法律而不服从于命令。对行使检察权的检察官来说，唯一能够使他服从的，只能是法律，而绝不能是什么人的意图和命令。检察人员只有牢固树立独立性的法治思维，才能够有效保障司法独立，维护司法权威。从这一意义上来讲，如果检察人员没有独立性的法治思维，检察权就不会具有独立性，其权威也就无法树立。

（二）具有客观中立性

客观是司法安身立命之本，要旨是“全面”基础上的裁断。不论大陆法系还是英美法系，都日趋认同检察官的客观义务，联合国《关于检察官作用的准则》亦对此予以明确肯定。“中立”是实现客观的保障，要旨是“居中”裁断。中立是对检察官最基本的要求，它要求检察官同争议的事实和利益没有关联性，不得对犯罪嫌疑人存有歧视或偏袒，只能忠于事实和法律。我国检察制度的重要特色就是检察官在司法格局中以法律监督者的身份出现，这从两个方面对检察官的法治思维方式产生影响。首先，检察官作为具体承担法律监督职责的国家公务人员，其不仅是承担侦控职责的公诉人，更是负有协助法官发现事实真相以实现公平正义的“法律守护人”。因此，检察官在履行职责过程中，不能纯粹站在一方“当事人”的立场上，更不能一味以追求胜诉为目的，而是必须站在客观公正的立场，以发现案件事实真相、实现法律的正确适用为价值取向。这就促使检察官在运用经验直觉、价值判断、利益衡量等实质推理获得法律“前见”和司法结论时，能够体现社会公益和实质正义。其次，法律监督者的角色有利于检察官法治思维的充分发展。一方面，专门法律监督者的角色能够培养检察官从法律的角度看待和分析问题，以法律的方式和途径解决社会问题的思维定势，而这属于法治思维中的法律意识和法律信仰部分；另一方面，检察官进行法律监督的基本方式，就是从法律规定和案件事实出发，运用司法三段论为主体的形式逻辑思维对司法判断和裁决进行检验，而这些逻

① ［德］韦伯：《论经济与社会中的法律》，中国大百科全书出版社 1998 年版，第 50—51 页。

辑方法属于法治思维中法治思维方法的重要部分。

（三）具有规范性

任何一项公权力非经法律明确授予，国家机关都不得享有，这是法治的一项基本原则。权力法定本身就意味着权力有限。宪法将检察机关定位为国家法律监督机关，但并不能因此就认为检察机关获得了无限的权力，就可以借法律监督之名不受限制地介入和干涉公民、企业、单位和其他国家机关的活动。作为国家法律监督机关，检察机关享有的具体职权必须到法律的明文中去寻找，检察机关行使的每项职权都必须有法律上的依据。检察权属于公权力的这一属性就要求检察人员必须具备权力法定的法治意识，即“规范”的法治意识。检察人员要树立“规范”的法治意识，必须保有监督者也要受监督的意识，这也是由检察权的公权力属性所决定的。“一切有权力的人都会滥用权力，这是万古不易的一条经验。”① 作为承担法律监督功能的检察权，本身就是出于制约其他国家权力而设置的，但其国家权力属性表明，检察权也存在被监督、受制约的问题。作为法律监督者，检察机关并未获得免于接受监督的特殊地位，相反，现行法律构建了完善的对其进行监督制约的机制。检察机关不仅要受权力机关的监督，而且要受行政机关、审判机关的制约，同时，检察机关还应当接受案件当事人和社会公众的监督。在检察工作中，只有树立监督者也受监督的意识，才能够真正做到严于律己，规范执法；才能正确把握和处理监督者与被监督者的关系，依法有效地开展检察工作。

（四）具有普遍性

检察官的法治思维应超越各种社会制度、意识形态、文化传统和制度设计，反映人类司法制度的文明和进步。综观当代各国，由于其政治体制、意识形态和司法制度设计等的不同，在其法治思维上也存在一定差别。社会主义国家和资本主义国家的法治思维有所不同，即使是在资本主义国家，两大法系国家的思维理念也有所差异，如英美法系国家比较注重程序正当，而大陆法系国家却更加看重实体真实。就是制度设计基本相似的英美法系国家或大陆法系国家，由于其文化传统上的差异，其思维理念也不尽相同，如同是英美法系国家的英国和美国，与前者相比，美国更加强调程序正当和被告人人权保护。尽管如此，由于处于同一时代，而公正与效率是任何国家司法所追求的价值目标，司法活动存在共性，因此各国的法治思维理念上也存在一些相同之处，这些超越各国的社会制度、意识形态、文化传统和制度设计，反映人类司法的文明、

---

① ［法］孟德斯鸠：《论法的精神》（上册），张雁深译，商务印书馆1961年版，第154页。

民主和进步，反映着时代发展潮流和趋势的普遍的法治思维理念即为各国检察官所共有的法治思维。

二、检察官法治思维的内容

（一）多元平衡的思维

检察机关在执法活动中的一个最根本的问题，就是执法理念问题。当执法活动处于多种利益和价值观念的冲突时，检察机关的执法就有一个价值取舍和定位的问题。检察执法的价值取向受历史文化传统、民族心理模式、政治经济制度、社会道德意识等多方面因素的影响。因此，检察机关的执法活动会因国家、种类、时期的不同，其价值定位也会随之不同。由于刑事执法往往关涉个人生命和自由的剥夺与限制，因此，刑事执法是价值观念和利益冲突最为突出的领域，并集中表现为社会利益和个人利益的冲突。多年来，我国检察机关的刑事执法活动一直偏重于打击犯罪的价值取向，对犯罪嫌疑人和被告人权利的保护重视不够。人类社会文明进步的表现之一就是对人权的尊重，这种尊重不仅是对社会中守法公民之权利的尊重，而且包括对那些违法或者可能违法的人的权利的尊重。从某种意义上讲，对“坏人”权利的尊重比对“好人”权利的尊重更能体现社会文明的进步。因此，检察机关在刑事执法活动中要真正履行好职责，维护公平正义，就必须摒弃“重打击，轻保护”的思维观念，牢固树立“保障人权”的现代法治思维。当然，保护人权不等于就可以弱化打击犯罪。保护被告人的权利不是刑事司法所要追求的唯一价值目标，刑事司法的目标是要让每一个人在日常生活中免除犯罪对人身或财产所带来的恐惧。而且，严重犯罪应该受到有效的侦查和起诉，这是符合每个人的利益的。司法对各方都必须是公正的。当我们在纠正过去那种“只讲打击”的思维观念时，不能就此忘记了刑事执法的根本任务是打击犯罪和保护人民。检察机关在所有的执法活动中，都应当兼顾不同的价值取向，平衡不同的利益，努力实现多元价值观之间的平衡。

（二）平等保护的思维

法律面前人人平等是现代社会的法治原则，也是公平正义的有效载体和支撑。没有平等互利的主体，就没有平等的竞争；没有平等的权利义务观念，就建立不起社会主义市场经济体制和民主政治制度。因此，遵循市场经济要求，建立现代法治的平等保护理念，平等地适用法律无疑至关重要。按照当前检察工作的特点，要在日常执法中做到平等适用法律，主要是要做到反对特权和禁止歧视两个方面。反对特权就是要求检察人员在执法中坚持依法平等保护各类主体的合法权益，不分地域、公私、贫富、民族出身，一律提供平等的司法保护和法律服务。禁止歧视与反对特权相对，不允许对任何在社会关系中处于劣势地位的主体有歧视待遇，应当对他们予以平等的关怀帮助。目前，司法实践中存在法律适用的歧视现象，如对外来务工人员及其子女与本地人在适用强制措施上的不同，同样的犯罪、同样的情节，本地人取保候审，外地人往往被采取逮捕措施。虽然这种情况的出现有其客观原因，但我们还是可以做不少工作，以充分利用保证人担保的方式，将强制措施适用的不平等问题降至最低限度。

（三）司法高效的思维

司法高效，即司法活动以最小的成本投入来获取最大的“收益”，它包括两方面内容：一是司法效率，即我们通常所说的诉讼效率，强调的是诉讼进行的快慢程度，解决纠纷数量的多少，以及在诉讼过程中人们对各种资源的利用和节省程度；二是司法效益，即我们经常所说的实际效果，强调的是司法调整的实际状态和结果与司法目的之间的重合程度，反映出社会对司法的认可、接受以及司法在社会的地位、权威，它的高低在一定程度上是社会法治与否的基本表征。① 前者偏重于提高办案速度，加快诉讼周期，以尽早解脱当事人因参与诉讼，本人权益处于不确定状态而给本人及其亲属思想上造成的压力和精神上的恐慌，避免“迟来的正义”；后者偏重于司法的实际成效，注重法律与政治、社会效果的有机统一，以避免“粗糙的正义”，从而以最少的人、财、物投入，在最短的时间界域内，最大限度地满足人们对公平、正义、自由和秩序的需求。应当指出，在法律监督活动中，公正是第一位的，缺失公正，再高的效率、效益也不好。我们强调效益，只能是在保证公正的前提下提高效率和效果，以体现检察执法的“又好又快”。

（四）程序重于实体的思维

实体法是规定实体权利和义务的法律，而程序法是规定实现权利义务的方式和条件的法律。长期以来，由于深受包括观念、体制等制约因素的影响，使我们在刑事诉讼活动中未能深刻认识和很好地把握诉讼规律，片面追求实体公正，而忽视了程序公正对实体公正所具有的特殊功能的价值和决定性作用。检察官是高度专业化的法律职业人员，他首先必须按规定操作“程序”，然后才能按实体法律作出判断。程序操作不当，会直接引起人们对平等、公正的怀疑并损害法律尊严，因为“人们对公正的理解和对法律权威性的体验首先是从能够看得见的程序形式中开始的”。正当法律程序是对当事人平等适用法律的

---

① 葛冰、陈峰：《浅议规范执法行为——从理念到行动视角》，载刘志伟主编：《检察理念与执法规范》，中国检察出版社 2006 年版。

前提，是诉讼主体直接实现权利义务的手段，是使纠纷能够按照正当途径去解决和操作的保障。所以程序公正是实体公正的前提和基础。作为检察官，程序公正在其思维意识中应是第一位的。因为实体裁判不公，可能是由于法条的含义不明，证据本身的偏差，检察官的认知能力有限等客观因素所致，尚可以取得社会及公众的理解和原谅，还可以通过其他途径纠正。但如果程序不公，绝大多数是由于检察官主观上的疏漏和故意的放纵，一是使整个实体处理结果的合法性产生动摇，二是程序的错误不能通过另外的途径直接纠正，只有通过重复劳动——推倒重来解决，这样对诉讼资源的浪费及对当事人产生的诉累负担，对检察官而言是不可原谅的，所以从这个意义上来说，程序重于实体。

（五）既定法律高于一切的思维

检察官的法治思维必须遵循法律至上原则，法律在国家及社会生活中具有最高的权威，具有普遍的约束力。检察官承办案件是以法律作为判断是非的标准，而不是以其他“旨意”为标准（当然，这首先要求检察官对法律有正确的理解和掌握并按程序来操作）。因此，在检察官的职业思维中，不存在权大还是法大的问题，行政活动只能在法律的范围内进行，领导人的意志不能凌驾于法律之上。在检察官的职业思维中，不存在适用法与政策的矛盾，法律是政策的固定化、规范化，法律有明确规定的，法的适用即具有绝对优先性，只有法律未作规定或规定不明时，才能适用政策，如果政策与法律相矛盾时，法律在没有通过正当的程序修改前，政策应服从于法律，而不是法律为政策让路。由于职业思维的独特性，有时它与社会公众意识存在差距，检察官的法治思维与社会公众思维的不同，在于检察官是以法律的标准而不是片面迎合社会公众意识来承办案件。

（六）遵从普遍性的思维

既定法律规则，适用的主体一般是普遍性的，即使某些法条是为特殊主体设定，规定的内容十分具体，它亦属一种规则，立法时考虑适用的主体是针对一类人而非个体。法律不可能预见和涵盖社会生活的各种具体情况。某些法律条文作为规则可能是“良法”，但适用于特殊个案却可能变成“恶法”，某些个案从社会的角度来考虑不合理，但从法律的角度考虑并不违法，如“见死不救”（指一般主体）。或从社会的角度来考虑是合理的，但从法律的角度考虑是非法的，如“大义灭亲”（指非法律程序）。上述情况虽有法律规定作为参照，亦难以把握。另一种案件是法律未作规定或规定不明，从不同的角度有不同的评判标准。法律规则的稳定性、统一性与社会生活的流动性、多样性之间的矛盾使得检察官承办个案时十分为难，即使有法律规定为标准，检察官在承办个案时有时亦会觉得道义与法律似不相融。如没有法律标准，检察官的矛盾思维会更明显。这时，检察官的思维应遵从普遍性原则，而不考虑个案的合理性，不能为了直接实现结果的公正而牺牲法律的普遍性。因此，遵从法律规则即遵从普遍性原则。在无法律规则作参照时，普遍性原则是社会大众的公正意识、道德意识、基本的人性观念及自然规则。不能因特殊打破普遍规则，不能因个案不公的表象而怀疑普遍规则的合理性。

三、检察官法治思维的养成途径

法治理念是法治思维的基础，而法治思维又是自觉、主动和善于运用法律手段的前提。要使先进的法治理念真正内化于心、外践于行，仍需要每个执法主体对先进法治理念的认同、消化和吸收。检察官是执法办案活动的实施者，执法办案活动始终打着检察官的个人印记，观念到行为的进程是检察官不断吸纳、遵守先进法治理念进而建立法治思维的过程。

（一）法治理念向法治思维转化的前提——教育和渗透

理念是行动的先导，强调重视理念的作用时，就要关注理念在多大程度上影响执法主体进而形成一种影响力，也即理念在多大程度上被司法人员所尊重，在多大程度上转换为执法主体的思维与行动。在此过程中，教育和渗透的作用是不可低估的，如果把每一个执法主体比作一台执法机器，则教育和渗透就好比是给这台机器设置、灌输、安装一定的合理程序。“职业的荣誉感不见得是由于这种职业所享有的权力大，更多的情况是因为只有获得良好的教育并表现出很高的知识、才智以及伦理水准的人士方能进入此行业。”① 检察执法活动是一项专业性强、技术程度高的活动，必须由经过专业训练的人来执行，而专业素养的取得必然要通过教育来实现。“只有自然理性是不可能处理好的，更需要人工理性。法律是一门艺术，一个人能够获得对它的认识之前，需要长期的实践和学习。”② 因此，要强化执法主体的法治思维，形成主体—过程—规则三者的互动，增强执法者的职业尊荣和使命感，以教化达到身正令行，以实践积累经验理性。如果执行和运用这些现代制度的人，自身尚未从心理、思维、态度和行为方式上经历转变，失败和畸形发展的悲剧结局是不可避免的。当前，我国检察队伍整体文化素质不高，加上传统法律文化的影响和一直以来对法制教育工作的不够重视，在这样的法律文化氛围中，要想建立法治社会任重而道远。只有通过开展卓有成效的教育培训，强化法治思维，唤起法律职业者对自由、平等等法律终极目标的追求，才能在具体的司法实践中严格

---

① 贺卫方：《司法的理念与制度》，中国政法大学出版社1998年版，第235页。

② 贺卫方：《司法的理念与制度》，中国政法大学出版社1998年版，第248页。

依法办事，实现司法公正。

（二）法治理念向法治思维转化的保障——制度和规制

制度和规则的作用，在于约束执法主体的行为，保障作为观念的法进入一种有序的运行状态，实现立法本意。法的运行必须借助一定的条件，首先要依靠完善的制度和规则。制度和规则表现为两个不同层次：一个是静态意义上的制度和规则。在此意义上，表现为具备科学完善的制度性依据。另一个就是动态意义上的制度和规则。动态的制度和规则指的是静态的制度和规则在具体司法实践中的良好运行状态。法律的运行表现为观念的法到现实的法，是法律存在的状态。对于一种观念上的法在实践中效果如何，仍然要依靠法自身的运行去进一步检验、修正和完善。动态的制度和规则要针对实际执法中存在的问题，不断去完善和修正，形成连续的、实时的纠偏，让“行为”与“观念”相符合。静态的制度和规则表现为齐备完整上，而动态的制度和规则则表现为运行状态良好上，因此，前者要求制度规则具有科学合理性，而后者要求对制度规则的运行进行动态控制，把握运行的目标和方向。从这两方面来理解制度对于规范执法行为的作用，一方面要构建好符合先进司法理念的制度和规则，另一方面要通过监督手段、完善流程、目标控制等措施保证制度和规则的良性运行，真正发挥制度的规制作用和力量，让执法者的执法行为“不得不”遵循先进的执法思维理念。

（三）法治理念向法治思维转化的至境——信仰和尊崇

有了先进理念的教育和渗透，加上制度和规则的规制，保证了执法主体的依法规范行事。但成文的法律本身就是阶段性产物，可能存在缺失和不足，不能穷尽社会发展中存在的所有问题，这就需要更高层次的法律精神和法律情感来支配执法主体。每一个具体的执法行为都是一个自由心证的过程。此时，我们的视角又要从行动回到理念和思维范畴上来，要保证执法行为的规范，必须建立起对法律的信仰和尊崇。法律的信仰和尊崇是整个法律理论的最高问题，它是法的实施、功能、价值以及效益能否真正实现的文化支撑点。法律不仅仅是一种制度、一种秩序和一种统治工具，而且更重要的是法律本身隐藏着一种公平正义的价值，代表了一种理想信念和文化力量。对法律的信仰，包含着社会对法的理性推崇，寄托着现代公民对法律的终极关怀及法律人的全部理想与情感。法律一旦被信仰，就具有崇高的威望和制度化的力量。美国法学家伯尔曼说过，在法治社会，“法律必须被信仰，否则它形同虚设”。① 亚里士多德认

① ［美］伯尔曼：《法律与宗教》，梁治平译，三联书店 2003 年版，第 14 页。

为法治所包含的意义是“已成立的法律获得普遍的服从”。[①] 法律的信仰是理性、可知的，是理性与信仰的统一，它是主体在不断接受法律的治理与保障的过程中，所感受到的法律的科学性、正义性、人道性以及与自己本质利益的一致性。对于执法者来说，法治思维的形成应从单纯司法转到树立法治精神和情感上来，只有真正树立起法律权威的观念，执法者心中才会有“法”，才会依法行事，才不会受纷繁复杂的有碍公平实现的外界力量的干扰。

① ［古希腊］亚里士多德：《政治学》，吴寿彭译，商务印书馆1983年版，第199页。

从理念到实践：检察官法治思维养成的路径

王晶瑄* 高 伟**

党的十八大提出要“全面推进依法治国。法治是治国理政的基本方式”，并指出要“提高领导干部运用法治思维和法治方式深化改革、推动发展、化解矛盾、维护稳定能力”。检察机关是宪法规定的国家法律监督机关，检察官是法律实施的监督者，是中国特色社会主义建设者和捍卫者，是公平正义的守护人，养成法治思维尤为重要。

一、检察官法治思维的内涵解读

（一）法治思维的概念界定

要了解法治思维，首先应对法治有正确的认识。法治是与人治相对应的一个概念。“人治就是一种依靠领导人或统治者的意志和能力来管理国家和社会、处理社会公共事务的治国方式。”① 而关于法治的概念，古往今来的圣贤有过不少经典的论述，其中以亚里士多德的定义最具代表性，他说法治就是“已成立的法律获得普遍的服从，而大家服从的法律又应该本身是制定得良好的法律”②。这是从形式上对法治的定义，而从实质意义上看，法治即“法的统治”，它是以民主政治为前提，以严格依法办事为核心，以确保权力正当运行为重点的社会管理机制、社会活动方式和社会秩序准则。法治与人治的根本区别不在于是否有人的作用，而是法治权威与人治权威发生冲突的时候，何者居于第一位，当法治权威屈服于人治权威时，便是人治；当人治权威高于法治权威时，便是法治。而法治价值的具体形态包括宪法法律至上、人权保障、民

* 天津市河北区人民检察院办公室主任兼案件管理中心主任，检察委员会委员。

** 天津市河北区人民检察院助理检察员。

① 张文显主编：《法理学》，高等教育出版社、北京大学出版社 2011 年版，第 331 页。

② ［古希腊］亚里士多德：《政治学》，吴寿彭译，商务印书馆 1965 年版，第 199 页。

主政治、权力制约、法制统一、追求正义、契约自由等。

思维是指客观事物在人脑中间接的和概括的反映，是借助于语言所展示的理性认识过程。法治思维是指按照法治的逻辑，运用法治的理念、精神和规则来观察、分析和解决问题，它是将法律规定、法律知识、法治理念付诸实施的活动及其过程。其实，观察、分析和解决问题往往是一个系统工程，需要对政治的、经济的、道德的、法律的等多种因素进行综合考量，相应地，也会有政治思维、经济思维、道德思维和法治思维等。但这些思维之间存在明显的区别，比如，政治思维方式的重心在于利与弊的权衡，经济思维的重心在于成本和收益的比较，道德思维注重于善与恶的评价，而法治思维强调的是对事物进行合法与非法的预判，即把是否合法作为评判的前提和思考的标准。法治思维的提出，是我们党转变执政思维与理念的具体体现，也是顺应时代潮流的必然结果，不仅关系到对"人治"方式的摒弃和对法治的追求，也承载着中国特色社会主义依法治国梦想的实现。

（二）检察官法治思维的基本内涵

"思维是职业群体拥有职业技能的决定性因素。"① 中世纪史学家坎特罗维茨说只有三种职业有资格穿长袍，"这种长袍象征着穿戴者思想的成熟和独立的判断力，并表示直接对自己的良心和上帝负责"。② 法律职业者便是其中的一种，而检察官又是法律职业者中的重要一员，是依法行使国家法律监督权、专司国家检察职责的检察人员，拥有法治思维尤为重要。检察官法治思维是指检察官运用法律理念、法律精神和法律规则认识、判断和解决法律问题的思维方式，也就是以合法性作为寻求法律问题正确解决的认识过程和思维活动。"'法治思维'代表了人类整体的一种思维习惯，是一种经过实践，特别是制度化的实践证明了的有效的思维形式。"③ 当然，法治思维不是说检察官不会应用法治体制外的"非法律"力量解决问题，而是说，法治思维是检察官执法办案的"根本"思维方式，没有法治思维就不是一个合格的检察官。

（三）检察官法治思维的特征分析

"'法治思维'作为一种思维方式，最主要的特点就在于它是由法治价值所主导的，这些法治价值是人们在认识世界和改造世界过程中逐渐形成的、关

---

① 张文显主编：《法理学》，高等教育出版社、北京大学出版社2011年版，第222页。

② 参见贺卫方：《法边馀墨》，法律出版社1998年版，第54页以下。

③ 莫纪宏：《识读"法治思维"》，载《辽宁日报》2013年1月22日第6版。

于人类社会的组织形式如何构建以及人们之间如何发生相互交往的规律性认识。"① 检察官将适用法律作为职责的首要选择，具有专业性和职业化的特征，使其法治思维具备四个典型特征：

1. 以合法性为认识问题的出发点。"合法性"是运用法治思维思考和处理问题的基石。从世界主要法治国家的成功经验看，任何权力的行使和权利的保障都必须严格按照法定的目的、内容、权限、程序和手段予以实现。一项权力的行使或者一个问题的解决，即使是被认为政治上有利益、经济上有收益、道德上向善、社会效果上偏好，但只要不具备"合法性"基础，就应该被排除在解决方案的选择项之外。

2. 将以人为本作为认知问题的立足点。中国特色社会主义法治建设的根本，是为了人的自由和全面发展，即要实现好、维护好、发展好最广大人民群众的根本利益。"以人为本"转化成法律用语也就是"人权保障"。养成法治思维也就要求检察官将人权保障贯穿于执法办案的各个过程，以权利—义务作为基本的分析模式，从权利与义务相结合的角度观察、分析和解决问题，具体变现为权利—义务的不断追问：检察机关是否有权力作出此种行为？此种行为是否维护了国家利益和社会公共利益？是否侵犯了犯罪嫌疑人、被告人、刑事被害人的合法权利？是否将当事人的合法利益予以最大化？

3. 以正确看待法律作用作为分析问题的着重点。法治不是万能的，它仅仅是调整社会关系、维护社会秩序的一种手段，与其他手段，如行政手段、经济手段、习俗手段、道德手段、艺术手段、舆论手段及宗教手段一起，共同组成了社会调控手段体系。正如亚里士多德所言，"法律是一种凝固的智慧"，这种滞后性限制了法律调控功能的发挥。而且，法治不仅要求人们能够普遍遵守法律，还要求制定的法律本身是良好的法律，即"恶法非法"，但限于人类认知能力的局限性、知识水平的有限性和社会发展的阶段性，良法美制需要不断地健全完善。即使是美国、德国等法治比较发达的国家，社会问题仍然层出不穷。因此，绝不能随意夸大法治的作用，只将法律限定为唯一的考虑标准，一味地强调法治的作用，较少强调或忽视其他准则或规范的作用。

4. 把运用法律规则作为解决问题的切入点。无规矩不成方圆，规则是社会有序的保证，法律就是一种以国家强制力保证实施的规则。作为一种理性思维，法治思维要求思维主体必须树立规则意识。比如，领导干部要自觉养成依法办事的习惯，切实提高运用法治思维和法治方式解决问题、化解矛盾的能力；社会组织要在符合社会整体利益的前提下，通过法定方式和合法渠道维护

① 莫纪宏：《识读"法治思维"》，载《辽宁日报》2013年1月22日第6版。

公民权利；公民个人要依法理性表达诉求，维护自己的合法权益，而不是依靠“哭闹”、“上访”以及“缠访缠诉”等方式实现自己的目的。对于检察官来说，必须依据现行法律、法规和司法解释处理法律问题，维护社会稳定，守护公平正义。

二、检察官职业与法治思维的契合

（一）检察官的角色定位

自检察制度在近代欧洲大陆产生以来，人们对于检察官性质理解上的分歧就一直存在，检察官的角色定位似乎总有一些模糊不清。[①] 要明确检察官的角色定位，首先应了解检察权的性质。西方国家一般把检察权放在三权分立体制下去对待，那么，检察权就不是独立的国家权力，要么附属于行政权、要么附属于司法权，而检察官要么属于行政官、要么属于司法官。属于“行政官”的检察官是公务员，必须服从长官意志；定位为“司法官”的检察官，被称为法院内“站着的法官”，相当于准司法官或者等同于法官。因此，西方学者在学理上对检察官的定位提出了行政官说、特殊行政官说、准司法官说、司法官说。[②] 至于检察官的司法性，则“主要体现在独立判断和决定以及以适用法律为目的；其行政性主要体现在上下领导关系和检察侦查以追求破案为目的”。“目前，国内学术界对检察官性质的看法上，提出的有‘行政官说’、‘司法官说’、‘司法官兼行政官双重性质说’和‘法律监督官说’等。”[③] 实际上，我国的检察权不同于西方，是在继承苏联检察制度的基础上发展而来。宪法将检察机关定位为法律监督机关，而检察权自然也就是法律监督权。我国实行人民代表大会制度下的分权制约体制。检察机关由权力机关产生，对权力机关负责，是独立于行政机关和审判机关的国家法律监督机关。在这一体制安排下，检察官具有多种角色：在职务犯罪侦查工作中，是行使侦查权的侦查员；在打击刑事犯罪中，享有批捕逮捕、追诉犯罪、提起公诉等职权，是国家公诉人；在诉讼监督中，无论是对侦查活动、刑事审判活动还是监管活动以及民事行政诉讼活动，都以监督者的角色出现在诉讼活动中。特殊情况下，检察官还可以按照民事诉讼法等法律规定，提起民事公益诉讼，成为诉讼参与人。

---

① 孙谦：《维护司法的公平和正义是检察官的基本追求——〈检察官论〉评价（一）》，载《人民检察院》2004 年第 2 期。

② 龙宗智：《试论检察官的定位》，载《人民检察》1999 年第 7 期。

③ 田先纲：《我国检察官的性质、职业特点及其职权配置的再思考》，载《上海大学学报》（社会科学版）2007 年第 2 期。

从目前的司法实践看，我国建立的是以检察程序监控和法院实体裁判为架构的二元司法模式，检察官是理所当然的司法官。然而，检察官的多种身份特征，使司法官这一角色不能涵盖检察官的职责。其实，无论检察官从事的具体工作内容如何，“实施法律监督，维护公平正义”才是检察工作的主体。因此，将检察官定位为“法律监督官”这一角色更为合适。

（二）检察官职业的主要特点

与“法律监督官”的特殊性相联系，检察官一般都受过专门的法律专业训练，具有娴熟的法律技能、高尚的职业道德、共同的价值追求和群体的职业荣誉，其特点包括五个方面：

1. 以法为是的行为标准。检察官职业具有法律性。法律是检察官思考问题的起点，也是行为的标准。检察官执法办案的权力是自法而出，只能按照法律规定的标准和尺度去履行职责，否则便是知法犯法。而且，作为职业的法律人，检察官的收入依赖于其掌握的法律专业知识和专业技能。离开了法律专业知识和专业技能，检察官将无以立足。

2. 公平正义的价值追求。公平正义是法律永恒的价值追求，“法是善良和正义的艺术”。对于检察官来说，追求公平正义显得尤为重要。西方将检察官形象地比喻成正义的化身，犹如“正义女神”一样，手持达摩克利斯之剑监督法律实施，确保正义实现。

3. 程序优先的办案流程。正义不仅要实现，而且要以看得见的方式去实现，程序优先是检察官执法办案的基本要求。检察官在执法办案中的每一个环节，都要依据法律和司法解释规定的程序行使职权，做好公示、告知、释法、说理、解释以及检务公开，促进司法公正。

4. 相对独立的社会人格。宪法规定，检察机关依法独立行使检察权，党的十八大再次强调“进一步深化司法体制改革，坚持和完善中国特色社会主义司法制度，确保审判机关、检察机关依法独立公正行使审判权、检察权”。人民检察院依照法律规定独立行使检察权，不受行政机关、社会团体和个人的干涉。当然，检察官行使职权具有相对的独立性，不像检察机关一样拥有完全的独立性。

5. 严格规范的准入机制。检察官职业是一门专业性非常强的职业，要进入这一职业队伍，必须拥有深厚的法律知识功底、缜密的法律思维和丰富的司法经验。因此，成为检察官首先必须经过系统的法律知识学习，通过全国统一司法取得职业资格证书，还要参加公务员考试，经过法定程序的任命。

（三）检察官与法治思维的联结

通过检察官的职业特点看，作为适用法律的职业群体，检察官职业与法治思维联系紧密。检察官是法治思维的主体，法治思维是检察官执法办案的前提，是实施法律监督、维护公平正义的基础。

1. 检察官法律思维是满足职业要求之必备

随着社会分工的精细化和社会生活的复杂化，特别是在市场经济条件下高度的社会分工，对检察官的职业化程度要求越来越高。检察官的根本职能就在于监督法律的统一正确实施，守护社会公平正义。为实现其职业要求，检察官必须精通法律知识，熟练运用法治思维，以自己的专业知识和技能判明行为的法律性质，在法律的框架内寻求问题的解决。一旦发现违法犯罪行为，能够准确地认定行为的性质，及时采取法律行动，控诉违法犯罪行为，修复被损害的社会关系。

2. 检察官法治思维是提升司法能力之必要

“法的形成和适用是一种艺术，这种法的艺术表现为什么样式，取决于谁是‘艺术家’。”① “艺术家”的水平不同，适用法律的效果和质量自然也是有差异的。而且，政治路线确定之后，干部就是决定的因素。“法治同样离不开人的作用，甚至在一定意义上比人治更需要人的理性与智慧。”② 所以，检察官司法能力的状况对法律实施情况的影响不可小觑。但现今检察机关行政命令的领导体制、行政化的管理机制、层级审批的办案结构和不敢监督、不善监督、不知道怎么监督的队伍素质，严重影响了司法权威和检察职能的发挥。这就使得检察官运用法治思维，以法律规范为基础，以民主、人权、法治为导向，全面提升司法能力成为必要和可能。法治思维是一种规则性思维，强调对宪法法律规范和价值的坚守，并将这种信念转化为履行职责的行动自觉。同时，法治思维还是一种导向性思维，运用法治思维对执法办案中发现的问题进行总结、分析和研究，有助于明确检察改革及司法能力提升的思路和方向。

3. 检察官法治思维是强化法律监督之必需

检察机关是我国的法律监督机关，检察官的定位是“法律监督官”，如何才能有效开展监督就成为摆在检察官面前的重大任务。检察机关开展诉讼监督的对象主要侦查机关、审判监督和刑罚执行机关，包括警察、法官和看守警察。同检察机关一样，这些机关也是适用法律的专门机关，甚至在自己的专业领域内，警察、法官和看守警察比检察官更具法律专业知识和专业技能的优势。况且，像民事、行政诉讼活动，检察官并没有参与诉讼进程，但同样需要

---

① ［日］大木雅夫：《比较法》，范愉译，法律出版社1999年版，第264页。

② 张文显主编：《法理学》，高等教育出版社、北京大学出版社2011年版，第331页。

开展法律监督，难度可想而知。“打铁还须自身硬”，检察官必须比其他政法机关掌握更多的法律知识和专业技能，才能运用好法治思维，才能有效地实施法律监督。在检察官开展诉讼监督中，检察官法治思维是一种追求权力秩序的思维，强调对权力运行状态、运行过程、运行效果的关注，注重对其他权力的监督制约和权力秩序的维护。所以，检察官比其他政法机关人员具有法治思维优势，有助于实现诉讼监督权的动态平衡，从而扩大检察权在宪政秩序中的影响力。

4. 检察官法治思维是回应社会关切之必然

随着我国经济的快速发展和社会结构的急速转型，公民的法治意识，特别是公民身份地位的认同和法律主体地位的认知越来越强。“公民身份是一种地位，一种共同体的成员都享有的地位，所拥有这种地位的人，在这一地位所赋予的权利和义务都是平等的。”① 现今，人民群众希望借助法律途径捍卫自己利益和地位的呼声越来越强烈，此其一。其二，我国正处于经济发展方式转变和经济结构调整的战略机遇期，经济发展与社会管理不同步，利益主体的多样化、利益需求的多元化、贫富差距的加剧化、社会矛盾的复杂化相交织，使社会矛盾突发、多发、频发，社会维稳压力增大。其三，在新媒体时代、社会多元化的环境下，各种思想文化互相交流、交融、交锋更加频繁，人们思想活动的独立性、选择性、多变性增强，执法活动复杂性、敏感性明显增强，司法执法工作日益成为社会关注的焦点，处于社会舆论的风口浪尖。这三个方面情况的交互影响，使全社会对检察工作的希望和要求越来越高。检察官只有具备并应用法治思维，才能正确理解和处理人民群众日益增长的司法需求，为人民群众提供更好的司法服务和法治保障，圆满完成自身的职责任务。

三、检察官法治思维养成的路径探索

检察官法治思维是一种内化于心的理念形态和外见于行的运行状态，必须通过检察官自身努力以自发形成，同时，还要营造良好环境促进检察官法治思维的养成。

（一）检察官通过自身的努力自觉养成法治思维

1. 坚持合法性思维。“有学者指出，法治实质上就是一种思维模式，这种思维模式表现为人们自觉地、经常地按照法治的理念来思考问题，并采取与法治理念相一致的普遍行为方式，其重心‘在于非法性的分析，即围绕着合法

① 郭忠华、刘训练：《公民身份与社会等级》，江苏人民出版社 2007 年版，第 15 页。

与非法来思考和判断一切有争议的行为、主张、利益和关系'。"① 因而，法治思维要求检察官无论是思考问题，还是作出决定，都要以"是否合法"为思维的出发点，包括目的、权限、程序、内容、手段和结果都要合法。"目的合法"要求检察官行使权力的时候，在侦查、批捕、起诉等各个检察环节，都要考虑其目的应符合法律、法规的立法宗旨。"权限合法"要求检察官履行职责过程中，必须符合法律、法规的授权，遵循公权力"法有规定才行为"和私权利"法有禁止不得为"的运行规则。"程序合法"要求检察官充分考虑权力行使的步骤、方式、时限是否符合法律、法规的规定，尤其是在作出对犯罪嫌疑人、被告人不利的决定前，应告知其权利、义务，说明作出决定的依据和理由，并给予申辩的机会。"内容合法"要求检察权行使的内容应符合法律规定，不违背公序良俗。"手段合法"要求检察机关运用法律规定的方式和手段行使职权，坚决杜绝通过刑讯逼供等非法手段获取的证据。"结果合法"是指检察官执法办案的结果，既要符合法律规定，也不违背国家利益、社会公共利益和第三人利益。

2. 运用规则性思维。尊重规则、即守法，这是法治的最低要求。法律是国家生活和社会生活中注重要的规则，它由国家按照一定的程序制定，由国家强制力保证实施，具有普遍的约束力。哈罗德·伯尔曼教授 1971 年在波士顿大学演讲时指出，没有信仰的法律将退化成为僵死的教条，而没有法律的信仰也易于变为狂信，并进而呐喊"法律必须被信仰，否则它将形同虚设"。只有让法律抵达人心，只有在全社会高度弘扬法治精神，法治方能"形神兼具"，成为最好的治国理政方式。2010 年，我国已经初步形成了以宪法相关法、民法商法等多个法律部门的法律为主干，由法律、行政法规、地方性法规等多个层次的法律规范构成的中国特色社会主义法律体系，基本上解决了无法可依的局面。但现实情况是有法不依、执法不严、违法不究的现象还比较严重，检察机关维护国家法律统一正确实施的职责任重而道远。作为国家法律尊严的捍卫者，检察官尊重规则、信仰法律比普通公民更为重要，因为其一言一行、一举一动都标志着法律监督官的形象和公权力行使的结果。检察官没有守法意识，缺乏规则思维，就会失信于民，久而久之就会酿成信任危机，导致检察公信力的下降，损害检察机关的根基。因而，检察官必须始终坚持规则性思维，全面养成法治思维的思维习惯和思维品格。

3. 坚守平等性思维。法治的核心就是"平等"。无论是美国《独立宣

---

① 蒋传光：《法治思维：创新社会管理的基本思维模式》，载《上海师范大学学报》（哲学社会科学版）2012 年第 6 期。

言》，还是法国 1791 年宪法，都强调人人生而平等。我国宪法也明文规定："中华人民共和国公民在法律面前一律平等。" 当然这里的平等，不是指立法和法律内容上的平等，而是指法律适用上的平等。刑法第 4 条也规定了平等适用刑法原则："对任何人犯罪，在适用法律上一律平等。不允许任何人有超越法律的特权。" 这是法律面前人人平等原则在刑法中的具体体现。以检察官在刑事诉讼过程中执法办案为例，坚持平等性思维应做到四点：（1）平等保护法益。"任何法益，只要是受刑法保护的，不管法益主体是谁，都应当平等地得到刑法的保护，而不能只保护部分主体的法益。"① 要不论身份贵贱，也不论职位高低，平等地适用法律。（2）平等地认定犯罪。既不允许有罪定无罪或者无罪定有罪，也不允许因行为人地位高低、权力大小、金钱多少而影响犯罪的认定。（3）平等地裁量刑罚。检察机关在提出量刑建议时，不应受到行为人地位的高低、权力的大小、文化水平的高低、技术能力强弱等因素的影响。（4）平等地执行刑罚。检察机关在监督减刑、假释过程中，只以犯罪人表现和法律规定为依据，而不考虑非法律因素的影响。

4. 掌握程序性思维。程序与实体是法律上的一对重要范畴。程序之于法治的意义，正如美国最高法院前大法官道格拉斯所说："正是程序决定了法治与恣意的人治之间的区别。" 法治非常重视并强调了程序的意义及价值，由此派生出了作为法治思维重要组成部分的程序性思维。程序性思维要求程序优先、程序公正和程序终局。但长期以来，我国政法机关一直存在重实体、轻程序的观念。检察机关实施的法律监督是一种程序性监督，其职责主要是督促被监督机关自行纠正违法或错误行为。程序对检察机关的意义更为重大，而检察机关也越来越重视程序的作用和价值。就刑事诉讼来说，检察官应严格执行新刑事诉讼法有关程序的规定，防止和制止规避管辖、滥用强制措施和侦查措施、无故拖延办案期限、任意侵犯犯罪嫌疑人诉讼权利等各种违法行为的发生。加快案件管理机制改革，发挥好案件管理机构在办案期限预警、办案程序监控、案件质量评查、涉案财物监管等工作中的职责，确保检察机关的每个执法行为都符合程序规定。

5. 把握权利性思维。"宪法就是一张写着人民权利的纸。"② 2004 年的宪法修正案将"国家尊重和保障人权"写入宪法，2012 年新刑事诉讼法将人权保障作为刑事诉讼的基本原则。人权保障理念成为检察官执法办案必须遵守的基本原则。权利性思维要求检察官尊重犯罪嫌疑人、被告人的诉讼地位和人格

---

① 张明楷：《刑法学》，法律出版社 2007 年版，第 57 页。

② 《列宁全集》（第 12 卷），人民出版社 1987 年版，第 50 页。

尊严，切实维护和保障其依法享有的辩护权和其他诉讼权利，认真听取其辩解，严格落实新刑事诉讼法关于诉讼权利保障和救济的规定，既收集犯罪嫌疑人、被告人有罪的证据，也收集犯罪嫌疑人、被告人无罪的证据。同时，正确认识律师在诉讼中的地位和职责，真正与律师平等相待，彼此尊重。依法保障律师的执业权利，完善检察环节律师执业的保障机制，解决律师的会见难、阅卷难和取证难。必要的情况下，积极延伸检察职能，以国家补偿制度和社会救助制度保障被害人的合法权益。会同司法、民政等部门，以物质救济保障刑事被害人生活所需、以司法救助畅通刑事被害人诉求渠道、以心理救援疏导刑事被害人失衡情绪、以法律规定引导规范刑事被害人行为，加大对刑事被害人的权益保护力度，使那些贫困的、受到损害的弱势群体得到心理慰藉，有条件重新站起来，使法律的公正性得到最大限度的发挥，切实保障被害人的合法权益，体现司法的人文关怀。

（二）改善外部环境促进检察官法治思维的深化

1. 加强法治教育和培训强化检察官的法治思维

增强检察官运用法治思维和法治方式化解矛盾、维护稳定的能力，首先要加强对检察官的法治教育和培训，使其不断深化社会主义法治理念。社会主义法治理念是我们党从社会主义现代化建设事业的现实和全局出发，借鉴世界法治经验，对近现代特别是改革开放以来中国经济、社会和法治发展的历史经验的总结；它既是当代中国社会主义建设规划的一部分，同时也是执政党对中国法治经验的理论追求和升华，具体包括依法治国、执法为民、公平正义、服务大局、党的领导五个方面，体现了党的领导、人民当家做主和依法治国的有机统一。对于教育、培训的方式方法。既可以采取岗位练兵、业务竞赛、技能比武、演讲比赛、学习讨论、专家授课、案例教学等常规方式，也可以采取实战演练、轮岗交流等新型方式。

2. 营造良好的法治环境培育检察官的法治思维

检察官法治思维的养成，除需要检察官自身努力外，还需良好的外部法治环境去影响和促进。通过外部法治环境的营造，可以促进检察官法律思维的养成；检察官法治的养成，自然会改善法治环境。这样，二者形成良性循环，将会积极推动我国的社会主义法治化进程。这里的外部环境，主要是指领导干部法治思维对检察官的引领作用。在我国这样一个长期缺少法治传统的国家，人治一直占主导地位，一言堂做法、家长制派头、官本位思想、官僚主义作风等人治思维和治理方式的阴影仍然挥之不去，权大于法、以言压法、以权代法仍将长时期存在。此种现象的存在，不仅亵渎了法律的权威，阻碍了法治的进程，还摧残了人们对法治的信仰，破坏了法治思维的形成。“调查显示，不少领导干部对建设法治国家的信心不足，因而对于法律往往是‘讲起来重要，做起来次要，遇到问题干脆不要’”①，权大于法的现象在个别领导干部中仍将长期存在。要想改变这种状况，推进依法治国、建设社会主义法治国家，绝非易事，必须找到突破口和切入点。党的十八大强调“党领导人民制定宪法和法律，党必须在宪法和法律范围内活动。任何组织或者个人都不得有超越宪法和法律的特权，绝不允许以言代法、以权压法、徇私枉法”。这是我们党对法治的明确态度，党带头推进法治，对全面推进依法治国、建立良好法治环境具有直接现实意义。那么，领导干部法治思维的确立，必将对检察官法治思维的形成与运用起到引导和促进作用。

3. 完善考核和任用机制深化检察官的法治思维

在检察官录用过程中，改变人事部门为主，用人单位为辅的局面，改由省级检察机关主导，人事部门为辅，统一进行招录，尽可能避免招录的人员不具备法律素养、不适合检察工作等问题的发生。建立严格有序、公开透明、科学合理的选人用人机制，成立检察官年度资格审查委员会，依照《检察官法》进行严格的考核和评估，对善于运用法治思维和法治方法解决问题、化解矛盾、维护稳定、促进发展的检察官予以提升和奖励，对不符合法律规定的检察官进行专门培训或者分流转岗，促使法治思维成为检察官主动、自觉的惯性思维方式。

---

① 董节英：《法治思维从哪里来》，载《学习时报》2012年12月10日第5版。

检察官的法治思维及其养成

王国宏*

党的十八大报告指出“法治是治国理政的基本方式”，强调要“提高领导干部运用法治思维和法治方式深化改革，推动发展，化解矛盾，维护稳定能力”。这是党从世界观和方法论两个层面为我国实现依法治国的基本方略指明了具体路径。

党的十五大提出了依法治国的基本方略，党的十六大将依法治国基本方略得到全面落实列入全面建设小康社会的重要目标，党的十七大明确提出加快建设社会主义法治国家，而党的十八大更进一步，不仅要全面推进依法治国，还强调法治是治国理政的基本方式。由此可以看出，我们党在建设法治国家的道路上的坚定决心，对依法治国基本方略认识的不断深化，也反映出我们党对执政规律和社会主义建设规律的认识不断深化。

1997 年我们党适应时代的呼唤，提出“依法治国，建设社会主义法治国家”的基本方略，标志着我们党领导人民治国理政方式的重大转变。但是由于当时中国缺乏相应的法律体系和制度体系，还无法做到从主要依靠政策向主要依靠法律转变，依法治国的基本方略没有得到及时有效的普及。当前，随着中国特色社会主义法律体系已经基本形成，法治建设已经取得较大成绩，法治观念已经深入人心，法律在我们的生活、工作中占有越来越重要的地位，依法办事、依法办案、依法行政的思维愈加迫切。但是我国的各项事业发展中还存在一些矛盾亟待化解，各级领导干部法治思维的欠缺在很大程度上影响和制约着我国法治建设的进程，因此，党的十八大才会重申建设社会主义法治国家和依法治国的基本方略。党的十八大提出的法治思维和法治方式真正抓住了依法治国的精神实质，对我国全面推进依法治国基本方略做出了巨大的理论贡献。

法治思维的提出，最初主要是针对行政执法部门而言的，法学界对法治思维鲜有论及，因此很有必要对法治思维进行深入探讨。

---

* 山西省人民检察院副检察长。

一、法治思维的内涵

“法治”，是相对于人治而言，《现代汉语词典》是这样解释“法治”一词的：“指先秦时期法家的政治思想，主张以法为准则，统治人民，处理国事；指根据法律管理国家和社会。”党的十八大报告中所提法治，当然是指后者，即根据法律管理国家和社会。

关于“法治思维”的内涵，不同的学者给出了不同的释义：

中国社会科学院莫纪宏教授认为，“法治思维是一种运用法治价值来认识世界的思维方法，是法治价值在人们头脑的思维形态中形成思维定势，并由此产生指导人们行为的思想、观念和理念”。“法治思维作为思维方式的一种，最主要的特点就在于它是由法治价值所主导的，这些法治价值是人们在认识世界和改造世界的过程中逐渐形成的、关于人类社会的组织形式如何构建以及人们之间如何发生相互交往的规律性认识。”①

北京大学的姜明安教授认为，所谓法治思维就是指公权力执掌者依其法治理念，运用法律规范、法律原则、法律精神和法律逻辑对所遇到和所要处理的问题（包括涉及改革、发展、解纷、维稳等各领域、各方面的相关问题）进行分析、综合、判断、推理和形成结论、决定的思想认识活动与过程。②

还有学者认为，“法治思维就是以法为价值之要、以法为行为之规、以法为治理之本的思维模式”③。

结合学者们的论断，我们可以从不同方面探究法治思维的内涵：

第一，在性质上，法治思维是主观上的东西，属于世界观的范畴，也是一种思维方法、范式。“法治实质上是一种思维方式，一种生活方式，当法律至上、权利平等和社会自治成为人们一种普遍的思维方式、行为方式、生活方式时，法治就实现了。”④ 同时，法治思维是一种法治理念的实践活动和过程，它从属于我国依法治国的基本方略，构成依法治国基本方略的重要组成部分，并从思想上指导依法治国基本方略的贯彻实施。党的十八大提出的法治思维“从质的规定性角度规范了依法治国基本方略今后不断发展的方向和路线”。⑤

---

① 参见莫纪宏：《识读“法治思维”》，载《辽宁日报》2013年1月22日第6版。

② 姜明安：《法治、法治思维与法律手段——辩证关系及运用规则》，载《人民论坛》2012年第14期。

③ 郭树勇：《加强法治思维的养成》，载《人民日报》2013年5月29日第7版。

④ 郑成良：《论法治理念与法律思维》，载《吉林大学社会科学学报》2000年第4期。

⑤ 参见莫纪宏：《识读“法治思维”》，载《辽宁日报》2013年1月22日第6版。

第二，在主体上，法治思维的主体应该是全体国民。有学者认为，法治思维的概念主要是从治国方略的层面上使用的。① 言外之意，法治思维的主体应该主要是指执政者。当然，也有学者认为法治思维的主体“可以是法官、检察官、律师等法律工作者，也可以是从事社会管理的行政执法人员，还可以是专门的法学研究者，等等”②。笔者认为，以上两种认识都有失偏颇。事实上，民众构成整个社会，法治社会的建立需要每一位国民的参与，执法者和执法对象无疑都对整个法治的建立健全发挥作用，国民的综合法治思维才会最终决定这个国家的法治思维乃至依法治国的进程，因此，法治思维的主体应该是我国的广大民众。这也与党的十八大报告明确提出政府和公民都要守法的要求相契合。当然，现阶段提出的法治思维主要是针对领导干部在深化改革、推动发展、化解矛盾、维护稳定等工作中应该具有的思维作出的特别的强调，但绝不意味着法治思维的主体仅限于领导干部或者执法者。

第三，在对象上，法治思维作用的对象不仅仅是深化改革、推动发展、化解矛盾、维护稳定等工作，也不仅仅是法学领域需要解决的法律事件、案件，还应该包括现实生活中所有需要依靠法律来规范和处理的实际问题。当然，党的十八大报告强调了在深化改革、推动发展、化解矛盾和维护稳定这几个重点领域尤其需要领导干部提高法治思维和法治方式。

第四，在内容上，法治思维的内核是社会主义法治理念。“法治思维是根植于法治理念基础之上，按照法治的根本要求，体现法治的精神实质和价值追求，分析、判断、处理现实问题的思维方法或者过程。因此，法治思维离不开分析、判断等逻辑思维，离不开法治原则、法治的精神实质、法治的价值追求等法治内涵。”③ 因此，除了社会主义法治理念，法治思维还应该包括法治精神、法治原则、法治价值，等等。

第五，在效果上，相对于其他执政思维，法治思维更加符合广大人民意志，符合社会发展规律，因为“法治的执政方式成本最低、效率最高、效果最好，更有助于形成社会共识，体现广大人民的共同意志，更有利于巩固党的执政地位，有效治理国家，更有益于实现国家的长治久安”。④ 因此，党的十八大报告强调，“法治是治国理政的基本方式”。

---

① 蒋传光：《法治思维与社会管理创新的路径》，载《东方法学》2012 年第 5 期。

② 郑齐猛：《论法治思维》，载《公民与法》2013 年第 2 期。

③ 郑齐猛：《论法治思维》，载《公民与法》2013 年第 2 期。

④ 王紫零：《法治思维与法治方式的培养和应用——十八大报告的法治解读》，载《中共山西省直机关党校学报》。

因此，所谓法治思维，是与人治思维相对的概念，在当前的环境和背景下特别强调执法者和执政者在法治理念的指导下，能够运用法律规范、法律原则、法律精神和法律的逻辑对所遇到的和需要处理的问题进行分析、判断、推理以及作出结论的思想认识过程。

当然，笔者认为，正如“法治”一词在不同的时代被赋予了不同的含义，法治思维的重点也需要与所提出的时代、国情和背景相结合，才能理解其产生的原因和初衷，以便找准工作重点，更好地以法治方式指导实践。党的十八大报告指出，“提高领导干部运用法治思维和法治方式深化改革、推动发展、化解矛盾、维护稳定的能力”。这一论述明确指出了领导干部运用法治思维和法治方式工作的方向和重点，即深化改革、推动发展、化解矛盾和维护稳定这四个主要的方面。

二、法治思维的基本要求

“中国的法治建设是一个渐进的过程，党和国家对各级领导干部法律方面的素养要求，也有一个渐进提高的过程。例如先提出民主意识、法制观念、法律意识和法治观念，随后是法律素养，最后是法治思维。法治思维本身就是法律意识、法制观念、法治观念的高级阶段。”① 那么在新的形势下，党的十八大对领导干部法治思维的基本要求可以从以下几个方面进行理解：

第一，树立正确的法治观。当前，“暴力执法”现象时有发生，停留在口号上的法治更是普遍，一些地方和部门“依法治市”、“依法行政”等口号层出不穷，但是真正落到法治实处的却不多见，多半停留在口号和文件上。针对这种情况，有必要强调树立领导干部正确的法治观。

树立正确的法治观，最为关键的就是培养“法律至上、宪法至上”的意识。党的十八大报告特别指出，“党领导人民制定宪法和法律，党必须在宪法和法律范围内活动。任何组织或者个人都不得有超越宪法和法律的特权，决不允许以言代法、以权压法、徇私枉法”。当前，一些领导干部还没有完全树立法律至上的观念，他们认为政策和“红头文件”的效力大于法律，并将法律看作一种民众治理的手段和工具，而不是用来保障民众合法权益的利器，因此导致某些领导干部以言代法、以权代法、以权压法的现象还时有发生。

第二，树立权力制约、权利保障的观念。众所周知，法治的核心是对公权力的制约，以及对公民权利的保障。因此，在领导干部中树立正确的法治观，就必须树立以人为本的科学发展观，树立法大于权的形象，摒弃中国几千年来

① 郑齐猛：《论法治思维》，载《公民与法》2013 年第 2 期。

的“官本位”封建特权思想，逐渐在全社会形成依法办事、公开透明、公平正义的良好风气。

有权必有责，用权受监督已经成为全社会的共识，因为“破坏法治的最大危险在一般情况下都来自公共权力”。① 治国重在治吏，治吏重在治权，不受制约的权力必然滋生腐败。因此有学者提出，“限制权力，保障权利，是法治的精髓，也是法治思维和法治方式的核心”。② 党的十八大报告也再次强调，任何组织和个人都不得有超越宪法和法律的特权，特别是各级领导干部在行使职权的时候，不能有超越宪法和法律的特权。权力与权利的边界是十分清晰的：对于权力，法无授权即禁止；对于权利，法不禁止即自由。因此，依法治国的关键，或者说社会主义法治的关键是依法治权。

第三，树立规则意识。法治思维是规则性思维，因为法治思维要求法治主体运用法律规范、法律原则和法律精神对客体进行分析、推理、判断、综合，进而作出决定。法律规范、法律原则和法律精神对于法治主体来说，就是规则体系的重要组成部分，正是在这一规则体系指导下，法治主体通过分析、判断、推理，形成认识和解决问题的思路和决定。法治思维是规则性思维的特点必然要求法治主体，尤其是执法者、执政者培养规则意识，在掌握相关法律的基础上，将依法办事内化、固化为行为准则，成为“第一感觉”和“优先适用的原则”。实践证明，这种法治思维的规则意识正是领导干部缺乏和亟待提高的能力。

第四，树立程序合法意识。法治思维同时也是一种程序思维。法治社会需要形成一个公开、公平、公正的法治环境，而公开、公平和公正的法治环境离不开程序合法、程序正义。因为正义不仅要实现，而且要以看得见的方式实现。领导干部在作出某项决策、实施某一行为、开展某项工作时，不仅要符合法律和正当程序的要求，而且其过程、时限、方式都要求透明、公开，并保证公众的知情权与参与权。法治思维程序性的意义还在于排斥人为因素，避免随意性，促进决策的科学、合理。

三、检察官法治思维养成的途径

党的十八大报告对于法治思维和法治方法的论述引起了社会各界，尤其是法学界人士的强烈共鸣。

---

① 江必新：《全面推进依法治国的若干思考——以学习党的十八大报告为背景》，载《人民论坛杂志》2012 年 11 月 20 日。

② 巴图：《十八大报告中的法治新思路》，载《北方新报》2012 年 11 月 14 日。

检察官是法律职业群体中的重要组成部分，也是执法者和司法者，更是我们国家的法律监督者。因此，检察官的法治思维程度和状况可以成为反映国家法治状况的一面镜子，提高检察官的法治思维和法治方法不仅对改革、发展有促进作用，更是直接决定了我们社会的和谐与稳定。因此，提高检察官的法治思维不仅迫切，且具有重要的现实意义。

第一，培养检察官的法治思维，首要的是加强检察官的法治理念教育。法治思维，首先是一种法治理念，即从思想意识上认识到依法治国的重要价值和意义。换句话说，法治思维是建立在法治理念基础上的，因此广大检察干警必须首先树立法治理念。

社会主义法治理念，是指有关社会主义法治的观念、信念和理想的总和，它是社会主义法治的灵魂和精髓，是我国社会主义法治建设的内在要求和精神实质，同时，也是立法、执法、司法、守法和法律监督等法治活动的基本指导思想。因此，牢固树立社会主义法治理念是每一位检察官提高自身法治思维能力的必然要求。“各级领导干部应当牢固树立依法治国、执法为民、公平正义、服务大局、党的领导为基本内容的社会主义法治理念。五个方面相辅相成，体现了党的领导、人民当家做主和依法治国的有机统一。”① 只有牢固树立社会主义法治理念，才会运用法治思维处理深化改革、推进发展中的各种复杂问题，才会运用法治手段化解矛盾、维护稳定。

第二，培养检察官的法治思维，关键是要培养检察官的宪政思维。法治思维，重点应该树立宪政思维，因为宪法是国家的根本大法，具有最高的法律效力和权威。习近平总书记在纪念现行宪法颁布施行30周年大会上的讲话中提出了“依法治国首先是依宪治国，依法执政的关键是依宪执政”的重要论断。

宪法是我国的根本大法，是一切行为活动的根本总则。宪法倡导人民主权、保障人权，民主政治、公正司法以及法制统一，同时，要求“党在宪法和法律的范围内活动”、“任何组织和个人都不得享有超越宪法和法律的特权”，这些基本的法治思想构成了法治思维的主要内容，“法治思维强调的是尊重宪法和法律的法治理念，维护宪法和法律的尊严与权威的法治信念，遇到问题时运用宪法和法律的原则、规范、精神及法律逻辑进行合宪与违宪、合法与违法的分析判断与正确决策”。② 因此，检察官必须认真学习并理解宪法的

① 姜明安：《法治是法治思维与法律手段的良性互动》，载《北京日报》2012年10月15日。

② 李建明：《用法治思维和法制方式保证宪法有效实施》，载《新华日报》2012年12月5日。

内容和精神实质，内化于心，外化于行，将宪法作为工作和行为的根本总则，统领各项检察工作，树立宪法权威，学会从宪法的高度看待和解决问题。

第三，培养检察官的法治思维，必须通过不断的学习来提高检察官的法律专业素养。检察官作为法律的执行者和监督者，不仅要比普通人更具有法治思维，而且对法治思维的理解和掌握程度要远远高于普通的执法人员，这是其作为法律监督者所理应具有的素质。

法治思维不可能自发形成并对实践发挥指导作用，必须通过自身学习和外部宣传两个方面，才能形成检察官的法治思维。具体说来，就是要通过不断学习法律知识，不断进行法制宣传和教育，并进行法治方式的实践，努力形成检察官特有的法治思维。经过司法考试、检察官培训和“六五普法”等一系列的学习，广大检察干警已经具备了一定的法律知识，但是法律规则意识的树立还有待进一步的发展和提高，还有待于从知法、懂法上升到信法、崇法，进而用法、护法。除了掌握专业法律法规外，检察官们还需要了解立法指导思想、立法原意、法律的基本原则以及其他与法律相关的知识和背景，并能结合改革、发展、稳定的大局，思考和解决检察工作中遇到的问题。检察官法律知识的普及和提升不是一蹴而就的事情，而是一项系统工程，这就需要建立一个长期的、常态化的，包括新入职的、各级别的、各专业的和分职能部门的系统、长期培训，做到紧跟时代潮流，不让每一位检察干警掉队，使全体干警学法、用法、守法、护法的观念和习惯逐渐养成。

第四，培养检察官的法治思维，必须确立法律规则意识，坚持法律至上，唯法律是从。作为法律的执行者和监督者，检察官掌握了一定的法律知识并不等于拥有了较强的法律意识和法治思维，尤其是在纷繁复杂的疑难案件面前，关系人民群众切身利益的事情面前，事关矛盾化解和维护稳定的问题面前，我们检察官不能做只会背法条的书呆子，必须深挖法律背后的立法原意和初衷，以此来提升法律意识和法治思维，化解群众矛盾，维护社会稳定。有些检察官在办理案件的过程中也希望做到严格依法办案，维护公平正义，达到案件的法律效果、社会效果和政治效果的“三丰收”，但是往往在办理具体案件的过程中，不自觉地照搬法条，拘泥于文字表面意思，造成案件的处理结果不能被社会和当事人接受的后果。尤其是在行使自由裁量权的过程中，一旦对法律原则和法律精神把握不准，就会导致办理案件的结果违背法律的根本目的和宗旨，这是我们检察官作为法律工作者应该特别注意的地方。

第五，检察官要将法治思维与法治方式有机结合，用法治思维指导和规范法治方式，再以法治方式检验和提升法治思维。

法治思维是相对于人治思维而言的，是我们推进依法治国的思想前提。而法治方法是在法治思维指导和支配下处理事务、解决问题的方式，是我们推进依法治国的实践行为。从总体上说，法治思维是思想层面的东西，强调思想要向法治转变；法治方式则是执行层面的要求，是一种行为准则。在法治思维和法治方式的关系上，依照马克思主义唯物论，法治思维支配法治方式，同时法治思维也需要通过法治方式来表达，因为法治思维仅仅是一种思维活动，必然需要借助实践活动外化为法治行为，即通过法治方式治国理政。如果执法者只会用法律规范、原则和精神来分析和思考问题，而不会用法治方式来解决问题，就不能认为这个执法者具有法治思维。

在我们检察工作实践中，法治的重要性人人皆知，主观上也希望将法治思维和法治方式置于最重要的位置，但是一遇到重大问题，特别是涉及改革、发展、稳定和矛盾化解问题的时候，往往就不自觉地将法治思维和法治方式抛诸脑后了——我们经常为“是否影响经济发展”，是否影响“政治效果”和“社会效果”，以及是否会引起被害人家属上访、闹访等非法律因素所左右。

将法治思维和法治方式有机结合，对于检察官来说，就是对待每一起案件，首先想到的是当事人享有何种权利，应当履行何种义务，法律对此如何规定，由哪一部门负责以及相关程序如何，使这种法治思维在检察官的意识形态中形成思维定势，成为检察干警处理问题、办理案件时的优先价值选择，努力做到一断于法、依法办事，最终做到案结事了、以法服众、以法育人。

同时，法治思维的建立和法治方式的形成需要广大检察干警的智慧和创新。胡锦涛同志2010 年 3 月 28 日在中共中央政治局组织的集体学习时提出了四个“更加注意”，其中第四条就是要求“更加注重依法化解社会矛盾纠纷，维护社会的和谐稳定”。基于此，广大检察干警要建立多元化的化解社会矛盾、争议和纠纷的机制，包括健全和完善调解、信访等各项相关制度，运用多种法治形式去解决工作中存在的疑难问题，避免思想禁锢，故步自封。

第六，培养检察官的法治思维，必须树立以人为本的观念，始终保持与人民的血肉联系。法治思维，同时也是人本主义思维。马克思主义执政党的最大危险就是脱离人民群众，虽然我们党一直在强调走群众路线，但是党内脱离群众的现象还是大量存在，形式主义、官僚作风，享乐主义和奢靡之风不断损害党在人们群众心目中的形象，更是损害了党群关系、干群关系。

检察官作为执法者，本身担负着保障国家法律正确实施，维护社会公平正义的职责，更要树立以人为本的思想。在思想上，积极树立为人民服务的宗旨，提升利用法律为人民服务人们的意识；在态度上，要坚决抛弃官架子，深入基层，贴近群众；在方法上，提升法律素养的同时，要注意建立立检为公、清正廉洁的长效机制。总之，把为民务实清廉的价值追求贯穿于检察工作的始终，才能培养检察官的法治思维，才能提升检察机关的公信力。

在中国特色社会主义法律体系已经初步形成的今天，党将“法治思维”提到如此高度，一方面说明我们当前“人治”思维还有一定的市场，另一方面也反映了培养“法治思维”的紧迫性和重要性。所以，我们必须深刻认识党的十八大提出“法治思维”的极端重要性，准确把握法治思维的内涵，努力提高运用法治思维和法治方法处理各方面复杂问题的能力。广大检察干警必须积极培养法治思维，掌握法治方式，才能在深化改革、推动发展、化解矛盾、维护稳定的大局中有所作为。

检察官应具备必要的政治思维

高保京* 张际枫**

习近平总书记在首都各界纪念现行宪法公布施行30周年大会上的讲话中指出，“宪法的生命在于实施，宪法的权威也在于实施。我们要坚持不懈抓好宪法实施工作，把全面贯彻实施宪法提高到一个新水平”。在建设中国特色社会主义法治的进程中，依照宪法开展各项政治活动越来越成为党和全国人民的共识，检察机关是宪法确定的国家政治体制的组成部分，又是法治的建设者和捍卫者，首先应当维护和实施宪法各项制度，这是不言而喻的。为此，正确理解我国宪法规定的各项政治制度，贯彻落实好各项宪法要求，就成为检察官法治思维必须具有的重要内容。本文以此为出发点，对检察官应当具备的政治思维中的四项内容予以初步的说明。

一、正确认识检察工作的政治属性

一段时期以来，由于若干冤错案件的披露，人们除了指责法律适用等方面的问题外，还对政治因素介入司法多有批评；此外，有学者从引起媒体和公众热烈评判的“公案”中分析出了多个角力主体参与其中，导致了司法中的“政治力学”现象，这些主体是民众（包含法律专家）、新闻传媒、为政者、司法官。① 由此，将执法办案的政治因素凸显出来。如何看待检察工作的政治属性，就成为检察官必须面对的问题。

其实早在两千多年前，亚里士多德就指出，人是天生的政治动物。而何谓政治，其概念众说纷纭，较为中性和宽泛地说，它“是人类集体生活的一种组织和安排，在这种组织和安排之下，各种组织、团体和个人通过一定的程

---

* 北京市人民检察院第一分院检察长。

** 北京市人民检察院第一分院研究室主任。

① 孙笑侠：《司法的政治力学——民众、媒体、为政者、当事人与司法官的关系分析》，载《中国法学》2011年第2期，第57—58页。

序，实施对集体决策的影响”①。在这个意义的理解上，刑事司法机关和司法官员本身就必然是政治的，具有政治立场、受到政治影响，也是要影响到政治的；在办理案件时受到政治因素的影响更可谓天经地义，反过来，也通过执法办案对政治产生影响，同样是难以摆脱的。这也是各国普遍存在的现实，有学者做出了更为深入的研究，指出，司法毕竟是政治的创造物，承担着重要的政治功能；政治因素决定司法构造、司法人员的任命，主流意识形态是司法人员必须接受的观念；西方社会并没有出现过真正独立于政治的司法，所谓司法独立的真实性及其意义当前已大为衰减。② 常常被作为司法独立典范的美国联邦法院制度，就毫不隐晦地展现出其受到政治因素强烈影响的一面，以至于波斯纳法官尖锐地指出，仅仅由于一位极端保守的大法官的任命，取代了一位温和保守的大法官，就使得“最高法院令人（天真者）震惊地向右转了”，甚至“如果法官一变，法律就变了，甚至法律是什么也不清楚了”。③ 而美国的检察机关则本身便是政治机构之一。可以说，在检察工作具有一定的政治性这个问题上，区别只是不同国家的司法受到政治影响的程度和方式各异。

我国的宪法（与其他社会主义国家相似地）确立了以民主集中制原则为基本指导原则的政治体制，“它强调政权建设和权力行使过程中的民主与集中的结合，特别强调作出决定、进行集中必须有民主的基础。在此原则的指导下，各社会主义国家构造出了一种层层民主基础上集中、最后又归于对人民负责的独特权力运行机制。在实践中，它以人民代表机关作为统一行使国家权力的机关，一切国家机关都要对其负责并受其监督。但是，民主集中制并不排斥国家权力在各部门之间的分工，也不排斥国家权力的平衡与制约，它是在国家权力的统一和人民代表机关居于主导地位的前提下的平衡与制约”。④ 具体到检察工作中，应当坚持的原则和制度包括：

“在中国共产党的领导下，在马克思列宁主义、毛泽东思想、邓小平理论和‘三个代表’重要思想指引下，坚持人民民主专政，坚持社会主义道路”（宪法序言）；

“最高人民检察院对全国人民代表大会和全国人民代表大会常务委员会负责。地方各级人民检察院对产生它的国家权力机关和上级人民检察院负责”

① 燕继荣：《政治学十五讲》，北京大学出版社 2004 年版，第 5 页。

② 顾培东：《中国法治的自主型进路》，载《法学研究》2010 年第 1 期，第 9—10 页。

③ ［美］理查德·波斯纳：《法官如何思考》，苏力译，北京大学出版社 2009 年版，第 1—2 页。

④ 李晓兵：《宪政体制下法院的角色》，人民出版社 2007 年版，第 25 页。

（宪法第133条）；

“人民检察院在工作中必须坚持实事求是，贯彻执行群众路线，倾听群众意见，接受群众监督，调查研究，重证据不轻信口供，严禁逼供信，正确区分和处理敌我矛盾和人民内部矛盾。各级人民检察院的工作人员，必须忠实于事实真相，忠实于法律，忠实于社会主义事业，全心全意为人民服务”（人民检察院组织法第7条）；

“……人民检察院进行刑事诉讼，必须依靠群众，必须以事实为根据，以法律为准绳。对于一切公民，在适用法律上一律平等，在法律面前，不允许有任何特权”（刑事诉讼法第6条）；

……

稍显啰唆地列举这些制定法规范文字，目的在于更加清晰地展示出检察机关据以开展全部刑事司法活动的主要法制基础。更为要紧的，是从这些规范中得出最基本的法条主义的理解，就是检察官必须坚持接受中国共产党的领导，必须贯彻马克思列宁主义及其中国化的成果，必须执行民主集中制，必须承担多重而不仅仅是单纯的一种（诉讼）角色，必须把群众作为服务对象而不能置若罔闻，以及，地方的各级司法机关必须对地方的人民代表大会及其常委会（检察机关还有其上级）负责；否则，就是违法的、失职的、渎职的。

二、进一步强化实事求是的思想路线

对于共产党员占80%以上的检察队伍来说，贯彻实事求是思想路线不仅是队伍建设的基本任务，而且事关检察事业的兴旺发达，在这方面，教训和经验都值得汲取，例如，无数冤假错案的检讨中都提出“没有坚持实事求是，没有坚持以事实和证据为根据”等，而每一次这种案件的纠正都可谓是对这一原则的回归与坚持的结果。那么，从思维角度看，为什么总会有违反实事求是的根本原则、教条主义执法办案的情形发生？这要从马克思主义实现的革命性变革说起。

回顾一百多年来马克思主义的传播和研究情况，以及九十多年中国共产党的实践检验，充分证明马克思的哲学变革是哲学史上最伟大的革命变更，其根本点就是把社会实践的观点引入哲学，并当作哲学的根本观点；其最重要的特征是把唯物主义和辩证法有机地统一起来；马克思的唯物主义的根本特点是从感性、实践的观点去看事物，是一种实践的唯物主义，他的唯物主义的出发点不是离开实践的纯粹的、自在的物（自然），而是与物发生关系的人的现实的实践，是实践的唯物主义；他的辩证法的根本特点是通过人的现实的感性活动，即客观的实践来理解辩证法，因而既能揭示主观的辩证法，又能揭示客观的辩证法，并在实践基础上达到主客观辩证法的统一，这就使马克思的辩证法具有充分的现实性和具体性，通过感性活动、实践对辩证法的揭示与通过感性活动、实践对物质的客观性和先在性的揭示是统一的。[①] 马克思因此而与同时代的哲学家一起但又比他们更为明确、深刻地揭示了西方哲学由近代向现代发展的趋势，也更为全面、彻底地实现了这一转型。[②] 这个转型与普通大众追求稳定、追求同一的淳朴思维相去甚远，因此，将它普及千百万人中，让无数一般群众掌握它，需要克服的阻力也就比其他的学说难度更大。

思辨的旧形而上学本性上所追求的是变化中的不变、多样中的唯一、流动中的静止，尽管这一追求早已被马克思主义创始人批评过，如他们所明确指出的，“在日常生活中，我们知道并且可以肯定地说，某一动物存在（是）还是不存在（不是）；但是，在进行较精确的研究时，我们就发现，这有时是极其复杂的事情。这一点法学家们知道得很清楚，他们为了判定在子宫内杀死胎儿是否算是谋杀，曾绞尽脑汁去寻找一条合理的界限，结果总是徒劳……因此，要精确地描绘宇宙、宇宙的发展和人类的发展，以及这种发展在人们头脑中的反映，就只有用辩证的方法，只有不断地注意生成和消逝之间、前进的变化和后退的变化之间的普遍相互作用才能做到”，[③] 尽管20世纪以来的形而上学经过海德格尔、伽达默尔等的发展，已大大超越了旧形而上学，而与马克思主义者一样，为克服主、客观对立的和孤立、静止、片面的思考方式，提供了诠释学本体论等新的论证。然而，马克思主义所坚持的紧密结合实践的、辩证的思维，与那种很容易在人们头脑中扎根的追求确定性、同一性的思维，始终存在一定的紧张和对立；执政党所要求的以解决当下问题为己任的“实事求是”的思想路线，与一般大众寻求稳定、不变的（旧形而上学式的）思维惯性就经常地处于矛盾之中；当人们无论怎样都会有自己的形而上学时，那样一种贴标签式地、教条主义地、简单化地、偷懒地把“马克思主义”放在口头上的方式，很容易流行开来，那种勤奋的将马克思主义基本原理深刻领会并用以研究和解决实际问题的自我加担的方式，就天然地需要花些力气才可能见效；把旧形而上学从头脑中排除出去、用实现了革命性变更的辩证唯物主义和历史唯物主义的原理和方法取而代之，就始终是一个有难度的任务。在执政党方面，这个难题过去存在，现在仍然存在，表现在改革开放三十多年来，坚持马克思

---

① 刘放桐主编：《西方近现代过渡时期哲学》，人民出版社2009年版，第105—107页。

② 刘放桐主编：《西方近现代过渡时期哲学》，人民出版社2009年版，第108页。

③ ［德］恩格斯：《反杜林论》，载《马克思恩格斯文集》（第9卷），人民出版社2009年版，第25—26页。（如果将“存在”读作“是”，更容易把握其内涵。）

主义为指导，坚持“解放思想”、“实事求是”这样一个早已被党确定为马克思主义与中国实际相结合的精髓的思想，依然是执政党需要加以专门部署的重要的而且是党的建设的首要政治任务，自 1978 年 12 月 13 日邓小平在《解放思想，实事求是，团结一致向前看》中提出这一任务后，历次党的重要会议和党建专题报告中，都把坚持实事求是列为重大任务。

执政党面对的这个难题，这个重大的任务，在执政党员占绝对多数的检察机关中，显然是不能避免的问题，也是检察官必须承担的重任。有的学者曾经提出过的对刑事领域贯彻实事求是认识论思维的质疑，① 可能搞错了对象，那些所质疑的问题，与其说是由于坚持实事求是造成的，不如说是一批又一批教条主义的或者根本不是马克思主义者的人没有坚持这个原则而造成的。在未来的刑事法治建设中，必须带着足够的警惕性来防止非马克思主义的、不实事求是的思想和做法。

三、客观对待检察工作的地方性要求

检察工作的根本任务是维护法制的统一、尊严和权威，但是无论从制度上还是从现实中，地方各级检察机关都在具体的地方环境中工作，因此，如何应对维护法制统一与适应地方特点的矛盾，就成为检察官思维的一项必要内容。在此，本文从中央与地方关系入手进行分析。

我国特定的历史传统和现实政治发展的实际，决定了在单一制的国家政治结构下，中央与地方关系不可能简单地通过划分管辖事项与权力来解决问题，而是呈现出纵横交织的特点，② 纵向上，执政党、人民代表大会及政协、政府、③ 法院和检察院均有自上而下的四级对应体系（中央、省、地市、县区），无论是冠以“领导”还是“监督”关系之名，事实上具有上级对下级的统领

---

① 例如，劳东燕博士曾经以《社会危害性标准的背后——对刑事领域“实事求是”认识论思维的质疑》，试图对刑事法领域内“实事求是”之贯彻进行批判，然而，多数批评并没有将实事求是如何造成刑事法中的“错误”论述清楚。参见陈兴良主编：《刑事法评论》（第 7 卷），中国政法大学出版社 2000 年版，第 199—224 页。

② 参见任剑涛主编：《政治学：基本理论与中国视角》，中国人民大学出版社 2009 年版，第 281—282 页。

③ 这里指的是国务院和地方各级人民政府。以下论及我国国家机构横向分权时的“政府”均为狭义，否则即广义上的作为国家政治权力整体的“政府”。

制约、下级对上级的遵令服从关系，差别只是程度上的；[①] 横向上，各级人大、政协、政府、法院和检察院围绕执政党的代表大会及其产生的党的委员会形成“同心圆”状的权力结构，党委对于其他各个机构实行强有力的政治、组织等方面的领导。进一步说，这种权力结构是当代中国政治体系中各种制度结构的角色分化程度有限的反映，表现出党组织对各种权力机构的渗透和有效控制，加上（广义）政府集中掌握主要的资源分配权，政治系统中各个部分的权力均来源于这种权力分配，并带领政府获得维系正常工作和发展所需的人、财、物、权等各种资源，因此各个权力职能部门具有高度的同构性和整合性。司法权也不例外，司法机构事实上成为政府的职能部门，同心圆状的权力结构便于政府集中社会力量，保证各职能部门围绕中心工作步调一致地推进其大政方针。[②] 深层次上，这种政治权力的地方性与司法的地方性，共同的基础是中国现实的地方经济社会发展不平衡，文化传统和民族特点等方面的差异，要求包括司法在内的政治运行机制必须具有相应的差异性，就是要发挥“两个积极性”，[③] 否则，反倒是不合理的，甚至是破坏性的。由此而产生了执法办案的地方性问题，或者说是地方党、政干预的“司法地方化”的问题，以协调案件或者人、财、物受制于地方政府等方式体现出来。

为了克服司法地方化的问题，仍然要把司法机关置于国家政治体制的整体中来观察，才能有所发现。首先是在法律制度上，宪法中明确了“中央和地方的国家机构职权的划分，遵循在中央的统一领导下，充分发挥地方的主动性、积极性的原则”（第 3 条），“国家维护社会主义法制的统一和尊严”，“一切法律、行政法规和地方性法规都不得同宪法相抵触”（第 5 条）；授权全国人大常委会“撤销省、自治区、直辖市国家权力机关制定的同宪法、法律和行政法规相抵触的地方性法规和决议”（第 67 条），规定国务院“统一领导全国地方各级国家行政机关的工作，规定中央和省、自治区、直辖市的国家行政机关的职权和具体划分”（第 89 条）。在《地方各级人民代表大会和地方各级人民政府组织法》、《立法法》等法律中，对上述内容相应进行了更为具体的

---

① 有关中央与地方分权的意义及其发展演变的状况，苏力教授作出过较为详细的阐述，参见苏力：《道路通向城市——转型中国的法治》，法律出版社 2004 年版，第 47 页以下。本文同时接受其强调的观点，即应研究作为实践的、实实在在的而非理论的或成文的“宪法”，也就是研究现实的国家政治权力配置及其运作等，而不应只是关注成文宪法的条文规定。

② 参见吴英姿：《司法的限度：在司法能动与司法克制之间》，载《法学研究》2009 年第 5 期，第 118 页。

③ 苏力：《道路通向城市——转型中国的法治》，法律出版社 2004 年版，第 62 页。

规定。在人民检察院系统内，规定上级“领导”下级检察院。其次是在执政党内，坚持党章规定的民主集中制，通过全党各个组织和全体党员服从党的全国代表大会和中央委员会、党的下级组织必须坚决执行上级组织的决定等组织和纪律要求，将统一的全国性的决策贯彻到基层工作中。

这种纵向的权力配置关系与前述横向的同心圆结构方式结合起来，就为以党中央为顶端的、自上而下的宝塔形的决策及其执行模式提供了坚实的制度框架,[①] 形成以党的体系为主干、各级政权机关为枝叶的如同青松挺立的有机统一的国家权力结构。与之配套的，在组织和人事安排上，形成下级党的主要负责人隶属于上级党的委员会，同级政府、检察院、法院主要负责人隶属于同级党委等牢固的组织团队，进一步强化了自上而下的决策执行力度，形成了自单个的党员到各级党的组织都自觉地贯彻执行党中央及其领导下的各级党的委员会的决策的局面，并通过党组等途径，在人大、政府等国家机关中也有效地执行之。

在这种制度安排下，检察工作、司法工作既充分贯彻了中央和上级的统一意志，又在一定限度内顺应了各地方的具体特点和工作要求，应当说是符合实际需要的。

四、坚持追求公众所认同的司法权威

近年来，“大多数案件的审判都属于典型的正常司法活动，但某些少数案件的审判，却是非典型的，因为它轰动全国、影响全社会。就案件的社会影响力而言，这类少数案件的影响力甚至比多数案件的影响力的总和还要大。这类少数案件原本是很平常的案件，但由于某种特殊因素起作用，在社会上可以迅速演变成公共话题，引起媒体和民众的热烈评判，于是个案就成为公众议论的焦点和热点，我把它称为‘公案’……涉及公案的司法过程中，出现了多个角力主体的介入，都基于政治的而非法律的理由参与到司法之中，导致了司法的‘政治力学’现象”。在当事人之外，包括民众、媒体、为政者、司法官四个角力主体，都在有意无意间试图影响司法工作及其结果。[②] 许霆案、李昌奎案等日新月异的焦点案件的出现，早已表明对这些“审判者”视而不见、听而不闻的鸵鸟式应对，在当今时代纯属无稽之谈，如何妥当应对各方或强或弱

① 参见任剑涛主编:《政治学——基本理论与中国视角》，中国人民大学出版社 2009 年版，第 283 页。

② 孙笑侠:《司法的政治力学——民众、媒体、为政著、当事人与司法官的关系分析》，载《中国法学》2011 年第 2 期。

的干扰和影响，才是真正的问题。对此，正确认识和评估舆情和民意是司法机关妥当处理刑事案件、应对社会关注的必需。

对于执法过程中出现的各种舆论和评说应该从两个角度来评价。一方面，司法过程需要在一定程度上借鉴社情民意。外界对于案件的态度和意见可以分为民愤和民怜，在舆论中被统称为民意。出于几个原因造成司法过程不可能离开社会公众观点而孤立进行。一是司法的依据是立法，而立法的过程就是征集民意依法上升为立法的过程，正如有论者所指出，“法律的内容及其实施必须公正不偏、具有合理性、符合人民的公意，在一定社会中经得起来自不同方面的正当化检验”。[①] 我国《立法法》第5条明确规定，“立法应当体现人民的意志，发扬社会主义民主，保障人民通过多种途径参与立法活动”。二是司法需要以包括公众意见在内的社会现实为参考。法律从来就是经验的，司法必须认真对待民意，司法官通过了解民意增长阅历，才能对法律作出合理解读。三是社会公众的舆论监督有助于促进司法公正。作为一项重要的国家权力，司法权同其他权力一样也具有扩张性、腐蚀性，而且，由于司法权具有独立性的自然属性，更加要受到强有力的监督和制约。因为不公正的司法是践踏了法律，就好比污染了水源。我国构建了多种途径监督司法，舆论监督便是其一，所以，民众、媒体、为政者与司法官角力的过程也是对司法进行监督的过程。另一方面，司法应该努力排除其他角力者的负面、不当影响，努力实现客观公正。司法官是一项高度专业化的职业。司法官拥有以法律理论为基础的专业司法技术和一套与大众伦理大不相同、完整有效的伦理规范。他们运用专门的思维和论辩方法求得“事实问题”的“法律解决”。以刑事司法为例，民众话语中的犯罪经过、犯罪原因等描述进入法律职业人员视野中就需要通过犯罪的主观方面、客观方面等犯罪构成因素和法定情节、酌定情节等量刑因素来评价，对法学原理和司法技术提出很高要求，所以，民众、媒体、为政者难以站在与司法官员完全等同的专业层面上相互展开对话。而且，各个角力主体之间掌握的案件信息也是不同的。刑事司法在不同的诉讼阶段有不同的保密范围，通常在侦查机关保密要求最为严格，在审查起诉阶段仅限于辩护人、诉讼代理人等特殊诉讼主体才可依法掌握案件信息，在审判阶段，原则上是公开审理，但涉及当事人隐私等因素的案件又会对社会公众保密。所以，在诉讼进行中，民众、媒体等掌握或者披露的信息不充分，在此基础上引发的公众评论和意见往往有失客观，更容易带有偏颇浓烈的感情色彩。司法官必须对这类问题高度警

---

① 季卫东：《法治与普遍信任——关于中国秩序原理重构的法社会学视角》，载《经济管理文摘》2006年第15期。

惕。总之，司法官员对于外界影响依法妥当应对，带来的就是对司法官员的认同，对法治的信心，对司法公信力的增强，就能够在无论是执政者还是公众或媒体那里占据优势地位，赢得尊重和权威，这在药家鑫案件的处理至少得到了相当程度的肯定上，已经表现出来；否则，就如同许、李案那样，不仅引发司法处理上的难题，而且严重损害司法权威和公信。对于这种问题，完全依靠自下而上的请示汇报和自上而下的部署应对来解决，理论上是不可靠，实际上是不可能，唯一的出路就在于充分调动每一个司法机关和每一个司法官员的主动性、积极性，学会并善于与各个“审判者”“角力”，赢得优势，而不是被动接受挤压和侵犯，丧失司法的公信力、权威性，损害法治在全体人民心中的信任。

以上从贯彻实施宪法的角度出发，以宪法规定的有关内容为主要依据，对检察官执法活动中面临的四个方面的问题进行了分析，意在提示作为特定政治环境中执法办案的司法人员应当具备基本的政治思维，有了这些思维训练，可能会更加深刻地理解检察工作的社会和政治意义，从而更加积极地履行好法定职责，承担起法治建设中执政党和人民所赋予的任务。必须指出的是，这四个方面的内容仅仅是有关政治思维的一部分内容，论述得不周延、不准确之处还有待于进一步改进。

论检察官的法治思维及其养成

同振魁[*]　申飞飞[**]

自从党的十五大确立了“依法治国”的基本方略以来，法治问题就逐渐成为执政者与公众的聚焦点，有关法治的论文、专著、译作等法治文献数不胜数。但关于法治思维的问题，学术界与实务界一直鲜有关注。2012 年党的十八大报告指出“提高干部运用法治思维和法治方式深化改革、推动发展、化解矛盾、维护稳定的能力”。以来，有关法治思维的问题逐渐进入了学术界与实务界的研究视野。可人们对于什么是法治思维、法治思维有哪些特征以及什么是检察官的法治思维等问题仍鲜有研究。在党的十八大提出“全面推进依法治国”“法治是治国理政的基本方式”的背景下和修改后的刑事诉讼法、民事诉讼法等要求检察机关加强法律监督的前提下，有关检察官法治思维的研究必将成为学界与实务界的热点之一。在此，笔者不揣冒昧，现就检察官法治思维的相关问题进行探析。

一、法律思维与法治思维含义的考察

目前在执政者与研究者的视域中出现了两个概念，即法律思维与法治思维，人们关于法律思维的研究成果不仅要远多于法治思维的研究成果，而且对前者的研究也早于后者。对于这两个概念是否是同一概念，学术界鲜有研究。法律概念作为法律事实本质特征的反映，它是法学研究的重要起点；人们对法律思维与法治思维的正确认识、理解与合理运用涉及法治国家的推进程度。对此，笔者认为有必要加以研究。

关于什么是法律思维，主要有以下两种观点。第一种观点认为，法律思维是专属于法律职业共同体的思维。在该种观点中又有两种不同的认识。一种认识仅就法律思维的构成要素进行了分析，而没有指明法律思维与法治思维是否

* 陕西省西安市雁塔区人民检察院检察长。

** 陕西省西安市雁塔区人民检察院主任科员，法学博士。

是同一概念。比如，有的学者指出，法律思维就是“依循法律逻辑，以价值取向的思考、合理的论证，解释适用法律”。① 该学者对法律思维的界定虽然没有明确指出法律思维的主体是谁，但其实暗含了法律思维的主体是法律职业共同体。也有的学者在界定法律思维的概念时就直接使用了职业法律思维。“所谓职业法律思维，是指运用法律基础理论、专业术语、专业逻辑分析、综合、判断问题的认识过程。与行政思维相比，法官的职业思维具有中立性、被动性、独立性、形式性和单一性的特性。”② 上述两位学者对法律思维的界定都包含了三个要素，即法律逻辑、法的价值和法律方法。另一种认识不仅对法律思维的构成要素进行了分析，而且认为法律思维与法治思维是同一概念。比如，有学者指出，“法治思维，即法律思维，是人们思维的一种方式，具体指从事法治职业者的特定从业思维方式，是法律人（特别是法官、检察官和律师）在决策过程中按照法律的逻辑，法律所体现的正义标准，来思考、分析、解决问题的思维模式”。③ 第二种观点认为，法律思维不是法律职业共同体的专属思维，一般大众也可以具有该种思维。比如，有的学者指出，“法律思维，系指生活于法律制度架构之下的人们对于法律的认识态度，以及从法律的立场出发，人们思考和认识社会的方式，还包括在这一过程中，人们运用法律解决问题的具体方法”。④ 该种观点对法律思维的界定包含了法律方法，同时认为法律思维的主体是社会大众，而不仅仅指法律职业共同体。

《辞海》将思维概括为三种含义：（1）思考；（2）理性认识或理性认识的过程；（3）相对于存在而言，指意识、精神。⑤ 法律思维中思维的含义应该属于第二种含义。因为，法律思维不是一种简单的思考或意识，而是对法律问题的分析、认识、理性思考的过程。法律作为一种制度范畴，是一种实际存在的东西，是以权利、义务为基本构成要素，它的表征是规范性条文。简言之，法律是一种强制性规范。由此，笔者认为，法律思维是法律职业共同体根据法律逻辑，依据法律规范，对法律纠纷予以处理的认识过程。法律思维的主体之所以是法律职业共同体，主要是因为：其一，法律适用主体具有特定性，而且他们要经过专业的培养与训练；其二，法律职业共同体对法律的理解与适用通

① 王泽鉴：《法律思维与民法实例》，中国政法大学出版社 2001 年版，第 1 页。

② 周晓春：《法官职业法律思维：经验型法官向知识型法官过渡的桥梁》，载《中国律师》2000 年第 12 期。

③ 胡建淼：《法律思维与现代政府管理》，载《国家行政学院学报》2011 年第 3 期。

④ 谌洪果：《法律思维：一种思维方式上的检讨》，载《法律科学》2003 年第 2 期。

⑤ 辞海编辑委员会编：《辞海》（缩印本），上海辞书出版社 1980 年版，第 1676 页。

常会比普通大众更加准确、全面。有的学者已经认识到了这一点。比如，瑞士学者菲利普·马斯托拉蒂指出："仅仅靠没有受过专业训练的法律意识只能偶尔发现有关法律问题的部分解决办法，只有法理和方法论思维才能使表面的判断精确化和条理化。"①

那么，什么是法治思维呢？有人认为"法治思维是法治原则、法律概念、法学原理、法律方法以及一些法律技术性规定等在思维中的有约束力的表现"。"法治思维主要表现在法律实施的过程中，法律及其基本原则对人思想的影响。"② 有人认为"所谓法治思维，在本质上区别于人治思维和权力思维，其实质是各级领导干部想问题、作决策、办事情，必须时刻牢记人民授权和职权法定，必须严格遵循法律规则和法律程序，必须切实保护人民和尊重保护人权，必须始终坚持法律面前人人平等，必须自觉接受法律的监督和承担法律责任"。③ 上述两种观点的共同之处在于都强调了法治精神、法的规范性，同时认为法治思维的主体具有广泛性，而不仅仅局限于法律职业共同体。不同之处在于后一观点突出强调了领导干部作为法治思维主体的特殊性，这其实是由权力来源与权力行使的特殊性决定的。法治作为治国理政的基本方式，也是一种社会治理模式，它的表征是法的统治，注重对法的价值的追求以及对人的尊严和权利的维护。"法治究其本质而言，是要树立法律在社会中的最高权威，实现对权力的有效驯服，切实保障公民的自由和权利。"④ 上文中有的学者将法治思维与法律思维等同起来看待的观点是值得商榷的。该种观点之所以将法治思维与法律思维等同起来，可能是因为它没有认识到法治思维主体的广泛性，没有认识到法治概念的范畴比法律要大。

笔者认为，法治思维应有广狭二义之分。所谓广义上的法治思维，是指社会公众（当然包括法律职业共同体）依据法律规范和法治精神，对社会发展中存在的问题予以观察、分析、理性思考的认识过程。狭义上的法治思维，则是法律职业共同体依据法律规范和法治精神，对法律纠纷予以分析、判断与解决的过程。在目前的社会历史条件下，我们不能苛求所有的公民都应具有法治思维，但作为法律精英的法律职业共同体首先必须具有法治思维。因为法治社

---

① ［瑞士］菲利普·马斯托拉蒂：《法律思维》，高家伟译，载郑永流主编：《法哲学与法社会学论丛》(6)，中国政法大学出版社2003年版，第3页。

② 陈金钊：《对"法治思维和法治方式"的诠释》，载《国家检察官学院学报》2013年第2期。

③ 袁曙宏：《全面推进依法治国》，载《十八大报告辅导读本》，人民出版社2012年版，第221页。

④ 梁迎修：《理解法治的中国之道》，载《法学研究》2012年第6期。

会的培育与形成必须有全体民众对法律的信仰，而法律信仰的形成必须依靠法律职业共同体通过法律适用中的点点滴滴法律行为加以示众，尤其是法官、检察官更应通过案件的公正处理消除人们对司法不公的满怀忧虑，树立司法权威，提高司法公信力。“一套精巧、复杂的技术性架构，如果没有深刻的思想支撑着，就是一堆毫无价值的精神性垃圾。”① 因此，法律职业共同体必须秉承法治理念，培养法治思维，承担起法治社会建设的历史重任。通过对法律思维与法治思维的粗略研究，我们可以看出法治思维应当属于法律思维的上位概念。法律思维的重心在合法与非法之分，而法治思维不仅专注于合法与非法之分，也关注法律的合理性；法律思维专注于规则的普遍性，而法治思维不仅关注法律规则的普遍性，也关注法律原则的灵活性；法律思维是法律职业共同所具有的思维，而法治思维不仅是法律职业共同体具有的思维，也是社会大众应具有的思维。

二、检察官法治思维的含义与特征

狭义上的法治思维根据思维主体的不同，可以分为法官法治思维、检察官法治思维、律师法治思维、法学家法治思维等。法治思维之于检察官而言，它不仅是一种工作方式，一种基本素养，一种职业态度，一种生存状态，更是一种确保法律准确实施、确保依法治国理念得以形成与彰显的必要方式。检察官法治思维之所以不同于其他法治思维主要是由思维主体自身所承担的任务不同决定的。检察官法治思维就是指检察官在法律监督中，依据法律规范和法治理念，对案件或与案件相关问题进行分析、处理的过程。

检察官法治思维既然作为法治思维的一种，它除了具备法治思维的基本特征以外，还具有自己独特的特征。

第一，检察官法治思维的法律监督性。我国宪法关于检察机关是国家法律监督机关的定位，决定了检察机关的法律监督属性。同时，《刑事诉讼法》、《民事诉讼法》、《行政诉讼法》、《人民检察院组织法》等又专门细化了检察机关具体的法律监督职权，这些都为检察机关履行好法律监督者的角色提供了可靠的依据与手段。任何思维都有一定素材，凭空想象的思维得出的结论都是不可靠的。既然检察官被依法赋予了相应的法律监督职权，那么检察官在案件的办理中，就要根据案件事实和客观的法律关系，依据法律逻辑、法律规范与法治理念等进行分析、处理问题。有学者指出“创设检察官制度的最重要目的之一，在于透过诉讼分权模式，以法官与检察官彼此监督节制的方法，保障

① 陈波：《逻辑哲学导论》，中国人民大学出版社2000年版，第123页。

刑事司法权限行使的客观性与正确性”。同时，“创设检察官制度的另外一个重要功能，在于以受严格法律训练和法律拘束的公正客观的官署，控制警察活动的合法性，摆脱警察国家的梦魇”。[①] 其实，法律监督权设置的本质就是为了分权与制衡，它具有天然的权利保护属性。因此，检察官无论在办理案件中，还是在与其他部门的工作配合中，一定要形成具有法律监督意识的法治思维。只有坚持这种法治思维，才有可能杜绝冤假错案，才有可能树立司法权威。

第二，检察官法治思维的程序性。公安司法人员在办理案件中都要严格遵守法定的程序，但检察官更应该具有严格的程序意识。这是由检察官的法律监督者角色决定的。1996 年刑事诉讼法修改前，检察官往往注重对实体正义的追求，而忽视了程序正义；1996 年刑事诉讼法修改后，虽然程序正义得到一定程度的彰显，但程序正义理念仍然未深入检察人员的内心，从而导致出现了不少侵害当事人诉讼权利的现象，给司法权威与司法公信力造成了极大的危害；随着2004 年我国宪法将“国家尊重和保障人权”写入宪法以及2012 年刑事诉讼法修正案的通过，程序正义的理念在整个司法机关被有效吸纳。在一定程度上讲，程序正义彰显是与法治相伴而生的。因为公正合理的程序是法治社会形成的重要标志之一，程序正义也只有在法治社会才能具有旺盛的生命力。

第三，检察官法治思维的客观性。检察官法治思维的客观性是指检察官在办理案件时，必须站在客观的立场上，依法追求案件事实的真相，不偏不倚地全面收集证据、审查案件、进行诉讼。检察官法治思维的客观性在本质上是由检察权的客观性决定的。检察官作为公诉人代表国家提起公诉，他们的重要任务之一就是依法追诉犯罪，保护被害人的合法利益及维护正常的社会秩序，但我们千万不能因为检察官具有追诉职责就轻易抹杀了检察官保护人权的重要使命，即不仅要保护被害人及国家的利益，也要注意保护被告人的合法权益。如果检察官单纯追求对被告人的惩罚，而忽视了对被告人正当权利的保护及其回归社会的问题，那么这样的追诉与赤裸裸的暴力几乎没有多大区别。因为惩罚犯罪与预防犯罪都是当代及今后刑事法治不可偏废的两翼。

第四，检察官法治思维的谦抑性。有人认为检察权的谦抑性，即克制性、妥协性、宽容性。其中克制性指检察机关启动了刑诉程序后，能不用严厉强制措施就尽可能用比较轻缓的；妥协性指在刑事诉讼活动中，检察官要使当事人双方尽可能做到平等对话、平等协商、诚信合作；宽容性指检察官在处理案件时，要体现法律的宽容原则，要把谦抑所蕴含的人的价值作为一种内在的精神

---

① 林钰雄：《刑事诉讼法》，中国人民大学出版社 2005 年版，第 16—17 页。

追求。[①] 笔者对此持赞成意见。检察权的谦抑性决定了检察官法治思维的谦抑性，这种谦抑性要求检察官在处理案件的过程中，要贯彻“和谐法治”的理念，即不能一味地追求惩罚犯罪，而要兼顾案件的法律效果、社会效果与政治效果的有机统一。同时，检察机关应把检察监督的范围严格限定于法律主体违反法律且损害社会公共利益的行为，如果法律主体违反了法律，且侵害了公民个人利益，而公民放弃权利救济又不构成对公共利益的损害，则检察权就不能强行干预。

第五，检察官法治思维的事后性。检察官法治思维的事后性指只有当法律规定的属于法律监督的情形出现后，检察官才能启动法律监督程序，实施监督行为。检察官法治思维的事后性是由检察机关法律监督的属性决定的。无论检察官在审查批捕阶段对公安机关移送的提请批捕材料进行审查，还是在审查起诉阶段对公安机关移送的起诉意见材料进行审查，或者检察官出庭支持公诉，都会涉及检察官依据具体的法律规定与法治理念对侦查机关侦查行为合法性的审查，或者涉及对法院审判行为的监督，这些都是检察官法治思维事后性的表现。检察官法治思维的事后性要求检察官在履行法律监督的过程中，一定要遵循法定的监督程序，而不能根据个人情感，随意滥用监督权，同时也要注意监督的现实效果。

三、检察官法治思维的养成

“在一个社会中，法治能否取得成功，直接依赖于该社会的公共决策者和私人决策者是否普遍接受了与法治理念相适应的思维方式，是否能够按照这种思维方式去形成预期、采取行动，评价是非，是否肯于承认并尊重按照这种思维方式思考问题所形成的结论，尤其是在此种结论与自己的意愿、计划和利益相抵触的时候。”[②] 该学者关于法治思维之于法治社会重要性的观点，再一次使我们认识到检察官法治思维之养成对于法治国家生成的重要性。但检察官法治思维的养成不是一蹴而就的事情，这就要求检察系统应把检察官法治思维的培养作为一个系统工程，常抓不懈。具体而言，检察官法治思维的培养主要应从以下几个方面进行。

---

① 参见刘佑生：《客观 平和 谦抑 持衡——和谐语境下的检察官职能的定位》，载《人民检察》2003 年第 23 期。

② 郑成良：《论法治理念与法律思维》，载《吉林大学社会科学学报》2004 年第 4 期。

（一）法治理念的提升

法治，“固然取决于一系列复杂的条件，然而，就其最为直接的条件而言，必须存在一种与之相适应的社会思想方式，即只有当人们能够自觉地而不是被动地、经常地而不是偶然地按照法治的理念来思考问题时，才会有与法治理念相一致的普遍行为方式”。① 法治思维不仅需要法律逻辑与法律方法，更需要法治理念的主导。长期以来在检察系统存在的“一把手”思维，或者说是政治思维，即检察官办理的案件必须遵循领导的意志，而领导作出处理决定又必须考虑本辖区或上级领导的意见，说到底，这是一种把权力作为核心问题的思维。该种思维把政治问题放在处理纠纷的首要地位，而把法律问题放在次要地位，这是人治思维的一种表现，是阻碍法治社会生成的思维，是把法律作为统治社会工具的思维。这种思维是缺乏法治理念主导的思维。有学者曾深刻指出，检察体制中离政治层距离越近的官员，越容易与政府同进退、共命运、戮力同心，他们的行事准则远没有经过严格受合法性锻炼及受客观性义务约束的检察官更有免疫力，在业务处理上，也远远不如依良心及法律行事的个别检察官精干。② 当下，在党中央与国家不断强调要推进法治国家建设进程的背景下，作为法律职业共同体一员的检察官，不论是检察长还是一般检察官，他们都必须加强法治理念的培养，不断提高自己的法治理念，只有这样他们才能在法治建设中承担起监督法律准确实施与维护司法公平正义的任务，也唯有如此，他们才能当好法治守护人，才能早日实现我国的“法治梦”。

（二）检察职业伦理的养成

“规则主要体现了对某些绝对禁止的行为的约束，更多地表现为非语境化的强制性。由于规则是普遍的、非人格化的，因此，面对具体的语境时，人们难以恰当地把握规则的要求，难以把规则应用于处理现实问题。故而，个体要提升对规则之要求的把握能力，往往要强化自身的美德素养。”③ 任何法律规则都难以摆脱其固有的机械性或僵化性，唯有依靠法律职业群体自身的职业道德或操守，才能在某种程度上克服法律规则自身的局限性。职业伦理是由职业的特殊性与主体的特殊性决定的伦理道德规范体系。检察官的职业伦理是反映检察工作的特点和要求，体现检察官的职业品质、价值追求、道德情操、道德

① 郑成良：《论法治理念与法律思维》，载《吉林大学社会科学学报》2004 年第 4 期。

② 参见林钰雄：《检察官论》，法律出版社 2008 年版，第 33 页。

③ 谢惠媛：《美德与规则——从道德训诫方式的转变看现代道德中心问题的转换》，载《甘肃社会科学》2012 年第 6 期。

规范的职业伦理体系。它是检察职业身份对法治社会所肩负的道德责任与义务使然。近年来，在司法实践中出现了不少冤假错案，虽然其中的原因很多，但这与司法人员包括检察人员的职业伦理素养较低、执法理念有偏差等是不无关系的。检察官法治思维的培养需要不断加强检察官职业伦理的建设。因此，我们要把检察职业伦理建设当成检察工作专业化建设的重要内容来抓，而不能只注重业务建设。2002 年最高人民检察院发布了《检察官职业道德规范》，并明确提出检察官职业道德的八字规范，即“忠诚、公正、清廉、文明”。这八个字十分准确地概括出了检察官应有的职业操守。有学者对检察官职业道德八字规范进行了解释，认为忠诚是检察官职业道德的政治与法律基础，公正是检察官职业道德的核心要求，清廉是检察官职业道德的人格和纪律要求，文明是检察官职业道德的思想和业务根基。① 该学者对检察官职业道德八字规范的解释可谓精准。但目前不少检察官还没有真正吸纳其中的精髓。这就要求检察系统应加大对检察职业伦理的培训与教育，不断推出先进典型，加强职业道德的内化，争取使每个检察官可以把本群体的职业道德规范应用于案件办理或处理与案件相关的问题中。

（三）专业技能的培养

“一般来说，知识越丰富，主体所具备概念体系越复杂和完善，相应地在此基础上建立起来的思维方式也就越复杂和完整，任何思维方式都必须以一定的知识作为其出发点和基本要素。”② 当前，我国检察系统检察官的专业素养与 21 世纪初期相比可谓进步明显。这不仅反映在有不少经过法学专门训练的人员已经充实到了检察队伍，而且检察队伍的学历层次也有较为显著的提高。比如，目前西部某省某区基层检察院全院本科以上学历以达 93%，研究生以上学历达 39%，而 2001 年全院本科生的比例不足 25%，研究生比例为零。据笔者了解当前不少检察院都是通过在职研究生教育这种形式来提高干警的学历层次，有的地方通过这种学历教育形式在一定程度上充实了干警的专业知识水平，但也有不少地方只是单纯地追求提高学历层次，而忽略了提高学历的本真诉求，即充实专业知识。因此，真正的专业素养不是单纯靠提高学历层次来实现的。“法律是一种活动，而不是一个概念或一组概念。”③ 因此，检察机关在今后对干警的专业培训中应坚持理论与实践并重的思路，而不能片面地追求一

① 参见王艳敏：《检察官的职业道德建设》，载《检察官学院学报》2009 年第 5 期。

② 陈中立：《思维方式与社会发展》，社会科学文献出版社 2001 年版，第 135 页。

③ ［美］理查德·A. 波斯纳：《法理学问题》，苏力译，中国政法大学出版社 2002 年版，第 573 页。

些“形式化的高学历”，比如，可以举行经典图书阅读、专题业务沙龙、专业竞赛等多种形式来提高、充实干警的专业知识。这种多样化的培训才有可能逐渐培养起来干警专业思维的能力。

检察官法治思维及其养成

常 艳*

在当今社会，奉行法治原则已成为鉴别一个国家是否文明进步，考量社会是否公平正义的重要评价指标之一。党的十八大报告明确提出了全面推进依法治国的目标和基本要求，贯彻法治原则，提高领导干部运用法治思维和法治方式深化改革、推动发展、化解矛盾、维护稳定能力。运用法治思维，全面推进依法治国，不仅是对领导干部领导能力的一项新要求，更是对全体检察人员在新的历史时期全面提升职业素质和能力的一项新的更高要求。

一、法治思维的提出

党的十八大报告对领导干部法治思维能力的提出，是在对我国法治建设总结和发展基础上的重大创新。党的十五大报告在首次提出依法治国原则的基础上，提出要着重提高领导干部的“法制观念”。党的十六大报告中强调要增强公职人员的“法制观念”。党的十七大报告提出深入开展法制宣传教育，“弘扬法治精神”，形成自觉学法守法用法的“社会氛围”。党的十八报告中提出了领导干部运用“法治思维”的能力，并针对性地运用于“深化改革、推动发展、化解矛盾、维护稳定”四个基本方面。

（一）从法制观念到法治思维

从“法制观念”到“法治思维”，是由“法制”到“法治”的发展，体现了理论内涵的重大创新。就一般意义而言，法制强调法律和制度，是包括立法、执法、司法、守法和对法律实施的监督等各个环节构成的一个系统。而法治则是强调通过法律对国家和社会事务的管理，是与人治直接对立的治国原则。具体而言，首先，两者属于不同的范畴。法制是与专制相对的制度，核心是法律制度，属于制度范畴；法治是与人治相对的治国原则，指按照符合民主原则的精神治理国家的一种理论原则的方法，属于原则范畴。其次，两者着重

---

* 国家检察官学院办公室主任、教授，法学博士。

点不同。法制要求法律和制度的健全和完备及法律和制度在社会生活中得到遵守和实现，其关注的焦点是“秩序”；法治强调的是依法治理。在我国，人民是权力的主体，人民以法来约束监督治理国家，其关注的焦点是“有效地制约和合理地运用公共权力”。概括而言，法治主要包含四方面核心内容：其一，法治是一种宏观的治国方略，是现代国家治理的重要方式。法治，即法律之治，是一种理性的办事原则。法律制定后，任何个人、组织和活动都应受法律的约束，任何个人、组织不得以任何理由违背法律。其二，法治与民主相联系，民主是政治文明的重要体现，是人类社会进步和政治文明发展到一定历史阶段的标志。法治是民主的基础和保障，离开了法治，便没有真正的民主。其三，法治的根本要求是对权力进行强有力的约束。法治国家的共同特征在于对公共权力始终保持着高度的警惕，使公权力的行使得到有效的规制。法治可以协调国家机构的权力平衡，可以规范政府与公民的行为，可以有效地保障国家机关按照法定权限和程序行使权力。公职人员必须严格遵循法律规则和法定职权，必须时刻牢记权力是人民授予的，必须依法行使公权力，自觉接受监督，使得国家管理运转顺畅。其四，法治的核心内容是尊重和保障人权。法治社会的一切施为，均应以人为本。对人的尊严价值的维护，是法治国家和法治社会的重要标志之一。遵行法治就是要切实保护人民权利和尊重保障人权。人权保障是法治一项重要的原则，也是司法文明进步的一个重要的标志。

从“法制观念”到“法治思维”，体现了由“观念”到“思维”的深化，是对素质和工作能力提升的创新。观念包括理念、思想、理论、价值观念等，法制观念体现了人们对法律及法律制度的认识和反映。思维是主体对信息进行的能动操作，如采集、传递、存储、提取、删除、对比、筛选、判别、排列、分类、变相、转形、整合、表达等。[①] 作为高级的心理活动形式，思维是人脑对信息的处理包括分析、抽象、综合、概括、对比系统的和具体的过程。思维是人类借助语言，运用知识，通过一定逻辑程序，以达成认识和实践的活动。人们通过思维，形成观念，获得知识，养成精神，最终体现为行动方式。[②] 思维方式是人们大脑活动的内在程式，它对人们的言行具有决定性作用。[③] 法治思维则是运用法治原则进行分析、综合、概括和处理问题的模式，它强调了主体在采集、传递、提取、筛选、判别、表达等能动操作时基于法治原则，体现

① 参见 http：//baike. baidu. com/view/17753. htm。

② 陈乃新：《经济法理性论纲——以剩余价值法权化为中心》，中国检察出版社 2004 年版，第 309 页。

③ 参见 http：//baike. baidu. com/view/17753. htm。

法治精神和法治内涵。简言之，就是以法治作为判断是非和处理事务标准的思维。从观念到思维的过程是感性认识到理性认识的升华，对公职人员，包括检察人员的素质和工作能力提升赋予了更具时代性的更高的要求。

（二）从法律思维到法治思维

思维分广义的和狭义的，广义的思维是人脑对客观现实概括的和间接的反映，它反映的是事物的本质和事物间规律性的联系，包括逻辑思维和形象思维。而狭义的即通常的心理学意义上的思维专指逻辑思维。[①] 形象思维与逻辑思维（理论思维）是两种基本的思维形态，理论思维是以科学的原理、概念为基础来解决问题的思维活动。形象思维是或然性或似真性的思维，思维的结果有待于逻辑的证明或实践的检验。[②] 法律思维是法律职业者借助语言所进行的理性认识过程，是法律职业技能中的决定性因素，更侧重于逻辑思维。法律职业者在从事法律活动时具有的自主性是基于相同的知识和专长为背景所形成的法律思维而产生的。概括而言，法律思维作为一种职业思维具有以法律语言为思维语言、以“崇尚法律”为思维定势、以“恪守公正”为价值取向、以理性主义为指导的经验思维，法律思维是法律人的职业特征和法律职业共同体的联结纽带。[③] 法律思维主要具有以下特点：一是通过程序进行思考；二是遵循向过去看的习惯，表现得较为稳妥，甚至保守；三是注重缜密的逻辑，谨慎地对待情感因素；四是追求程序中的“真”，不同于科学中的求“真”；五是判断结论总是非此即彼，不同于政治思维的“权衡”特点。[④] 由此可见，法律思维是法律职业人基于法律工作的职业特质要求，经过职业训练养成的专业性思维定式，其中包含了以理性的情感作为逻辑推理的前提和以特定的逻辑进行推理的认知、判断模式。

法治思维则包含了更为丰富的内涵，即民主原则的基础、规制公共权力的核心、尊重和保障人权的目的以及依法办事的规则等。对于检察官而言，法律思维是从事检察工作的职业技能，检察官的法律思维表现为检察官的法律意识、法律观念或态度的自主性。法治思维则是反映了符合推进法治国家进程实践的主导性思维规则和思维方式，是检察官在法治国家中角色所决定的运用法

---

① 参见 http：//baike. baidu. com/view/17753. htm。

② 参见 http：//baike. baidu. com/view/407874. htm。

③ 石旭斋：《法律思维是法律人应有的基本品格》，载《政法论坛》2007 年第 4 期，第 117 页。

④ 张文显主编：《法理学》（第 3 版），高等教育出版社、北京大学出版社 2007 年版，第 263—264 页。

律思维、践行法治内涵的思维方式，更侧重于广义的思维，是检察官对法治国家现实概括的和间接的反映，反映了对法治的本质和规律性联系的认识。在法治国家中，由检察官特殊的职责决定了在我国全面推进法治国家的进程中，法治思维是检察官将对法治的认识抽象成概念、原则，运用法治的概念和原则进行判断，并按照一定逻辑关系进行推理，从而形成新的认识和判断。法治思维是检察官捍卫法治，履行法律监督职责的底线思维。

对检察官而言，从法律思维到法治思维是对思维方式的更高要求。厘清法治思维与法律思维之间的相互关联，对强化法律思维，树立法治思维具有重要的意义。首先，法治思维决定着法律思维。法治思维是建立在对法治内涵和法治要素的认知与实践基础上的，法治内涵和法治要素决定了法治国家的法律职业人群的存在和存在价值以及基本职责，也决定了法律职业人在专业工作中应秉持的基本思维。可见，法治思维需要通过法律思维作为手段并予以实现。其次，法治思维保障着法律思维。检察官在法治国家担当着重要的角色，仅仅具备法律思维是远远不够的。一般而言，运用法律思维并不一定就具有法治思维，而具有法治思维则能促使检察人员自觉运用法律思维。最后，法治思维制约着法律思维。缺乏法治内涵和法治要素的法律思维是难以真正实现法律和法治公平正义价值目标的。毋庸置疑，法治思维对法律思维的运用及其价值目标的实现，具有重要的功能和价值。

二、检察官法治思维的基本内涵

检察官在法治国家中担当着重要的角色，代表国家追诉犯罪，维护国家、公民的利益和权利，监督违法，保障国家法律统一正确实施，法治思维是检察官履行法律监督职责的底线思维。树立法治思维对检察官更好地秉持法律思维具有重要的意义。在现阶段，检察官的法治思维主要包括以下方面：

一是以人为本，坚持权利保护。以人为本，关注人的生存，尊重人的价值，保障人权是法治社会文明的重要表现。修改后的刑事诉讼法将尊重和保障人权写入总则，并在证据制度、强制措施、辩护制度、侦查措施、审判程序、执行规定、特别程序等诉讼制度及程序规则的修改中全面体现了尊重和保障人权。检察人员要严格按照法律规定办案，把人权保障贯穿于执法办案始终，尊重犯罪嫌疑人、被告人的人格尊严，充分保障当事人知情权、辩护权、申诉权等诉讼权利。同时，还要依法履行法律监督职责，及时纠正其他司法机关在诉讼活动中侵犯人权的行为，加强对当事人特别是犯罪嫌疑人、被告人合法权益的保护。

二是坚持权力法定，依法行使检察权。对于检察人员而言，坚持权力法定就是要严格依法行使检察权。严格依法行使检察权，既是依法治国的基本要求，也是检察权行使的一项基本原则。它体现了法律监督职能的基本特点，也是检验检察机关和检察人员行使检察权正当性的基本标准。严格行使检察权是指检察机关必须在法定职权范围内，按照法律规定的程序行使检察权。它要求检察机关的职能活动严格限定在法律规定的范围内并在法律的轨道上进行，无论是检察权行使的对象，还是检察权行使的手段和方式，都必须具有法律的依据。① 检察权是由宪法和法律赋予的，检察权的行使必须以宪法和法律规定为界限，要严格按照法律程序进行，检察权的行使必须具备程序合法性。刑事诉讼法和行政诉讼法规定了人民检察院对于诉讼活动实行监督的原则和程序，民事诉讼法同时规定了人民检察院对民事审判活动实行监督的原则和程序，检察权作为一种程序性权力，必须严格按照程序性规定行使，从而保证法律监督的效力。

三是约束权力行使，自觉接受监督并加强自我监督。任何公共权力都是有边界的，都必须在法律的框架内行使，检察权也不例外。检察权在本源意义上属于人民所有，检察机关、检察官只是代表人民行使检察权。检察机关首先要自觉接受监督。我国《宪法》第2条明确规定，中华人民共和国的一切权力属于人民。人民依照法律规定通过各种途径和形式，管理国家事务，管理经济和文化事业，管理社会事务。而检察机关作为国家专门的法律监督机关，同样也是受到监督和制约的机关。对此，《检察官法》第8条规定，检察官应当履行接受法律监督和人民群众监督的义务。接受监督是检察机关和检察人员的一项法定义务，同时也是检察权得以正确行使的重要保证。检察机关要自觉接受外部监督，包括接受党委的领导和监督；接受人大及其常委会的监督；接受政协的民主监督；接受公安机关、人民法院的法定部门的外部监督制约；接受群众和舆论的监督及人民监督员的社会监督。其次，检察机关和检察人员要强化自身监督，牢固树立监督者更要自觉接受监督的权力观，将自身监督放在与强化法律监督同等重要的位置，不断强化廉洁从检意识，确保公正执法、廉洁用权。

四是坚持有权必有责，滥用必追究。要树立正确的权力与责任的意识和观念。检察工作的方方面面都与人民群众的切身利益密切相关，权力越大，责任则越重。权力靠责任来约束，责任靠权力来履行和落实。权力是一把“双刃剑”，公正地行使权力可以伸张正义，为民造福；不当行使权力，就会损人利

① 参见最高人民检察院政治部编：《检察工作发展理念和执法理念讲义提纲》，中国检察出版社2012年版，第198页。

己，祸国殃民。因此，树立正确的权力观，就是要正确处理权力与责任的关系，珍惜人民赋予的权力，确保用于为人民谋利益，而不能滥用职权，以权谋私。① 对于检察人员不正确履行职责甚至滥用检察权、以案谋私、贪赃枉法的行为必须依法追究责任，从而确保检察人员依法规范地行使检察权。

五是坚持平等思想，防止特权思想。党的十八大提出“逐步建立以权力公平、机会公平、规则公平为主要内容的社会公平保障体系”，强调用平等的原则反对特权。司法是正义的制造者，在维护公平正义方面同样具有独特的不可替代的价值和功能。一定意义上，检察官不仅参与正义的生产行为，还要参与对司法不公的矫正行为。作为法律监督者，检察官在追求正义实现的过程中，是现代刑事司法体系正义捍卫者，要不畏权势，追究犯罪者，保护被害人的正义。同时，检察官又是一个司法体系的正义捍卫者，其作为国家和人民的公益的代表者，要维护国家法律统一正确的实施。坚持平等就是要求检察人员在行使检察权，处理具体案件时要平等地适用法律，对所有公民的合法权益平等地予以保护，对所有公民的违法或犯罪行为，一律平等地依法追究法律责任。同时，检察官必须遵守宪法和法律，不得有超越宪法和法律之上的特权。

三、检察官法治思维养成的路径

人之思维的过程，也就是信息内容的处理过程。其中包括：对信息的接收、加工、储备与传递的过程。思维的形成过程包括：内在的传递和外在的传递。② 思维的形成就是获取感觉、认知，并将其外现为动作、表情、话语、行为的过程。因此，人的思维的养成也要遵循思维形成规律，主要通过两种基本途径，一是接受内在的传递，形成认知。即通过学习、环境熏陶、榜样示范、宣传灌输等方式接收、储备和传递获取的感觉、认知和信息内容。二是完成外在的传递，进行实践。即通过在学习、工作、生活中逐渐扩展认知，深化认知并使用信息内容，完成外在的传递过程，使其定型并固化为行为模式。一般而言，检察人员法治思维的养成只要通过以下路径予以实现。

（一）强化法治意识，提升职业素养，不断培植法治思维

首先，要重点加强对检察官的法治教育、培训，从而形成对法治共同的认知和追求，形成构建法治社会的终身职志。基于主体的不同，思维普遍存在差

---

① 参见最高人民检察院政治部编：《检察工作发展理念和执法理念讲义提纲》，中国检察出版社 2012 年版，第 119 页。

② 参见 http：//baike. baidu. com/view/17753. htm。

异性，主要表现为思维形式、思维方式、思维规律和思维的深广度和疑难程度方面的不同。鉴于思维的普遍差异性，培植检察官的法治思维要着眼于强化检察官形成共同的认知、判断，乃至同质性思维。共同的法治意识，即对于法治共同的思想、观点、知识和心理是法治思维形成的基础。党的十八大报告在论述全面推进依法治国时，将法治作为治国理政的基本方式。检察官作为法治国家的建设者、维护者，应以追求法治、实践法治作为职业依归，以构建法治社会为己任，并终其一生来追求法治这一核心价值。

其次，要提升检察官的职业素养，强化检察人员运用法治思维的自觉性。要通过开展多种形式的宣传，加强思想教育活动，使检察人员树立共同的法治精神和职业信仰、职业思维。其中，开展主题教育实践活动对检察人员提升职业素养，形成共同的法治思维具有重要作用。在不同阶段，要根据检察工作面临的新形势、新任务和国家与社会对检察工作的新要求，明确主题，进行主题教育。开展主题实践活动对检察人员统一思想，提高认识，增强职业素质，提升法治思维具有重要的指导意义。近年来，中央政法委相继部署了社会主义法治理念教育、“大学习、大讨论”、“发扬传统、坚定信念、执法为民”主题教育实践活动。最高人民检察院深入开展了“恪守职业道德、促进公正廉洁执法”主题实践活动与检察工作“大局观、核心价值观、执法观、业绩观、权力观和发展观”宣传教育实践活动以及以为民务实为内容的群众路线教育实践活动。应该说，每一次教育活动，都是对检察人员职业精神和法治思维与素养的全面提升和强化。这些活动对检察人员进一步铸造“忠诚”品格，坚定理想信念、强化“公正”理念、树立“清廉”意识、倡导“文明”观念，为廉洁从检、文明执法和司法公正提供了强大的精神动力，奠定了坚实的思想基础和政治素质。对促进检察人员坚定政治方向、端正执法理念、提高执法能力、强化自身素质、提升法治思维、推动检察工作科学发展发挥了重要作用。

最后，要加强检察官职业道德建设，夯实形成法治思维的职业基础。检察官职业道德不仅对法律思维的形成，对法治思维的养成具有重要的价值。检察职业道德反映了检察职业特点和要求，体现了检察官职业品质和荣誉的理想信念、价值追求和道德情操，是对检察人员思想和行为的基本要求。检察官职业道德是职业的构成要素之一，是社会主义道德体系的重要组成部分。恪守检察职业道德是检察人员铸造“忠诚”品格，坚定理想信念，树立和弘扬法治精神和法治思维的思想基础，也是保障检察人员正确履行职责的前提和基础。同时，加强检察官职业道德建设的重要内容之一是要强化检察人员人文精神，形成法治思维的职业素养。坚持以人为本，就是要体现人文精神，要求检察官在从事检察工作中应注重借鉴和吸收传统文化的精髓，将传统文化中的“民为贵，君为轻”的民本思想与现代法治的“人权保障”思想有机结合起来。检察人员的法治思维与检察实践是相辅相成、相互促进的关系，蕴含法治原则和法治精神的法治思维为检察实践提供强大的动力。检察工作应强调并贯彻以人为本，检察人员负有尊重和保障人权的法律义务。检察人员在检察活动中应自觉维护人民群众合法权益，关注民生，服务群众既是检察工作的出发点和落脚点，也是加强检察人员法治思维应弘扬的精神内涵。

（二）强化法治实践，完善制度，以规范的执法行为引领法治思维的养成

思维的前提是人们已经形成或掌握一定的概念，掌握并运用概念加以分析、综合、比较，从中抽象出共同的、本质的属性或特征加以归纳。思维的间接性决定了思维凭借知识和经验对客观事物进行间接的反应，并且能够更好地反作用于实践，指导实践。检察官的法治思维是以检察制度和检察权的概念性认知为基础、为前提的，以检察制度和检察权的本质属性和特征为基础形成的思维作用于检察实践的同时，检察实践则对思维的养成具有重要的引领作用。首先，通过完善制度，规范法治实践，即通过检察制度和规范执法行为来实现对检察活动实践主体（检察官）的规范。其次，通过完善相应的执法规范和制度实现对实践客体（检察官行为）的规范。以制度和规范引领检察人员在检察实践活动，使其形成相对固定的行为模式，这种行为模式中的一个重要内容就是检察官依据法治思维对实践进行选择，从而使执法行为更合理、更合法地进入实践领域，促使检察人员按照法治思维进行有目的、有意识的、合乎法治原则和法律规范开展能动行为。

强化法治实践，要求检察人员严格依照法律规定和执法办案制度、规范、标准开展执法办案工作。规范执法是检察机关法律活动正常开展、法律职权得以正确履行的基础，因此，检察人员规范的执法行为是检察制度和检察权能否正确运行的核心与关键。当前，加强检察人员法治思维的养成，应以加强并完善制度建设作为着力点。首先，要抓好《检察职业行为基本规范（试行）》、《检察机关文明用语规范》和《检察机关执法工作规范》的贯彻实施，注重规范检察执法行为，突出重点岗位和关键环节，将各种规范要求融入执法办案流程、岗位职责和办案质量标准中。其次，要不断完善制度，建立集立案、办案、审批、查询、监督于一体的执法办案管理监督系统，使每个检察人员从立案、办案、结案、归档各环节，做到严格依法履职，遵守工作礼仪，接待当事人态度端正、坚持文明礼貌用语，开庭时着装规范、纪律严肃。要抓好法律文书制作和卷宗，使每一起案件都能体现法治思维的内涵，力求通过每一个案件的公正办理彰显和弘扬法治精神。此外，要不断完善检察职业保障，建立健全相关的保障机制、监督机制、预防机制及奖惩机制。同时，要制定完善的检察

廉政制度，对检察人员恪守职业道德、遵守工作纪律等情况加强督察。通过实施廉政建设系统工程，整合人民监督员、党风廉政建设监督员、人大代表、政协委员的监督力量，构建全方位、多渠道、社会化的监督机制和体系。

（三）拓展培育法治思维的载体，打造形成法治思维的氛围

语言或言语是思维的符号载体。思维先于语言，语言又可以通过抽象化的作用来帮助思维的发展。语言、言语与思维有着密切的联系。首先，语言、言语是人类交流的工具，也是思考的主要工具，是思想的直接实现。语言和言语是思维最合适的“物质外壳”，思维必须领先词句与言语表现，思维的最后结果都必须以此举作为它的承担者。实践证明：言语能促进人的思维和思维品质的发展。① 同时，语言是一种社会现象，是使人与文化融合一体的媒介，语言和文化相互依赖、相互影响。思维离不开语言，也离不开文化，拓展语言载体、构建检察文化是打造形成法治思维的氛围重要平台，通过对蕴含法治内容的检察文化进行挖掘、整合，可以不断探索提升法治思维的载体，提升、培育检察人员的法治精神。

首先，树立榜样模范示范并注重挖掘优秀人物运用法治思维的先进事例。优秀检察文化作品是弘扬法治精神和法治思维的重要载体。近年来，如《女检察官》等一批优秀影视作品，深受广大检察干警和人民群众的喜爱，在社会上产生了广泛影响。这些优秀作品具有较强的艺术性观赏性的同时，也充分体现了检察人员身上的法治精神。先进典型在生动诠释法治思维的同时，也成为法治思维传播的优秀范例和重要媒介。多年来，全国检察机关涌现出了方工、张章宝、蒋汉生、王书田、李树德、林志梅和葛海英等一大批模范人物。在他们身上集中体现了检察干警不怕牺牲、无私无畏、顽强拼搏、甘于奉献的优秀品格，也彰显了检察官廉洁从检、公正执法、廉洁用权，坚持权利保护，树立正确的权力与责任的意识和观念。同时，也集中体现了忠诚、为民、公正、廉洁的核心价值观。榜样的力量是无穷的，运用优秀检察官作为榜样进行法治精神和美德的弘扬和培育，用他们的模范行为、先进事迹等形象地感染检察人员，是对检察人员进行法治思维培育的有效方式。

其次，开展丰富多彩、积极向上的蕴含法治思维的检察文化活动，潜移默化地培育检察人员的法治精神和高尚人格。丰富多彩、积极向上的检察文化活动能够对检察人员的精神起到潜移默化的培育作用。主要包括：一是举办讲座、论坛和沙龙等。各种主体的讲座、论坛、沙龙是检察文化的重要组成部分，为检察人员提供了一个传播检察文化、交流学术、提升智慧的平台，是广

---

① 参见 http：//baike. baidu. com/view/17753. htm。

大检察人员的法治素养、人文精神、法治思维得以提升的重要途径。二是借助现代媒体传播。语言和知识信息的传播离不开一定的传播媒介，法治精神及法治思维在检察机关和检察人员中的影响与传播也需要一定的传播媒介。其一，要高度重视现代大众媒体传播在检察人员法治精神和法治思维养成中的作用。其二，要充分发挥党团组织等组织传播在法治精神和法治思维中的作用。组织传播的目的在于促进组织目标的实现，应充分发挥党、政、工会、团组织进行法治思维和法治精神教育的作用，使检察人员共同参与日常事务及重大问题的知情权、发言权和决策权，形成具有良好凝聚力、向心力的队伍。通过塑造检察人员的法治精神和心灵，形成检察人员共同的价值观、归属感和使命感，打造形成法治思维的氛围。

论检察工作的法治思维

温 辉*

2010年10月，国务院印发了《关于加强法治政府建设的意见》，首次提出行政机关工作人员特别是领导干部要“切实提高运用法治思维和法律手段解决经济社会发展中突出矛盾和问题的能力”的要求。2012年10月，党的十八大报告中再次强调，要提高领导干部运用法治思维和法治方式深化改革、推动发展、化解矛盾、维护稳定的能力。借宣传贯彻十八大精神之东风，法治思维已成为一个“热词”，成为理论界与实务界关注的热点问题之一。基于检察机关肩负的中国特色社会主义事业建设者、捍卫者的职责使命，以及检察官承担着“促进各级领导干部提高运用法治思维和法治方式深化改革、推动发展、化解矛盾、维护稳定的能力”的工作任务，① 法治思维之于检察工作有着特别重要的意义。但名词层面的一致，并不意味着概念层面的共识。② 对法治思维的内涵、特征、理论模式，以及法治思维与法律思维的关系，仍然是言人人殊。为此，笔者不揣浅陋，欲意在研究法治思维的内涵、特征、模式等基本理论问题的基础上，探讨法治思维之于检察工作的意义，以求教同仁。

一、法治思维的内涵

思维是从社会实践中产生的，人类特有的一种精神活动；是指人们“在

---

* 国家检察官学院检察理论教研部主任、教授，法学博士。

① 2013年1月曹建明检察长在全国检察长会议上的讲话中，在谈到2013年和今后一个时期检察工作的主要任务时，特别指出，检察机关“在执法办案中大力加强法制宣传教育、弘扬社会主义法治精神……促进各级领导干部提高运用法治思维和法治方式深化改革、推动发展、化解矛盾、维护稳定的能力”。而且笔者注意到这是曹建明检察长在这次会议上的讲话中唯一一次提到“法治思维”。

② 在谈到法治概念时，有人认为：“关于法治的学术话语、政治话语、宣传话语多半是在名词层面取得一致，而远非在概念层面的共识，许多关于法治的争论实际上是概念的理解和定义的不同造成的。”刘杨：《法治的概念策略》，载《法学研究》2012年第6期，第29页。

表象、概念的基础上进行分析、综合、判断、推理等认识活动的过程”①。既然概念是人们进行思维活动的基础，那么我们对法治思维的“思维”也应自概念开始。目前，我国学者对法治思维的界定尚未取得一致的认识，但在法治思维的“基本的核心意义”方面，已形成了“最低意义上的共识”，即法治与人治、专制对立；法治的基本含义包括：法治要保护自由人权、要维护公平正义；法治是规则与程序治理的事业；法治的核心意义是限制权力；等等。② 由此可见，法治思维是相对于人治思维的一种治国理政的方式。袁曙宏指出：“所谓法治思维，在本质上区别于人治思维与权力思维，其实质是各级领导干部想问题、作决策、办事情，必须时刻牢记人民授权和职权法定，必须严格遵循法律规则和法律程序，必须切实保护人民和尊重保护人权，必须始终坚持法律面前人人平等，必须自觉接受法律的监督和承担法律责任。”③ 还有些人虽然没有明确指出法治思维对立于人治思维，但从他们关于法治与人治关系的表述来看，也应视为“最低意义上的共识”接受者。如姜明安认为：“法治思维是指执政者在法治理念的基础上，运用法律规范、法律原则、法律精神和法律逻辑对所遇到或所要处理的问题进行分析、综合、判断、推理和形成结论、决定的思想认识活动与过程。”④ 但其在概括法治思维概念之前，已首先明确了法治的含义，指出：“法治是相对于‘人治’而言的。作为一种治国理政的方式，法治相较于人治，重视法和制度的作用甚于重视人的作用，重视规则的作用甚于重视道德教化的作用，重视普遍性、原则性甚于重视个别性和特殊性，重视稳定性、可预期性甚于重视变动性和灵活性，重视程序正义甚于重视实体正义。”⑤ 莫纪宏也是位“最低意义上的共识”接受者。他认为：“法治思维，顾名思义，是一种运用法治价值来认识世界的思维方法，是法治价值在人们头脑的思维形态中形成思维定势，并由此产生指导人们行为的思想、观念和理论。”⑥ 莫纪宏将法治价值的具体形态概括为以下几个方面：法律至上，保障

---

① 《现代汉语词典》，商务印书馆2005年版，第1290页。

② 陈金钊：《对“法治思维和法治方式”的诠释》，载《国家检察官学院学报》2013年第2期，第78页。

③ 袁曙宏：《全面推进依法治国》，载《十八大报告辅导读本》，人民出版社2012年，第221页。

④ 姜明安：《再论法治、法治思维与法律手段》，载《湖南社会科学》2012年第4期，第77页。

⑤ 姜明安：《再论法治、法治思维与法律手段》，载《湖南社会科学》2012年第4期，第76页。

⑥ 莫纪宏：《识读“法治思维”》，载《辽宁日报》2013年1月22日第6版。

人权，限制权力、法制统一、追求正义、崇尚民主等。并指出："法治思维凸显法治价值指引功能的过程中，特别重视作为人们行为规范的法律在构建社会秩序中的重要作用。"①

在我国，法治特别强调"使这种制度和法律不因领导人的改变而改变，不因领导人看法和注意力的改变而改变"。在建设社会主义法治国家的语境下，法治思维是一种国家治理的思维方法、视角和思路。因此，如有人所认识的那样："从国家治理和社会管理的角度看，法治思维的概念主要是从治国方略的层面上使用的。它不仅是社会管理中的价值追求，更主要是一种治国方法、手段的选择，在社会治理的各种手段中，更侧重于法律规则和法律手段的运用，强调依法办事。法治的实现，不仅仅是建立一套完备的法律体系，更重要的是使法治成为一种普遍的行为模式。"② 作为治国理政方式的法治思维是一种典型的"顶层设计"。为此，特别强调要提高领导干部在"深化改革、推动发展、化解矛盾、维护稳定"等方面运用法治思维的能力。

但是，法治思维的社会思维特质并不因"顶层设计"而改变。"社会思维是指人作为社会主体对客观现实的认识，它是在整个社会实践、社会关系的基础上，无数个人思维和各种群体思维交互作用、多元复合的观念体系。"③ 社会思维，就本质而言是一种集体思维。这是因为从思维进化的历史看，人的思维一开始就是集体的。研究表明：人类的思维是在原始人群共同劳动、共同生活中产生的，先有集体思维，然后才逐渐向个体思维发展。与此对照，在我国，法治思维是人作为社会主体的整体思维，而不是个人思维的"简单相加的总和或共同点的概括"。法治概念在我国的提出是基于对"文化大革命""无法无天"的人治历史的集体反思；法治思维是对客观现实的群体反映，即党和国家领导人，以及学者和人民群众从"文化大革命"的群体实践和群体经验基础上形成的共同思维。1980年8月18日，邓小平在中共中央政治局扩大会议上做了《党和国家领导制度的改革》的讲话。他指出："我们过去发生的各种错误，固然与某些领导人的思想、作风有关，但是组织制度、工作制度方面的问题更重要。"邓小平强调："领导制度、组织制度问题更带有根本性、全局性、稳定性和长期性。这种制度问题关系到党和国家是否改变颜色，必须

① 莫纪宏：《识读"法治思维"》，载《辽宁日报》2013年1月22日第6版。

② 蒋传光：《法治思维：创新社会管理的基本思维模式》，载《上海师范大学学报》（哲学社会科学版）2012年第6期，第6页。

③ 刘奎林、杨春鼎编：《思维科学导论》，工人出版社1989年版，第80页。

引起全党的高度重视。"[1] 1983 年彭真在纪念新宪法颁布一周年的谈话中在谈及加强社会主义法制时，他说："没有社会主义法制，社会主义制度、人民的合法的自由和权利就都没有保障。在这方面，十年内乱给了我们痛苦的经验教训。难道还可以允许那种局面重演吗?"[2] 另外，学者和广大人民群众也深刻体认到法治建设之于社会主义民主的意义。在制定 1982 年宪法时，有宪法学者建议加上法制原则，以体现"有法可依，有法必依"的精神，保证宪法的权威性。[3] 成都的高镇之提出国家必须走向法治，建议在宪法中规定，"只有中华人民共和国宪法才是全国人民的行动的唯一准绳"。[4]侨居美国的 80 岁老人吴肇周和绍兴俞金堂分别建议宪法规定"中华人民共和国是以宪法和法律处理国家和个人事务的法治国家"，"草拟一部更现代化的宪法，奠定民主法治制度，根绝人治"。[5] 正是"文化大革命"提供了深刻反面的社会实践，引起"不同的感官及其神经纤维的冲动"，经过大脑的信息处理过程，而形成了法治这一集体思维。

二、法治思维的模式

基于理念、价值的不同，法治被类型化处理为实质法治和形式法治。不同的法治观念，对法治思维必然产生不同的影响，进而形成不同的法治思维模式。

形式法治论者认为，法治就是法律的统治，而不是人的统治；只要法律得到严格的实施，就是法治。在这个意义上，法治基本上就是"法律和秩序"的代名词。但在对法治是否包含道德内容这一问题上，形式法治论者分化为两大阵营：绝对主义和相对主义。形式法治的绝对主义者认为，法治不应包含有太多的道德内容。如有人认为的那样：法治中附加的道德内容，不仅严重曲解了法治的本义，而且致使法治"就像通货膨胀中的货币一样无法承载起太多的价值"。[6] 法治就是"有系统的规范结构"，与任何意识形态无关，无论哪

---

① 《邓小平文选》(第 2 卷)，人民出版社 1983 年版，第 333 页。

② 彭真:《论新时期的社会主义民主与法制建设》，中央文献出版社 1989 年版，第 208 页。

③ 许崇德:《中华人民共和国宪法史》，福建人民出版社 2003 年版，第 577 页。

④ 许崇德:《中华人民共和国宪法史》，福建人民出版社 2003 年版，第 575—576 页。

⑤ 许崇德:《中华人民共和国宪法史》，福建人民出版社 2003 年版，第 572 页。

⑥ Michael Neumann, The Rule of Law, Ashgate Publishing Company, 2002, pp. 150 - 153. 转引自侯健:《实质法治、形式法治与中国的选择》，载《湖南社会科学》2004 年第 2 期，第 44 页。

一种政治制度的秩序都包括在内。形式法治相对主义者则不否认法律的道德性，及法律与价值目标的关联性。相反，他们认为法律应具有“内在之德”，如富勒、拉兹等所提出的法治的规诫，都包含明显的价值目标和道德诉求。正如富勒自己认为的那样，他所确立法治的八项标准，属于“程序自然法”。拉兹的法治原则之一即是“自然正义原则”。车传波认为：“这些形式要件虽然不是关于良法的全部标准，但已是关于良法的重要标准，即什么样的法律才是良法，这是法治的核心和前提。”① 以此观之，这种使法律成其为法的品德已内在于法律之中，与法律融为一体。

实质法治论者认为，法治应是良法之治。实质法治论的鼻祖亚里士多德在他的《政治学》一书中“从逻辑上粗略地勾画出法治的形式要件”，即“普遍地服从”及“制定得良好”。至于何谓“普遍地服从”、何谓“制定得良好”，夏勇认为：“这要由生活于具体的社会场合和文化背景下的人们通过他们的信念、制度和活动来赋予含义。”② 以当下的法治潮流来看，法治的目的“不仅被用来保障和促进公民个人的民事和政治权利，而且要创造社会的、经济的、教育的和文化的条件，使个人的合法愿望和尊严能够在这样的条件下实现”(《德里宣言》)。为此，根据《德里宣言》的规定，法治的实质性原则为：(1) 立法机关的职能在于创设和维持保障个人尊严的各种条件；(2) 法治原则不仅要防范行政权力的滥用，而且需要一个有效的政府来维持法律秩序；(3) 法治要求正当的刑事程序；(4) 司法独立和律师自治。

不难看出，实质法治论者与相对形式法治论者在对法的价值性问题上有交织，但他们的最大分歧在于前者追求实质正义，后者追求形式正义。进而对待法治之“法”表现出两种截然不同的态度，由此形成两种法治思维观。实质法治仅仅意味着要用实质、能动的思维方式解释法律的意义；形式法治强调要尊重法律，反对对法律的明确意义进行解释，奉行司法及其执法的克制主义。③ 后者把立法机关制定的法律置于核心地位，视法律为一个自足的体系，主张内部证成；前者放大法律的不确定性及回应社会现实的滞后性，以司法为中心，视法律为开放的体系，主张外部证成。

---

① 车传波：《综合法治论——兼评形式法治论与实质法治论》，载《社会科学战线》2010 年第 7 期，第 191 页。

② 夏勇：《法治是什么——渊源、规诫与价值》，载《中国社会科学》1999 年第 4 期，第 118 页。

③ 陈金钊：《对形式法治的辩解与坚守》，载《哈尔滨工业大学学报》（社会科学版）2013 年第 2 期，第 8 页。

在我国，特别是在社会主义法治理念的语境下，实质法治观成为主流学说的正统观点。有人认为，中共中央政法委员会发布的《社会主义法治理念学习纲要征求意见稿》既表达了法治的实质性倾向，也警示要照顾到法律的形式性，防止走过头。① 在笔者看来，它着重表达的是实质法治观。如在党和国家的政策与法律、法规的关系上，纲要明确指出："要把党和国家的政策作为法律适用中的重要参考依据，在适用法律、法规规定的同时，也应参照党和国家的相关政策，综合考量法律和政策的要求，特别是在法律、法规的规定不完备、不明确或者不够具体的情况下，更应充分发挥政策对于法律的补充作用；要结合党和国家的大政方针，理解法律条文的现实含义，对法律条文作出符合社会发展现实的合理解释，增强法律条文的实用性和适应性，使党和国家的大政方针与社会主义法治在实践层面上更加密切地融合。"纲要的这段话表达了如下三层意思：一是法律适用时应参照党和国家的政策；二是结合党和国家的大政方针对法律法规进行解释；三是没有法律依据时，以党和国家的政策代之。概言之，即法律不是一个自足的体系，法律解释需要寻求政策的支持，通过外部证成予以实现。

江必新对实质法治观进行了解读，认为在我国从形式法治主义向实质法治主义的转型具有客观必然性，具体理由为：（1）为历史发展的生动实践所证明。从现代法治向后现代法治的转化可以视为从形式法治向实质法治的转型。（2）有利于避免形式法治主义本身的局限性。（3）有利于应对多样的现实生活，保持法律稳定性。（4）有利于避免立法存在的客观缺陷。（5）有利于满足人类对法的多重需求。（6）体现了否定之否定的辩证唯物主义发展观。（7）由中国现阶段的特殊国情所决定。② 陈金钊基于坚守形式法治之目的，对形式法治面临的难题进行了分析。他认为，从文化传统上看，中国固有的文化讲究整体性、不很看重形式逻辑的意义，在认识论上存在较为严重的相对主义和实质主义的思维倾向。这种思想与实质法治的思路是一致的。③ 笔者认为，除了文化传统上的原因外，实质法治观与我们党的辩证唯物主义指导思想相切合。矛盾律，即对立统一律，是唯物辩证法的实质与核心。对立统一律在中国

---

① 夏立安：《整体历史观下的社会主义法治理念的解读》，载《山东社会科学》2011年第3期，第5页。

② 江必新：《论实质法治主义背景下的司法审查》，载《法律科学》2011年第6期，第47—50页。

③ 陈金钊：《对形式法治的辩解与坚守》，载《哈尔滨工业大学学报》（社会科学版）2013年第2期，第2页。

具有着重要的实践意义。矛盾分析法，是马克思主义者认识世界和改造世界的根本方法。它要求马克思主义者在处理实际问题时，一是坚持两点论与重点论的统一；二是坚持对具体问题作具体分析。按照两点论的观点，法治的目标既要追求程序正义更要追求实体正义；而这一目标无法仅仅通过形式法治得以实现。法律是普遍的，但每个案件都是具体的，将普遍的规范适用于具体的案件，不符合“具体问题具体分析”的辩证法则。因此，如有人所言，“形式法治论”的理论预设无法直接嵌入中国的政治法律结构之中。① 唯物辩证法指导下的法治必然是实质法治，唯物辩证法指导下的思维也必然是综合性思维。

三、法治思维与法律思维

当提到法律思维时，人们多是从职业思维的角度、法学方法论意义上界定和使用这一概念，认为“法律思维是与法律职业相联系的一种特殊思维方式”②，是“法律人应有的基本品格”③。如王泽鉴认为：“法律思维是法律人依循法律逻辑，以价值取向的思考、合理的论证，解释适用法律。”④ 刘治斌认为：“所谓法律思维，大体上是指法律人根据现行有效法规范进行思考、判断和解决法律问题的一种思维定势，一种受法律意识、法律思想和法律文化所影响的认知与实践法律的理性认识过程。”⑤ 正是从职业主义角度，法律思维被概括为法律人运用法律知识分析问题、解决问题的理性认识。法律思维不同

---

① 田飞龙：《超越形式法治论：中国行政法治路径新探》，载《中国图书评论》2010年第12期，第29页。

② 郑成良：《法律思维是一种职业的思考方式》，载《法律方法与法律思维》2008年第8期，第40页。

③ 石旭斋：《法律思维是法律人应有的基本品格》，载《政法论坛》2007年第4期，第117—123页。

④ 王泽鉴：《民法思维》，北京大学出版社2009年版，第1页。

⑤ 刘治斌：《法律思维：一种职业主义的视角》，载《法律科学》2007年第5期，第52页。

于法治思维。[①] 法律思维是从法律职业共同体的角度，研究执业者如何具体开展思维，侧重的是法律方法论对职业思维的影响。[②] 而法治思维强调国家治理和社会管理中法治作用的发挥，侧重的是法治原则、法治精神对治国理政方略的影响。两者存在宏观与微观上的差异。

另外在具体思维方式上，两者也呈现出不同。如前文所述，法治思维是一种社会思维。社会思维具有以下特征：（1）真理性和价值性特征。真理性是思维和思维对象之间相互关系的属性，它所要回答的是真与不真以及真的程度的问题。而价值性是关于思维对个人和社会是否有意义和意义大小，能否满足人们的需要和满足程度如何。（2）全面性和继承性特征。全面性是指社会思维注重研究事物的结构、关系和整体，能够全面、联系、发展地看问题，思维具有广延性。社会思维的一个重要特征就是在于它不仅通过直接经验获得知识，而且还通过语言交往获得知识，特别是通过文字记载把前人或他人的经验、知识吸收和继承下来，形成社会思维的知识体系。因而，社会思维具有继承性。（3）互补性和共振性特征。在个人思维与个人思维或集体思维交互作用的过程中，不仅可以从量上相互取长补短，而且还可以从质上实现思维合力的增强，大大提高思维的质量。这就是社会思维的互补性。社会思维的共振性是指在思维等级和类型接近的情况下，智慧互相感应、信息互相交流，思路互相沟通。[③]

对法律思维的特点，学者见仁见智。孙笑侠将法律思维特征归纳为以下五个方面：第一，运用术语进行观察、思考和判断；第二，通过程序进行思考，遵循向过去看的习惯，表现得较为稳妥，甚至保守；第三，注重缜密的逻辑，谨慎地对待情感因素；第四，只追求程序中的真，不同于科学中的求真；第五，判断结论总是非此即彼，不同于政治思维的“权衡”特点。[④] 郑成良认为

① 也有人认为，法治思维不等同于法律思维。认为法治思维是人们在法治理念的基础上，运用法律规则、法律精神和法律逻辑认识问题、分析问题、解决问题的思路与方法。它是以合法性为思考问题的逻辑起点，以公平正义为核心价值目标的思维方式。法治思维不同于法律思维。法律思维仅是要求人们按照法律规范去认识问题与解决问题，而不论法律是否是良法，也没有强调公平正义的价值目标。毕可军：《论行政法治思维》，载《东岳论丛》2013 年第 2 期，第 180 页。对此观点，笔者只认可其关于法治思维不同于法律思维的结论，但不赞同其论证理由。法律思维也要以公正为价值取向，强调其中的价值判断因素，以避免单一思维的片面性。

② 陈金钊：《法律思维及其对法治的意义》，载《法商研究》2003 年第 6 期，第 65 页。

③ 刘奎林、杨春鼎编：《思维科学导论》，工人出版社 1989 年版，第 84—86 页。

④ 孙笑侠：《法律家的技能与伦理》，载《法学研究》2001 年第 4 期，第 8—11 页。

法律思维具有如下特征：第一，法律思维以权利义务分析为线索；第二，法律思维强调普遍性优于特殊性；第三，合法性优于客观性；第四，形式合理性优于实质合理性；第五，程序公正优于实体公正；第六，理由优于结论；第七，普遍性优于特殊性。① 陈金钊将法律思维的特点概括为：（1）规范性思维方式。它强调只有按照法律规范所要求的行为方式去行为，才能得到法律的充分保护。（2）站在人性“恶”的立场上思考一切问题的思维方式。其实质就是用法律规则克服人性恶的弱点。（3）求实的思维方式。即用法律规则所陈述的模型事实去衡量得出的具有法律意义的事实。（4）利益性思维方式。（5）确定性的单一思维方式。它体现的是以法律规则为前提的形式逻辑的推理方式。② 尽管学者作出了不同的概括与归纳，但究其实质，在法律适用过程中，法律思维“十足地呈现出来”③。而法律适用就是根据法律的一般规则，结合具体案件的特殊事实，得出结论的演绎推理的过程。因此，法律思维的最基本特征是在“搜索”④ 法律规范的基础上，结合案件事实进行论证思维或说理思维。为了满足制定法的抽象事实构成，即证成案件事实与法律结果间因果性，思维主体要在法律规范与案件事实间“眼光之往返流转”，甚至“相互穿透”⑤，直到通过证据将“大前提中的主词变成小前提中的谓词”⑥，得出必然的结论为止。

四、法治思维与检察工作

思维既然是人的一种理性认识活动，必然会对人的行为产生一定的影响。那么，法治思维对检察工作，具体地讲，对检察官的法律思维有何意义和影响，就成为我们不容回避、必须直面的问题。

法作为调整社会关系的规范之一，主要通过如下方式发挥作用，即“规范性的控制手段则命令特定的作为或不作为，并以此对人的意志决定过程施加

---

① 郑成良：《法律思维是一种职业的思考方式》，载《法律方法与法律思维》（第一辑），中国政法大学出版社2002年版，第37—40页。

② 陈金钊：《法治与法律方法》，山东人民出版社2003年版，第103—104页。

③ ［德］卡尔·恩吉施：《法律思维导论》，郑永流译，法律出版社2004年版，第47页。

④ 姜明安用“搜索”一词表达执法人员遇到要处理的问题时对解决相应问题的法律规范的查找。姜明安：《再论法治、法治思维与法律手段》，载《湖南社会科学》2012年第4期，第77页。

⑤ ［德］卡尔·拉伦茨：《法学方法论》，陈爱娥译，商务印书馆2003年版，第162页。

⑥ ［英］沙龙·汉森：《法律方法与法律推理》，李桂林译，武汉大学出版社2010年版，第223页。

影响”[①]。这也是法与习俗、道德等其他社会规范相区别之外。但同其他规范一样，法也蕴含着诸如公平、正义等价值目标。同时，法的规范意义不仅指向法律调整对象，也同样指向法律适用者。因此，有人认为，法律解释的任务是“将自己在观念上置于立法者的立场，人为地重复他的活动”。也就是说，法律解释是“重构法律中固有的观念”[②]。在这个意义上，法律思维是一个内部证成的过程。而这种内部证成的思维活动也在我们的检察实践中发生着。在“十八个锅贴引发的劫案”[③] 中，承办检察官坦承人们有这样一种思维定势，即法律无情，人有情；为此，人们常寻找司法判决的道德支持。事实上法律并非与人情绝缘。他认为：“刑法本身并非无情，刑法的宽容性已经蕴涵在刑法的条文与精神之中，只是缺少解读与发现。”法律人的责任就是触摸法律的温度，“使人的宽容变成法的宽容”[④]。

但我们也必须直面法律的有限性与调整对象的无限性、法律的稳定性与调整对象的变动性、法律的普遍性与调整对象的特殊性之间的紧张关系。而解决这些问题仅靠法律系统自身，仅靠内部证成恐怕也是无法胜任的。事实上，法律的自足及内部证成本身也是附条件的，即齐佩利乌斯所说的保留原则——立法已经对法律问题作出决定，并且其法定事实构成的内容可以通过各种解释手段无疑义地加以确定。[⑤] 但当法律人遭遇莫兆军案[⑥]、刘文波事件[⑦]时，法律的局限性凸显出来，内部证成技穷招尽，难以应对。特别是在处理社会转型时期的新情况、新问题时，法的稳定性与社会急剧发展间的矛盾突出，这时我们需要放弃对职业主义意义的法律思维的“坚守”，进而转向实质法治意义的法

---

① ［德］齐佩利乌斯：《法学方法论》，金振豹译，法律出版社2009年版，第3页。

② 转引自［德］齐佩利乌斯：《法学方法论》，金振豹译，法律出版社2009年版，第60页。

③ 逄政：《主控官笔记：什么是法律问题的正确答案》，中国检察出版社2012年版，第31—35页。

④ 逄政：《主控官笔记：什么是法律问题的正确答案》，中国检察出版社2012年版，第35页。

⑤ 转引自［德］齐佩利乌斯：《法学方法论》，金振豹译，法律出版社2009年版，第15—16页。

⑥ 莫兆军是广东一个基层法院的法官。他审理了一起民事欠款纠纷案件，被告为一对老夫妇，被要求归还欠款，但他们诉称原告向法庭提供的借条，是他们在原告胁迫下所签。但没有证据证明签字时受到胁迫，因此，被判败诉。在判决执行过程中，被告夫妇在法院外服毒自杀。检察机关以莫兆军玩忽职守提起诉讼。

⑦ 刘文波在成功救出两名溺水女孩后因体力不支而死亡。当亲友为他申请见义勇为奖励时，被告知其行为不属于《河南省维护社会治安见义勇为保护办法》调整范围。

治思维。具体而言，将检察官个人的法律思维转化为社会共同体集体的法治思维。法治思维是一种集体思维。而实质法治意义的“法”，是法律共同体的共识。依何海波的观点，这个法律共同体不仅仅是法律人的集合，“在司法判决合法性的主题下，我们可以把法律共同体看作是一个生活在特定时空、由统一的法律适用所决定、由法律利益的纽带联系在一起的社会共同体”①。这就要求检察官在思维过程中，融合法律共同体各方的思维，形成思维共振。因此，法治思维指导之下的法律思维应是对逻辑思维、对话思维、经验思维和价值思维等各种思维方式的全面结合。

对话思维是一种基本的法律论证思维。20 世纪后半叶，与协商民主、多元政治等相呼应，思维模式发生了重大变化，单一的、纵向的政治思维为多元的、平行式的、协商性的思维模式所替代。对话思维就是这样一种思维模式，其视法律为一场由社会各界积极参与的“理性对话”，通过“在一个多人参与的对话（讨论）中提出正理由和反理由，并对此予以权衡，以获得一个妥当的决定”②。通过各方，包括专家、公众与领导间的对话，个体思维互相补充，并进一步产生共振，“从独白到共识”③，最终变成集体思维。

所谓的经验思维也不同于日常的经验。④ 柯克讲过：法官判案“不是根据自然理性，而是根据有关法的技术理性和判断。对法的这种认识有赖于在长年的研究和经验中才得以获得的技术”⑤。法律思维“这种由法律工作者本身在严格的纪律中获得的法律意念，对于门外汉来说总是新鲜而不可理解”⑥。因此，法治思维中运用经验思维时，须注意将日常用语转换为法律术语，以法律语言或概念作为思维的逻辑工具。

---

① 何海波：《实质法治：寻求行政判决的合法性》，法律出版社 2009 年版，第 373—374 页。

② 焦宝乾：《法律论证：思维与方法》，北京大学出版社 2010 年版，第 89 页。

③ 何海波：《实质法治：寻求行政判决的合法性》，法律出版社 2009 年版，第 362 页。

④ 二者区别如下：第一，是否以法律规范为基础。简单的经验思维的特点在于，其依据日常生活习惯的、伦理的、道德的方式进行思维；法律思维的特点在于，其严格地以法律规范为基础。第二，法律思维需要以逻辑推理为基础，而一般的生活思维只诉诸简单的经验判断。第三，是否要考虑类似问题处理。类似问题的处理是法律思维的重要特征，它是以对个案进行相同价值判断为基础的。见王利民：《论法律思维》，载《中国法律教育研究》2012 年第 2 期，第 9—10 页。

⑤ 季卫东：《法治秩序的建构》，中国政法大学出版社 1999 年版，第 200 页。

⑥ ［德］拉德布鲁赫：《法学导论》，米健、朱林译，中国大百科全书出版社 2003 年版，第 22 页。

关于价值思维，质言之，就是用实质的价值因素、社会因素等衡量、评价法律规则，并通过解释来决定法律规则的实践意义，即在社会现实中寻找法律的一般性意义。如果纯粹以价值判断、目的解释进行思维，很可能使裁判结果失去准绳，破坏人们的行为预期及法的安定性。因此，在进行对话思维、经验思维和价值思维之后，要回归逻辑思维，即通过法律论证推理，对所作出决定或判断给出合法性理由。有人形象地将法律思维比喻成做几何题，结果是已知的，它是一个论证过程。[①] 因此，法律推理并非一种形式性证明而是一种论证。法律思维的目的在于指出“好的正当理由”，至少表面上是好的正当理由。[②] 与此同时，这种理由必须是“法律上的”，且有其特殊之处。徐显明将法律理由的特殊性概括为以下三个方面：其一，理由必须是公开的，而不能是秘密的；其二，理由必须有法律上的依据，即不是仅仅来自道德或其他方面的考虑；其三，理由必须具有法律上的说服力。[③] 对话思维、经验思维和价值思维是基于对法律非自足性的认识，对机械司法的否定，是对“实质正义”追求；而运用法律规范进行推理判断的逻辑思维则是使法治思维区别于“政治思维”[④] 或其他非法治思维的重要保障。在此，有必要指出，我们在强调孟子那句“徒法不能以自行”的箴言的同时，不应忽视这句话前的那一句，即“徒善不足以为政”。

① 郑成良：《法律思维是一种职业的思考方式》，载《法律方法与法律思维》2008年第8期，第40页。

② 焦宝乾：《法律论证：思维与方法》，北京大学出版社2010年版，第92页。

③ 张文显主编：《马克思主义法理学——理论、方法和前沿》，高等教育出版社2003年版，第91—92页。

④ 有人提出，法官的“政治思维”要与党的“法治思维”呼应。主张：法官要依靠正确的“政治思维”，在司法活动中从更高层次上理解、领会和贯彻党的意图，这样，才能使司法工作达到法律效果、政治效果与社会效果的有机统一。张光宏：《法官“政治思维”要与党的“法治思维”呼应》，载《人民法院报》2012年12月14日第2版。

检察官的法治思维及其养成辨析

周　平*

一、从辩证逻辑关系剖析“法治”的内涵

自党的十五大报告及修宪以来，我国将“依法治国，建设社会主义法治国家”作为治国方略，“法治”一词引起法学界、司法界的追捧和热议。

“法律的生命在于实施。”有学者将中国法治国家建设的基本要求归纳为十项：法制完备、主权在民、人权保障、权力制衡、法律平等、法律至上、依法行政、司法独立、程序正当、党要守法①。对法治的原则要求有学者提出了如下规诫，即有普遍的法律；法律为公众知晓；法律可预期；法律明确；法律无内在矛盾；法律可循；法律稳定；法律高于政府；司法权威；司法公正②。有关现代法治理念的基本内涵有学者概括为四项：一是法律的权威性是法治赖以实现的根本保障；二是限制公权力是法治的基本精神；三是公正是法治最普遍价值取向；四是尊重和保障人权是现代法治的价值实质③。由此，推导出法治的八个原则：法律必须具有一般性、法律必须具有公开性、法律具有不溯及既往性、法律必须具有稳定性、法律必须具有明确性、法律必须具有统一性、司法审判的独立性、诉讼应当合理易行性④。以上是“正名法治”的概述论据，具有宏观性；然而，“量化法治”则具有司法实务性。党的十八大报告界定了“法治”的基本框架：“科学立法、严格执法、公正司法、全民守法。”

---

* 新疆兵团人民检察院党组成员、副检察长。

① 参见李步云：《依法治国历史进程的回顾与展望》，载《法学论坛》2008 年第 4 期；《依法治国的里程碑》，载《人民日报》1999 年 4 月 6 日。

② 参见夏勇：《法治是什么——渊源、规诫与价值》，载《中国社会科学》1999 年第 4 期。

③ 参见张志铭、于浩：《共和国法治认识的逻辑展开》，载《法学研究》2013 年第 3 期，第 11 页。

④ 参见朱景文主编：《法理学》，中国人民大学出版社 2012 年版，第 97 页。

我国法治建设的核心是对法治价值、法治理念、法治内涵的一体认同；“法治”追根溯源就是“规则之治”、“规律之治”、“规心之治”。①

二、检察官法律监督法治思维养成的构成要素

首先，主体要素应当是符合《检察官法》规定的有检察官资格、履行检察官职责的人员。从一般意义上讲，检察官法治思维的形成过程不是一个简单地定式思维趋向，而是一个渐进的发展过程；除人的因素外，还涉及素质因素、资源因素、环境因素、体制因素、机制因素、管理因素等，然而，良法的实施执法主体起着关键性作用，因此，检察官的法治思维决定着法治的效果、政治效果、社会效果，要使检察官具备宽泛的、固化的、科学的法治思维其构成要素归纳为：良好的法律基础性教育要素，具有法学国民素质教育的正规学历和扎实的法理基础功底；思辨式、唯物式逻辑理论判断构筑；汉语言文字准确地表达能力和水平；具备不间断地对新法律、新知识、新领域摄入及习得的积累；检察实践的规律探索和司法经验的及时总结；“两高”司法解释和公告案例的研读、理解、参照及对接应用；以及创新型思维、逻辑归纳思维、推定演绎思维、反省性思维、反证性思维、逆向性思维的培育；等等。其次，检察官的“法治思维”是以法律监督职能的履行为初衷的，故然，应当具备特质性的检察法治思维理念，“理念是主导和塑造行为的灵魂”②。从宏观上讲应当牢固地树立：法律面前人人平等的法治思维理念；罪刑法定的法治思维理念；罪刑相一致的法治思维理念；诚实信用的法治思维理念；“程序优先”、“程序前置”、“程序正当性”的法治思维理念（诺内特·塞尔兹尼尔认为：“好的法律应该提供的不仅是程序正义；它应当既强有力又公平；应该有助于界定公众利益并致力于达到实体正义。”对于公平、正义的法治思维理念，柏拉图认为：“各守本分、各司其职，就是正义。”③）独立、统一的法治思维理念；法律监督效力、效率、效益统筹、均衡的法治思维理念；诉讼活动法律监督和非诉活动法律监督平行、并存的法治思维理念；打击犯罪与保护人权兼备的法治思维理念（陈兴良教授对“人权保障”内涵的论述颇为精辟，“一个社会的法制文明程度的水平，不在于法律对善良守法公民的保护程度如何，而恰恰是法

---

① 参见胡云腾：《关于建设法治中国的几点思考》，载《法学研究》2013 年第 2 期，第 11 页。

② 参见孔祥俊：《司法理念与裁判方法》，法律出版社 2005 年版，第 5 页。

③ 参见［美］E. 博登海默：《法理学：法律哲学与法律方法》，邓正来译，中国政法大学出版社 2004 年版，第 10 页。

律对犯罪嫌疑人能进行保护，那么，法律对善良守法公民的保护就不言而喻了”）；依法监督、全程监督、全面监督、全部监督的法治思维理念；“有罪推定”与“无罪推定”及“疑罪从无”诉讼制度同步、双向、换位思考的法治思维理念；从单一的诉讼抗诉法律监督方式向法定的多渠道、全方位诉讼法律监督方式的启动及功能发挥转变的法治思维理念；亚里士多德提出：“法律始终是一种一般性的陈述，但也存在一般性的陈述所不能含括的情形。”因此，提出了“衡平原则”解决司法难题，“当法律因其太原则而不能解决具体问题时，对法律进行的一种矫正”。由此不难看出，司法解释补充立法功能和作用是不可或缺的，因此，检察司法解释的及时性、解惑性、补充性、功能性的法治思维理念孕育而生。“立检为公，执法为民”、“三个至上”即“坚持党的事业至上、坚持人民利益至上、坚持宪法法律至上”的法治思维理念；在中国特色社会主义法律体系已经成就的基础上，主要涉及法律的正确实施，即坚定遵循“有法必依、执法必严、违法必究”的法治思维理念。

三、培育检察官法治思维的法治方式

法治方式是建立、引导法律监督法治思维形成路径、程序的综合性概括。法治方式的核心是指运用法治包括制度和执行法律来解决问题；“法治方式”也是指符合法治自身的价值理念、制度逻辑、组织构造、规范结构、思维方式以及建设道路的法治发展方式①。由此可见，法治思维是法治方式前提和基础；法治方式是法治思维的具体化和保障形态。换言之，二者的关系是“法治思维”是“法治方式”的前置，而“法治方式”是“法治思维”的后置，“法治思维”是意识形态层面的，“法治方式”是司法实务层面的；两者互为补充、相互依托。

从我国法治体制、机制建设而言，主要通过立法、司法、执法、守法、监督五大板块的协调统一来推进的。同时也体现了“有法可依、有法必依、执法必严、违法必究，维护社会公平正义，实现国家和社会生活制度化、法制化”的法治原则和精神。在我国法治机制建设中，不可或缺的是法治精神——是惯于法治建设和法治活动始终的灵魂和核心，具体体现在：宪法法律之上的法治地位、监督制约公权的法治功能、尊重保障人权的法治目的、追求公平正义的法治价值；法治思维——是以依法治国为动力源，用法律的标准尺度对事物活动的认识过程；法治理念——体现了法治的精神实质和价值追求，

---

① 参见程燎原：《用法治方式推进和巩固法治》，载《法学研究》2013年第2期，第17页。

所要解决的是为什么实行法治以及如何实现法治的问题；法治方式——实现法治的路径、渠道、程序设计。毋庸置疑，法治精神、法治思维、法治理念、法治方式是以法治为轴心，逐步递进的、相互联系的并列关系。

检察官法治思维方式，是一个复杂地、重叠地、交叉地、联系地、思辨地针对检察实务应用型为主的综合认识活动过程的集合体，是破解诸多检察司法难题的路径、程序合法性、权力的配置性、司法决策性的公正性钥匙。从宪法意义确权涉围而言，法律监督法治思维的内涵层级主要包括如下：

一是构建整体法律执行全程法律监督的法治思维理念。除违宪法律监督外，检察机关的法律监督视域囊括了所有基本法律规范，即刑事法律规范、民商事法律规范、行政法律规范的依法执行监督；涵盖了诉讼案件和非诉案件，整体性法治思维是目前检察机关传统的法治思维方式，其指向是法律效果、政治效果、社会效果“三位一体”的价值追求，整体性法治思维是以现行法律为依据或前提，基于司法经验、关注个体案件与社会背景之间的关系的法治思维方式，以此延伸了法律监督幅面，形成全覆盖法治效应。

二是将传统的执法结果法律监督置换为执法“节点”法律监督的法治思维理念。从刑事诉讼法律监督为切入点，执法结果的法律监督固然重要，但由于执法主体对法律和事实及证据认识上的分歧，导致处置结果与法律规范大相径庭，从而损害了法律的尊严，降低了执法机关的社会公信力，加大执法成本的投入，违背了人权保障的初衷，延长了诉讼周期，模糊了权益的边界；然而，执法过程、执法环节、执法节点的法律监督具有：纠错的及时调控功能、司法救济代偿功能、降低社会负面效应的功能；其渊源应当归功于“控制论学说”。以民行案件法律监督为视角，民事非诉案件及行政不作为案件等，同样适用“节点”、“过程”监督；唯独一般民商事案件采取“结果”或“事后”的法律监督，其法律理由是归咎于当事人诉权“意思自治”、实体权利“自由处置”的诉讼原则。

三是树立“程序优先”、“程序前置”、“程序正当性”的法律监督法治思维理念。传统的法治思维追求，单一的“实体公正”，而忽略了保障性“程序公正”的作用，因此，诱发了对“程序公正”“流变性”效应，其结果导致违法侦查、违法取证、违法采信、违法审查、违法审判的司法恶性循环，更有甚者形成了刑事个案上的“冤假错案”和民事案件上的“虚假诉讼”、“恶意诉讼”结果的发生，触发了社会公众对司法公信力的质疑和不满。

四是逐步强化的证据裁判主义原则的法治思维理念。引导法治思维模式的激进演变，即由质疑的“客观事实”、“客观证据”向适格的“法律事实”、“法律证据”转型。检察官审查案件事实的基本规则：审查前的“客观”案件事实以审查后的“法律”案件事实为准；将过去已经依法证明的法律事实，且行为人自认的案件事实应当依法确认；有合法证据支持的案件事实应当依法审查确认，参有非法证据或矛盾证据的案件事实经依法剔除后应当慎重确认；有一定的诉讼证据（证据体系处于不能完全闭合的状态）推导出的案件事实以审查后的法律事实为确认依据；案件事实持续过程中间有断裂情形、无法用证据弥补的，且已经影响“定罪”、“定性”、“量刑”和实体权利处置的，应当及时、果断排除不予确认。检察官审查刑事证据的一般规则。“刑事证据规则”一词，在我国刑事诉讼法学中一般是指英美法中对证据的关联性与可采性、非法证据的排除、举证责任等一系列问题的规定①。根据我国刑事证据的特质即合法性、客观性、关联性、闭合性的要求②，有关刑事证据的审查包括逐项审查和综合审查两个有机组成部分，这是依据检察机关的法定举证职责和法定客观义务构架的诉讼牵制理论所决定的。我国目前的刑事诉讼法和有关的司法解释已经规范了证据的资格（证据能力）和证据的证明力。关于刑事证据资格（证据能力）的审查规则：合法性规则、关联性规则、客观性规则、闭合性规则。从证据的证明力角度归纳，在证据的审查和判断及确认上应当遵循如下规则：直接证据优于间接证据的规则；原始证据优于传闻证据的规则；实物证据优于言词证据的规则；物证、书证优于其他种类的证据的规则；科学证据③优于其他证据的规则；鉴定意见没有预定证明力的规则④；鉴定意见应当结合案件的其他证据，进行综合审查判断；或者征询专家意见或者传唤专家出庭质证。鉴定意见无论以言词或书面，原报告或补充说明，均属于证据资料的一种，为法官依其自由心证而为评价之对象⑤；鉴定意见、勘验笔录、历史档案或者经过公证、登记的书证的证明力一般优于其他书证、视听资料和证人证言；证人提供的对与其有亲属关系或者其他密切关系的一方当事人有利的证言，其证明力低于其他证人证言⑥。

五是形式法治思维和实质法治思维理性、有机融合的法治思维理念。形式法治思维和实质法治思维是两种并存、博弈的法治思维形态，将统一执法、统

---

① 参见刘善春：《诉讼证据规则研究》，中国法制出版社2000年版，第3页。

② 参见周平：《刑事证据闭合性新探》，载《现代法学》1994年第5期，第58页。

③ 参见［美］乔恩·R. 华尔兹：《刑事证据大全》，何家弘等译，中国人民公安大学出版社1993年版，第365页。

④ 参见［美］乔恩·R. 华尔兹：《刑事证据大全》，何家弘等译，中国人民公安大学出版社1993年版，第365页。

⑤ 参见陈朴生：《刑事证据法》，台湾三民书局1979年版，第494页。

⑥ 参见刘善春：《诉讼证据规则研究》，中国法制出版社2000年版，第293页。

一司法的依据性边界演变为模糊状态。促使形式法治思维的论者，由于相信法律文本意义的相对固定性、规定性，因而主张法律意义的自足性、独断性，人的思维能够接受确定法律规范的约束，只不过需要较为复杂的法律方法的运用。而追崇实质法治思维的论者，主张法律的开放性，认为法律应当满足政治、经济、文化、社会的要求，对法律的解释不能死板教条，而应该灵活运用①。鉴于形式法治思维方式的教条性、滞后性、粗略性等弊端，与实质法治思维执法的随意性、灵活性、满足个案“正义性”具有功能上的互补性，故笔者认为，在稳态形式法治思维方式的基础上，对实质法治思维执法活动进行法治化的再造。首先是立法补充规定和立法解释的及时回应；其次是通过全国人大的授权和审批，“两高”适时对法律适用的难点、热点问题进行统一的司法解释，以适应现实法治的需求。

六是强化法律监督规则适用的法治思维理念。和谐社会是一个有序的社会，而有序的社会依赖于“规则之治”。② 美国法学家富勒认为：“法律是人的行为服从规则治理的事业。”这里讲的规则，即法律规则③。“如果没有规则引入社会，那么整个法治大厦就会颠覆，规则是构建法治社会最有用的工具之一，没有规则就不会有法治社会。”④ 法学理论需要在思维环节证成法治，以便在司法实践环节完成对任意决断的限制；对思维的限制没有别的办法，只能运用法律方法所构建的解释规则、论证规则、修辞规则等来规制思维的方向⑤。检察机关行使法律监督职能，首先遇到的是准确适用法律的问题，在检察官的法治思维理念中应当明确，法律的规定性是有范围和层级的，以刑事法律规范的适用为例，其法律效力由高到低的排列顺序为：第一顺序刑事基本法律规范即刑法、刑事诉讼法、刑事司法政策等；第二顺序即全国人大对刑事基本法律规范的修正案和补充决定；第三顺序是由全国人大常委会授权的“两高”所颁布的具有普遍强制效力的司法解释；第四顺序是“两高”针对个案所发布的批复；第五顺序是“两高”根据司法实践的需求，对部分案件定罪量刑的规定，并以“会议纪要”的形式下发执行；第六顺序是“两高”授权

---

① 参见陈金钊：《对“法治思维和法治方式”的诠释》，载《国家检察官学院学报》2013 年第 2 期，第 78 页。

② 参见万鄂湘：《公正司法与构建和谐社会》，人民法院出版社 2006 年版，第 876 页。

③ 参见沈宗灵：《现代西方法理学》，北京大学出版社 1997 年版，第 69 页。

④ 参见陈金钊：《法律解释的意义及其对法治理论的影响》，载《法律科学》1999 年第 4 期。

⑤ 参见陈金钊：《对“法治思维和法治方式”的诠释》，载《国家检察官学院学报》2013 年第 2 期，第 90 页。

由各省级院对数额犯进行的差异性的规定；第七顺序是“两高”向社会公布的公告案例。上述列举的规范性法律适用顺序内容，均是司法机关执法的重要“法源”。对上述法律和准据法，在司法操作上、具体运用上还需要“范式”的指引。这是因为“法的价值是一个多元、多维、多层次的庞大体系”。① 故应用刑事法律规范基本规则如下：上位法规范优于下位法规范；具体性的法律规范优于原则性的法律规范；后颁布的法律规范优于先颁布的法律规范；补强性的法律规范优于一般性的法律规范；强制性的法律规范优于参照性的法律规范。

七是检察法律监督“法域”依法、有效、适度延伸的法治思维理念。在刑事诉讼活动中，法律监督的环节和要点是：立案活动监督、侦查活动、侦查措施违法监督、强制措施滥用监督、审查逮捕监督、审查起诉监督、行政执法机关移送实物证据的合法性监督、出庭公诉监督、有限诉讼调解监督、判决说理监督（判决的说理部分不仅是讲道理，而是讲法理）、判决量刑监督、审判结果监督、判决执行监督、刑罚变更监督等。在民事诉讼活动中，法律监督的环节和要点是：修改后的民事诉讼法对检察机关的法律监督的法域范围，按照司法诉讼规律的要素进行了重新定位和职权回归，即依法、有权对民事诉讼实行法律监督；其秉持的是：诉讼程序全程法律监督、程序正当性法律监督、实体合法性法律监督、上级对下级与同级法律监督并重的法治思维理念；故，囊括了对公共法益、对不特定多数公民的合法权益保护的公益诉讼案件的起诉权的法律监督、虚假、恶意民商诉讼的法律监督、违法诉讼调解的有限法律监督、错误判决、裁定的法律监督、民商事诉讼案件判决执行的法律监督；民事诉讼程序的全程法律监督，包括当事人诉权的保护、诉的合并、诉的分立、第三人合法权益的诉权保障、司法救济权的运用等。综上所述，民事诉讼法律监督的法治思维的定式化，第一，应当从能动性法律监督与谦抑性法律监督的均衡度上达成统一；第二，从公权力的依法介入与私权利的处置的意思自治同一契合；第三，从程序的正当性审查优先与实体的合法性审查辅助相协调，程序的正当性审查突出当事人诉讼权益的依法维护与诉讼程序的强制性和任意性的选择，现代法治凸显的特质是，“即不是以某种外在的客观标准来衡量判决结果正当与否，而是通过充实和重视程序过程本身以保证判决结果能够获得当事人的接受，这就是程序公正的精神实质”。② 实体合法性审查的要素是：诉权

① 参见卓泽渊：《法的价值论》，法律出版社 1999 年版，第 633 页。

② 参见章武生：《司法现代化与民事诉讼制度的建构》，法律出版社 2000 年版，第 48 页。

的合法性、案由的准确性、争点的排他性、事实的法定性、证据无疑性、法律的适用性（特别法优于普通法、强制性规范优于任意性规范、具体性规范优于原则性规范、例外性规范优于一般性规范；在证据的采信上一般参照“优势证据”规则和“高度盖然性”的规则）、规则的规范性、说理的逻辑性、判决的公正性、纠纷的化解性。第四，有限诉讼调解法律监督与整体执行法律监督。诉讼调解法律监督的抗诉或提出再审检察建议的对象或客体，仅限于诉讼调解的结果损害国家利益和社会公共利益的情形，上述以外的诉讼调解，不属于检察机关法律监督的范畴，这是鉴于当事人诉讼权利处置的“意思自治”和实体权利“自由处分权”的诉讼原则所决定的。因此，凸显了诉讼调解法律监督的有限性。整体执行法律监督，执行是审判活动的继续和延伸，其审判结果的实现是回馈法治效果的集中体现。在执行环节，存在当事人对违法执行行为异议、申请执行期限异议、被执行主体异议、变更、追加被执行主体异议、执行标的的异议、暂缓执行异议、强制措施执行异议、执行中止和执行终结异议等，上述异议都需要审判机关的执行实体以裁定的形式予以确定和回应；而裁定中出现的错误正是检察机关法律监督的重点和薄弱环节。

八是公安、检察、法院执法人员执法法治思维理念的趋同性。“法治要旨是以保护自由人权、维护公平、正义；法治是规则与程序治理的事业；法治的核心意义是限制权力等过程法治的基本含义。”① 虽然上述三机关的法律职责不同，但法治目标、法治价值追求具有同一性，然而司法实践中反映出的不同的执法机关的执法人员法治思维的导向各异。公安机关承担刑事案件的侦查职能，应然性地需要强化追诉和惩治功能，实然性地形成了“有罪推定”的思维定式；检察机关根据宪法的定位，其职能要义首先是法律监督，其次是普通刑事案件与职务犯罪案件的追诉程序的终止和启动，根植于维护公平、正义，追求客观真实以及追诉犯罪法治价值取向，具有职能履行的能动性和谦抑性的特质，形成了打击与保护、依法维护私权利与依法适度介入公权力混合型的法治思维理念；法院作为审判机关在刑事案件审理过程中依附于“控辩式”审判模式；在民事审判活动中遵循“谁主张谁举证”的诉讼原则，以化解矛盾纠纷为出发点，固化了“居中”、“被动”、“权威”、“终局”的法治思维理念。通过归纳执法活动的同质性，探寻司法诉讼的规律性，不难看出，司法体制、机制的科学架构及理性再造是司法机关执法人员统一法治思维理念、克服法治思维差异化的有效路径，当然，执法人员法治综合素养的提升和司法经验

---

① 参见陈金钊：《对“法治思维和法治方式”的诠释》，载《国家检察官学院学报》2013年第2期，第78页。

的积淀以及执法环境的优化具有辅助的功能效率。

四、结语

检察官法治思维的养成受制于法律的定位、法律的应用、职能的分工、逻辑的引导、经验的积累：在司法实践中，对不同诉讼环节的审查对象存在认识、判断上差异性。以刑事诉讼、民事诉讼、行政诉讼为切入点：对刑事案件的司法审查：采取法律的规定性加构成要件的适格性加法律事实、法律证据的可采性以及“无罪推定”前置、“有罪推定”后置的法治思维模式，遵循的常态应用规则主要包括：合法性优先于客观性、程序公正优先于实体公正、形式合法性优先于实质合法性、普遍正义优先于个案正义、理由优先于结论①。对民事案件的司法审查：诉讼的真实性、诉讼的客观性、程序的公正性、实体的公平性、法律关系非倒错性、法律的正确适用性、证据的适格性、说理的充分性、结论的公正性以及运用形式逻辑“三段论”判断规则②所建立的法治思维模式。对行政案件的审查：以抽象行政行为和具体行政行为的合法性、依据性为要素的法治思维模式。

作为一个现代型的检察官，不仅需要政治上的成熟、检察业务上的精通、阅历学识上的广博，更重要的是新知识、新理念的不断吸纳，促使法治思维理念体系的完善，特别是在思维方式的构筑、思维系统的链接、思维结构的搭建、逻辑层级的划分、多元智能的发挥、精确理性的判断、依法科学的抉择，最后形成“三个效果”统一的法治思维视域脉络。

---

① 参见卞建林：《刑事诉讼制度改革论要》，载《法学》2008 年第 6 期，第 16 页。

② 参见梁慧星：《裁判的方法》，法律出版社 2003 年版，第 3 页。

刑事诉讼中的检察官思维

蓝向东*

思维方式决定行为方式。法律人的思维体现为其对相关法律问题的态度、解决的思路、方法以及追求的价值目标。新修改的刑事诉讼法确定了一系列新的程序正义理念，对检察官的思维方式产生了较大的影响。

一、检察官的传统办案思维

法律思维是法律职业主体依据法律对社会事实进行思考、认识所形成的一种思维方式。关于法律思维及其特点，学术界有诸多观点。季卫东教授认为法律思维方式的特点包括：一切依法办事的卫道精神，兼听则明的长处，以三段论推理为基础三个方面①。笔者认为，法律思维有三个基本特点：一是以公平正义的价值为导向；二是讲究规范，即在法律规范的框架下思考问题，此规范既包括实体法的规范，又包括程序法的规范；三是注重法律真实，在客观真实与法律真实之间，法律人更偏重于通过法律的论证认知“法律真实”。

检察官与法官、律师都是“法律人”。因此，检察官的思维方式首先应该符合法律人思维方式的特点。传统的检察官办案思维还具有以下三个鲜明的职业特点：

（一）监督性

以权力制衡权力是司法监督的思维定势。检察官的法律监督思维主要体现在以下几个方面：一是坚持以法律监督原则为指导，即保障人权原则、无罪推定原则、客观公正原则和公益原则②。二是办案和监督相结合，寓监督于办案之中。即在审查逮捕、审查起诉等具体办案活动中监督侦查、审判等活动的合

* 北京市怀柔区人民检察院检察长，中国政法大学刑事司法学院诉讼法学博士研究生。

① 季卫东：《法律职业的定位》，载《中国社会科学》1994年第3期。

② 甄贞等：《法律监督原论》，法律出版社2007年版，第75—80页。

法性。广义上讲，检察机关对职务犯罪行使侦查权也是对国家工作人员遵守和执行法律情况的监督。三是开展了专门的监督活动，且监督力度越来越大。如立案监督、侦查监督、审判监督、刑罚执行监督等。最近几年，全国检察机关在诉讼监督方面加大了力度。“重配合轻监督”的局面有了很大的转变。以立案监督为例，2012 年，北京市检察机关共监督公安机关立案 651 人，监督自侦部门立案 10 件，立案监督的案件中被判处 3 年以上 10 年以下有期徒刑的 8 人，判处 10 年以上有期徒刑的 3 人。在监督立案的同时，北京市检察机关还受理监督撤案 351 件，提出纠正意见 346 件。监督思维已成为检察官最鲜明的职业特点之一①。

笔者认为，作为法律监督机关，检察官的监督性思维还体现在加强自身监督和接受外部监督方面。特别是对于自行侦查案件的监督方面，采取了决定逮捕上提一级、举报线索向上级院备案以及上级院同步审查下级院职务犯罪案件一审判决等制度。在接受外部监督方面，除了接受人大监督、政协民主监督和社会监督之外，还建立了专门的接受外部监督的工作机制，如建立人民监督员监督制度，对检察机关自行侦查的“三类案件”、“五种情形”实施监督②。

（二）追诉性

追诉犯罪是宪法和法律赋予检察院的法定职责，代表国家依法指控犯罪，是公诉工作的基本任务③。检察官的追诉思维主要体现在以下四个方面：一是观念层面。一些检察人员的执法思想仍存在偏差，“有罪推定”、“疑罪从轻”、“疑罪从挂”、“重打击轻保护”、“重实体轻程序”、“重有罪证据轻无罪证据”等陈旧观念依然根深蒂固。二是法律制度层面。1979 年五届人大二次会议通过的《人民检察院组织法》，1983 年和 1986 年经过了两次修订。尽管如此，该法第 4 条对检察院行使检察权的规定中，仍然使用了“镇压一切叛国的、分裂国家的和其他反革命活动，打击反革命分子和其他犯罪分子，维护国家统

---

① 本文中有关北京市检察机关 2012 年的相关办案数字均来自《北京市检察机关业务统计数据基本情况表》。

② 参见最高人民检察院《关于实行人民监督员制度（试行）的规定》，“三类案件”指：犯罪嫌疑人不服逮捕决定的；拟撤销案件的；拟不起诉的。“五种情形”指：应当立案而不立案或者不应当立案而立案的；超期羁押的；违法搜查、扣押、冻结的；应当给予刑事赔偿而不依法予以确认或者不执行刑事赔偿决定的；检察人员在办案中有徇私舞弊、贪赃枉法、刑讯逼供、暴力取证等违法违纪情况的。王在胜主编：《贪污贿赂案件取证参考依据》，中国检察出版社 2010 年版，第 293 页。

③ 参见 2005 年 6 月 10 日《最高人民检察院关于进一步加强公诉工作强化法律监督的意见》。

一，维护无产阶级专政制度……”等表述，体现了打击犯罪的“工具功能”。关于制定刑事诉讼法的目的，1979 年刑事诉讼法表述为“打击敌人、保护人民”，1996 年刑事诉讼法和 2012 年刑事诉讼法的表述为“惩罚犯罪，保护人民”。三是刑事政策层面。对检察官追诉思维影响最深远的当属 1983 年、1996 年和 2001 年开展的“严打”①，“从重从快”办理刑事案件成为当时公检法办理严重刑事犯罪案件的基本思维。尽管随着我国民主法治进程的推进，诉讼文明逐步确立，全国范围集中开展的运动式的“严打”受到了严格的限制，但是公安侦查机关和检察机关开展的对某类犯罪案件的专项打击活动还是存在的。2011 年 3 月，全国检察机关部署开展的为期两年的专项检察工作，重点查处国家机关工作人员滥用司法权、行政权，严重损害民生、民利，给国家和人民利益造成巨大损失的案件。两年受理危害民生、民利渎职犯罪线索万余件②。这些以查办某类案件为主的专项活动，凸显了检察机关查办、打击犯罪的职能。四是具体履职过程。主要体现在追捕遗漏的犯罪嫌疑人、追诉遗漏的犯罪嫌疑人和追加遗漏的犯罪事实三个方面。2012 年，北京市检察机关共追捕犯罪嫌疑人 404 人，追诉 367 人，追捕追诉后法院已判处有期徒刑 371 人。此外，北京市检察机关追诉遗漏起诉罪行 3194 件，占所受理的审查起诉案件的 13.6%。

（三）论证性

公诉案件由控方承担证明被告人有罪的责任。因此检察官传统的论证思维是“证明有罪”的思维。在刑事诉讼中，侦查、起诉和审判过程是一个复杂而严谨的法律论证过程。检察官的论证思维主要体现在以下几个方面：一是在职务犯罪侦查工作中，要全面、客观收集证据，综合论证嫌疑人是否构成犯罪和应当追究刑事责任，并提出是否移送审查起诉的决定。二是审查逮捕工作

① 自 20 世纪 80 年代以来，我国先后经历了三次大规模的“严打斗争”。第一次是 1983 年开始，一直延续到 1987 年，将杀人、抢劫、强奸、爆炸、流氓、致人重伤或者死亡、拐卖人口，非法制造、买卖、运输或者盗窃、抢夺枪支、弹药、爆炸物，组织反动会道门，引诱、容留、强迫妇女卖淫，传授犯罪方法等危害社会治安的犯罪作为打击的重点；第二次“严打”从 1996 年 4 月到 1997 年 2 月，打击重点是杀人、抢劫、强奸等严重暴力犯罪，流氓犯罪、涉枪犯罪、毒品犯罪、流氓恶势力犯罪以及黑社会性质犯罪的严重犯罪；第三次“严打”是 2001 年 4 月开始，以带黑社会性质的团伙犯罪、爆炸、杀人、抢劫、绑架等严重暴力犯罪、盗窃等严重影响群众安全的多发性犯罪为重点打击对象。参见罗翔：《冲出困境的罪刑法定原则》，中国法制出版社 2007 年版，第 198 页；http：//www.zhexuezj.cn/n/dsrqw_3b7d26d76cedf1a82c492d9ac43934051a15e4ad 72e389e710919。

② 参见 http：//www.spp.gov.cn/zdgz/201304/t20130402_ 57859.shtml。

中，检察官既要审查定罪证据和量刑证据，还要审查逮捕必要性证据，最终作出是否批准或决定逮捕的决定。三是审查起诉中，要按照证据确实、充分的标准，全面客观审查证据，最终决定是否起诉；出庭公诉中，应当提出确实、充分的证据，并运用证据加以证明。四是在诉讼监督活动中，对于监督的线索，也要通过审查核实相关证据，在证明违法行为客观存在的前提下，提出纠正违法的监督意见。

笔者认为，检察官传统的论证性思维具有以下特点：一是在法律论证的方法上既有逻辑思维又有经验思维。二是案例或判例对检察官思维的影响较大。三是证明标准存在“就高不就低”的问题。体现在检察机关的自侦案件是“立得住，诉得出，判得了”。“就高不就低”的程序证明标准直接影响检察官的侦查思维和公诉思维。实践中，检察机关对于自行侦查的职务犯罪在可诉可不诉的选择上，更倾向于选择起诉，哪怕法院作出缓刑判决。其原因，一是有内部考核因素在内的对高起诉率的追求①；二是对于不起诉决定可能启动人民监督员听证的顾虑②；三是公诉引导侦查导致公诉自我否定的困难。此外，在疑难复杂案件指导方面，容易出现下级院过于依赖上级院指导意见的情况。

检察官传统办案思维的监督性、追诉性和论证性特点，突出体现在控告申诉、侦查监督、公诉、职务犯罪侦查、监所检察等刑事检察工作中。传统的检察思维是在长期司法实践的基础上形成的，有其实践的特征，但也有时代的局限性。传统的并不一定都是过时的、落后的，办案思维亦如此。新修改的刑事诉讼法对检察官执法办案的理念产生了较大的影响，检察官应积极顺应这些变化，在传承和扬弃中转变执法观念和思维。

二、新刑事诉讼法对检察官传统办案思维的影响

检察官思维的形成需要一个实践的过程，这种过程一定程度上反映了法治的发展的过程。检察官思维的核心是法律理念，是理念引领法律思维的形成和发展。因此，检察官思维并不是一成不变的，特别是一些重大的法律理念引入

---

① “检察院内部考核的一些指标是不符合诉讼规律的。我们不能要求检察官起诉的标准和最后判决的标准一致。有的地方全年都胜诉，是不合理的。刑事诉讼中检察官自身的权利也需要得到保障，不合理的考核指标应修改。”观点摘自中国政法大学诉讼法学研究院副院长、博士生导师杨宇冠 2012 年 4 月 26 日在北京市怀柔区人民检察院“刑事诉讼中律师权利保障”研讨会上的发言。

② 《最高人民检察院关于实行人民监督员制度的规定（试行）》第 13 条规定，人民监督员对人民检察院查办职务犯罪案件下列情形实施监督：（一）犯罪嫌疑人不服逮捕决定的；（二）拟撤销案件的；（三）拟不起诉的。

的时候，传统的思维方式会受到严峻的挑战。

（一）检察官在职务犯罪侦查中的思维

新修改的刑事诉讼法在尊重和保障人权、强制措施的适用、技术侦查手段的适用、辩护律师在侦查阶段的介入等方面均有新的变化，这些变化对检察机关的职务犯罪侦查工作既是机遇又是挑战。

1. 强制措施和侦查措施的变化对检察官思维的影响

强制措施的变化要求检察官力戒“规则规避思维”，即为求“破案”而变相执行有关强制措施的法律规定。实际办案中应注意克服以下倾向：一是办案期限最大化倾向；二是变相拘禁倾向；三是疲劳讯问倾向；四是拖延送交看守所倾向。笔者认为，“二十四小时”须严格把握，应指嫌疑人被拘留或逮捕后至看守所接到司法机关押送的嫌疑人时的时间，因此，将嫌疑人送往医院途中以及在医院检查的时间应该计入“二十四小时”，否则容易造成拖延送达。

侦查措施的变化要求检察官养成“风险思维”，即防止滥用权力导致诉讼风险和检察官责任风险。技术侦查措施主要包括秘密录音、秘密照相、监听、邮件检查等①。根据新修改的刑事诉讼法第148条至第152条的规定，一是赋予了检察机关对重大贪污、贿赂犯罪案件以及利用职权实施的严重侵犯公民人身权利的重大犯罪案件的技术侦查权。二是确定了检察机关技术侦查权的相关原则，包括适用上的重罪原则、必要性原则、决定上的严格程序原则、执行上的分离原则，以及技术侦查所获的材料的专用原则和保密原则。三是规定技术侦查所获得的材料在刑事诉讼中可以作为证据使用。鉴于技术侦查措施适用的严格批准程序，不能过度依赖这一措施，而应以此为契机加强“侦查信息化”和“装备现代化”建设，转变传统的侦查思维，积极探索新的侦查模式。如在侦查信息化建设方面，第一是通过与民航、海关、金融、房地产管理等部门建立信息共享机制，及时过去第一手与案件相关的情报信息；第二是通过互联网技术建立和完善网上举报系统，建立检察官方微博，关注和搜集“网络反腐”信息，获取职务犯罪线索；第三是提升侦查人员获取电子数据（证据）等能力。

2. 不得强迫自证其罪对侦查思维的影响

不得强迫自证其罪属于“无罪推定原则”的要求。不得强迫自证其罪的要求对检察官最大的挑战是侦查中传统的讯问策略合法性问题。在司法实践中，控辩审三方对刑讯逼供手段获取的言词证据必须予以排除已基本上形成共识。尽管当前有关刑讯逼供案件在媒体上仍时有曝光，但侦查机关实行同步录

① 王兆国：《关于〈中华人民共和国刑事诉讼法修正案（草案）〉的说明》，载《人民检察》2002年第8期，第36页。

音录像之后，这个问题在一定程度上得到了遏制。然而，刑事犯罪侦查是侦查人员与犯罪嫌疑人之间智慧的较量，不讲究谋略往往难以突破案件。暴力性是非法言词证据的主要特征，如刑讯逼供所取得口供。这种证据的取得方式不仅侵犯了嫌疑人的生命健康权，而且容易造成嫌疑人的虚假供述，因此应予以排除。从新刑事诉讼法的相关条文规定看，虽没有“引诱欺骗”的规定，但对于编造虚假的事实或以暴力相威胁，会使当事人内心产生强烈恐惧等强制，可能使其作出虚假的供述，类似构陷的方法获得的言词证据，一般应该排除。不得强迫自证其罪要求在职务犯罪侦查中：一是讯问要合法、规范；二是完整的同步录音录像是证明讯问合法性的最直接的证据；三是侦查人员负有证明讯问合法性的责任，并应做好出庭作证的思想准备。

3. 律师提前介入对侦查思维的影响

根据新修改的刑事诉讼法第 36 条，律师介入侦查阶段的主要目的：一是为犯罪嫌疑人提供法律帮助；二是代理申诉、控告；三是申请变更强制措施；四是向侦查机关了解犯罪嫌疑人涉嫌犯罪的罪名和案件有关情况，并提出意见。

侦查人员担心如果律师享有调查取证权，则律师完全可以在侦查人员调查取证之后核实相关证据和事实，甚至赶在侦查人员调查取证之前取得相关证据，用以对抗检察机关的侦查。另外担心是犯罪嫌疑人在律师介入侦查后翻供。笔者认为，检察官应该在以下几个方面积极予以应对：一是要深刻理解新刑事诉讼法第 53 条关于“没有被告人供述，证据确实、充分的，可以认定被告人有罪和处以刑罚”的立法精神，转变过分依赖强制措施和口供破案的侦查思维方式，而将调查取证的重点前移至初查阶段，将讯问犯罪嫌疑人的任务从发现犯罪线索向核实案件事实转变，讯问的内容从“一揽子”讯问到“一事一问”的转变等。二是必须转变“秘密侦查不受外部监督”的传统办案思维。辩护律师介入侦查的一个重要意义是通过对侦查活动的监督，保障当事人的合法权利。因此，在职务犯罪的侦查阶段，检察官不仅要依法听取律师的意见，还应注意向嫌疑人及其辩护人释法说理，引导其积极配合调查取证。三是树立人权保障意识，切实保障嫌疑人的辩护权，除法律有规定外，不得以任何理由阻止律师会见嫌疑人。

（二）检察官在追诉犯罪中的思维方式

1. 羁押必要性审查对追诉思维的挑战

在强制措施的适用问题上，新修改的刑事诉讼法在三个方面对检察官执法思维具有挑战性：一是对逮捕的条件作了新的规定，使“逮捕必要性”进一步细化和更具可操作性，使检察官的审查逮捕的自由裁量权受到了严格的限制；二是对指定监视居住作了新的规定，使这个逮捕替代性措施更具有选择性，但从目前的实践来看，由于担心监视居住成本太大，绝大多数不批准逮捕的案件仍然采取了取保候审的措施；三是规定了羁押必要性审查，使审前羁押的状态因出现法定事由而具有可变更性。以上法律规定，都要求检察官在审查逮捕时转变传统的办案思维。

新修改的刑事诉讼法实施三个月以来，就北京市而言，强制措施的适用已悄然发生变化。北京市检察机关不捕率为28.15%，同比增长5.07个百分点，其中通州检察院和市检察院第一分院的不捕率超过了40%，大兴检察院达到了49.07%①。反映出的突出问题：一是对刑事法律政策把握上，公安机关更突出打击犯罪，而检察机关综合考虑了宽严相济等刑事政策的精神；二是在把握逮捕的证据标准和条件上，侦查机关仍坚持“够罪就报捕”的老做法，甚至对于一些证据不充分的案件也抱着试试看的心态移送检察机关审查批捕；三是审查按照新修改的刑事诉讼法不予逮捕的案件，被害人及其亲属上访的情况比较突出。

2. 排除合理怀疑对追诉思维的挑战

根据新修改的刑事诉讼法，最高人民检察院刑事诉讼规则作了相应的修改，将“排除合理怀疑”作为起诉标准之后，对检察官的办案思维提出了新挑战。笔者认为，最重要的是要坚持履行好检察官的“客观义务”。具体而言，一是要坚持“无罪推定”的原则，即在获得排除合理怀疑的有罪证据之前，不得推定被告人有罪；二是要树立“疑问证据有利于被告人”的办案理念，即对于矛盾不能排除的证据，应采纳有利于被告人的证据；三是坚持全面、客观审查证据的办案思路，既要收集和审查有罪、罪重的证据，也要审查无罪、罪轻的证据，尤其是要注重听取被告人的辩解及其律师的辩护意见；四是要确立“依法追诉、全力追诉、有限追诉”的办案思维。依法追诉就是依照法律授权和程序追诉犯罪，全力追诉就是应该尽可能穷尽法定资源追诉（如办案期限），有限追诉就是法定资源耗尽之后仍然不能证实犯罪的应该中止追诉。

3. 非法证据排除对追诉思维的影响

一是对非法证据具有审查和排除的义务。审查批捕和审查起诉阶段对证据合法性审查尤为重要。但是实践中，诉讼监督的重点还是放在追捕、追诉遗漏的犯罪嫌疑人和犯罪事实上。以北京市检察机关为例，2012年，北京市检察机关“纠正遗漏起诉罪行”3194件，“纠正漏捕”404人，而“针对违法侦查

① 相关数据来源：北京市侦查监督工作会“2013年第一季度不捕情况分析”。

活动书面提出纠正”231件，仅占三类监督的6.03%。因此，要求检察官必须将监督的重点调整到对非法证据的审查上来，对于使用暴力取得的言词证据应当予以排除，对于因执法办案不规范造成的瑕疵证据，应当及时补强。

二是庭前会议给予控辩双方在庭前解决证据争议的机会。新修改的刑事诉讼法第182条第2款规定：“在开庭以前，审判人员可以召集公诉人、当事人和辩护人、诉讼代理人，对回避、出庭证人的名单、非法证据排除等与审判相关的问题，了解情况，听取意见。”这就要求公诉人充分利用此程序，对于辩方提出的非法证据进行证明，争取将非法证据的争议解决在庭审前。新修改的刑事诉讼法实施三个月来，笔者所在的北京市怀柔区人民检察院已经就一起社会影响较大的诈骗案申请法院召开了庭前会议。会议由该案主审法官主持，公诉人和两名被告人的四名辩护律师参加了庭前会议。辩方就案件管辖、非法证据排除、房产解除查封等问题交换了意见和相关证据，辩方仅保留对非法证据排除在庭审中的申请权，对其他两项异议在庭审前得到了解决。

三是庭审中的非法证据排除程序使公诉人的角色发生了变化。辩护律师可以在庭审阶段提出非法证据排除的申请。而一旦法庭决定启动“排非程序”，此过程中，被告人就成为“程序上的原告”，侦查人员就成为“程序上的被告”，公诉人则成为“程序被告代理人”，承担证明证据合法性的义务。“程序辩护”相对应的是“程序公诉”，这是一种“诉中之诉”，与“定罪公诉”和“量刑公诉”形成了完整的公诉。其中以证明证据合法性的“程序公诉”是后两个公诉的前提，关键证据的排除将直接影响定罪和量刑。因此，检察官应适应刑事诉讼法的这个变化，庭前的准备应该更加细致、充分，尤其是对于非法证据的审查必须严格，并做好经受辩护律师“伏兵辩护”、当庭证明证据合法性的心理准备。

为应对以上的变化，笔者认为当前应重点解决以下两个问题：一是证人出庭问题，尤其是侦查人员出庭问题①。虽然在司法实践中，公诉人有向法庭提供侦查活动合法性的“工作说明”的做法，但“工作说明”缺乏可质证性，不能代替侦查人员出庭作证。因此，检察机关和公安侦查机关应强化“大控

① 2006年北京市人民检察院确定市检一分院为开展证人出庭作证工作试点单位之一。开展该项工作以来（至2012年），该院承办的案件共有124件153人出庭作证，出庭率从5.7%上升到23.8%。从证人类型看，普通证人占45.1%，被害人及其亲属占39.9%，侦查人员占7.8%，鉴定人占7.2%。从提请主体看，控方申请占91.5%，辩方申请占7.2%，法院要求占1.3%。从证明内容看，定罪事实占80.5%，量刑事实占17.1%，程序事实占2.4%。从法院判决采信情况看，证人当庭证言的采信率达到100%。摘自正义网“全国检察机关刑事案件证人出庭工作现场会直播记录”。

方”的协作意识，对于启动的排非程序需要侦查人员出庭的，侦查人员必须出庭作证。检察机关办理自侦案件的检察官亦如此。二是提升公诉能力问题。应重点提升非法证据发现和审查能力（包括侦查合法性证据举证能力）、沟通协调证人出庭能力、沟通协调辩护人庭前解决程序争议能力、交叉询问能力和临场应变能力。

（三）检察官在诉讼监督中的思维方式

1. 从粗线条监督到精细化监督的转变

2012 年刑事诉讼法修改之后，最高人民检察院相应地修改了刑事诉讼规则，在第十四章对“刑事诉讼法律监督”作了专门规定，使刑事诉讼监督更加精细化，具体表现在以下几个方面：一是诉讼监督的范围有所扩大。有原来的“五分法”，改为“九分法”，即新增了死刑复核法律监督、看守所执法活动监督、羁押和办案期限监督、强制医疗执行监督四项监督，“执行监督”更名为“刑事判决裁定执行监督”。二是诉讼监督的具体事项更加明确。以“侦查监督”为例，监督范围由十一项“违法行为”增加至二十项。这些细化的内容，使刑事诉讼监督更具有可操作性，要求检察官对列举的违法行为逐项进行审查，特别是增强主动审查的意识。

笔者认为，在监督的内容和方式细化的情况下，当前检察机关诉讼监督的难点当属对指定居所监视居住的监督。原刑事诉讼法规定的监所检察监督，检察机关一般通过派驻监察室的检察官，通过巡视监区（包括与看守所联网的视频监控系统）、与在押人员谈话、受理在押人员的控告或举报等方式对监狱或看守所的监管活动进行监督。但指定居所监视居住具有以下几个特点：一是监视居住的地点不具有特定性；二是监视居住的场所一般不具有检察官可以随时观看的视频监控系统；三是监视居住对象的活动空间相对较大，难以监督到位。因此，对指定居所监视居住执行情况的监督，检察官应转变坐等监督的思维方式和监督方式。

2. 从控辩双方的对抗思维到合作共赢思维的转变

以新修改的刑事诉讼法为视角，需要重新审视审前程序中控辩的对抗关系。笔者认为两者实际上存在互动性、合作性的关系。主要体现在以下两个方面：

一方面，审前诉讼结构中，以侦查机关为代表的控方和以犯罪嫌疑人及其辩护律师为代表的辩方形成了对抗，检察官在审查批捕、审查起诉中实际上扮演者居中裁判的角色。根据我国刑事诉讼法的规定，在审判阶段控辩审形成了“大三角形”的诉讼结构，法官位于“三角形”的顶端居中裁判，控辩双方位于“三角形”的两边形成对抗。从我国刑事诉讼法的相关规定看，实际上也形成了审前的“小三角形”的诉讼关系：一是审查逮捕阶段，检察官既要审查侦查机关制作的预审卷宗，又要讯问犯罪嫌疑人，有辩护人的案件还要听取辩护人的意见。因此，审查逮捕的过程是一个准司法的过程。二是侦查终结之后，侦查机关如果认为应当追究犯罪嫌疑人的刑事责任，则需制作移送审查起诉意见书。另一方面，检察官在审查起诉中要全面审查案件的事实与证据，包括讯问犯罪嫌疑人，犯罪嫌疑人可以自行辩护，也可以委托辩护人辩护，在全面听取被害人、嫌疑人的意见后作出起诉或者不起诉的决定。因此，检察官在审查起诉中与其说是追诉人，毋宁说是审判官、裁判官①。

此外，当辩方提出程序辩护的时候，检察官承担了程序违法行为调查者和监督者的角色。程序辩护和诉讼监督存在以下关联性：程序辩护与诉讼监督在诉讼活动中具有全程性，在目的上具有趋同性（即都有纠正程序违法的目的），在内容上具有重合性。此外，两者在启动上具有牵连性。庭审前，辩护律师就侦查机关违反诉讼程序、侵犯当事人合法权益行为向检察机关提出控告、申诉，是启动检察机关诉讼监督调查活动的重要因素之一。

保障律师庭审前的辩护权是检察机关的法定义务。从本质上讲，律师辩护权并不是律师的权利，而是刑事诉讼中被追诉者的权利②。因此，无论检察官在审前程序中扮演总裁判角色还是程序违法行为监督者和诉讼权利救济者的角色，检察官都应该主动听取犯罪嫌疑人及其委托的辩护律师的意见，对于无逮捕必要的，应依法作出不批准逮捕决定，或变更为非羁押性强制措施；对于符合不起诉条件的，应当依法作出不起诉决定；对于经调查确实存在程序违法行为的，应依法提出纠正意见。

三、检察官如何应对办案思维的挑战

（一）深刻领会立法精神，尽快转变执法理念

1. 强化人权意识，实现打击犯罪和保障人权的统一

首先要强化“尊重与保障人权和惩罚犯罪同等重要”的意识，要准确把握尊重和保障人权是贯穿刑事诉讼法始终的一条原则又是刑事诉讼法的重要任务之一，切实转变“重打击轻保护”的执法观念。其次要强化“保障被追诉者权利”意识，刑事诉讼领域保障人权包括三个层面的含义，但保障追诉者

---

① 樊崇义主编：《检察制度原理》，法律出版社 2009 年版，第 57 页。

② 杨宇冠：《刑事司法中被告人获得律师帮助权的国际标准及正当性》，载石少侠、徐鹤喃主编：《律师辩护制度研究——以审前程序中律师作用为视角》，中国检察出版社 2007 年版，第 14 页。

权利是是保障人权的重心所在①，被追诉者的权利保障体现在辩护制度、证据制度、强制措施、侦查程序、审判程序等方面的相关法律规定，保障人权的意识应贯穿到刑诉法执行的全过程。最后要强化“权利救济”意识，在诉讼活动中，检察官负有对侵犯犯罪嫌疑人、被告人及其委托的辩护人的诉讼权利行为依法进行救济的义务，尤其要强化非法证据排除意识和保障辩护权意识。

2. 强化程序意识，确保程序公正

首先要强化“程序法定”意识，程序法事实上是限制公权力行使的法律，程序法没有授权的，不得行使公权力。其次要强化“程序救济”意识，要在刑事诉讼中依法保障辩护律师的权利，对于侵犯嫌疑人、被告人及其委托的辩护律师的诉讼权利的行为，应依法予以救济。再次要强化“程序公开”意识，把程序公正的要求落实到刑事司法活动全过程，使正义能够以“看得见、听得懂的方式”实现。最后要强化“程序制裁”意识，要清醒认识到违反程序法所取得的非法证据排除的后果，严格执行刑事诉讼法，坚决杜绝和监督纠正程序违法行为。

3. 强化证据意识，保证办案质量

首先要强化“证明责任”意识，对于公诉案件，检察机关承担证明嫌疑人、被告人有罪的责任。其次要强化“依法取证”意思，坚决杜绝和纠正刑讯逼供等非法取证的发生。再次要强化“证人出庭”意识，尤其是要强化非法证据排除程序中的侦查人员出庭意识，以及鉴定人出庭作证的意识。最后要强化“证据裁判”意识，即认定案件事实，必须以证据为根据，认定事实的证据必须是合法有效且经法定程序查证属实的证据，认定案件事实的证据必须达到法律规定的证明标准。

4. 强化时效意识，确保司法公正高效

首先要强化“依法延长办案期限”意识，严格适用退补侦、延长办案期限手段，既要避免超期羁押、超期办案的发生，又要防止人为因素造成“办案期限最大化”，尽量减少和缩短审前羁押。其次要强化“庭前会议解决程序争议”意识，对于在庭审前通过与辩护律师沟通，存在程序争议的案件，应建议法院组织庭前会议予以解决。最后强化“简易程序尊重被告人选择权”

---

① 陈光中教授认为，刑事诉讼领域内的保障人权，可以从三个层面理解：第一个层面是保障犯罪嫌疑人、被告人和罪犯的权利，防止无罪的人受到刑事法律追究，有罪的人受到不公正处罚；第二个层面是保障所有诉讼参与人特别是被害人的权利；第三个层面是通过对犯罪的惩罚保护广大人民群众的权利不受犯罪的侵害。陈光中、刘林呐：《尊重和保障人权：不仅仅是一项基本权利》，载《检察日报》2012年3月19日第3版。

意识，对于简易程序使用的条件，新修改的刑事诉讼法已有明确规定，公诉人应注意征得被告人同意后适用此程序，不能因为片面追求诉讼效率而侵害被告人的权利。

5. 强化监督意识，防止刑事司法权滥用

首先要强化“助对防错”意识，通过诉讼监督，既要坚决维护和保障司法权的依法行使，又要对于违反诉讼法的行为既要起到纠正、防范作用。其次要强化“依法监督”意识，要严格执行刑事诉讼法和人民检察院刑事诉讼规则（试行）中有关诉讼监督的内容、方式和手段等规定，开展有限监督和规范监督。再次要强化“敢于监督”意识①，要坚持原则，转变重配合轻监督的观念，对于诉讼活动中发现的违法行为，要坚决纠正。复次要强化“善于监督”意识，要充分用好检察建议、纠正违法等监督手段，突出监督的重点，讲求监督实效。最后要强化“接受监督”意识，要深刻理解“把权力关在制度的笼子里”的深刻含义：一方面要强化内部监督制约机制的建立和完善，包括强化上级检察院对下级检察院的监督制约，检察院内部不同的检察环节之间的监督制约；另一方面要主动接受外部监督，既要接受诉讼活动中来自辩护律师以及其他诉讼参与人的监督以及人民监督员的监督，又要接受诉讼活动之外的监督，如人大监督和政协民主监督，以及以舆论监督为代表的社会监督等。

（二）增强法律职业共同体意识，正确认识“检辩”关系

1. 对抗关系

法律人的思维是在对抗中寻找法律的真谛②。刑事诉讼中，控辩审三角形的制度设计，其目的是通过控辩双方的对抗，便于法官发现案件事实从而做出公正的裁判。辩护权是深陷诉讼纠纷的犯罪嫌疑人、被告人权利的延伸，因此“对抗关系”是诉讼结构设计的需要、权利保障的需要，也是查清案件事实的需要。在公诉案件中，检察官和辩护律师的任务不同，作为公诉人的检察官的任务是成功指控犯罪。刑事辩护的最终目标是说服法官接受辩护意见，对被告人作出无罪、轻罪、少罪的裁判。根据客观义务之要求，检察官在诉讼活动中应当在收集和审查被告人有罪证据的同时，收集和审查有利于被告人的无罪、

---

① 之所以存在不敢监督的问题，既有司法人员相互间“低头不见抬头见”、碍于情面的因素，也有投鼠忌器、勇气不足、怕得罪人的因素。童建明：《加强诉讼监督需把握好的若干关系》，载《国家检察官学院学报》2010 年第 15 期。

② 引自 2013 年 4 月，陈瑞华教授在北京市怀柔区检察院“刑事诉讼中的律师权利保障研讨会”上的发言。

罪轻等证据。但检察官传统的追诉思维，往往使其更青睐于有罪证据。因此，从防范冤假错案角度而言，辩护律师也应是检察官最可信赖和依靠的力量①。在刑事诉讼活动中，检察官只有认真听取辩护律师的意见，综合审查事实和证据，才更有可能避免错捕、错诉的发生。

2. 合作关系

如当事人刑事和解的案件，对于公诉方和辩护方而言，对于被告人和被害人而言，都是“双赢”的。那么，嫌疑人、被告人是否能真诚悔悟以及愿意赔偿损失，则需要辩护律师做相关的引导工作。因此，在公诉案件的刑事和解中，检察官和辩护律师是合作共赢的关系，对于符合刑事和解的案件，检察官应当与辩护律师沟通，并听取当事人的意见。当然，检察官与辩护律师之间不是无原则的合作，而应遵循相关的规定，如遵循回避的规定，不得私自会见律师的固定，不得为律师提供不正当帮助和谋取不正当利益的规定等②。

3. 制约关系

根据新修改的刑事诉讼法的规定，检察官在刑事诉讼中除了犯罪追诉者、诉讼活动监督者和强制措施裁判者③的角色外，还承担诉讼权利救济者的角色，即听取诉讼当事人及其委托的辩护人所提出的侵犯其诉讼权利的行为的申诉、控告，并对相关侵权行为开展调查。而侵犯当事人诉讼权利行为的主体除了公安侦查机关，还包括检察机关，具体包括检察机关职务犯罪侦查部门、审查批捕部门和公诉部门等，如阻碍律师行使阅卷权、会见权等行为。辩护律师通过申诉、控告的方式，以及以辩护行使与检察官的对抗，某种意义上讲，是对检察官刑事职权的监督制约。因此，检察官应依法听取并尊重辩护律师的意见，特别是对于律师提出的权利救济的申请应依法审查，不能无理由拒绝辩护律师的申请。

（三）坚守独立性和公正性的底线，妥善处理与媒体的关系

1. 善待舆论监督，坚守司法“底线”

对于舆论的声音，检察官首先应该是一个理性的聆听者，其次是独立的兼听者，最终是公正的裁判者。检察官在执法办案中，应坚守两个底线：一是良

---

① 最高人民法院副院长沈德咏在《我们应当如何防范冤假错案》一文中认为，“从防范冤假错案角度而言，推而广之，从确保所有刑事案件审判的公正性、合理性、裁判可接受性而言，辩护律师都是法庭最可信赖和应当依靠的力量”。载《人民法院报》2013年5月6日。

② 参见最高人民检察院2011年1月10日印发的《关于规范检察人员与律师交往行为的暂行规定》。

③ 审查批准和决定逮捕是准司法的“裁判”行为。

心底线，二是法律底线。所谓良心底线，就是检察官对公平正义的价值追求和判断的底线，说到底就是能否坚持“忠诚、为民、公正、廉洁”的核心价值观。其中“忠诚”是最核心的价值，如果检察官在“忠诚”上出了问题，就有可能制造出“冤假错案”。在再审的法庭上，被冤狱十年的浙江叔侄案被告人张高平说：“今天你们是法官、检察官，但你们的子孙不一定是法官、检察官，如果没有法律和制度保障，你们的子孙很可能和我一样被冤枉，徘徊在死刑的边缘。”① 这句话很值得检察官、法官扪心自问。因此，对于当事人的诉求，对于舆论的声援，检察官要力戒“鸵鸟思维”，要遵循执法的“良心规则”。法律底线，就是忠实于宪法和法律，要求每一位检察官在职业活动中的任何时候都不能离开法律，不能违背法律，其核心内容就是要严格做到“有法必依、执法必严、违法必究”②。此外，检察官坚守法律的底线，还应包括向媒体披露案件信息时所应把握的“适度性”。杨宇冠教授认为，在法院判决之前，侦查、起诉和审判部门不宜把案件的细节透露给媒体，以防止媒体的渲染使得在法院定罪之前在公众心理上，甚至在司法人员的心理上已经预先对被告人定罪，从而产生对司法和审判部门的压力③。

2. 借助网络力量，加大反腐败力度

首先，检察官应该充分认识到网络反腐是社会力量参与反腐败的重要体现。目前，我国13亿人口中，网民就有5.64亿人，而且这一数字每年还将快

---

① 2003年5月18日晚上9点左右，张高平和侄子张辉驾驶皖J－11260解放牌货车去上海。17岁的王某经别人介绍搭他们的顺风车去杭州。2003年5月19日杭州市公安局西湖区分局接到报案，在杭州市西湖区一水沟里发现一具女尸，而这名女尸正是5月18日搭乘他们便车的女子王某。公安机关初步认定是当晚开车搭载被害人的张高平和张辉所为，遂将叔侄俩抓获。2004年4月21日，杭州市中级人民法院以强奸罪判处张辉死刑，张高平无期徒刑。2004年10月19日，浙江省高院终审改判张辉死缓、张高平有期徒刑15年。在监狱中，张高平发现了自己案件的若干疑点，经过他本人及家属的申诉，2012年2月27日，浙江省高级人民法院对该案立案复查。2013年3月26日的公开宣判认为，有新的证据证明，本案不能排除系他人作案的可能。最终，张氏叔侄被认定无罪。参见 http：//news. guhantai. com/2013/0331/222307. shtml。

② 刘正浩、胡克培主编：《法律伦理学》，北京大学出版社2010年版，第235页。

③ 杨宇冠：《国际人权法对我国刑事司法改革的影响》，中国法制出版社2008年版，第257页。

速大幅增长①。在一项“你最愿意用什么渠道参与反腐”的网络调查中，74.6%的参与者选择了“网络曝光”，而选择“信访”方式的只占1.27%②。因此“网络反腐”不可小觑。其次，检察官应该看到虽然网络反映腐败问题存在真假难辨的客观局限性，但是为检察机关查办和预防职务犯罪提供了强大的舆论支持。最后，根据已经查证属实的网络反腐案件，检察官应该高度重视并主动收集网络反腐线索，并积极开展调查工作。特别是在已经开通的网络举报系统的基础上，应该建立网络舆情即职务犯罪线索搜索、分析机制，对于博客、微博、微信等新兴媒体反映出来的贪腐信息，应及时进行甄别，适时开展调查取证工作。

（四）加强释法说理，形成法治共识

由于职业背景的不同以及价值观的差异，在认识法律问题上，职业法律人的思维与普通民众的思维存在较大的差异。如“杀人偿命，欠债还钱”、“宁可错抓，不可错放”或“既不冤枉一个好人，也不放过一个坏人”等思维，与法律人“罪刑法定”、“罪刑相适应”、“疑罪从无”的思维方式相冲突，由于缺乏有效的沟通，公众对司法公信力往往产生质疑。而公众的这种质疑往往构成对检察官、法官执法的巨大压力。

那么，在当下的司法制度框架之下，如何在检察官与普通公众之间建立共同的法律语境呢？笔者认为，检察官应躬下身子，放下“法律贵族”的架子，释法说理尤为重要。具体而言：一是对法律文书进行说理。检察文书说理，就是指人民检察院对自身执法行为和作出的决定所依据的事实、法律、事由进行分析论证、解释说明的活动③。在司法实践中，尤其是对于不立案决定书、不批准逮捕决定属和不起诉决定书做好释法说理工作。二是对当事人进行释法说理。在实践中，检察官机械办案、就案办案的情况还是客观存在的，有的检察官认为只要自己严格依照法律办案，只要结案了，就万事大吉，当事人申诉是

---

① 工信部网站2013年1月24日发布了2012年全国电信业统计公报。公报显示，2012年，全国网民数净增0.51亿人，达到5.64亿人，手机网民数净增0.64亿人，达到4.20亿人，占网民总数的74.5%。参见中国新闻网，http：//www.ce.cn/cysc/tech/07hlw/guonei/201301/24/t20130124_ 21325912.shtml。

② 参见http：//fz.chinaxiaokang.com/html/fz/2013－02/94649.html。

③ 2011年最高人民检察院出台了《关于加强检察法律文书说理工作的意见》，要求对职务犯罪侦查工作中，对有关实名举报、控告作出不立案、撤销案件决定的；侦查监督工作中，对于作出不批准逮捕决定或者对罪与非罪上有较大争议且社会关注敏感案件作出不批准逮捕决定的；对于公诉工作中，作出不起诉决定、不抗诉决定等情况，应当着重做好检察法律文书的说理工作。

他们的权利，来访是无理取闹，与己无关。因此，在具体的接待当事人来访的过程中也就存在冷、硬、横、推的情况。对此，最高人民检察院要求坚持将矛盾化解贯穿执法办案的始终，认真开展释法说理、心理疏导工作，努力实现案结事了①。三是要用群众听得懂的语言进行说理。看得见的正义，同时也应该是听得懂的正义。司法实践中，检察官的“法言法语”固然很重要，但普通民众未必能听得懂，因此，检察官必须掌握群众语言，将这种生涩的语言“翻译”成通俗易懂的语言，使当事人听得明白、易于接受。

四、结语

检察官的思维方式是检察官职业共同体的一般的执法办案的思维方式。在具体的执法办案过程中，这种常见的思维方式并不是一成不变的，而会随着检察官个体差异以及其他外部因素的影响发生变化。检察官的思维方式应符合法律人的一般思维方式，但又有其特殊性。检察官的思维方式应该遵循司法运行的规律，体现司法的程序价值和目标价值。有什么样的价值追求就有什么样的思维方式，但这种思维方式又受司法行为规则的制约。检察官的思维方式的成熟与法律传统文化，与刑事政策、刑事法律规范的变迁以及其所受教育培训有较大的关系。外部非法律因素对检察官思维也有影响。刑事诉讼中，检察官的法律思维需要得到职业共同体内法官和律师的认同，更需要社会的认同。当法治思维成为社会的共识时，司法的公信力就有了更强有力的社会保障。

---

① 最高人民检察院《关于深入推进社会矛盾化解、社会管理创新、公正廉洁执法的实施意见》要求：“坚持把化解矛盾纠纷贯穿执法办案的始终……主动把执法办案工作向化解社会矛盾延伸，认真开展释法说理、心理疏导等工作，积极引导和帮助当事人化解积怨，加强对犯罪嫌疑人认罪服法教育，使办案的过程变成化解矛盾、促进社会和谐稳定的过程。讲究办案方式方法，真正在解决群众反映的实际问题上下功夫，把法、理、情统一于执法办案中，防止和克服机械办案、就案办案，努力实现案结事了。”

试论新形势下检察官法治思维的培养

刘　恒[*]　冯文婧[**]

法治思维，是基于对中国当前法治建设特定阶段的特定要求提出的，具有明确的针对性和现实性，对于化解社会矛盾、保持国家长治久安、保证国家发展方向、促进国家繁荣稳定意义重大；对于推进依法治国、将一切组织的运行纳入法治轨道具有重大现实意义。

而在检察工作实践之中，法治思维同样发挥着重要的作用，指导着检察工作的科学发展和不断创新。尤其是在新刑事诉讼法颁布实施的新形势下，培养法治思维是检察工作与时俱进、创新发展的迫切需要，是检察官立足本职，做好检察工作的基本要求，是推动检察队伍建设和检察事业不断前进的内在动力。因此，作为检察工作的主体——检察官应当主动用法治思维来指导检察实践，而如何培养检察官的法治思维则具有现实的重要性。本文将立足于社会主义法治建设的国情，探讨目前检察官制度存在的缺陷，进而从法治理念层面就如何推进检察工作的健康发展提供一些建议，以期能给予检察实践一些理论上的帮助。

一、法治思维的内涵

（一）法治思维提出的现实意义

依法治国，建设社会主义法治国家，是中国共产党领导人民治理国家的基本方略。在党的十八大报告中，不但对全面推进依法治国进行了集中阐述，更是特别提到要“提高领导干部运用法治思维和法治方式深化改革、推动发展、化解矛盾、维护稳定能力”，“法治思维”和“法治方式”在执政党报告中的首次出现立即引起了社会各界强烈共鸣。

胡锦涛在党的十八大报告中强调，“提高领导干部运用法治思维和法治方

* 山西省人民检察院检察官学院院长。

** 山西省太原市万柏林区人民检察院科员。

式深化改革、推动发展、化解矛盾、维护稳定能力”。这是执政党第一次把法治思维和法治方式写入行动指南，是党的十八大报告的一个突出的亮点，具有“划时代的意义”，对于保持国家长治久安和繁荣稳定意义重大。

（二）法治思维的含义和法治思维的基本要求

法治，也就是“法的统治”，是指在国家和社会生活中，法律具有至高无上的权威，一切人和组织都必须遵守法律，法律面前人人平等，不存在任何超越法律的特权。“法治的意思就是指政府在一切行动中都要受到事先规定并宣布的规则的约束，而这种规则使得一个人有可能预见到执政者在某种情况下会如何使用权力和根据对此的了解来计划他自己的事务。”法治的国家法律具有至高无上的权威，而法律的至高无上性要求法律的执行者树立一种视法为社会最高权威的理念，进而用法治的思维去管理社会事务，推进社会事业。所谓“法治思维”，就是指执政者在法治理念的基础上，运用法律规范、法律原则、法律精神和法律逻辑对所遇到或所要处理的问题进行分析、综合、判断、推理和形成结论、决定的思想认识活动与过程。

法治思维的具体要求在于，执政者在行使国家公权力或实施社会管理时，无论是决策，还是执行，或者是解决矛盾，基于法治思维，都应遵守以下几项要求：其一，目的要合法。也就是说，公权力行使者作出某一决策，实施某一行为，应符合法律、法规的目的和宗旨。其二，权限要合法。也就是说，作出某一项决策，或是实施某一个行为，应该符合法律、法规为它限定的权限。其三，内容要合法。是说某一决策，或是某一行为，应符合法律、法规的具体规范以及法律的原则、精神。其四，手段要合法。是指某一决策，或某一行为，其运用的方式、采取的措施应符合法律规范以及法律的原则、精神，并非只要目的合法、目的正当，对于采取的手段就可以不予计较。这种认识恰恰是人治思维的体现。其五，程序要合法。正义要以看得见的方式实现，而合法的程序就是看得见的正义，也是实现实体正义的根本保障。

二、新形势下检察官培养法治思维的重要性和必要性

如何培养检察官的法治思维，对检察工作而言是一个重要的课题，作为在国家法治建设中发挥着至关重要作用的检察机关，如何自觉地以法治思维为指导，具有现实的重要性。

（一）培养法治思维是依法治国，实现法治现代化的内在要求

党的十七大报告中写到要全面落实依法治国的基本方略，加快社会主义法治国家的建设，这给司法机关和司法工作者提出了新的时代要求。要实现依法治国，就需要实现法治的现代化，要实现法治的现代化，就意味着实现司法者

的现代化，而司法者的现代化首要条件在于司法理念的现代化，也就意味着司法者要用法治的思维去处理问题。

（二）培养法治思维是推进检察工作与时俱进，实现创新发展的切实需要

当今社会，国家改革不断在深入，经济不断在前进和社会也不断在进步，法律的观念和价值取向也在发生变化，这也就要求有与经济、社会的发展相适应的检察工作，检察工作也应随着时代的发展而发展。检察工作应为经济社会的发展提供强有力的法制保障，而不是阻碍经济社会的发展，这也就要求检察工作一定要与时俱进，检察官也要根据政治、经济、社会发展的要求，运用法治思维，对检察制度的作用进行新的思考和定位，以推动检察事业迈向更高的层次。

（三）培养法治思维是检察官立足本职，做好检察工作的基本要求

不同的思维方式追求不同的价值取向，取得不同的法律效果，培养法治思维，用法治思维开展检察工作，时刻将法律置于首位，方能使工作的目标与法治的标准相契合，才能与公众的期望相符合，从而增强检察工作的公信力。否则，法治意识不强，将有可能出现放弃法治、曲解法治甚至是破坏法治的情况，发展下去终将会与法治的目的相悖，进而影响到法律的权威。因此，用法治思维开展检察工作，是检察官立足本职，做好工作的基本要求。

（四）培养法治思维，是推动检察队伍建设和检察事业科学发展的必然要求

目前我国正处于不断的变革时期，对检察工作提出了一系列新的要求和新的挑战，解决社会矛盾，维护社会稳定，促进公平正义的任务更加繁重。

虽然改革开放30多年，检察事业已经有了长足的进步，队伍的整体素质和工作水平有了显著的提高，但是从近年来人大反馈的意见以及从社会各界提出的意见和建议，或是从涉检信访的数量，检察人员违纪行为等几方面来看，检察工作和检察队伍仍然存在或多或少的问题，与新形势和新要求相去甚远。而要真正解决这些问题，关键在于树立法治理念，用法治思维指导实践工作，最大限度地发挥检察职能，有效地克服工作中存在的问题，推动检察事业的长足发展。

培养法治思维，进一步提高检察官的思想觉悟，树立先进的、科学的法治理念，改进执法作风，规范执法行为，提高法律监督能力，更好地履行宪法和法律赋予的职责，推动检察事业的发展。检察人员应认识到培养法治思维的重要性和必要性，积极学习，不断提高自身修养和执法水平。

三、现行检察官体制阻碍法治思维养成的具体表现

检察官是检察机关的主体，是检察事业的具体实施者，检察官体制的科学

与否影响着检察官职能的发挥，现实中一些不规范的制度，不利于检察官履行职责，更不利于全面提升执法水平，从而影响了法治思维的培养。

（一）检察官管理的行政化模式不利于法治思维的培养

长期以来，我国检察官的管理体制一直采用行政管理模式，这非常不利于检察队伍的专业化和法制化建设。人民检察院组织法规定了检察员、助理检察员和书记员等法律职务，检察官法也对检察官等级、任职条件、权利义务、任免、考核、奖惩和任职保障等作了明确的规定。但是，现实中法律的这些规定与检察官的权、责、利并没有完全对接。现行的检察人员管理制度将专业的检察人员与一般公务员相混淆，仅仅用管理一般公务员的方式来管理检察官。这导致检察官工资、福利由行政职级来决定，甚至检察官的任命也必须以其达到一定的行政职级为前提。这种单一的管理模式，行政色彩浓厚，势必造成检察官经常受到行政牵制，不符合检察官的养成规律，容易助长官本位思想，不利于检察队伍的专业化建设，检察官法治思维的养成就更加无从谈起了。

（二）检察官培训制度的重业务轻理论不利于法治思维的培养

现行检察官法规定，对检察官应当有计划地进行理论培训和业务培训。当然，理论培训包括政治理论培训以及法学理论培训。前者目的在于提高检察官正确理解、把握党和国家的各项方针、政策，以及执行、运用这些方针、政策的能力；后者则是旨在提高检察官的法学理论修养，进而提高检察官的检察业务能力。但从目前的情况来看，检察官培训正逐步转向以岗位培训为主，从知识型法律教育转向提高业务、技能水平的教育，并且业务技能培训将日渐成为检察官培训的重点，以直接提高检察官的办案技能和运用现行法律解决问题的能力。这种重实务轻理论的培训理念从短期来看的确能收到良好的效果，提高检察官的业务水平和办案能力，但是从长远来看，由于仅仅着重于技能上的提高，而忽略了法律素养的提升、法治思维的养成，使得检察官们仅仅是适用法律的工匠，就案论案，也许从法律效果层面来看，没有什么问题，但想要达到法律效果、社会效果、政治效果三者的有效统一就比较难了。

（三）检察官职务的法律保障制度无法落实不利于法治思维的养成

我国宪法以及人民检察组织法明确了各级检察院检察长的任期和任免，特别是加强了上级对下级检察长免职的领导监督，但是对检察长以外的普通检察人员则没有任期和上述免职的程序规定。检察官法虽然明确规定了依法免除职务的法定情形和法定惩戒行为，从法律制度上对检察官对抗不当免职、惩戒有了保障，并且检察官法也原则性地规定了检察官所享有的工资保障和福利。根据相关规定，检察官的工资制度和工资标准，是由国家给予特殊的规定。检察官应该实行定期增资制度，此外检察官还享受国家规定的检察津贴、保险和福利待遇等。但是，检察官法自实施以来，检察官的工资仍和普通公务员一样，这相应使一些检察官心理难免失衡，导致了在工作中不能正常地履行职责，更难以培养法治思维了。

四、新形势下培养检察官法治思维的具体构想

培养法治思维，也就意味着要摒弃旧有的、不合时宜的观念，树立现代司法理念，使得思想意识和法律意识紧跟时代的步伐，顺应检察改革的需要，推进检察工作全面发展，开创检察工作的新局面。为此，笔者从理念和实务两个方面来论述在新形势下如何培养检察官的法治思维。

（一）法治思维的重点是树立科学的法治理念

不同的理念，对同一个问题会产生不同的认识，处于不同的立场，采取不同的处理方式，从而产生不同的效果。加强检察官法治理念建设，也就要深化检察官对法治国家建设深远政治意义和战略意义的认识，提高执法水平，保障公民的合法权益，稳定社会秩序，维护人民民主，巩固国家政权，维护国家长治久安，建设社会主义法治国家。树立法治理念具体要从以下几个方面做起：

第一，树立执法为民的理念。要牢固树立一切为了人民的观念，这也正是执法为民理念的基本内涵。一切为了人民，就是要把维护人民利益作为检察工作的根本宗旨，把实现好、维护好、发展好最广大人民的根本利益，满足人民群众最关心、最直接、最现实的切身利益，作为检察工作的根本出发点和落脚点。要恪尽职守，预防和惩治犯罪，保证公民的人身权利、财产权利和民主权利不受侵犯。检察官要积极履行自己的职责，做好预防和惩治犯罪的工作，使犯罪分子得到及时、有效的惩处。要根据社会发展的形势变化，及时把握人民群众不断变化的利益诉求，为建设社会主义和谐社会做贡献。

第二，尊重和保障人权。检察机关作为国家法律监督机关，代表国家进行犯罪指控和职务犯罪侦查等刑事诉讼活动，是检察机关的主要职能，新修订的刑事诉讼法第1 条规定："为了保证刑法的正确实施，惩罚犯罪，保护人民，保障国家安全和社会公共安全，维护社会主义社会秩序，根据宪法，制定本法。"而我们所保障的人权，不但是善良人的人权，而且应当包括犯罪嫌疑人、被告人的一切合法权益。检察机关的刑事诉讼如何在依法惩治犯罪的同时，加强对人权的保障，实现检察机关刑事诉讼活动的最高价值，是值得我们思考的问题。在我们的立法已经就保障人权作出实质规定的情况下，这个问题，在很大程度上是我们的执法理念问题。

第三，树立公平正义的理念。公平正义是和谐社会的重要特征，是社会主义法治理念的重要内容。人民群众对检察机关最集中的要求，就是公正司法，

就是维护社会公平正义。检察官必须坚持坚定正确的政治立场，牢固树立公平正义理念，坚持国家利益至上、人民利益至上、宪法法律至上，把“忠诚、为民、公正、廉洁”的政法干警核心价值观真正内化于心、外践于行，把公正司法、维护社会公平正义作为维护社会稳定、促进社会和谐的生命线，以事实为根据、以法律为准绳，以认真的态度、严格的程序、较高的素质、有效的监督，确保宪法和法律正确实施，确保人民权利不受侵犯，确保执行和司法机关严格公正执法，尽心尽责维护社会公平正义。

第四，树立三个效果统一的执法理念。检察工作说到底是在党委领导和人大监督下，是为大局服务的，是为经济建设服务的。坚持法律监督的法律效果与社会效果的统一是检察工作的内在要求，也是检察机关服务于建设和谐社会的具体体现。要做到三个效果的统一首先要树立严格执法的理念。在法律效果与社会效果两者的关系中，法律效果居于首位，是前提和基础。其次要树立大局意识和服务理念。大局是国家的长远利益与人民的根本利益，服从服务于党和国家的工作大局，是检察工作的根本执法思想。最后要树立社会公正的价值观，这也要求我们在执法实践中，既不能完全拘泥于法律条文，简单机械执法，也不能随意突破法律的界限，用政策代替法律。要从维护社会稳定的大局出发，从实现法律效果、社会效果、政治效果三者统一的角度来把握案件的处理。在履行逮捕和起诉职能时，对严重刑事犯罪要坚决依法严厉打击，同时把宽大处理原则运用到刑事犯罪的惩治中，对容易激化社会矛盾的案件，要积极妥善处理，防止因工作方式方法不当引发群体性事件，在执法方式上要体现对犯罪嫌疑人及其家属的司法人文关怀，并加强对失足者的教育挽救，突出和强调法律实施中的社会效应。

（二）法治思维的着眼点是适用正确的执法办案方式

法治思维和法治方式蕴含着依法治国的新方针，执法办案是检察机关的核心职能，也是检察机关维护法治的重要手段之一，检察机关在执法办案中体现和运用法治思维及法治方法。

首先要确保办案质量。坚持做到以事实为根据、以法律为准绳，以办案质量为生命线，不断深入推进检察改革，进一步健全完善执法办案机制和案件管理机制，确保所办案件事实清楚、证据确实充分、程序合法、定性准确、宽严相济、客观公正。

其次要增强办案效果。进一步树立正确的执法观，在促进执法办案数量、质量、效率、效果、安全的有机统一上下更大功夫，在促进执法办案法律效果、政治效果和社会效果的有机统一上下更大功夫，注重化解社会矛盾，推进社会管理创新，争取积极社会评价，让人民群众在执法办案的社会效果中感受到法律的权威和法治的优越，进而更加尊重和依赖法律。比如，据统计，近年来民众投诉举报总量不断增加，这一方面表明人民群众对腐败的厌恶、痛恨；另一方面也体现出人民群众对法治的信赖，这也为推进法治建设提供了较为深厚的民意土壤。只有在百姓心中树立起法律崇高的地位和威信，人们才能自觉尊重和服从法律，理性对待司法，理解支持执法，进行促进社会有序健康发展。

最后要规范执法行为。党的十八大报告指出要“加强政务诚信、商务诚信、社会诚信和司法公信建设”，对执法司法机关的公信力建设进行了特别强调。实践中由于有法不依、执法不严、司法不公等不良现象的存在，不仅破坏了执法司法机关的社会形象，更动摇了人民群众对法律的信仰。检察机关作为国家的法律监督机关，要贯彻落实党的十八大精神，更好地推进民主法治进程，必须在维护和提升执法公信力上下更大功夫，在学法尊法守法用法上发挥好模范带头作用和引领示范作用。要处理好放与收、宽与窄、认真履职和延伸职能的关系，把握好尺度，进一步强化执法规范化建设和自身监督制约，切实做到严格执法、公正执法、规范执法、廉洁执法。

总之，培养检察官的法治思维，并将之贯彻于检察实践中在新形势下具有重要的现实意义以及紧迫感。而检察官法治思维的培养一方面要注重树立法治理念，提升检察官的对法律规范以及司法实践理想的认识；另一方面就是检察实践中要注重优化办案方式，在实践中以法治方式来促进法治思维的形成。

检察官的法治思维及建构路径

高　杉*

党的十八大提出，依法治国是党领导人民治理国家的基本方略，法治是治国理政的基本方式，要更加注重发挥法治在国家治理和社会管理中的重要作用。党的十八大报告指出“提高领导干部运用法治思维和法治方式深化改革、推动发展、化解矛盾、维护稳定能力”，鲜明地提出了依法治国的思想方法和行为模式，这是法治理论与时俱进，不断丰富发展的成果，也是党执政理念走向成熟的重要标志。法治思维与法治方式是具有开创性的全新表述，是党长期执政兴国经验的积累和理论的升华，也是对西方政治文明借鉴、移植、本土化的成果。在中央政治局第四次集体学习时，习近平总书记明确发出了建设法治中国的号召。他强调，要“全面推进科学立法、严格执法、公正司法、全民守法，坚持依法治国、依法执政、依法行政共同推进，坚持法治国家、法治政府、法治社会一体建设，不断开创依法治国新局面”。习近平总书记的重要讲话，强调了法治在国家治理和社会管理中的重要作用，为全面推进依法治国勾画了更加清晰的奋斗愿景，为实现中华民族伟大复兴的“中国梦”赋予了新的历史使命，为建设富强民主文明和谐美丽中国提供坚实法治保障指明了前进方向。法治思维和法治方式之于法治中国建设，犹如鸟之双翼，车之两轮，体现了目的和手段的逻辑关系，是实现法治中国建设的必由路径。

检察机关是中国特色社会主义法治的建设者和捍卫者，在推进法治进程中肩负着重要职责。本文拟对检察官法治思维的概念、渊源及检察官法治思维的建构路径做粗浅的探讨。

一、检察官法治思维的概念

法治相对于人治而言。法治与人治的选择与国家的政体密切相关。“法律应该同已建立或将建立的政体的性质和原则有关系；不论这些法律是组成政体

* 黑龙江省鸡西市人民检察院检察长。

的政治法规，或是维持政体的民事法规。”[①] 法治是民主政治的必然选择，而人治是专制政体的产物。民主政体与专制政体的分野在于国家最高权力的归属，“共和国的全体人民握有最高权力时，就是民主政治”。[②] 反之则为专制政体。人治是依人之治，在权力行使过程中体现出恣意性、短期性和不可预期性，一言可以立法，一言又可以废法，长此以往，使民众无所适从，社会秩序总是处于动荡和不安之中。而法治是依法之治，强调法律至高无上，是统治社会的规则。任何人、任何权力都要服从法律，而不能有超然于法律之上的特例与特权。体现出普遍性、原则性、稳定性和可预期性，法治有利于实现社会的长治久安。

思维是一种理性认识，与感性认识相对，是人脑对客观事物间接的和概括的反映，是认识的高级形式。从理性认识的结果上看，思维与思想同义；从理性认识的过程上看，思维与思考同义。思维是思维主体对信息和意识进行采集、传递、对比、筛选、判别、排列、分析、整合、表达等一系列活动。包含形象思维和逻辑思维，通常指逻辑思维。逻辑思维，是思维的一种高级形式，是人们在认识过程中借助于概念、判断、推理反映现实的过程。逻辑思维的思维主体把感性认识阶段获得的对于事物认识的信息材料抽象成概念，运用概念进行判断，并按一定逻辑关系进行推理，从而产生新的认识。逻辑思维具有规范、严密、确定和可重复的特点。

检察官的法治思维，是指检察官在履行职责过程中，严格运用法律规范、法律原则、法律精神和法律逻辑思考、分析、研究、解决问题，就是以法为价值之要、以法为行为之规、以法为治理之本的思维模式，排斥思维中的随意性，特别是要去除可能影响司法公正的潜规则因素。检察官的法治思维，是检察官法律素养的体现，也是长期司法实践锻炼的结果。检察官的法治思维，对于维护国家法律统一正确实施，实现司法公正，高效完成各项检察工作任务，起到至关重要的决定性作用。法治中国、平安中国建设与检察官的法治方式息息相关，追本溯源，检察官的法治方式取决于检察官的法治思维。

二、检察官法治思维的渊源

思想是行动的先导。检察官法治思维的核心是社会主义核心价值体系中的

---

① ［法］孟德斯鸠：《论法的精神》（上册），张雁深译，商务印书馆2004年版，第7页。

② ［法］孟德斯鸠：《论法的精神》（上册），张雁深译，商务印书馆2004年版，第9页。

社会主义法治理念。从宏观角度讲，国家已颁布实施的所有法律，都是检察官法治思维的渊源，检察官在执法办案之前，首先想到的是适用何种法律规范，这是法治思维的起点。本文旨在重点阐述检察官法治思维中具有本源性、指导性、普适性的法律原则和法律精神。

（一）公平正义

“法乃善良公正之术。”公平与正义是司法工作的生命和须臾不可或缺的品质。公平正义是检察工作的价值追求。公平与正义相伴。很难寻找到一个能够被普遍接受的正义概念。“正义有着一张普洛透斯似的脸，变幻无常，随时可呈不同形状并具有极不相同的面貌。”① 平等、自由、安全、秩序等价值的不同排序导致了不同的正义观。按照美国学者罗尔斯对正义的理解，“自由是每个人都享有的基本权利，在享有自由权利的层面上，每个人都是平等的，因此在自由与平等之间自由优先；平等还有另外一个要求，即机会公平平等；不平等只能存在于一种情况之下，即实现最少受益者的最大利益，因此在平等与差别之间，平等优先”。② 在司法领域，公正被划分为实体公正与程序公正，“前者强调法律规范中体现的‘实质公正’，后者强调法律适用中的操作规程的公平；前者强调审判所达到的‘结果的公正’，后者强调审判过程的严格和平等；前者强调纠纷解决中情理与规则的综合平衡所追求的合理合法，后者强调规则所体现的形式合理性”。③ 实体公正与程序公正最好能同时实现，这是人们美好的愿望，但事与愿违，两者常常存在冲突。冲突时，我们应该坚持“程序优先”，因为程序是实体之母，程序公正是可以看得见感受得到的正义，而实体公正存在一定的不确定性。“绝对的实体正义是不可实现的且没有绝对确定的衡量标准，具有一定的主观感受性，而程序是通过一系列法律法规加以构建的，遵守这些规则谓之合法，违反这些规则谓之非法，所以实体正义具有相对性，程序正义具有绝对性。”④

（二）权力控制

检察权是一种国家权力。“国家权力是统治阶级实现其阶级统治这一社会功能所依靠的物理性强制力的系统，属于政治权力。”⑤ “政治权力（亦称国

① ［美］E. 博登海默：《法理学——法律哲学与法律方法》，邓正来译，中国政法大学出版社 1999 年版，第 252 页。

② 樊崇义、史立梅、张中、朱拥政：《正当法律程序研究》，中国人民公安大学出版社 2005 年版，第 120 页。

③ 种松志：《检警关系论》，中国人民公安大学出版社 2007 年版，第 166 页。

④ 种松志：《检警关系论》，中国人民公安大学出版社 2007 年版，第 166 页。

⑤ 张光博主编：《民主与法制论集》，辽宁人民出版社 1990 年版，第 74 页。

家权力)，就是统治阶级强迫被统治阶级服从国家意志的能力。”① “权力既有造福社会的倾向，也隐含着被腐败的可能性……只要私有制和私有观念没有消失，就会有私欲的产生，就会使权力腐败的可能性成为现实性。”② 孟德斯鸠说：“一切有权力的人都容易滥用权力，这是万古不易的一条经验。有权力的人们使用权力一直到遇有界限的地方才休止。”③ 正是源于对国家权力有恶的倾向的认识，人类社会一直在寻求如何有效控制国家权力，使之趋利避害，造福于人类社会。法治的核心要义在于有效限制公权力，防止其恣意，以保障和扩大公民的权利和自由。在中国古代封建专制社会，实行了以监督为主要方式的监察御史制度。西方的先哲则较早地提出了三权分立、权力制衡的权力控制思想。邓小平同志曾深刻地指出：“权力过分集中，妨碍社会主义民主制度和党的民主集中制的实行，妨碍集体智慧的发挥，容易造成个人专断，破坏集体领导，也是在新的条件下产生官僚主义的一个重要原因。”④ 权力控制是催生检察制度的理论基础，也可以说检察制度是为打破司法专制而生，是民主法治等政治文明成果在刑事司法领域的体现。控审分离，使得检察机关的公诉权与法院的审判权形成了制衡关系，检察机关行使公诉权使法院受“不告不理”原则的拘束，而法院专司审判权，在一定程度上阻却了检察机关不恰当的刑事追诉。我国检察机关在宪法中的定位是国家法律监督机关，承担着维护法律统一正确实施的重要职责，同时，对国家工作人员的职务行为予以监督，是保障依法行政、推动法治政府、反腐倡廉建设的重要力量。

(三) 人权保障

刑事诉讼现代化的进程其实就是刑事诉讼人权保障不断彰显的历史。刑事诉讼对人权有着至关重要的影响。人权保障思想发端于中世纪的欧洲，启蒙运动思想家提出了“天赋人权”的口号，随着资产阶级革命的胜利，终结了纠问式诉讼程序。在刑事诉讼的现代化进程中，作为人权保障的重要基石——正当法律程序原则逐渐丰富完善。近年来，联合国通过了一系列国际公约和规范性文件，如《世界人权宣言》、《公民权利和政治权利国际公约》、《联合国反腐败公约》等，越来越关注刑事诉讼中的正当程序问题，特别是涉及人权保障的程序问题。

---

① 王惠岩：《政治学原理》，吉林大学出版社 1985 年版，第 55 页。

② 刘金国：《权力腐败的法律制约》，载《中国法学》2000 年第 1 期。

③ [法] 孟德斯鸠：《论法的精神》(上册)，张雁深译，商务印书馆 2004 年版，第 184 页。

④ 《邓小平文选》(第 2 卷)，人民出版社 1994 年版，第 321 页。

我国的人权保障思想起步较晚。20世纪90年代以来，我国经济社会等各方面都开始发生重大变革，市场经济逐步得以确立。市场经济是法治经济、权利经济、自由经济，反对义务本位，强调权利本位和人权保障。“市场经济的发展刺激了公民权利意识的增长，在刑事诉讼中，如何保障诉讼参与人尤其是被指控人的权利不受侵犯，成为刑事诉讼理论研究中的一个核心问题。”① 在2004年第十届全国人民代表大会第二次会议上通过的宪法修正案中，明确规定：“国家尊重和保障人权。”人权入宪，预示着尊重、保障人权将成为刑事司法改革的核心内容。“刑事诉讼法本质上可以说是人权保障法，可以说是规范国家追诉犯罪活动、保障诉讼当事人权利的基本法，该修正案正是与这一理念相契合的。”②

“人权就是人作为主体所享有的权利，是权利的一种表现形式。”③ 人权的内容博大精深，“人权的内容大体上应相当于目前各国宪法所列举的基本权利，或者，指相当于国际人权公约所列举的各项权利。诸如平等权、生存权、选举权、诉讼权和人身自由，迁徙自由，信仰自由，言论、出版、通信、集会、结社等自由权，几乎是世界各国所公认的”。④ 公民的基本权利和自由构成了宪法的核心内容，而这些权利和自由与刑事诉讼特别是侦查程序息息相关。“国家追诉权因公民涉嫌犯罪而启动，它的运作无不深刻而广泛地影响着公民的基本权利，如逮捕、拘留、传讯等，必然严重影响被追诉人的人身自由权；搜查、扣押、冻结等，将严重影响公民住宅权、财产权等权利；采用技术性侦查手段进行监听、秘密录音、秘密摄像，将严重影响公民的隐私权、言论自由权、通信自由权。”⑤ 因为侦查程序极易侵犯人权，所以检察官在刑事诉讼中不仅要严格依法、依程序使用技术性侦查手段，而且要强化对强制性侦查措施的监督，以保障人权。

（四）效率原则

诉讼效率是刑事诉讼的重要价值之一。效率原本是一个经济学术语，反映成本与收益、投入与产出之间的比例关系。20世纪二三十年代，以赫克等为代表的法学家把“效率”概念引入法学领域，形成了经济分析法学。在经济

---

① 熊秋红：《转变中的刑事诉讼法学》，北京大学出版社2005年版，第4页。

② 马贵翔、胡铭：《正当程序与刑事诉讼的现代化》，中国检察出版社2007年版，第44页。

③ 孙谦：《检察：理念、制度与改革》，法律出版社2004年版，第82页。

④ 许崇德等：《人权思想与人权立法》，中国人民大学出版社1992年版，第1页。

⑤ 马贵翔、胡铭：《正当程序与刑事诉讼的现代化》，中国检察出版社2007年版，第45页。

分析法学家眼中："法，与其说为了正义不如说为了效益。"①

遵循效率原则，就意味着以最少的司法资源投入取得惩罚犯罪和保障人权的最大收益，它强调审前程序的及时性、有效性和案件质量、诉讼成本的节约。刑事诉讼的重要目的之一是追究犯罪、落实国家的刑罚权，快速侦破刑事案件、使犯罪分子及时受到法律制裁、恢复被破坏的正义是刑事诉讼的任务。诉讼及时，要求诉讼活动不得有不必要的拖延、耽误诉讼期限。"惩罚犯罪的刑罚越是迅速和及时，就越是公正和有益。说它比较公正是因为：它减轻了捉摸不定给犯人带来的无益而残酷的折磨，犯人越富有想象力，越感到自己软弱，就越感受到这种折磨。"② 按照及时性的要求，检察机关和侦查机关要密切配合，加快诉讼节奏，但长期以来，在刑事司法实践中，一直存在"重实体、轻程序"的观念，顽强地在追求着案件的实体真实，不惜以超期羁押来赢得办案时间，造成了对犯罪嫌疑人合法权利的侵害。

有效性原则要求，检察机关和侦查机关在破获刑事案件后，要全面收集到能够证明案件事实的合法、确实、充分的证据，以确保在审判环节有效地履行控诉职能、取得胜诉，使被告人被定罪和科以刑罚。刑罚的确定性比刑罚的严厉性更有一般预防犯罪的作用。

三、检察官法治思维的建构路径

执法办案是检察工作的重心，依法、用法是检察官的职业特征。法治思维对于检察官而言，是工作中的大脑，对依法履职和工作效果，起到的是决定性的指导作用。检察官法治思维的养成，首先，与检察官的个人素质有关，包括其成长历程、教育经历、法学知识水平等；其次，检察官的工作环境有着不可忽视的影响。要通过强化教育、培训，不断提升检察官的综合素质，积极营造良好的法治工作环境，来建构检察官的法治思维。

（一）全面提升检察官的法律素养

法律素养是指一个人认识和运用法律的能力。法律素养是检察官形成法治思维的基础和前提，没有法律素养，检察官的法治思维就是无源之水、无本之木。法律素养至少包含三方面的含义：一是指法律知识，包括法学理论、法律文化、法律传统、法律规范的内容，即知法、懂法；二是指法律意识，法律意识，是人们的法律观点和法律情感的总和，其内容包括对法的本质、作用的看

① 倪传铮、胡志民：《论法的效益》，载《政治与法律》1998 年第 1 期。

② ［意］贝卡利亚：《论犯罪与刑罚》，黄风译，中国大百科全书出版社 1993 年版，第 56、57 页。

法，对现行法律的要求和态度，对法律的评价和解释，对自己权利和义务的认识，对某种行为是否合法的评价，关于法律现象的知识以及法制观念等，即对法律的敬畏、遵守和执行，遇事首先想到法律，依法维权，依法行政，依法办案，尊重法律的裁决；三是指法律信仰，个人内心对于法律应当被全社会尊为至上行为规则的确信，这是对法律认识的最高级阶段。形成法治思维的根本在于将正义、公平、公正等观念信仰化，成为指导行为的自觉意识。系统的学习和长期的司法实践是提升法律素养的重要渠道。

（二）检察官要广泛深入了解社情民意

进入诉讼程序的案件，体现的是人与人、人与社会、人与自然之间的矛盾冲突，司法的重要功能就在于要正确处理、化解各种矛盾和冲突，修复法律所保护的各种关系，恢复正义，预防犯罪、侵权等破坏法益问题的发生。检察官在工作中需要把正义的理念具体体现在所办的每一起案件之中，但如前所述，正义并没有一个统一明确的标准，经济社会发展状况、当事人的思想观念、时间、地域等因素，都会影响人们对正义标准的理解。检察官只有通过广泛深入社会，深入人民群众，了解各方面情况，才能在每一起个案中具体地把握正义的标准。检察官承担着维护社会和谐稳定的重要职责，检察官要通过深入社会，发动群众、依靠群众，才能发现影响稳定的突出问题，收集各类案件信息，采取有针对性的工作措施，高质量地完成各项工作任务。检察官不仅要有深厚的法律素养，而且要有丰富的社会学知识，两者兼备，是形成法治思维的必要条件，才能在办案中实现法律效果、政治效果、社会效果的有机统一。

（三）大力推进检察官职业化改革

实现司法公正的首要前提是有一支精英化的司法队伍。精英化要求检察官实现专业化、职业化。目前，我国检察官的整体素质和管理状况离职业化尚有不小的差距。主要表现为：一是职业准入门槛低，导致法律素养不高。联合国《关于检察官作用的准则》中规定：“获选担任检察官者，均应为受过适当的培训并具备适当资历、为人正直而有能力的人。”检察官应是具有法学知识并有司法实践经验的人。由于历史原因，我国检察官主要由调干、复员转业军人和法律专业毕业生组成，并以调干、复员军人为骨干居多。特别是在基层检察院，法律科班出身的检察官也是近十年逐渐充实到各级检察院，并占有极小的比例，有许多是由工人转干而成为检察官，这些人显然欠缺系统的法学理论和知识的培训。虽然新修改的检察官法将担任检察官的学历条件由大学专科改为大学本科，并要求检察官具备一定的法律工作经验。同时确立了国家统一司法考试制度，初任检察官必须通过国家统一司法考试取得资格，并且具备检察官条件，才能获得任命。这些规定，从多方面垫高了检察官职业准入的“门槛”。但问题是，许多检察机关为破解检察官“断档”难题，对通过司法考试的干警在极短的时间内就任命为检察官，这些人显然缺乏司法实践经验。美国联邦法院大法官霍姆斯曾言，“法律的生命不在于逻辑，法律的生命在于经验”。出现了有经验的法学理论功底不足，有法学理论功底的实践经验不足的现象。二是检察官有着浓重的公务员色彩。检察官法所设置的等级，没有与检察官的工资、福利待遇挂钩，如果在检察官等级和行政级别中选择的话，检察官很显然更倾向于行政级别。对检察官的考核也与行政机关一样，适用的是公务员年度考核，没有体现出检察官的职业特点。三是检察工作行政化。对案件作出某种决定，需要层层审批，具体办案的检察官没有多少决定权，不仅降低了诉讼效率，而且在一定程度上也冲击了检察权独立行使原则。针对上述非职业化特征，应采取有效措施加以解决。

（四）深化教育培训工作

强化思想政治工作，确保检察工作的正确政治方向。深化社会主义法治理念教育，以各种主题教育实践活动为载体，用社会主义核心价值观和正确的理论武装检察官的头脑，增强干警对中国特色社会主义的道路自信、理论自信和制度自信，自觉做法治中国的建设者和捍卫者，坚持党的事业至上、宪法法律至上、人民利益至上。党是领导各项事业的核心，检察机关作为党领导下的法律监督机关，肩负着维护国家法治统一和尊严的神圣使命，履行着强化法律监督，维护公平正义的重大职责，是实现党的政治主张、执行国家宪法和法律的重要力量。这种政治属性和法律地位决定了检察机关必须以党的旗帜为旗帜、以党的方向为方向、以党的目标为目标。这是推进检察事业发展的政治前提和根本保证，检察官必须始终坚持党对检察工作的领导，社会主义法治国家的正确方向，就是始终坚持党的领导、人民当家做主、依法治国有机统一，不断推进社会主义政治制度自我完善和发展。检察官要增强对中国特色检察制度的理论认同，对西方检察制度的合理成分和先进制度设计，要在充分考虑国体、国情、法律文化传统、社会发展状况的基础上，坚持扬弃的态度，绝不能全盘照搬照抄，否则会出现南橘北枳的“水土不服”现象，要坚持我国宪法对检察机关的定位，自觉抵御各种错误思想对我国检察制度的影响。深化检察官职业道德和政法干警核心价值观教育。检察官职业道德和政法干警核心价值与检察官的法治思维互为表里，相辅相成，“忠诚、公正、清廉、文明、为民”等理念是检察官法治思维中应有之义。要大力加强检察文化建设。检察文化从广义上说，是检察官在行使宪法和法律赋予的职权的过程中所形成的价值观念、思维模式、道德准则、精神风范等一系列抽象的精神成果以及检察机关制度文化、物质文化建设的成果。检察事业要实现创新发展必然依赖于检察文化的繁荣。要通过丰富多彩的检察文化活动，凝聚人心，鼓舞斗志，激励士气，营造奋发有为的浓厚氛围；引领全体检察人员坚持“立检为公，执法为民”，坚定理想信念；潜移默化地润泽心灵，自觉规范行为，做到“忠诚、公正、清廉、文明”；引领尊崇法治的社会文化风尚；激励检察官以攻坚的精神、创新的思路、发展的办法，积极争先进位，着力做好各项检察工作。强化对检察官的学习培训，不断改善检察官的知识结构，提升业务能力和处理复杂社会问题的能力。

（五）大力加强对检察权的监督制约

习近平总书记在中纪委全体会议上讲话时指出，要加强对权力运行的制约和监督，把权力关进制度的笼子里，形成不敢腐的惩戒机制、不能腐的防范机制、不易腐的保障机制。他强调，各级领导干部都要牢记，任何人都没有法律之外的绝对权力，任何人行使权力都必须为人民服务、对人民负责并自觉接受人民监督。检察官作为法律监督者，更应该增强接受监督的自觉性，以保证检察权的依法行使。大力推进执法规范化建设，要使检察官在办案中的每个行为都有法可依、有章可循，坚决避免执法中的随意性。要全面加强执法检查工作，目前，检察机关的执法检查工作大多是对不起诉、不立案、不批捕等案件进行重点抽查，远没有达到执法检查的目的和效果，应建立全面的案件质量评估机制，由专门的执法检查机构对检察官所办的每起案件都做出相应的评判，检查的目的就是要让公平正义的阳光普照到每一起案件上。要全面落实错案责任追究制度，针对每一起错案，查找原因，堵塞漏洞。全面贯彻落实人民监督员制度，深化检务公开活动，加强与人大代表的沟通和联系，满足其知情权，为监督权的实现创造有利条件，推进司法民主进程。检察官要转变作风，深入基层，深入群众，察民情，体民意，增强同人民群众的血肉联系，广泛征求人民群众对检察工作的意见和建议，从人民满意的地方做起，从人民不满意的地方改起。在新媒体时代，网络已成为民意发声的主阵地。检察机关要高度重视涉检网络舆情，通过开通微博、微信等形式，搭建与网民沟通的桥梁，积极回应网民的各种诉求。检察机关要通过内、外部的监督制约措施，改进执法办案工作，使检察官努力形成正确的法治思维，不断提升执法公信力。

论检察官的法治思维及其养成

王立秋[*] 黄继荣[**]

自党的十五大报告第一次将“依法治国”确立为“党领导人民治理国家的的基本方略”以来，依法治国基本方略经过十余年的实践发展，取得了举世瞩目的成效，法治日益成为指导我们进行国家建设的强大思想动力。2012年，党的十八大报告进一步明确提出要“全面推进依法治国”，并指出“法治是治国理政的基本方式”，要求“提高领导干部运用法治思维和法治方式深化改革、推动发展、化解矛盾、维护稳定能力”。检察机关作为国家的法律监督机关和司法机关，在依法治国的进程中肩负着社会主义法治国家建设者、实践者的重任，而检察官更是肩负着中国特色社会主义事业建设者、捍卫者的职责使命。习近平总书记近期更是强调：“要努力让人民群众在每一个司法案件中都感受到公平正义，所有司法机关都要紧紧围绕这个目标来改进工作，重点解决影响司法公正和制约司法能力的深层次问题。”①因此，检察官作为国家的执法者，要在依法治国的大潮中充分发挥检察机关的职能作用，维护社会的公平正义，更需要牢固树立法治思维。

一、公平正义：检察官法治思维的核心要义

法治通常的理解就是法律之治，即通过法律治理国家；同时，法治又是指通过法律使权力和权利得到合理配置的社会状态。② 思维，是指在表象、概念

---

* 黑龙江省人民检察院干部教育培训处处长兼黑龙江省检察官学院院长，国家检察官学院黑龙江分院院长。

** 黑龙江省人民检察院干部教育培训处副处长。

① 参见习近平同志于2013年2月23日在中共中央政治局就全面推进依法治国进行第四次集体学习时的讲话。

② 参见中共中央政法委员会：《社会主义法治理念读本》，中国长安出版社2009年版，第3页。

的基础上进行分析、综合、判断、推理等认识活动的过程。①所谓“法治思维”，就是指按照法治的理念，运用法律精神、法律原则、法律规范来思考、分析和解决各种实际问题的思维方式。

在全社会实现公平正义，是依法治国、建设社会主义法治国家的根本目标。法治体现了公平正义的精神和原则，法治思维自然要反映这种公平正义的内在要求。因此，法治思维作为一个逻辑推理过程，以合法性为其外延，而以公平正义为其内涵。它在本质上与人治思维、权力思维相区别，其实质是要求国家公权力行使者在想问题、作决策、办事情的过程中，必须时刻牢记人民授权和职权法定，必须严格遵循法律规则和法定程序，必须切实保护人民权利和尊重保障人权，必须始终坚持法律面前人人平等，必须自觉接受监督和承担法律责任。②

那么，检察官应具备的法治思维要素是什么？既然这种法治思维是要应用于检察工作并为检察工作服务的，则检察官法治思维要素的确定也就与检察工作的任务要求须臾不可分离。我们知道，“强化法律监督、维护公平正义”是自党的十六大以来检察机关确立的检察工作主题，也是检察工作的根本任务，它体现了检察机关的性质和价值的统一，检察工作途径和目标的统一，且与检察官客观公正义务高度契合。检察机关各项职能包括指控犯罪，其性质都统一于法律监督，其目标都在于实现公平正义。③ 这一检察工作主题的界定，决定了检察官法治思维的核心要义必然是公平正义。具体而言，根据检察工作的特点，结合当前检察工作实际，检察官法治思维的构成要素应突出强调以下三点：

一是规范执法的思维。法律的生命在于实施，规范则是法律实施的最好保障。严格依照法律规定执法办案，是检察机关必须遵守的基本原则，更是当前检察官应当首先牢固树立的法治思维之一。社会主义法治理念要求检察官在执法实践中以“立检为公、执法为民”为宗旨，树立正确对待、规范行使手中权力的思维。我国检察机关的职权设置较西方国家检察官的职权更为全面，从我国检察机关法律监督职权的内容来看，法律赋予检察机关的法定职权包括：刑事案件侦查权、侦查监督权、起诉权和不起诉权、刑事审判监督权、民事诉

① 参见《应用汉语词典》，商务印书馆2000年版，第1188页。

② 参见法制日报评论员：《善用法治思维和法治方式治国理政》，载《法制日报》2012年12月4日第1版。

③ 参见朱孝清：《检察官客观公正义务及其在中国的发展完善》，载《中国法学》2009年第2期。

讼和行政诉讼监督权、刑罚执行监督权、司法解释权等。上述检察职权最终是通过每一名检察官的具体执法活动来行使的，检察官拥有如此广泛而重要的权力，其正当性就在于“执法为民”的宗旨。正如古人云：“所谓权力，生于民意，操于吏手，守于理法之间，关乎民生重计，义、责相随，当敬而用之。”检察机关是由国家权力机关——人民代表大会产生的，其权力归根到底来源于人民、属于人民。因此，树立规范执法的思维，防止权力滥用，是落实“执法为民”理念的必然要求。孟德斯鸠在《论法的精神》一书中曾深刻揭示权力的特质：“一切有权力的人都容易滥用权力，这是万古不易的一条经验。有权力的人使用权力一直遇到有界限的地方才休止。”为此，做好检察执法工作，要求检察官必须正确对待手中权力，牢记宗旨，以规范执法的思维，严格依法文明规范办案，防止权力思维的膨胀，坚决克服执法中的特权思想和霸道作风。

二是公正执法的思维。公正是人类在社会生活中长期追求的目标之一，也是法的基本价值定位所在。司法公正作为法律所追求的一个重要价值目标，包括实体公正和程序公正两方面。所谓实体公正，是指司法机关在处理案件时正确运用实体法律规定，解决刑事案件中犯罪嫌疑人是否构成犯罪和具体量刑问题，以及对其他案件中当事人之间纠纷实体处理问题。所谓程序公正，是指司法机关正确地依照法律规定的具体次序、方式和手续来处理案件。司法程序是司法机关处理案件所应遵循的工作程序和操作规程，是处理各种法律关系和案件的科学方法，它以严格的法律性质和规范内容有别于一般的工作程序。程序公正与实体公正两者相比较，具有外在公平与内在公平之别。实体公正强调的是一个争端最后的结果，要在司法的结果中体现公平正义的精神；程序公正关注的是过程，要在诉讼的过握（而非裁判结果）中实现特定的价值，追求的是制作结果的过程是否符合正义的要求，它具有自己独立的内在要求和意义，即“正义不仅要实现，而且要以人们看得见的方式实现”。实体公正与程序公正是实现司法公正不可缺少的两个方面，两者共同构成了司法公正的完整内涵。在检察工作中维护社会正义，实现执法公正，是检察官从事执法活动的基本目标。因此，为全面实现公正价值目标，检察官必须以实体公正与程序公正并重为原则，全面树立公正执法的思维，彻底扭转“重实体、轻程序”的思维偏差。

三是保障人权的思维。保障人权的思维是以尊重人、尊重人的自由、尊重人的生命、以人为本等这些体现科学发展观的人类价值诉求为逻辑支点的。尊重和保护人权是人类社会进步的标志，也是司法文明进步的标志。2004 年修订后的宪法明确规定：“国家尊重和保障人权”，标志着我国已经逐步建立了加强人权保障的基本法律体系。它要求检察官在执法实践中行使检察权始终以保障公民的自由权利为重要考量因素。因为检察工作常常涉及对公民的人身自由、生命、财产等基本人权的限制与剥夺，检察执法活动的内容或者是预防、制止非法限制和剥夺公民自由的行为，或者是直接采取强制措施限制和剥夺公民的自由，又或者是在公民自由权益遭受侵害时提供必要的法律救济，基本上都是直接围绕人的自由权利而展开的，都和人的自由权利密切相关。应当看到，在旧中国漫长的封建专制历史下，几千年传统文化沉淀下来的落后观念如“重义务、轻权利”、“重权力、轻权利”等观念对人权保障的负面影响仍然存在，体现到司法实践中，就是“重打击犯罪，轻保护人权”。即只重视刑事法律的惩治功能，忽视其保护人权尤其是犯罪嫌疑人、被告人人权的功能；甚至认为打击是第一位的，保护是第二位的；强调保障人权会对犯罪打击不力，为了打击犯罪，维护社会、集体的安全与稳定，损害犯罪嫌疑人、被告人乃至被害人的利益是一种必要的代价。在执法办案中则表现为人权意识淡薄，习惯有罪推定、先入为主；重口供，轻其他证据；片面追求有罪、罪重证据，忽视无罪、罪轻证据；等等。因此，检察官更应牢固树立打击犯罪与保障人权并重的思维，在执法中既要依法履行检察职责，又依法保障包括犯罪嫌疑人、被告人、被害人及其家属、证人、申诉人、被申诉人等在内的所有诉讼参与人的合法权益。从而在保障公民自由和人权的前提下，实现对社会法律秩序的有效维护。

二、教育培训：检察官法治思维养成的重要路径

做到知法守法易，养成法治思维难。要养成法治思维，不仅需要学习和掌握宪法、法律的基本知识，领会和理解法治的理念、精神、原则；更重要的还在于坚信和坚守法治的理念、精神、原则，并善于运用这些理念、精神、原则思考和解决各种实际问题。法治思维养成之难，难就难在第二方面。①因此，这种法治思维能力的养成难以一蹴而就，需要经受长期的法治教育和法治训练，通过不断的培育、教化及潜移默化逐步形成，而教育培训也就势必成为检察官法治思维养成的重要路径之一。具体而言，教育培训着重在以下几方面发挥出其对检察官法治思维养成的助推作用。

一是发挥其引导检察官树立法治理念的平台作用。理念作为思维形成的重要基础，对思维方式具有直接的决定性作用，而法治理念则是培育法治思维的

① 参见黄文艺：《民主法治建设的新纲领——对十八大报告政治法律思想的解读》，载《法制与社会发展》2013 年第 1 期。

重要基础和前提。法治理念根植于一国的法治实践，反映法治现实，是对法治的性质、功能、目标方向、价值取向和实现途径等重大问题的系统化认识和反映，是法治的精髓和灵魂，体现着法治的精神实质与价值追求。“法律形式可以在短期内进行移植，而法律思想却很难移植，它是在反思中发展变化的。”① 因此，作为中国特色社会主义的法治理念，社会主义法治理念的形成客观上不可能一蹴而就、一劳永逸，而是一个需要长期反思与实践并不断排除错误的、落后的、模糊的法治思想影响的艰难过程。检察教育培训作为面向检察官传播社会主义法治理念的重要平台，社会主义法治理念一直是各项检察教育培训规划的重要内容。检察教育培训工作作为建设高素质检察队伍的先导性、基础性、战略性工程，正是因其具有长期性、渗透性等特点，可以通过各种教育培训工作载体，潜移默化地影响检察官的法治思想；通过教育培训，引导思想，形成共识，真正使社会主义法治理念根植于每一名检察官心中，并在长期积淀中形成对社会主义法治的价值认同，为法治思维的形成与巩固奠定坚实的理念基础。

二是发挥其提升检察官法律素养的途径作用。一名检察官的法律素养如何，是通过其掌握、运用法律知识的技能及其法律意识表现出来的。法治思维实际上是将法律规范、法律知识、法治理念付诸实施的一个认识过程，因此一定的法律知识积累是法治思维形成的必备要素之一。法律知识主要由两部分组成，第一是现行法律条文中关于法律规范的知识；第二是法律理论中关于法学原理的知识，即所谓的法理知识。法律素养的一个重要方面，就是要求既熟知一些基本的法律规范，同时又掌握一定的普遍适用的法律原理。而检察官作为国家的执法者，更要求具备系统扎实的法律专业知识，这也是法治社会的必然要求。当前，对检察官法律知识的教育培训空间仍然较大：这一方面源自中国特色社会主义法律体系的全面形成与不断完善，而检察机关法律监督职能的全面性决定了检察官不仅要精通刑事法律知识，还要全面熟知民事、行政等相关法律知识，这是检察官胜任检察工作、履行法律监督职责的重要知识基础；另一方面，对检察官法律知识的传授还要包括法理知识内容，使其不仅能够全面正确地理解法律规范，更能够知晓蕴含在法律规范中的立法精神和法理，既知其然又知其所以然，从而在法律知识的教育培训中增强检察官对法的全面认知，提升法律修养，为法治思维的形成提供丰厚的法律知识储备。

三是发挥其促进检察官法律信仰形成的手段作用。“法律必须被信仰，否

① 参见沈敏荣：《我国法律解释中的五大悖论》，载《政法论坛》2000 年第 4 期。

则将形同虚设。”① 法律信仰作为法律精神层次的最高形态，表现为从内心深处对法律的认同，使法律成为人们思想和行为的第一准则。没有公民对法律的信仰，法律也就犹如一纸空文，失去应有的权威。一个国家的法律制度建设得再完备，若法律信仰缺失也难以形成真正的法治精神。也正因如此，党的十八大报告指出“深入开展法制教育，弘扬社会主义法治精神，树立社会主义法治理念，增强全社会学法尊法守法用法意识”。自此，“尊法”第一次被写入了党的工作报告，表明对公民的法制教育水准已经提出了一种更高层次的内在要求，即要教育公民内心时刻充满对法律的崇尚、敬畏、尊重和敬重。检察官身为执法者，更需要形成坚定的法律信仰，这是法治思维形成的重要精神动力，也是建立法治社会的重要基石。教育培训就是要通过长期的强化培养和训练，积极影响检察官的世界观、价值观，引导其对法律的价值判断，形成内心对法律的崇尚与坚守，做到真正从内心崇尚法律、敬畏法律、尊重法律，培植并巩固检察官的法律信仰，为法治思维的形成与运用提供长久的精神源泉。

三、完善机制：检察官法治思维养成的现实选择

既然教育培训是检察官法治思维养成的重要路径，作为检察教育培训工作者，就应清醒地认识到自身肩负的职责，积极思考如何在检察官法治思维养成中充分释放出教育培训的能量。当前，从更有利于检察官法治思维养成的角度出发，完善检察教育培训的相应机制建设成为不可忽视的现实选择。

（一）构建有利于法治思维养成的学习引导机制

法治思维的养成首先离不开对法律知识的不断学习。“书到用时方恨少”，体现的正是职业工作者较为强烈的学习意愿。根据成人教育心理学的分析，成人学习意愿的产生主要基于内因和外因两方面因素引起。内因是指成人由于对学习本身的兴趣所引起的学习意愿，他无须外界的诱因来促成其进行学习，因为学习本身对其而言就是一种动力。外因则是指成人由于外界的诱因所引起的学习意愿，如工作的需要、晋升的需求等，他更需要的是学习之后所带来的各种实际效益。对于基于内因产生学习意愿的检察官，我们需要进一步健全学习培训需求调研机制，根据他们的学习意愿有针对性地设置高质量的学习培训内容，吸引他们积极主动地参与到学习培训中来。对于缺乏内因生成而学习意愿不强的检察官，就更需要进行恰当的引导，改变其不当的学习观念，并通过进一步健全学习培训激励机制，切实将学习参训情况与检察官的职务职级晋升、

① 参见［美］哈罗德·J. 伯尔曼：《法律与宗教》，梁治平译，中国政法大学出版社2003年版，第37页。

评先选优奖励等切身利益挂钩，以激发其学习意愿与动力的产生，影响和促使他们加入学习者的行列。

（二）构建有助于法治思维养成的培训模式运行机制

法治思维的养成不仅需要法律知识的培训与积累，更需要与执法实践紧密结合的实务操作训练，因此传统的单一课堂讲授式教育培训模式难以适应其需要，构建适应法治思维养成的多元化、全方位培训模式运行机制已成为必然：一是与网络对接，拓宽法治思维培育的第一课堂。目前，传统的检察教育培训中，课堂教学仍是协助检察官建构知识、形成技能和提升能力的主要渠道之一。但近年来随着现代远程网络在检察系统的普及推广与运用，已为这种课堂教学插上了“腾飞的翅膀”。依托已普遍覆盖到基层院的检察专线网络、视频会议系统等现代远程网络系统，可以进行不受时间、空间限制的网络学习培训，使检察教育培训对象的广泛性和开放性得到提升，从学习内容、学习时间到学习地点的灵活性得到完善。二是与院校对接，开发法治思维培养的第二课堂。检察机关教育培训资源的有限性决定了我们必须把目光向外，眼界放宽，积极从社会资源中寻求优质培训力量的补充。而高等院校拥有丰富而先进的法律理论教育资源，通过检校合作机制的构建，使高等院校成为检察教育培训的重要资源提供者，为检察官法治思维的养成及时提供先进的法律理论营养。三是与办案部门对接，共建法治思维训练的第三课堂。“纸上得来终觉浅，绝知此事要躬行。”思维是在社会实践的基础上产生和发展的人类精神活动，因此法治思维的养成不是在传统课堂上努力用功、多读书就能锻炼出来的，而是必须通过大量的实践操作才能真正获得提升。因此需要积极与各业务办案部门协调，共同开展检察业务实训教学、技能演练、业务竞赛等多样化实践培训活动，让检察官的法治思维在反复的训练中得到固化与完善。上述三大课堂联动，共同为检察官养成法治思维提供更为广阔的行动空间。

（三）构建以法治思维养成效果为标尺的学习评估机制

学习评估，是根据学习培训目标要求，按照一定的规则对学习培训效果作出描述和评定的活动。目前检察官教育培训采用较多的是笔试评估形式，这种单一的笔试形式往往难以全面有效地检验检察官的法治思维水平。以法治思维养成效果为标尺开展学习评估，可综合采用技能测试法、问题法、项目法、任务法等。学习培训目标是制定评估标准的主要依据，评估者按照评估标准判断学习培训价值的大小，态度行为表现是参学检察官是否具备法治思维的主要观测点之一，主要从解决业务学习与实践问题，完成业务学习与实践任务的独立程度，完成的数量、质量、时间等方面测量，以实现对学习者的多维评估、动态评估，使学习评估能更客观地反映出参学检察官法治思维的真实水平。

可以说，检察官法治思维的养成已成为教育培训的重要任务之一，通过多样化教育培训机制的健全完善，检察教育培训的作用也必将在“全面推进依法治国”的时代强音中日益彰显其价值。

论检察机关职务犯罪侦查活动思维方式的转变

时延安* 许丽娟**

在践行法治的今天，检察机关职务犯罪侦查活动思维方式的重心，一言以蔽之，就是实现积极、有效发现犯罪与保障嫌疑人基本权利的平衡。积极、有效地发现和惩罚犯罪，是检察机关职务犯罪侦查活动的固有职能，也是检察机关履行国家法律监督职能的一项核心内容。同时，在刑事侦查活动中，尊重并依法保障当事人的权利，也是检察机关职能的重要组成部分。新刑事诉讼法再次重申了“尊重和保障人权”这一宪法原则，从而将人权保障明确作为贯穿刑事诉讼活动一项基本原则，为检察职务犯罪侦查活动提出了更高的要求。在新的历史时期，如何确保这一重心的落实，优化检察机关职务犯罪侦查活动的成效，首要一点，是要对其进行重新理解和诠释，通过具体而可行的规范和措施来确保这一“重心”的实现。

一、反思检察机关职务犯罪侦查活动的思维方式

在哲学上，思维方式就是主体对客体认知的结晶并给这种认知提供方法。① 一般而言，“思维”或者“思维方式”首先是指自然人的定型化的认识活动。而言及一个组织体的“思维”或者“思维方式”，或者实践某一事业的主体所具有的“思维”或者“思维方式”，则是指组织体或者实践主体（往往是群体性的）所具有共同的、定型化的认识活动及机制。对于一个组织体而言，“思维”或者“思维方式”是脱离组织体中自然人“思维”或“思维方式”而带有相对独立的认识活动及相应实践形式的特征，当然，不可否认，

* 中国人民大学法学院副教授、刑事法中心特聘研究员，北京市怀柔区人民检察院挂职副检察长。

** 北京市怀柔区人民检察院反贪局侦查处副处长、检察员。

① 参见李在轩、孙春山：《树立科学的思维方式》，载《理论学刊》1988 年第 5 期。

对于组织体“思维”或“思维方式”的认识，往往需要通过对这一组织体内部的具体人的认识活动来加以认识。

检察机关是国家法律监督机关。这一宪法定位就要求检察机关这一特殊的、行使国家检察权的组织体具有特殊的职能，而围绕这一职能，检察机关在机构和制度建设的初始阶段即形成特有的自我定位，并由此形成其特有的思维方式。特定主体的思维方式具有相对稳定性，从而使其实践活动也具有相对的稳定性；不过，思维方式也并非一成不变的，它会随着外在环境和内在诉求的变化而进行调整，这种变化常常是缓慢的。就检察机关这一组织体的思维方式来看，自新中国成立以来即发生很大变化，这与宪法和法制以及政治环境导致其职能变化有着紧密联系；而作为一个组织体，检察机关亦有对其角色和功能的自我认同一面，即从自身建设出发向其自我设定目标靠拢，并将这一目标作为统合其各种行为的精神力量。

现行宪法第33条第3款明确规定“国家尊重和保障人权”。这一宪法条款构成当今法治的核心内容，作为国家法律监督机关的检察机关，即负有践行这一宪法原则的职责：一方面，通过法律监督来确保其他国家机关保障人权，对国家机关工作人员侵犯人权的行为予以法律追究①；另一方面，作为法律监督机关，检察机关在执法活动中应首先践行这一宪法原则的要求，就是要在各项法律监督活动中充分保障人权，对内部职能部门及工作人员存在的漠视人权乃至侵犯人权的行为应及时发现、自纠乃至追究法律责任。进言之，检察机关作为法律监督机关，也是负有积极保障人权的执法机关。以此定位为核心，就要检察机关在进行各项活动中发挥人权保障的职能，就刑事诉讼而言，不仅要在立案监督、侦查监督、审查起诉、审判监督、刑罚执行等环节监督侦查机关、审判机关、刑罚执行机关的人权保障的情况，而且对自己执法活动中的人权保障情况应及时自查、自纠。将人权保障职责纳入检察工作各项活动中，就需要将人权保障观念纳入检察工作当中，形成检察机关思维方式的一个重要环节，在实践中，始终强化人权保障对执法活动的制约作用，不能片面强调打击犯罪、追究刑事责任，而忽视对犯罪嫌疑人的权利保障。

职务犯罪侦查，是检察机关发挥法律监督职能的一项中心工作。由于这项

---

① 现行刑事诉讼法第18条第2款有关检察机关立案管辖的规定，实际上也能看出法律对检察机关的这一职能。根据该条款规定，“国家机关工作人员利用职权实施的非法拘禁、刑讯逼供、报复陷害、非法搜查的侵犯公民人身权利的犯罪以及侵犯公民民主权利”的刑事案件，由检察机关立案侦查，从中就能看出，检察机关在保护基本人权方面所负有的职责。

活动主要是国家工作人员这一特定主体，因而带有间接监督其他国家机关活动的性质。由于各种客观原因，对这类主体实施职务犯罪的侦查存在相当难度，而为了保证案件能够顺利查处，及时而有力地惩治这类犯罪，因而这类侦查活动在打击犯罪方面着力较大，而在对犯罪嫌疑人的权利保障方面，则多有“欠账”。具体而言，主要表现在三个方面：一是过度依赖“口供”，而在获取犯罪嫌疑人的供述过程中，一些办案人员采取不当乃至违法的方式取得；二是过度使用逮捕等限制自由的强制措施；三是侦查手段单一，强调“人证”，而忽视“物证”。这些现象的存在，都或多或少会影响到犯罪嫌疑人在侦查阶段的权益，而在这样的背景下，发生违法取证的情况也就不足为奇。检察机关职务侦查活动的思维方式中，具有积极、主动追诉犯罪的一面，当然是检察机关职能的基本内容，也是现行法制对检察机关的基本要求，然而，如果仅仅强化追诉犯罪的一面，弱化乃至忘记检察机关在保障公民权益的方面的职责，就会削弱检察机关法律监督机关的权威，也会令其正当性受损。

二、检察机关职务犯罪侦查活动思维方式的转变

对于以往职务犯罪侦查活动中片面强调追诉犯罪，弱化人权保障的现象，仅仅给予批评显然是不够的。如果不能看到问题的实质，以及产生问题的根由，就无法提出切实有效的解决办法。可以说，存在这样的问题，既有历史的原因，也有现实的原因。历史原因表现在，我国传统社会中人权观念不强，而对于犯罪人的人权保障更无从谈起；进入现代以来，人权观念只在精英阶层得以确立，但在社会中远未得以形成；人权观念真正开始得以传播并在中国社会中逐步确立，仅仅是近二十多年的事情。由于思维方式存在“历史惯性”，因而，人权观念在实践中的推行总会受到这一“惯性”的掣肘。现实原因在于：人权观念的推行，不仅仅是人们观念的转变，而要有各种制度和机制加以保障，而在制度匮乏、机制“失灵”的情况下，即便实践主体已经具有良好的人权观念，但如果没有得以实现的环境和载体，那么，仍旧很难加以推行。历史和现实的原因决定了实践活动中存在的种种困扰，而就职务犯罪侦查活动思维方式而言，也难免受到来自这两方面的困扰。

转变职务犯罪侦查活动思维方式，就是要实现检察机关积极、有效追诉职务犯罪与保障犯罪嫌疑人以及其他诉讼参与人（主要是证人）的人权的平衡。如上所述，前者是检察机关职能的一项重要内容，而后者也是检察机关的基本职责。应该说，对于大多数职务刑事案件的办案人员而言，在观念上已经具有基本的人权保障意识，在实践中也能有意识地尊重和保障犯罪嫌疑人以及其他诉讼参与人的人权。不过，转变这一活动的思维方式，不仅仅是“兼顾”追

诉犯罪与保障人权，而是形成两者平衡。这种平衡是动态的，而非静态的或者一成不变的。

在职务犯罪侦查活动中追诉犯罪与保障人权的平衡，要从制度和机制上加以实现，而不仅仅是强调办案人员认识上的转变。实现两者的平衡，在笔者看来，应在三方面上着手：一是强调比例性原则，即在职务犯罪刑事案件的重大程度、犯罪嫌疑人的人身危险性与采取强制措施和侦查手段之间形成比例性，具体而言，采取限制、剥夺人身自由方式的强制措施，只有案情重大且犯罪嫌疑人具有较强人身危险性的情况下才能作出。二是对基本权利（尤其是人身自由）干涉的最小原则，即在职务犯罪刑事案件侦查环节，应以最小限度地干涉犯罪嫌疑人的基本权利为限。换言之，将能够形成对犯罪嫌疑人基本权利形成影响和干涉的侦查手段、强制措施等，作为侦查活动的最后手段或者“保留手段”，以“不得已”为限制条件来加以使用，改变以往那种“以捕代侦”的办案方式。三是为犯罪嫌疑人以及其他诉讼参与人保留充分的权利救济途径，使他们可以有充分的主张权利途径和机会。

在职务犯罪侦查活动中实现追诉犯罪与保障人权的平衡，从当前实践出发，就是要将保障人权在侦查活动中的地位和作用加以突出，进而形成与追诉犯罪的平衡。换言之，就是转变以往那种片面强化追诉犯罪的一面，而忽视保障人权的思维方式和做法。由此可能存在的质疑就是，是否弱化对职务犯罪的打击？是否会增加职务犯罪刑事案件的办案难度？乃至是否会放纵犯罪分子？这种质疑并非毫无道理，而类似担忧也充斥于整个刑事司法活动当中。不过，在法治国家里，执法和司法机关能否正当和合法地进行各种活动，实际上是确保法治得以实现的一块基石。那种以忽视乃至漠视人权而进行的追诉和惩治犯罪活动，实际上是破坏法治的行为，在最终效果上，往往也会事与愿违，会由此而令公众对执法和司法机关的信赖受损。而积极保障人权，将其与追诉犯罪置于同等重要地位，则会提升执法和司法机关的公信力和权威，也会促进公众对法治的信赖。如果及时调整方案方式，尤其充分运用新型而有效的侦查手段，实际上也不会影响到对职务犯罪的追诉。

三、新刑事诉讼法背景下职务犯罪侦查活动思维方式的推行

修改后的刑事诉讼法将“尊重和保障人权”入法，在辩护制度、证据制度、强制措施和侦查措施等方面新的规定给职务犯罪侦查工作带来了深远的影响，也给职务犯罪侦查工作敲响了警钟，惩罚犯罪与保障人权同为检察机关的根本任务，办案中应二者并重，不可偏废。面对修改后的刑事诉讼法，从事职务犯罪侦查工作的检察官要变被动为主动，适应不断发展的新形势，牢固树立

惩治犯罪与保障人权并重、实体公正和程序公正并重、言词证据与实物证据并重、监督制约与协作配合并重、规范执法与提高侦查能力并重的理念，以规范执法行为为基础，调整职务犯罪侦查思维，提升自身应对能力。

具体而言，以新刑事诉讼法为背景，职务犯罪侦查活动思维方式的转变，应在以下几个方面予以落实：

一是积极转变角色，树立执法者理念。国家工作人员利用职权实施的职务犯罪，是诸多罪行中总能引起群众强烈反映的犯罪，国家始终强调反腐败的重要意义，在维护国家和人民群众利益角度，职务犯罪侦查工作显得尤为重要。对于检察机关职务犯罪刑事案件侦查工作人员来讲，积极追诉犯罪是维护法治的必然要求，无论国家发展到哪一阶段都应加大职务犯罪查办力度。但是，在惩罚犯罪中，检察官必须同时保障人权，不能仅以惩罚者角色出现，还应是保障人权的卫士，不仅追究犯罪分子的刑事责任，还要维护其合法权益。所以，检察官要树立执法者的理念，保持客观公正的立场，站在中立角度，保证惩罚犯罪和保障人权的天平始终平衡。

在实践中，应着重注意三个方面：（1）要平等对待犯罪嫌疑人，明确追诉者与被追诉者具有平等的法律地位。侦查人员对于犯罪嫌疑人不能简单地对抗，以“高高在上”的姿态俯视犯罪嫌疑人，将其视为敌人，而应将其作为平等个体和被追诉者，体现和维护犯罪嫌疑人的尊严。（2）要树立正确的刑罚理念，职务犯罪的查办和处罚要以刑法基本原则为指引，严格依法办理案件，遵循罪刑法定、法律面前人人平等和罪责刑相适应的刑法基本原则。（3）要保障犯罪嫌疑人各项权益的获得和权利的行使，依法准确定案。侦查人员要保证犯罪嫌疑人在侦查阶段权利的行使，包括委托辩护人、申请回避、申请取保候审、拒绝回答与本案无关问题、要求解除强制措施、申请补充鉴定或者重新鉴定、核对笔录、使用本民族语言文字进行诉讼、获得赔偿、对侵权提出控告等权利，在查清案件事实的基础上，依照法律规定归罪定刑，在合法、规范进行侦查活动的前提下追究犯罪嫌疑人的刑事责任，真正做到以事实为根据、以法律为准绳。

二是转变固有思维惯性，树立无罪推定理念。“在法官判决之前，一个人是不能被称为罪犯的。只要还不能断定他已经侵犯了给予他公共保护的契约，社会就不能取消对他的公共保护。”① 贝卡利亚最早提出了无罪推定的理论，无罪推定原则意指任何人在未经证实和判决有罪之前，应视其无罪。这一原则

① ［意］切萨雷·贝卡利亚：《论犯罪与刑罚》，黄风译，北京大学出版社2008年版，第37页。

在联合国《世界人权宣言》中表述为“凡受刑事控告者，在未经获得辩护上所需的一切保证的公开审判而依法证实有罪以前，有权被视为无罪”。在《公民权利和政治权利国际公约》中规定为“凡受刑事控告者，在未经依法证实有罪之前，应有权被视为无罪”。然而在侦查实践中，侦查人员往往认为“无罪推定”会放纵犯罪，习惯“有罪推定”的思维模式，取证中更是容易从犯罪嫌疑人有罪的思维起点出发开展工作，这导致侦查中侦查人员更关注案件查办的进展和结果，对人权的保护不够重视，对犯罪嫌疑人的权益维护不够到位，容易出现问题。虽然我国立法禁止有罪推定，但并未明确规定无罪推定原则，但是随着修改后的刑事诉讼法的实施，确立无罪推定原则将是发展趋势，利于维护犯罪嫌疑人合法权益，避免冤假错案发生，利于实现司法公正和推动诉讼制度的完善。笔者认为，侦查人员应树立无罪推定的理念。

在实践中，应在以下三个方面加以贯彻：(1) 要严格按照修改后的刑事诉讼法的规定进行侦查，修改后的刑事诉讼法已经包含了无罪推定的核心内容。现行刑事诉讼法第 12 条明确规定，未经人民法院依法判决，对任何人都不得确定有罪；第 50 条规定，侦查人员承担证明犯罪嫌疑人有罪的责任，并明确不得强迫任何人证实自己有罪；第 195 条第 3 款规定，证据不足，不能认定被告人有罪的，应当作出证据不足、指控的犯罪不能成立的无罪判决。(2) 要以无罪推定理念指导具体侦查活动，明确法律和事实角度是否认定有罪的区别。无罪推定只是法律上的假定无罪，并非终局性地定罪，侦查人员根据已有事实和证据所进行的推测与开展的侦查活动，同无罪推定原则并不矛盾，但是这种推测和侦查活动却不能对犯罪嫌疑人的法律地位进行认定。所以侦查人员不能将犯罪嫌疑人视为罪犯，应保证其享有的诉讼权利，自觉维护其正当权益，要做的是围绕案件线索全面收集证据，克服先入为主和主观臆断的错误倾向，避免刑讯逼供和审前羁押强制措施的滥用。(3) 要明确证明责任，现行刑事诉讼法第 50 条规定，“审判人员、检察人员、侦查人员必须依照法定程序，收集能够证实犯罪嫌疑人、被告人有罪或者无罪、犯罪情节轻重的各种证据”，即在侦查阶段侦查人员承担证明犯罪嫌疑人是否有罪的责任，所以在取证中当然要调取证明犯罪嫌疑人有罪和无罪两方面证据。侦查人员不能基于先期有罪的判断，只承担证明犯罪嫌疑人有罪的责任，而要求犯罪嫌疑人承担证明自己无罪的责任，一旦犯罪嫌疑人不能证明自己无罪，侦查人员则更加确信其有罪，要求其必须如实交代犯罪行为，这种逻辑是错误的、危险的，无罪辩解是犯罪嫌疑人的其权利，而证明犯罪嫌疑人的无罪却并非犯罪嫌疑人的义务，证明责任的内涵应根植于每名侦查人员的办案意识中。

三是转变取证模式，树立依法全面取证理念。将“口供”视为“证据之王”，由口供延伸拓宽取证面，这种现象长期存在于职务犯罪侦查中，但是这种取证模式容易造成取证的不全面，证明犯罪嫌疑人有罪的反向证据和证明其罪轻的证据很难被发现。而且随着辩护律师介入的提前，犯罪嫌疑人口供获取困难，获取的口供稳定性差，传统的“由供到证”取证模式已经不能适应新的办案形势，侦查机关要做出改变。

实践中，应着重在以下三个方面予以改善：(1) 要转变取证模式，减少对口供的依赖，在关注直接证据的基础上更加注重对间接证据和辅助证据的收集，由以获取犯罪嫌疑人口供为主向全面获取书证、物证、视听资料等证据转变。在侦查过程中注意相关证据和涉案信息的全面收集，包括证明犯罪嫌疑人有罪或者无罪、罪轻或者罪重的所有证据材料，严密证据体系，防止出现证据瑕疵和证据漏洞，所调查收集的证据要具有证明犯罪嫌疑人是否有罪的可靠程度。(2) 要保证取证活动的合法性，取证作为创新性工作，每个案件的内容和取证形式不同，承办人只有在学法、懂法前提下，按照取证程序和规定依法取证，才能保证获取证据的合法性和可用性。同时在取证中要严格履行审批手续，通过加强对侦查行为的管理达到监督取证行为，从而保证取证活动合法性的目的。特别对于讯问嫌疑人要实行全程同步录音录像，保证讯问的合法性，防止出现非法证据。(3) 要严格排除非法证据，认识到非法证据的排除是贯穿刑事诉讼全过程的，非法证据要消灭在侦查阶段，在侦查阶段严格审核调取的证据，区分应排除证据和应补证证据，对于应补证证据及时补证，对于非法证据必须排除，保证证据的合法性。

四是转变对技术侦查措施的认识，树立积极利用技术侦查措施理念。一直以来，职务犯罪侦查的技术侦查措施基本处于空白状态，与职务犯罪的高智能性并不匹配，落后的侦查手段不利于打击职务犯罪，职务犯罪侦查工作一直很难利用有效的侦查措施及时准确地开展工作。修改后的刑事诉讼法第二章第八节对技术侦查措施进行了明确规定，作为职务犯罪侦查部门必须深刻认识技术侦查对未来反贪侦查发展的重大作用，不断提升侦查手段现代化水平。

在办案中，应在以下三个方面加以提升：(1) 要充分利用技术侦查手段开展侦查工作。技术侦查有高度的技术性和秘密性，包括电子侦听、电话监听、秘拍秘录、秘搜秘取、邮件检查等内容，是职务犯罪侦查未来发展的重点环节，是克服职务犯罪侦查“瓶颈”的关键内容，在办案中要深入学习技术侦查知识，了解侦查技术应用，充分发挥技术侦查的作用，不断完善和拓宽技术侦查措施的应用。(2) 要提升利用技术侦查能力。根据近年来侦查手段陈旧、侦查观念和侦查能力不适应等问题始终没有从根本上得到解决的实际，要把加强信息化和现代化建设作为重点，加大软、硬件投入力度，引进专业人才，购置先进设备，进一步提高人财物力的使用效率和效益，从根本上缓解制约反贪办案工作长远发展的瓶颈性障碍。加强人员培训，促进侦查活动由人力密集型向信息密集型、技术密集型转变，建立多元化侦查模式，从根本上拓宽侦查途径，推进侦查规范化建设，提高侦查效率和案件质量。（3）要规范技术侦查措施的使用，保障人权。一方面修改后的刑事诉讼法明确规定“对于重大的贪污、贿赂犯罪案件以及利用职权实施的严重侵犯公民人身权利的重大犯罪案件”才可以采取技术侦查措施，人民检察院刑事诉讼规则对其进行了解释，即对于“贪污贿赂型”职务犯罪案件兼采比例原则和最后原则，即必须达到“涉案数额在10万元以上”的“重大”程度和“采取其他方法难以收集证据”的“最后”标准，对于“失职渎职型”职务犯罪案件要求达到“严重侵犯公民人身权利”的“重大”程度，实践中要严格按照此适用范围进行技术侦查。另一方面要求采取技术侦查措施要“经过严格的批准手续”，人民检察院刑事诉讼规则也明确规定了采用技术侦查措施的程序、期限、记录等内容，同时还规定了技术侦查中知悉的相关内容进行保密，对与案件无关的材料及时销毁，实践中应严格按规定进行，保障公权力不侵犯私权利。

五是转变对律师的态度，树立尊重律师、主动沟通理念。律师的职责是根据事实和法律，提出犯罪嫌疑人、被告人无罪、罪轻或者减轻、免除其刑事责任的材料和意见，维护犯罪嫌疑人、被告人的诉讼权利和其他合法权益。而职务犯罪侦查机关作为追究犯罪分子刑事责任一方，为了保证侦查的顺利开展，与律师很容易成为对立方，甚至敌视律师的帮助行为。修改后的刑事诉讼法明确了侦查阶段辩护人身份，赋予了辩护人自由会见犯罪嫌疑人、会见不受监听、侦查阶段取证权、要求听取意见权、阅卷权等权利。面对新的规定，职务犯罪侦查人员不能只一味抵触，应直面挑战。

具体而言，在实践应着力做到：（1）要尊重和保护律师在侦查阶段的权利。侦查部门首先应直面律师在侦查阶段具有的权利，遇有律师相应工作应当积极支持，严格按照法律规定开展工作。律师在侦查阶段具有的权利包括辩护人介入刑事诉讼的时间起点提前至侦查阶段，其从案件初始便可全面了解案件情况，掌握案件的进展动态；除危害国家安全犯罪、恐怖活动犯罪、特别重大贿赂犯罪案件，在侦查期间辩护律师会见在押的犯罪嫌疑人应当经侦查机关许可外，辩护人会见犯罪嫌疑人是自由无障碍的；辩护律师会见犯罪嫌疑人、被告人时不被监听；因为律师侦查阶段辩护人身份的改变，使其在侦查阶段获取了取证权；辩护律师自人民检察院对案件审查起诉之日起，可以查阅、摘抄、复制本案的案卷材料等。（2）要听取律师的辩护意见，主动加强与律师沟通交流，修改后的刑事诉讼法第159条规定在案件侦查终结前，辩护律师提出要求的，侦查机关应当听取辩护律师的意见，并记录在案。辩护律师提出书面意见的，应当附卷。对此规定职务犯罪侦查部门应当主动接受并积极加以利用，一方面积极保障人权，从律师角度保护犯罪嫌疑人各项合法权益，包括通过对侦查活动的监督进一步维护犯罪嫌疑人权益。另一方面完善侦查工作，通过听取辩护律师意见、采取证据交换等形式，积极与律师沟通交流，有针对性地固定完善证据，通过律师对侦查工作的监督，更加规范和完善侦查工作。(3) 加强外部联系，增强同律师协会、司法局的交流，提升对律师的监督能力。获取捕捉来自律师的负面服务信息，并向律师协会、司法局反映，促使其对律师滥用权力、扰乱或阻挠司法程序的行为进行及时监督或处罚，规范律师的执业行为，防止律师滥用职权。

四、结语

在人权和法治观念逐步深入人心的今天，在执法和司法活动中积极保障人权，既是宪法对执法和司法机关活动的要求，也是提升执法机关和司法机关公信力和权威的客观需要，更是执法和司法机关的基本职责。检察机关职务犯罪活动，在维护公权力正当、合法行使方面具有重要意义，也受到公众的广泛期待，因而在侦查活动中应当将人权保障作为其工作思维方式的一个主要方面，即实现追诉职务犯罪与保障犯罪嫌疑人以及其他诉讼参与人基本权利的平衡。实现这一平衡，不仅仅是观念上的一次大的转变，更需要相应的制度和措施加以配套。

新刑事诉讼法在人权保障方面，比较以往，已经向前迈了很大一步，而作为法律监督机关，检察机关应将这一法律（纸面上）的进步转变为现实的进步。贯彻新法，积极落实新法的各项要求，其核心指标之一就是要在办案思维方式上确立人权保障的观念，尤其是在职务犯罪刑事案件中加以体现和贯彻。这一思维方式的转变，势必要求职务犯罪侦查工作进行相应的调整，优化侦查力量，提升侦查水平，完善侦查能力和手段。这样的转变和完善，无疑是符合法治要求的，无疑也将有利于提升我国的人权保障水平，促进社会的和谐美好发展。

检察官的法治思维及其养成

逄瑞川*

党的十八大报告首次提出了要提高领导干部运用法治思维和法治方式深化改革、推动发展、化解矛盾、维护稳定的能力。这是执政党贯彻落实依法治国执政方略的最新阐述，具有划时代和里程碑式的意义。人民检察院作为国家法律监督机关，更要牢固树立依法治国的理念，更要充分理解法律思维在工作中的重要性。就这点而言，作为检察机关的组成人员——检察官的法律思维的养成就显得更为重要。

一、法律思维的概念及内涵

所谓思维，一半是指人的大脑按照逻辑规则对客观事物进行观察、分析、推理、判断的过程。冠以定语“法律”，其含义则变得更加狭窄。根据思维的定义我们可以理解，“法律思维”的概念涵盖十分广泛，不同的学者给出了不同的概念，可谓是百家争鸣，百花齐放。笔者认为，“法律思维”应当有广义、狭义之分。广义的法律思维，应当是指执政者在法治理念的基础上，运用法律规范、法律原则、法律精神和法律逻辑对所遇到或所要处理的问题进行分析、综合、判断、推理和形成结论、决定的思想认识活动与过程。① 而狭义的“法律思维”，应当是指司法人员依循法律逻辑，以价值取向的思考、合理的论证解释适用法律。② 笔者认为，无论是广义的“法律思维”概念，还是狭义的“法律思维”概念，都不能准确地阐明十八大提出的“法律思维”的实质，就笔者自身十八大提出的“法律思维”的背景及实际意义的理解，“法律思维”的含义应当作如下阐述：所谓法律思维，是指国家机关工作人员特别是

---

* 黑龙江省大庆市肇源县人民检察院检察长。

① 《领导干部要自觉运用法治思维》，载南方日报网络版，http：//theory. southen. com/c/2013。

② 融鹏、孙永欣：《试论社会主义法治理念指导下的法官思维方式》，载 http：//bjtlzy. chinacourt. ong/public/detail. php？ id =628。

领导干部，要切实转变思想，强化法律意识，遵循宪法和法律的要求，以法律的视角对待各类工作，都要依法行政，依法办事。其内涵主要有三个方面：

（一）在制定大政方针方面要遵守宪法和法律

无论是国家还是地方党委、政府，在确定社会发展、深化改革等方面的方针、政策时，首先要遵循宪法和法律的规定。要细致研究所制定的方针、政策是否与宪法精神相违背、是否与现行法律相冲突，一旦发现所确定的方针政策存在违宪或与现行法律相悖的情形，无论该方针政策多么有利于经济发展和推动社会进步，必须无条件地让步于宪法和法律，不得颁布与实施。试想，如果国家的方针政策不考虑宪法和法律的要求，一味追求法律以外的利益，势必会使普通民众形成“宪法是摆设，法律是给普通人制定的”这种想法，这与“法律面前人人平等”的宪法原则相违背，会影响法律的公信力，更会影响民众对法律的信仰缺失。

（二）在处理具体事务过程中要遵守法律

党委和行政机关、司法机关以及代表国家行使相应权力的其他机关、单位，要树立法律观念，把依法治国理念融入到具体工作当中，作为各项工作的行为准则。在确定推动地方经济发展的思路过程中，要充分考虑法律规定，不能出现因片面追求经济效益而出现违法事项（如非法强拆现象）；在解决群众来访过程中，要树立“有理推定”原则，不能出现对上访人非法关押等违法现象，对确属“无理访”情形也要依法处理，不能采取极端手段，要通过法律渠道、采取法律手段解决问题。

（三）领导干部要强化法律意识

“领导干部要起带头作用!”这是在各类机关、单位经常出现的口号，这一口号在树立法律思维过程中尤为重要，真正实现更是难能可贵。近些年来，因领导干部腐败带动本单位、本系统腐败的现象层出不穷，如2004年武汉中级人民法院曝出13名法官涉嫌腐败窝案；2005年阜阳中级人民法院连续3任院长因腐败下马；原铁道部、中国电信、某省国土资源局；等等，都曾因为主要领导或者中层主要领导腐败，下属部门纷纷效仿，结果全部被依法惩处，有的腐败案件一个地方就查处200多人，简直令人发指。所以，各级领导干部特别是主要领导干部，要在工作和生活中树立法律意识，提升法治素养，注重法律思维的养成。用自身的行为、身份带动本单位人员自觉守法、积极用法，逐步养成运用法律思维思考问题、解决问题的风气。

二、正确的法律思维要以社会主义法治理念为根基

理念决定思维方式，思维方式决定工作效果，工作效果影响党群关系，进

而影响党的执政基础和执政地位。而作为党的政策、方针的贯彻者，也就是各级领导干部，只有树立正确的法治理念，才能更好地运用法治思维，才能取得良好的工作效果，才能使党群关系更加密切，才能更好地巩固党的执政地位。

那么，法治思维和社会主义法治理念之间有什么关系呢？笔者认为，由于"社会主义法治理念是社会主义法治的精髓和灵魂"① 这一前提的存在，决定了牢固树立社会主义法治理念是养成良好法律思维的必要条件。下面，将社会主义法治理念的主要内容同形成良好法律思维的关系进行系统阐述。

（一）依法治国理念要求领导干部要养成法律思维

依法治国是社会主义法治理念的核心内容，是我们党治国理政观念的重大转变。依法治国是治国方略，其必然有直接实施者，而这些直接实施者就是党员领导干部，这就要求领导干部要时刻心存依法治国理念。作为承担法律监督职能的检察机关，其领导干部乃至所有工作人员，都要在工作中养成良好的法律思维，用法律方式考虑问题、开展工作。

（二）执法为民理念要求领导干部要养成法律思维

执法为民是社会主义法治理念的本质要求，是"一切权利属于人民"这一宪法原则的具体体现。检察机关是"人民检察院"，要真正在工作中做到"人民利益至上"，维护人民群众的根本权益，体现全心全意为人民服务这一党的根本宗旨。所以，要养成良好的法律思维，充分认识到我们的权力来自人民，那么在工作中就应当时刻做到为人民负责，为人民服务，全面接受人民监督。

（三）公平正义理念要求领导干部要养成法律思维

公平正义是社会主义法治理念的价值追求，也是广大人民群众对法律的最根本的期盼。如何实现公平正义？笔者认为，最基本的就是要用法律思维开展工作，用法律方式处理事务，避免在工作中掺杂个人感情和人为因素，时时、事事都要从法律的视角去观察，只有这样，才能真正实现处事公平，才有可能实现社会正义。

（四）服务大局理念要求领导干部要养成法律思维

服务大局是社会主义法治理念的重要使命。检察机关在服务国家、社会发展大局的过程中责无旁贷，而且任重道远。那么，检察机关在服务大局过程中，要树立法律思维，不但要保护中国特色社会主义市场经济的健康发展，各种市场主体自由公平、规范有序地竞争，更要通过自身执法活动，监督行政执法机关对市场主体依法管理和服务。

---

① 吴爱英主编：《公务员学法用法读本》，法律出版社2011年版，第50页。

（五）党的领导理念要求领导干部要养成法律思维

党的领导是社会主义法治理念的根本保证。自新中国成立以来，我国的法治建设取得了长足的发展，初步形成了中国特色社会主义法治体系，这些成绩的取得，都是中国共产党设计并领导推动的。历史实践证明，只有坚持中国共产党的正确领导，才能更好地开展法治建设，才能更好地保证法律的正确实施。那么，作为检察机关来说，更要坚持党对检察工作的领导，推动各项工作开展。

三、检察机关法律思维的现状

检察机关法律思维的现状，体现在执法理念上。近些年来，随着检察机关执法规范化建设力度的不断加大，检察机关的执法理念有了较大程度的更新和转变，如“重实体、轻程序”的现象得到改善，“程序合法”已成为各地检察机关必须遵守的准则，这些转变已基本符合现代法治的要求。但不可否认的是，还有少数检察机关或者说是少数检察官在工作中没能正确树立执法观，存在一些问题。

（一）“轻保护、重打击”观念仍然有所体现

一些检察机关工作人员存在“先入为主”的思想，尤其是看到一些如“强奸”、“盗窃”、“诈骗”等犯罪，首先想到的就是“这人（犯罪嫌疑人）太坏了，不服刑简直没道理”，从而在办案过程中片面强调对犯罪嫌疑人的打击，而没有从法律视角、从保护犯罪嫌疑人合法权益方面考虑问题：指控的犯罪是否是犯罪嫌疑人实施、犯罪嫌疑人那些无罪或罪轻的证据、犯罪嫌疑人现在身体状况和家庭状况如何……也就是说，办案人员在接到案件的第一反应就是如何惩罚犯罪嫌疑人，思想深处认为执法就是打击犯罪，只要打击了犯罪，就是保护了国家、社会和人民的利益，对犯罪嫌疑人提保护人权，无疑就是放纵犯罪。而从法律监督层面看，对公安机关审查逮捕案件中不符合条件却延长羁押期限的案件，基本上不考虑“延长羁押期限”是否符合刑事诉讼法的规定，这点也是对犯罪嫌疑人“轻保护”的体现。

（二）“轻监督、重办案”的观念依然十分普遍

从检察机关特别是基层检察机关工作实际来看，“不愿监督、不会监督、不敢监督”的现象依然十分普遍。所谓“不愿监督”，其原因一方面是基层检察机关辖区面积较小，“公检法”三个部门之间人员相互熟悉程度较高，“低头不见抬头见”，都是因为工作，真要是监督起来，不但得罪人，面子上都过不去。所谓“不会监督”，其原因是多方面的，最主要的是因为自身法律知识有限，不知道从什么地方“下手”去监督；有些案件又有可能是几个单位沟通后研究确定的处理结果，对公安机关、法院的程序了解不够，不知道如何监

督。所谓“不敢监督”，其原因也是多方面的，但主要是因为大家都生活在一个区域内，怕被别人说“哗众取宠”或“不近人情”，从感情角度出发的不敢监督。另一方面是传统用人模式造成的，“能进公检法机关的，都是有背景的”。这种思想导致了监督者缺位，认为一旦启动监督程序，不知道会得罪何方神圣，搞不好连自己的工作都保不住，害怕打击报复的心理是“不敢监督”最直接的原因。所以，目前多数的情况是检察机关的职能出现“片面化”，即“风风火火办案，敷衍了事监督”，对公安机关、法院一般性的执法瑕疵采取“睁一只眼闭一只眼”的策略，能不监督就不监督。

（三）检察职能失衡

前文说检察机关的职能出现“片面化”，而在这“片面化”中还存在“片面化”。什么意思呢？就是说不但检察机关个别部门存在“重办案、轻监督”的现象，就是检察机关内部各个部门之间的职能在重视程度上也是不同的。例如，在打防关系上，重视打击而轻视预防；在监督和办案的关系上，重视实际办案而轻视日常性监督，尤其是忽视对行政违法行为以及刑罚执行行为的监督；在对不同案件的查处上，重视贪污贿赂案件而轻视渎职案件，重视大案要案而轻视“小案”等。[①] 这种职能失衡现象的根本原因是执法观念的落后：一是认为只有查办案件才能提升社会认知度，才能得到领导重视，而开展监督只能是得罪人，费力不讨好；二是查办贪污贿赂案件要比查办渎职案件社会影响面大、查办大案要比查办小案社会影响面大。

（四）地方保护主义观念仍旧存在

目前，检察机关的管辖范围与行政区划是一致的，在司法资源（物质配备和人力资源）的配置上，检察机关都依赖于当地党委、政府，在这个前提下，检察机关为了维护当地发展大局，从而提升自身在领导眼中的“地位”，某些程度上，在执法过程中不得不考虑地方利益和部门利益，使检察权受制于地方，不同程度地使法制的统一和权威受到破坏，从而产生地方与中央、地方利益“大局”与宪法和法律“大局”等诸多矛盾。

（五）“官本位”思想影响公正执法

近些年国家的法治建设取得了较为长足的进步，但几千年来形成的“官本位”思想影响仍十分严重。导致出现的现象是：检察机关办案人员顶不住“上面”对案件的“压力”，以“领导意图”结案；检察机关办案人员自身“官气”十足，对待群众颐指气使，对上访群众有如仇人，对社会批评视而不见；有些检察机关办案人员干脆就是“向钱看”，办“人情案”、“金钱案”，

① 何家弘、刘为军：《检察机关执法观念的更新》，载《人民检察》2004年第3期。

严重亵渎了法律的严肃性，影响了检察机关的社会形象。

上述这些错误的执法观念的形成，不乏有体制的原因导致的，但究其根源就是检察机关或者其工作人员未能树立社会主义法治理念、未能养成良好法律思维的结果。

四、检察官需要具有什么样的法律思维

结合上述三方面的论述，不得不让人提出这样一个命题：检察官究竟需要具有什么样的法律思维，才能更好地完成法律监督的使命？

习近平总书记于 2013 年 1 月 7 日就做好新形势下政法工作作出的重要指示中说：全国政法机关要顺应人民群众对公共安全、司法公正、权益保障的新期待……进一步提高政法工作亲和力和公信力，努力让人民群众在每一个司法案件中都能感受到公平正义……这段话与十八大报告提出的“要提高领导干部运用法治思维和法治方式深化改革、推动发展、化解矛盾、维护稳定的能力”有什么关系呢？

笔者认为，根据建设社会主义法治社会的总体目标，首要任务是要实现司法公正，这是法自身的要求，也是依法治国的要求。而领导干部特别是作为具有法律监督职能的检察机关的领导干部，或者是检察官，要承担起维护司法公正的历史使命，能够运用法治思维和法治方式开展工作，保证检察工作在程序和实体上体现公正。具体说来，检察官要具有下面六种法律思维：

（一）宪法性思维

宪法性思维是检察官养成法治思维的根本底线。检察官在行使检察权的过程中，要做到心中有法，这部法就是宪法。要在心中树立一把尺子，这把尺子就是宪法。以宪法规定的最基本的人权保障、权利义务作为开展一切检察工作的标尺。检察官在办理各种案件、处理各种事务过程中，其行为所针对的对象不外乎公民、法人和其他组织，而宪法对公民、法人和其他组织法律上的权利义务都有明确的规定。检察官在行使检察权的过程中，要充分尊重公民、法人和其他组织依法享有的宪法权利和宪法义务，不能人为地非法剥夺其合法权利，也不能人为地非法增加其义务。同时要以宪法赋予检察官的权利范围为标尺，不能超越宪法规定行使权利；要以宪法规定检察官应履行的义务为标尺，不能超越宪法不履行义务。

（二）合法性思维

合法性思维是检察官养成法治思维的基本方式。就是说检察官在行使检察权的过程中，要坚决以服从宪法和法律的角度出发，严格依照法律程序，遵守法律规定办理案件，处理事务。要审视自身行为是否符合法律的规定和要求，

包括自身行为的目的是否合法，行为的权限是否合法，行为的手段是否合法，行为的程序是否合法等。① 说得简单一点，所谓合法性思维就是在开展任何一项工作之前，都要以其是否合法作为首要程序进行预测，合法便开展，不合法则禁止开展，真正理解任何组织和任何个人都要受宪法和法律约束，没有超越宪法和法律的特权存在，保证实体上的法律公正。

（三）中立性思维

中立性思维是检察官养成法治思维的先决条件。司法中立是维护司法权威、提升司法公信力的重要保障。检察官在办理案件过程中，要强化中立性思维的作用。这种中立性思维要体现在具体的办案当中：办理职务犯罪和刑事案件，要做到相对于当事人和案件的中立，要以犯罪嫌疑人是否触犯刑法，是否有证据证明其实施犯罪为准，而不应当掺杂任何个人因素；办理有双方当事人的案件，要与双方当事人保持同等的法律距离，避免单方面接触一方当事人，避免单方面听取一方当事人的陈述而产生先入为主的看法，以至于在案件办理过程中有心理倾向。要在具体办案中灵活运用“无罪推定”、“有理推定”等方法，如从不同的角度对同一证据进行审查，以便能够充分发现和揭示证据中存在的矛盾，从而更好地为案件服务。

（四）公正性思维

公正性思维是检察官养成法治思维的基本原则。所谓公正性思维，就是要求检察官要树立正确的价值取向，要牢记公平、正义是司法的灵魂，确保正确适用法律来处理案件。我国的法律充分体现了人民的意志和利益，其本身具有正义的精神。但是，由于不同的人对法律存在不同的认识，在处理案件时很可能会因为认识不同而产生不同的处理意见。这时作为检察官就应当把公正放在首位，正确适用法律，使法律的正义在具体的案件中充分体现。具体到案件就是要使违反法律的人受到法律惩罚，遵守法律的人得到法律保护。

（五）辩证性思维

辩证性思维是检察官养成法治思维的能力要求。辩证性思维是针对检察官个人素养提出的，是要求检察官要学会用辩证的观点来认识、解决问题。由于社会的复杂性与法律的规定在某种程度上存在着差异，所以说某些案件的法律效果和社会效果很可能存在矛盾，这时就要求处理案件的检察官要辩证地看待案件处理，尽量使法律效果和社会效果实现统一。在具体事务中，检察官还要注意辩证地看待公正与效率的关系，把握公正优先、兼顾效率的原则；要使实

---

① 《领导干部需要什么样的法治思维》，载《学习时报》网络版，http：// theory. southcn. com/c/2013 -01/10/ content_ 61659354. htm。

体公正与程序公正有效统一，摒弃以实体公正为主、程序公正为辅的思想；要考虑打击与预防的统一、办案与监督的统一、各项工作平衡开展的统一……

（六）危机性思维

危机性思维是检察官养成法治思维的责任要求。所谓危机性思维，是指检察官在行使检察权的时候，要充分考虑或者必须预见到行使权力之后，会产生怎样的法律后果或社会后果。因为法律不仅是行为规则，还有法律后果和法律责任。法治不仅是行为之治，也是后果之治。法治思维也不仅仅是行为规则思维，不仅仅是判断思维和行为思维，更为重要的还有责任后果思维。① 所以，检察官要树立危机性思维，就是要求检察官要充分考虑自己行使检察权后，会出现何种状况，是否会引起社会矛盾、是否会引发群众上访、是否会导致检察机关形象受损、是否会影响司法权威等。此外，要注意职权与职责之间的关系，不能超越职权履行职责，也不要因怕担责任而不敢履行职责，要注意权责一致，敢于承担责任。

五、检察官应如何养成良好的法律思维

按照开篇引述的、党的十八大报告提出的“要提高领导干部运用法治思维和法治方式深化改革、推动发展、化解矛盾、维护稳定的能力”的要求，显示了检察机关养成良好法律思维的重要性和紧迫性。那么作为检察官应当如何养成法治思维呢？笔者认为，至少应当做好以下五个方面：

（一）对党忠诚

古人云：“天下之德，莫过于忠。”忠，是中华民族几千年来优秀文化的精髓。对党忠诚，就是要坚持党的事业至上的理念，因为党的事业就是人民的事业，就是社会主义事业。当然，对党忠诚并不是凭空而生的，不是口号，要落实在实际行动上。首先要加强理论学习，这是对党忠诚的思想基础，要强化检察官的忠诚意识，要深入学习和理解马列主义、毛泽东思想、邓小平理论，要身体力行地践行“三个代表”，要持之以恒地坚持用科学发展观武装头脑。其次要加强党性锤炼，要自觉地接受党组织的教育、监督和管理，要经常性地反思自身存在的不足，敢于正视和改正自己的缺点和不足，不断提升自己的党性修养。最后要经得起考验，在困难面前，不能知难而退，而要迎难而上，在危难之际要敢于挺身而出，不能畏首畏尾；要建成坚固的思想堡垒，在金钱、美色引诱面前，都经得住考验，要用坚定的信念打垮各种糖衣炮弹的攻击。

① 《领导干部需要什么样的法治思维》，载《学习时报》网络版，http://theory.southcn.com/c/2013-01/10/content_61659354.htm。

（二）信仰法律

美国法学家伯尔曼说："没有信仰的法律将退化成为僵死的教条，而没有法律的信仰也易于变为狂信。"他还说："法律必须被信仰，否则它将形同虚设。"在建设法治社会过程中，就是让人们信仰法律的过程。也就是说，要想建设法治国家，必须让社会大众对法律有忠诚的信仰，否则建设法治国家就无从实现。而让社会大众信仰法律，司法工作人员是人们是否信仰法律的关键带动者。所以，检察官要从点点滴滴做起，无论是生活中的闲谈、交往，还是工作中办案和处理事务，都要树立强大的法律思想。要做法律的真正信仰者和热情传播者。

（三）崇尚道德

"德"的本意是顺应自然、社会和人类客观规律需要去做事。不违背自然发展，去发展自然、发展社会、发展自己的事业。①随着社会的发展，利益多元化、思想多样化，不同的人对道德的标准也有了不同的理解。笔者认为，无论社会上对道德的理解有何不同，但作为检察官，必须要坚守检察官职业道德，要坚守"忠诚、公正、清廉、严明"这些职业道德标准，不但要坚守道德，更要崇尚道德，把道德规范融入到工作的各个环节当中。"忠诚、公正"在前文已有提及，重点谈一下"清廉、严明"。检察官要清廉。清廉是人的立身之本，更是检察官应有的职业本色，也是忠诚公正的前提所在。试想：一个不清廉的检察官怎么体现对党忠诚，怎么实现司法公正？要做到清廉就要守得住清贫，耐得住寂寞，要修身养性，要淡泊名利，要无私奉献，更要管得住自己的工作之余。检察官要严明。严明是检察官应有情操，要严格执法、文明办案、刚正不阿、敢于监督、勇于纠错，捍卫宪法和法律尊严。②严，就是严于律己，自觉把自己置于法律和纪律的规制之下，不放松对自己的约束，不沾染不良风气；明，就是要明明白白做事，干干净净做人，办案明白、做人明白，明确自身所负有的历史使命。

（四）逻辑思维

法律是理性思维的集大成者，是将人类的一般行为抽象化后反作用于人类一般生活的行为规范。而检察官是法律的执行者，其办案行为是通过对现有证据的分析、对已知事实的判断后，对一个人是否有犯罪行为进行判断的逻辑思维过程。所以，检察官要注重通过广泛地学习，深入地思考来提升自己逻辑思维的能力。

---

① 《汉语词语》，百度百科。

② 《检察官职业道德规范》。

检察官是否能够养成法治思维，对于检察机关公正执法办案，提升司法公信力具有十分重要的意义。要使检察官养成法治思维方式，必须摒弃陈旧的思想观念，牢固树立社会主义法治理念，从提升自身综合素质、法律素养出发，提升自身逻辑思维能力，学会用法律的逻辑思考问题、解决问题。笔者相信，在党的坚强领导下，在全国检察机关的共同努力下，检察官运用法律思维和法治方式解决问题的能力一定会不断提升，不断推动社会主义法治社会的建设进程，为实现中国梦的伟大事业贡献力量！

试论检察官法治思维的十个维度

孙光骏* 杨 祎**

十八大将“法治思维”和“法治方式”写入工作报告是我国建设法治国家道路上的标志性事件。检察机关作为法律监督机关，更应当贯彻落实好法治理念，做运用法治思维和法治方式的表率。笔者认为，具备和善用法治思维应当是对每个检察官的一种综合性素质要求，检察官作为法律监督工作的具体执行者，更应将法治思维“内化于心，外践于行”，贯穿到检察工作的全过程。而厘清检察官法治思维的内涵，是我们正确认知和有效培养法治思维的前提。关于检察官法治思维的内涵，一直未见有系统性的阐释，本文试就这一问题作初步解析，以求教于同仁。

一、检察官的法治思维应当是一种理性思维

理性思维是相对于感性思维而言，是一种建立在证据和逻辑推理基础上的思维方式，是对事物或问题进行观察、比较、分析、综合、抽象与概括的思维。理性思维应当是检察官法治思维的本质属性，其构成要素应包括：独立思考、重视证据、逻辑推理。其中，独立思考是理性思维的前提，重视证据是理性思维的基础，逻辑推理是理性思维的形式。

没有证据，就没有监督与诉讼。可以说，证据是法律监督工作的基础和灵魂。证据意识作为一种理性自觉，要求检察官能够正确认识证据的本质及其诉讼价值，并能够在实践中准确判断证据和合理运用证据。当前，强化证据意识，就是要求在审查案件时，做到“重证据，重调查研究，不轻信口供”，杜绝非法证据，严禁刑讯逼供；在职务犯罪侦查时，要实现从口供本位向物证本位、从重视证据客观性向重视证据合法性、从“抓人破案”向“证据定案”观念的转变。

* 湖北省宜昌市人民检察院检察长，法学博士，全国检察业务专家。

** 湖北省宜昌市人民检察院法律政策研究室干警。

除了证据意识，逻辑推理能力也必不可少的。法治思维的任务不仅是要获得处理法律问题的结论，更重要的是明晰得出结论的过程，要使每个结论都对应有一套充足的理据。运用逻辑推理就是要从一个客观前提出发，通过概念、判断、推理、论证，必然地推导出某个结论。常用方法有归纳法和演绎法，包括直接证明、间接证明、归谬法等。

二、检察官的法治思维应当是一种权利思维

权利思维是相对于权力思维而言。权利思维是以权利为本位的思维，不同于以义务本位的权力思维。权利思维是双向的，强调是民主与互动；而权力思维是单向的，强调的是命令与服从。权利思维是民主政治和法治条件下的必然思维方式。保障权利是公权力机关的天然使命，检察机关更是责无旁贷。在刑事诉讼领域内，人权保障包括三大范畴：一是保障刑事被追诉人，即犯罪嫌疑人、被告人及罪犯的合法权利，防止无罪的人受到刑事法律追究，防止有罪的人受到不公正的处罚；二是保障被害人与其他诉讼参与人的合法权利；三是通过惩罚犯罪，保护广大人民群众的合法权益不受犯罪的侵害①。

这次修改后的刑事诉讼法在总则中新增“尊重和保障人权”的规定。同时还有相关的具体规定：人民检察院在审查逮捕阶段应注重听取犯罪嫌疑人的申辩；犯罪嫌疑人委托的律师提出不构成犯罪、无逮捕必要、不适宜羁押、侦查活动有违法犯罪情形等书面意见及证据材料的，检察人员应当认真审查等。此外，我国《国家人权行动计划（2012—2015 年）》也对检察院保障公民人身权利进行了细致规定。这些都是检察工作必须遵守的准则。

检察官作为刑事诉讼的重要参与者，应当准确理解“尊重和保障人权”载入刑事诉讼法的重要意义，科学把握刑事诉讼语境下人权保障的基本含义，树立正确的执法理念。一方面要主动转变执法观念，切实形成依法保障被追诉人权利的自觉思维，坚持理性、平和、文明、规范执法；另一方面要秉承客观与公正，摒弃“重打击轻保护”的倾向，在办案中自觉落实人权保障。

三、检察官的法治思维应当是一种规则思维

规则思维是相对人治思维而言。规则思维要求我们要尊重规则、敬畏规则、善用规则和善建规则。这里的规则，既包括不同位阶的法律法规，又包括社会长期形成的各种规范和准则。规则是社会有序的基础，规则治理是最佳的治国理政方式。古语讲，“无规矩则不成方圆”，一个社会如果不敬畏法律、

① 卞建林：《人权意识是刑事诉讼的时代禀赋》，载正义网。

不敬畏规则，必将付出巨大的成本。

检察官的规则思维，就是要在法治的框架下对法律规则、原则和技术进行准确地选择和使用。它要求检察官在执法办案中，要将法律作为一切行为的出发点和归宿点，并以事实认定与规则使用为中心来进行判断和推理。这里的规则既包括实体规则，又应包括程序规则。实体公正是社会正义的根本要求，但实体公正的实现有赖于一定形式的正当过程来保证，而这个正当过程主要体现为各类程序规则。检察官的规则思维从意识层面要求我们要尊重规则、敬畏规则，一切行为均以法律为准绳；从行为层面，要求我们要善用规则，准确运用规则来办案办事；从管理层面，则要求我们要善建规则，充分发挥规则的治理功能。

四、检察官的法治思维应当是一种衡平思维

衡平思维是相对机械思维而言。法律适用的过程也是价值或法益衡平的过程。衡平一词起源于英国，其主要含义是公正、公平、公道、正义，也指严格遵守法律的一种例外，即在特定的情况下，若机械地遵守某一法律规定反而会导致不合理、不公正的结果，因而就必须适用另一种合理的、公正的标准。司法实践中的衡平原则，主要是以衡平的实质性含义为基础，是指在处理案件时，在准确把握法律的精神和价值的前提下，结合案件的具体事实，借助于社会经验知识，从立法的主旨出发，以公平正义之心来行使自由裁量权，从而在举证责任分配上真正实现程序公正，达到公正裁判目的的一种价值取向①。

法条是简单的，而社会是纷繁的。这决定了法律规定本身一定会有其局限性。在多种权益纠缠或价值、法益博弈的背后，片面机械执法很可能产生并不公正的结果。因此，在检察工作中，检察官需要具有一种衡平思维，以应对因规则缺陷或者价值冲突带来的执法困境。检察官的衡平思维大体应遵循如下步骤和方法：一是充分地认知事实。要尽可能多地、全面客观地掌握基本事实和证据，为下一步的价值判断打下基础。二是准确地判断选择价值。在判断选择中，应当始终坚持法的基本价值，并确保法定价值优先。在重要价值与次要价值冲突时，要优先保护社会核心价值；在长远价值与短期价值冲突时，要优先保护长远价值。三是要符合比例。执法的尺度，要符合适当性和必要性要求。

五、检察官的法治思维应当是一种平等思维

平等思维是相对差别思维而言。平等思维要求我们要平等保护和平等惩

① 潘家祥、陈红：《衡平原则在证明责任中的运作与意义》，载法律教育网。

处，不允许有凌驾于法律之上的特权阶层或个人存在。“法律面前人人平等”，无论在中国还是在西方，都是一个人们耳熟能详的古老原则。“王子犯法与庶民同罪”，这句中国古语是“法律面前人人平等”的最早中式版本。在一个民主法治国家，打击犯罪与权益保护的平等是题中应有之义。反之，则会严重损害到司法的权威和执法公信力。检察官只有树立起平等思维，防止因其他各种因素干扰造成保护与打击的失衡，才能实现习近平总书记提出的“努力让人民群众在每一个司法案件中都感受到公平正义”的目标。

具体到检察工作中，平等思维主要体现在两个方面：一是任何人犯罪都应当受到法律的追究，无论社会地位、家庭出身、职业状况、政治面貌如何，均不得享有超越法律规定的特权。同时，在定罪量刑时不应有区别。二是任何人受到犯罪侵害时均应得到法律的平等保护，不得因为被害人身份地位、财产状况等情况的不同而对犯罪人处以不同的刑罚。

六、检察官的法治思维应当是一种专业思维

专业思维是对应社会化思维而言。司法是一门需要长期培养才能掌握的专门性技术，但当前司法职业社会化的问题并没有得到根本性的改变。专业思维，应当包括专业意识、专业技术和专业行为。而这一切均有赖于检察队伍的专业化建设。检察机关应当是一个专业化的熔炉，专业化的办案是磨砺，专业化的人才是基石，只有这样才能形成检察事业蓬勃发展的核心动力①。笔者认为，检察官专业思维的养成应包括两方面内容：一是具有必备的专业知识。法治思维的前提必须是一定量的专业知识储备。运用法治思维进行思考，不只是从法律角度来观察、理解和解决问题，更主要的是要按照法律的思维规则、推理技术来观察、理解和解决问题②。法治思维的运用必须准确掌握系统的法律知识，深刻理解规则条文的内涵，并具备一定的法律理性。二是具备高超的专业技能。高超的专业技能是实现公正执法的基础和保证。从事检察职业的人员必须具备与其职业相匹配的学识和才能，以及将这种学识和才能转化为实践运用的能力。检察工作的实践性要求检察官不仅要有深厚的法律理论功底，还要具备丰富的实际办案经验。一名优秀的检察官应该具备合理的知识结构和成熟的思维方式，以及高超的实践运用能力，才能在处理问题和办理案件时有效地运用专业思维。

---

① 《队伍专业化建设推动检察工作改革与发展》，载正义网。

② 陈君：《以法律思维为主导 培养检察官思维的多向度》，载绍兴检察网。

七、检察官的法治思维应当是一种限权思维

限权思维是相对于特权思维而言。检察机关的宪法定位是法律监督机关，而三大诉讼法修改势必会进一步突出检察机关的监督地位。检察官的限权思维应包含两方面：一方面要有接受监督的意识，树立监督者更要接受监督的理念，强化内部监督，自觉接受外部监督。只有做好了自身监督，确保了执法规范化和专业化，做到“自身正、自身净、自身硬”，才能更好地发挥法律监督的功能。接受监督意识的缺乏往往成为权力滥用的温床，甚至成为少数检察人员走向违法犯罪的根源。另一方面检察官要充分发挥监督职能，强化法律监督，努力维护一个廉洁高效的政务环境。要形成监督就是保护的意识，进一步解决不想监督、不愿监督、不善于监督和监督能力不高等问题。

八、检察官的法治思维应当是一种公开思维

公开思维是相对于“暗箱”思维而言。重点是要破除司法“神秘主义”，让检察权在阳光下运行，“让正义以看得见的方式实现”。对于检察官而言，除了少数涉及国家秘密及个人隐私的案件，要让整个执法活动置于阳光下，让各种结论公开，让逻辑推理过程公开。思维公开将促使检察官自觉将执法活动置于公众监督之下，让社会公众参与司法、执法等过程。养成公开思维，可以有效保障社会公众依法享有知情权和程序参与权，同时能进一步促使检察人员树立公正执法的理念，提高执法的专业化水平。

运用公开思维，应遵循以下原则：一是要严格依法。检察官应严格按照法律和有关司法解释的规定，对应当公开的与检察职权相关的活动和事项予以公开。二是要真实充分。除因涉及国家秘密等原因外，对办案程序、工作规程、诉讼参与人的权利和义务、法律监督结果等依法应该公开的事项，都要充分如实公开。三是要及时便民。应当采取多种形式，包括利用新闻媒介和现代信息手段向社会和诉讼参与人公开，使信息的公开更加方便、快捷、及时，便于当事人行使知情权、参与权和监督权。

九、检察官的法治思维应当是一种守责思维

守责思维是相对于扩权思维、消极思维而言。检察机关是宪法规定的法律监督机关，其职责其他任何机关都不能替代，扩张权力或履权不充分均是需要纠正的。守责思维应当包括如下两方面：一方面要守权尽责。该履行的职责一定要充分履行，要敢于监督，严于监督，善于监督，坚决同一切违法行为作不妥协的斗争，从而维护宪法和法律的尊严。另一方面要严守法纪。不扩权、不

擅权、不越权，严格按照职能分工，把自己的责任田种好，不干预行政、审判活动，不插手民事、经济活动。

十、检察官的法治思维应当是一种常态思维

常态思维相对于运动思维而言。长期以来，一直存在运动式执法现象。所谓运动式执法，是指执法机关为解决某一领域内存在的突出问题，集中人力、物力，采取有组织、有目的、规模较大的执法活动行为。常见的形式有“严打”、集中整治、专项治理、清理整顿等。虽然运动式执法能够在短期内起到整治社会流弊、震慑刑事犯罪、恢复社会秩序的作用。然而，运动式执法是以牺牲法治精神为代价的，它所弥漫的是一种“宽猛相济”式的人治原则，而不是“一断于法”的法治原则①。

运动式执法弱化了法律的权威，使执法者的意志凌驾于法律之上，这显然违背了法治的原则。要建设法治国家，还在于法律运行的常态化，从而给人们一种准确、明晰的法律预期，常态化地引导民众的行为。作为执法者的检察官，要养成法治思维，就必须形成一种常态化的执法思维。在运用法律过程中，在定罪量刑中，应严格按照事实证据，尽可能地给予相对稳定、精准的判断，避免判断标准忽严忽松，影响执法的严肃性，损害到法律的权威及执法公信力。

检察机关肩负着国家法律监督职能，其责任之重大不言而喻。作为一个合格的检察官，在解决和处理法律问题时，法治思维应是最先在大脑中启动和运用的程序。此外，作为身处于社会转型期的检察官，在贯彻运用法治思维的同时，也应当综合运用政治思维、经济思维、道德思维等，关注司法行为的导向性，注重司法社会效果，力争达到情、理、法的和谐，实现政治效果、法律效果、社会效果的有机统一。

---

① 谢晖：《运动式执法可以休矣》，载北大法律网。

法治思维中检察官角色要论

孔 璋[*] 叶成国[**]

检察官的法治思维是指检察官在法治理念的基础上，运用法律规范、法律原则、法律特性和法律逻辑，在执法办案中对需要处理的问题或作出的决定进行的综合分析、判断所形成的思想认识的活动和过程。这种思想认识虽是一种思维活动，但必将深刻影响检察实践。

作为人治思维的对立物，法治思维通常包含法律至上，权力本位，程序优先，公正司法，严格执法，接受监督，公开透明等法治要素。作为司法职业共同体的一员，检察官的法治思维除了应当包含上述常见法治要素外，是否还应有自身比较独特的法治要素呢？尤其是与传统意义上法官的法治思维方面又有哪些区别呢？对此，笔者试图通过以下五组法治思维的对比与分析，希冀以此充分阐明检察官应当具备的独特的法治思维要素，从而有效指导检察实践工作。

一、检察官法治思维的价值追求：正义还是公正

正义与公平历来都是刑事司法所要追求的两大价值目标，是司法者最高最终的价值追求。法官、检察官都应当以此为使命行使职权，但两者究竟是否完全一致？显然不是。笔者认为，法官的价值追求侧重于司法公平，通过依法审判确保平等对待每一个当事人，而检察官的价值追求则侧重于司法正义，其注重的是通过发现事实真相维护国家利益与社会稳定，甚至不惜以牺牲司法公平为代价。那么，我们不禁要问，检察官法治思维追求的司法正义，其内涵是什么？其与司法公正（或司法公平①）又有什么样的关系？

---

* 温州市人民检察院党组副书记、副检察长，中国政法大学2012级刑事诉讼法博士生。

** 温州市人民检察院公诉二处干部。

① 笔者认为，虽然从字面上司法公正似乎包括了司法正义与司法公平，但究其实质内容来讲，司法公正并不能完全涵盖司法正义的深刻内涵，其主要所指的还是司法公平。因此，在某种意义上，司法公正与司法公平是同一个概念。

从正义思想被提出以后，对于正义的理解一直众说纷纭，人们对正义的真谛从未停止过研究和探讨。按照美国学者约翰·罗尔斯的观点，正义是社会制度的首要价值，正像真理是思想体系的首要价值一样。① 它是对政治、经济、法律、道德等领域中制度和行为合理性的一种道德认识和肯定评价。具体到刑事司法领域，司法正义应由合目的性、合法性、合理性三种要素组成。合目的性是指在尊重基本人权的前提下，最大限度地保护社会整体利益。合法性则对一切刑事司法行为提出法律上的要求，严格限定法律界限，排斥一切超越法律的不合法行为。合理性则要求尊重公序良俗，在刑事司法中兼顾公理、道理和情理。但同时，从刑事司法价值角度来看，合目的性、合法性、合理性有着不同的表现形式，分别表现为秩序、公正、文明。因此，司法正义合法性的核心是公正，即司法公正。也就是说，司法公正只能实现我们所有正义中的一部分，而不是全部，并不是所有的问题都能从司法活动中得到公正。“司法公正作为法律之内的正义，作为制度伦理的一部分，必然是有限的正义，而所谓有限的正义是指我们不能完美地满足正义的要求。”② 换句话说，司法公正是将法律之内的正义置于无知之幕下，不考虑任何利益因素，不过问法律本身的良恶，仅以是否满足合法性为依据，对正义进行考量。符合法律规定，满足合法性要求的即实现了法律之内的正义，反之则是非正义的。

基于司法正义的上述丰富内涵，处于中立、消极司法地位的法官有时确实不能实现全部的司法正义，他们能做到司法公正就是不容易的。我们知道，法官的司法道德价值是恪守不偏不倚的裁判原则，对被告人是否能够定罪判刑，在很大程度上与控辩双方的举证能力和证明程度有着直接的关系，法官关心的不是谁输谁赢，也不是被告人能否得到应有的惩罚，其只要做到公正裁判就可以了。也就是说，法官以程序正当为原则，凭借控辩双方的证据进行判断，结论产生于程序的推进和控辩证据的角逐中。只要程序正当，判断有据，纵使结论不正当，法官亦是“公正执法”。③ 比如在某个案件中，即便法官有理由相信被告人实施了犯罪，但如果检察官不能提供确实、充分的证据予以证实，法官同样会作出无罪判决。但检察官与法官不同，检察官在办案中除了考虑合法

① ［美］约翰·罗尔斯：《正义论》，何怀宏译，中国社会科学出版社 1988 年版，第 3 页。

② 郑成良：《法律之内的正义——一个关于司法公正的法律实证主义解读》，法律出版社 2002 年版，第 92 页。

③ 谭义斌：《论检察官的中立性》，载《中南林业科技大学学报》（社会科学版）2009 年第 3 期，第 67 页。

性外，还要兼顾合目的性和合理性，从而追求司法正义，维护社会秩序，实现社会的公平正义。

从东西方检察制度的历史发展过程考察检察官在刑事司法正义中的作用，可以看到历史上检察官作为司法官，肩负着维护法律正确统一实施的职责，对追求刑事司法正义有着天然的使命。检察官的人生意义在于其必须以正义之名，使公民利益不受犯罪和国家专断行为侵害，“力求真实与正义……只有公正合宜的刑罚才符合国家的利益”。① 而我国的检察制度更加强调检察权的法律监督权属性，检察机关作为法律捍卫者的色彩更浓，检察官不仅代表国家行使控诉权，同时又是国家的法律监督者，对刑事侦查和刑事审判活动的合法性和公正性依法履行法律监督职责，检察官在刑事司法正义的追求中所起的作用更为明显。因此，检察官的核心价值就应该是司法正义，而且是所有人的司法正义，具体表现在两个方面：一是追求实体正义。检察官在承担指控犯罪职责的同时，更加注重对侵害犯罪嫌疑人合法权益之行为予以监督和纠正，杜绝以牺牲被追诉者诉讼权利为代价，来求公诉之成立。二是追求程序正义。正义不仅应当实现，而且应当以看得见的方式实现。因此，检察官应克服重实体轻程序之陈旧观念，将追求程序公正作为公诉之重要任务，在程序上严格贯彻刑事诉讼法之规定，监督和防止违反刑诉程序之行为，在检察办案中维护程序之公正。

二、检察官法治思维的立场：客观还是中立

按照传统法治思维理念，检察官作为司法官员中的一员，应当与法官一样站在中立立场，不偏不倚行使检察权。但我们知道，法官是适用法律解决控辩双方之间的仲裁者，是中间人，没有自己的利益追求，正因为此，法官思维有可能且有必要保持中立超脱。检察官与法官虽然都是司法者，但二者的法律定位有着明显的区别，检察官除了行使控诉职责外，还承担着法律监督的职责，应当站在维护国家利益的立场，确保国家法律的统一正确实施。因此，与法官在司法活动中立性特征不同，检察机关及检察官在司法活动中要恪守客观性义务。

按照欧陆检察理论和制度，客观性义务原则是检察官行使检察权所要遵循的一项基本原则。所谓客观性义务原则是检察官为了实现司法正义，在刑事诉讼中应站在客观公正的立场追求事实真相，不应站在当事人的立场单纯的谋取

① 国际检察官联合会编：《检察官人权指南》，中国检察出版社 2006 年版，第 158 页。

被告人有罪。检察机关及检察官客观性义务已成为联合国关于检察官司法活动的基本准则，受到各国及地区检察官的普遍尊重。联合国《关于检察官作用的准则》第13条明确规定："检察官在履行职责时应当：1. 不偏不倚的履行其职能，并避免任何政治、社会、文化、性别或任何其他形式的歧视；2. 保证公众利益，按照客观标准行事，适当考虑到嫌疑人和被害者的立场，并注意到一切有关的情况，无论是对嫌犯有利还是不利。"我国台湾地区学者林钰雄认为，客观性义务乃台湾地区检察官两大特色之一，客观性义务是指检察官亦应为被告之利益执行职务，不但应一律注意于被告有利及不利情形，亦得为被告之利益提起上诉、再审或非常上诉；另外，检察官之回避规定，亦为其客观性义务之明证。[①] 也正因为如此，德林等曾直言：检察官乃世界上最客观之官署。[②]

由于检察官代表国家行使公诉权对涉嫌犯罪的事实进行审查、提起公诉，在诉讼地位上与犯罪嫌疑人、被告人毫无疑问是对立的。对于检察官而言，客观公正并不就是中立。检察机关作为专门的法律监督机关，检察官在刑事诉讼活动中，应严格遵守合法性和客观性义务，保持客观公正立场，既不能使犯罪者逃避法律的制裁，又不能让无罪的人受到错误的追究，既要做官方的"护法人"，又是当事人权利的"守护者"，[③] 真正做到毋枉毋纵。这就要求检察官在行使检察权时，不依赖于自身对"胜诉"的渴望和追求，不依赖于检察官的追诉本质属性，而是按照事物的本来面目和证据的原始形态，来认识和处理案件的过程。一方面，检察官要客观全面收集有关证据，依法独立作出追诉决定，不应沦为统治者的传声筒；另一方面，检察官也要同时保护被告人的合法权益，既不能懈怠被告人的请求，也不受被告人的拘束。

关于检察官客观义务的具体内容，可概括为以下三个方面的含义：检察官应当尽力追求实质真实；在追诉犯罪的同时要兼顾维护被追诉人的诉讼权利；通过客观公正的评价案件事实追求法律公正的实施。[④] 具体而言，检察官的客观义务应当贯彻于刑事诉讼的过程之中：一是全面监督纠正侦查活动。检察官应当要求侦查机关全面客观收集证据，不仅要收集指控犯罪的证据，也要收集

---

① 林钰雄：《刑事诉讼法》（上册）（总论编），中国台湾学林文化事业出版公司2003年版，第120页。

② 林钰雄：《检察官论》，法律出版社2008年版，第142页。

③ 朱孝清、张智辉：《检察学》，中国检察出版社2010年版，第474页。

④ 程雷：《检察官的客观义务比较研究》，载《国家检察官学院学报》2005年第4期，第21页。

有利于证明无罪、罪轻的证据，切忌片面收集证据。同时，要坚决排除非法证据，防止侦查人员因为一贯的追诉犯罪倾向而运用违法手段（如刑讯逼供）收集证据。二是准确理性行使公诉权。检察官根据查明的客观事实作出是否起诉的处理结果，而不是个人的爱好或部门的利益，不得违背证据和公平原则进行差别追诉，杜绝滥用公诉权。另外，检察官在法院审理阶段发现案件情况有重大变化，原持观点不能成立的时候，不论对己利与不利，都要及时修正。三是客观公正监督审判活动。客观义务还要求检察官对法官的审判活动进行监督，客观公正地对待判决结果，不仅对错误的无罪、罪轻判决提出抗诉，也要对错误的重罪判决提出抗诉，从而使有罪者得到恰当的定罪和量刑，无罪者不受错误裁判。

三、检察官法治思维的方式：积极还是消极

检察官积极的检察执法思维是相对于消极执法而言的。在西方三权分立宪政制度意义上说，司法无疑是消极的，也正因为其消极性，使之被称为危险最小的国家权力。不过，消极性并不是司法权的固有属性。在近现代民主法治国家选择检察制度过程中，大陆法系国家和英美法系国家的价值选择有很大不同。由于英美法系国家在选择检察制度时持保守态度，长期犹豫徘徊，不公开承认检察官捍卫社会公共利益和伸张正义的角色。在配置检察权时，首要考虑的是如何维护公民个人权利，十分担心司法权成为侵害个人权利的公权，因而不承认检察官司法官的身份，更不可能赋予积极性司法职能。而大陆法系国家在配置检察权时首要考虑的价值在于维护国家安全和公共利益，因而赋予检察机关的角色是积极主动的司法官形象。

同时，与审判机关司法活动具有被动性特征不同，检察机关司法活动应主动地查明案件事实真相，追究和纠正一切违法行为，并主动要求审判机关对违法行为予以制裁。对宪法和法律规定的公民各种权利予以主动保护和救济。在整个司法体制中，如果缺失这种积极性司法，审判机关则实现不了裁判和救济的司法职能。当然，检察机关司法活动的主动性同行政机关主动性虽然有一定的相似性，但从根本上说是两类不同性质的权能，前者在诉讼活动中，必须严格遵循诉讼程序，后者发生在行政管理活动中，所遵循的是强制行政命令。

“检察机关从诞生之日起便是一种新型的代表国家追诉犯罪的机关，从检察机关在控辩式诉讼中的职能分配的角度看，检察官在刑事诉讼中的本位性角色是指控官。”① 指控官的角色要求检察官尽可能的保持积极、主动和介入，

① 陈卫东：《我国检察权的反思与重构》，载《法学研究》2002 年第 2 期，第 8 页。

尽量获得使被告人被判有罪的证据和事实，从而实现惩治犯罪、维护社会制度等国家利益。这一点与消极中立、居中裁判的法官不同，也与处于防御、辩解地位的刑事辩护律师不同。一般认为，符合司法理性的刑事诉讼构造应该是所谓的审判中心主义。[①] 在审判中心主义的刑事诉讼构造中，中立的法官在刑事司法中的作用与权威被强调到了极致，检察机关几乎成了纯粹的公诉机关。

但随着现代法治对被告人辩护权的日益重视，控辩双方的力量也在逐渐发生变化，检察官的控诉任务和举证责任也在不断加重。一旦检察官过于消极、被动，势必会破坏控辩双方力量的均衡，导致个别案件因检察官"指控不力"而无法定案。比如检察实践中，一些检察官对侦查机关移送的案件事实只进行单纯的审查，以一个居间裁判者的眼光来审视证据，一旦出现矛盾的证据或对立的观点就主张存疑，而不是进行积极的甄别；遇到犯罪嫌疑人无罪或罪轻的辩解就心里没底，按"就低不就高"的原则来处理案件；为避免在法庭上陷入被动或错案责任追究，对证据稍有疑点的案件，不是积极主动地去补充、收集证据，排除疑点，使确实有罪的犯罪嫌疑人受到刑罚处罚，而是简单地以证据不足为由作不起诉处理等。这种消极司法的态度，也势必造成对犯罪分子的放纵，因此，在刑事诉讼法律关系上，检察官的地位，应当说"不是原告的原告"，"不是一方当事人的当事人"，要用刑事诉讼一方当事人的思维严格要求自己，实现刑事诉讼法律关系上的控辩平衡，[②] 尤其是对于已经提起公诉的案件，检察官为了论证公诉的合理性，总是积极主张有利证据，而且为了支持与辩护的应有张力和积极对抗，检察官总是利陈公诉的正当性，只有这样才能实现诉讼的公平和公正。

检察官的积极、主动就是要求检察官决不能把自己当作消极、被动的旁观者，而是根据我国经济社会的发展需求积极主动的开展各项工作。只有充分发挥检察官的积极性和主动性，才能在司法实践中积极发现影响社会和谐稳定的

---

① 关于刑事诉讼构造，参见陈瑞华：《刑事诉讼的前沿问题》，中国人民大学出版社2000年版，第220—246页。作者把刑事诉讼构造分为裁判中心主义、侦查中心主义以及诉讼阶段论三种类型，特别主张法院与法官在刑事司法中的权威，强调裁判中心主义才符合司法理性。

② 一方面，赋予检察官客观义务要求检察官不能以一方当事人定位，而是无论有利还是不利被告的情况都要注意；另一方面，检察官的控诉职能又要求检察官以一方当事人的身份参与到刑事诉讼之中，实现控辩双方地位上的平等，两者之间似乎存在矛盾。但笔者认为，上述矛盾的出现，主要是基于检察官既是指控官又是法律监督者这一双重身份的冲突，但这种身份冲突并非是不可协调的，关键是检察官如何处理好这两种关系，实现角色上的转变。具体内容在此不再详述。

源头性问题，进而分析研判形势，确保司法工作的正确方向。

四、检察官法治思维的定位：一体还是独立

上命下从的检察一体原则和独立行使职权是大陆法系渊源的检察官面临的一个古老的困惑。① 这也是现代检察制度的一个核心的理念。无论是法国、德国、日本，我们都可以看到检察官定位的困惑：一方面要独立客观的办理案件，另一方面又不排除检察长为代表的行政力量的指导和命令。两者如何进行平衡？这是一个具有普遍性的问题。

所谓上命下从的检察一体原则主要是指为保持检察权行使的整体的统一，在肯定检察官相对独立性的同时，将其组成统一的组织体，即采取检察官活动一体化的方针。“检察一体”最显著的表现是检察机关在组织上实行的是上命下从的领导结构，上级检察首长对于下属检察官的“检察事务”拥有“指挥监督权”（也称为“事务指令权”），下级检察官对于上级检察首长的指令有服从的义务；上级检察首长还拥有“职务收取权”和“职务移转权”，既可以亲自处理下级检察官承办的案件，也可以将其移转给其他下级检察官办理。

与法官在司法独立的原则下完全代表自己行使裁判权不同，检察官行使对裁判活动的监督权要受到检察一体化这一原则的限制，一定程度上是代表检察机关而不是完全代表检察官个人行使。我们知道，审判是通过审级制、合议庭制等方式实现司法职能的，司法权既不在一个人手里，又不在多数人所组成的机关里，是在好几个法官手里，他们有时候单独组织一个法庭，有时候几个人合组一个法庭，审判各种案件。② 但是检察司法活动无论是从组织特征还是职权运行方式来看，都体现了一体化特征，具有很强的整体性。当然，检察司法活动在体现一体化过程中，也要防止以行政化取代一体化，否则必然会使检察司法属性丧失殆尽，这是当前检察一体化改革中值得关注的问题。

从检察理论和工作实践来看，检察一体制是我国行使检察权的重要原则之一，也是检察机关的组织原则即领导体制的重要内容，它不仅符合我国现行的宪政体制，也顺应了检察制度的自身发展特性和规律。我国宪法定位下的独立检察机关的一体化，在维护法制统一和权威，有效打击犯罪，为检察机关的整体独立以及系统内部的有效制约等方面创造了条件。但是我们也清醒地看到，检察实践中因过分强调上下级领导和服从关系而导致检察一体制权力异化，从而使检察一体化演变为党政权力干预检察个案的“借口”和检察组织官僚化

---

① 林钰雄：《检察官论》，法律出版社 2008 年版，第 49 页。

② 张建伟：《刑事司法体制原理》，中国公安大学出版社 2002 年版，第 22 页。

的“温床”。一旦个别检察官以上命下从为理由，而不顾客观性义务，则有可能因上命下从而摆脱法律仆人的角色，沦为政策跑腿政治纷争的工具。① 更有甚者，如果上级的顶头上司是行政首长，其行事的准则是政策观点与政治挂帅，而非法律的客观性，上命下从将威胁到检察官的客观义务。如不对其加以限制，势必形成发号施令之上级检察官有权无责，有受命义务之下级检察官有责无权的状况。② 因此有必要对检察一体原则进行限制。借鉴德法等国成熟经验，结合我国实际，适合采取混合模式③，即检察权以检察长行使为主，检察官享有有限的独立权，从而对上命下从的检察一体原则作出规制，主要可从以下几个层面考虑：一是检察一体制的行使应遵循法定主义原则、客观性义务原则、程序公开原则以及民主集中原则；二是从实体上和程序上规定限制检察指令权的实施；三是建立检察内部的监督与制约机制。④

五、检察官法治思维的理论基础：现实主义与形式主义

所谓现实主义法律思想主要是指与法律形式主义相对立的各种法律思想的总称，其基本特征在于反对将法律制度当作一个封闭的逻辑体系，反对从抽象的原则或规则简单演绎法律制度，强调一切从实际出发。而形式主义法律思想或法律形式主义，按照西方学者比较统一的说法，是指将法律制度视为一个封闭的逻辑体系，法律过程只是简单的逻辑推理过程，从大前提和小前提中就可以推导出结论。⑤ 在这种形式主义法律思想和典型三权分立宪政制度中，司法必须扮演消极中立的角色，仅根据封闭的逻辑进行推理裁判，司法不能主动干预行政，也不能通过创制法律侵蚀立法。随着经济社会的快速发展，国家干预经济社会呼声很高，法律形式主义不适应经济社会发展，法律的过程就不可能只是一个逻辑的推理过程。

---

① 孙谦：《维护司法的公平正义是检察官的基本追求（一）》，载《人民检察》2004年第2期，第18页。

② 徐永俊：《多维视角下的检察权》，法律出版社2007年版，第184页。

③ 有学者认为，根据检察权行使权力的主体不同，可以将检察权运行模式归纳为三种模式：英美的检察长负责模式、日本的检察厅模式（即由检察官独立行使检察权）、德法的混合模式。参见徐永俊：《多维视角下的检察权》，法律出版社2007年版，第172—173页。

④ 关于对检察一体制进行规制的具体内容，参见孔璋：《检察一体制的原则与规制》，载《人民检察》2008年第23期，第37—40页

⑤ 周汉华：《现实主义法律运动与中国法制改革》，山东人民出版社2002年版，第6页。

现实主义则强调法律人的思维，应当从法律规范的绝对约束下解放出来，应该围绕案件所涉及的正义、具体的语境、社会的要求等思考法律问题的解决方法，其最基本的主张是在社会中研究法律，在法律中研究社会，拉近法律与社会的距离。由于法律规范是由立法机关或其他机关创造的主观体系，属上层建筑，而社会现实是一种客观存在；法律规定通常是稳定的和针对一般情况的，而社会现实总是变化的和特殊的，因而，在法律规范和社会现实之间总会有一定的差距。法律规范和社会现实之间的距离，使法律解释和法律适用的过程不可能是一个“对号入座”的简单过程，而是一个创造性的过程，司法权必须缩短现实和法律之间的距离。① 换句话说，法律与社会的主要连接点就是法律的适用过程，尤其是司法过程。因此，司法能动性成为现实主义法律思想的核心。正是现实主义法律思想的这一主张，使法律研究的重心与基本范畴发生了巨大的变化，实现了从规则向行为，从书本上的法律向现实中的法律的转变。

现实主义法律思想要求检察官在处理具体事务时，除了考虑法律规则之外，还要考虑具体案件的事实、法律原则、案件的社会影响，根据刑事政策、社会伦理道德、利益平衡等因素进行自由裁量，而不是过分恪守文义解释，过分强调形式推理。检察官拥有自由裁量权是缓和或消弥法律规范的僵硬性与现实生活的流动性之间矛盾的必要手段。② 我国检察机关以及检察官的裁量权不仅体现在相对不起诉、附条件不起诉制度中，其实在审查逮捕中也充分体现了检察官的裁量权属性。也就是说，检察官在办理案件中，应当坚持能动司法，努力克服机械办案、就案办案的形式主义法律思想，始终做到检察工作与国家大局，执法办案与经济社会稳定发展相结合，准确把握检察办案合乎法律，合乎情理的多种因素，实现法律效果、社会效果与政治效果相统一。从追求“三个效果”的司法目标而言，社会效果是检察官最终要实现的最高价值，而这就必然要求检察官养成良好的大局意识和形势思维，审时度势，在办案中充分考虑社会矛盾的化解和社会关系的平复。当然，不主张机械的“法条思维”决不是说要抛弃法条去断案。检察官应该在立法精神的指导下，在不断变化的社会生活里发现法条的真实含义，目光不断往返于法律条文、案件事实与社会生活之间，而不能只盯着法律条文的字面含义和抽象的法律概念。

---

① 周汉华：《现实主义法律运动与中国法制改革》，山东人民出版社 2002 年版，第 213 页。

② 张智辉、杨诚主编：《检察官作用与准则比较研究》，中国检察出版社 2002 年版，第 365 页。

简论检察官法治思维及其养成

陈　晨*

所谓思维，是指“在表象、概念的基础上进行分析、综合、判断、推理等认识活动的过程。思维，是人类特有的一种精神活动，是从社会实践中产生的。”① “法治”最早可追溯到亚里士多德的法治理论，亚里士多德提出的法治包括两点，一是有优良的法律，二是优良之法得到民众普遍遵守，这个思想得到了后来者的发扬，并构成了当代法治思想的核心与精髓。而法治的具体含义则是：法治即法的统治，强调法律作为一种社会治理工具在社会生活中的至上地位，并且关切民主、人权、自由等价值目标。法治建设需要民众的广泛参与，但离不开法律人的积极推动，而这种推动从思维的角度看，靠的主要是法律人的法律思维，有什么样的思维，就会产生什么样的结局。检察官是行使国家检察权的法律职业者。检察权既有国家行政权的属性，又有国家司法权的属性，有的国家倾向于将检察机构划归行政机关（主要是英美法系国家），有的国家倾向于将检察机构划归审判机关（主要是大陆法系），这就使得检察权兼有行政性和司法性双重属性，检察官一方面要代表国家以维护国家公共利益的名义积极追诉犯罪，实现其控诉职能；另一方面又要代表国家对法官的司法活动予以有效的专业监督，实现其监督职能。我国学者对检察官思维属性少有专门论述。本文即选取这个角度对法治思维进行论述。

一、检察官法治思维的特征

（一）检察官法治思维具有利益倾向性

因为检察官总是代表国家以维护国家公共利益为依归，其代表国家行政法律监督职能时，也是以国家公共利益为依归，这就使得检察官在思考分析法律和事实问题时，总是从维护国家公共利益出发。

---

* 国家检察官学院讲师。

① 《现代汉语字典》，商务印书馆1973年版，第970页。

（二）检察官法治思维具有法律监督性

这是由检察官代表国家行使法律监督权决定的。法律监督权是检察权的核心，这种监督具有国家性、权威性、特定性、专门性、合法性和强制性。这种监督在我们国家主要是对法官司法权的监督，检察官在案件诉讼过程中，不仅就案件本身的法律和事实问题发表意见，还要对审判活动是否合法进行监督。

二、检察官思维对法治建设的意义

（一）检察官思维对法治建设具有监督作用

检察官思维对法治建设的监督作用，主要是通过制度设计来实现的，即检察官通过对事实和法律问题的再分析，查找原审裁判的错误或不当之处，通过上诉和抗诉来实现检察官思维对法治建设的监督作用。

（二）检察官思维对法治建设具有矫正作用

检察官行使法律监督职责，发现了冤、假、错案提起抗诉，使得冤、假、错案得到重新审判，并最终得到纠正，这就是检察官思维对法治建设的矫正作用。

（三）检察官思维对法治建设也具有推动作用

任何法律人思维对法治建设都有推动作用，检察官思维也不例外。只不过检察官思维的推动作用与法官思维的推动作用不同，与律师思维的推动作用不同，法官思维主要通过思维中立来实现，律师思维主要通过思维偏执来实现，而检察官思维则主要通过对国家利益的倾向性保护来实现。

三、检察官建立法治思维的途径

（一）法律至上

1. 尊崇依宪治国

依宪治国，彰显的是宪法的最高地位和作为其他法律母法的关系来界定的。正如习近平总书记在 2012 年 12 月 4 日在首都各界纪念现行宪法公布施行 30 周年大会上的讲话所提到的，“宪法是国家的根本法，是治国安邦的总章程，具有最高的法律地位、法律权威、法律效力，具有根本性、全局性、稳定性、长期性。全国各族人民、一切国家机关和武装力量、各政党和各社会团体、各企业事业组织，都必须以宪法为根本的活动准则，并且负有维护宪法尊严、保证宪法实施的职责。任何组织或者个人，都不得有超越宪法和法律的特权。一切违反宪法和法律的行为，都必须予以追究”。

作为检察官，是国家的法律监督机关的工作人员，对宪法要更加尊崇，自觉遵守宪法的有关规定，时刻树立宪法意识，把宪法放在一切法的根本法的地位上来理解。

2. 维护法律统一

我国的法律体系是有中国特色的社会主义法律体系，是在宪法统领下的全体现行法的总和。因此，就存在一个法律统一的问题，法律的渊源不仅包括宪法和法律，还存在着大量的行政法规、地方性法规和规章，司法解释，以及国际条约等。当上位法与下位法存在法律冲突时，我们要注意优先适用上位法。而在这里作为检察机关，最高人民检察院常常会发布相关的司法解释，特别是最近出台的一些指导性案例，这一制度有利于法律的统一，同时贯彻了检察一体化的原则。特别是我国正处于经济快速发展、社会深刻转型的时期，社会关系日趋多样化和复杂化，检察机关办理的疑难案件、新类型案件以及法律规定比较原则或者不明确的案件日益增多，检察工作面临的新情况、新问题也不断涌现。在这种背景下开展执法办案工作，非常需要加强案例指导，借鉴此前的处理办法，以有效解决办案工作中遇到的难题，并且体现其法律功能、社会功能和沟通功能。

3. 去除人治思维

人治是与法治思想一个共生的话题。一方面，人治是从性善论的角度出发论述的，而法治思维则建立在性恶论的基础上，但人性有善的一面，同时也有恶的一面，不能因为人治而否定人的恶的一面，更加不能因为法治思维的确立而否定人性善的一面。另一方面，尤其在我国现今的体制下，人治思想有着悠久的历史背景，突出表现在它糟粕的地方，体现在检察官日常办案中就是特权思想、霸权作风，蛮横，缺乏人性化的考虑，因此，我们树立法治思维，更多的是要去除人治思维模式，在检察工作中，不办关系案、人情案，实事求是，依据法律的规定来办案和处理问题。以言代法就是“人治”，以权压法就是“特权”，徇私枉法就是“腐败”，解决这三个问题实际上就是从“人治”走向“法治”的问题，检察机关在这个方面大有可为。权力要在阳光下运行，还要在“笼子”中运行。在阳光下运行就是透明，透明就是最好的防腐剂；在“笼子”中运行就是要制约、要监督。检察机关要进一步明确在法治体系中的地位与作用，以高度的使命感和责任感，不断强化法律监督、强化自身监督、强化队伍建设，尽快适应“法治思维”转变要求，努力把检察工作提高到一个新水平。

（二）法律氛围

1. 普法与办案联动

在办案的过程中，扩大宣传，比如街头进行法律帮助、法律咨询等；以有案必查、有腐必惩的鲜明态度，严肃查处各类腐败犯罪案件，并通过举办培训班、组织学术交流、选派专家协助等形式，加大反腐败宣传力度，营造浓厚的法律氛围。向社会传播一种信仰和崇尚法律的理念，是在向公民传授一种生活中的法治习惯和态度。当前我们的生活中，缺乏的不是法律知识，而是一种法治文化氛围和对法治崇尚的精神。增强全社会的法律意识和法治观念，形成自觉学法守法用法的社会氛围尤为重要。

2. 教育与惩罚结合

对于未成年人的教育，在刑事诉讼中要在惩罚犯罪的过程中予以考虑：通过成立未成年人刑事检察机构，积极实施少年司法制度。对于其他案件，检察官通过追诉被告人的刑事责任，对社会中的其他人群也是能够起到一定的教育作用的。侦查与起诉职务犯罪案件，对检察官自己也是在惩罚犯罪中获得的一种教育。

3. 人大、党委与检察院沟通

检察机关在党委、人大的领导下，认真履行检察监督职责，同时把主动接受人大监督作为加强自身建设的重要内容，通过向党委、人大请示汇报，邀请人大代表，政协委员视察检察工作，配合人大、党委加强对刑事诉讼法的贯彻落实情况的监督检查，积极争取党委、人大和社会各界对职务犯罪及其他检察工作的重视和支持，通过接待日、开放日等形式主动向人大代表和社会各界介绍检察机关的工作情况，接受人大及常委会和社会各界的监督，不断改进和加强检察工作，努力开创检察工作新局面，并通过联合举办教育基地等方式积极拓宽联系渠道，以取得良好的社会效果和法律效果。

（三）程序意识

1. 程序的工具意识与独立意识

程序的公正是实体（结果）公正的前提和保证。在刑事诉讼活动中，一个案件的处理，要通过立案、侦查、审查、起诉、审理、判决、执行等程序才能完成，而且每个诉讼阶段的法定时限和执法主体也不一样。法律之所以作出这样的规定，就是为了保证案件得到客观公正的处理，保障诉讼当事人的合法权益，体现社会的公平正义。行政执法和刑事执法虽然不同，但注重程序的道理是一样的。按法定程序办事，避免执法的随意性，是依法办案的重要保障。

2. 程序意识在检察官工作中的运用

在检察官办案过程中，程序意识体现在许多方面：检察机关作为承担诉讼职能和诉讼监督职能的机关，严格遵守程序法的规定本身就是在实现法律的任务。我国的检察机关不仅行使追诉职能，更负有监督的重任，特别要强化程序公正意识：一是检察官要严守客观义务。检察机关不仅要履行控诉职能，更要超越这种职能，代表国家维护法律权威，不管是诉讼行为还是监督行为都应该遵守检察官的客观义务。二是强化尊重诉讼参与人充分参与的诉讼意识。检察机关在作出有关严重影响当事人权利的决议前，应当按照法律的要求充分听取当事人的陈述、观点，并确保当事人获得必要的法律帮助。三是强化程序公开意识，这是程序公正基本的标准和要求。四是强化程序性制裁意识。重视程序性的制裁措施，减少程序违法现象，实现追求程序公正的理念和意识。五是严格非法证据排除规则的适用，严禁刑讯逼供。

四、检察官法治思维养成中需要注意的几个问题

(一)“法条思维”不是法治思维

在刑事司法领域，机械适用法条的“法条思维”决不是真正的法治思维，因为具体的法律条文必须经过司法官的思考、解释才能成为活生生的正义。① 这里的司法官，当然包括检察官在内。在刑事司法领域，我们是要遵循“罪刑法定”的原则，按照法律的规定给被告人确定罪名，提出量刑建议，但是在这个过程中，我们要更加注重价值判断，社会效果与法律效果的结合统一。对法律条文不能单纯地看其字面含义，而应注意探求条文所体现的立法精神。除了成文的法条之外，有时检察官在办案过程中，还要考虑司法惯例、判例和习惯，政策以及一些专家学者的意见，也可能成为检察官考虑的因素。机械的“法条思维”倾向不仅表现在检察官单纯凭借法律条文的字面含义来办案，还表现在办案人员过度依赖司法解释上。在司法实践中，时常听到不少检察官埋怨这个问题没有司法解释，那个问题缺少上级规定。其实，如果司法实务界完全依赖司法解释和内部层层请示，会导致检察人员思维懒惰，不注重发现法条蕴含的内在含义，不努力推进量刑建议书等司法文书的说理工作。况且，有些司法解释等囿于“专业性”壁垒，保持着“闭门造车”的态势，民间意见有时难以直达司法解释的制定者那里。

(二) 法律人思维与法治思维

法治建设需要民众的广泛参与，但离不开法律人的积极推动，法律人，包括法官、检察官和警官，以及律师和法学专家、学者等。而这种推动从思维的角度看，靠的主要是法律人的法律思维。法治思维，是以法律人为思维主体，依托法律方法根据法律进行思维和依托法学方法关于法律进行思维所表现出来的一种思维方式。由于种种原因，同为法律人的法官、检察官和律师，经常对一些法律价值理念、逻辑推理方式和分析法律问题的角度产生各种分歧，甚至

---

① 参见陈水均：《机械的“法条思维”不是法治思维》，载《法制日报》2013年5月8日。

还出现一定程度的冲突和对立。这些从事不同法律职业的法律人，竟然在一些基本问题上无法达成共识，这无疑是中国法律人今天所要面对的最大挑战之一。不仅如此，一些社会公众基于对中国法治状况和个人处遇的反思，对于这一套来自西方的法律思维方式也渐渐产生了怀疑，甚至还会因为不接受一些个案的裁决结果，而对法律人的思维方式提出质疑，对法律人提出批评，并进而对“来自西方的法律体系”提出挑战，譬如“程序正义”等。这些都需要包括检察官在内的法律人进一步去探讨。

（三）刑事诉讼法修改后法治思维的转型问题

在“尊重与保障人权”写入刑事诉讼法修正案后，这一理念成为检察官办案的指导，观念上的转变，要求检察官要时时刻刻以法律的精神适用法律条文，通达法律规定，改变以前那种仅以打击犯罪为目的的办案思想，处处树立起法治的思维，既依据法律追究被告人的刑事责任，又在整个过程中，注重人权的尊重与保障，表现在同步录音录像制度上，要求办案检察官克服修订后的刑事诉讼法带来的工作上的烦琐与困难，顶住压力和阻力做好这项工作。事实证明，这项制度的实施，为减少翻供现象以及不实的证据方面的指责，都起到了很好的固定证据的作用。

（四）法治思维与党的领导的关系

有人认为，确立法治的地位就是否认党的领导，笔者认为这是错误的，法治思维与坚持党的领导并不冲突。党的领导是我国现实的需要，同时执政党在加强领导力的同时，也要注意自身监督，自觉“将权力关进制度的笼子”，2013年6月18日，中共中央总书记、国家主席、中央军委主席习近平在党的群众路线教育实践活动工作会议上发表重要讲话，他强调，“这次教育实践活动的主要任务聚焦到作风建设上，集中解决形式主义、官僚主义、享乐主义和奢靡之风这‘四风’问题”。“四风”问题累积时间长了，就会引发党内腐败，出现违法违纪的情况，所以需要加强党内特别是领导干部的法治思维。

二、法治思维与检察官职业伦理

对我国检察官职业伦理的初步认识

张志铭[*]　徐媛媛[**]

一、引言：职业伦理含义之廓清

"道德"（Morality）和"伦理"（Ethic）在日常生活中往往是通用和交互的概念，在理论上却有区别。黑格尔曾指出两者的不同，认为道德是个人的道德，而伦理是社会的道德；道德更多地与个体、个人、主观相联系，伦理则更多地倾向于集体、团体、社会、客观等。① 顺此思路，我们认为，道德概念比较抽象、内在，意指道德性、道德精神、内含的情性品格，"是一种关于是非、善恶的判断，是一种诉诸于人的良知和内心确信才能真正发挥作用的东西"②。由于道德的含义因应时空场景、人群人文等诸多不同因素的影响而变化，具有明显的主观性和不确定性。伦理则比较具体、外在。它是道德的外化，是道德性落实在人际关系中的具体表现，构成良善社会生活人际交往的规范准则。道德是自律的，注重自我修炼，自我约束；而伦理更多的是他律，通过激励与惩罚的制度设计规范人们的行为。道德和伦理是本质与现象的关系，从根本上是统一的，或者说，伦理就是道德规范。

职业道德和职业伦理分别是道德和伦理的下位概念，与"职业"紧密相关。"职业"（Profession）与一般意义上所说的"工作"（Job）不同：工作仅指谋生的手段，而职业则是具有专门的教育背景，掌握专门的专业技能，承担特殊的社会责任，并拥有从业特权的行业。职业主义的制度设计要求，从事特定职业者不仅应该是专业人，还应该是道德人。职业道德是构建职业伦理的"支柱"和"质料"，其外化则展现为具体的职业伦理。从某种意义上说，职

---

* 中国人民大学法学院教授。

** 合肥工业大学法学系讲师。

① 参见李本森主编：《法律职业伦理》，北京大学出版社2005年版，第4页。

② 张志铭：《法律职业道德教育的基本认知》，载《国家检察官学院学报》2011年第3期。

业伦理就是职业者的角色规范和责任伦理，通过规制职业成员自身的行为，以及与同行、当事人和社会大众等的关系来确保职责的履行。伦理之于职业，比道德具有更刚性强制的外在约束力，用来指引从业者，对违反者予以惩戒，以维护职业的自治地位和社会尊荣。

检察官是一种专门的法律职业，应该对与自己扮演的制度角色相关的职业道德和职业伦理有所理解，有所认识。“理解产生认同，认同产生合意，合意建构规范，规范调整行为，行为构成关系，关系产生秩序。”① 只有当检察官依照其职业伦理规范去行使检察权，处理好检察官自身行为，以及检察官与当事人、同行、法官、警察等主体的关系，一个井然有序的高效的检察官职业伦理秩序才会生成，司法公平正义的价值追求才有可能实现。

本文依据我国的宪法、人民检察院组织法和检察官法等的规定，立足检察官在法律职业中的角色定位或职能定位，通过国际国内的比较揭示我国检察官职业伦理的特点，并分析其成因，初步反思其中存在的问题，以期对今后我国检察官职业伦理建设有所助益。

二、国际上关于检察官职业伦理的主要规定

20 世纪 90 年代以来，国际范围内关于检察官职业伦理的共识逐渐形成，即检察官除了应具备专业的知识和技能外，还应具备与自身职能相对应的职业伦理；检察官遵行职业伦理规范，有助于促进刑事司法的公平、公正，可以有效地保护公民免受犯罪行为的侵害。检察官的主要作用在于刑事司法，其“基本任务在于追求正义，而非仅仅追寻有罪判决”②。基于追诉犯罪、保障人权的立法理念，一系列国际条约和准则对检察官职业伦理作出了具体规定，包括信念伦理和责任伦理，既有关涉检察官自身行为的伦理规范，也有规制检察官与当事人、同行、法官、警察等主体关系的伦理规范。它们通过自律与强制的结合，为约束检察官行为提供了标准指引，以助推实现检察官职业活动的价值追求与职责要求。

下面选取关于检察官职业伦理要求方面最具有代表性的四份规范性文件，做一概括介绍，以期对域外的情况有所了解，并为我国检察官职业伦理的构建提供参考和借鉴。

---

① 舒国滢：《法哲学沉思录》，北京大学出版社 2010 年版，第 79 页。

② Donald J. Newman, Introduction to Criminal Justice, New York, J. B. Lippincott Company, 1975, p. 190.

（一）《检察官角色指引》（Guidelines on the Role of Prosecutors）

《检察官角色指引》（以下简称《指引》）于1990年由第八届联合国预防犯罪和罪犯待遇大会通过，共24条，目的是协助会员国确保和促进检察官在刑事诉讼程序中发挥有效、不偏不倚和公正无私的作用。按照该指引的要求，担任检察官的前提是受过适当的培训、具备适当资历、为人正直且有能力。鉴于检察官在刑事司法中起到关键性作用，对其职业伦理的要求十分严格。《指引》规定，检察官应在任何时候都保持其职业荣誉和尊严；应始终一贯迅速而公平地依法行事，尊重和保护人的尊严以及维护人权；不偏不倚地履行其职能，避免任何形式的歧视；保证公众利益，按照客观标准行事，适当考虑犯罪嫌疑人和被害人立场，并注意到一切有关的情况，无论是否对犯罪嫌疑人有利或不利；对掌握的情况保守秘密；在受害者的个人利益受到影响时应考虑到其观点和所关心的问题，使受害者知悉其权利；拒绝使用通过非法手段获得的证据；即便是在行使公民权利时，也应始终根据法律以及公认的职业标准和道德行事。除此之外，为了确保起诉公平而有效，检察官应尽力与警察局、法院、法律界、公共辩护人和政府其他机构进行合作。①

（二）《检察官专业责任标准和基本职责及权利声明》（Standards of Professional Responsibility and Statement of the Essential Duties and Rights of Prosecutors）

《检察官专业责任标准和基本职责及权利声明》（以下简称《声明》）于1999年由国际检察官协会制定，以作为检察官和起诉服务的国际基准，共6条。它依然重申检察官在刑事司法中的关键作用，从独立、公正、合作等多方面揭示了其职业伦理，为检察官行为明晰了标准。它的第1条具体要求检察官应在任何时候保持职业荣誉和尊严；依据法律、规则和职业伦理专业地行事；任何时候践行正直和谨慎的最高标准；保持信息灵通，了解相关法律的最新发展；力求言行一致、始终如一、独立和公正；保障被告接受公平审判的权利，特别是确保有利于被告的证据依法提供；服务和保护公众利益；尊重、保护和鼓励人的尊严和人权的普遍观念。第2条涉及“独立”，要求检察官行使职权不受政治干预。第3条涉及“公正”，要求检察官不带畏惧、偏好和偏见地履行职责，不受个人或局部利益、公众或媒体的影响，只关注公众利益；客观行事；寻求真相，无论对嫌疑人有利或不利。第4条涉及检察官在刑事诉讼中的作用，要求检察官应保守职业秘密；拒绝使用通过非法手段获得的证据；充分尊重嫌疑人和被害人权利。第5条专门列明了“合作”的要求，检察官应与警察、法院、法律界人士、辩护律师、公共辩护律师和其他政府

① 参见《检察官角色指引》第3、8、12、13、16、20条。

机构，无分国内或国际，根据法律和互相合作的精神，协助司法服务和其他辖区的同事。

（三）《刑事司法体系中公诉之原则》（the Role of Public Prosecution in the Criminal Justice System）

《刑事司法体系中公诉之原则》（以下简称《原则》）于2000年由欧洲理事会部长会议通过，共39条，对会员国检察官应遵循的共同原则作出了界定。它既规定了检察官与法官的关系，也规定了检察官与警察的关系，对检察官自身行为亦作出了职业伦理上的规定。在与法官的关系方面，“检察官必须严格尊重法官的独立与公正，尤其他们不应怀疑司法判决也不应阻碍司法判决的执行，除了行使上诉的权利或援引其他程序。检察官在法庭审理程序中应客观公正。特别是，他们应确保已向法庭提交了司法公正所必须的所有相关的事实和法律论证。”① 在与警察的关系方面，当检察官决定是否开始或继续起诉时，通常应审视警察调查的合法性、遵守保障人权的情况。② 在自身行为的要求方面，检察官应公平、公正、客观地履行职责；尊重和设法保护人权；设法确保刑事司法系统尽可能地高效运作；避免任何形式的歧视；确保法律面前人人平等；面对毫无根据的指控不应开始或继续起诉；不提交基于违法手段获得的证据，要求法院不予采信存在疑点的证据；保守秘密；保护证人利益；考虑受害人的意见和关注。③《原则》也涉及国际合作的要求，要求加强检察官之间的国际司法合作。

（四）《检察官伦理及行为准则》（“布达佩斯准则”）（European Guidelines on Ethics and Conduct for Public Prosecutors ，“the Budapest Guidelines”）

《检察官伦理及行为准则》（以下简称《准则》）于2005年由欧洲检察长会议通过，不仅为检察官履行职责提供一般原则，而且还为其提供了极为详尽的伦理规范指引，主体部分为4条。在第1条关于“基本职责”的规定中，要求检察官无论在任何时候，在任何环境下，依据国内和国际的法律履行职责；一贯地公平、公正和高效；尊重、保护和支持人的尊严和人权；代表社会和公众利益；努力达到社会一般利益和个人利益、权利之间的平衡。

在第2条关于“一般职业行为”的规定中，要求检察官在任何时候都坚持最高的职业标准，维护职业荣誉与尊严；总是表现出专业性；任何时候执行正直和谨慎的最高标准；依据法律和对事实的评估履行职责，不受不适当的影

① 《刑事司法体系中公诉之原则》第19、20条。

② 《刑事司法体系中公诉之原则》第21条。

③ 《刑事司法体系中公诉之原则》第24—33条。

响；充实新知，紧跟法律和社会的发展；不带畏惧、偏好和偏见地公平地履行职责；不受个人、局部利益、社会和媒体的压力的影响；尊重所有人的权利以支持法律面前的平等和避免任何形式的歧视；保守职业秘密；带着尊重和礼貌与法院、警察、其他公共机构和法律界其他人士合作履行职责；为了在最大可能的程度上深化国际合作，依据法律协助其他管辖区域的检察官和公共部门；不允许检察官的个人或财务利益或检察官的家庭、社会或其他不正当关系影响到检察官的行为。

在第3条关于“刑事诉讼体系中的职业行为”的规定中，要求检察官在任何时候支持公平审判；公平、公正、客观、独立地履行职责；设法确保刑事司法尽可能高效运作并符合正义；尊重无罪推定原则；确保作出起诉决定前正在或已经做了必要的、合理的调查和询问；考虑所有案件相关情况；不会以没有根据的指控开始或继续诉讼；在证据指明的范围内坚决、公平地起诉；检查证据是否通过非法手段获得，拒绝采用这样的证据，并将使用非法手段的人绳之以法；适当考虑证人和受害人的利益；协助法庭作出公正的判决。

在第4条关于“私人行为”的规定中，要求检察官在私人生活中仍应坚持正直、公平、公正；在任何时候都尊重和遵守法律；检察官行事应加深和保留职业公信力；不得利用工作中获得的信息为自己或他人谋取不合理利益；不得接受任何馈赠或招待。

三、我国检察官职业伦理要求及其与国际规定之比较

在我国，检察官职业伦理的内容理应成为评价检察官称职与否的主要标准。自20世纪80年代我国检察制度恢复重建以来，已有诸多规范性文件或多或少地涉及检察官职业伦理的要求。兹列表整理如下：

中国关于检察官职业伦理的规范性文件

名称	相关条款	主要内容
《检察机关工作人员奖惩暂行办法》（1984年）	第2、4、16条	忠诚、公正、效率、廉洁、敬业、保密
《检察人员纪律（试行）》（1989年）	第1条	“八要八不准”①

① “八要八不准”：一要热爱人民，不准骄横霸道；二要服从指挥，不准各行其是；三要忠于职守，不准滥用职权；四要秉公执法，不准徇私舞弊；五要调查取证，不准刑讯逼供；六要廉洁奉公，不准贪赃枉法；七要提高警惕，不准泄露机密；八要接受监督，不准文过饰非。

（续表）

名称	相关条款	主要内容
《关于检察机关和检察干警不准经商办企业等若干问题的通知》（1992 年）	第四、五项	禁止以不当方式参与商业活动
《关于重申严禁检察机关越权办案、违法办案的通知》（1993 年）	第一、二项	维护社会主义法制；依法办案、文明办案
《检察官法》（1995 年，2001 年修订）	第 3、8、18、19、20、33、35 条	忠实法律、秉公执法、清正廉明、保密、接受监督、禁止从事非本职事务、任职回避、效率
《检察官纪律处分暂行规定》（1995 年，2004 年废止）	第 4—35 条	言论谨慎、禁止参加非法组织、廉洁奉公、禁止以不当方式参与商业活动、避免涉及不适当的金钱往来、禁止徇私枉法、保密、遵纪守法
《关于政法干部的“四条禁令”》（1995 年）	四条	廉洁奉公、态度端正、遵纪守法、禁止以不当方式参与商业活动①
《人民检察院错案责任追究条例（试行）》（1998 年，2007 年废止）	第 6、7、8 条	禁止徇私枉法、徇情枉法、玩忽职守；遵守法定诉讼程序
《对违法办案、渎职失职若干行为的纪律处分办法》（1998 年）	第 1—9 条	遵纪守法
《九条“卡死”硬性规定》（1998 年）	九条	禁止检察官从事九种违法行为②

① “四条禁令”：绝对禁止政法干警接受案件当事人请吃喝、送钱物；绝对禁止对控告、求助群众采取冷漠、生硬、蛮横、推诿等官老爷态度；绝对禁止政法干警打人、骂人、刑讯逼供等违法违纪行为；绝对禁止政法干警参与经营娱乐场所或为非法经营活动提供保护。

② 严禁超越管辖范围办案；严禁对证人采取任何强制措施，立案前不得对犯罪嫌疑人采取强制措施；严禁超期羁押；不得把检察院的讯问室当成羁押室，讯问一般应在看守所进行，必须在检察院讯问室进行的，要严格执行还押制度；不得违反规定使用技术侦查手段；凡在办案中搞刑讯逼供的，先停职，再处理；因玩忽职守、非法拘禁、违法办案等致人死亡的，除依法依纪追究直接责任人员外，对于领导失职渎职的一律给予撤职处分；严禁截留、挪用、私分扣押款物。

（续表）

名称	相关条款	主要内容
《检察人员廉洁从检十项纪律》（2000 年）	十条	保密、廉洁、公正、禁止参加不当社交活动、禁止以不当方式参与商业活动①
《检察人员任职回避和公务回避暂行办法》（2000 年）	第 2、3、4、9 条	利益回避
《检察机关奖励暂行规定》（2001 年）	第 4 条	忠于职守、秉公执法、努力工作、坚持原则、办事公道、发明创造、维护国家利益、保密
《检察官职业道德规范》（2002 年）	全文	忠诚、恪尽职守、乐于奉献、公正、客观求实、独立、清廉、严明
《检察人员纪律处分条例（试行）》（2004 年，2007 年修订）	第 27—112 条	遵守政治纪律、遵守组织、人事纪律、遵守办案纪律、廉洁奉公、遵守财经纪律、恪尽职守、遵守社会主义道德
《检察人员执法过错责任追究条例》（2007 年）	第 7、8 条	遵守办案纪律、恪尽职守
《检察官职业道德基本准则》（2009 年）	第 2 条和第二、三、四、五章	忠诚、公正、清廉、文明
《检察官职业行为基本规范（试行）》（2010 年）	一、二、三、四、六部分	坚定职业信仰、依法履职、遵守职业纪律、发扬职业作风、慎重职务外行为

一般认为，检察官的职责主要是在刑事司法领域发挥至关重要的作用，但

① 不准泄露案情或为当事人打探案情；不准私自办理或干预案件；不准私自会见案件当事人及其委托人或者接受上述人员的宴请、礼物和提供的娱乐活动；不准利用工作之便占用外单位及其人员的交通、通信工具；不准参加用公款支付或可能影响公务的营业性歌厅、舞厅、夜总会等高消费场所的娱乐健身活动；不准接受下级人民检察院来京人员的宴请或提供的娱乐活动以及收受礼品；不准在工作日饮酒或者着检察制服（警服）在公共场所饮酒；不准对告诉求助群众采取冷漠、生硬、蛮横、推诿等官老爷态度；不准经商办企业或利用职务之便为亲属经商办企业谋取利益；不准擅自开设银行账户，私设“小金库”。

是，依据我国的宪法、人民检察院组织法和检察官法等，我国的检察官并非仅承担刑事追诉的职能，他们在更为广泛的意义上还是国家专门的法律监督者，行使复合多样的职权，从而使我国的检察官职业伦理必然具有自己的特色。

通过比较不难发现，在关于检察官职业伦理的国际和国内的规范法文件中，在检察官的信念和责任两个方面的伦理要求方面，均有很大的共性。具体地说，对于检察官职业伦理中一些基本的信念伦理的认同，均包括维护职业尊严和荣誉、追求公平正义、尊重和保障人权等。在责任伦理中，也有诸多相同或相似的规定，皆要求检察官依法履行职责且仅受法律约束，以及独立、客观、公正、保守秘密、排除非法证据、不谋私利、不接受任何馈赠或招待、充实新知、私人生活不得影响检察公信力，等等。

下面，我们再就比较中发现的我国检察官职业伦理要求方面的一些具有特殊性的地方，从几个方面做一个概括陈述。

（一）关于检察官自身行为

在我国的检察官职业伦理中，除了要求检察官具有职业信仰以外，更要求有坚定的政治信仰，“以马克思列宁主义、毛泽东思想、邓小平理论和‘三个代表’重要思想为指导”，“忠于党、忠于社会主义、忠于国家、忠于人民、忠于人民检察事业”，“坚持三个至上”① 等。检察官“独立”在中国语境下的表述是“不受行政机关、社会团体和个人干涉，自觉抵制权势、金钱、人情、关系等因素干扰”②。检察官的法律监督职权要求他“坚持强化审判监督与维护裁判稳定相统一，依法监督纠正裁判错误和审判活动违法，维护生效裁判既判力，保障司法公正和司法权威”③。对退休的检察官亦提出要求，不得利用原身份、影响干预检察工作。这些要求皆颇具特色。与此密切相关，根据检察一体的要求，在我国的检察官职业伦理中要求检察官服从上级决议和命令，服从指挥，令行禁止，不同于国际规定的是，未明确检察官还应依客观标准行事，遵守客观义务，拒绝非法指令，避免单纯的“唯命是从”。

（二）关于检察官与当事人的关系

不同于国际规定中区分犯罪嫌疑人或被告人、受害人、证人，对应有不同

---

① 参见《检察官职业行为基本规范》（试行）第1条、《检察机关工作人员奖惩暂行办法》第2条、《检察官职业道德基本准则》（试行）第3条、第5条和《检察官职业道德规范》。

② 参见《检察官职业行为基本规范》（试行）第9条和《检察官职业道德基本准则》（试行）第15条。

③ 参见《检察官职业行为基本规范》（试行）第15条。

的检察官职业伦理规范，我国的检察官职业伦理中只是简单地表述为“尊重诉讼当事人、参与人及其他有关人员的人格，保障和维护其合法权益”①。而我国检察官职业伦理要求的检察官应该严格执法、文明执法的规定，诸如禁止刑讯逼供；不得对证人采取强制措施或限制人身自由；不得包庇、放纵犯罪嫌疑人、被告人；不准为当事人打探案情、通风报信；不得私下会见案件当事人或其代理人、亲友，也不得接受他们的宴请、礼物和提供的娱乐活动；不得私下为所办案件当事人介绍辩护人或诉讼代理人，等等，则颇具特色。

（三）关于检察官与同行的关系

相比较国际规定中积极倡导深化刑事司法的检察官国际合作，我国检察官职业伦理的规定目前只涉及国内检察官之间应团结协作，互相支持、互相配合和互相监督。此外，我国规定的“检察官不得违反规定过问、干预其他检察官办案，也不得私自探询其他检察官正在办理的案件情况和有关信息”②，具有特色。

（四）关于检察官与法官、警察等的关系

在上述《刑事司法体系中公诉之原则》中比较明确地规定了检察官与法官、与警察之间关系处理上的职业伦理规范，其他相关国际文件也都主张检察官与法院、警察、法律界人士和政府机关的合作。我国《检察官职业道德基本准则》第21条和第22条分别原则粗疏地规定了检察官应“尊重律师的职业尊严，支持律师履行法定职责，依法保障和维护律师参与诉讼活动的权利”，以及“出席法庭审理活动，应当尊重庭审法官，维护法庭审判的严肃性和权威性”。另外，还比较笼统地要求检察官应自觉接受监督。

四、我国检察官职业伦理特色之评析

由上述可知，我国检察官职业伦理规定尽管有着与国际规定的共通之处，但也在诸多方面体现了“中国特色”。之所以呈现如此的差异，原因复杂多样，其中在国家政制架构和政党制度以及检察官职责定位方面的原因尤其值得关注。

众所周知，西方检察权的设置是基于多党制和分权制衡的架构。这就要求检察官须保持政治中立，不受政治干预，独立、公平、公正，以实现保障人权的价值追求。我国的政党制度是中国共产党领导的多党合作和政治协商制度，中国共产党是执政党。根本政治制度是人民代表大会制度，国家行政机关、审

---

① 参见《检察官职业道德基本准则》第20条。

② 参见《检察官职业道德基本准则》第23条。

判机关、检察机关都由人民代表大会产生，对它负责，受它监督。检察机关是国家政制架构中有机统一的组成部分，并不存在什么分权制衡意义上的角色担当。检察官独立只是独立于与之平行的国家机关和社会团体、个人，没有独立于政治或执政党的意蕴，相反，检察官代表国家行使监督权，维护国家利益，而国家利益、人民利益和党的利益在中国语言范式中具有高度的一致性，因此在我国检察官职业伦理中包含坚定的政治信仰的规定，要求检察官应忠于党，坚持党的领导，奉行党的事业至上。

依据我国人民检察院组织法和检察官法的规定，检察官的职权主要包括依法进行法律监督工作、代表国家进行公诉，以及对法律规定由检察院直接受理的犯罪案件进行侦查等。① 检察官的角色定位是国家利益的代表。从国际规定来看，检察官的角色定位则立足法益，比较中立，他们不仅是国家利益的代表人，也是公众利益的代表人。在中国检察官职业伦理中并未发现对“公众利益”的提及，只有“人民利益”、“最广大人民的根本利益”等表述，言尤未明。

“中国的检察制度深受大陆法传统的影响，尽管具有明显的中国特色，但在追诉犯罪和保障人权的基本职能方面是一致的。”② 因此，会认同和产生一些通用的职业伦理规范，譬如公正，以及尊重、保护和支持人的尊严和权利等。但从我国检察官职权定位的侧重点来看，似乎比较倾向于追诉和打击犯罪的职能。在职业伦理中的表现是，对检察官收集对被告人有利的证据规定不够，不利于夯实检察制度的正当性基础。

另外，在国际规定中，尽管检察官也有监督的职权，监督警察进行犯罪调查，监督司法判决的执行等，但是，只有我国明确规定了检察官作为国家专门的法律监督者的地位。而与此形成反差的是，在我国检察官职业伦理的规定中，仅有“敢于监督、善于监督”这样一些比较空洞的表述，缺乏具体明确而有约束力的规范。在我国检察官职业伦理的规范性文件中，还充斥着很多标语式、口号式的空泛规定，缺乏职业属性和可操作性，如“全心全意为人民服务”、“坚持打击与保护相统一”等。除此之外，我国的检察官职业伦理还囊括了太多本不属于它的内容，想要面面俱到，反而模糊了检察官职业伦理的内涵和外延。例如，“明礼诚信，在社会交往中尊重、理解、关心他人，讲诚

① 参见《检察官法》第6条。

② 张志铭：《对中国“检察一体化改革”的思考》，载《国家检察官学院学报》2007年4月第15卷第2期。

实、守信用、践承诺，树立良好社会形象”,[①] 诸如此类的条款似乎适用于任何一个职业，绝非检察官职业伦理所特有。

可以说，没有基于检察官的职责定位清楚明确地体现其职业属性，是我国检察官职业伦理规定上的一大缺憾。究其原因，在于我们对检察官职业伦理的构建更多的是基于一种“外在视角”，即社会需要什么样的检察官，国家要求检察官应当做什么，不得做什么，从政治、道德、行政命令和行政管理的角度去填充职业伦理的内容。其实，检察官是法律职业的一种。法律职业作为一种具有特殊品质的专门职业，应具备四种有机联系的品质：掌握专门的法律知识和技能、致力于社会福祉、实行自我管理和享有良好的社会地位。[②] 法律职业伦理体现出建立在法律人接受、承认和约定基础上的意向性协同和意志的聚合，反映了关系角色的认同，其与法律职业能力、职业精神、职业自治和职业声望呈正相关。检察官职业伦理的构建应该基于一种“内在的视角”，立足于检察官职业自身的特性，而不是混同于社会大众伦理或一般常人的伦理要求。我国检察官职业伦理建设的关键，是检察官在整体上能否基于自己的职责定位，体现法律职业在上述四个方面的品质特性。通过完善的检察官职业伦理规范设定和实践，彰显检察官职业伦理的职业特性，促进检察官依法履职、保障人权，维护职业地位和职业尊严，是我国检察官职业伦理建设的努力的方向。

五、结语：加强检察官职业伦理建设

检察官职业伦理具有道德要求和行为规范相结合的性质，既有原则性、倡导性，也有操作性、规范性，甚至许多要求还具有强制性；既指引检察官的职业行为，也制约检察官与职责担当相关的职务外行为；既关注检察官内心对检察职责的认识和思维活动，更关注为检察官行使职权提供具体的行为标准。缺乏对检察官职业伦理的认知和恪守，算不上称职的检察官；没有检察官职业伦理的支撑，无法塑造健全的检察官职业。

2013 年起施行的新刑事诉讼法全面强化了检察功能，增强了侦查权、公诉权、司法救济权和司法监督权。[③] 权力的扩展，也会带来权力滥用风险的加大。确保检察权依法规范行使，不仅需要加强检察权行使的组织和程序制约，

---

① 《检察官职业道德基本准则》第 41 条。

② 参见张志铭：《中国法官职业化改革的立场和策略》，载《北方法学》2007 年第 3 期。

③ 参见龙宗智：《理性对待法律修改 慎重使用新增权力——检察机关如何应对刑诉法修改的思考》，载《国家检察官学院学报》2012 年第 3 期。

而且出于检察工作的专业属性，还要特别关注和强化检察官职业伦理建设。在我国，检察官既是公务人员，又是司法官员，更是宪法确立的国家专门的法律监督者，无论是基于身份还是与身份相关的职权，都对其职业伦理有着更高的要求。检察官职业伦理内在以实现司法公正为依归，外在则很大程度上承载着公众对法治的信心和企盼。“职业化是一个系统工程，它涉及对一个职业在教育背景、技能训练、行为伦理、身份地位、职务特权、组织构造等诸多方面的一系列合理的制度安排。”① 只有具有鲜明职业性和可操作性的检察官职业伦理，才能推动检察官职业化进程向纵深发展，维护检察官职业的社会公信力，回应法治社会对检察官的角色期待。

① 张志铭：《〈法官法〉与法官的职业化进程》，载《法律适用》2005年第7期。

法治思维与检察官职业伦理

王 煜[*] 马金生[**] 赵 刚[***]

十八大报告对全面推进依法治国进行了集中阐述，其中特别提道："提高领导干部运用法治思维和法治方式深化改革，推动发展，化解矛盾，维护稳定能力。"① "法治思维"和"法治方式"在党代会报告中的首次出现立即引起了社会各界特别是法学界人士的强烈共鸣，究竟何为法治思维？如何才能养成法治思维？法治思维与职业伦理、职务行为有何关系？成为学术争鸣的热点问题。笔者认为：法治思维不同于人治思维，它是指思维主体从法治视角，运用法治理念观察、思考社会现象和开展社会实践的思维方式。法治思维是职业伦理构建的价值基础，是职务行为法律控制的基本维度。笔者现就检察官法治思维的培育及职业伦理的养成略陈管见，以期能对规范检察官法律监督行为，推进社会公平正义有所裨益。

一、法治思维与检察官职务思维

（一）法治思维概念辨析

法治思维的概念是"思维"。所谓"思维"通常有两种解释：第一，是哲学意义上的概念，指意识或精神，是相对于存在而言的；第二，是心理学意义上的概念，指理性认识，即思想，或其认识的过程，即思考，是人脑对客观世界的间接的、概况的反映，包括逻辑思维、形象思维，通常指的是逻辑思维。② 笔者认为，"法治思维"首先是一种思维方式，其思维含义应是特指心理学意义上的理性认识。其次，"法治"限定了思维的范围。所谓"法治"是

---

* 天津市滨海新区大港人民检察院检察长，副局级检察员。

** 天津市滨海新区大港人民检察院检察委员会办公室主任，副处级检察员。

*** 天津市滨海新区大港人民检察院检察委员会办公室秘书。

① 胡锦涛：《坚定不移沿着中国特色社会主义道路前进 为全面建成小康社会而努力》，人民出版社 2012 年版，第 28 页。

② 《辞海》（下），上海辞书出版社 1989 年版，第 4392 页。

与“人治”相对应的一种社会法治理念或方式，法治（supremacy of law）强调以法治国、法律至上，法律具有最高的地位。亚里士多德就明确提出“法治应当优于一人之治”。法治不仅是一种社会治理方式，还是一种法律价值、法律精神，“法律至上”、“法律主治”、“制约权力”、“保障权利”的价值、原则和精神；作为法治的对立概念，人治则是法治的对立概念。指依靠个人或少数领导人的作用来实行政治统治。作为一种价值观念，认为国之治乱，不在法而在统治者的贤能与否。笔者列表说明两种思维方式的本质区别见表1：

表1 法治思维与人治思维差异比较

思维类型 差异点	法治思维	人治思维
价值基础	现代民主与自由	个人专断与独裁
权利义务	权利本位	义务本位
思维特点	依法决策，政策稳定性	主观随意性、政策多变性
处事原则	体现平等的原则	体现不平等的原则
社会阶段	现代法治社会	传统法制社会
法律地位	强调法律至上	德治高于法治
思维方式	依法治理，法治主导	贤人政治，法制手段
权力工具	制约公权，保障私权	迷信权力，压制私权

通过两种思维方式的比较，可以挖掘出法治思维的一些主要特点：一是法治思维是一种理性思维。法律以理性为基础，法律本身具有的明确性、普遍性、稳定性、可预期性等特点决定了法治必然具有理性特点。法治即法律之治，理性之治。法治思维以现代法治为基础，以法治作为判决是非和治国理政、行政司法等的基本标准和框架，是运用法律原则和法律规则判断事实和决策行动的思维过程，其基本要素是理性。二是法治思维是一种规则思维。宪法、法律都是一种国家立法规定的行为规则，法治就是要坚持宪法、法律至上，宪法和法律具有最高权威，任何党派、政治团体、利益群体都不能凌驾于宪法和法律之上。法治思维应以宪法和法律为思维的出发点，树立规则意识，合宪和合法意识，秉承宪法和法律至上的理念，以行为合法性来考虑问题的原则，坚持法律面前人人平等，在法律制度的框架下运用法律规则解决问题。在思维过程中，思维主体尊重规则，遵守法律，实施法律，建设“法治小康”。三是法治思维是一种权利（力）义务思维。法律为行为主体的行为合法与否

设定了边界，法治思维实则是从法律的角度，以法律规定的权利和义务，权力和责任为线索来观察问题、分析问题和解决问题。① 思维主体在对权利和义务、权力和责任的辩证思维过程中，要正确分析私权和公权的辩证关系，要坚持权利本位、制约公权，保障私权的现代法治理念。四是法治思维是一种程序性思维。实体公正与程序公正均是法治追求的目标，而程序公正是追求实体公正的前提和保障。“迟来的正义为非正义”，如果没有公正的程序，即使实体结果是所谓“公正”的结论，也容易受到诉讼人群和社会公众的怀疑和否定。法治思维就是要遵循法定程序，执法办案和从事其他法律活动都要按照法定程序来办理，即重实体更重程序。

（二）法治思维是检察官职业思维的基础框架

检察官是法律职业共同体的重要组成部分。所谓法律职业共同体也称法律人，是指受过系统的法律职业教育和训练，有以理性的、专业的话语体系和法律推理方法去正确处理权利和义务、权力和责任的关系，从而实现法律的确定性与社会的多向性之间的对应关系，通过实施法律来维护社会公平与正义，维护法律权威为价值追求的职业群体。法律职业共同体以法治思维为基础框架，这种思维是“以法律逻辑为路径，以法律价值为导向的思维模式，是一种集规范性和价值追求于一身的思维方法，目的在于探求事件的法律意义，并作出符合法律规范的判断和结论”。② 在共同体内部，法律人从法律的视角，运用法律规范，使用法言法语对特定行为或案件进行观察、判断和推理等规范性的思维活动，与普通人基于道德观念形成的大众思维存在本质差异。法律人的思维因其鲜明的逻辑性和法律职业性而被称为法律职业思维，与立法思维、守法思维等共同构成法治思维的主干。尽管在法律共同体内部因存在职业分工和个体差异，法律职业思维的视角各有不同，如检察人的法律监督思维、法官的裁判思维、律师的代理思维等，但基于法律职业思维迥异于大众思维的职业共性，远大于个性的差异，法律人基于法治思维的共性基本能接受相同或类似的法律价值，在处理同类案件时多能取得共识，见表2。

① 王慧静：《论法治思维是建设社会主义法治国家的必然选择》，载《中国行为法学会基础理论研究会2013年基础理论论坛论文化集》，第11页。

② 杨剑：《法律思维问题初探》，载《法制与社会》2012年第7期。

表 2　法律职业思维与大众日常思维差异比较

思维类型 差异点	法律职业思维	大众日常思维
思维主体	法律职业共同体	普通大众
思维基点	法律规范	公序良俗与社会伦理
思维工具	法律推理和法律论证	良知、直觉和经验
思维特点	规范性、程序性、证成性和保守性	非理性、情感性、宣泄性和从众性

检察官职业思维作为法律职业思维的重要组成部分，同样以法治思维为基础框架，其特点集中体现为规范性。检察官在执法办案过程中，其思维运用模式是“司法三段论”：以法律规范（J）为大前提，以具体的案件事实（S）为小前提，根据逻辑三段论推导出结论（T），即检察官在执法办案过程中，首先要初步判断案件涉及的问题有无相关的法律大前提 J；其次要结合案件的证据发现案件的事实 S；最后运用逻辑思维和执法经验，对比法律大前提，对事实小前提进行适用，形成形式有效且理由充足的证据链，从而作出检察判断 T。在法治思维的基础上，检察官职业思维还具有法律监督思维的个性特点。检察权是检察官区别于法官、律师等法律从业者的本质属性，“强化法律监督，维护公平正义”是检察官的法律使命，检察官通过批准逮捕、提起公诉、出庭支持公诉、监督审判、监督判决执行等一系列诉讼活动对整个诉讼活动实施制约与监督，从而实现法律赋予其的法律监督者的使命，检察职业思维本质上就是一种法律监督思维。检察职业思维具有思维的共性，其在执法办案过程中，与法官等司法人员在思维方式上带有诉讼性、程序性和论证性等法治思维的共同特征，如在法律推理上均是将某一案件事实置于某个法律规范的构成要件之下，通过司法三段论的演绎推理模式，辅以指导性案例的类比推理路径，得出确定性或可靠性较高的法律结论的思维过程。但检察官作为从事职务犯罪侦查、公诉和其他法律监督工作的法律监督者，因思维主体的独特性，在思维方式上带有鲜明的法律监督性，与法官审判思维的裁判性特征存在明显区别，见表 3：

表 3　检察官职业思维与法官职业思维差异比较

思维类型 差异点	检察官职业思维	法官职业思维
思维主体	检察官	法官
思维领域	检察业务（法律监督活动为主）	审判执行（审判活动为主）

（续表）

思维类型 差异点	检察官职业思维	法官职业思维
思维逻辑	检察逻辑	审判逻辑
思维特点	监督性：即在思维中断定相关案件或被监督行为在具体程序和实体认定上与法律规定是否同一	裁判性：即判断力，法官在听取原被告双方或控辩双方示证、质证等的基础上进行了认证，并居中裁判。法官思维内容集中于认定法律事实，适用法律规范和得出裁判结论三个环节

二、检察官职务思维与检察官职业伦理

（一）检察官职业伦理概念辨析

“伦理”在中西方语境中有不同的含义。在汉语中，“伦”训为“辈”，引申为秩序、规律和位差，即人与人之间的关系定位。“理”为条理，次序，引申为事物的规律，是非得失的标准。① 经长期流变，“伦理”的中文语义已由古代调整“君臣、父子、兄弟、夫妻、朋友”伦常演变调整为人们生活关系中的普遍原则和规范；英文中的 ethics 源自希腊文 ethos，意指本质、人格、风俗或习惯。其意后来演变为“德性的”、“伦理的”。美国《韦氏大辞典》将伦理定义为一门探讨什么是好什么是坏，以及讨论道德责任义务的学科。归纳中外关于伦理的若干语义，笔者理解的伦理主要是指处理人与人、人与社会之间的指导原则和行为规范。伦理语义与道德语义有细微的差别。“道”原意指道路，后来引申为支配自然和人类社会的规律、法度等。“德”同“得”，引申为依正道而行、心中有德行之意。我国古代最早把“道德”二字并用，始于荀子的《劝学》：“故学至乎礼而止矣，夫是之谓道德之极。”在西方，“道德”一词源于拉丁语中的 moralis，该词的复数 mores 指风俗习惯，单数 mos 指个人性格、品性。归纳中外关于道德的若干语义，笔者理解的道德主要是指衡量行为正当与否的观念标准和行为主体所具备的内在品质。笔者认为道德是一种社会观念形态，更强调行为个体的主观修养和良知自省；伦理则是一种社会行为

① “伦理”二字最早见于我国秦汉时期的《礼记》：“乐者，通伦理也。”伦与理本是两个单独存在的词，许慎在《说文解字》中认为：“伦，从人，辈也，明道也；理，从玉也。”

标准，更强调行为主体的客观义务和社会责任。①

因此笔者认为，职业伦理比职业道德的语义更精准地反映出其作为“职业团体内部立法”的客观性和执行性，具有范围的行业限定性、准则的规范性和纪律的强制性等特征，正如《中国大百科全书》（哲学卷）对职业伦理的定义：“在职业范围内形成的比较稳定的价值观念、行为规范和习俗的总和。它是调节职业集团内部人们之间关系以及职业集团与社会各方面关系的行为准则，是评价从业人员职业行为善恶、荣辱的标准，对该行业的从业人员有特殊的约束力。”对法律职业共同体而言，职业道德与职业伦理对职业共同体的维系有着相似的作用，但道德流于宽泛，实践中在对两者不做严格区分的前提下更多地强调职业道德（甚而有泛道德化的倾向）而淡化了职业伦理的建设。②故可考虑从职业伦理建设的维度出发来推进培育法律职业共同体的法治思维，提升职业素养，进而规范法律行为。因此法律职业共同体必须要构建并遵循一套专业的行为规则体系，这一规则体系就是法律职业伦理。由于在诉讼中承担的职能不同，律师、检察官和法官遵循的伦理规则在相似的基础上又表现出差异，因此法律职业伦理就有了律师职业伦理、检察官职业伦理和法官职业伦理之分。笔者所理解的检察官职业伦理主要是指检察官在法律监督活动中所遵循的一系列对检察官具有普遍约束、引导、教育和奖惩功能的行为规则的总和。

（二）检察官职业思维构成检察官职业伦理的基础

在现代法治社会中，法律的权威来自法律职业的权威，即法律职业共同体的权利和职业的威信，而职业的权威仰仗于其职业伦理规范的权威，法律职业共同体职业伦理所具有的权威实际上表明着法律的权威性，而这种法律的权威性的价值基础恰是法律职业思维，本质上就是法治思维。就检察官职业伦理而言，正是因其以法治思维为基础，所以才具有权威性。因此，作为表征一种良好司法秩序的检察职业伦理是检察官从事法律监督活动的行动准则，权威性、稳定性、连续性和一致性、强制性是其形式要件之一，而权威性是其核心价值和元素，其他价值是该价值元素的映衬或补充。权威是一种力量，一种尊严，并由此而必然引起的一种服从。这种服从是服从法律的权威，而法律的权威来自检察官依据检察职业思维，恪守检察职业伦理，严格依据法律程序执法办案。检察职业思维或曰法治思维不仅构成检察官职业伦理的价值基础，而且还

---

① 伦理与道德是两个既相互联系同时又有所区别的概念。德国辩证法大师和哲学家——黑格尔第一次明确地对伦理与道德两个概念进行了区分，认为伦理是社会的伦理，道德是个人的道德。

② 夏正林、冯健鹏：《从职业道德到职业伦理——对我国法官职业伦理的重述》，载《华南理工大学学报》（社会科学版），2012年12月。

规范检察官职业伦理的表现形式。法治思维的本质特征是规范性，立法者从法治思维的视角，最高人民检察院从检察职业思维的视角从不同层面对检察官职业伦理进行制度规范。如立法机关在我国《宪法》（1982 年）第 37 条、第 40 条、第 62 条、第 63 条、第 65 条、第 101 条、第 103 条、第 129—135 条对检察官职业伦理作出了直接或引申性的规定；在《人民检察院组织法》第 2 条、《检察官法》第 8 条及第 33 条中都对检察官职业伦理准则进行了原则性规定。譬如坚持党的领导和党的事业至上，坚持检察工作人民性、法律性、政治性的统一；高度政治警觉，严守政治纪律，不得参加非法集会、游行、示威等活动；严守组织纪律，遵守民主集中制原则，执行上级决定和命令，服从指挥，令行禁止；不得在行政、审判、人大等国家机关兼职等；最高人民检察院根据宪法、人民检察院组织法、检察官法，参照联合国《关于检察官作用的准则》等的国际法则，借鉴国外一些现代法治国家关于检察官职业伦理的法律规定，陆续颁发《检察官职业道德规范》、《检察官职业道德基本准则》、《检察官职业行为基本规范》等规范性文件，细化检察官职业伦理规范，甚至延展至检察官生活作风和社会活动伦理层面，如慎重社会交往，遵守社会公德，不能寻衅滋事、打架斗殴等规定。系统梳理检察官职业伦理的规范性文件，已有 50 多个，具体分类见表 4：

表 4　检察官职业伦理规范性文件分类表①

分类 / 文件	国际性规范			国内法规范			高检院规范性文件	
	联合国	国际法曹协会	国际检察官协会	宪法	法律	惩戒性规范	引导性规范	激励性规范
代表性文件	《检察官作用之准则》	《法律专业通则》	《检察官专业责任及主要职责和权力之声明》	宪法条款	《检察官法》	《检察纪律处分条例（试行）》	《检察官职业道德基本准则》	《检察机关奖励暂行规定》

① 参见王永：《我国检察官职业伦理规范研究》，山东大学 2012 年博士学位论文。

通过笔者对50余种有关检察官职业伦理规范性文件的分析，可以看出：对检察官职业伦理进行法制规范和法治管理已经成为其发展趋势,[①] 其实质体现了检察官职业思维的法治化。传统的人治思维认为基于检察官个体觉悟、品性、理性程度以及能力的有限性，完全自主的道德自律可以促进检察官职业道德水准的提高，但在实践中无法从根本上保证职业伦理的达成，构建完善的伦理规范逐渐成为最具现实性的选择，这就是一种法治思维在检察官职业伦理构建工作中的具体体现。检察官职业伦理与其他职业伦理一样，类似于法制的起源，都大致经历了“（原始）习俗—不成文的习俗—成文的规范—国家法律规范”的发展轨迹。职业伦理规范是在伦理理念逐步成熟的基础上发展起来的，是职业伦理的表现形式，这也是职业伦理与普通社会伦理的一个重要区别，也是职业伦理构建过程中主体思维从人治思维逐渐过渡到法治思维的标志和体现。

三、检察官职业伦理与检察官职务行为

（一）检察官职业伦理对检察职务行为的规范作用

从本质上来说，检察官职业伦理是一种规范体系，一种“该为”，即法治思维指向下的检察官如何进行职务行为的规范体系。法治思维（以检察职业思维为主体）不仅指引检察官职业伦理的构建，而且还作用于检察职业行为的思考方式和行为动机。根据心理学原理，思维是人对客观意识的综合反映，即是人的大脑对客观世界的反映和认识；行为是指受思想支配而表现出来的外在活动。人，具体而言是指具有认知、思维能力，并有情感、意志等心理活动的人，其行为的支配中心是大脑，所以思维是支配人的行为的中心。先有思维而行为后于行之。思维是行为的导向和结果；不同的思维决定着不同的行为结果。所以思维决定行为，行为受思维支配。检察官的职务行为是检察官根据法律赋予的职责权限实施的履行法律监督的职务行为，具有身份性、职权性和时空性。从检察官的职务行为分析，检察官的法律监督行为是监督国家法律的统一正确实施，行为具有外溢性，直接关系到法律监督相对人的合法权益，因此

① 职业伦理法典化是伦理规范的重要表现形式之一。比如20世纪60年代，西方国家迫于新的伦理问题对法律职业伦理进行重构，出现了职业伦理法典化的倾向。1972年美国修订了1924年的《司法伦理准则》，使其成为一部有约束力的职业伦理法典；1962年德国制定颁布《法官法》，详细规定了法官的地位、角色、行为规范。从60年代起，英国、澳大利亚和加拿大等国家法律职业伦理法典化的呼声也日渐高涨。社会公众和法律职业界都制定明确具体的职业行为准则，建立了必要的监督机制。参见信春鹰：《论法官的职业伦理》，中国社会科学院2001年博士学位论文。

相较检察官的个人行为更强调法治思维的指引和职业伦理的规范。在司法实践中，由于检察官职务行为产生的社会公共效应，人们对检察官职务行为的伦理道德标准在一定程度上达成了共识，并将这些道德观念的规则化，即将检察官职业伦理准则外在化。在外在化的整个过程中，法治思维都发挥着基础性作用，其思维视角、思维方式等直接影响伦理准则和行为模式。在现实生活中，检察官在执法办案时所面临的外部诱惑日益增多，容易受非法利益的引诱而偏离法治思维，流于非理性思维。为了防范检察官的私人利益影响其公正地履行职务行为，检察机关需要将法治思维固化为检察官职业伦理准则，以伦理准则规范检察官职务行为：首先，伦理准则的采用可以提高检察官对道德伦理问题的意识程度和重视程度；其次，伦理准则具体内容的制定有利于检察官做出符合检察机关道德要求的道德判断并且提供可能采用的行为方案；最后，伦理准则的具体实施有利于提高检察机关决策活动符合道德要求的概率。要使伦理准则真正发挥作用还需要以下一些条件：第一，检察官伦理准则与检察价值观的契合度；第二，检察官伦理准则意思表述的清晰度；第三，伦理准则沟通传达的效度；第四，伦理准则实施范围的广度；第五，伦理准则具体可操作度；第六，检察机关管理部门对检察官伦理准则实施的支持力度；第七，检察机关其他制度对检察官伦理准则的保障力度，如政工人事制度、纪检监察制度、考评奖惩制度和检务督察制度等配套制度的保障作用的发挥。

（二）检察官职业伦理的法典化建设路径

法治思维重视法律制度对检察官职业伦理的规范作用。法律制度使检察官职业伦理更具有确定性和可操作性，可以降低检察官行为的不确定性，可以抑制检察官的机会主义行为，可以减少检察官的败德行为。更重要的是，法律制度还可以使检察官的各项职权得以规范行使，通过程序性制度使得检察官的职务行为在阳光下运行。正因为如此，制度建设作为检察官职业伦理建设的关键和核心，始终受到立法机关和检察机关的高度重视。近年来，各级检察机关大力加强检察官职业伦理的制度化建设，取得显著成效。但制度建设作为检察官职业伦理规范化建设的重要组成部分和核心内容，其本身仍存在系统性和规范性不强的问题，已成为制约检察官职业伦理建设的瓶颈问题：一是检察官职业伦理规范具有内向性，缺乏有效的外部伦理规范。据不完全统计，规范检察官职业伦理的规范性文件中90%以上为最高人民检察院制定，属于自我监督类型的内部职业伦理规范，立法机关和政法委对检察官职业伦理进行外部规范的文件很少，而且非常原则，导致检察官职业伦理的社会公信力不足。二是数量庞大，体系庞杂。与其他国家相比较，我国可能是检察官职业伦理规范的数量最多、体系最庞杂的国家。据笔者不完全统计，全国通用、直接规定检察官职业伦理内容的制度文本就大约有50个，数量过多难免会存在一些泛滥，内容上的重复和冲突就很难避免。如通用性职业伦理“保守检察秘密”、“自觉接受人民监督”等内容基本在每个制度文本中反复出现，而在单个文本中缺乏深化细化的规定，基本上流于套话。三是逻辑架构和内容有待改进。如最高人民检察院出台的检察官职业伦理文件在逻辑架构上层次不尽清晰，有些文件有叠床架屋之嫌。如《检察人员纪律处分条例》列举了10类违纪违规行为，但在逻辑关系上存在很多重叠，比如“贪污贿赂行为”与“违反廉洁从检规定的行为”就很难区分。①

在职业伦理日益受到公共管理机关和社会公众关注的新形势下，如何实现和推进检察官职业伦理规范化建设，进一步发挥制度建设在检察官职业伦理规范化建设中的突出作用，已经成为当前检察理论和检察实务工作中普遍关注和亟待解决的问题。笔者认为，当前，最高人民检察院应构建体系化的检察官职业伦理法典，并将其中的核心内容适时推动入法。具体路径：一是清理现存检察官职业伦理规范性文件。具体清理方式主要有集中清理，即对于较长时期内最高人民检察院制定的各方面的检察官伦理准则按照功能的不同进行系统清理；定期清理，即将检察官伦理准则的清理作为一项常规工作，5年一清理，及时协调制度与制度之间以及制度与社会变化、社会需求之间的关系；专项清理，即对涉及某项内容的检察官伦理准则进行清理，如针对检察官的清廉准则进行系统清理，集中力量和时间解决某些检察官存在的为检不廉问题。最高人民检察院应该把文件清理同制度的体系化建设紧密结合起来，做到重复、抵触的制度要合并和调整；过时的制度要淡化和废除；缺少的制度要充实和完善。通过清理实现检察官职业伦理准则的体系化。二是检察官职业伦理体系的纵向整合。目前，最高人民检察院有关检察官职业伦理的领导机构主要有系统内部的政治部及考评委员会、纪检监察和检务督察委员会等内设机构，而且各管一段，很不系统。笔者建议最高人民检察院应充分发挥中国检察官协会的行业自律作用，可委托中国检察官协会制定《中国检察官职业伦理基本准则》作为基础法典，经最高人民检察院检察委员会讨论下发全国执行。同时，最高人民检察院政治部、纪检监察、考评委员会、检务督查委员会等内设机构或临时机构再根据《中国检察官职业伦理基本准则》修改完善相应的政治伦理准则、检察官纪律准则，检察官职业伦理考评准则、检察官职业伦理督察准则等具体的规范性文件，形成检察官职业伦理规范制度体系，加强各职能部门的协作配合，形成分工明确、互相配合的有机整体，切实保障检察官职业伦理准则的贯

① 王永：《我国检察官职业伦理规范研究》，山东大学2012年博士学位论文。

彻实施。同时，建立健全检察人员职业伦理的奖惩机制。伦理道德主要靠自觉遵守，但对那些违反检察官职业道德、影响检察官职业的群体形象、破坏检察权威的行为，应该进行职业纪律惩罚，对既违反职业道德情节严重，又构成违法违纪的，应引入追责机制，严重者清除出检察工作队伍，以保证司法队伍的整体形象。当然，对于伦理道德的楷模需引入嘉奖机制，在给予崇高荣誉的同时，积极宣传其典型事迹，扩大社会影响，激发广大检察工作人员投身维护社会公平正义的积极性。① 三是检察官职业伦理外部规范的横向加强。传统观点认为，职业伦理规范仅是由职业群体内部制定的、针对自身职业活动的自律性规则，而非外在权力的挤压，亦没有必要体现任何外在权力的意志，因为只有业内人士自我承认的规约，才能具有亲和力及约束力。笔者认为，随着人民群众对检察官法律监督作用的新要求新期待，检察官的职业伦理不仅是自律性规范，而且具有外溢性，其执法作风和执行行为直接影响到检察官的外界形象，关乎执法办案的社会效果，受到社会公众的极大关注。因此，笔者将检察官职业伦理分为内部伦理和外部伦理两个层面，内部伦理可以通过最高人民检察院制定规范性文件和加强治理整顿来实现行业自律，但外部伦理规范则需要检察机关加强与立法机关、社会公众等外部相关方的横向联系，及时推动检察官职业伦理核心内容入法。对检察官外部伦理规范要加强外部考评和监督。最高人民检察院应积极推动建立多元化的考评主体，尤其是人大主导下的监督考评制度，同时赞成民主党派、政协组织、非政府组织和人民监督员等主体参与外部考评，以保证考评的公信力。检察机关要积极疏通各种外部渠道，创制具体的操作规程，确保国家权力机关和社会各阶层对检察机关的司法行为进行有效的监督，通过真正的政务公开、司法公开，让民众、媒体参与监督，从而确保检察官职业合理准则的贯彻实施。

---

① 吴真文、胡黎明、吴琛：《检察官职业伦理的构建》，载《文史博览》（理论）2012 年 12 月。

法治思维与检察官的职业伦理

——基于政法干警核心价值观的提炼与展开

乐绍光[*]　郭林将[**]

胡锦涛总书记在十八大报告中强调，提高领导干部运用法治思维和法治方式深化改革、推动发展、化解矛盾、维护稳定的能力。党领导人民制定宪法和法律，党必须在宪法和法律范围内活动。任何组织或者个人都不得有超越宪法和法律的特权，绝不允许以言代法、以权压法、徇私枉法。检察机关是宪法确定的国家法律监督机关，以监督法律统一正确实施为最高宗旨，既要积极践行宪法赋予的神圣使命，严格依法办事，履行法律监督职责，规范权力运行，又要遵循权力运行的基本规律，恪守权力边界，在法律授权的范围内开展监督，维护社会公平正义。2003 年修改后的刑事诉讼法正式实施，强调“尊重和保障人权”原则，完善审查逮捕程序、起诉制度，优化职务犯罪侦查职机制，所有这些既为检察权的运行提供了更为有利的制度平台和法律保障，也对检察机关的执法理念、思维模式提出了更高的要求。然而，当前论及检察机关执法办案，学者们多从外在的制度构建、权力配置等角度展开，而忽视了作为人文素养核心内容的思维模式、职业伦理的培养。本质上，法治思维与检察官职业伦理在本质上是相辅相成的，都是通过影响行为人的主观世界来调整人们的行为方式。一方面，法治思维更为宏观，具有指导意义，它决定了检察官职业伦理建设的基础和方向；另一方面，检察官职业伦理是法治思维在检察领域经过不断实践和检验，实现了自身的发展和提升。检察官是检察权的行使者，是检察文化的代表者，法治思维、职业伦理最终都要由具体的检察官来落实。Watson 认为：“意欲推动行为之正确必先培养合目的之品行。”① 管仲曰：“夫霸

---

* 浙江省人民检察院研究室主任。

** 浙江省人民检察院研究室助检员，法学博士。

① Gary Watson, On the Primacy of Character, in Identity, Character, and Morality, M. I. T. Press, 1990, p. 458.

王之所始也，以人为本。本治则国固，本乱则国危。”① 近年来，检察官职业伦理在我国亦方兴未艾，恰恰是践行法治思维的具体表现。《检察官职业道德规范》提出了“忠诚、公正、清廉、严明”八字箴言。《检察官职业道德准则(试行)》又将“忠诚、公正、清廉、文明”作为职业道德的基本要求。中央政法委又将“忠诚、为民、公正、廉洁”作为政法干警的核心价值观，这不仅是新的历史时期赋予检察官职业伦理的新内涵，更成为检察权有序行使的重要保障。

一、检察权行使的伦理与内涵

(一) 法律伦理的起源与嬗变

法律伦理起源于亚里士多德的人性论哲学。亚里士多德认为，人类若向往美好生活，必先塑造品格或德行，优良品行是正确行为的前提。人性论哲学将人之德行分成道德德行与智力德行两类。道德德行又进一步细分为脾气、果敢、勤奋、宽容、自尊、温和、坦诚、友好、谦逊、公正、乐观 11 项要素。智力德行则可细分为理解能力、分析能力、工艺技术、理论智慧、实践智慧 5 项要素。而且，智力德行可以在一定程度上影响、控制道德德行。② 中世纪，神学主义自然法代表 Aquinas 进一步发展了亚里士多德的人性论哲学，使之与基督教教义相结合，将信仰、希望、仁慈增列为德行要素，并把远见、公正、节制、勇气作为基础要素，其他所有要素或作为其分支或与其融合方能展示于世。③ 当代英国伦理学家 MacIntyre 则将公正、勇气、坦诚作为一个负责任的道德主体的核心要素。④ 可以说，法律伦理以塑造善良人为核心，注重内在的

---

① 《管子·霸言》。

② See Aristotle, Nicomachean Ethics, Oxford University Press, 2002, p. 111, 178. 转引自 Michael Cassidy, Character And Context: What Virtue Theory Can Teach Us About A Prosecutor's Ethical Duty To “Seek Justice”, 82 Notre Dame L. Rev. , 2006, pp. 644, 646。

③ See Thomas Aquinas, Summa Theologica, Forgotten Books, 2007, p. 847. 转引自 Michael Cassidy, Character And Context: What Virtue Theory Can Teach Us About A Prosecutor's Ethical Duty To “Seek Justice”, 82 Notre Dame L. Rev. , 2006, p. 647。

④ See Alasdair MacIntyre, After Virtue, University of Notre Dame Press, 1984, p. 191. 转引自 Michael Cassidy, Character And Context: What Virtue Theory Can Teach Us About A Prosecutor's Ethical Duty To “Seek Justice”, 82 Notre Dame L. Rev. , 2006, p. 647。

德行而非外在的结果。① "品行优良的人在绝大多数情况下能够正确行使权力"。②

（二）伦理要素的提炼与诠释

由于伦理反映的是某一共同体的普遍道德，因而存在着层次差异，既有社会成员普遍遵循的社会伦理，也有职业共同体所应遵循的职业伦理。所谓"检察伦理"就是调控检察官行为的道德标准。检察权处于刑事诉讼权力体系的中介地位，担负着承上启下的重要功能，既要推动诉讼程序的进展，又要保障诉讼参与人的人权。检察官是宪法赋予的行使该权力的唯一主体，确定其必备的伦理要素对于提高权力行使的正确与效率，维护国家法律监督机关的独立与权威，良有以也。新的历史时期，政法干警核心价值观正是对检察伦理的最佳提炼与诠释，也是检察文化建设的核心内容。

1. 忠诚。忠诚是检察官的政治本色，它要求检察官忠于党、忠于国家、忠于人民、忠于法律。坚持正确的政治方向，坚持社会主义法治，热爱人民检察事业，珍惜检察官荣誉，忠实履行法律监督职责，自觉接受监督制约，维护检察机关的形象和检察权的公信力。具备抵制各种干扰的素质和能力，依法独立行使检察权，并消解现实需要与长期事业之间的冲突。

2. 为民。为民是核心价值观的根本，也是全部检察工作的归宿。根据人民主权原则，人民是国家主权的真正享有者，维护人民权益是国家权力存在的唯一目的，国家权力的运行必须是为增进人民福祉，实现社会整体利益。在执法过程中，以实现人民利益作为最高宗旨，加强和创新社会管理，寓管理于服务之中，做到便民利民。任何规则都无法翔实地规定各类案件中所应采取法律行为的形式、时机及其所追求的效果。这就要求以执法为民理念为基石，根据不同案件的性质、背景，因地制宜，在各种预定方案中进行权衡与选择，以达到最优的法律状态。在执法办案过程中，检察官要理性、平和地行使检察权，

---

① 为划定法律伦理与其他人类学概念的界限，Cassidy 指出，一方面，法律伦理不同于价值取向。价值取向反映了行为人的外在偏好。例如，在两个利益冲突的事物中，有人偏好公正，有人则取向效率。相反，法律伦理与行为主体具有统一性。"德行控制行为人的外在偏好，先于且优于其价值体系。"另外，法律伦理不同于荣誉。荣誉往往与社会地位、业绩功勋相联系，并依靠他人的信赖而产生。荣誉同样是外在的，可以游离于行为人而独立存在。法律伦理帮助人们塑造自身，而无须他人的认同。See Michael Cassidy, Character And Context: What Virtue Theory Can Teach Us About A Prosecutor's Ethical Duty To "Seek Justice", 82 Notre Dame L. Rev. , 2006, p. 645.

② Reed Elizabeth Loder, Integrity and Epistemic Passion, 77 Notre Dame L. Rev. , 2002, p. 841.

文明、规范地开展执法活动，客观、公正地办理每一起案件，通过认真细致的工作来打击犯罪、保障人权。

3. 公正。公正要求检察官“在刑事诉讼中不应站在当事人立场，而应站在客观立场上进行活动，努力发现并尊重案件事实真相”，其基本内涵在于“坚持客观立场、忠实于事实真相、实现司法公正”。[①] 这是检察官作为司法官员的必然要求。检察官俗称“站着的法官”、“法官之前的法官”，检察活动以准确适用法律为目的，坚守客观公正立场，在诉讼活动中依法独立行使检察权，审慎地进行评判与决断，做到实体公正与程序公正并重。司法过程通常包括三个步骤，即思考、判断与决定。一名客观中立的司法官应当全面思考案件的事实与证据，依据法律的规定与原则进行决断以支持或否定其最初的司法预设，进而得出合宪性决定。检察官作为准司法官理应根据其宪法定位，考量权力行使的合理性，审慎且细致地平衡各种利益，独立追求平和、正义之结果。正如我国台湾地区林钰雄教授大声疾呼：“余非上命下从之行政官，亦非独立自主之法官。余乃处于两者之间、实现客观法意旨并追求真实与正义的司法官署。”[②]

4. 廉洁。廉洁是检察官的必备品格，也是践行忠诚、为民、公正价值观的重要保证。构筑牢固的思想防线，克己奉公，无私奉献，常修为政之德，常思贪欲之害，常怀律己之心，培养良好的生活习惯和道德情操。树立正确的权力观、地位观和利益观，以优秀检察官的标准严格要求自己，秉公用权，严谨办事，杜绝各种贪赃枉法、徇私舞弊行为。同时，要自觉接受监督，保障权力正确行使。

二、检察伦理存在的必要与意义

（一）传统道义理论的解释困境

自古希腊以来，西方法学家们建立了法律伦理的两个基础理论，亦即，义务理论与功利理论。以 Kant 为代表的义务论学派认为，人们在行为决策时必须遵从抽象的先例原则或道德理念。[③] 但是，这种抽象原则或理念并非一成不变的，更非放之四海而皆准，而是随着时代的变迁而演化。根据 Cassidy 的测

① 参见朱孝清：《检察官客观公正义务及其在中国的发展完善》，载《中国法学》2009 年第 2 期，第 159—162 页。

② 林钰雄：《检察官论》，法律出版社 2008 年版，第 89 页。

③ See Immanuel Kant: Foundations of the Metaphysics of Morals, Prentice Hall, 1993, p. 154.

试方法，若人们被问及“基于某种预定准则而生活是否感到幸福?”如果答案是肯定的，则每一位社会成员都负有不得从事某项行为的义务。通过这一方式，人们可以推断出特定时代或社会的先例原则，从而为某种特定义务的设立提供了道德渊源。所以，根据义务论的观点，良好的社会秩序有赖于全体社会成员忠诚地行使权利或履行义务。① 以 Bentham 为代表的功利论学派认为，应当以行为结果来评判道德合理性。简言之，如果某一行为增加了社会福利就是合道德的；反之则否。② 行为决策只有在实现社会净收益时方可实施，尽管尊重保障人权也具有功利论学派所认同的提高社会福利的重要价值，但是为了保障社会总体利益允许侵害特定主体的私权。③

然而，传统道义理论已经难以适应并解释现代多元化社会所需的法律伦理。一方面，义务论极有可能错误地建构或预设先例原则。例如，“尊重他人”与“不得限制他人人身自由”是两个范畴。“尊重他人”是行为人的道德品行，“不得限制他人人身自由”是基于义务论所构建的法律规则。在义务人拒不支付消费款等情形下，权利人可以违背规则而限制其人身自由，但这并不表明其不尊重他人，而恰恰是行使自力救助权的表现。可见，义务论对此无法进行学理解释。Postema 就指出：“寻求普遍的修复方式或明确的预设规则作为社会之基石，必将徒劳无益。在通用理论与实践方式之间总会存在显著的差异。”④ 另一方面，功利论则会诱使行为人为实现所谓的“社会福利”而置合法私权于不顾。例如，全然以功利论为检察权行使的核心伦理就会诱使检察官隐匿或提供不实证据，将使其自认为具有高度危险性的被告人担负重罪，以保障社会安宁。功利论对此亦解释无力。Cassidy 精辟地论述：“纯粹的道义理论无法得出正确的结论，因为道德评判不仅仅是为了探寻适宜的答案，更是为了培养人们自我实现的理性态度。”⑤

---

① See Michael Cassidy, Character And Context: What Virtue Theory Can Teach Us About A Prosecutor's Ethical Duty To "Seek Justice", 82 Notre Dame L. Rev., 2006, p. 642.

② See Jeremy Bentham, Article on Utilitarianism, Amnon Goldworth, 1983, p. 293.

③ 现代新兴的“私权功利理论”对上述观点进行了修正，强调将私权侵害的最小化作为功利计算的宗旨，使之作为以追求社会福利最大化为目的之传统功利主义哲学的一种限制。但是“私权功利理论”仍处于发展阶段，尚未获得功利学派中主流观点的响应。See Robert Nozick, Anarchy, State, and Utopia, Basic Books, 1974, p. 28.

④ Gerald J. Postema, Moral Responsibility in Professional Ethics, 55 N. Y. U. L. Rev., 1980, p. 67.

⑤ Michael Cassidy, Character And Context: What Virtue Theory Can Teach Us About A Prosecutor's Ethical Duty To "Seek Justice", 82 Notre Dame L. Rev., 2006, p. 644.

（二）检察伦理的实现需要

中国有坚持重刑主义的历史传统。“行刑，重其轻者，轻者不至，重者不来，此谓以刑去刑，刑去事成。”① “夫以重止者，未必以轻止也；以轻止者，必以重止矣。”② 在视为圭臬的重刑主义理念之下，检察官的地位沦为“摘奸发伏，打击犯罪”之一造当事人，立场与“他造当事人”对立，并无为对造当事人利益奔命的“权”与“义”。然而，我国已经确立了检察机关作为独立的法律监督机关之宪法地位，因而检察官不应是片面强调打击犯罪的追诉者，而应是客观公正的法律守护者。诚如林钰雄教授所言，检察官的功能在于维护法治国，守护法律，“使客观的法意旨贯通整个刑事诉讼程序……准此，检察官乃一剑两刃的客观官署，不单单要追诉犯罪，更要搜集有利被告的事证，并注意被告诉讼上应有的程序权利。”③ 为了改进检察裁量权的运行效率，Uviller 主张，区分检察官的准司法权能（调查权、判断权、辩诉交易权）与对抗权能（公诉权），以保证检察裁量权行使的独立性。④ Zacharias 认为，检察机关应当公布并阐明裁量权行使所遵循的原则与理念，以便社会公众知晓与应对。⑤ 毋庸置疑，上述改革建议均有独到的价值，但其共同的缺憾在于：只着眼于外在的制度建设，忽视了从权力行使者本体的角度来探寻改革的路径。任何制度如果离开了行为主体都将形同虚设，“徒法不足以自行”。犯罪行为的种类千变万化，刑事诉讼的进程纷繁复杂，意图建立一种能够应对所有案件且全全俱到的规则体系必是人类的奢望。Shaffer 曾说：“当法典疲软时，伦理伴我们前行。”⑥ 拥有广泛裁量权的检察官是刑事诉讼的推进者，只有具备优良的法律伦理才能有效处置各类突发的道德窘境与法律难题。“只有回答了检察官应具备何种品行这一问题，才能诠释其如何行使权力。”⑦

---

① 《商君书·靳令》。

② 《韩非子》。

③ 林钰雄：《检察官论》，法律出版社 2008 年版，第 8 页。

④ See H. Richard Uviller, The Neutral Prosecutor: The Obligation of Dispassion in a Passionate Pursuit, 68 Fordham L. Rev. , 2000, p. 1695.

⑤ See Fred C. Zacharias, Prosecutorial Neutrality, Wis. L. Rev. , 2004, p. 837.

⑥ Thomas L. Shaffer, The Legal Ethics of Radical Individualism, 65 Tex. L. Rev. , 1987, p. 172.

⑦ Michael Cassidy, Character And Context: What Virtue Theory Can Teach Us About A Prosecutor's Ethical Duty To "Seek Justice", 82 Notre Dame L. Rev. , 2006, p. 640.

三、检察伦理之于检察权的价值与效用：以新刑事诉讼法赋予之附条件不起诉权为中心的分析

修改后的刑事诉讼法第271条赋予检察机关对未成年人案件行使附条件不起诉权，实现了检察权的优化配置，有利于未成年人的教育感化和司法体制的改革。可以说，附条件不起诉权已成为检察机关拥有的最具能动性与裁量性的权能之一，它意味着检察机关要在打击和预防犯罪、未成年人保护、公共安全、司法成本以及社会总体福利等诸多因素之间进行权衡，这种多元化的考量使之不可避免地陷入各种利益激烈碰撞的泥潭，并在一定程度上引发选择危机。因此，以附条件不起诉权为基点来分析法律伦理的价值、效用才更有代表性与普遍性，也利于为附条件不起诉权的实践运行提供一种全新的认知和规范的维度。

（一）附条件不起诉权面临的道德抉择

1. 刑罚失衡的风险。附条件不起诉要求犯罪嫌疑人具有“悔罪表现”，而认定的主要标准在于其坦白、认罪和悔改情况，易诱发犯罪嫌疑人的伪证激励，并造成量刑结果的失衡。例如，在共同犯罪中，一方面，根据“囚徒困境”模型，每一共犯都有隐匿自身罪行而夸大他人罪责的倾向，而检察机关附条件不起诉权的行使进一步诱发了被告人虚假供述的激励，以求“悔罪表现”的认定。另一方面，共同犯罪的主犯能够提供更多的犯罪信息，对全案的侦破至关重要，更易被附条件不起诉。反之，帮助犯所能提供的有价值信息较少，所负刑罚反而更重，造成量刑失衡。

2. 监督机制的缺失。从宏观层面看，刑事诉讼法难以穷尽权力行使的全部情形。立法者的有限理性，使之无法精确预见社会发展的轨迹，对于权力行使条件和步骤的设定难免挂一漏万。因此，单一的法律规则难以保障权力恒久且良性的运行。从微观层面看，内部制约机制尚未完全发挥功效。近年来，检察机关着力推进检委会、主诉检察官、案件管理机制的改革和创新，有利于在保障检察官独立性的基础上加强权力监督，但是这些改革的功能尚未完全发挥，难以为附条件不起诉权的行使提供充分保障。

3. 审慎决断的羁绊。附条件不起诉的结果不但要有利于司法资源的节约，而且不得违背正义的理念。一个合乎正义的决定需要考量案件性质、犯罪情节、悔罪表现、交易价值、司法资源等因素。诚如Levenson所言，权力行使的难度在于“不能准确估量那些无法由法律界定的诸多因素，如犯罪的严厉

性、被告人所起的作用、前科与矫正可能、社会危害以及案件侦破概率等”。[1]但是，这种高度抽象的、主观的因素，又完全依赖于决断者个人的经验逻辑与风险偏好，从而束缚了其在司法实践中的执行力。

（二）附条件不起诉权行使的伦理保障

1. 忠诚实现权力行使的准确。忠诚要求检察官根据宪法、法律的规定，考量国家政策和社会利益，积极行使法定职权，敢于监督，善于监督，打击犯罪，保障人权。附条件不起诉权具有消极裁判权的属性，检察官权力的行使直接影响未成年人的罪名成立与否，这就要求其从社会利益、民族未来的角度出发，全面客观评价未成年人的行为性质、主观恶性、悔改表现、帮教条件等，尽量以教育帮扶的方式处置未成年人犯罪案件，给予改过自新、服务社会的机会，既不盲目打击，也不姑息纵容，为保障法律统一正确实施而忠诚履行职责。

2. 为民保障权力行使的质量。国家的一切权力源于人民，也服务于人民。附条件不起诉权的根本任务同样在于“打击犯罪、保障人权”，将为民理念贯彻于执法办案中就是要确保办案质量，不负人民重托，具体包括两个层面：第一，保障人民群众的合法权益。对于实施严重恶性犯罪的犯罪嫌疑人应当果断提起公诉，通过有效打击犯罪来保障最广大人民群众的合法权益，维护公共安全。第二，保障犯罪嫌疑人的基本人权。在诉讼过程中，全面认真地审查案件事实和证据，做到事实清楚，证据确实充分，通过严谨细致的办案来保障犯罪嫌疑人的基本人权。同时，要坚持群众路线，倾听未成年人保护组织、基层社会组织和相关学校的意见，邀请人民群众到场监督，从而使权力运行得到群众的认可和支持，培养公众信赖。

3. 公正促进权力行使的理性。公正就是要适用法律平等，任何人都不享有法外特权，遵循“罪行相称，罚当其责”的原则。孟德斯鸠指出：“惩罚应有程度之分，按罪大小，定惩罚轻重。”[2] 检察官不仅要保障单个被告人刑罚的公正，还要实现共同被告人之间刑罚的适宜。公正理念恰好有助于检察官在附条件不起诉过程中充分顾及社会公众的朴素正义观，从而对未成年人进行全面客观的考察，确定适宜的考察条件、方式和期限，保障权力理性运行，实现法律效果、政治效果和社会效果的有机统一。同时，公正还有助于矫正伪证激励。如前所述，犯罪嫌疑人为免予起诉而有虚假供述的激励，更需要检察官将

---

① Laurie L. Levenson, Working Outside the Rules: The Undefined Responsibilities of Federal Prosecutors, 26 Fordham Urb. L. J. , 1999, p. 553.

② ［法］孟德斯鸠：《波斯人信札》，梁守锵译，商务印书馆1962年版，第141页。

犯罪嫌疑人的供述与其他物证、书证、证人证言等进行分析比对，进一步确认其悔罪表现和帮教可能，以保证司法决定的正义结果。

4. 廉洁提升权力行使的权威。附条件不起诉是极具裁量性、能动性的检察权，行使得当，国家、社会均受其益；反之，则易造成权力滥用对检察机关的公信力造成严重损害。廉洁作为检察官的必备修养正是提升权力行使权威性和公信力的基本保障。“公生明，廉生威。”恪守廉洁有利于维护检察队伍清正严明的形象，有利于维护检察机关的尊严，有利于保障检察权客观高效的运行，进而引导全社会的道德建设，弘扬公正廉洁的良好风尚。

四、检察伦理塑造的路径与方式

检察伦理并非与生俱来的，只有不断地进行伦理教育与司法实践，才能真正做到内化于心，外塑于形。具体而言，为促进检察伦理的生成与发展，应着重以下方面：

（一）检察文化的营造

检察文化是检察机关在司法实践中创造的制度文化、精神文化和物质文化的总和。检察文化建设必须满足检察裁量权行使的伦理要求，必须契合检察机关作为国家法律监督机关的宪法地位。如果把检察文化建设定位于以彰显“理性、平和、文明、规范”为核心，以提升检察软实力为目的，以加强法律监督能力为宗旨，以营造良好的人文环境为形式，那么检察文化建设的过程也就是引导和推动检察队伍建设，强化检察官素质的过程。这必将对检察官法律伦理的塑造与培养起到积极作用。开展检察文化建设是坚持以人为本的科学发展观，实现检察事业可持续发展的客观需要；是规范检察官的执法行为，促进执法公正，树立检察形象的客观需要；同时也是在检察官中牢固树立社会主义法治理念的必然要求。通过检察文化建设，营造良好的文化氛围，打造良好的院风院貌，培养良好的精神状态，从而实现检察队伍整体素质的提高，促进检察工作的全面发展。① 正如 Shaffer 所言：“德行源于鼓励其生长的环境。”②

（二）内省修养的凝炼

“为人，修身方能齐家治国平天下；为政，唯有仁政才能达到国家的长治

① 参见韩起祥：《公平正义法治理念的生成及在检察工作中的体现》，载《当代法学》2008 年第 1 期，第 36 页。

② Thomas L. Shaffer, The Legal Ethics of Radical Individualism, 65 Tex. L. Rev., 1987, p. 883.

久安。”① 我国古代先贤也深刻认识到内省修养的重要性。“政者，正也；子帅以正，孰敢不正？”② “为政以德，譬如北辰居其所，众星拱之。”③ 具体而言，检察官内省修养就是：一方面培养崇高的法律至上观。检察官行使权力时应以法律为最高权威与尊严，善于把握法的精神，让法的精神扎根于头脑之中，树立正确的法律价值观，真诚地信仰法律，克服法律工具主义论。另一方面树立正确的人生价值观。检察官应自觉抵制人情干扰、利益诱惑，坚守为人为政必备的道德操守，以实现人生理想，服务检察事业为毕生追求。在生活上俭朴，不追求奢侈、享受，在思想上筑起坚固的长城，就不会见利而心动，舍法而取利。司马光云：“有德者皆由俭来。”④

（三）职业道德的培养

西方国家的法学教育不但重视学生法律理论、实践能力的训练，更重视法律职业道德的培养。在司法考试、职务晋升中对职业道德都进行了全面细致的规范。我国法学教育的最大遗憾恰恰是忽视了职业道德的培养，不利于检察官法律伦理的形成。为此，检察官职业道德培养应着重以下方面：首先，树立道德教育理念。道德教育是检察官道德活动的重要形式，是内化于心的重要环节。道德修养的形成与之息息相关，法律伦理的塑造与之密不可分。其次，优化教育培训内容。改变重业务、轻道德的传统教育观念，倡导素质教育，增设心理学、司法伦理学等课程，提高教育者的自我认知水平，积极探索检察官职业道德形成的心理活动规律，求得最佳教育效果。最后，创设评估型教育方式。检察官职业道德最重要的功能就在于调节性，即通过评价、激励、说明、榜样或示范等方式来指导和纠正检察官的言论和行动。这就需要建立一套包括社会评价和自我评价等方式在内的科学评价体系，明确评价指标，运用评价式教育培养检察官的职业道德。⑤ 此外，职业道德也需要实践的锤炼。检察官将职业道德应用于司法实践，并结合理性思考，使之逐渐成为处理各类案件的行为习惯。亚里士多德就认为，一旦道德成为理性基础上的行为习惯，人们就可

---

① 王艳敏：《检察官的职业道德建设》，载《国家检察官学院学报》2009 年第 5 期，第 69 页。

② 《论语·颜渊篇》。

③ 《论语·为政》。

④ 《训俭示康》。

⑤ 参见王淑和：《检察官职业道德建设研究》，首都师范大学 2006 年硕士学位论文，第 38—40 页。

以“自由地选择适宜且正义的行为”。①

（四）考核机制的重构

当前，检察考核机制主要基于起诉率、改判率、无罪率等技术指标而展开，考核面比较狭窄，也失之科学，没有对作为检察软实力核心的法律伦理给予足够关注。因此，为推动检察考核的科学化与全面化，加强对检察官法律伦理的考核显得尤为重要，具体制度设计是：首先，建立职业道德考核机制。将职业道德评价纳入年度考核制度，采用个人自评、同事互评、组织测评相结合的办法，考核结果列入个人档案，并作为职务聘任、晋级晋职的重要依据。②其次，完善奖惩机制。一方面要给予检察官充分的物质保障，从优待检，以物质、道德双重力量来拒绝外界的诱惑，保证执法的公正；另一方面要对违反禁止性规定的检察官给予降职、降级、开除等处罚，严惩不怠，威慑潜在的违规者，使之望而却步。最后，健全自我监督机制。检察机关作为法律监督机关，既要强化监督意识，履行监督职责，也要高度自觉地接受监督。一是强化对自侦案件侦查权的内部监督制约机制；二是加强人民监督员制度。③ 反映在考核中就是要加强对自侦瑕疵案件、人民监督员评议案件的考核力度，杜绝自侦权失范的流弊。监督者受监督既是权力制衡防止滥用的宪政原理，也是推动检察伦理进步的制度保障。

① Michael Cassidy, Character And Context: What Virtue Theory Can Teach Us About A Prosecutor's Ethical Duty To “Seek Justice”, 82 Notre Dame L. Rev., 2006, p. 646.

② 参见王淑和：《检察官职业道德建设研究》，首都师范大学2006年硕士学位论文，第53页。

③ 参见韩起祥：《公平正义法治理念的生成及在检察工作中的体现》，载《当代法学》2008年第1期，第37页。

法治思维与检察官职业伦理
——从职务犯罪侦查兼谈侦查伦理

张　亮*

历史已经进入了21世纪，但这些年来在中国的司法界还经常可以见到这么一些令人遗憾、难以置信、发人深省的镜头：

公安局把抓获的犯罪嫌疑人五花大绑押上大卡车在闹市进行游街；

铁路警察将倒卖票证为业的“黄牛”或者小偷的照片张贴在公共场所进行曝光、把人押在车站广场进行示众：

一些所谓的公判大会，在犯罪嫌疑人的衣服上涂抹、打×，写上“小偷”、“杀人犯”等字样；

治安警察将女性违法人员（一般为性工作者，往往还不属于犯罪嫌疑人）阻止其穿上衣服，使其身体裸露、曝光，让其赤身露体在大庭广众丢丑；（不久前网络披露多地警察将查获的性工作者的头发一把揪起，使其一丝不挂地暴露在镜头和众人面前。）

近年被揭露的一些震惊世人的冤假错案：云南杜培武案件、河南赵作海案件、湖北佘祥林案件、浙江张辉、张高平案件等，无一不是被侦查人员实施了非人道行为，甚至被法律严厉禁止的刑讯逼供行为所致。

在依法治国方略提出近20年的今天，司法人员的这些从根本上而言，脱离了人性本质的违法行为，为什么一而再、再而三地频频发生呢？作为普遍受过高等教育、专业培训的司法人员面对“人”，怎么会如此残忍、怎么会下得了手的？

虽然那些刑讯逼供导致的冤假错案主要发生在一些警察身上，但这些最终被判决生效的案件经过了检察院、法院的层层把关，却照样畅通无阻；面对案件和对象，检察官、法官基于个人私利而不作为、乱作为的现象同样时有发生，这说明了这方面的问题绝对不是公安机关一家的问题，毋庸置疑，这是整

---

* 上海市人民检察院二级高级检察官，国家检察官学院职务犯罪研究所兼职研究员。

个司法界必须引起重视的问题。

显然，简单地以制度不全、监督不力、能力不足、法律水平不高来解释是远远不够的，也是不符合客观实际情况的，从根本上来说，这不但是一些司法人员法治思维的缺失，更是基本伦理道德的丧失。

这就是我们要研究的法治思维与检察官职业伦理（侦查伦理）的初衷。笔者认为，确切地说，侦查伦理是检察官职业伦理、司法伦理中的核心内容，就如医务工作者都要学习掌握和遵守医学伦理一样，我们司法机关侦查人员必须要研究、探究、讲究侦查伦理（司法伦理、检察官伦理）。

一、法治思维是检察官职业伦理确立的基础

法治思维的形成需要法治权威的树立，权威来自何处？关键是违法能否得到追究。除了违法必究外，我们内心能不能对自己的不良意识进行自我追究？因此特别需要大力推进法治文化建设，作为行使职务犯罪侦查权的检察官，更要强调检察官伦理，在潜移默化中熏陶和影响检察官、侦查人员，促进侦查人员内在伦理意识的确立和提升。

法治思维理念基本含义是依据法律而不是个人的旨意管理国家和社会事务，实行的是法治而不是人治；其核心是确立以宪法和法律为治国的最具权威的标准。树立法治思维理念，需要准确把握以下三个方面的基本内涵。

（一）法律面前人人平等

首先，公民的法律地位一律平等。但是在现实生活中，习惯于把人分成三六九等，对不同身份的人给予差别待遇。这种思想和做法实际上是封建等级观念的残余。其次，任何组织和个人都没有超越宪法和法律的特权。工作实践中，一些检察官盛气凌人，特权思想、霸道作风严重，“随意性执法”、“选择性执法”、“钓鱼式执法”还一定程度存在，甚至还存在打骂群众、暴力执法、刑讯逼供，其实就是将自己凌驾于法律、凌驾于党、国家和人民之上。最后，任何组织和个人的违法行为都必须依法受到追究。实践中，“刑不上大夫”的封建意识还是时常可闻可见，在冤假错案频频出现的同时，一些职务犯罪案件，甚至一些特别重大的案件被“协调”掉了。

（二）树立和维护法律权威

法律权威就是法律所具有的尊严、力量和威信。树立和维护法律权威，是实施依法治国方略的迫切需要。维护法律权威，必须确立法律是人们生活基本行为准则的观念。在一个社会中存在着许多不同的社会规范，包括法律、政策、道德、习惯、宗教规范等，都对人们的日常行为起到一定的规范和约束作用，这就是伦理道德的基础。当然，维护法律权威，还必须首先维护宪法权

威，必须努力维护社会主义法制的统一和尊严，必须树立执法部门的公信力。

（三）严格依法办事

这是依法治国的基本要求，也是法治区别于人治的重要标志。对于一切国家机关特别是专门履行执法、司法职责的政法机关来说，严格依法办事意味着以下四个方面的含义：（1）职权由法定；（2）有权必有责；（3）用权有监督；（4）违法受追究。

党的十八大报告指出，提高领导干部运用法治思维和法治方式深化改革、推动发展、化解矛盾、维护稳定能力。党领导人民制定宪法和法律，党必须在宪法和法律范围内活动。任何组织或者个人都不得有超越宪法和法律的特权，绝不允许以言代法、以权压法、徇私枉法。

法治思维强调思想转变，突出党对法治的理念态度，在思想层面提出了明确要求；法治方式是行为准则，在操作执行层面提出了明确要求。可以说，法治思维和法治方式从思想和工作两个层面为实现依法治国指明了具体路径。

提升司法公信力、建立完善权力制约和监督机制，强调确保法治在国家治理和社会管理中发挥更加重要的作用等。执政党第一次把“法治思维”和“法治方式”写入行动指南，无疑将影响未来乃至更为久远的国家命运，对于保持国家长治久安和繁荣稳定意义重大。

运用法治思维和法治方式，应把握这些基本内涵：法律至上、科学立法、严格执法、公正司法（司法公正）、保障人权、全民守法、法律面前一律平等。

检察机关作为国家的司法机关，行使法律监督的职权，有必要思考、研究和运用法治思维，规范司法行为。特别是检察机关职务犯罪侦查部门，要运用法治思维来思考、研究和强调检察官职业伦理（侦查伦理）这个重要问题，法治思维必须是检察官最基本的思维，法治思维也是检察官职业伦理的基础，一切行为必须以法律依据和标准为出发点，这在当前司法实践中具有重要的意义。

二、法治思维与检察官职业伦理是一个重要的问题

司法活动、司法程序、司法人员的纪律、制度都有明文规定，职务掌握着国家司法权的人员哪些能干、哪些不能干、应该怎么干都是明确的、众所周知的；司法人员普遍受到过良好教育，都有高等院校专业学习培训的经历，又长期在组织的教育、监督、法律的约束下工作，何以照样频频出现这些违反法律的、缺乏“人性”的、不应该出现的现象呢？

从深层次探究，这就是一个理想信念、人文素养、文化底蕴的问题，就是

一个伦理道德的问题，就是一个反映人的自然本性、内在本质的问题。

伦理，又称之为道德哲学，是对人类道德生活进行系统思考和研究的一门科学，是现代哲学的学科分支，伦理虽然与道德有相同之处，但笔者认为伦理的要求更高，更强调人与人、人与社会、人与自然的“应然”关系，更强调处于人内在的、深层次的一种善良、仁爱、同情的本质，更强调对社会、对人性、对客观方面的积极作用。

随着现代社会的发展，人与人、人与社会、人与自然之间关系越来越广泛与复杂，其中的伦理道德问题显得越为突出，伦理学神秘面纱被揭开而成为大众关注的问题。

实际上，在司法领域频频出现的这种“不人道”的情况，完全是一种修养、文化的缺失和伦理的沦丧。因为愚昧、摧残、杀戮，把自己的追求寄托在他人的痛苦之上，是任何一个具有真正“修养”、“文化”的人、一个崇尚伦理道德的人绝对做不出来的。

伦理与文化有密切的联系，文化就是人的信仰、追求、道德、修养，是人类的文明，是一种积极的向上的、不断寻求前进、进步的时代精神。伦理就是自己的所作所为不能让自己真正地内在心理感到难受，不能让大多数人的内在心理感到难受。

违法办案，诸如搞刑讯逼供之类完全是与伦理道德背道而驰的。它是一种善良的倒退，是一种道德的堕落，是人性的一种泯灭！所以，要遏制侦查活动中的不法行为、违规行为，消除刑讯逼供，首要的问题是必须坚定和提升司法人员的政治信念、文化素质、道德修养，这里必须要指出的是司法工作人员法治思维基础上的伦理问题。

在社会实践及司法实践中，有一些行为在形式上看，虽然不违法，有的还是符合法律规范的，但从深层次分析，却是为伦理道德所不容的。

如有人看到小偷正在盗取他人的财物，却不提醒、不制止；如有人看到他人正处于危险境地，却无动于衷、袖手旁观，作壁上观；如有人有足够的能力去化解危机，却故意不作为、甚至幸灾乐祸看笑话……

还如司法人员发现对象正在危害国家和人民群众生命财产，理应立即制止，但出于某些目的（为了完成办案指标、为了获取证据、为了看他人笑话、为了发泄自己的不满等）期望这种危害结果的发生……

再如群众发生矛盾，闹到派出所要求解决，警察不受理，称你们没有出现危害结果，骨头没有断，身体没有流血，没法受理（暗示只有把事情闹大了才能处理）……

这种例子我们已经司空见惯，举不胜举。

更具有典型意义的是，不久前北京两家拍卖公司公开宣布，要拍卖著名学者钱钟书、杨绛及子女的私人信件。从法律角度看，这些信件的持有者拥有对这批拍卖物处分的权力，将属于自己的东西委托拍卖公司进行拍卖，与法律并不冲突。但是，从伦理角度看，对还健在的当事人，在没有得到其许可的情况下，对其本人及家人私人之间的信件进行公开、进行拍卖，是不道德的，是违背伦理的。当事人杨绛先生理所当然提出了抗议，整个社会舆论对杨绛先生进行了大力的声援，最终该两家拍卖公司不得不宣布撤销该批信件的拍卖。

以上这些无论是社会上的还是司法界的事例都说明，法律仅仅是底线，是最低的要求和标准，而伦理道德，却是法律底线上的升华，是高境界、高标准。整个社会文化素养的提升，理论道德的提升，司法机关、检察官具有义不容辞的责任。

作为检察官，作为行使职务犯罪侦查权的检察官，以事实为根据、以法律为准绳是必须的、起码的、根本性的。但是，仅仅如此是远远不够的，可以想象，一个脱离了“人性”本质的、机械地按“死条文”、“老规矩”办事的人、一个缺乏道德、缺乏伦理观念的人，成为一个合格的、好的检察官是根本不可能的。

三、检察官职业伦理问题现状剖析及思考

侦查伦理应该是检察学、侦查学的一个重要组成部分，又是伦理学的一个分支，侦查伦理学是运用伦理学的理论、方法研究侦查领域中人与人、人与社会、人与自然关系的道德问题的一门科学。侦查伦理是一个全新的分支，所以说它是一个全新的分支，就是迄今为止除了作者等少数人以外还未见有其他人提出这个概念。

侦查伦理的内涵，就是指在司法机关及其工作人员在行使侦查权的过程中必须以“尊重和保障人权”为核心理念，遵循人文精神和道德底线，其包括人性、人权、人文、人本、人格、人道、人生、人际、人品各个方面，以人为本是其的核心内容。

所谓“侦查伦理”实际上就是围绕着“人”这个核心，更理性、更平和、更文明、更规范地突出人文精神和道德标准，总而言之，就是要以最高的要求和标准，更好地开展侦查工作，高度实现政治、社会、法律三个效果的统一，达到侦查办案的最佳的效果。

职务犯罪侦查伦理是侦查伦理中的一个重要内容，因为职务犯罪侦查权属于检察机关，检察机关侦查的职务犯罪是一种特殊主体的犯罪，其对伦理的讲究、要求更为严格，除了包括侦查伦理各种要求之外，还特别强调在“平和、

理性、文明和规范”基础上的一系列以“人文精神”和道德为标准的基本规范和要求，检察机关作为国家的法律监督机关，其权力、地位和影响在司法机关侦查领域起到监督、示范、指导、引领的作用。

侦查是一项法律行为，它依据法律的授权，由专门的机关和人员来实施，侦查具有法律规定的强制力，它具有可以对特定的人进行限制和剥夺自由的各种手段，所以，侦查是国家机器的一个重要的特征。

侦查需要依靠人来进行，同时在需要对特定的人实施限制和剥夺自由的各种措施及手段过程中，侦查人员的决策自由度、采信自由度、强制措施实施的自由度以及自由心证程度的把握等必然是非常重要的，虽然侦查活动有刑事诉讼法律的规范，但在错综复杂的社会环境、案情实际、人际关系、个人的不同情况等的条件下，如何正确、恰当、理性地实施侦查行为、采取侦查措施，不是仅仅依靠一部刑事诉讼法律就可以解决所有问题的，因而，在侦查过程中强调侦查伦理具有非常重要的意义和非常深刻的内涵及需要非常精深的讲究。

侦查实践中可以常见的一些违反伦理的情形（当然其中严重的构成违法犯罪无疑）：

忽悠对象犯意（牵强犯意，侦查人员以自己的意志强加于对象，以误导方式“塑造”对象犯意）；

欺负对象不懂（骗取口供，侦查人员利用对象不懂法律而为获取口供肆意曲解法律）；

夸大事实结果（威胁利诱，侦查人员故意夸大对象犯罪的后果，以威胁利诱迫使对象违心屈服）；

违背客观真实（虚假示证，侦查人员虚构证据、伪造证据让对象产生对自己不利的错误认识）；

虚假案情报告（私利极致，侦查人员违背客观事实，为能够立案，故意向上级汇报虚假案情）；

故意制造假案（道德沦丧，侦查人员故意隐匿对象不构成犯罪的证据，为了荣誉、地位而制造假案）；

暴力刑讯逼供（伦理丧失，侦查人员缺乏理性思维，遇到困难则恼羞成怒、黔驴技穷，以暴力获取口供）；

变相暴力取证（心理阴暗，侦查人员以侮辱、精神折磨或者变相使用暴力，或者诱使他人、同被羁押人使用暴力）；

人为导致失误（只为私利，侦查人员背对对象进行笔录证据的修改，盖上自己的指印以假乱真）；

隐匿关键证据（胆大妄为，侦查人员隐匿侦查工作不到位或者不利于侦查有利的证据，任意取舍客观证据)；

猎奇个人隐私（肮脏内心，侦查人员对涉及的对象隐私、与案件无关的问题表示出异常的兴趣)；

刻意中饱私囊（道德背叛，侦查人员与对象私下进行利益交易，出卖原则、法律和道德)。

在一些侦查人员的内心中，还存在违背伦理道德的不良意识：

内心希望对象犯罪事实重大（与自己或者小团体利益有关，如立功受奖、升职提级)；

看到对象悲惨情形心存快感（对象越痛苦，自己越兴奋，感到有莫名的刺激感、成就感)；

刻意折磨他人并且以此为乐（追求和享受对象在自己的折磨下的痛苦情形)；

为了个人私利可以不择手段（对难以攻克的对象以折磨其家人、妻子女儿为威胁)；

盼望同行失误满足乐祸心理（以制造事故赢取竞争的优势，如偷取案卷，嫁祸于人)；

以利诱手段达到个人的目的（如利用权力与对象达成私下协议，如工作、婚姻)；

欺软怕硬仗势欺人丧失原则（欺软怕硬，欺压弱者，执法随意性、选择性)；

制造矛盾貌似公正渔翁得利（故意制造内部矛盾，自己貌似公正出面获利)；

暗中与人交易私利高于原则（为了显示自己的权威，故意颠倒是非)；

泄露内部情况导致侦查失误（违反职业道德，泄露内部情况)；

制造各种所谓壮举获取虚假成绩（以苦肉计等行为博取成绩和荣誉)；

表面道貌岸然暗中男盗女娼（利用具有制约的权力和地位，进行不法活动和交易)。

侦查实践中，还有一些法律行为，按照法律规范看，完全没有错，但如果从理论道德层面上考虑，可能就是不人性、不道德的行为：

广东省某地有一个马仔，在从事假冒“壳牌”润滑油的黑工厂打工，被检察机关依法传唤，但其不敢交代假冒名牌产品的不法行为，究其原因，因为当地有一个“潜规则”，一旦被司法机关查获，不交代，其损失由犯罪集团负责弥补，全家由犯罪集团供养，否则，全家将面临灭顶之灾……放，还是不放，法律与伦理是冲突的。

一个家庭十分困难的犯罪嫌疑人，其父母均瘫痪在床，妻子是精神病，儿子是脑瘫，其因为涉嫌受贿犯罪被依法传唤，如其全部交代，难免是实刑，如果交代到一定金额以下，可以判处缓刑……是让对象部分交代，还是让其彻底交代，法律与伦理是冲突的。

某犯罪嫌疑人因为受贿罪被检察机关依法立案，需要进行住宅搜查，但其家庭有老人、病人、未成年孩子……机械依法办，还是变通办，法律与伦理是冲突的。

某犯罪嫌疑人在河南省犯罪，然后隐姓埋名潜逃至上海居住，检察机关追捕五年，终于在上海把他捕获，但发现其年老体弱，孩子正面临高考……是照章办带回去，还是取保候审就地办，法律与伦理是冲突的。

某犯罪嫌疑人因为贪污犯罪被检察机关查获，但其赃款无力全部退清，他准备卖血、卖器官筹集资金用于退赃款……是坚持追赃，还是通融，法律与伦理是冲突的。

某污点证人因为重病，处于弥留之际，医生说，如果非要找他作调查取证，其可能活不过一天，如果没有干扰，其可能还可以拖上几天……是继续办，还是不办，法律与伦理是冲突的。

某犯罪嫌疑人涉嫌职务犯罪，其交代了将赃款用于“包养情妇”的情况，但其妻子十分彪悍，如果让其妻子知情，家庭将解体，甚至可能发生意外……是听之任之，还是刻意维护现状，法律与伦理是冲突的。

司法机关准备抓捕某犯罪嫌疑人，但其正在举办婚礼，宾客众多，如果当场抓捕，具有极大震慑效应，从一些侦查人员内心来讲，多少有一些兴奋感，但从另一方面考虑，这将给犯罪嫌疑人留下终身的阴影，而且对众多的宾客也是一种不尊重，是一种无情的打击，负面效应明显……是即刻抓捕，还是甘冒风险，守候一夜再抓捕，法律与伦理是冲突的。

传唤犯罪嫌疑人，在大庭广众面前，穿制服、开警车大张旗鼓地执行还是悄然无声、不动声色地执行、以讲“人情”的方式执行……法律与伦理的冲突的。

2011 年，重庆市公安局召开干部大会，时任局长王立军在主席台上当众宣布：“某某某，经侦总队总队长，因犯某某罪，抓!”“某某某，治安总队总队长，因犯某某罪，抓!”“某某某，禁毒总队总队长，因犯某某罪，抓!”……于是事先安排好的武警一拥而上实施抓捕。

当时情况下，按法律就事论事讲，这是威慑力，是领导的魄力；而现在理性思考，这是执法违法的行为，是侵犯人权、不讲法律更是不讲伦理的行为。

四、认识和把握检察官职业伦理（侦查伦理）的内涵

检察官职业伦理的一个重要内容是侦查伦理，侦查伦理研究的主要内容有：侦查伦理的基本原则；侦查伦理的规范、侦查伦理的作用及发展规律；侦查人员与侦查对象之间的关系；侦查人员之间的关系；侦查部门及其行为与社会各个方面之间的关系。

侦查人员与侦查对象的关系（是惩罚犯罪行为，还是惩罚犯罪人、置人于死地）；

侦查人员之间的关系（是同心协力、相互补台，还是互看笑话、设局致使他人失误）；

侦查部门与社会的关系（是讲究社会效果，还是不顾一切听任负面社会影响发生）。

因此，要把握检察官职业伦理（侦查伦理）的三个基本原则：第一，人权第一原则。就是侦查活动中，必须把尊重和保障人权放在第一位，无论案件出现何种情况，均不能以损害和践踏人权为代价。第二，公平公正原则。就是在侦查活动中，对任何人处于相同的条件下，都必须以同一的标准对待，检察机关及侦查人员不能掺杂有任何小团体和个人的私利。第三，道德维护原则。就是在检察机关侦查活动中，必须坚持道德标准，在严格遵守法律规范的情况下，还必须坚持更高标准遵循伦理道德的要求，侦查人员不能违背人性的“良心”和“善良”的本质行事。

侦查伦理在司法实践中，可把握以下标准：第一，内在良心标准。侦查人员接受犯罪嫌疑人因为受到侦查人员某种欺骗的方法获得的“交代”、“坦白”时，是否有感到在内在良心上过意不去，换句话说，良心上是否感到不安或受到冲击，这就是从伦理道德方面设定的标准。第二，完全自愿标准。依靠这种方法取得口供，是否足以导致坦白失去自愿性。在许多国家，欺骗取供受制于坦白任意性（自愿性）规则。如果欺骗导致坦白并非自愿作出，可能因违反坦白任意性规则而不能被采纳为定案的依据。许多国家的法庭并非宽厚看待一个精心编造的谎言或者捏造一种情况促使被告人坦白，关键是采用了欺骗的方法是否试图影响或者实际上已经发生影响，导致坦白是非自愿的。第三，杜绝无辜自证。就是依靠这种方法取得口供，是否足以使无辜的人承认自己有罪，这是从证据真实性方面设定的标准。如果接受以某种欺骗方法取得的口供的行为，可能要冒给无辜者错误定罪的风险，这种欺骗取供就是不可接受的。第四，确保正当程序。正当程序标准，对于警察的圈套（诱惑侦查）行为，应当审查其是否有违保障人权的精神、是否违背了法律的正当程序理念。为了达

到目的而不择手段，不是当代刑事司法的品格，侦讯应当经得起人权标准的检验和正当程序理念的衡量。为了维护人权和法律的正当程序，有时不得不牺牲案件的实质与真实发现，这是刑事司法的必要的丧失。第五，发现客观真相。以什么样的方式发现真相，正是检验一个国家或者社会的司法文明程度的重要尺度。我国刑事诉讼没有确立自白任意性规则，对于欺骗取供（诱惑侦查）也缺乏精密研究，侦查实践中如何把握非法取供与侦查谋略的界限，需要借鉴国外立法加以判断并针对司法实践中存在的情况给出清晰的答案。

凡是经过上述标准审查，能够获得认可的，就是可以接受的侦查谋略，否则，就是违法的、需要排除其所获证据的欺骗行为。

五、检察官职业伦理的讲究必须呼唤敬畏感

所谓敬畏，与一般的畏惧不同，它带着几分特别的敬重。最典型的是宗教徒，对神灵顶礼膜拜，丝毫不敢亵渎。当然，不信宗教的大有人在。但一个人可以不信神，却不能无视神圣的力量。这与科学精神并不相悖。

首先应该敬畏自然。即使人类被称作万灵之长，活动的范围与能量不断拓展，但因之想改天换地，未免过于自负。试看我们最伟大的发明、最精密的制造，一摆在大自然的创造面前，即显得拙劣。而人类移山填海式的壮举，初看热闹非凡，当越出大自然的容忍限度，必然遭到加倍的惩罚。敬畏自然，就是认清我们自身的渺小，正视大自然的神圣。

还应敬畏生命。每条生命都是神圣的，每个人之于他们的家庭、友人和团队，都是难以割舍的存在。埃及“二战”盟军阵亡将士墓碑上有一句话：“对于世界，你只是一个士兵；对于家庭，你是整个世界！”这种人文关怀透着对生命的敬畏。每个人的出身、地位、财富不同，可在人格上有着相同的尊严。

同样需要敬畏规律、敬畏法则。人力即使再强悍，也无力对抗规律，我们可以高喊“人有多大胆，地有多大产”，可现实只给出合乎规律的答案。纵观历史，谁敢与规律掰手腕，败下阵来的，只是不自量力者。如果说规律非人力所创，法则完全由人制定，是否需要敬畏？华盛顿作了很好的回答，他把就任美国总统比作“像走向刑场的囚犯”，因为戴上了比普通公民更重要的法律枷锁。法律、规则作为人们共同遵循的行为规范，一经确立，就具有不被逾越、不被变通、不被潜规则左右的神圣性。

很显然，世间需敬畏的东西还很多。比如，敬畏历史、敬畏先贤、敬畏舆论、敬畏百姓、敬畏科学、敬畏正义。对它们必存敬畏，不是由于受金刚怒目、铁棒皮鞭的恐吓，更多是发自内心的庄严。

毋庸回避，当今社会已染上浓厚的功利色彩，甚至需不需要敬畏，也要先

问一声“有没有用”——对自己有用，就烧香拜佛；若不管用，则立马走开。因此，最被敬畏的往往是权势与金钱。敬畏的功利化，说明社会上普遍无信仰，意味着人们精神世界的荒漠化。

怀敬畏心，虽不排除外在约束，但主要源于内心的自律。东汉杨震由荆州刺史调任东莱太守，冒邑县令王密前往拜访，私下以金相赠，还称“暮夜无知者”。杨震回答：“天知、神知、我知、子知，何谓无知!”杨震对天、对神的敬畏，或许有对冥冥之中那股神秘力量的忌惮，却更相信是为了心安。每个人的心中其实都有一条底线，这是不应突破的最后屏障，是我们必须敬畏的戒尺。无可否认，这条底线现今对许多人已可移动，但只要良知未灭，它在我们的内心深处仍然起作用。“此心安处，便是吾乡。”心存敬畏，很大程度上就是对做人底线的不懈坚守。

事实上，一个无所畏惧的社会，恰恰是最可畏惧的。假如一切都无禁忌，那么一切都可以毁坏、被打砸、被妖魔化，于是什么房子都敢拆、什么古墓都敢挖、什么食品都敢掺假、什么数据都敢造假、什么决策都敢拍板、什么官司都敢乱判，这个社会将变得肆无忌惮，也势必进入为所欲为的恶性循环。古人云：“凡善怕者，必身有所正，言有所规，行有所止。”呼唤敬畏，就是呼唤理性、呼唤良知、呼唤责任。

检察官，首先要有信仰，有信仰才能敬畏，有敬畏必定崇尚道德、讲究伦理。

检察官职业伦理及侦查伦理是一个比较新的话题，其还涉及许多具体的问题，是需要认真思考和研究的。

法治思维向度下的检察官职业伦理

陈长均*

“公平正义是人类社会所追求的永恒价值，也是社会共同生活中不可或缺的基本条件，更是一个社会赖以为存的重要原则。”① 实现公平正义这一首要社会价值，需要包括检察官在内的所有人共同努力。检察官以实现公平正义为己任，高尚的职业伦理须臾不可阙如。本文试图从法治思维向度对检察官职业伦理展开阐述与探讨，谈些个人的粗浅认识，以期有利于检察官职业伦理的构建和社会公平正义的实现。笔者认为，为契合法治思维，检察官至少应具备专业忠诚、探寻法意、践行宽容、心存善念等职业伦理。

一、专业忠诚

（一）专业忠诚的意义

检察官只有对专业忠诚，才能保持正直的品质。诚如我国台湾地区刑法学者许玉秀教授所言：“对专业忠诚，也就不可收买，不会任意动摇；对专业忠诚，才可能精益求精，不为假问题所困惑，而能精准地面对问题、解决问题。”② 在当前社会转型过程中，个别腐败的检察官不论是徇私枉法还是故意歪曲法律，大都不是因为法律理论水平不高、司法实践能力不强而致，归根结底是由于他们对专业不忠，背叛了自己的专业。对专业不忠，就不能运用专业知识和法治思维智慧坚守法律面前人人平等的基本法治原则，而屈服于权力或金钱。检察官如果能够高度忠诚于自己的专业，无论面对什么诱惑和压力，都不会动摇，不会丢掉检察官正直的品质，而保持法治思维和铮铮铁骨，哪怕丢掉饭碗甚至粉身碎骨。相反，如果检察官不能忠诚于自己的专业，刻意将专业特长用错位，不仅不能用法治思维精准地解决纠纷或问题，甚至可能会成为公

---

* 山西省晋中市人民检察院研究室副主任。

① 林山田：《刑法通论》（上），北京大学出版社 2012 年版，扉页。

② 许玉秀、陈志辉编：《不移不惑献身法与正义——许迺曼教授刑事法论文选辑》，台湾新学林出版股份有限公司 2006 年版，序。

平正义的绊脚石。因此，检察官在发挥自身专业特长的同时，必须忠诚于自己的专业。

（二）培养专业忠诚的路径

一般来说，专业建立在知识上面，对知识忠诚，才可能有专业忠诚。但“徒法不足以自行”（孟子语），检察官要对专业忠诚，不仅需要法律知识，也需要法律以外的知识来支撑。美国法理学家博登海默教授认为：“法律乃是整个社会生活的一部分，它绝不存在于真空之中。法学并不是社会科学中一个自足的独立领域，能够被封闭起来或者可以与人类努力的其他分支学科相脱离。”① 检察官如若只懂法律而没有其他学科知识，即使其主观上竭尽全力地想对专业忠诚，恐怕客观上也不能成为真正忠诚于专业的一流社会医生，充其量也只是个法律工匠而已。

虽然“法律人可以没有逻辑公式，但不能没有逻辑”② 的说法没有错，可检察官仅有逻辑是远远不够的，检察官阅历和经验的积累对于践行专业忠诚也很重要。曾任美国大法官的霍姆斯说：“法律的生命从来不是逻辑，而是经验。”③ 生活阅历和办案经验丰富的检察官与初出茅庐的年轻检察官对专业忠诚的理解会有不同，案件的处理方式和处理结果也会有所不同。有些年轻检察官可能会把机械地适用所学知识当作是对专业的高度忠诚，也有些阅历较浅的检察官可能以为只考虑案件的法律效果而绝不考虑社会效果才是法治思维。其实，这都是对“专业忠诚”和“法治思维”的误解。检察实践中，有些案件的处理看起来是在用法治思维践行专业忠诚，其实是在教条地适用专业知识，这与检察官的专业忠诚情操背道而驰。

培养检察官对专业忠诚的特质，除需要检察官自身的努力外，也需要整个社会的法治环境，尤其需要执政党和政府的法治思维意识。如果执政党和政府没有法治思维，检察官在处理具体案件时可能会受到权力等外部因素的干预。这样即使检察官想竭力对专业忠诚，保持法治思维，可能事实上也做不到。部分冤假错案的出现，就是由于在权力等外界压力下，检察官没能坚守专业忠诚和法治思维而导致的。所以，要提升检察官对专业的忠诚度和法治思维能力，

---

① 〔美〕E. 博登海默：《法理学——法律哲学与法律方法》，邓正来译，中国政法大学出版社 2004 年版，第 531 页。

② 〔德〕英格博格·普珀：《法学思维小学堂：法律人的 6 堂思维训练课》，蔡圣伟译，北京大学出版社 2011 年版，原著前言。

③ 〔美〕霍姆斯：《普通法》，冉昊、姚中秋译，中国政法大学出版社 2006 年版，第 1 页。

全社会都要为之添砖加瓦，特别是执政党和政府要带头树立法治思维。

二、探寻法意

（一）探寻法意不能一味排斥民意

“检察官作为法律的守护人，应该且只能探求法之意旨，而非上级或他人的意旨，准此，检察官不该是他人（含上级）意见的传声筒，更不可能是政府的代言人。”① 检察官要真正树立法治思维，在适用法律时必须要探寻法律的内在意旨。实际上，法律适用是一个复杂的过程，找寻法律真义的困难性和适用法律的复杂性，绝非法律圈外人能够切身体会得到的。很多时候，法条的字面含义往往不是法律的内在意旨。检察官探求法律的意旨，不能仅凭法条的字面含义来理解。仅凭字面含义适用法条的“法条思维”绝不是真正的法治思维，因为具体的法律条文必须经过检察官的思考、解释才有可能成为活生生的正义。

法治思维并非必然要排斥所有的民意。代表社会一般价值观念的民意并不一定意味着损害司法公正，有时候合理的民意会有利于案件的公正、妥当处理。那种极端排斥民意的观点，在当下中国，不仅司法实践难以做到，而且也未必真正有利于法治思维的落实。办案过程中，在进行价值判断时必须要考虑社会的基本观念，以当下的国民观念和社会价值为判断基础。易言之，检察官必须要考虑合理的民意。检察官如果仅仅拘泥于法条的字面规定，探求不到法律的真正内涵，案件的处理可能不会有非常好的效果。

在冤假错案还时有耳闻的今天，检察官倘若不本着实体法与程序法的立法旨趣，做足价值判断与公正处理案件的功课，而是一味排斥民意，强调所谓的“纯粹法治思维”，则很可能会陷入机械的“法条思维”，导致案件处理结果的不妥当、非正义。同时，检察机关的公信力会遭到质疑，法治社会的春天可能永远是个美丽的童话。

（二）探寻法意不能过度依赖司法解释

机械的“法条思维”倾向不仅表现在检察官单纯凭借法律条文的字面含义来办案，还表现在办案人员过度依赖司法解释上。在司法实践中，时常听到不少检察官埋怨这个问题没有司法解释，那个问题阙如上级规定。其实，如果检察官完全依赖司法解释和内部层层请示，会导致检察官思维懒惰，不注重发现法条蕴含的内在含义，不努力推进司法文书的说理工作，树立不了真正的法治思维。况且，有些司法解释等囿于“专业性”壁垒，保持着“闭门造车”

---

① 林钰雄：《检察官论》，法律出版社2008年版，第80页。

的态势，民间意见有时难以直达司法解释的制定者那里。

当然，不主张机械的“法条思维”绝不是说要抛弃法条探求法意，进而断案。检察官应该既能够脚踏实地，又能够仰望星空，统筹考量规范教义与价值构造，在立法精神的指导下，在不断变化的社会生活里发现法条的真实含义，目光不断往返于法律条文、案件事实与社会生活之间，而不能以法治思维的要求为由，只盯着法律条文的字面含义、司法解释和抽象的法律概念。

三、践行宽容

宽容是一项重要美德，在当今世界中所扮演的角色越来越重要。法治思维并不排斥宽容，宽容的法律哲学思维乃法治思维的应有之义。检察官应当培养宽容的法律哲学思维，树立并践行宽容法律观。

（一）对待立法要宽容

任何法律不可能非常完备，检察官对立法的不完备甚至缺陷要持宽容态度。制定法是为未来而开放的，它须适合于各种各样无穷尽的案件，不可能对任何情形都规定得十分完美。可以说，自身封闭、非常完备、无任何漏洞的制定法（如果这种制定法可能的话）将使法律的发展陷入停滞状态。例如，在刑事立法中，对哪些行为需要犯罪化，对哪些行为应当非犯罪化，一直是刑法理论和实务探讨的重要问题之一。换言之，如何恰当地划定犯罪圈是刑法立法者着力思考的一个重大问题。实际上，对于那些没有法益侵害性或法益侵害性不大的行为，立法者本着宽容、谦抑的法律哲学理念，将之排除出犯罪范畴。这不但符合刑法的最后手段性要求，防止刑法的扩大，而且有利于维护自由、保障人权，同时也能促进社会管理能力的创新和提高。如果将任何社会问题都纳入刑法的调整范围，会越来越导致社会管理者的惰性思维。

对此，检察官应本着宽容原则来对待。当然，宽容并不意味着单纯消极地容忍与承受。对于立法中存在的问题，检察官要积极用法治思维应对，但不能要求过苛，甚至无端地将法律的非漏洞解释为漏洞。假若检察官对立法要求过苛，甚至将非漏洞说成漏洞，那才是非法治思维的表现。

（二）适用法律要宽容

法律实务与法律哲学绝非毫无关联，法律实务需要法律哲学基础和法律哲学思维，而宽容原则正是多元社会的法律哲学之一。检察官在日常办案过程中，应以宽容的法律哲学理念为指导，心存悲悯情怀。而且，宽容特别是要给予那些贫困度日的弱势群体，包括身体上的贫困或心灵上的贫困。这与检察官的法治思维并不矛盾，它是检察官在法治思维下撒播的人文关怀。检察实务中，践行宽容法律哲学理念的方式有多种，法律解释就是其中之一。德国学者维尔纳说："法官——在法律的范围内——可以比法律更为宽容，亦即法官可以通过法律的解释来实现个案正义。"① 其实，检察官亦可如此。

在检察实践中，当案件当事人特别是那些申诉者在检察官面前不停唠叨时，我们是否能用宽容的心态来面对？如果我们在法治思维前提下用足够的宽容来倾听申诉人或上访者的诉求，即使不能完全满足他们的要求，也不会带来非常糟糕的社会效果。但是，宽容并非毫无界限，它不是不计代价地容忍。法律必须被遵循，违背法律，特别是犯罪，是不能容忍的。

宽容是社会正义的一项要素，构建和谐、建设法治，宽容原则不可或缺。"我不同意你的观点，但我誓死捍卫你说话的权利！"（伏尔泰语）。这是一种宽容，更是一种胸襟。那种"不同即敌对"的思维模式，实质上是狭隘虚弱、不宽容的表现，无助于社会和谐的构建、健康心态的形成。德国学者考夫曼教授认为："就好像小提琴家不会对交响乐构成障碍一样，多元论也不会对追求真理造成障碍，相反地，多元论反而是寻求可能真理的条件。"② 观点或言论可能有对有错，甚至不乏偏激之声，但只要出于善意，没有违反法律、法规，没有损害法益和公序良俗，就应该以宽容的心态来看待，而不能主观地归之为"异端"。在一个用法治思维解决问题的社会中，检察官以宽容的心态尊重不同的声音和意见，既是尊重公民的基本权利，亦是疏导和化解社会矛盾的必然路径之一。

就个人来说，唯有宽容的检察官才能在处理复杂事务中轻松自如，因为宽容需要沟通能力以及认真对待他人的美德；就社会而言，宽容必定能够使有责任感的人勇于任事，而无须对行动失败的法律后果有所疑惧。相对于普通民众，包括检察机关在内的国家机关尤其需要这种宽容的哲学思维。普通检察官的宽容体现的可能只是素质修养，而检察机关的宽容不只是体现出一种美德，更是维护公平正义的要求。一个社会越是用法治思维来处理纠纷，就越需要多元和宽容。

虽然宽容是当今社会最为重要的伦理内涵之一，但宽容有时亦会促成无责任的行为。所以，宽容原则必须一直与责任原则相联结，以责任原则补充之。当然，宽容有时也是件"相当辛苦的事情"（考夫曼语）。尽管如此，在法治思维下培养和践行宽容法律观，并将之潜移默化为一种生活方式，仍是检察官

① ［德］阿图尔·考夫曼：《法律哲学》，刘幸义等译，法律出版社2011年版，第352页。

② ［德］阿图尔·考夫曼：《法律哲学》，刘幸义等译，法律出版社2011年版，第313页。

应当努力为之的。

四、心存善念

（一）检察官为什么要心存善念？

法律是研究人的一门学问，检察官适用法律要依赖生活经验。不懂生活经验所进行的法律适用，可能会悖逆社会大众的法律情感，还可能会造成社会不安。但尊重经验之外，检察官适用法律还不可避免地要作价值判断。例如，在刑法理论上，犯罪构成要素可以分为描述性因素与规范性因素：描述性因素是指那些简单地以人们的经验为基础来判断的因素，如“女人”；而规范性因素是指必须根据某个特定的标准进行价值判断的因素，如“猥亵”。在判断规范性因素时必须要考虑社会的基本观念，从普遍的社会善念出发，以当下的国民观念和社会价值为判断基础。

张明楷教授指出：“解释者心中必须始终怀有一部自然法，以追求正义、追求法律真理的良心解释法律文本。”① 从某种意义上说，法律适用的过程也是法律解释的过程。检察官在进行法律适用时只有一心向善，运用法律思维不偏不倚地平等对待每一个人，社会大众对正义的期许才不致落空。如果只是抱着法典，把经验当作一切，法律适用势必缺乏价值判断与现实关怀，案件处理结果可能会缺乏正义性与妥当性。当然，主张从善念出发来适用法律，并非不用法治思维而仅凭善念去断案。

法律适用上的所谓“纯粹法治思维”，是缺乏善念和人文关怀的法律适用，不会获得社会公众的理解、认同和支持，不能保证应有的权威和持久的效果，无助于矛盾的化解、创伤的修复以及和谐的重塑，更无从拓展正义的疆域。所以，“在考虑法律正义的同时也应当有慈悲人之心，以无情的目光论事，以慈悲的目光看人”（培根语）。在运用法治思维进行严格执法的同时，检察官应该让善念滋养心田，多一些宽容，少一些刻薄；多一些人文，少一些冷漠。

求真至善、平和执法不仅应是检察官在适用法律时的一种心态，更应是一种崇高而神圣的法律适用境界。在法律适用过程中，检察官应当有一种平和、向善的心境，以维护和实现公平正义为根本，善于用法眼观察世情、人情和案情，努力具备哲学家的头脑、法学家的思维、社会学家的眼光和文学家的语言，不断提高对人世、人性和人生深邃的洞察能力。唯有在法律之下和法治思维之中撒播温情、关注人文、求真至善，法律适用才能避免教条，执法效果才

---

① 张明楷：《刑法分则的解释原理》，中国人民大学出版社2011年版，序说。

能被社会公众从内心理解、认同和接受，法治中国的美好愿景也才能早日实现。

（二）如何培养和获得善念？

要培养和获得善的理念，检察官不仅要通晓法律知识，在法律知识的殿堂中领悟到法律真谛，还要有超越自己专业知识体系的能力，避免成为“有知识而没有心肝的混蛋”。然而，许多人的知识体系和思维都受到了自己经验或权威的拘束，而不能超越；受过法学专业训练的检察官，更是如此。所以，我国台湾地区刑法学者林东茂教授指出，在法律领域里，“有时不妨抽身而出，与其他伟大的灵魂安静对悟，培育一些敏锐的同情与好奇，以及与万物沟通的能力”。[①] 林先生同时举了法律和文学可以交互渗透、互为辉映的例子：法律向外追求，堪称“学问的生命”；而文学向内探索，堪称“生命的学问”。因此，检察官不仅要学会法治思维，还应该学会“向内探索”，多涉足一些“生命的学问”。

对于善之理念和境界，虽然检察官在法治思维过程中不一定能够做得到或者完全做得到，但至少可以“把它悬挂在高处仰望”（林东茂语），作为自己终生追求的努力方向。

---

① 林东茂：《一个知识论上的刑法学思考》，中国人民大学出版社2009年版，第6页。

法治思维下检察官职业伦理之完善

陈重喜[*]　齐　阳[**]

一、法治思维本体论

（一）法治思维的科学内涵

1. 法治思维综述

心理是人脑的机能，是感觉、官能、思维、记忆、情感、个性、能力的总称。思维有三种含义：（1）思考；（2）理性认识或理性认识的过程；（3）意识、精神。心理包含思维，思维是心理的重要组成部分，是认识的理性阶段。如马克思所言，“思维是人类精神世界盛开的美丽花朵”。

法治思维是思维的下位概念，是指人的头脑反映客观法治现实的过程中，在法治思想、法治感情的影响下，遵照法律的精神、基本原则和具体规定，考虑、分析、解决法律问题的思维习惯和取向。法治思维是一种规范性、程序性的思维，是讲法律、讲程序、讲证据、讲逻辑的思维方式。

法治思维建立在法治理念基础之上，是执法者运用法律规范、法律原则、法律精神对所遇到或所要处理的问题进行分析、综合、判断、思考的过程。具体来说，执法者为认识和解决所遇到或所要处理的问题，首先会从脑海中“搜索”能认识与解决相应问题的法律规范；如果“搜索”不到具体的法律规范，会继而“搜索”相应的法律原则；如果“搜索”不到相应的法律原则，则进而寻求相应的法律精神。即使执法者搜索到具体的法律规范与相应的法律原则，也要运用脑海中既存的法律精神与法治理念对其进行检验，以确保法律规范、法律原则、法律精神及法治理念的一致性，从而确定为处理、解决相应问题的依据。确定的法律依据通过判断、推理形成认识与解决相应问题的结论、决定，就是运用法治思维解决问题的逻辑步骤与过程。

---

* 湖北省武汉市汉阳区人民检察院党组书记、检察长。

** 湖北省武汉市汉阳区人民检察院干部。

2. 法治、法律手段与法治思维

“法治”是相对于“人治”而言的，作为治国理政的方式，其重视法和制度的作用甚于重视用人的作用；重视规则的作用甚于重视道德教化的作用；重视普遍性、原则性甚于重视个别性、特殊性；重视稳定性、可预期性甚于重视变动性和灵活性；重视程序正义甚于重视实体正义。①

不同于以执政者个人意志、偏好为转移的人治手段，法律手段是执政者通过制定、执行法律、法规、规章，运用法律创制的制度、机制、设施、程序处理各种经济、社会问题，解决各种社会矛盾、争议，促进社会、经济发展的措施、方式、方法，包括立法、执法、司法以及对法律所创制的制度、机制、措施、程序的运用。

法治决定法治思维和法律手段。法治思维和法律手段是建立在对法治内涵、要素明确认识和充分理解的基础之上的。一个不了解法治内涵和要素的执政者，自然谈不上有什么法治思维，也更不可能运用法律手段解决问题。

法治思维支配法律手段。执政者具有法治思维，必然会主动、自觉运用法律手段治国理政。反之，当其遇到问题时，通常首先会想到人治手段，在必须和只能运用法律手段时，他也可能把法律手段用偏、用歪。

法律手段表现法治思维。法治思维虽然属于意识形态，但它必然要外化为法治行为，即通过法律手段治国理政。只能思考问题而无法用法律手段解决问题的执政者，仍不能被认为具有法治思维。

法治思维和法律手段与一个国家、地区的法治实践具有互动作用。善于运用法治思维和法律手段自然会促进相应国家、地区的法治实践。同时，法治实践又会成为相应国家、地区执政者更主动、自觉运用法治思维和法律手段的助力。良性互动一旦形成，即可视作法治运作和科学发展步入正轨，实现法治社会常态化。

（二）法治思维的社会作用

在解构主义学者看来，法治是一种实实在在的制度，是由那些建立在法律文本之上的外在的、有形的具体法律制度所构成的。② 在治理国家、社会的实际政策中，政策的制定者和执行者的视点都是一系列具体制度，似乎制度一经确定，法治尽在眼前。其实，法治并非单纯的条文或制度，还包括法治素质、法治观念以及法治思维。没有充分的法治思维作为“内功”，没有丰富的法律手段作为“招式”，“法治”这门“绝世武功”也无法“修炼功成”。

① 姜明安：《法治思维与新行政法》，北京大学出版社2003年版，第20页。

② 崔永和：《思维差异与社会和谐》，湖南师范大学出版社2009年版，第278页。

法治思维一般包括两个层面的功能：其一，执政者坚持依法行政、天下为公原则。“王子犯法与庶民同罪”的法治传统就是这一功能的生动阐释；其二，普通老百姓懂得拿起法律武器维护自身的正当权益，同时具有维护和尊重他人合法权益的法治素质。在此思路下，法治思维的社会作用不言自明：

1. 经济作用。在市场经济条件下，法治思维具有引导市场经济良性健康发展的作用。正是依据法治思维所衍生的平等原则、公平竞争原则、禁止权利滥用原则、罪刑法定原则，规范市场经济制度，健全市场经济管理，完善市场经济秩序。

2. 人权作用。法治思维的人权作用主要体现于两个方面——法治的为民性和公民法治的自为性。这一过程需要借助双重主体，从官方角度来说，执政者要依法为民排忧解难谋福利；从普通百姓角度来说，法律是能够维护自身合法权益及诉求的武器。“上位者”秉承法治思维不“高人一等”，“下位者”坚持法治思维不“盲从权威”，是全面实现人权的必要条件。

3. 廉政作用。法治思维引导下的监督及自省，能有效防止或遏制领导干部的腐败。2006 年 8 月 27 日十届全国人大常委会第二十三次会议上，《中华人民共和国各级人民代表大会常务委员会监督法》以 155 票赞成、1 票反对、5 票弃权的高票通过率通过了评议，体现了全国上下对加强“一府两院”监督的高度共识，更彰显了社会各界对公权力监督与制约的高度期盼。具备法治思维，深刻认识“违法必究”的法律后果，执政者依法执政慎用权力，公民依法维权强化监督，官员的腐败势头必然会被有效遏制。

4. 文化作用。精神文化具有其自身特殊性，需要独立思考，需要差异思维，需要思想自由，需要个人的智慧和创造性劳动。过去，这些特点在法治缺位的国度与地域，常被视为“杂音”、“唱反调”。缺乏法治思维的执政者往往将知识分子看成“难驾驭的顽民”，认为其言行“有损领导尊严”，“僭越”色彩浓重。当前，在法治思维影响力日益提升的形势下，情况开始发生根本性的转变，知识分子已完成由“单纯工具型”向“自主劳动型”的角色升级，精神文化领域逐渐步入法治轨道，依法保护知识产权与知识分子安全的局面已然逐渐形成。

（三）法治思维的能力培养

在建设法治国家的“总工程”中，培养和提高国家公职人员的法治思维是最重要的“分工程”，主要包括以下三项内容：

1. 加强法治教育培训，不断增强国家公职人员的法治理念。法治理念是法治思维的基础，法治思维又是自觉、主动和善于运用法律手段的前提。关于社会主义法治理念的内涵，包括依法治国、执法为民、公平正义、服务大局、党的领导，五方面相辅相成，体现党的领导、人民当家做主与依法治国的有机统一。此外，诸如人权保障、权力制约、正当法律程序等也应该构成社会主义法治理念的重要内涵。因此，法治思维的提高首先需要国家公职人员加强法治的教育培训，学习方式应在多样化的基础上，增加实际案例教学的比重，使之具有感染力、震撼力，以产生更好的实际效果。

2. 推广典型经验，不断引导和激励公权力执掌者运用法治思维。我国作为一个缺乏法治传统、自古推崇人治的国度，要推进法治进程、建设法治国家，必须注重树立典型。榜样的力量是无穷的，以主动、自觉、善于运用法治思维解决社会问题、化解争议矛盾的领导干部为典型，推广经验，以带动和促进社会的法治发展。2010 年国务院《关于加强法治政府建设的意见》中要求各地、各部门“重视提拔使用依法行政意识强，善于用法律手段解决问题、推动发展的优秀干部”，正是从组织路线上对法制建设的保障。①除了正面典型的引导作用外，反面典型的警示教育作用同样不可忽视。对于公权力行使过程中有法不依、滥用职权、损害国家、社会、公民合法利益的个人，要依法问责、追责，给人治亮“红灯”，为法治开“绿灯”，促使国家公职人员与领导干部不断培养和强化法治思维。

3. 改善法治环境，通过外部制度环境影响和促进公权力执掌者的法治思维。法制环境与法治思维以及法律手段的运用是辩证和互动的关系。法治思维的增强会促进法律手段的运用；法律手段的反复有效运用会改善法治环境；法制环境的改善又会反过来促进公权力执掌者的法治思维，这正是法治的良性循环。胡锦涛同志在《推进依法行政　弘扬社会主义法治精神》中提出的四个“更加注重”是改善法治环境的最重要和最根本性的措施。第一，要更加注重制度建设，在中国特色社会主义法律体系已经形成的有利基础上，继续通过完善立法加强和改进制度建设，坚持科学立法、民主立法，着力抓好促进科学发展、深化改革开放、保护资源环境、保障和改善民生、维护社会和谐稳定、加强政府建设等方面所急需法律法规的制定或修改工作，力求体现规律要求、适应时代需要、符合人民意愿、解决实际问题。第二，要更加注重行政执法，严格依照法定权限和程序行使权力、履行职责，推进政府管理方式创新，加强行政决策程序建设，切实把政府职能转变到经济调节、市场监管、社会管理、公共服务上来，着力保障和改善民生。第三，要更加注重行政监督和问责，完善监督体制机制，全面推进政务公开，切实为人民掌好权、用好权。第四，要更

① 参见姜明安：《再论法治、法治思维与法律手段》，载《湖南社会科学》2012 年第 4 期。

加注重依法化解社会矛盾纠纷，完善行政调解制度，提高行政调解效能，完善行政复议制度，完善信访制度。①

二、法治思维拓展论——检察官的职业伦理

（一）检察官的职业伦理

要厘清检察官职业伦理的科学内涵，首先要对其两个上位概念——伦理、职业伦理有所认识。

何为“伦理”？简单地说，就是处理人与人、人与社会、人与自然之间各种关系的原则和规范，是一系列指导行为的观念和关于是非对错问题的哲学思考，蕴含着依照一定原则来规范行为的深刻道理及其对应的行为规范。古时的伦理更多局限于父子、夫妻、君臣，现代伦理的范畴已扩展到人与人、人与社会的各种关系之中。

职业伦理属于应用伦理学范畴，是某种职业或专业的从业人员以其职业定位和发展规律为基础，根据本行业专业知识，经逻辑推演形成，是一种职业的“内部立法”。② 职业伦理伴随职业的出现而逐步发展，是社会伦理在职业伦理中的具体体现：教师有“师德”，医生有“医德”，艺人有“艺德”，检察官同样有自己的“职业之德”，这个职业之德就是检察官的职业伦理。

“不同的法律职业者扮演着不同的角色，除了要遵循共同的职业道德外，还有各自不同的职业伦理和职业道德。”③ 检察官职业伦理实质上是检察职业共同体法治思维的外化，是一系列对检察官具有普遍约束、引导、教育和奖惩功能的行为规则的总和；是基于制度与伦理之间的外在关联和内在契合所形成的有机综合；是基于职业自身和社会各界对检察官在司法制度中应扮演角色之共识；是身为检察官所应有的职业义务。

宪法确立了检察机关的法律监督性质及其在国家权力结构中的地位和职能。检察机关一方面是与行政机关和审判机关平行的执法机关，另一方面又是对行政机关和审判机关具有一定监督、制约权能的法律监督机关，因此检察机

---

① 胡锦涛：《推进依法行政 弘扬社会主义法治精神》，载 http://news.sina.com.cn/c/2011-03-29/145622201682.shtml。

② 王永：《我国检察官职业伦理规范研究》，山东大学 2012 年博士学位论文。

③ 张文显：《法律职业共同体研究》，法律出版社 2003 年版，第 139 页。

关职能定位的特殊性决定着检察官职业伦理除具备一般司法职业伦理的共性①外，还具有一些独有特征：

首先，具有更高的责任性、示范性和水准要求。权力越大，责任越大，二者呈正比。同时，赋予多大的权力和责任，就应对其提出多高的素质修养和伦理水准要求。以国家基本法律的形式明确检察机关作为法律监督部门的专职和专责是我国检察制度的典型特征，检察机关既执行法律，同时又监督法律的实施；当检察官执行法律时，和其他司法机关并无不同，但当其监督法律实施时，就处于一种相对超然的位置。检察官的角色定位要求检察官代表国家而非基于当事人的请求，主动对违反法律的犯罪行为进行追诉并对诉讼中的其他违法行为进行纠正，从检察官独具的主动追诉职能来看，检察官是法律秩序的积极守护者，承担着积极主动的监督职能。同时检察机关在行使监督权的过程中，往往面对着各种强权和错综复杂的部门利益关系，有时还会受到来自地方党政领导甚至上级领导的干涉，在约束强权的过程中，伴随着更多权权交易、权钱交易的诱惑。② 检察官要保证国家法律的统一实施，以维护国家长治久安，这关系到国家法治秩序和社会稳定、公民人身权利、财产权利及其他合法权利的保护问题。如果执法者不足以取信于社会和公众，必然会导致民众离心离德。即便只有少数检察官渎职、违法乱纪或伦理缺失，背后隐含的却是法律的混乱和虚无。因此，检察官的职业伦理具有更大的社会责任性、示范性和相应的高水准要求。

其次，具有更强的约束性、执行性。检察官违反职业伦理的渎职懈怠、以权谋私、贪赃枉法、刑讯逼供等行为，不仅要受到道义的谴责，而且还要受到相关职业法律和纪律的制裁。部分检察职业伦理以法律形式作出了规定，使之具有更高的位阶和更大的权威，成为检察官必须遵循的法定义务。除此之外，各种“法规性”纪律和其他规范性文件也充分体现了检察官职业伦理的强制性、拘束力和操作应用性。不能得到执行的法律规范和职业伦理规则形同虚设。作为法律执行监督者，如果检察官自身的职业伦理法则都无法得以实现，那么法律实施的目标和愿望难免也会成为空中楼阁。检察官职业伦理的强制性

---

① 检察官职业伦理主要适用于检察官的职务性活动和部分私人社会交往，由宪法条款、法律、职业纪律和其他内部规范性文件等权威性规范组成，对于实现其岗位权责的合法化和工作程序的规范化起着重要作用，因此，其首先应当具备诸如专门性、权威性、程序性、可操作性和强制性的特征；此外，检察官职业伦理既对检察官应当做什么、如何开展工作等作出规定，并带有强制性，甚至上升为法律和相关的惩戒安排，明确了违背职业伦理的惩罚后果，故还具有引导性、约束性和可操作性。

② 参见樊崇义、翁怡洁：《检察监督和司法公正》，载《人大研究》2004 年第 4 期。

和执行性，还体现在其职业法律、纪律所设定的监督惩罚概率和力度上。检察官职业伦理应当通过程序性和配套性的制度设计，使其具有更高的监督、惩戒概率，使违反职业伦理的行为时刻感受到压力，增加违规行为被发现和惩罚的风险；同时要提高对违反职业伦理者的处罚力度，从警告、记过、留职察看直至开除公职，杜绝处罚过程中存在的不真实（弄虚作假、不予处罚）、不对等（处罚力度过小）、形式化（抓小放大）等问题。

最后，具有更强的政治性。检察机关历来被视为人民民主专政和维护国家政权的重要工具，这种政治性要求也反映到检察官职业伦理之中，如关于“坚定政治信念，坚持以马克思列宁主义、毛泽东思想、邓小平理论、‘三个代表’和科学发展观为指导；坚持党的领导、路线、方针、政策、纲领，服务大局”等方面的要求都是检察官职业伦理政治性的现实表现。

（二）职业伦理与检察官角色定位

职业伦理取决于职业的社会角色定位，因而不同于个人道德和社会道德。职业伦理赋予职业成员以特殊的道德义务，这种义务在不同职业之间差异巨大，甚或完全相反。如诚实守信是大部分职业者的职业伦理，但是医生有时为患者考虑不得不在病情程度上说谎。不同的职业在社会中扮演不同的角色，职业行为的价值取向也不同，公众对职业行为的看法和道德评价也会受其影响。因此，职业行为是一种“因角色而异的行为”，是社会分工专业化的表现。[①]从业者需要把个人信仰与好恶暂放一边，按照特殊的伦理规则行事，从而有专业的表现。

法律职业伦理不外如是，它是法律工作者面临角色冲突时在多元竞争的价值目标间进行平衡和选择的结果。它反映法律工作者的特殊职业定位和内在要求，因而不同于个人修身原则和公共道德规范。换言之，“法律伦理不是个人道德，也不见得是社会的道德标准，而是一套设计来让人公平享有法律服务的规定。这是法律专业在社会认可下，制定来服膺该专业特殊要求，以服务更高的社会目标与福祉的规定。”[②] 按一般伦理，帮助犯罪分子逃避惩罚是违法犯罪行为，但律师帮助罪犯开罪轻判却因其职业角色的定位而具有正当性。若律师试图把嫌疑人交付审判，使其受到刑事责任的追究，反而违背职业伦理。

检察官是法律职业群体的组成部分，在诉讼中承担的职能不同于法官和律

① 单民、上官春光：《多重视角中的检察官职业伦理》，载《第四届国家高级检察官论坛文集》2008 年。

② ［美］布莱恩·甘迺迪：《美国法律伦理》，郭乃嘉译，台北商周出版社 2005 年版，第 4 页。

师，其职业伦理既有法律职业伦理的共性，又有其特殊性。实际上，检察官职业伦理形成了法律职业伦理的一个分支，基于其角色定位，检察官职业伦理不应包含个人道德规范和社会道德规范，而应包含两部分——法律职业共同体应当共同遵守的道德规范和从事检察官职能活动应当遵循的特殊道德规范。

在我国，检察机关是国家的法律监督机关，检察官代表国家参与诉讼活动，充当着国家法律监督者的角色。因此，检察官首先要遵循客观义务，依据法律和事实履行法律监督职责。在刑事诉讼中代表国家追诉犯罪应秉承客观立场，同时兼顾对被追诉者有利的证据，保护其合法的权利，不能基于个人对犯罪行为的憎恶而漠视对被追诉者的有利的证据，更不能为追求胜诉而故意剥夺或限制被追诉方的辩护权。

除客观义务外，检察官还要遵守所有法律职业人员均须遵循的道德义务，诸如忠于法律的精神、追求公平正义的价值等。同时，检察官在生活和职业活动中扮演双重角色，作为社会个体，其当然受个人道德和社会道德的约束。

三、法治思维价值论——完善职业伦理、助推检务工作

（一）以法治思维作为完善检察官职业伦理的基石

1. 确立法律至上之职业观

法律至上是我国社会经济、政治发展、改革开放的客观要求与实践使然。然而，我们需要注意的是，并非成文法律一旦制定，法制就能有效运行，法治就能立刻实现，法律还需要专人操作与实施，这类法律实施者必将对其所施行的法律产生深刻的影响。检察机关作为惩治犯罪、保障人权的法律监督机关，检察人员是否做到秉公执法、不枉不纵，是否做到廉洁为民、克己奉公，是否做到忠于宪法与法律，直接关系到法律权威的有无与力度的强弱，对于树立检察机关公正严明的形象，对于唤起广大人民群众的法治信心与法律情感具有决定性作用。

2. 确立权利本位之法律观

中国长久以来的“人治”传统必然导致其法治的缺位，因为法治是良法之治，优良的法必然是富含公平、正义、自由、人道等人文精神的法。遗憾的是，古代中国的法律文化中最缺乏的恰恰是人文精神，“皇权天授”、阶级等级的宣扬导致了权力的失控和“越位”。树立法治思维下以权利为本位的法律观，尊重人、关心人、服务人，最大限度地确认和保障人民权利，使人民在法律的疆界内自由驰骋，当合法利益遭受侵犯时，以国家强制力为后盾自我救济。唯此，才能令人们倾向于信仰法律，从而为我国法治社会的建构打下缓慢但却牢固的思想基础。

3. 确立平等地保护和促进一切正当利益之价值观

逐步确立社会主义市场经济体制的中国，已形成了以公有制为主体，多种所有制共同发展的基本经济制度。当不同主体之间的利益发生冲突时，检察机关往往面临价值上如何选择的难题。通常，依据现行刑法，国有经济是我国重点保护的内容之一，对破坏国有经济秩序的犯罪打击力度重于破坏非公有制经济秩序的犯罪。从国家公共财产利益的法益保障角度出发，该倾向本无可厚非，但需要注意的是，不同市场主体在法律上具有平等的人格。因此，对彼此之间发生在民、刑事法律意义上的冲突进行利益衡量时，应坚决遵循“从身份到契约”的法治思维思路，对同等经济利益予以同样的保护和一致的对待。

4. 确立自由平等之人权观

人权在《牛津法律大辞典》中被定义为：“人要求维护或者有时要求阐明的那些应在法律上受到承认和保护的权利，以使每一个人在个性、精神、道德和其他方面的独立获得最充分与最自由的发展。”当代中国人权在宪法中的体现用一句话即可概括——人的生命、自由、财产安全不受非法侵犯。如何在实践中全面贯彻落实人权观念有待于进一步认识，但对检察机关而言，应该首先达成以下几个目标：（1）维系犯罪嫌疑人的基本尊严，禁止对其刑讯逼供和施加不人道或有辱人格的行为；（2）积极有效地打击犯罪，切实保障被害人的人身和财产利益；（3）剥夺犯罪嫌疑人的人身自由应符合合法性原则和禁止任意性原则，不得随意剥夺他人的生命、自由及财产；（4）犯罪嫌疑人的人格平等，不因其身份、地位的不同对其采取不同的司法态度。

（二）以法治思维全面助推检务工作

1. 以法治思维推动司法公正的实现

法治不仅要求人们依法办事，还蕴含着对公正价值的追求。检察官应树立和运用法治思维，深刻认识到司法公正是实现法治的前提。人民检察院必须大力加强司法公正建设，认真对待每一起案件，确保法律公平与公正价值的实现，让人民群众在每一个案件中都感受到公平和正义。

加强司法公开机制建设，着力提升司法公信。党的十八大报告把“司法公信力不断提高”作为全面建成小康社会和全面深化改革开放的重要目标，这就要求检察机关要切实增强服务意识，提高检务工作的透明度、开放度、参与度，充分保障公众与社会对司法的知情权、参与权、表达权和监督权，确保司法权力在阳光下运行。

加强司法廉洁机制建设，着力培育廉政文化。党风廉政建设和反腐败工作的成效直接关系到检察机关的权威与检察官的形象，关系到和谐社会的建设，也关系到司法公正。要加强廉政文化建设，开展司法廉洁教育活动，抓好检察官理想宗旨、党纪国法、廉洁勤政教育，使其真正做到不为金钱所动，不为人情所困，不为关系所扰，增强自我净化、自我完善、自我革新、自我提高的能力。

加强监督机制建设，着力提高案件质量。检察机关运用法治思维维护社会公平正义，就要不断加强审判监督力度，全面梳理影响刑事审判效果的突出问题和薄弱环节，防止同案不同判，切实提高案件的裁判质量，积极促进司法公正，使社会公众从每一件涉及诉讼的小事上感受法律的存在、认知法律的尊严。

2. 以法治思维践行司法为民的宗旨

社会主义法治建设突出对公民权利的尊重和保障，其根本目的是为了实现人的自由而全面发展。因此，检察机关培育和树立法治思维，就要将科学发展观的核心——以人为本，贯穿到法治建设之中，体现到检务工作上来，始终坚持司法为民的宗旨。

自觉增强服务大局理念，站在法治思维的高度，围绕党和政府的中心工作，不断强化司法的社会责任，积极为党委、政府作决策提供法律依据，在推进重点项目建设过程中提供司法服务，保障经济发展与社会建设。

积极践行群众工作路线。要积极开展群众路线教育活动，提升检察官在新形势下的群众工作能力，加大控告申诉与信访工作的服务力度，准确把握群众的司法需求。完善当事人和解与困难人群救助工作，急民忧、解民难，切实维护群众利益。

3. 以法治思维促进司法能力的提高

检察机关在运用法治思维、推动法律实施过程中，必须十分重视“人”的因素，切实提高检察官的司法能力和司法水平，培养和造就一支政治坚定、业务精通、能力过硬、作风优良的检察官队伍，在全社会弘扬社会主义法治精神。

大兴学习之风，建设学习型检察院。引导检察官切实增强运用法治思维解决疑难复杂问题的本领，实现由理论研究型的学习向理论与实践结合型的学习转变，由知识培训型向知识与能力结合型转变。要坚持学以致用、用以促学、学用相长，坚持走人才强院之路，培养更多知识型、智慧型、专业型、复合型检察人才。

规范司法行为，树立良好形象。规范化的司法行为是司法者素质和能力的展现，也是司法权威的有形外化，更是法治的当然要求。检察机关应继续转变作风，强化纪律作风建设，改变工作懒散、纪律涣散、办事拖沓等不良风气，促进优良司法作风的养成。

及时总结经验，做好司法调研。检察机关处理各类案件、化解矛盾纠纷的过程，是发现社会问题、弥补管理漏洞的过程，也是推进法治建设不断进步的过程。开展调研要密切关注各种社会矛盾发生的原因、特点、趋势，深入分析经济社会发展变化反映在司法领域的各种情况和问题，揭示出利益格局深刻调整背景下矛盾发生的规律性问题；充分调动检察官参与调研工作的积极性，并注重调研成果的转化和利用。

整合社会资源，推动管理创新。检察机关在进行社会管理创新的过程中，要充分发挥司法的引导、保障和促进作用，有效对多种社会治理力量进行整合，使法治方式成为解决社会矛盾和社会冲突的制度化手段。

从提升执法品位的视角
谈检察职业修养之加强

李爱君*

相对于执法效果而言，执法品位更多体现在执法过程。现实中，个体执法效果的差异源自“执法品位”① 的不同。执法品位的高低，不仅取决于执法者本人的专业素养、道德情操，更多地取决于其内在气质与修养这一源头性因素，而这方面的提升远非传统的忠诚、公正、清廉、文明的检察官职业道德所能涵盖。笔者认为，检察执法的品位不高是当前客观现实，而此现象与检察职业修养缺失相关。本文试着从当下的执法现实入手，分析检察职业修养缺失的种种表象，并着力提出解决、改进的方法和路径。

一、检察执法品位概述

执法品位，是指执法办案的品质、质量与档次。总结长期的检察执法亲历以及观察，笔者将检察执法品位分为三个层次。第一层次，准确地认定犯罪事实，正确适用法律，合理引导当事人通过正常途径反映诉求，平和轻缓地处理尖锐矛盾，最终做到案结事了，既符合了社会正义理念，同时具备了刑法的目的性和具体的妥当性。如此，可称之为上品。第二层次，认定事实适用法律正确，符合形式上的规范性，但具体的妥当性方面存有欠缺，能够解决案件主要矛盾，但处理上欠周全，案件次要、细节矛盾未能得到妥善处理，需要结案后去修复、弥补。如此，可谓是中品。第三层次，认定事实或适用法律错误，出现冤假错案，处理案件偏离了一般社会正义观念，司法结论被社会批判，案件的主要矛盾没有得到化解甚至被激化。如此，为下品。

第一层次的执法状况当然是最为理想的，但是对照我们的司法实践，排除

* 江苏省南京市人民检察院党组成员、副检察长，首届全国检察业务专家。

① 《现代汉语词典》，2005 年版，“品味” 一词，泛指人或事物的品质、水平。本文中的执法品味，可以理解为执法的品质与水准。

案件自身简单这一客观原因之外，但凡遇到矛盾复杂的案件，能够达到这一状态的并不占执法办案的主流。许多矛盾复杂案件的执法品位都处于第二层次，甚至第三层次的状态也层出不穷，这些执法不仅使得个案的正义无法实现，更为严重的是导致司法公信力不断下降，污染了整体法治环境。之所以产生上述现象，原因可能很多，但笔者认为，执法人员的修养不高是其中根源性的问题。

二、当前检察职业修养的缺失

归结到检察工作中，笔者认为，从职业修养角度考虑，导致执法品位不高的现实主要存在以下几个方面的原因。

首先，法律监督“失语”，导致法律约束机制失灵。为了保障办案质量，刑事诉讼法及各项诉讼规则设置了重重的监督制约措施，意在通过多重监督程序去纠正办案过程中的错误，以程序正义推动和保障实体正义，最大限度地避免冤假错案的发生。然而从近年来媒体披露的一些冤假错案的情况看，我们的制度在运行中仍问题不断。分析个中原因，主要集中在两个方面：一是执法能力欠缺，未能发现案件中存在的问题，因而也无法提出纠正意见，但这不属于职业修养方面的问题，故在此不做讨论；二是责任意识不强，虽然发现了问题，但是不敢发表正确意见，这反映出我们正在逐步丢失一个法律人应当具备的敢于说真话的气节，不敢提出问题，不敢提出质疑，以致错误的意见得不到有效纠正。坦率地说，这些冤假错案本身并不复杂，执法人员对认定犯罪事实的证据中存在的重大疑点都很清楚，也因此将案件一而再、再而三地退回补充侦查或发回重审，但令人遗憾的是，案件最终还是以“疑罪从轻”的“留有余地判决”而告终。这里，问题的关键在于执法人员的法治精神存在严重缺失，以致法律约束机制名存实亡。

其次，执法不接地气，法律结论不被社会认同。波斯纳深刻指出，“法律专门家成为一个职业的特权等级，他们的目的与社会需要和公众所理解的目的可能存在巨大不同”①。司法实践中，许多案件的结论虽然满足了法律的形式要求，但是过于强调执法的专业化，过于注重法律的形式性要求，而忽视社会一般的正义观念，虽然在法律上做到了认定事实和适用法律正确，但执法结论却得不到社会认同，甚至饱受社会诟病。主要反映在两个方面：一是脱离社会一般正义观念。受制于知识、阅历、甚至生活、工作态度等方面的原因，不了解或者不愿意去了解民情、民意，自觉或不自觉地将自己封闭在法律事实和法

① ［美］波斯纳：《法理学问题》，苏力译，中国政法大学出版社1994年版，第7页。

律思维之中，片面地依据法律提出貌似符合规范的处理意见，不会或者不愿意将自己的执法结论放置社会评价的天平去衡量，最终导致案件的处理得不到社会的认同。二是机械执法。要么不加分析简单地套用法律，要么过于自信，认为自己掌握了最权威、最终极的解释，奉行一层不变的结论。于是就有了许霆一审被处以无期徒刑的判决，有了儿子出于孝心替年迈的父亲顶罪，结果父亲被追究了原罪，儿子被以包庇罪追究刑事责任的现象。这些司法结论我们都很难从法律的层面来评价它的不当，而在世俗的观念里，却受到了广泛的批判。这样的执法使得法律的公正在许多情况下不能满足善良的社会观念，同时背离了社会伦理，扼杀了法的生命。

再次，缺少换位思考，执法效果难以保证。在执法办案过程中，需要执法人员不断地转换角色，站在不同当事人的立场去分析司法结论的准确性和合理性。但是现实执法过程中，许多执法人员以“自我”为中心，不能转换角色，多角度、多层次地对司法结论进行审视，从而导致执法效果受影响。他们往往不能站在犯罪嫌疑人的角度去判断其行为是否具有期待可能性，从而对罪与非罪做出准确判断；听不进诉讼当事人提出的诉求，不能站在当事人的角度去评价诉求的合理性；当当事人提出的诉求不符合自己的既定思维时，不能及时调整工作思路，也不能做好解释工作，而是按照既定的思路，将自己所谓的正确意见强加给当事人。

最后，司法诚信缺失，整体公信力下降。司法不诚信必然指引办案效果向坏的方向发展，一次不诚信的执法，其影响不在于一次执法本身，更严重的结果是对整体司法诚信的损害。而这一值得关注的问题却屡屡在实践中发生，一次次地伤害着原本就很脆弱的司法诚信体系。现实中，主要表现为以下几个方面：首先，有诺不践。司法短视，为图眼前利益将矛盾搪塞过去而不负责任的承诺，最终却不能兑现，给案件的后期处理留下后遗症，案结事不了。其次，遇事相互推诿，害怕承担责任。出现问题时，不敢负责，总是习惯性地撇清，委过于人。最后，遮遮掩掩，不敢公开。每逢公众关注事件，不敢第一时间公开事实和真相，导致社会公众对司法行为诸多猜疑。如此种种都给我们的司法诚信带来了极大的破坏，同时也给我们的法治建设带来了伤害。

三、加强检察职业修养的几点意见

除了传统的检察职业道德伦理方面的要求以外，要想进一步提升检察执法的品位，检察执法人员必须强化以下几方面的职业修养。

一是坚守法律的信仰。孟子曰“人之所以异于禽兽者几希，庶民去之，君子存之”，这里“几希”的差异指的便是“精神”。在法治社会的状态里，甚至普通公民从内心都存有对法的尊崇，就检察官而言，对法律精神的坚守和信仰更应是最基础的道德水准。康德说过：“世界上唯有两样东西能让我们的内心受到深深的震撼，一是我们头顶上灿烂的星空，一是我们内心崇高的道德法则。”作为法律监督执业者的检察官而言，应时刻坚守法的信仰，将法的精神贯穿于每项执法过程，从而让社会公众逐渐积累法所带来的安全感，最终将法的精神根植于广袤的土壤。

二是敢于担当的胸襟。除了在办案过程中要客观公正地认定案件事实、不偏不倚地适用法律之外，在案件存有问题的情况下，要敢于直言，在发表意见时，应当直截了当地指出问题，不拖泥带水、不含糊其词，不推诿、不敷衍。在自己的意见与上级、领导意见相左时，不掩饰、不盲从、不逢迎，避免由于监督“失语”使得案件沿着错误的方向渐行渐远，从而真正地将检察机关的法律监督职能落到实处。

三是悲天悯人的情怀。检察官首先应当是一个品质高尚的社会人，偏离这一点，法律工作便会与社会脱节，更有甚者，会偏离社会正常的评价轨道。一般来说，社会化的情感与具体化的职业责任同时都会对处理问题的方式和结果产生影响，法律人在处置法律事务时，也同时受到情感与责任的双重约束。在多数情况下，情感与责任指向的处理问题的方式在大方向上是统一的，但不排除在有些情况下，两者会产生碰撞。如何实现法律思维与大众情感之间的融会贯通、如何学会在法律事实与社会伦理之间的触类旁通，不仅是对检察官综合素能的全面考验，也是司法工作在鲜活的社会生活中永葆生命力之源泉。

正如苏联法学家阿列克谢耶夫指出的“法学者研究法律时，一方面要有宽广胸怀，另一方面要进行合理的解释”,① 为了使司法结论更契合社会需求，避免“法律人成为不食人间烟火的‘法律机器’”②，首先，检察官需要了解社会，贴近民情、民意，不断丰富自身的阅历和社会知识，为自己的执法过程和执法结论添加更多的社会注释。其次，在办案过程中，检察官要胸怀大局，心中充满正义，始终以悲天悯人的情怀去解释法律，目光不断地穿梭于法律规范与社会生活之间，根据形势的需要不断调整执法思维，因时、因势地解释和适用法律，使法律始终与时代合拍，使社会的公平与正义在每个个案中得到彰显。

四是多重角色的思维。在具体的办案实践中，要学会换位思考。通过多角

① 转引自张明楷：《刑法格言的展开》，法律出版社2003年版，第7页。

② 孙笑侠等：《法律人之治——法律职业的中国思考》，中国政法大学出版社2005年版，第33页。

度、多层次的换位思考，从而审慎地提出自己的司法结论。首先，在罪与非罪的问题上，检察官在每办理一起案件时，需要将自己置于犯罪嫌疑人当时的境地，去做社会层面的考量，如果自己在当时的情况下，都不能避免地做出像犯罪嫌疑人同样的行为时，那么该行为很可能得到社会的宽宥，在将此行为评价为犯罪时，至少在期待可能性方面是欠缺的，在判定罪与非罪时，需要我们愈加谨慎，否则可能会受到社会质疑。其次，认真对待当事人的诉求。在办案过程中，各方面主体都会立足于自身的利益提出多种诉求，面对这些纷繁复杂的诉求，检察官不能简单地进行取舍，而是应当站在不同当事方的角度去审视各项诉求的合理性和可行性，从而在不同主体诉求之间寻求到平衡点，即便出现了不合理诉求，也要站在当事人的立场去体会其心境，以极大的耐心做好解释说服工作。在当事人的诉求影响到正常的办案思路时，不要轻易归责于人，要不断调整既定的办案思路，最大程度地将办案过程中的各种因素协调统一。最后，谨慎对待犯罪嫌疑人的辩解。要高度重视、认真对待犯罪嫌疑人提出的各项辩解，通过认真、仔细的查证，甄别该辩解是否具有合理性，不能轻易依据常理或者案件的定罪证据草率排除。

五是诚实守信的态度。由于掌控了国家的司法权力，司法行为便拥有了强制话语权，但这并不表明公民同时对司法诚信的认可，也不表明法律与诚信成为孪生兄弟。“内诚于心，外信于人”是对一名普通社会人的道德要求，对于检察官更是如此。如果说通常意义的诚信一词体现对个体的要求，那么司法诚信则代表了国家司法机关在广大公民心目中的形象，我们的司法诚信和司法公信力便是在一次次诚信、正确的司法过程中不断得以积累和强化的，而每一次不诚实的执法、不履行的承诺都会对司法诚信造成极大的伤害，从这个角度来说，检察官在办案过程中所说的每一句话都事关司法诚信，检察官应当谨慎对待办案过程中的一言一行，将其上升到树立司法公信力的高度来对待。首先，谨言慎行。在与当事人的沟通过程中，要严谨、守信，既要防止说假话、空话、大话，又要防止遇事推诿、不敢表态，不敢承诺。其次，有诺必践。在诉讼过程中，答应当事人的，应当及时兑现，即便由于客观原因不能兑现承诺的，也要本着实事求是的态度第一时间向当事人说明情况，切忌为了搪塞矛盾、拖延时间而对当事人随意承诺、胡乱保证。再次，有过敢担。确实在执法过程中存在问题的，应当敢于担责，勇于承认错误，切忌相互推诿，回避问题，委过于人。有义务认真对待我们所承办的每一起案件，有义务认真对待我们的一言一行，有义务让每位与我们接触的诉讼参与人都能感受到司法的诚信与安全。

四、结语

检察职业修养如滋润万物的水，灌溉着看似机械刻板的执法流程，使之内生出司法公信力；执法品位如舟，承载着民众对完美司法的期望，追寻着法治的精神。水能载舟，亦能覆舟，水涨则船行高远，水落则船滞浅滩。唯有不断提升检察职业修养，以点滴的力量汇聚浩瀚的江河，方能逐步提升执法品位，成功驶向法治的彼岸。也唯此，我们的执法才能真正契合善良、正义的社会理念，从而为法治的精神广播，为我国法治进步做出积极贡献。

法治思维与检察官职业伦理

郭祖祥[*]　熊　皓[**]　勾香华[***]

党的十八大报告强调，要提高领导干部运用法治思维和法治方式深化改革、推动发展、化解矛盾、维护稳定能力。何谓法治思维？简而言之，就是以法为价值之要、以法为行为之规、以法为治理之本的思维模式。① 检察官职业伦理建设是我国“依法治国”、“以德治国”方略的重要组成部分，加强检察官职业伦理建设，是当前检察机关落实党的十八大关于“法治思维”精神的集中体现，是推进检察事业全面发展的根本要求，是全面提高检察队伍整体素质的现实需要。结合实践，笔者认为，必须准确把握“法治思维”精神的精髓，深刻认识落实“法治思维”精神与加强检察官职业伦理建设的密切关系，牢固树立执法为民、公正不阿、认真执着、以人为本、接受监督等职业伦理，推动检察工作的科学发展。

一、落实“法治思维”精神，要求检察官必须牢固树立执法为民的职业伦理

党的十八大报告强调“坚持以人为本、执政为民，始终保持党同人民群众的血肉联系”，就各级机关和党员干部密切与人民群众的联系提出了明确而具体的要求。人民检察院是人民的检察院，人民检察官是人民的检察官，从本质上讲，检察职权就是人民赋予的。因此，要落实党的十八大关于“法治思维”的精神，我们必须牢固树立执法为民的职业伦理，始终把人民利益放在第一位，努力维护人民群众的根本利益。一是从感情上保持与人民群众的零距离。把爱民之心融入检察工作的各个环节，对人民群众怀带深厚的感情，以和蔼的态度、文明的举止、到位的工作，让群众愿意与我们交流，愿意向我们反

---

* 重庆市巴南区人民检察院检察长。

** 重庆市人民检察院检察员。

*** 重庆市巴南区人民检察院研究室主任。

① 郭树勇:《加强法治思维的养成》，载《人民日报》2013年5月29日。

映问题，真正感受到检察机关的温暖。二是从工作方式上注意掌握群众工作的方法。坚决克服浮在上面、闭门造车、作风漂浮的不良作风，同人民群众保持密切联系，倾听人民群众的呼声，悉心了解他们在想什么、盼什么，把了解到的第一手资料作为确定和调整检察工作的重要依据。三是从行动上多为人民群众办实事、办好事。工作中，坚持人民的利益高于一切，以人民满意不满意、赞成不赞成、拥护不拥护作为检察工作的出发点和归宿点，多为人民群众办实事、办好事。

二、落实“法治思维”精神，要求检察官必须牢固树立公正不阿的职业伦理

党的十八大报告指出“公平正义是中国特色社会主义的内在要求”，强调必须坚持维护社会公平正义。作为肩负维护法律正义和尊严职责的检察官，理应视公平正义为法律之生命所系，将公正不阿作为职业伦理。英国人培根曾下过著名断语：“一次不公正的裁判，其恶果甚至超过十次犯罪，因为犯罪是无视法律，好比污染了水流；而不公正的裁判则毁坏了法律，好比污染了水源。”历史的经验表明，只有公正执法，惩恶扬善，不枉不纵，才能树立法治权威，法律所蕴含的公正、公平、正义等基本价值才能得以实现。反之，如果执法活动不能做到公正，法律就无尊严、权威可言，国家的长治久安、人民群众的安居乐业就会受到危害。因此，要落实党的十八大关于“法治思维”的精神，我们必须牢固树立公正不阿的职业伦理，始终坚持实体公正与程序公正并重，始终做到秉公执法，经受住情与法、权与法、钱与法的考验，过好人情关、权力关、金钱关，不为人情所困惑、权力所屈服、金钱所收买，时刻做到思想公正、行为公正、执法公正。办案中，要法平如水、泾渭分明、不偏不倚，既不放过一个罪犯、不漏掉一个罪行，也不冤枉一个好人；办案既要收集犯罪嫌疑人有罪、罪重的证据，也要收集其无罪、罪轻的证据，切实做到严格、规范、文明执法，全力维护司法公正，使人民群众切身感受到良好的法律秩序和社会风尚。

三、落实“法治思维”精神，要求检察官必须牢固树立认真执着的职业伦理

执着是生命的一种存在形式，执着与生命、与事业同在。要落实党的十八大关于“法治思维”的精神，我们应当牢固树立认真执着的职业伦理，始终忠诚于人民，始终忠诚于法律，恪尽职守，严格执法，全面正确履行法律监督职能。在具体执法工作中，我们不仅要严格依照刑法的规定来准确确定罪名和犯

罪情节，也必须严格依照刑事诉讼法的规定正确地进行刑事诉讼活动。工作中始终坚持依靠群众，以事实为根据，以法律为准绳，树立法律的绝对权威。办案中要敢于坚持原则，不论受到来自何方的压力，不论压力有多大，不论行为人的职业、出身、职位高低，只要触犯了刑律，都应严格依法追究刑事责任；对于无辜者，坚决维护其合法权益，由此体现人民的意志和展示对法理的执着追求。如在化解矛盾、维护稳定工作方面，我们尤其需要具备认真执着的职业精神，一定要从维护稳定，促进和谐，服务大局的高度重视和加强检察信访工作，把思想统一到案结事了、息诉罢访上来，坚持教育为主，坚持解决实际问题为主，围绕化解矛盾这条主线，既重法度，又重情理，认真执着地解决人民群众的合理诉求，树立检察机关在人民群众中的认同感。

四、落实“法治思维”精神，要求检察官必须牢固树立以人为本的职业伦理

以人为本的职业伦理不仅体现对人的尊重，反映诉讼的文明程度，而且有助于实现司法公正，树立司法活动的权威。随着法治社会的进步和文明程度的不断推进，以人为本的职业伦理在广大检察干警心中逐步树立，但是有的干警对此还存有模糊认识，或认识不深。无论是证人、被害人还是犯罪嫌疑人，均是中国公民乃至人民群众中的一员，其合法权益理应得到维护，然而相对于国家司法权力而言却处于弱势的地位，在诉讼过程中需得到更多的人文关怀和人道主义帮助。因此，要落实党的十八大关于“法治思维”的精神，我们必须积极倡导人性化的办案方式，自觉将以人为本的职业伦理体现到每一个具体案件里，贯穿于每一个程序环节中，认真落实宽严相济的刑事司法政策，积极推行刑事和解、司法救助、未成年人犯罪案件办理、轻微刑事案件快速办理等工作机制，努力维护好当事人的合法权益。同时，我们也要正确处理好人文关怀与打击犯罪的关系，既不能一味片面追求人权保障，致使办案畏首畏脚，削弱打击职能，也不能因强调打击犯罪而忽视人权保障，致使当事人的合法权益受到侵犯，切实做到办案法律效果与社会效果的有机统一。

五、落实“法治思维”精神，要求检察官必须牢固树立接受监督的职业伦理

党认识到“不受监督与制约的权力必然导致腐败”，在党的十八大报告中强调“坚定不移反对腐败，永葆共产党人清正廉洁的政治本色”，表明了党坚决反对腐败的决心。检察机关是国家的法律监督机关，既是监督的主体，又是被监督的对象。因此，要落实党的十八大关于“法治思维”的精神，我们必

须牢固树立监督者更需要接受监督的职业理念，自觉接受监督，更好地为人民群众执好法、用好法。一是主动接受人大对检察工作的监督。增强宪法意识，自觉接受人大监督，积极主动向人大及其常委会报告工作，认真落实人大及其常委会的决议和要求，在人大的监督下不断加强和改进检察工作。二是深化人民监督员制度。进一步拓展接受人民监督的方法和途径，进一步完善人民监督员制度，强化人民监督员对检察机关职务犯罪侦查工作的监督作用。三是健全、完善特约检察员和特邀监督员制度。检察机关应坚持在国家机关、企事业单位、人民团体中聘请特约检察员和特邀监督员，充分发挥其监督作用，促进检察工作健康发展。四是深化检务公开工作。进一步加大检务公开工作力度，向社会公开检察业务工作内容和程序，增强检察权运作的公开性，主动接受社会、群众和舆论的监督，以公开促公正。五是强化内部监督制约。在检察机关自身建设工作中，强化内部监督是关键。要按照最高人民检察院的要求，切实把加强检察机关内部监督放在与强化法律监督同等重要的位置，逐步建立健全内部监督制约工作机制，促进检察机关公正廉洁执法。

以法治思维为核心构建检察官职业伦理

孙翠林[*]　韩　璐[**]

伦，有辈、类、比、序的意思，是对人与人之间相互关系的一种界定。孟子曾有“五伦说”，即君臣、父子、夫妇、兄弟、朋友。理，原是治的意思，后来被引申为道理、准则规范等。所谓“伦理”便是指对人与人之间相互关系界定的规范和准则，意味着人际关系和关系之理，是人与人之间和谐有序的关系。它是道德的外在化，它的特点是群体性、外在性和客观性。“有伦才能有理，明理才能悟道，得道才能有德”，伦理便是告诉我们处于社会关系中的个人应当如何行动，它既要确定行为的一般规则，又要关注这一规则该如何内化为一个人的品行，使其自觉行动。因此，确定正确的检察官职业伦理，对于检察官职业的定位，以及正确指导检察官行为具有十分重要的意义。

一、检察官职业伦理内涵

检察官职业伦理可以概括为一个核心与四个基本点，即以法治思维为核心，公正、为民、清廉、务实。

（一）法治思维的内涵

1. 思维的内涵。思维分广义的和狭义的，广义的思维是人脑对客观现实概括的和间接的反映，它反映的是事物的本质和事物间规律性的联系，包括逻辑思维和形象思维。而狭义的通常的心理学意义上的思维专指逻辑思维。① 它是人类的一种特有的精神活动，从基本的社会实践中产生。思维对实践具有非常现实的指导意义。

2. 法治的内涵。十八大报告提出：“法治是治国理政的基本方式”，同时强调要“提高领导干部运用法治思维与法治方式深化改革，推动发展，化解

---

* 山东省枣庄市人民检察院法律政策研究室主任。

** 山东省枣庄市人民检察院法律政策研究室科员。

① 参见百度百科。

矛盾，维护稳定能力”。何谓法治？法治是与人治相对的，指运用法律手段来治理国家，它不因领导人的更迭而改变治国原则，不因当权者的意志而罔顾公平，不因政策的改变而影响整个社会的公正。

3. 法治思维的内涵。所谓法治思维便是指按照法治的方式规则来分析、解决问题，它是将法律知识、法律理念、法律规定等付诸实施的认识过程。它要求检察官要讲究规则、程序，讲究平等协商、依法办事，在法治框架内行使权力与履行义务。契约性、程序性、平等性、合法性等构成了法治思维的主要内容。

（二）公正、为民、清廉、务实的内涵

何谓公正？《说文解字》注释：“公，平分也。从八从厶。（音司）八猶背也。韩非曰：背厶为公。”“是也。从止，一以止。凡正之属皆从正。徐锴曰：“守一以止也。”笔者认为，公正便是不徇私情，不自私自利，坚守一个原则，为整个集体而非个人。作为检察机关，公正便是在受理案件时对待人民能一视同仁客观切实，在代表国家公诉时对待犯罪嫌疑人能客观公平不枉不纵，在适用法律上能坚守原则不偏不倚。

自古以来，便有“民为水，君为舟”、“道之以政，齐之以刑，民免而无耻；德之以德，齐之以礼，有耻有格”等说法，在我国一切权力属于人民，检察机关是国家的法律监督机关，代表人民进行法律监督，所以忠于人民是检察机关的神圣职责；在我国，国家利益集体利益和人民利益在本质上是一致的，检察机关行使公权力为整个国家办事，其实就是维护每名民众的权益的最大化，作为检察机关，忠实地维护广大人民群众的利益，是义不容辞的责任。

所谓廉洁便是“不贪”，更通俗地说便是尽心工作，得自己之所应得。它是指向社会公共利益的一种价值观念和道德情操，以及据此所产生的道德行为和社会状态。它对检察机关公职人员提出的要求便是公利至上，公平正直，公开透明，严守法纪，尽职尽责。

务实，指脚踏实地，勤勤恳恳，实事求是，作为检察机关，在办理案件的时候，更应该一切从实际出发，遵从证据事实本位原则，不能想当然，只有这样，才能保证公正客观，不徇私不枉法。

（三）法治思维与公正、为民、清廉、务实的关系

法治思维能更好地指导检察官做到公正、为民、清廉、务实。法治思维是人们对法律现象的认知与反映，并运用法律去思考认识解决实际的问题，它是一种蕴含了法治理念、价值和精神的思维方式和行动方式，它是人们在长期的工作和生活实践中形成的，一种认识世界改造世界的思维方式，法治思维一旦确立，就很难发生改变和迁移，它会潜移默化地指导实践。

法在古代的含义本身就是平衡，就是指的公平、公正，因此树立法治思维，以法治理念为核心指导行动，自然能遵从公正的要求；法律代表的是统治阶级的利益，维护的是统治阶级的权益，在我国广大的人民群众便是统治阶级，因此，树立法治思维，以法治理念指导行动，自然能维护广大人民群众的利益；在我国，法律本身规定了对贪污受贿等违法行为的罪行认定，因此树立法治思维，以法治理念为核心指导行动，自然能规避那些不合法的行为，厉行清廉；在我国，要求罪刑法定，禁止类推原则等，因此树立法治思维，以法治理念为核心指导行动，自然需要执法人员能严格按照法律、程序办事，实事求是，程序正当。因此，法治思维能更好地指导检察官做到公正、为民、清廉、务实。

二、构建以法治思维为核心的检察官职业伦理的必要性

（一）是依法治国的必然要求

党的十八大强调，依法治国是党领导人民治理国家的基本方略，而法治是治国理政的基本方式，要更加注重发挥法治在国家治理和社会管理中的重要作用，应全面推进依法治国，加快建设社会主义法治国家。习近平总书记在在首都各界纪念现行宪法公布施行30周年大会上也曾强调："各级国家行政机关、审判机关、检察机关要坚持依法行政、公正司法，加快推进法治政府建设，不断提高司法公信力。"检察机关作为国家的法律监督机关，在参与社会管理中承担着不可替代的作用。对于整个检察系统来说，推行法治理念，构建以法治思维为核心的检察官职业伦理，是推进依法治国的重要一环。

（二）是维护社会和谐稳定的必然要求

当前，我国社会转型正面临关键的临界点，社会信息、价值取向、利益诉求日益多元化，各类社会矛盾纠纷发生率和激化率急剧上升，矛盾纠纷的关联性、聚合性、敏感性不断增强，矛盾纠纷的多样化、群体化、过激化、复杂化不断凸显，社会的稳定与和谐面临严峻挑战。

一些司法机关不同程度地存在重业务素质而轻政治素质，重办案而轻政治学习，重物质建设而轻思想建设的现象，在市场经济复杂的大背景下，这样很容易使干警的人生观发生扭曲和错位，将权力商品化、市场化而产生司法腐败，司法的腐败才是最严重的腐败，廉洁关乎到检察事业的兴衰成败。要使司法腐败零出现，对司法腐败零容忍，就必须要有正确的价值观、正确的思维理念作指导。因此，在系统内部，树立正确的检察官职业伦理，树立以法治为核心的检察官职业伦理显得尤为重要。

（三）是全面建成小康社会的必然要求

党的十八大提出的全面建成小康社会，不仅是满足人民群众不断增长的物质文化需求，而且应该体现在各个方面，各个层次，法治亦当如此。执法机关也必须回应人民群众的期待，满足人民群众对法治不断增长的需求，保障他们合法正当的权益，保障人权，惩治犯罪，维护社会的和谐稳定。否则，就不是真正的小康社会。

要建成法治小康，就必须要整个社会，各个阶层共同努力，特别是作为国家机器的检察机关。在检察系统内部应该兴起树立以法治思维为核心的检察官职业伦理，树立依宪治国，依法办事，遵守宪法法律权威，依法治思维执法办案，以法治思维指导行为，用法治方式消除社会冲突，化解矛盾。

三、如何构建以法治思维为核心的检察官职业伦理

以上，我们已经对于法治思维的内涵，以及构建以法治思维为核心的检察官职业道德的必要性做以简单论述，下面，笔者将从以下几个方面谈谈如何构建以法治思维为核心的检察官职业伦理。

（一）加强思想建设，明确法治思维内涵及构建以法治思维为核心的检察官职业伦理的重要性

在1950年的第一届全国司法工作会议上，董必武曾指出："我认为在司法工作初建之际，思想建设特别重要，必须把它视为司法工作的前提"，在新中国成立废除了国民党六法全书，司法工作一切从头开始的情况下，作为新中国司法制度主要奠基人之一的董必武，在召开工作会议指导工作的时候，第一件事便是明确司法建设中思想建设的重要性以及人民司法的精神和含义。因此，在构建以法治思维为核心的检察官职业伦理时，首先就应该加强检察干警的思想建设，使干警认识到法治思维的重要性。

加强思想建设，使干警明确核心价值观的内涵及践行核心价值观的重要性的途径主要有以下几点：

1. 发挥领导干部的带头作用。毛泽东同志历来就十分重视经常性的思想工作，而且很善于做思想工作，如"三湾改编"后，他曾将各连队的党代表召集在一起，手把手地教他们如何做思想工作，明确提出要找士兵谈话，积极做干部思想工作，是党支部的三项主要任务之一。在构建以法治思维为核心的检察官职业伦理时，领导干部首先要做好榜样，加强学习做好表率，同时和其他同志多交流，对法治思维不坚定不明确的同志要多留意多帮助。

2. 开展读书学习相关活动。古人云，"开卷有益"。在检察系统内部全面开展读书学习活动，是促使干警坚定理想信念、提升精神境界的一条重要途

径。通过购买相关书籍，采取全员或者单独阅读的方式，促进干警法律素养的提升，使干警明确法治的重要性，促进干警形成法治思维。

3. 创新教育学习方式方法，多途径促进干警自我学习完善。根据德国经济学家戈森曾提出一个有关享乐的法则：“同一享乐不断重复，则其带来的享受逐渐递减。”应创新教育学习方式方法，以多种形式组织干警学习，例如，可以播放相关法律的电影电视剧，以寓教于乐的形式加深干警对该核心价值观的理解；可以采取评选标兵形式，促进干警积极争当模范；等等。总之，应明确教育目标，开展各种形式的教育活动，以多种形式组织干警学习法律知识，提升法律素养，使干警明确法治内涵，使法治思维内化于心。

（二）树立“法治”榜样，利用榜样效应影响检察官行为

所谓榜样效应是指具有先进性的先进人物在影响和激励人们的过程中产生的效果。列宁曾说：“榜样的力量是无穷的。”树立榜样确实有助于干警树立正确的人生理想，指引其人生方向。其实生活中不乏各种光辉的形象，时刻鞭策着他人努力奋斗，但当那些“星光熠熠”的名人被推崇备至的同时，他们却与普通人的距离也越来越远，榜样的拉力作用其实也就变得也越来越弱，怎样树立正确的榜样，同时使榜样的力量有效发挥是值得我们思考的问题。

长期以来，人们习惯于赋予榜样明星光环，展示他们的丰功伟绩，但是，在听者习惯了“高大全”的渲染模式后，这样的榜样在今天还能发挥它真正的激励作用吗？人们拒绝相信过于完美的英雄人物，而更乐于接受一个有瑕疵的真实人物。因此，树立榜样，利用榜样效应确实是必要的，但是正确树立榜样，发挥好“榜样效应”满足接受者群体的“接受心理”就必须把榜样从神圣的光环中解脱出来，作为一个人去宣传，拉近其与普通人的距离。

选择榜样自然是要选择那些高尚的，可以作为他人榜样的人，但是，选择榜样是要大家去效仿、去学习的，而不是放在高台上让人观摩的，他确实做了很多人做不到的事情，但是他做的那些，普通人可以通过严格要求自己而去做到，应该选择的是这样的榜样，而非那些机械地貌似完美的与群众距离相差太多的榜样模子。

可以在检察系统内部开展“法治思维人人有”活动。发现每个人的长处，让每个干警轮流做系统内部的榜样，一方面，因为是身边的人物，并非遥远的高高在上的人物，让其他人可以便于学习；另一方面，在每个干警做榜样的一天或者一个月，干警一定会严格要求自己，在自我要求过后，这种优良的作风定会有所保持。因为根据“皮格玛利翁效应”——赞美、信任和期待具有一种能量，它能改变人的行为，即当一个人获得另一个人的信任、赞美时，他便感觉获得了社会支持，从而增强了自我价值，变得自信、自尊，获得一种积极

向上的动力，并尽力达到对方的期待，以避免对方失望，从而维持这种社会支持的连续性。干警通过“承担榜样一职”，获得整个系统的信任、赞美，他会不自觉地更加严格要求自己，从而更加积极向上，把优点发扬光大，这样在全体检察干警中，便能形成良好的法治风尚。

（三）舆论导向，利用新闻媒体的社会影响力，构建法治思维

在现代社会，新闻舆论媒体的社会影响力越来越大，已经成为影响国家发展、社会舆论和群众情绪的重要因素。应通过正确的舆论引导干警，积极培养法治思维。根据海潮效应，即海水因天体的引力而涌起海潮，引力大则出现大潮，引力小则出现小潮，引力过弱则无潮的现象。其实人的行为以及价值观的形成与社会时代的关系也是这样。社会需要什么样的思维方式，什么样的思维方式便应运而生，这其实一点也不夸张。依据这一效应，作为国家，作为检察机关这个大集体，一定要加大对依法治国重要性、培养法治思维重要性的宣传力度，形成检察干警人人愿当法治先锋的良好风气。通过检务公开，通过利用新闻媒体的力量，使人民群众广泛接受检察机关的同时，加深他们对检察机关工作的理解，加强对检察机关的拥护，加强对法治思维的认同，在全社会形成信法、守法、爱法、护法风气，从而促进整个检察系统，乃至整个政法系统形成以法治思维为核心的检察官职业伦理。

（四）维护法制权威，加强法律监督，强化法律责任

构建以法治思维为核心的检察官职业伦理，同时需要法治权威作保障。树立法制权威应做到良法要遵守，违法需担责。建立完善的执法监督机制，对于不依法办事有法不依，执法不严的行为，发现一例查处一例，及时发现各种违法行为，不放纵任何违法行为，做到执法必严，违法必究。强化违法责任追究机制，要求必须严格依照法律执法，养成法治思维定式，将徇私枉法、权大于法等不良风气扼杀于摇篮中，使警钟长鸣。长此以往，促进检察干警形成以法治为核心的检察官职业伦理。

法治思维的提出是党治国理政观念的重大转向，应该是新时期检察院开展各项工作的指导思想。为此，检察干警应当充分认识法治思维的重大指导意义，振奋精神、狠抓落实，以法治思维为核心构建检察官职业伦理，为法治中国梦保驾护航。

三、法治思维与依法独立行使检察权

略论独立行使检察权原则

刘中发*

独立行使检察权作为一项基本的行权原则，在各国法律及权力实践中都有所反映。但是，对于该项原则的基本内涵，理论上仍存有分歧，其法律规范在各国也表现出一定的个性差异。本文拟在分析该项原则基本内涵及法律规范的基础上，对这一原则的适用进行探讨。

一、独立行使检察权原则的基本内涵

关于独立行使检察权原则的基本内涵，主要有以下几种代表性意见：

第一种观点认为，检察权独立性包括两个方面，即外部独立和内部独立问题，前者涉及在国家权力运作过程中检察机关与其他国家机关、团体和个人的关系，后者涉及检察权在检察机关内部的分配以及各检察权行使主体间的相互关系。① 如有学者认为，关于检察机关独立性的问题，区分为外部独立与内部独立，以及组织上的独立与功能上的独立是正当的，外部独立涉及检察机关归属于哪种国家权力或者与哪个国家权力相关的问题，内部独立指的是检察机关内部结构——中央集权或者地方分权结构——以及它们之间的层级关系。②

第二种观点认为，检察独立包括组织独立和官员独立两个层面的含义。检察独立，首先体现在检察机关的组织独立，即“官厅独立”。所谓检察机关的组织独立，是指检察机关在组织机构、人员构成方面独立于其他权力机关。其次，检察独立也要求实现检察官的“官员独立”。检察官在检察事务方面，是

---

* 北京市海淀区人民检察院法律政策研究室主任，法学博士。

① 参见龙宗智《论依法独立行使检察权》，载《中国刑事法杂志》2002 年第 1 期，第 5 页。

② 参见皮特・J. P. 泰克编：《欧盟成员国检察机关的任务和权力》，吕清、马鹏飞译，中国检察出版社 2007 年版，第 1—2 页。

具有自己决定和表示国家意志的独立机关，而不是唯上司之命是从地行使检察权。[①] 如有学者认为，独立行使检察权主要包括两个层面的含义：一是检察机关或检察官的整体独立，在这种独立的形式中，要求实行“检察一体化”，整个检察机关对外以整体的面貌出现，其根本属性为“上命下从”；二是检察机关内部或检察官的个人独立，在这种独立的形式中，检察官具有“独立官厅”的属性，检察官基于自己对法律的理解和对事实的判断独立完成诉讼活动。[②] 司法部长发布指令的权力受到“书面约束，言词自由”原则的限制。[③]

第三种观点认为，应从以下三个层面去理解检察独立：一是从国家权力的结构意义上去理解，检察独立与司法独立一样，是一种国家权力的结构原则。其所指向的是在国家权力体系中，检察权所应有的独立的宪法法律地位。二是制度意义上的检察独立。这包括三个不同视角的制度意义：即外在制度意义上的独立，主要指检察机关与政党，权力机关，行政、社会舆论等之间的关系，这种关系应当建立在检察机关在适用法律，与政党、社会舆论、权力机关保持适度的距离和独立；内在制度意义的独立，主要指检察机关内部关系，包括上下级之间，机关与检察官个人之间等内在的权力与权力、权力与权利的关系。这种关系一般表现机关独立和检察官个人独立；司法体制意义上的检察独立，这主要是将检察独立放置于整个司法体制之中看待。三是精神意义上的检察独立。检察独立不仅仅停留在国家权力的结构层面和制度保障层面，还应体现为一种人类对独立自由意志的关爱和尊重，以及对检察独立所蕴涵的法治精神的信仰，这是检察独立的至高境界，也是检察独立不可或缺的精神要素。[④]

此外，还有一种观点认为，独立行使检察权原则包括三方面的含义：一是检察机关或检察官的整体独立；二是检察机关内部或者检察官的个人独立；三是检察官的身份独立。上述三个方面相互间存在内在联系，它们共同成为现代独立行使检察权原则不可分割的基本要求。[⑤]

---

① 参见万毅、毛建平：《一体与独立：现代检察权运行的双重机制》，载《河北大学学报》（哲学社会科学版）2004 年第 2 期，第 18—19 页。

② 参见郏茂林：《“检察一体化”与检察官独立的博弈分析》，载《中国检察官》2006 年第 1 期，第 26 页。

③ 参见皮特 · J. P. 泰克编：《欧盟成员国检察机关的任务和权力》，吕清、马鹏飞译，中国检察出版社 2007 年版，第 2 页。

④ 参见冯景合：《论依法独立行使检察权》，载《国家检察官学院学报》2006 年第 1 期，第 13—14 页。

⑤ 参见邓思清、晓勤：《简析独立行使检察权》，载《人民检察》2000 年第 6 期，第 19 页。

上述各种观点的结论虽不尽一致，但却存在以下共同之处，即认为独立行使检察权应当包括外部独立与内部独立、整体独立与个体独立、组织上的独立与功能上的独立几个层面。

我国宪法以根本大法的形式确立了人民检察院依法独立行使检察权的宪法原则。根据宪法第131条和人民检察院组织法第9条的规定，依法独立行使检察权的原则，是指人民检察院依照法律规定独立行使检察权，不受行政机关、社会团体和个人的干涉。这一原则实质上是独立性、合法性、排除干涉性、相对性的结合。独立性，即检察权要独立行使。检察权为国家专有的基本权力之一，只能由国家专设的机关即检察机关行使，其他任何机关、团体和个人均无权行使检察权；法定性，即检察权要依法行使。检察机关行使职权必须符合法律规定的要求，既不能在法律规定的职权范围之外任意行使检察权，也不能在法律规定的范围内违法行使检察权；排除干涉性，即检察权的行使不受非法干涉。检察机关行使职权时，只服从法律，不受其他行政机关、团体和个人干涉；相对性，即检察权行使的独立性是一定限度的独立性。在我国，检察机关独立行使检察权，是指人民检察院作为一个组织整体，集体对检察权的行使负责，而不是检察官个人独立行使检察权，在各个检察院内部，实行检察长负责与集体领导相结合的决策机制，在检察系统内部，遵循检察一体制，下级检察院必须服从上级检察院的领导，地方各级检察院必须服从最高人民检察院的领导，在检察系统外，检察机关依法独立行使检察权必须坚持党的领导，接受人大的监督。①

二、独立行使检察权原则的法律规范

独立行使检察权原则现已成为世界各国普遍认同，并由制度所规范的行权原则。但是，由于各国司法制度的背景、司法的结构与理念、检察制度自身的特征等方面的不同，独立行使检察权原则的法律规范在各国表现出一定的个性差异。

（一）从立法模式上看，主要表现为两大类型

一是将独立行使检察权作为一项宪法原则加以规定，并以此原则和渊源派生出相应的司法组织原则、诉讼活动原则、检察官职务保障原则三项原则。这主要体现在以苏联为代表的社会主义国家。在我国，检察独立也是以宪法的形式加以规定的。这种模式的典型性在于，检察独立既不是分权意义上的检察独立，也不是权力本身不受任何权力的约束，而是独立于法定的国家机关、社会

① 参见孙谦主编：《中国检察制度论纲》，人民出版社2004年版，第196—197页。

团体和个人；检察机关在行使职权时只服从法律，是权力行使意义上的权力独立。

二是将独立行使检察权作为一项司法原则加以规定。这主要体现在以“三权分立”为标志的西方国家。在这种原则指导下，检察独立主要是指检察权由检察机关和检察官行使，检察机关附属行政机关或法院，但作为一个独立的机构或独立的官署，不受外来的干涉；检察官不得从事任何可能影响职务活动的行为；不得寻求任何外来的指示；检察官与法官具有几乎同等的职业保障等①。

（二）从实现形式上看，表现为两种形式

一是检察机关外部独立，即检察权运行过程遵循自身的规律而不受外部的非法干涉。② 如《俄罗斯联邦检察院法》规定，“联邦检察院依法独立行使职权，不受国家权力机关、管理机关、社会团体和政治组织的干涉。”《葡萄牙检察署组织法》规定，“检察署独立于其他中央及地方政权机构，享有独立的地位。”英国1985年《刑事检控法》建立了自成一体，独立的检察机构。全部检察官属于国家系统中的官员，实行自上而下的负责制，最上层的检察机构通过总检察长向议会负责。为了确保这种独立性得以实现，英国检察系统实行财政独立，检察机关经费独立预算。这就使检察机构完全摆脱了地方当局的控制和影响。

二是检察机关内部独立，即确认检察官在检察机关内部的相对独立，从而以检察官为主体，独立地行使检察权。③ 日本法务省刑事局所编《日本检察讲义》称：“检察官是独任制机关，本身具有独立的性质。”“检察官在检察事务方面，具有自己决定和表示国家意志的独立机关，而不是唯上司之命是从地行使检察权。检察官之所以被称作独任制机关的原因就在于此。”④ 对检察官独立性的确认，主要有两种根据。第一种根据是以检察官为诉讼法上的主体，或者作为“独立官厅”，以自己的名义处理检察事务，具有独立行使诉讼行为的权利和能力。第二种根据是由检察官责任制度肯定检察官在上命下从的检察体

---

① 参见冯景合：《论依法独立行使检察权》，载《国家检察官学院学报》2006年第1期，第14页。

② 参见龙宗智：《论依法独立行使检察权》，载《中国刑事法杂志》2002年第1期，第5页。

③ 参见龙宗智：《论依法独立行使检察权》，载《中国刑事法杂志》2002年第1期，第7页。

④ ［日］法务省刑事局编：《日本检察讲义》，杨磊等译，中国检察出版社1990年版，第18页。

系中仍然具有相对的独立性。办理案件的检察官必须承担案件处理的责任。①

（三）从保障机制上看，各国一般采取两方面的措施

一方面为检察官的独立性提供职务保障。主要包括检察官人身保障制度、人事任免制度与财政供应制度。如《俄罗斯联邦检察院法》规定，检察机关工作人员受到国家的特殊保护，这种保护的对象还有其家庭成员及财产；日本有关法规规定，检察官的工资待遇要比普通公务员高出30%。除特殊情况外，不得违反检察官个人的意愿将其罢免、停职或减薪。英国为了保障检察机关独立，实行人事任免独立安排，检察经费独立预算。

另一方面以法制手段限制行政与政治干预。其主要限制方式包括：指挥权行使主体的限制，指挥权受体的特定化，指挥权行使的公开性，以法定原则以及法律所尊重的检察官信念对抗行政指令权。联合国《关于检察官作用的准则》第4条规定："各国应确保检察官得以在没有任何恐吓、阻碍、侵扰、不正当干预或不合理地承担民事、刑事或者其他责任的情况下履行其专业职责。"国际检察官联合会《关于检察官的职业责任标准和基本义务与权利》第2条中规定："在承认检察官自由裁量权的国家里，检察自由裁量权应当独立地行使，不受政治干涉。"

三、独立行使检察权原则的具体适用

综上所述，从实现形式上看，独立行使检察权原则表现为检察机关外部独立与检察机关内部独立两种形式。保障外部独立的关键，在于正确处理独立行使检察权与坚持执政党的领导和自觉接受人大监督的关系；保障内部独立的关键，在于划定内部独立的合理边界，协调好"检察一体制"与检察官独立的关系。

（一）要正确处理独立行使检察权与坚持党的领导关系

1979年9月9日中共中央公布的《关于坚决保证刑法刑事诉讼法切实实施的指示》指出："今后，加强党对司法工作的领导，最重要的一条，就是切实保障法律的实施，充分发挥司法机关的作用，切实保证人民检察院独立行使检察权，人民法院独立行使审判权。""党对司法工作的领导，主要是大政、方针的领导。"这一规定是我们处理坚持党的领导和检察机关依法独立行使职权的关系的准则。检察机关在独立行使检察权的过程中，要自觉地把自己的一切活动置于党的领导之下，自觉地服从党的路线方针和政策，紧紧依靠党的领

① 参见龙宗智：《论依法独立行使检察权》，载《中国刑事法杂志》2002年第1期，第7页。

导来保证检察工作的政治方向，解决检察工作中面临的困难。在具体检察工作中，检察机关要认识到，一方面，依法独立行使检察权是在党的领导下的相对独立；另一方面，党对检察机关的领导是政治、组织和思想等方面的宏观领导，而不是检察业务方面的具体领导。① 当前，比较突出的问题是：一是要改善党对检察工作的领导方式，重点应解决三个问题：第一，限制请示汇报案件的范围。事前请示汇报的案件，应当仅限于党政机关县级以上领导干部或者其他在当地有重大影响的案件，而且可以在向上级检察机关请示并征得同意后实行事后汇报而不是事前请示。第二，规范请示汇报程序。听取汇报的范围要严格限制，有指示权的主体应当限于党委主要领导及其分管副职，而且任何汇报指示都应形成记录并经有关方面的认可，以此加强各方面的责任感。第三，明确对各级地方党委及其领导的意见，如果违背法律，检察长有权力甚至责任不予听从；如果照办，不能因此推卸其作为检察长的违法责任。② 二是要改革检察机关的领导体制，解决治事与管人脱节以及检察权地方化问题。长期以来，我国检察机关实行地方领导与上级检察机关领导并行的双重领导体制，检察官由地方党政部门按照行政模式进行管理，检察业务工作由上级检察机关负责，这种管人与治事相脱节的管理体制，既影响管人，又妨碍治事。虽然法律规定检察机关上下级是领导关系，但由于检察机关的人、财、物受制于地方，检察机关上下级之间实际的领导关系薄弱，“检察一体制”难以有效贯彻，造成检察机关地位附属化和检察权地方化，依法独立行使检察权难以从体制上得到保障。要解决治事与管人脱节以及检察权地方化的突出问题，切实保障检察机关依法独立行使职权，就必须改革体制，加强纵向关系，减弱地方影响，将宪法和法律所规定的检察机关上下级的领导关系实质化。

（二）要正确处理独立行使检察权与自觉接受人大监督的关系

检察机关自觉接受同级人民代表大会及其常委委员会的监督是宪法和法律规定的一项基本原则。人民代表大会及其常委会监督检察机关的工作，除了审议检察机关的工作报告、任免检察机关的组成人员、审查检察机关作出的司法解释之外，一个重要的方面就是对检察机关所办理的案件提出质询或者交办具

---

① 参见孙谦主编：《中国特色社会主义检察制度》，中国检察出版社 2009 年版，第 93 页。

② 参见龙宗智：《论依法独立行使检察权》，载《中国刑事法杂志》2002 年第 1 期，第 16 页。

体案件。① 当前比较突出的问题是要改善人大对检察机关的监督方式：一是人大监督的内容和方式要法定化。根据宪法、法律和人大议事规则的规定，人大及其常委会对检察机关的监督权限和方式主要有：评议并表决检察机关工作报告；对检察人员的任免权；对检察机关违反宪法和法律的质询权；对检察长报请问题和涉及检察机关特定问题的调查及决定权等。人大和人大代表不得超越和滥用职权，干预检察机关依法独立行使检察权。二是人大监督应当遵循以下基本的原则。即监督应尊重检察独立，这是人大依法监督的基础和前提；监督一般应当在事后，不能发生在事前或事中；监督应实行“不告不理”，避免“主动出击”；监督的重点是程序上的违法，如超期羁押、越权办案、刑讯逼供等，尽量不介入实体，不介入对个案的监督；监督应该是集体监督，不能演变成人大代表个人的监督权。总之，人大监督应当是依法监督、事后监督、被动监督、程序监督和集体监督。

（三）要优化检察机关内部职权配置，划定内部独立的合理边界

长期以来，我国检察机关内部实行的办案体制是：“检察人员承办，办案部门负责人审核，检察长或者检察委员会决定。”这种办案机制的有利之处在于便于强化对办案人员的监督并保证检察活动的统一性，但它与检察权的性质以及检察权行使的内在要求有矛盾，在实践中也表现出明显的弊端。一是具有“审而不定、定而不审”的特点，不符合司法活动直接性和亲历性的要求，难以保证诉讼决定和诉讼行为的正确性；二是形成办案人员对领导的依赖，难以充分调动检察官的积极性与责任感，不利于培养精英型检察官；三是审批环节过多，导致诉讼效率低下，浪费了本来就缺乏的司法资源；四是办案责任不明确，尤其是发生错案时难以进行追究。② 针对现行办案体制存在的弊端，从1999年开始，我国普遍推行主诉检察官办案责任制，主诉检察官办案责任制的实质，是在检察机关内部重新配置检察权，实施关键是“放权检察官”，或者说是“还权检察官”。10多年的运行实践表明，主诉检察官办案责任制对于淡化检察机关诉讼活动中的行政色彩，发挥检察官个体办案独立性起到积极的促进作用。但限于传统思想、人员素质的束缚，一些检察院虽然形式上也设立了主诉责任制，但实质上仍是原来的“行政化”办案模式。当前，在检察体制和工作机制改革的大背景下，有必要优化检察机关内部职权配置，加大推行

---

① 参见孙谦主编：《中国特色社会主义检察制度》，中国检察出版社2009年版，第91页。

② 参见龙宗智：《论依法独立行使检察权》，载《中国刑事法杂志》2002年第1期，第17页。

主诉检察官办案责任制的力度，突出检察官在检察业务中独立的主体地位和作用，使检察官从缺乏自主性和独立性的案件承办人成为有职有权的行使检察权的相对独立的主体，从而在集权与分权、授权与限权之间形成较好的契合。

（四）要适应检察权运行规律的要求，协调好“检察一体制”和检察官独立之间的关系

检察官独立要求检察官只服从法律，“除了法律没有上司”；“检察一体制”要求检察机关对外以一个整体的形象出现，对内则实行上命下从的管理体制。“检察一体制”的实现强化了检察权的外部独立性，但客观上弱化了检察官在执行职务过程中的个体独立性。为了协调好“检察一体制”和检察官独立之间的关系。当前，应着重解决好以下两个问题：一是为了保证检察官的独立性，必须对上级领导或机关的干预进行限制。首先，上级检察机关应依照法定程序和方式行使指令权；其次，上级的指令权的内容要受到法定主义和客观公正义务的限制；最后，法律应当赋予检察官在一定条件下对抗上级指令权的途径。二是在推进检察官独立进程中，应当对检察官独立进行较为严格的限制和约束。首先，要规范好检察官拒绝执行上级指令的范围。将检察官拒绝上级指令权的范围只局限于上级检察官的指令明显违反了法律，而不能因自己与上级在案件处理意见上的不同为由而拒绝；其次，要明确检察官拒绝执行上级指令的行为方式。在肯定检察官有权拒绝执行上级指令的前提下，规定检察官只能以请求上级检察官转移案件承办权的方式来行使；最后，要加强对检察官违法行使检察权的监督和惩戒。对于故意违背检察一体化原则、拒不执行上级命令的行为，采取切实可行的措施加以惩戒。①

① 参见冯中华：《论中国语境下检察一体化的实现》，载《中国刑事法杂志》2011年第7期，第96页。

论法治思维与检察权的行使

孙应征[*] 刘国媛[**]

法治思维作为依法治国的基本路径之一被写入党的十八大报告中,① 这在以往党的历次报告中是没有的，意味着法治思维已上升到治国方略的高度。检察权作为国家权力结构中的重要一环，承担着法律监督的重任，其行使应秉持什么样的法治思维，如何在法治思维的指引下实现检察权行使的正当性、合法性是检察机关需要关注的重要课题。本文在分析法治思维基本要素的基础上重点阐述了检察权行使的主体专业化、权力有限化、接受监督的必然化三个方面的内容。

一、"法治思维"的基本要素

要研究法治思维，首先必须明确法治的含义。"法治"，即依法治理之意，它是一个动态的包含多重含义的概念。它作为一种治国理政的方略，是与"人治"相对而言的。法治与人治的分界在于：当法律与当权者的个人意志发生冲突时，是法律高于个人意志还是个人意志凌驾于法律之上；或者说，是"人依法"还是"法依人"?② 法治也是一个融汇了多重含义的综合概念。一个完整的法治概念，同现代社会的制度文明密不可分，在任何现代性的法律

---

* 武汉市人民检察院检察长，华中科技大学博士生导师。

** 武汉市人民检察院法律政策研究室副主任，武汉市江汉区人民检察院副检察长（挂职），武汉大学博士研究生。

① 胡锦涛总书记在十八大报告中强调，提高领导干部运用法治思维和法治方式深化改革、推动发展、化解矛盾、维护稳定能力。党领导人民制定宪法和法律，党必须在宪法和法律范围内活动。任何组织或者个人都不得有超越宪法和法律的特权，绝不允许以言代法、以权压法、徇私枉法。法治思维强调思想转变，突出党对法治的理念态度，在思想层面提出了明确要求；法治方式是行为准则，在操作执行层面提出了明确要求。可以说，法治思维和法治方式从思想和工作两个层面为实现依法治国指明了具体路径。

② 郭道辉：《民主·法制·法律意识》，人民出版社 1988 年版，第 27 页。

中都意味着对公权力的限制，对公民自由与权利的平等保护，等等；意味着国家的立法、行政、司法以及其他公权力机构的活动必须服从法律的一些基本原则：人民主权原则、人权原则、正义原则、公平合理原则和高效的程序保障原则等。法治也同样要求人民服从法律，但同时要求人民服从的法律必须是建立在尊重和保证人权的基础之上。在这一意义上使用的“法治”是现代社会特有的意识形态，是一切制度化行为和制度安排应当与之相适应的“主义”。①

明确了法治的基本含义，对法治思维也就有了理解的前提。所谓法治思维，是指执政者在法治理念的基础上，运用法律规范、法律原则、法律精神和法律逻辑对所遇到或所要处理的问题进行分析、综合、判断、推理和形成结论、决定的思想认识活动与过程②。它包含着一套十分复杂的概念体系、价值体系、逻辑推理方式，也蕴含了一系列涉及权利、义务和责任的分配体系等基本要素。

（一）独特的概念体系

任何思维都离不开概念，概念是逻辑思维的起点。法治思维当然也要以专门的法律概念为基础。以刑事诉讼法为例，1996 年以前，刑事诉讼法没有区分“罪犯”、“人犯”、“犯罪嫌疑人”、“被告人”等概念，对于那些接受调查的嫌疑人，经常被称为“人犯”甚至“罪犯”，虽然表面看，只是一个称谓而已，但从法律层面而言，称谓的背后是法治理念和原则——无罪推定原则，即任何人在没有经过判决认定有罪，是不能称其为“罪犯”的，而只有在作为刑事案件的当事人被立案之后才能被称为“犯罪嫌疑人”。1996 年刑事诉讼法修改，对于刑事案件当事人的称呼随着刑事司法理念的改变，概念也有很大的变化。受到刑事追诉的人在检察机关提起公诉前，只能被称为“犯罪嫌疑人”；在法院审判阶段，被追诉人则被称为“被告人。这里的“犯罪嫌疑人”、“被告人”都属于专门的法律概念，它们的使用要受到一系列的严格限制。又如“法律监督”一词，作为检察机关的性质定位是由宪法规定的一个专有的法律概念，提到法律监督机关理所当然就是检察机关。然而，从法理层面而言，法律监督却是一个广义的概念，不仅包括检察机关的监督，还包括人大的监督、社会监督、舆论监督等各种主体对法律实施的监督。如此的法律概念还有很多，可以说，每一个部门法都包含着丰富的法律概念，这些法律概念成为法律人分析案件和进行法律思考的逻辑工具，即所谓实践中通常说的“法言

① 张文显：《法制与法治国家》，法律出版社 2011 年版，第 5 页。

② 姜明安：《法治、法治思维与法律手段——辩证关系及运用规则》，载 http://www.aisixiang.com/data/54580.html。

法语”。

（二）独立的价值理念

法律之所以能够发挥社会控制功能，就是因为法律规则对人们的行为作了各种各样的限制和规范，明确了人们的权利、义务以及相应的行为模式，并明确了对不遵守法律规则所要承担的法律后果。然而，任何一项法律规则都不是立法者随意写就，支撑和成就这些规则的是隐藏其后的价值理念。法律的基本原则，基本理念和价值标准才是决定法律规则的基本框架和内容的灵魂，并影响着法律规则的发展和变迁。在法治思维中最核心的价值理念是公权力和私权利的边界理念。“对国家公权力机构来说，凡是法律未授权的，都是禁止的；对公民个人而言，凡是法律不禁止的，都是允许的”①。对国家公权力而言，法律的功能就是限制，只有法律明文授予的权力才是合法的；对公民个人来说，任何的权利和自由都是天然具有正当性的，并不需要国家法律的授予。只有国家公共权力才需要国家的授权，法律制度犹如一个带有强制约束力的禁锢机制，将公权力限制在一个区域内。国家权力一旦越出了法律的边界，就应被宣告为非法无效。相反，对于公民个人权利，法律只要划定禁止的范围，禁区之外，公民可以从事他想从事的行为，而无须任何个人和机构的许可。只要法律没有明确禁止的，公民的任何行为都应当是法律所允许的。对于国家公权力的严格限制和约束，对正当程序的强调和推崇，已经成为法治思维的基本组成部分。一个人即使“罪该万死”，也必须经过正当的司法裁判，才能被生效判决宣告为法律意义上的“犯罪人”。

（三）独特的逻辑推理方式

法治思维具有一般思维所没有的独特的逻辑推理方式。对于法律人而言，其司法过程中所使用的逻辑推理常常不被一般民众所接受，这种法治思维与普通人的日常经验性思维甚至存在一定的隔阂，有时还会产生误会和冲突。比如，在刑事法领域，一个人的行为被一般民众普遍认为已经是犯罪，应该定罪判刑，然而，以法治思维来要求，就必须解决“事实上的有罪”和“法律上的有罪”的问题。刑事司法的过程就是将一个人从事实上的有罪经过事实和证据的逻辑推理转化为法律上有罪的过程。刑法的最大功能在于限制国家的定罪和量刑行为，要求司法机关只有在确认一个人的行为符合刑法规定的犯罪构成要件时，才可以认定其为法律上的罪犯。按照法治的逻辑思维，任何人都不可能构成没有“罪名”的犯罪，没有符合刑法规定的犯罪构成要件的具体罪名，即使个人行为的社会危害性再大，也不构成犯罪。

---

① 该原则是法国的《人权宣言》所确立的基本原则——合法性原则。

（四）独特的责任分配体系

任何法律规则，都是权利、义务和责任的分配体系，这也是法治思维的基本要素之一。违反了法律规定，就要承担一定制裁。在法律制裁方式上，司法人员都有一套独特的思维方式，法律制裁基本上有两种方式：一种是令行为人承担不利后果的责任追究方式；另一种是使行为及其结果同时被宣告为无效的追究方式。前者是实体法上的制裁方式，包括刑事制裁、民事制裁和行政制裁等；后者则属于程序法的制裁方式，包括绝对的无效和可补救的无效等。实体上的制裁比较好理解，而违反程序法的诉讼行为及其诉讼结果都将失去法律效力，比如因刑讯逼供得到的口供就必须依照非法证据排除规则而失去证据效力。这一规则的背后支撑的法律逻辑就是：违反了规则就要宣告违反规则的结果无效，否则，违反规则的人就将不受制裁，违反规则的行为也就等于得到了承认和激励。在程序法实施的过程中，只有对违法程序的行为宣告无效，才能确保程序法的有效实施，否则，程序法将成为一种可以被规避和搁置的空文。

综上所述，法治思维的基本要素包含了专门的概念体系、独特的价值理念、独特的逻辑推理方式以及独特的责任分配体系。这就意味着检察机关及检察官在行使检察权时，无论是决策，还是执行，或者是解决社会矛盾、争议，基于法治思维，都应遵循以下基本要求，目的合法、内容合法、程序合法，手段合法，如在行为过程中发现违反上述要求，则应承担法定制裁。在语言和文字表述上要求符合法律要求的逻辑推理方式，使用专门的法律概念，体现法律特有的价值理念。

二、检察权必须由专业检察官行使

任何思维都是以人为主体的，法治思维终究体现为法律人的思维。法律是一门有着深厚历史底蕴，涵盖深刻而复杂的哲学思想的专业，法律人才的专业化素质对法治的实现起着决定性作用。如前所述，它有着一套专门的概念体系、独特的价值理念、独特的逻辑推理方式和独特的责任体系，这就意味着法律人的思维要有别于一般民众的思维。正如布伦男爵所说：“法治只有在体现其真正的意义时才能发挥作用，这需要精通法律的人来做这一点。”检察权是由检察官行使的，因此，对行使检察权的检察官首先必须是一个具有法治思维的专业化的职业群体。专业的检察官必须具备崇尚法律的精神和信仰、良好的职业道德、扎实的职业技能和深厚的法律学养。

（一）专业检察官的职业操守

立法是公正的标尺，审判是公正的艺术，检察官则是公正的实现者和守护者。检察机关作为国家的法律监督机关，承担维护国家法律的统一正确实施，实现全社会公平正义的职责，因此，对于检察官而言，职业的特殊要求需要检察官恪守公正的品质，这既是执法的技术要求，也是道德要求。由于检察官的司法活动依法具有较大的独立性和自主性，执法的公正与否在很大程度上是依赖其“良心”保证的。因此，相对于外在的监督与制约，检察职业道德和检察官的自律是更为重要和有效的保障机制，用一句最通俗的话来讲就是“依法办事”，要培养检察官对于宪法和法律的信仰和尊崇感，不受任何外在的压力和干扰左右、对实体法和程序法严格遵守。客观公正的检察职业道德，不应仅仅停留在抽象理念的层次，甚至沦为空洞的口号，而应当具有现实可行性，用具体的行为规范，构建起内部的监督和自律机制，在检察人员违反这些道德规范的时候，能够有效地发动责任追究和制裁机制，职业道德规范的完善程度决定着检察人员的职业化和公信力的基础，这也是控制检察官偏离公正的最重要的内部防线。

（二）专业检察官的职业素能

检察官的职业素能包括法律意识、法律的逻辑思维与推理能力、对法律的理解与解释能力、掌握证据和事实的能力、思辨能力，理论研究和法律文书的写作能力等。以上职业素能决定着法律监督各项职能的实现过程及其结果的质量与效率，直接影响着检察机关和检察官的公信力。这些职业素能不是通过书本和一朝一夕即可掌握的，它的掌握和提高主要依赖于实践经验的长时间积累和磨炼，因此高素质的检察官其职业经历的长短和年龄本身就是其素质的一个显著标志，这也说明一个真正专业成熟的检察官的成就需要一段较长时间的原因所在。这就需要我们在遴选和培养检察官时必须充分考虑检察官职业经历和实践经验，注重对检察官多岗位的锻炼，应当看到多种业务经历对检察官综合素能的形成的实践意义，也更加有利于检察官职业素能的提高和完善。

（三）专业检察官的法律学养

知识是理解的基础，但并不一定转化为能力和智慧。一个检察官的学养不仅包括法律方面的素养，即对法律规范的理解和法律意识，还包括他们在处理检察事务中所必需的社会知识，即对社会关系、人生价值等的深刻理解和感悟，一定的生活经验和人生阅历还意味着对社会及其一般行为规范和价值观的了解，这些都是处理检察事务所必需的。公正不单单是法学的范畴，同时也是哲学伦理学的范畴。一名专业的检察官必须认识到，公正并非法律保护和促进的唯一价值，同时还是个需要多元价值体系维护的世界。检察官在维护社会公正时，并不总是毫无选择地公式化履职。而是常常需要在面临现实社会价值冲突时做出选择与均衡，需要在法律公正和社会公正之间实现一个功利性的最佳平衡，简言之，我们在履行检察职能时既要严格依法办事，也要平衡各自冲突的社会利益。其实，利益的平衡是一个深刻的法哲学命题，包含理性、经验、政治性、历史性和现实性等丰富的的要求。而要实现各种社会利益的最佳的均衡与选择，是一名检察官需要逾越的坎，也是检察官努力的最佳境界。检察官仅有公正的愿望是不够的，必须掌握实现公正的学问，专业的检察官必须集公正的意识、品质和深厚的法学和社会知识修养于一身。

（四）专业检察官的综合适应能力

社会总是在发展进步，社会生活总是具体而复杂的，法律是先定概括的，人的认识是多样并有局限的，检察监督过程中的审查和判断又必须是明确而肯定的。因此，检察官在处理具体案件时，既要掌握相关的知识，又要兼顾相关的价值。比如，是首先考虑社会稳定的需要，还是法律公正的需要，抑或是社会效益的需要，要协调这三者之间时而发生的冲突，既要根据现实的需要突出某种价值，又不能忽视或损伤另外的价值，这种价值选择与平衡就决定了一名优秀的检察官应当对社会学、伦理学、政治学等有较深的了解。法律的适用涉及众多技术问题，如法律规定理解、法律原则的贯通、法律条款的应用、法律文书和法律事实的说理与阐释，那么优秀的检察官又必须懂得逻辑学和语言学。检察权的行使并不是一个简单的寻找法律并予公式化套用的过程，它同时也是向诉讼当事人和社会公众宣传法律的过程，因此优秀的检察官又必须懂得心理学，在循循善诱中因势利导地宣传法律。检察官的学识还要求他们具有高度的社会责任感，在社会的发展中保持审慎稳健的而非激进的立场和态度，才能起到平和社会矛盾、维护社会公正的作用，在这个意义上说，高素质检察官的培养与其他纯技术的专家产生有所不同，其能力并不是与学历的高低成正比的。

总之，一个法治社会可以在一段时间内建立起庞大的法律规范体系，但很难短时间内造就出一个成熟而专业的执法群体。检察官的职业道德、成熟的职业技能和丰富的职业学养，需要在长期的法律实践活动中逐渐成长，其专业素养也才能逐渐形成和完备。当前我国检察官的职业素质的形成和成长基本上是滞后于法律制度的，甚至出现与社会脱节的现象。这更重要的是表现在检察人员的专业素质上，首先表现在检察官准入机制的不严格，一般公务员化的准入门槛导致并非专业的法律人才进入检察机关，部分人员法治思维和职业道德的欠缺，专业素能的相对不足，教育培训制度的不健全等导致检察官队伍的鱼龙混杂，参差不齐。因此，要实现检察官队伍的专业化，必须有严格的检察官准入机制，完善的培训机制、科学的管理机制和严格责任追究机制。

三、检察权的行使必须遵循公权有限原则

如前所述，法治思维的核心理念在于限制公权，任何公权力都是有法律边界的，检察权作为国家公权力的一个组成部分，理应遵守权力的边界，恪守合法性原则。

（一）检察权行使的目的要合法

检察机关和检察官在行使检察权时，作出的任何一个决策，实施的任何一个行为，都应符合法律、法规明示或者暗示的宗旨与目的。宪法为检察权设计的目的在于以法律监督的定位保障法律统一正确实施，因此，检察官在行使检察权时，必须以法律守护人的角色承担客观公正的义务。比如，公诉权行使的目的不是要追求对被告人的最高量刑，而是要在审查起诉和出庭支持公诉的过程中，向前监督侦查权的依法行使，向后监督审判权的依法行使，同时保障被告人的合法权益，在保障以上职权行使目的的基础上才是对犯罪的打击。

（二）检察权的权限要合法

根据宪法、人民检察院组织法、刑事诉讼法、民事诉讼法、行政诉讼法等的规定，检察机关的职权范围是有明确规定的。宏观上检察机关是法律监督机关，检察权是法律监督权。具体职权上，在刑事诉讼法上，检察机关负责检察、批准逮捕、检察机关直接受理的案件的侦查、提起公诉，依法对刑事诉讼实行法律监督等；在民事诉讼法上，检察机关有权对人民法院已经生效的判决、裁定、调解书依法提出抗诉，人民检察院有权对民事执行活动实行法律监督等。其他一些法律法规也对检察机关的职权作了相应的规定，检察机关必须严格按照宪法和法律规定的原则和权限行使权力，任何超越宪法和法律规定权限的“延伸职权”都是非法的，不得行使，否则就是越权。

（三）检察权行使的内容要合法

检察机关和检察官作出某一决策，实施某一行为，应符合法律的具体规范以及法律的原则和精神。检察权的行使要做到内容合法，检察官不仅要熟悉法律的具体规定，而且要了解和把握法律的基本原则和蕴藏在法律规范背后的法律精神，这是法治思维的基本要求。

（四）检察权行使手段要合法

检察权行使的手段合法是指其运用的方式、采取的措施应符合法律的具体规定以及法律的原则和精神。根据法治思维的要求，公权力的行使不仅要目的合法，而且手段也要合法。一些检察官往往对手段合法的要求不以为然，认为只要目的合法且正当，至于采取什么样的手段达到目的则不予计较。例如，获取证据必须依据法律规定的程序和措施去收集，犯罪嫌疑人的口供不能以刑讯

逼供等暴力手段取得，以这样的非法手段获取的证据在刑事诉讼中也必须依法予以排除，不得作为证据使用，而且对采取非法手段获取证据的检察官还要追究相应的责任。

（五）检察权行使的程序要合法

公权力行使强调正当的法律程序和公正的法律实施过程，即检察官在行使检察权的过程中，其作出的任何一个决策，实施的任何一个行为，决策和行为的过程、步骤、方式、时限等应该符合法律规定的程序和正当程序的要求。法定程序的基本原则是检察权行使应公开、公正、公平，正当程序的基本要求是检察机关和检察官对诉讼当事人作出的不利行为都应说明理由、听取申辩，不得自己做自己的法官等。

检察权行使的合法性要求在实践中需要特别关注一个基本原则，即“法有授权就得为，法未授权不得为”，通俗的说法是检察权的行使既不要越位也不能缺位。检察机关的法律监督职责是国家监督体系中不可或缺的重要一环，是国家权力的一部分，是通过立法的形式由国家最高权力机关授予检察机关行使的，它意味着法律监督是法定职责，是权力与责任的统一，拥有权力就要承担相应的责任。因此，检察机关要依法全面履行法律赋予的检察权，必须做到不缺位，否则就意味着渎职。同样，检察机关的法律监督的对象和范围也是有法律规定的，对于超出法定范围的对象和事项，检察机关无权进行监督。① 法律监督的程序和手段都是法定的，检察机关对诉讼活动的法律监督基本上是一种建议和启动程序权。检察机关的法律监督职权是有限的，不能代替其他机关行使权力，也不能取代其他机关的监督只用，依法行使职权要做到不越位。②

四、检察权的行使必须接受监督与制约

“一切有权力的人都容易滥用权力，这是一条万古不易的经验。有权力的人们使用权力一直遇到有界限的地方才休止。”③ 公权力是一把“双刃剑”，运用得当，可以为人类的进步带来巨大的利益。运用不当，缺少监督制约，则会给社会民众造成深重灾难。任何权力都有被滥用的危险，任何权力都需要有

---

① 朱孝清、张智辉主编：《检察学》，中国检察出版社 2010 年版，第 192 页。

② 郭立新：《对“四个必须”的解读》，载孙谦主编：《检察论丛》第 17 卷，法律出版社 2012 年版，第 15 页。

③ ［法］孟德斯鸠：《论法的精神》（上册），张雁深译，商务印书馆 2000 年版，第 154 页。

效的监督制约，否则就会产生腐败，这是法治思维一个基本理念，检察权也不例外。检察权作为国家公权力，具有一般公权力都具有的扩张性和腐蚀性。作为一项与公民人身、财产权利密切相关的司法权力，它具有比一般公权力更危险的侵犯性。同时，检察机关作为法律监督机关，只有切实做到自身正、自身净、自身硬，才能理直气壮地监督别人。检察机关必须加强自身监督，牢固树立监督者必须接受监督的观念，切实把强化自身监督与强化法律监督置于同等重要的位置。完善检察权的监督制约机制，才能保障检察权行使的正当性、合法性和公正性。

（一）检察权行使的内部监督机制

强化对检察权的监督，首先需要强化检察权的自身监督，发挥检察机关内部监督机制的基础性作用。我国检察机关的内部权力控制模式在监督层面主要体现为以下两个方面：第一，上下级之间的监督，主要包括最高人民检察院对地方各级人民检察院的监督、上级人民检察院对下级人民检察院的监督以及上级人民检察院的业务部门对下级人民检察院的业务部门的监督；第二，同一个检察院内部的监督，主要包括检察长、检察委员会对本检察院事务的指导与管理以及检察院内设的纪检监察部门对检察权运行中的违法现象的查处。构建检察机关层级之间的监督制约机制，应该在正当程序的视野下，从国家法治建设的大局出发，充分认识到上下级检察院之间的层级制约机制，有针对性地开展构建和完善检察机关内部监督制约机制的工作。

1. 加强上级检察机关对下级检察机关的监督。根据宪法和人民检察院组织法的规定，我国上下级检察院之间是领导与被领导的关系，由此决定了我国上级检察机关具有监督下级检察机关的有效条件。一方面，上级检察机关能够及时获取下级检察机关的工作情况以进行及时监督指导。在刑事诉讼中，上级人民检察院对下级人民检察院作出的决定，有权予以撤销或者变更；发现下级人民检察院已办结的案件有错误的，有权指令下级人民检察院纠正。下级人民检察院对上级人民检察院的决定应当执行，如果认为有错误的，应当在执行的同时向上级人民检察院报告。这种工作机制表明上级检察机关对下级检察机关具备监督的信息条件。另一方面，上下级检察院之间领导与被领导的关系还表现在人员的任免上，根据人民检察院组织法的规定，下级检察院检察长的任免须报上一级人民检察院检察长提请该级人大常务委员会批准，同时上级人民检察院检察长，还有权建议本级人民代表大会常务委员会，撤换下级人民检察院的检察长、副检察长和检察委员会委员。这种任免机制表明了上级检察机关对下级检察机关监督的层级制约，保证了监督的有效性。

2. 完善检察机关内部各业务部门的职能分工和制约。检察机关内部在职能分工上依法将检察权中的职务犯罪侦查、侦查监督、公诉、监所检察、控告申诉以及民事行政检察等具体的权能配置给不同的内设机构刑事。这些部门在不同的诉讼环节严格把关，形成有效的内部制约机制。在职务犯罪的查办上，实行线索统一管理，实现上下级检察机关之间线索管理通过局域网互联互通，重要案件线索报上一级备案制度。强化对职务犯罪力案和侦查活动的监督。完善抗诉工作与职务犯罪侦查工作内部监督制约机制。实行检察长分管业务分离制度，明确主管业务的检察长或者副检察长不能同时分管举报、侦查、侦查监督、公诉、监所检察、申诉等具有互相制约功能的检察业务，以保证内部制约的有效性。使检察机关内部在办理案件时，能够从不同的角度提出对案件事实认定和法律适用的意见，有利于检察长和检察委员作出正确的决定。

3. 完善检察机关内部的纪检监察的监督机制。纪检监察作为检察机关专门的监督机构，以监督检察权的廉洁行使为基本内容，因此，应以领导干部为重点，以执法监督为核心，突出对两套班子特别是“一把手“的监督。通过述职述廉、巡视、见面谈话、领导干部重大事项报告等手段强化监督，推行执法档案制度，形成对检察机关自身执法活动全过程、全方位的动态监督。切实加强对检察人员违纪行为的惩戒力度。

（二）检察权行使的外部监督机制

1. 认真接受人大对检察权的监督。基于我国的政体结构，人大对检察权的监督主要表现为：(1) 通过对检察长、检察官的选任、罢免进行监督；(2) 对检察权行使的整体状况以听取和审议年度工作报告的形式进行；(3) 通过执法检查和代表视察、工作评议和执法评议，对检察工作中重大违法案件事实监督，通过质询、特定问题调查等手段对检察权具体形式进行监督。在人民代表大会制的框架下，由人大授权产生的检察权应当而且必须接受其监督。当然，人大的监督应以不损害检察权的独立行使为前提。在“制约检察权的滥用”和“检察权独立行使”之间寻找一个平衡点。

2. 认真接受政协的民主监督。民主监督是人民政协对国家宪法、法律和法规的实施，重大方针政策的贯彻执行，国家机关及其工作人员的工作，通过建议和批评进行的监督。检察权的行使接受政协监督的重点在三个方面：(1) 加强检察机关与人民政协、各民主党派、工商联和无党派人士的有效沟通，主动通报工作情况；(2) 认真听取和研究人民政协提出的意见、批评和建议；(3) 认真办理政协委员对于检察工作的提案建议。

3. 认真接受人民群众的监督。人民群众对国家权力的监督，是民主政治的必然要求。检察工作的宗旨在于为人民服务，必须保持同人民群众的密切联系，走群众路线，争取人民群众的支持。接受人民群众的监督，不断改进检察工作是保持检察工作与人民群众密切联系和争取人民群众支持的重要保证。检察机关要不断建立、健全接受人民群众监督的机制。首先，进一步完善检务公开机制，增强检察权运行的透明度，保障人民群众对检察工作的知情权、参与权和监督权，提高执法公信力。其次，增强法律文书说理的正当性。法律文书只有说理才能让人们了解文书产生的过程和逻辑推理方式，使法律文书具有公信力。任何一个决定的作出，都要说明这一结果是如何得出的，从而以理性、经验和良心来说服公众。法律文书的说理实际上是对社会负责，有助于公众对检察权行使过程和结果的正当合法性进行了解，这是司法民主化的标志。最后，全面推行人民监督员制度。人民检察院办理职务犯罪案件，按照规定的程序和范围接受人民监督员的监督。从人民监督员的产生方式、职责权限、组织形式和监督程序，推动人民监督员制度的规范化、法律化。

论检察机关依法独立行使检察权

——以法治思维的提出为契机

孙学文*

宪法第131条规定："人民检察院依照法律规定独立行使检察权，不受行政机关、社会团体和个人的干涉。"这以国家根本大法的形式确立了我国检察机关依法独立行使职权。这一原则在刑事诉讼法、检察官法等法律中都得到确认。但这一原则在司法实践中贯彻落实得并不十分理想，甚至存在被虚置的危险。虽然近些年来中央政法委、最高人民检察院等部门出台了一些司法改革措施，在人财物等方面给予各级检察院一些保障，但检察机关行使检察权受制于地方的问题仍然没有从根本上解决，而且检察机关存在进一步地方化和行政化的趋势。党的十八大报告在"全面推进依法治国"部分提出"法治思维"，要求"提高领导干部运用法治思维和法治方式深化改革、推动发展、化解矛盾、维护稳定能力。党领导人民制定宪法和法律，党必须在宪法和法律范围内活动。任何组织或者个人都不得有超越宪法和法律的特权，绝不允许以言代法、以权压法、徇私枉法。"法治思维的提出，对于破解检察机关地方化迷局大有裨益。

一、历史语境中的检察机关依法独立行使检察权

我国检察制度肇始于清末变法，吸收借鉴德国、日本检察制度，最初于大理院以下各地方审判厅设置检察局。但检察机关并无独立于行政机关之权，如1907年《高等以下各级审判厅试办章程》第97条规定："检察官统属于法部大臣受节制于其长官对于审判厅独立行其职务……"① 虽然时局变迁，但民国时期检察制度一直奉承行政权之定性，在外部上受司法行政部门节制；内部上奉行检察一体化原则，检察长领导检察署工作。新中国成立伊始，中共中央下

* 天津市河西区人民检察院检察长。

① 闵钐：《中国检察史资料选编》，中国检察出版社2008年版，第10页。

发《关于废除国民党的六法全书与确定解放区的司法原则的指示》，要求“司法机关应该经常以蔑视和批判国民党《六法全书》及其他一切反动法律、法令的精神，以蔑视和批判欧美日本资本主义国家的一切反人民的法律、法令的精神，来从事法制建设。”当然，依据国民党法律建构起来的检察制度也被废除。旧有法律和体制被废除后的首要问题，就是如何建立适合新中国的法律和司法体制问题。在特殊的历史背景下，新中国以苏联法律和司法体制为蓝本，吸收借鉴革命时期的司法经验，逐渐建构起新中国的法律和司法体制。新中国的检察体制就是在这样一种背景之下建立起来的。

（一）检察机关依法独立行使检察权的确立依据

1949 年《中央人民政府最高人民检察署试行组织条例》第 2 条在法律上首次确立检察机关依法独立行使职权的原则，“中央人民政府最高人民检察署依中央人民政府组织法第五条及第二十八条之规定，为全国人民最高检察机关，对政府机关、公务人员和全国国民之严格遵守法律，负最高的检察责任。全国各级检察署均独立行使职权，不受地方机关干涉，只服从最高人民检察署之指挥。”这一内容在 1954 年《宪法》中得到确认，第 83 条规定“地方各级人民检察院独立行使职权，不受地方国家机关的干涉。”检察机关依法独立行使检察权的规定，来自我国“一府两院”的政治架构。新中国成立后，废除了民国时期的三权分立体制，实行人民代表大会制度。同时，为了实现权力的分立与制衡，我国吸收借鉴苏联的政治架构，建立起我国“一府两院”的国家权力结构。如 1949 年《中央人民政府组织法》第 5 条规定“中央人民政府委员会组织政务院，以为国家政务的最高执行机关；组织人民革命军事委员会，以为国家军事的最高统辖机关；组织最高人民法院及最高人民检察署，以为国家的最高审判及检察机关。”在“一府两院”构造下，政务院、最高人民检察院、最高人民法院同属于中央人民政府，分别行使行政权、检察权和审判权。这既体现了社会主义国家权力的集权，也体现了权力的分立与制衡。

苏联检察机关的构想和实践，主要源自列宁对检察机关的认识。列宁指出：“检察机关和任何行政机关不同，检察机关丝毫没有行政权，对任何行政问题都没有表决权”，“检察长有权利和义务做的只有一件事：注意使整个共和国对法制有真正一致的理解，不管任何地方差别，不受任何地方影响。”① 苏联宪法明确规定：“各级检察机关独立行使职权，不受任何地方机关的干

① 王建国：《列宁司法思想研究》，法律出版社 2009 年版，第 304 页。

涉，只从属于苏联总检察长。”① 据此可见，列宁认为检察机关的主要任务就是克服司法地方化，维护国家法制的统一。在这种情况下，当然需要特别强调检察机关的独立性，这也是苏联检察制度实行垂直领导体制的主要原因。新中国成立初期，虽然我国也存在司法地方化、各地司法不统一的情况，但经过土地改革、社会主义改造、三反五反等运动，党对地方的控制力急剧增强，苏联法制不统一的情况在新中国并不是十分严重。而且，检察机关力量严重不足，② 无力承担法律监督职责。因此，检察机关依法独立行使检察权在建国初期就无法得到贯彻落实，地方化问题逐步显现出来。如 1951 年秋冬举行的全国编制工作会议决定精简国家机关时，便提出让检察机关“名存实亡”，只保留名义，不设机构，不配备干部，工作由公安机关兼办。1951 年 12 月，政务院下达《关于调整机构紧缩编制的决定（草案）》，规定公、检、法三机关合署办公。③ 公安机关是地方的治安保卫部门，属于地方政府的一个部门。合署办公导致的一个直接问题就是检察机关的地方化。可见，虽然法律上确立检察机关依法独立行使检察权，但新中国成立初期的司法实践中这一原则并未被很好地行使。

（二）“法律虚无主义”对检察机关依法独立行使检察权的冲击

影响检察机关依法独立行使检察权的另一个因素，就是新中国成立初期“法律虚无主义”的盛行。从 1957 年下半年开始，我国政治生活中“左”的思想占据上风，反右扩大化现象严重。“这种思潮在政法战线上的表现，就是法律虚无主义，轻视法律，否定法制，主张任意性。在这种思想指导下，竟然批判法律上规定的‘独立审判’和在适用法律上一律平等等各项原则，批判检察机关的法律监督职能。”④ 1958 年第四届全国司法工作会议，也对司法“右倾”提出批判，认为司法工作“对法有了迷信，甚至使法成了自己的一个紧箍咒，用法律束缚对敌斗争的手脚”。⑤ 接着便开始了政法工作“大跃进”，

① 李建明：《检察权独立行使的相对性——兼论列宁关于检察机构垂直领导的思想》，载《政法论坛》2004 年第 1 期。

② 如董必武在 1954 年第二届全国检察工作会议上讲到，全国已有检察机构 930 个，检察干部 5665 人。参见闵钐：《中国检察史资料选编》，中国检察出版社 2008 年版，第 521 页。

③ 韩大元、于文豪：《法院、检察院和公安机关的宪法关系》，载《法学研究》2011 年第 3 期。

④ 王桂五：《王桂五论检察》，中国检察出版社 2008 年版，第 12 页。

⑤ 蔡定剑：《历史与变革——新中国法制建设的历程》，中国政法大学出版社 1999 年版，第 97 页。

提出“一长代三长，一员顶三员，下去一把抓，回来再分家。”[①] 这次会议的直接结果就是，1960 年 11 月 11 日，中共中央发出《关于中央政法机关精简机构和改变管理体制的批复》。批复中说，中央书记处决定：“1. 中央公安部、最高人民法院、最高人民检察院合署办公。对外，三机关名称不变，保留三块牌子，三个大门出入；对内，由公安部党组统率，两院各出一人参加公安部党组，以加强工作联系。2. 三机关合署办公后，最高人民检察院保留二三十人，最高人民法院保留五十人左右，各设一个办公室，分别处理检察、法院的必要业务工作。”“文革”期间，又提出“砸烂公检法”。1968 年，毛泽东批示《关于撤销高检院、内务部、内务办三个单位，公安部、高法院留下少数人的请示报告》，先后将最高人民检察院、军事检察院和地方各级检察院撤销。“法律虚无主义”的盛行，使得不仅检察机关难以行使检察权，甚至随时可能陷入被撤销的危险之中。

（三）“政法工具论”对检察机关依法独立行使检察权的影响

法律工具主义在西方和中国都有着深厚的渊源。受苏联工具主义影响，新中国成立初期党和国家领导人对法律的认识也是一种工具主义，法是阶级统治的工具。如李六如认为公检法三机关的工作“同是一个重大的总任务——巩固人民民主专政，保障共同纲领所规定的政治、经济、文化等日益健全与发展，由新民主主义走向社会主义道路”。[②] 在法律工具主义影响下，公检法三机关之间“同质化”现象严重，三机关间人员相互调任的现象也十分常见。在这种情况下，检察机关依法独立行使检察权是无法实现的。

“文革”之后，国家恢复重建检察机关，重新确立了检察机关法律监督地位，依法独立行使检察权，但法律工具主义仍然影响着司法实践，如阶级工具论、经济工具论、国家工具论、政策工具论、道德工具论等。[③] 随着国家向经济建设重心的转变，政法机关也越来越成为保障经济发展的重要工具。如 1980 年五届人大三次会议《关于最高人民法院工作报告和最高人民检察院工作报告的决议》中指出，“人民法院和人民检察院应当按照党和国家的方针政策，按照国家的法律、法令，进一步发挥审判机关和法律监督机关的职能，严格依法办事，独立进行审判，独立行使检察权；应当协同公安机关继续整顿、

---

① 崔敏：《第四届全国司法工作会议的回顾与反思》，载 http://blog.sina.com.cn/s/blog_ 4a20485e0102du4g.html，2013 年 6 月 22 日访问。

② 韩大元、于文豪：《法院、检察院和公安机关的宪法关系》，载《法学研究》2011 年第 3 期。

③ 谢晖：《法律工具主义评析》，载《中国法学》1994 年第 1 期。

加强社会治安工作，准确、及时地打击现行犯罪活动，恢复和建立良好的社会秩序；应当建立和健全经济法庭和经济检察机构，加强经济司法工作，以保障我国社会主义现代化建设事业的顺利进行。”此外，在有些地方，检察机关还承担着招商引资、经济创收等工作。因此，法律工具主义也是检察机关难以依法独立行使检察权和检察权地方化的重要原因。

二、法治思维下的检察机关依法独立行使检察权

鉴于对“文革”期间肆意侵犯人权现象的反思，党的十一届三中全会指出要“加强社会主义法制”，要求“检察机关和司法机关要保持应有的独立性；要忠实于法律和制度，忠实于人民利益，忠实于事实真相；要保证人民在自己的法律面前人人平等，不允许任何人有超于法律之上的特权。”① 1979 年《人民检察院组织法》再次明确人民检察院依法独立行使检察权原则，第 9 条规定“人民检察院依照法律规定独立行使检察权，不受其他行政机关、团体和个人的干涉。”同年出台的《中共中央关于坚决保证刑法、刑事诉讼法切实实施的指示》第 1 条规定“严格按照刑法和刑事诉讼法办事，坚决改变和纠正一切违反刑法、刑事诉讼法的错误思想和作法”，指出“不允许以各种理由，指令公安、检察机关违反刑法规定的法律界限和刑事诉讼法规定的司法程序，滥行捕人抓人；或者背离法律规定，任意判定、加重或减免刑罚。”但在过去三十年间，检察机关依法独立行使检察权在司法实践中的运作并不理想，检察机关地方化、受地方干涉现象十分严重，检察机关依法独立行使检察权的规定有流于形式的危险。为了保障依法治国基本方略的实现，自党的十四大报告中提出“保障人民法院和检察院依法独立进行审判和检察”以来，党的历届工作报告均将“确保审判机关、检察机关依法独立公正行使审判权、检察权”作为司法改革的重要内容。这反映了党和国家对包括检察机关在内政法机关作用的认识，正逐渐摆脱法律工具主义的困扰。党的十八大报告中提出“法治是治国理政的基本方式”，在此基础之上进一步提出“法治思维”，要求“提高领导干部运用法治思维和法治方式深化改革、推动发展、化解矛盾、维护稳定能力。”法治思维的提出，对于检察机关依法独立行使检察权原则的实现也大有裨益。

（一）法治思维是对法律虚无主义和政法工具论的修正，为检察机关依法独立行使检察权提供思想基础

法律虚无主义和政法工具论的盛行，导致检察机关沦为地方党委和政府的

① 参见《党的十一届三中全会公报》。

附庸，成为地方名副其实的“刀把子”。但随着我国民主法治建设的快速发展，社会公众对公正司法的要求越来越高，党和国家也逐渐修正对法律虚无主义和政法工具论的观点，越来越重视法治在国家治理中的作用。如2010年《国务院关于加强法治政府建设的意见》第3条规定：“行政机关工作人员特别是领导干部要带头学法、尊法、守法、用法，牢固树立以依法治国、执法为民、公平正义、服务大局、党的领导为基本内容的社会主义法治理念，自觉养成依法办事的习惯，切实提高运用法治思维和法律手段解决经济社会发展中突出矛盾和问题的能力。”法治思维要求必须以法治作为处理问题的基本手段。为了保障法治的顺利实现，党和国家提出要建立公正高效权威的社会主义司法制度。而建设公正高效权威的社会主义司法制度，主要着眼点就在于“推进司法改革，从制度上保证司法机关依法独立公正行使职权。”2008年12月，中共中央转发《中央政法委员会关于深化司法体制和工作机制改革若干问题的意见》，确定了“优化司法职权配置、完善宽严相济刑事政策、加强政法队伍建设、改革司法保障体制”四个方面的60多项改革任务。为了保障检察机关依法独立行使检察权，本轮司法改革从人财物等多方面对检察机关的独立性进行了保障。如从2009年起，中央将基层政法机关“分级负担、分级管理”的经费保障体制，改革为“明确责任、分类负担、收支脱钩、全额保障”的体制。因此，法治思维为检察机关依法独立行使检察权提供理论基础。

（二）法治思维有利于检察机关内部的完善，为检察机关依法独立行使检察权提供内部支持

检察机关作为行使公家公权力的机关，本身也应当坚持法治思维。虽然法律将检察机关规定了法律监督机关，应当依法行使检察权，但由于传统办案思维和方式的影响，检察机关在办案实践中“重打击，轻保护”的现象十分常见，侵犯人权现象也屡有发生。近些年来不断曝光的冤假错案等问题，大大降低了检察机关的公信力，也使人越来越怀疑检察机关能否依法公正行使检察权。因此，执法公信力问题越来越成为困扰检察机关办案的重要问题。如胡锦涛总书记在全国政法工作会议代表和全国大法官、大检察官座谈会上指出：“政法机关的执法能力，集中体现在执法公信力上。执法公信力来源于严格、公正、文明执法，来源于全心全意为人民服务的良好形象。”① 检察机关要提高司法公信力，首先就是转变思想认识，以实现司法公正为基本目标。依据内

① 胡锦涛：《立足中国特色社会主义事业发展全局扎扎实实开创我国政法工作新局面——在全国政法工作会议和大法官、大检察官座谈会上的讲话》，载《人民法院报》2007年12月26日第1版。

容不同，公正又分为实体公正和程序公正。长期以来，出于对客观真实孜孜不倦的追求，司法实践中一直秉承“重实体、轻程序”的理念。“轻程序”主要表现在限制或剥夺当事人的程序参与权、程序控制权，当事人在诉讼程序中的主动性无法发挥出来。“轻程序”不仅可能造成冤假错案，还压制了当事人对诉讼程序的民主性要求，不利于服判息诉目的的实现，造成社会不稳定。法治思维要求检察机关在实现检察权时，不仅要监督其他机关是否以法治思维和法律手段作为处理问题的依据，更要求检察机关本身具有法治思维。

究竟什么才是法治思维？姜明安教授认为，领导干部在行使公权力时，无论是决策，还是执行，或者是解决社会矛盾、纠纷，都应不断审视其行为目的的合法性、权限合法性、内容合法性、手段合法性，以及程序合法性。如在行为过程中发现有违反法律的地方，应及时主动纠偏。① 具体到检察实践中，法治思维要求检察机关行使检察权也要有目的合法性、权限合法性、内容合法性以及程序合法性。唯有此，检察机关才能更好地行使检察权，检察权的行使也才能获得更多的认同，从而为检察机关依法独立行使检察权提供内部支撑。

（三）法治思维是对公权力运作的限制，为检察机关依法独立行使检察权提供外部保障

法治思维更重要的是为检察机关依法独立行使检察权提供外部保障。检察机关依法独立行使检察权最大的问题就是党委、地方对检察权的非法干涉。针对“文革”期间公检法被砸烂后乱象的反思，1979 年《中共中央关于坚决保证刑法、刑事诉讼法切实实施的指示》指出“加强党对司法工作的领导，最重要的一条，就是切实保证法律的实施，充分发挥司法机关的作用，切实保证人民检察院独立行使检察权，人民法院独立行使审判权，使之不受其他行政机关、团体和个人的干涉”，并指出“党对司法工作的领导主要是方针、政策的领导。各级党委要坚决改变过去那种以党代政、以言代法，不按法律规定办事，包揽司法行政事务的习惯和作法。”但这一指示在司法实践中贯彻并不理想，党委、政法委、地方政府以及个别领导人干涉检察机关依法独立行使检察权的现象屡见不鲜。如在佘祥林案件中，在湖北省高级法院发回重审的情况下，佘祥林案件的处理结果是经过市、县两级政法委组织有关办案单位、办案人员协调，并有明确处理意见后，由两级法院作出的判决。据一位知情法官介绍，按政法委协调会议的意见，就是要将案件从荆门中院降格到基层法院处

① 《“法治思维”首次写入报告》，载 http：//zqb. cyol. com/ html/ 2012 - 11/12/nw. D110000zgqnb_20121112_ 5 - 01. htm，2013 年 6 月 22 日访问。

理，要求京山县法院“一审拉满”，也就是判15年，中院二审维持原判。① 在我国，行政权力一枝独大，检察权、司法权不仅无法对其形成有效制约，反而成为行政权的附庸。这也是为何法治思维最早在行政领域先提出，要求行政机关领导干部要运用法治思维和法律手段处理问题的重要原因。党的十八大报告中进一步指出“党领导人民制定宪法和法律，党必须在宪法和法律范围内活动。任何组织或者个人都不得有超越宪法和法律的特权，绝不允许以言代法、以权压法、徇私枉法。”如郑成良教授认为，在一个社会中，法治能否取得成功，直接依赖于该社会的公共决策者和私人决策者是否普遍接受了与法治理念相适应的思维方式，是否能够按照这种思维方式去形成预期、采取行动，评价是非，是否肯于承认并尊重按照这种思维方式思考问题所形成的结论，尤其是在此种结论与自己的意愿、计划和利益相抵触的时候。② 因此，法治思维的提出，可以为检察机关依法独立行使检察权提供良好的外部环境。

当然，检察机关依法独立行使检察权对法治思维的形成也有重大的推动作用。法治思维并非是自动生成的，需要良好的监督执行机制。检察机关作为国家的法律监督机关，职司检察权，对“叛国案、分裂国家案以及严重破坏国家的政策、法律、法令、政令统一实施的重大犯罪”等案件行使检察权。检察机关通过对滥用职权、贪污腐败等犯罪行为进行追诉，使有关机关、人员惮于违法犯罪，为法治思维的形成提供最后的支持。

三、检察机关依法独立行使检察权机制的完善

法治思维的提出为检察机关依法独立行使检察权原则的实现提供了绝佳的契机。为了保证该原则实现，我们需要从检察机关外部和内部两方面保障检察机关依法独立行使检察权。

（一）完善检察机关的外部独立机制

宪法第131条规定：“人民检察院依照法律规定独立行使检察权，不受行政机关、社会团体和个人的干涉。”此即为检察机关的外部独立机制，即检察机关在外部是独立于行政机关、社会团体和个人的，不受其干涉。这也是摒弃检察权地方化的重要依据。但在实践中，该条的贯彻却十分困难。检察机关不仅在人财物等方面与地方政府存在千丝万缕的联系等，而且检察机关要服务于地方经济发展的大局，检察机关自然无法独立于地方政府而存在。极端情况

① 《佘祥林案法官透露：政法委“协调”审判铸冤案》，载 http://news.qq.com/a/20050408/000314.htm，2013年6月23日访问。

② 郑成良：《论法治理念与法律思维》，载《吉林大学学报社会科学版》2000年第4期。

下，检察机关甚至充当地方政府发展经济的“打手”角色。对此，我们认为，检察机关服务于地方经济发展大局并没有错，但检察机关服务地方应以依法独立行使检察权为基础，为地方经济发展创造良好的法治环境。如 2009 年最高人民检察院《关于充分发挥检察职能为经济平稳较快发展服务的意见》强调，要综合运用打击、保护、监督、预防等职能，着力维护市场经济秩序，着力促进农村改革发展，着力保障和改善民生，着力维护社会和谐稳定，找准服务经济平稳较快发展的切入点。因此，检察机关服务地方并非在个案中只维护地方经济的发展，而是要通过法律监督为地方经济发展提供良好的法治环境。

近些年来，随着网络的快速发展，网络舆论与检察机关依法独立行使检察权的关系也日益紧密。通过舆论监督，检察机关可以更为公正地行使检察权，检察机关甚至可以借助于舆论来屏蔽来自于各方面的压力，从而保证检察机关依法独立行使检察权。但舆论也是把“双刃剑”，在一定程度上也会干涉检察机关依法独立行使检察权。对此，检察机关需要高度重视，避免不当舆论造成检察机关公信力的减弱。具体来说：第一，检察机关应当继续通过检务公开、加大当事人对程序的参与程度、人民监督员制度等，促进司法民主性，降低乃至消除当事人和社会由于对检察机关缺乏了解而产生的误解。第二，提高检察机关办案能力，依法独立行使检察权。当前社会各界对检察机关办案的质疑，更多的是对于是否存在内幕交易等的担心，如在药家鑫案件中社会公众对药家鑫家属的调查等。为了减少社会各界对检察机关受各方面压力影响而不当行使检察权，检察机关自身需要隔断来自行政机关、社会团体和个人的非法干涉，依法独立行使检察权。从某种意义上讲，这也促进了检察机关依法独立行使检察权原则的实现。第三，对于不当舆论，在不影响案情的情况下，检察机关应适当回应这些言论，如利用检察机关新闻发言人制度、微博等方面对部分不当舆论进行回应。

检察机关外部独立并不意味着检察机关要脱离党的领导，但检察机关与党的关系的确是检察机关依法独立行使检察权中的核心问题。新中国成立初期，检察机关面临数次被撤销的危险，他们的主要理由就是检察机关否定党的领导。如检察机关的各项职能受到批判和否定，各项业务工作被削弱，认为宪法和组织法赋予检察机关的法律监督职能是将专政的矛头对准人民内部，对准国家机关和干部，并批判宪法规定的检察机关实行垂直领导就是不受党的领导，向党闹独立性等。① 作为回应，检察机关时刻强调自己坚持党的领导。如张鼎

① 刘建华：《检察机关宪政地位历史演进的探究》，载 http：//www.jcrb.com/procuratorate/procuratorforum/201205/t20120529_ 872650.html，2013 年 6 月 23 日访问。

丞在第四次全国检察工作会议上提出，“关于服从党委领导的问题，我感到广西壮族自治区的桂林分院检察长宋德荣同志在这次会议上介绍了鹿寨县检察院的例子，是比较好的……县委对他们的评价是‘检察院是一贯听党的话的’。这个例子，值得各地参考。”① “文革”之后虽然检察机关不再受到左倾思想的影响，但之前惨痛的教训使得检察机关不敢不重视党对检察机关的领导。随着党和国家对党的领导的认识不断加深，提出党的领导是政治领导、思想领导和组织领导。2013 年召开的全国政法工作会议上，孟建柱同志指出，“要进一步理顺党委政法委与政法各单位的关系，支持审判机关、检察机关依法独立公正行使审判权、检察权，支持政法各单位依照宪法和法律独立负责、协调一致地开展工作。”② 因此，检察机关依法独立行使检察权必须要正确处理和党的领导的关系。

（二）检察一体与检察官相对独立

为了保障检察机关独立，大陆法系国家和地区大都采用检察一体化的设计。检察一体的主要特征就是内部指令权和上命下从。如日本《检察厅法》第 12 条规定：“检事总长、检事长和检事正可以自行处理其指挥监督下的检察官的事务，也可以使其指挥监督下的其他检察官处理。”③ 自十五大报告提出“推进司法改革，从制度上保证司法机关依法独立公正地行使审判权和检察权”以来，最高人民检察院也开启了对检察机关工作体制的改革。1999 年《检察工作五年发展规划》第 23 条指出：“健全上级检察院对下级检察院的领导体制，加大领导力度，形成上下一体、政令畅行、指挥有力的领导体制，确保依法独立高效行使检察权”，“逐步建成全国各级检察机关之间互相支持、互相配合、互相协调的检察一体化的工作机制。”2000 年出台的《检察改革三年实施意见》更为明确地提出“为确保检察机关依法独立公正地行使职权，继续完善上下一体、政令畅通、指挥有力的检察机关领导体制”。2006 年《关于进一步深化检察改革的三年实施意见》则为检察一体化的继续推进提供人财物等方面的保障措施，如第 31 条规定“落实宪法和法律规定的上下级人民检察院的领导体制，采取措施加大上级人民检察院对下级人民检察院领导班子的协管力度，探索实行上级人民检察院对下级人民检察院检察长人选的提名制

① 闵钐：《中国检察史资料选编》，中国检察出版社 2008 年版，第 614 页。

② 孟建柱：《进一步明确党委政法委的职能定位》，载 http://www.ce.cn/xwzx/gnsz/gdxw/201302/17/t20130217_24116529.shtml，2013 年 6 月 23 日访问。

③ 李忠诚、张建伟：《论检察一体化原则》，载《国家检察官学院学报》1996 年第 3 期。

度”；第36条规定“探索建立人民检察院的业务经费由国家财政统一保障、分别列入中央和省级财政预算的制度，在有条件的地方探索实行省级以下人民检察院的业务经费由省级财政统筹保障、省级人民检察院统一管理的试点工作。”从当前来看，我国还会继续推进检察机关一体化的建设，逐渐强化最高人民检察院对地方各级人民检察院的控制。这对于摒弃检察地方化是大有益处的。

与检察一体化并存的另一种趋势，就是检察官的独立性问题。虽然检察官在国外大都被定义为行政权的范畴，检察系统需坚持上命下从的体制，但各国更是着重要求检察官在履行检察权能的过程中必须承担严格依照法律行使职权的客观义务，以使其具有相对独立之特征。[①] 虽然我国检察改革是以强化检察系统上下级领导为重要内容，检察官的独立性并不如大陆法系国家那样被强调。但随着检察改革的深入，检察官的独立办案问题也逐渐被提出来。《检察改革三年实施意见》提出从2000年起，在起诉部门全面推行主诉检察官办案责任制。《最高人民检察院办公厅关于在审查起诉部门全面推行主诉检察官办案责任制的工作方案》规定：“主诉检察官在检察长的领导下，独立承办案件，负责处理相关事项。”当然，当前我国的检察官独立性问题仍然任重而道远，仍然存在诸多理论和法律上的障碍，需要在日后的研究和立法工作中予以克服。

---

① 邵晖：《检察一体的理论与现实》，载《国家检察官学院学报》2013年第1期。

以法治思维为视角构建依法独立行使检察权制度

李宁玉*

当前我国政治体制改革已进入“深水区”，改革的困难在于涉及对既得利益的调整。面对纷繁复杂的情况，要求我们必须以法治思维为视角来审视检察工作面临的现状，凝聚共识，按照“十八大”提出的改革目标，不断加大改革力度，确保检察权依法独立行使，确保检察机关的工作机制得以规范、合理、科学，符合检察工作运行规律，使检察机关切实履行起法律赋予的职责。

一、运用法治思维来厘清改革思路，确定改革原则，做好改革的顶层设计

党的十八大报告指出：“进一步深化司法体制改革，坚持和完善中国特色社会主义司法制度，确保审判机关、检察机关依法独立公正行使审判权、检察权。”同时强调：“提高领导干部运用法治思维和法治方式深化改革、推动发展、化解矛盾、维护稳定能力。”笔者以为“法治思维”是一种法治理念，从思想上认识到依法治国对于维护稳定、改革、发展的重要性，在这种思维下要求在处理问题时候有一种法律规则的意识，坚持法律至上，坚持法律规则的运用，坚持公平、公正、公开等法治精神和原则。法治思维应当还表现为行为选择，当面临多种问题的解决方式、手段时能够首先研判处理方式是否符合法律精神、法律原则、法律规范和法律逻辑。人民检察制度作为新中国国家政治法律制度中的基本制度，是随着中华人民共和国的诞生而建立起来的。人民检察制度自建立以来，几经波折，在困境中奋进，在曲折中成长，在发展中成熟，走过了一条不平坦的道路，现在已初步形成具有中国特色的社会主义检察制度。但是由于长期以来检察机关人财物管理受制于地方，使得检察机关地方化倾向严重，难以独立行使检察权，使得检察机关难以高效、公正地履行法律监

* 宁夏回族自治区人民检察院正处级检察员，高级三级检察官。

督职责，不能适应社会主义市场经济的需要。面对挑战，需要我们必须树立与依法治国、发展社会主义市场经济相适应的法治思维和理念；需要我们勇于创新，兴利除弊，坚持改革，切实解决检察工作机制和人财物管理体制上存在的问题，顺应文明法治潮流，更好地发挥人民检察在依法治国、建设社会主义法制国家的重要作用。检察改革是国家政治体制改革的一部分，应该在国家政治体制改革的总体目标下加强协调，妥善处理，保持一种相互平衡、协调运转的状态，要防止站在部门利益的角度各行其是，各自为政，影响我国政治体制改革的大局和建设社会主义市场经济这一总体目标的实现。对此在检察改革中要把握以下原则：一是坚持整体性推进原则。检察改革要在全国政治体制改革的总体框架内进行，与行政体制改革、审判体制改革相协调，同步进行。前些年检察改革虽然取得一定成绩，但由于一些配套措施难以跟上，使得改革实效大打折扣，比如主办、主诉检察官制度由于不能很好地解决检察官津贴问题，使得改革措施落实不了。二是坚持合法性原则。检察改革的开展就要严格按照“十八大”提出的要求，用法治的思维来看待检察改革，要在改革之初就应该考虑到在现行的宪法和法律的框架下进行；在实施改革进行中，还要考虑是否符合检察工作的运行规律；在检验改革是否取得成效还要用能否确保公平、公正、公开的法律的精神来进行检验。三是坚持符合检察规律性原则。规律是社会、自然的事务和现象之间内在的联系，是不以人的主观意志为转移的。规律又是必然的，如果违背规律，强行推动事务或现象向人们的主观臆断规定的趋向发展，必然会造成事务或现象的变异。比如检察机关作为司法机关，其最重要的功能就是根据证据判断个案实情并在此基础上决定法律适用的活动。德国学者拉德布鲁赫认为，“司法的任务是通过判决确定是非曲直。判断作为一种认识，不容许在真假问题上用命令干预”。[①] 因此，判断性、客观性、公正性和亲历性、独立性是一个有机整体，共同构成检察权运行的内在规律性。

二、运用法治思维来审视检察机关依法独立行使检察权中存在的问题

（一）领导体制不符合法律规定和检察规律，行政色彩较浓

我国检察机关与行政机关一样具有相应的行政级别，从最高检察院到基层检察院都被行政“格式化”，基层检察院属于行政的县级，较大城市的基层检

① 孙笑侠：《再论司法的判断性》，载《依法治国与司法改革》，中国法制出版社1999年版，第416页。

察院可能属于地级或副局级，省级或自治区检察院则属于副部级，而且整个检察院系统一开始被行政格式化。地方党委对检察工作实施领导时，党务、政务、法务不分，致使检察机关难以依法独立行使检察权。我国检察机关的领导体制实行双重领导体制，检察机关既在上级检察机关的领导下工作，又在当地党委的领导、权力机关监督下进行工作。一些地方党委、党委政法委从本级党委工作和地方利益出发，将对检察权的领导和监督置于地方利益之下，将检察机关视为其一个部属部门，要求检察机关办案服从地方利益的需要，从而导致司法地方保护主义盛行，呈现出司法地方化趋势。由于现行检察领导体制决定了检察机关在当地党委、人大的关系中处于弱势，使得检察机关在办案中左右为难，有时不得不屈而从之，检察权的独立性难以保障。检察机关由于实行的是“条块结合，以块为主”的领导方式，使得检察机关上下级领导关系长时间难以理顺。检察机关在执行当地党委和上级检察机关部署的任务时，如果上级检察机关的命令与当地党委的指令发生冲突时，下级检察机关往往会优先执行当地党委的命令。

本来，检察机关究竟采取何种领导体制，应该从检察权本质的属性和内在要求出发，在国家法制建设中作出总体设计。从理论上讲，检察权是国家专属的中央权力，而非地方权力，具有统一性和不可分割性，应当由一个独立机关集中统一行使。按照列宁的法律监督思想，社会主义国家必须有统一的法制，而保证法制统一就必须有强有力的法律监督。“检察长的唯一的职权和必须做的事情只有一件：监视整个共和国对法制有真正一致的了解，不管任何地方的差别，不受任何地方的影响。检察长的责任是使任何地方政权的任何决定都与法律不发生抵触。”① 但是，我们现在实行的检察体制是一种“双重领导体制”。其特点是，一方面在法律上确立检察机关的上下级领导关系，在体制设计上，规定各级检察机关必须同时接受地方党委领导和同级人大的监督。特别是在干部管理和经费保障上依靠地方，实际成为以地方领导为主，以上级检察机关领导为辅的体制。这种“双重”领导体制在我国法律制度上缺少依据，其具体内涵也不明确。宪法和人民检察院组织法只规定上下级检察院的领导关系，而地方人大与检察机关只是监督关系。检察机关的领导关系是国家领导体制范围内的问题，不涉及也不影响地方党委对检察机关的领导，党不是国家机关，也不是政权组织，党的领导是政治领导，不能把党的领导纳入到检察领导体制。现在的问题是，现有的一些制度使地方人大对检察机关的“监督”超出了监督关系的范围，如地方人大对检察机关的人事任免权、重大事项的决定

---

① 《列宁选集》（第 33 卷），人民出版社 1956 年版，第 326 页。

权、批准权等，都成为事实上的领导关系，与宪法关于检察机关的领导关系的原则规定不符。而地方党委对检察机关的政治领导也演变为对具体检察业务，甚至对办案工作的领导。加之检察机关在经费保障上受制于地方政府，使得检察机关的上下级领导关系实际上未得到落实。“如果司法权不与立法权和行政权分立，自由就不存在了，如果司法权与立法权合二为一，则将对公民的生命和自由施行专断的权力，国家法官就是立法者。如果司法权同行政权合二为一，法官便将握有压迫者的力量”。[①] 我们不实行西方的“三权分立”，但西方法治经验和优秀理论成果依然值得我们借鉴。现在要对检察领导体制进行改革，就是要归位于法律确定的检察领导体制，并采取措施，确保这一体制在实践中落实，特别要赋予检察机关对人财物的自主管理权，保证检察机关上下级领导关系的实现。

（二）检察机关机构设置、人事管理受制于当地政府，检察工作发展受到严重的影响

1995 年国家颁布了《中华人民共和国检察官法》，检察官法的颁布执行，其出发点是按照司法规律建设和管理检察官队伍，应该说收到一些成效，特别是在严格人员准入、提高检察队伍基本素质方面成效比较突出。但是由于多种原因，检察官法在执行过程中，部分法律条款长期得不到执行落实，与检察官等级相配套的等级编制、工资制度和工资标准至今都没有出台配套的规定。其特点是检察机关按照公务员制度进行管理与实行检察官制度双规运行，但检察官制度只是一种形式，公务员制度才是实质，这就形成了检察人事管理制度上的一种矛盾现象：一方面，由于认真贯彻落实检察官法，将检察官从公务员中分离出来实行分类管理，统一确定检察官等级，按照法律的规定完善检察官管理的制度；另一方面，由于检察官管理的系列制度不配套，检察官的待遇只能用行政职级和公务员的行政职务来解决，检察官的选拔、任命、考核、调配都有地方党委、政府相关部门管理，这种情况造成检察官的职位和检察官等级有名无实，成为行政职务和行政职级的附属。这种检察人员管理的单一化，使得所有的检察人员都往行政职务或非领导职务的“独木桥”上挤。由于检察官法没有从行使检察权的司法规律上深入研究检察官的职业特殊性，检察官与行政机关的公务员没有从根本上完全区分开来，所以，制定检察官法并没有达到分类管理、建设职业化、专业化、高素质检察官队伍的目的和要求。2005 年国家颁布并实施《中华人民共和国公务员法》，将检察机关工作人员纳入到国

① ［法］孟德斯鸠：《论法的精神》（上册），张雁深译，商务印书馆 1982 版，第 156 页。

家公务员的范围，并明确规定国家公务员实行分类制度。公务员法的实施为检察机关解决体制、机制上的行政化特征，创新检察人事制度管理提供了机遇，但由于相关政策迟迟没有出台，检察人事管理改革的成效尚不显著。

内设机构没有按照检察工作规律设置，官本位思想严重。一方面，检察机关按照履行法律监督职能的要求需要增设一些必要的内设机构，但由于设置内设机构的批准权在当地政府管理，要经过“三定”方案的论证，程序十分复杂烦琐，加之当地政府出于管理的需要，对设置机构的控制力度很大，造成检察机关设置机构的难度很大。如按照高检院的安排部署，检察机关对公安机关、审判机关的派出机构设置“检察官监督办公室”，需要增设专门内设机构进行管理，需要增加人员专事这项工作。由于没有机构就意味着没有增加人员，但因为内设机关设置权掌握在地方政府手中，使得工作开展一年多，由于机构批不下来，人员不到位，已严重影响这项检察工作的开展。另一方面，检察机关的检察人员完全是按照党政机关干部管理的模式进行管理，行政职务和行政等级决定一切。有些检察院出于为解决检察人员的待遇的需要而不是符合检察工作的需要，千方百计想方设法拼命设置一些机构，由于多设内设机构意味着可以多设几个“官”，可以多增加干部“指数”，因此客观上存在着“越改革职能部门越多”的情况，造成很多地方存在非业务部门相对于业务部门而言，设置显属过多，使得各内设机构之间情况通报、信息共享、线索移送、信息反馈制度不健全，容易造成力量分散，少数人员闲置，不利于检察机关工作的开展。

现行检察人事和机构设置管理体制的上述弊端，是我国特定历史条件下形成的，它对检察机关乃至整个检察事业最本质的负面影响有两点：一是从根本上抹杀了检察机关作为国家司法机关行使检察权的本质特征，导致检察机关内部组织结构的僵化，影响检察机关依法独立行使检察权。二是从根本上抹杀了检察官的特殊地位和作用，将检察官淹没在国家行政管理人员中，影响了检察官作为国家专业司法人员的专业化、职业化建设，进而影响了国家整体司法水平的提高。所有这些与当前深入推进依法治国战略、健全和完善社会主义民主法制、加强专业司法人才队伍建设的客观要求极不适应。

（三）经费保障受制于地方政府，严重地削弱检察机关依法独立行使检察权作用的发挥

中办、国办《关于加强政法经费保障工作意见》出台以来，各省（自治区）也相继出台了有关涉及检察机关经费保障的政策和规定，对于检察机关依法独立行使检察权提供一定的支撑。但也应看到这种中央财政“保办案”，地方财政“保吃饭”的经费保障体制仍摆脱不了“分灶吃饭，财政包干”的

财政保障体制，也没有完全摆脱检察经费受制于地方的局面。加之地方经济发展不平衡，检察经费保障也不平衡，这些情况极大地影响检察机关依法独立行使检察权作用的发挥。由于经费保障受制于地方政府，也为地方政府干预司法、谋求司法给予特殊保护提供了便利条件，检察机关有时不得不"为稻粮而谋"，对地方政府的要求偏袒迁就，甚至曲意逢迎，以谋求更多的经费支持，无形中助长了司法地方保护之风的蔓延，丧失了检察机关应有的公正性和独立性。同时经费保障机制上存在的问题，也容易诱使检察机关滥用检察权，利用职业地位的优势非正当地谋取某种利益，导致司法腐败现象的产生。

三、以法治思维为视角，构建确保检察机关依法独立行使检察权的制度

（一）加大改革力度，改革检察领导体制

检察机构领导体制改革是国家政治体制改革的重要内容，实质是对检察权的配置及其运行方式的调整和完善。在改革中，建议修改相关的法律，改变"双重领导体制"为相对"垂直领导体制"。即实行省级以下检察机关垂直领导；待条件成熟时，实现全国检察机关垂直领导。在省级以下垂直领导下，取消地方党委的领导，而由上级检察机关党委代之，将"条块结合，以块为主"改变为"条块结合，以条为主"的领导方式，实现党对检察工作领导方式的转变。在保证人大对检察机关监督的同时，又避免人大的权力的扩张而影响检察机关独立行使检察权。对市、州检察院的检察长候选人，在省级检察机关党委作出决定前，须征求市、州的地方党委意见。再由省级检察院党委报省级地方党委审批，然后由该任职的同级人大选举或罢免。对市、州检察院副检察长、检委会委员的人选及基层检察院检察长的候选人，由省级检察院党委征求市州地方党委的意见后直接审批，然后由同级人大任免。强化检察机关上下级之间领导和被领导关系。对检察官的管理，不再按行政级别，而是按检察官等级划分管理对象。省级检察院负责该系统高级检察官和本院检察官及其他人员的选拔、任免、考核、调配。在经费保障上实行省级以下财政统筹的保障机制。

（二）积极采取措施，改革检察内设机构、人事管理制度

系统学原理告诉我们，系统中的每个要素之间存在着相互影响、相互作用、相互依托、相互制约的关系。各要素间的组合能否科学合理、能否协作配合，往往对系统整体的功效产生影响。① 检察机关内设机构改革要按照"精

① 张学军主编：《检察管理学》，中国检察出版社 2001 年版，第 108 页。

简、统一、效能”的原则，按照法律规定和检察工作规律，实现业务与事务分类管理，突出法律监督职能地位和作用，大幅度削弱内部的行政事务，强化法律监督职能的地位和作用。按照检察工作规律来设机构，即要围绕刑事诉讼法、行政诉讼法、民事诉讼法来设置，转变现行机构设置重刑事诉讼监督，轻民事、行政监督的现象。理由是按照我国现行三大诉讼法中，围绕着刑事诉讼，检察机关设置了一系列内设机构，反贪、反渎、公诉、侦检、监所等机构，甚至还有的在这些内设机构中又将一部分职能进行分离，将刑事诉讼的方方面面都纳入到监督之中，涉及刑事诉讼监督设置的部门过细。而围绕着民事诉讼法、行政诉讼法却仅有一个民事行政检察部门，这样的设置与检察机关法律监督定位差距较大，也与党和群众的要求相差甚远。建议从大的板块上讲，应当设立刑事监督、民事监督、行政监督机构。具体来讲我们考虑在检察人员分类管理的前提下，过多设置内设机构既无必要也不符合检察机关工作规律，因此具体建议是：以检察业务、综合服务、人事管理部门为三大块，充分加强检察业务职能部门；压缩、合并、精简综合部门，建立高效合理的检察人事部门，保留必要的机关党务工作部门，科学定义内设机构的名称、职责，为有效行使检察职能提供有力的组织保障。检察业务部门包含：检察官监督机构（案件管理办公室、监察处）、犯罪预防与职务犯罪侦查机构、刑事检察机构（侦监、公诉合并）、刑事诉讼监督机构（包含监所检察机构、控告申诉检察机构）、民事检察机构、行政检察机构、检察技术机构；检察机关人事管理部门包含：人事处、教育培训处、司法警察管理处、宣传处、机关党委。综合部门包含：办公室、研究室、行政财务处。

以分类管理为基础建立符合检察工作规律的检察官管理制度：

1. 修改完善《中华人民共和国检察官法》，一是提高初任检察官入门条件。“司法工作本身是一门复杂的艺术，要求司法官员必须掌握专业的法律知识，也要有娴熟的运用法律、分析判断是非的能力，还需要有丰富的办案经验的人才能成为检察官”，① 很难想象一个大学刚毕业的学生，虽然通过司法考试，但一天检察工作都没有从事过，马上就被任命为检察官立马就能够胜任检察工作，这不符合培养规律，也不符合检察工作规律。建议从通过国家统一司法考试取得资格的人员中选拔检察官，适当提高其从事法律工作的年限的规定。加大面向社会公开招考检察官的力度。将通过国家司法资格，有5年以上的司法、律师工作经历的人直接招录为检察官，以此缩短其从事检察业务的适应

① 刘立宪、张智辉：《司法改革热点问题》，中国人民公安大学出版社2001年版，第329页。

期，减少后期培训成本，还要有计划从法律院校选调一些高层次法律人才到检察机关担任检察官。二是检察官行使检察权与司法行政管理方式相分离。检察官分类管理后，检察官可以相对独立行使检察权，直接对检察长、检察委员会负责，部门负责人不对具体案件负责，不得干涉检察官行使检察权。三是规定担任检察长的人也要具备检察官任职资格。四是建立检察官的流动和交流制度。因为检察官来自于当地又在该地出任检察官时间过长，难免与当地各方面人士过于熟悉，因而在办理案件中，必然会遇到各种人际关系、人情的干扰，影响其司法公正，所以检察人员的合理流动十分必要。要建立领导干部定期岗位轮换制度。上级检察院要定期选派优秀检察官到下级检察院挂职。同时有计划地选拔下级检察院的优秀检察官到上级检察院挂职。原则上在检察系统内部异地进行或是在上下级检察院进行。五是进一步明确检察官权利义务，建立履职保障制度。权利包括三个方面：（1）政治待遇；（2）保障条件，在办案经费上予以倾斜，检察官的起点工资与工资级差高于同等级别的政府公务员，充分体现责权利的统一，体现检察工作的特殊性；（3）物质利益，要给予一定的办案补贴和办案奖励；检察官应尽的义务：正确、及时履行职务，因履行工作中的故意或过失造成案件定性、处理错误的；不能正确履行职务，而导致严重后果的以及疏于职守导致犯罪嫌疑人脱逃、自杀或出现其他重大事故的要追究检察官相应的责任。采取措施充分发挥案件管理办公室的职能作用，加强对检察官履职的监督。六是开展专业化培训。要有计划开展检察官任职后的继续培训工作。七是加强对检察官的绩效考核。要根据检察官法的规定，设立单独的检察官考核体制。设计符合法律监督特征的考核标准，将考核结果与检察官的奖励、晋升挂钩。八是按照“少而精”的原则，建立检察官选拔淘汰机制。对考核不合格的检察官安排其他工作。

2. 制定《检察书记官法》，进一步明确书记官的权利义务和责任。书记员与检察官的关系如同医生和护士一样，是主体和辅助的关系，各行其责，各司其职。谁也代替不了谁，谁也离不开谁。但现在各地对书记员管理比较混乱，有的是公务员，有的是临时聘用；也存在同工不同酬的问题。书记员薪酬来源也是五花八门，有的是检察院业务经费支出，有的是地方财政支出。我们认为书记员工作是一项专业性很强的工作，根据其业务的特殊性，从长远看，应建立一支固定的专业队伍，而不是临时聘用一些人员从事这项工作。书记员的任命应具有一定的条件。如对连续三次参加司法考试不能通过者，即可确定为终身书记员，也可根据工作需要转入司法行政序列。严格书记员任职条件。坚决取消临时聘用人员担任书记员。在书记员管理办法中，将设定书记员的等级，并与相应的行政级别相对应。

3. 建立完善司法行政人员的管理制度。目前，检察机关的司法行政人员，大多具有双重身份，他们中的大多数人同时具备检察官身份。在实行检察人员分类管理过程中，应有一个过渡阶段。在过渡阶段，一方面逐步把现在符合检察官条件、具有任职资格的司法行政人员调到执法岗位上；另一方面也可以根据工作的需要，留在现有岗位上，法律职级可保留一定的期限。将那些已到检察机关工作、不具备检察官任职资格的，调到司法行政人员岗位，各得其所，人尽其才。尽快制定司法行政人员、检察辅助人员工作性津贴制度，以稳定这部分人员的思想，调动工作积极性。

（三）改革现有的“分灶吃饭”的经费保障体制，建立省级以下检察经费保障体制，在条件成熟时，实行检察经费由中央财政全额承担

检察经费保障实行垂直领导，有利于独立行使检察权，有利于充分利用司法资源，有利于协调好与地方的条块关系。检察工作属于全国性的公共产品，属于中央事权。根据事权财权相统一的原则，全国检察机关履行职能的经费理应由中央财政全部承担。目前检察机关的经费保障理论上说是事权归中央，财权的一部分归地方，这不符合国际惯例，也不符合我国财政改革方向。鉴于全国各地经济发展不平衡的现状，可以先采取省以下检察经费统筹来实行检察经费保障，待条件成熟后实现由中央财政来保障。对省级以下检察经费保障可采取以下步骤：一是采取实行双轨制。对经济发达能够实行省以下统筹的地区的检察机关按照中办、国办《关于加强政法经费保障工作意见》的规定进行省以下统筹，使检察机关逐步减少对地方的依附，确保检察权独立正确行使。对西部欠发达地区省级检察经费统筹保障机制应采取中央转移支付为主与地方财政统筹为辅的省级以下检察经费保障制度。二是为减轻中央财政的负担，可以采取以下办法补偿中央、省级财政支出。各级检察机关收缴的赃款赃物统一逐层上缴中央或省级财政。三是省及省以下各级财政拿出财政收入的3%作为政法基金上缴中央财政或省级财政。在省级财政包吃饭阶段，这部分基金有省级财政支配；在中央全负担阶段，这部分基金由中央支配。

法治思维视野下检察权依法独立行使的路径选择

吴　轩*

党的十八大报告强调提高领导干部运用法治思维和法治方式深化改革、推动发展、化解矛盾、维护稳定能力，从价值观和方法论上，对新时期如何治国理政提出了新标准、新要求。法治的精髓，也是法治思维和法治方式的本质在于，国家权力在法律范围内行使，公民的自由和权利通过法律得到切实保障。由此出发，人权意识、正当程序意识、敬畏法律的职业精神、实事求是的科学态度，“理性、平和、文明、规范”的执法观，是我们检察机关履行宪法使命、保障人权、保障国家的制度安全、实现社会公平正义所绝对不能缺少的，亦是具体执法办案活动中运用法治思维和法治方式的核心所在。然而，这些均涉及检察权的规范运行。检察权运行的规范性，并非自发产生，它需要一定的体制机制予以保障，其中，检察权独立性的保障显得尤为重要。如果检察权丧失了独立性，那么其必将在外来力量的干涉下不规范运行。作为中国特色社会主义法治的维护者和实践者，检察机关要运用法治思维和法治方式深化改革、化解矛盾，应当把法治精神和法治理念内化于心、外践于形，依法独立行使检察权，全面提升法律监督的品质，履行好保障法律实施、维护公平正义的职责，在推进依法治国进程中发挥应有作用。

一、法治视野：检察权依法独立行使的法治基础

法治思维是指按照法治的逻辑来观察、分析和解决社会问题的思维方式，它是将法律规定、法律知识、法治理念付诸实施的认识过程，直接关系到依法行政、依法办事的效果。法治，已成为当今各主要国家所推崇的治国理政的重要方式，已成为党和人民的理性共识和实践选择，正在用制度的力量改变着人民的生活、改变着社会的面貌。对执政者而言，要想充分发挥“法治”的优

* 天津市人民检察院第一分院助理检察员。

越性，必须构建起“法律规定、法律知识、法治理念、法治思维、法治实践”的良性循环。而“法治思维”又是维系这一循环不可或缺的关键环节，因为它在很大程度上直接决定着法治实践的成效。

如果追本溯源，检察执行力则来源于我国宪法的授权。宪法作为我国的根本大法，如果其得不到有效的贯彻落实，那么检察执行力乃至公信力都不可能得到真正保证，检察软实力也就无法得到真正体现。因此，要有效构建和提升检察执行力，坚持和强化检察机关的宪法定位，是一个根本的前提和基础。然而，坚持和强化检察机关的宪法定位，首先就需要对这一定位的合理性进行探讨，在此基础上，再行探讨宪法授权的范围及界限。

西方国家的政治制度，无论是英美法系国家还是大陆法系国家，在来源上都具有本质的同一性。在国家权力的来源上，都以洛克的“天赋人权”和卢梭的“人民主权”理论来解释国家和公民之间的关系。在国家机关权力配置方面，都坚持以孟德斯鸠为代表的“三权分立”原则，强调立法权、司法权和行政权的独立和相互制约。① 因此，在整个西方国家公权力的配置中，已没有了检察权的独立地位。检察权要么归属于司法权或准司法权，如大陆法系国家；要么归属于行政权，如英美法系国家。而美国具有世界影响的独立检察官制度，最终寿终正寝的根本原因，也与该权力过于独立的地位有关，使美国人不敢冒着违背或超越“三权分立”的公权力架构风险。②

而在中国，检察权是在立法权项下的一项公权力，并且与一般行政权、特殊行政权（军事权）和审判权相并列的权力。检察权来源于全国人大的立法权，从根本上而言，其来源于人民，又服务于人民。与西方国家通过党派对立和三权分立实现权力制衡不同，在人民代表大会制度下，必须依靠监督和制约，保证国家机关依法行使权力。我国宪法规定设置人民检察机关，并把检察机关确立为国家法律监督机关，专门承担法律监督职能，是我们党和国家为加强社会主义民主法治建设而采取的重大举措，是与我国的国体政体相适应的，是政治属性、人民属性、法律监督属性的有机统一。③ 因此，我国宪法对包括检察权在内的我国公权力的配置，不仅体现了检察权设置的中国特色，也赋予了检察权不同于西方国家的新的制约模式的文明性。

---

① 张智辉主编：《中国检察》（第 17 卷），中国检察出版社 2008 年版，第 433 页。

② 樊崇义、吴宏耀、种松志主编：《域外检察制度研究》，中国人民公安大学出版社 2008 年版，第 90 页。

③ 徐汉明：《当代中国检察制度的特色及其优越性》，载张本才、陈国庆主编：《检察理论与实践 30 年》，中国检察出版社 2009 年版，第 225 页。

我国 1982 年宪法确定我国的检察机关为国家的法律监督机关。在目前的世界各国中，这是对检察机关的最高定位。通过比较后我们可以得出以下的结论：检察机关在国家机构中的地位，是由它所行使的权力的性质决定的。一般说来，行使弹劾权和法律监督权的检察机关，都直接隶属于最高国家权力机关，其地位较高；行使顾问权力兼诉讼权力的检察机关，一般隶属于国家元首或政府首脑；单纯行使诉讼权力的检察机关，一般隶属于政府的司法行政机关，其地位较低。① 在我国，宪法对检察机关的如此定位，一方面来源于对苏联检察制度的继受，另一方面来源于历代相传的御史制度的心理认同。此外，还有维护国家法制统一的需要。② 我国宪法及第一代党和国家领导人之所以对检察机关地位有如此认识，一个很重要的原因就在于跳出了西方三权分立的框架来看待检察权。我们将检察权看成了一种人类最新的政治权力划分的文明成果，并对这种政治文明成果予以吸纳和继承。而西方国家始终不能跳开三权分立的权力架构，因此也始终没有给检察权找到一个应有的地位归宿。即使在它们检察权的实际权能超过了我国检察权的范围时，它们也不敢逾越三权分立的框架赋予检察权更高的地位，如美国独立检察官制度的短暂历史。因此，我国宪法关于检察权在整个公权力体制中的架构，实际上契合了人类政治文明发展的最新成果，是对人类政治文明即公权力分类制约这一本质的正确解读。因此，我国宪法即使从整个人类的文明史来观察，至少在检察权的认识上，具有了世界性的前瞻意义。我们对宪法的坚持和强化，实际上就是对历史政治文明发展潮流的坚守。尤其是在当今强调依法治国，大力构建社会主义法治国的政治现实下，对宪法的坚守更具有重大的时代意义。

二、法治方式：检察权依法独立行使的内在要求

我国刑事诉讼法明确规定："人民检察院依照法律规定独立行使检察权，不受行政机关、社会团体和个人的干涉。"这既是检察权制约本性的需要，也是检察权排除干扰独立运行的需要。而检察权的规范性和文明性就在这独立运行的机制中得到充分的体现。法治思维对检察机关来说，就是要求我们用检察职业独特的思维方式观察事物、思考问题、处理案件，尊重检察规律，秉持检

① 王桂五主编：《中华人民共和国检察制度研究》，中国检察出版社 2008 年版，第 427 页。

② 我国宪法第 5 条规定："国家维护社会主义法制的统一和尊严……一切国家机关和武装力量，各政党和各社会团体、各企事业组织都必须遵守宪法和法律。一切违反宪法和法律的行为，必须予以追究。"

察理性，信守检察规则。

（一）坚持职权法定

检察机关独立行使检察权，不是独断专行，自行其是，而是必须严格依照宪法法律的规定，忠实地履行自己的职责，既不能不负责任，放弃职守，也不能滥用职权，谋取私利。必须努力做到有法必依、执法必严、违法必究，使社会主义法制得到统一、正确的实施。要坚持职权法定，深化对司法权性质的认识，恪守司法权的边界。权力必须来自于法律具体而明确的授予，必须在法律规定的限度内履行职责。具体到检察机关的业务工作而言，就是必须依照刑法的规定，分清罪与非罪的界限，正确认定犯罪的性质和罪名，不能把无罪当作有罪，把有罪当作无罪，也不能使此罪与彼罪发生混淆。否则，就会或伤害无辜群众，或放纵犯罪分子，使法律不能正确执行。此外，检察机关还必须依照刑事诉讼法的规定，严格遵守各种“操作规程”，而不能违反程序行事，否则同样是违法办案，侵犯了当事人和其他诉讼参与人的合法权益。

（二）遵循法定程序

遵循法定程序要求将社会中已经存在的各种冲突通过正当程序的运行予以和平公正的解决，要求权力按照法律预设的程序行使，严禁恣意行使权力，保障程序参与者有平等的发言和对话。正当程序能够满足民众对正义实现的心理需求，容易引导民众对程序结果的认同和肯定。虽然不能做到皆大欢喜，但失望者对遵循程序的结果也容易接受。要严格遵循法定程序，把程序正义放到更加重要的位置。法治即是规则之治，法律程序是约束和制衡公权力，防止执法者凌驾于法律之上，实现法律面前人人平等和公平正义的有效保证。坚持遵循法定程序关键要做到：一是保障民众的知情权。检察权依法独立的行使，不仅需要公正合理透明，更需要民众的积极参与，而民众的知情权是其有效参与的前提。故有必要充分保障民众的知情权，培育民众的权利意识。二是树立民众参与原则。任何决策的作出都需要掌握大量的信息，信息越全面，决策才能越正确。如立法中的听证制度，可以使立法者以听证会的方式了解专家学者及利害关系人的建议和意见；司法和行政程序中的参与原则，使决策者能够兼听则明。故政策在制定和实施过程中需要有公众的有效参与，并且赋予参与者表达自己意思的机会。确保事关民众利益的重大事项能依法决策、科学决策和民主决策。

（三）切实保障人权

法治社会是一种运用法律规则规范人们行为的有序社会，它反对专制、强权和暴力，保障人们在同一社会规则中得到最大发展，法治社会的根本出发点是保障人权。通过一个行之有效的私法制度，它可以界定出私人或私人群体的行动领域，以防止或反对相互侵犯的行为、避免或阻止严重妨碍他人的自由或所有权的行为和社会冲突。通过一个行之有效的公法制度，它可以努力限定和约束政府公权力，以防止或救济这种权力对保障的私人权益领域的不恰当侵损、以预防任意的暴政统治。这样，最为纯粹和最为完善的法律形式，便会在这样一种社会制度中得以实现，在该制度中，人们成功地排除了私人和政府以专断或暴虐方式行使权力的可能性。要切实尊重和保障人权，维护当事人的各项诉讼权利，保证人民的自由、权利和尊严免受执法机关滥用执法权带来的侵害，坚决防止和纠正刑讯逼供、变相体罚、逼供诱供等非法行为。

（四）坚持理性客观

理性执法和客观执法是执法的至高境界。作为执法者的人、作为执行根据的法、作为执行对象的事三者理性完美地结合，才是理性司法、客观执法的至高境界。理性执法和客观执法讲究规范、平和、融合、大局，是对野蛮执法、凭感觉执法、靠经验执法、机械执法的排斥，有助于文明社会、和谐社会建设。理性执法和客观执法是在先进的思想武装下，有健康的人格修养和有知识的执法者，理智地运用分析、判断、综合能力，恰当地运用法律，实现执法与其形式、效果的统一，最大限度张扬社会进步的主旋律。① 检察机关依法独立行使检察权，要始终保持理性和客观，大力弘扬实事求是的思想路线，一切从证据出发，事实认定、逻辑推理和司法判断都要建立在依法取得的证据之上，保证客观理性、衡平如水地适用法律。

（五）接受监督制约

要自觉接受监督和制约。任何公权力的行使都必须受到监督制约，否则就容易被滥用甚至滋生腐败，检察权的行使也不例外。检察机关作为国家的法律监督机关，行使检察权时更要加强自身监督，勇于接受监督。宪法规定地方检察机关对地方人大负责，在宪法没有改变的情况下，我们必须予以坚持。在我国，各级人民代表大会代表人民行使国家权力，检察机关对人大负责也就是向人民负责。人大对检察机关的监督，也是代表人民对检察权的监督。同时，检察机关依法独立行使检察权，还必须勇于接受人民监督员、社会大众的监督。

三、法治视角：检察权依法独立行使的突出问题

在现实中，我们经常看到，检察机关由于在人员编制，经费来源，甚至干部晋升、提拔等方面受制于各同级党委、政府，从而在执法过程中缩手缩脚，应该监督的不敢监督，从而使宪法和法律的规定不能得到有效的执行。

---

① 张志超：《理性执法是历史发展的要求》，载《检察日报》2011年3月22日第3版。

（一）检察官身份不独立

检察官是行使检察权的主体，因此，检察官的身份独立是独立行使检察权的根本前提。但是从我国目前检察机关的人事管理制度上看，无论是检察机关的领导成员还是普通的检察官，其身份都不具有独立性。检察官身份独立是独立行使检察权原则的一项重要内容，它对保证检察官公正合理地处理案件，具有重要意义。当前我国检察官管理行政化，检察官的晋级、任用套用行政制度的科、处、局（厅）级官阶制。检察工作实践中，形成检察官服从科长，科长服从检察长，所谓“层层把关”、“层层批示”的不合理现象。现行的检察官法，将检察官分四等十二级，错误地强化了检察官的等级制度。致使检察官的这种级别不仅意味着所谓政治待遇的差别，而且显示出一种等级和服从的位阶和责任的分布，甚至有时被解释为表示检察官素质的高下。检察权行政化，严重违背检察权的本质要求，损害检察官身份的独立性、自主性和积极性，必须予以摒弃。①

（二）检察人事权不独立

根据宪法、人民检察院组织法和检察官法的规定：地方各级人民检察院检察长由地方各级人民代表大会选举和罢免，副检察长、检察委员会委员和检察员由本院检察长提请本级人民代表大会常务委员会任免。与此相适应，同级党委对于本级检察机关检察长和副检察长的具有提名和建议权，有些地方甚至对于检察机关内设机构的负责人的选任都进行干涉，从而导致同级党委和人大对检察机关的人事掌握实际控制权。这种检察人事管理制度，使普通的检察官不敢得罪检察长和其他领导成员，而检察长又不敢得罪地方党政领导和人大机关。这种现象的存在，使检察机关在履行法律职责的时候，不得不充分考虑甚至于服从地方党委和人大的意见，而这往往就是地方保护主义产生的原因。

（三）检察经费不独立

目前，我国地方各级检察机关的经费主要依靠同级地方财政供给。由于我国现阶段经济发展的不平衡，使得不同地区检察机关的经费高低不一，甚至在同一市的不同区县之间都会有很大的差距，有些地区——尤其是经济发展相对滞后的中西部地区，供给的额度和标准更是没有统一的标准，甚至检察人员的工资经常都不能按时足额发放，更谈不上办案经费的保障。检察经费的确定完全决定于地方政府的态度，这种检察经费机制使得地方各级检察机关不得不主动地去讨好地方行政部门的主要领导，而“在司法人员的薪俸靠立法和行政机

① 孙光骏：《论当前宪政制度下的独立行使检察权》，载《中国检察官》2006年第2期第13页。

构施舍的制度下，司法权的独立将永远无法实现”。一旦在办案中涉及地方经济利益，检察机关难免要受制于地方政府“为本地经济发展保驾护航”的需要出发来办案。

（四）检察管理体制不独立

既然宪法规定检察机关是国家的法律监督机关，也就意味着检察机关要对行政机关、审判机关等实施法律监督。而要有效并不受干扰地实现这种法律监督，则必然要求检察机关具有相对的独立性，尤其是对地方各级检察机关而言，这种相对的独立性尤为重要。从某种意义上讲，这种相对的独立性，是检察机关法律监督权有效实施的根本保障。而现行检察实践中，检察机关没有实行垂直化的机构管理，导致检察机关对我国宪法规定执行不力。

四、法治前瞻：检察权依法独立行使的路径选择

（一）依据宪法合理确立检察机关法律监督的范围

宪法确定我国检察机关为国家的法律监督机关，无论是从言语的本质意义、还是从检察机关的历史意义上而言，它的当然含义应该是指一般法律监督机关。然而在司法实践中，我们却把它作为一个诉讼监督机关来看待，把检察机关作为与特殊行政机关即侦查机关相并列的地位来对待。实际上，这是有违宪法精神的。因为宪法明确将检察权与一般行政权、审判权相并列并相互制衡。如果根据宪法的规定和原则，将检察权与一般行政权相并列并相互制衡，那么检察机关就具有对其他行政行为进行监督的一般法律监督权。

从检察权为制约其他公权力产生的文明本性而言，检察权除了具有公诉权和侦查权的内容之外，还应当具有一定程度的法律监督权。而扩大我国检察机关法律监督权的范围，赋予一定程度的一般法律监督权，不仅符合我国宪法的基本精神和历史上对官僚进行监督的传统精神，更是与我国当前法治不发达、行政权过于庞大的政治现实和人类政治文明的发展潮流相契合。

（二）改革目前的检察机关管理体制

最有效的方法就是如英国皇家检察署或者如我国纪律检查委员会一般，采用上下垂直的管理体系。最高检察机关受党和国家的领导，但在地方上，检察机关只对上级检察机关负责，统一行使检察权，并实行财政独立、人事管理和职级待遇等单列，使检察机关摆脱地方当局的控制和影响。如果像目前这般的检察体制，检察机关不仅受地方当局的领导，而且在人事、经费等方面都受到地方当局的控制，就根本无法实施法律监督。这种实际地位与宪法地位的反差，导致了地方当局的许多领导人对检察工作不了解，对检察机关的地位不清楚，甚至认为检察机关只相当于同级政府的一个工作部门。如果检察机关在案

件办理等方面不与地方党委政府保持一致，那么地方当局就可以采取各种手段制约检察机关。在这种情况下，不要说法律监督，就是连检察权的正常行使都受到极大的限制。因此，坚持检察机关宪法定位的一个重要措施，就是改革现行检察体制，由双重领导体制变革为垂直领导体制。

（三）变更检察机关内设机构名称

为了强调检察机关的独立性，可以将检察机关内设机构的名称予以变更，以强调与行政机关的区别。法院在这方面做得就比较好。无论是什么级别的法院，业务部门的内设机构负责人统一称为庭长，以显示与其他机关的区别，同时这一称谓也模糊了法官的行政级别色彩，强调了法官的非行政性与独立性。同样，我国检察机关的内设业务部门也应该将现在按照行政级别划分的科长、处长、局长、厅长等称谓进行变更，以显示与行政机关的职能区别。可以参考新中国成立初期和意大利将检察机关称为检察署的范例，将现今检察机关的内设机构统一称为“署”，各业务部门内设机构统一称为署长。这一方面显示检察权的独特性，另一方面又便于和法院的称谓相衔接。从而在整体上形成检察机关与行政机关和审判机关的形象区别，从形式上维护检察机关的独立性。

（四）正确处理党的领导与检察权独立行使之间的关系

检察机关自觉接受党的领导和监督，是当前政治环境下检察权得以正确行使的政治保证，也是充分发挥检察职能的力量源泉。要切实把坚持党对检察工作的领导与履行宪法法律赋予的职能、把坚定不移地执行党的政策与严格执行法律有机统一起来。在履行检察职能的过程中，要明确党委的重大工作部署，了解和把握转变经济发展方式、经济结构优化升级对检察工作的新期待和新要求，及时调整检察工作部署，确保服务大局落到实处。要积极配合党委的中心工作，主动向党委汇报重大工作部署和重大事项。在查办案件尤其是查办涉及影响当地经济发展的案件过程中，在坚持“以事实为根据，以法律为准绳”的前提下，重视与党委的沟通协调，努力消除因案件办理对经济发展造成的负面影响，真正做到服务中心、维护稳定、促进发展。要坚决杜绝在服务和保障经济社会发展的过程中、以独立行使检察权为借口而不重视甚至忽视党的领导。

法治思维视角看基层检察院独立行使检察权

王　剑*　李　冰**

习近平总书记在中共中央政治局第四次集体学习时强调“依法治国依法执政依法行政，共同推进法治国家法治政府法治社会一体建设，要确保审判机关、检察机关依法独立公正行使审判权、检察权。”

人民检察院依法独立行使检察权，不受行政机关、社会团体和个人的干涉，是宪法确立的一项重要原则。刑事诉讼法第5条规定确立了人民检察院依法独立行使职权原则。党的十八大报告特别重申了这一宪法原则，提出要“进一步深化司法体制改革，坚持和完善中国特色社会主义司法制度，确保审判机关、检察机关依法独立公正行使审判权、检察权”。这一要求，充分体现了司法在中国特色社会主义事业中的独特地位，更加强调了司法机关依法独立公正行使职权的重要意义。检察权作为对法律的执行与遵守进行专门监督的权力，只能由国家的法律监督机关人民检察院行使，人民检察院独立行使检察权，不受行政机关、社会团体和个人的干涉。作为基层检察院，由于处在最基层的特殊性质和情况，在行使检察权的过程中，势必遇到一些问题，本文以基层红岗区检察院为例，通过法治思维视角和自身工作中遇到的实际问题进行分析，提出一些建议。

一、关于红岗区检察院独立行使检察权的情况

检察机关行使检察权接受人大及其常委会以及社会各界的监督，接受党委政法委的领导监督，是检察机关执法的基本原则。作为基层检察机关，红岗区检察院在红岗区委领导下，在区人大法律监督和区政协民主监督下，在区纪检监察部门和区委政法委大力支持配合下，独立行使检察权。

---

* 黑龙江省大庆市红岗区人民检察院研究室主任。

** 黑龙江省大庆市红岗区人民检察院研究室干部。

（一）坚持党委领导和政府财政支持

红岗区委对检察工作高度重视，给予大力支持和充分肯定。由于红岗区检察院是全国模范检察院，是红岗区的典型，为红岗区提高了一定影响和知名度，区委区政府在人、财、物方面均给予大力支持。如在财政紧张的情况下，红岗区院获得“集体一等功”荣誉后，区委区政府给予20万元奖励。在处理信访历史积案协调过程中区委区政府给拨付100万元，使马德鑫23年涉检信访和付忠义11年涉检信访积案得到圆满化解。在干部使用上，区委向我院倾斜，支持调整配备了12名干部，激发了干警争先创优的积极性。在查办案件上，没有任何干预，给予充分信任，为查办案件提供了广阔的空间。

（二）与纪委监察部门的协作配合情况

健全监督协作体系，深入辖区基层组织开展调研，征求各种意见和建议，会同区纪委、监察局建章立制，共同签署《预防职务犯罪工作协议》。实现职能部门之间优势互补，检察机关与纪检监察机关在查办贪污贿赂案件方面各有优势，互为补充。新刑事诉讼法修订实施后，对检察机关的侦查工作提出了更高的要求，尤其在办案程序方面作出了更明确更具体的规定，如传唤不得超过12小时的规定给检察机关的侦查工作造成了一定的困难，但纪检监察机关根据行政监察法的规定有权对被调查对象采取“两规”或“两指”的措施，这时我们就利用纪检监察机关在时间和办案方式方法上的优势，快速突破被调查人的心理防线，多管齐下加大反腐败力度。完善协作机制，红岗区院建立了与纪委和监察部门的联动机制、违纪违法案件报告和协作机制、执法过程涉检环节案件的办理等工作机制。完善与纪委、监察部门的交流沟通工作机制，定期或不定期召开联席会议，及时交流信息和通报工作开展情况，研究解决协作中遇到的实际困难和问题，为检察机关执法创造有利条件。

（三）争取区委政法委的支持协调情况

红岗区院坚持党对检察工作的绝对领导，在作出重大决策、部署、重大执法活动时均向党委请示报告，办理重大案件时由政法委支持协调，为检察工作健康开展提供了可靠保障。检察机关的职权能否有效发挥作用，其法律效果和社会效果如何，对社会的政治稳定、经济的发展起到举足轻重的作用。红岗区院对执法中遇到的重大疑难案件、执法难点案件和涉检涉诉案件及时向政法委报告，求得政法委协调支持，对执法中反映和暴露出来的问题，向政法委进行汇报，政法委及时指导、监督和协调解决，保证诉讼活动的正常进行，以减少负面影响，维护检察机关的执法形象。

二、基层检察院在独立行使检察权过程中遇到的问题

（一）独立行使检察权受地方政治影响较明显

基层检察院独立行使检察权与其服从地方权力机关存在冲突。尤其在基层，干部的提拔与任免、政策倾斜等均由地方党委决定。如基层检察院进行公务员招录、科级干部提拔、荣誉奖励、推荐表彰等都由地方党委决定。而一些政治因素自然地融入到检察实践活动当中，诸如在写材料当中涉及办案效果常用“实现了法律效果、政治效果和社会效果的有机统一”。地方无形中将检察工作纳入到地方管理之下，党委组织的下乡扶贫，机关活动要参加，甚至招商引资、盘活停产企业也要完成，一些与检察工作无关的活动使检察机关疲于应对。如果独立行使检察权侵害地方利益或与地方权力机关意见相左时，势必从一定程度上影响到基层检察院的应得利益。

（二）独立行使检察权受地方财政制约较明显

基层检察院独立行使检察权与其财政依靠地方政依府机关存在冲突。目前全国绝大多数基层检察院的财政拨款来自地方政府。如房屋修缮、办案场所扩建、检察人员工资、报刊书籍采购、执法办案经费等均来自政府。同时在检察人员准入、人员编制等方面也受到地方政府的影响。如果独立行使检察权侵害政府利益或与政府机关意见向左时，势必从一定程度上影响到基层检察院的财政拨款。

（三）独立行使检察权受到检察官自身因素影响

一方面，虽然目前检察机关内部实行上令下从的体制，建立了比较完备的内部监督制约机制，这对保障检察权的正确行使是非常必要的。另一方面，检察官自身一些因素也影响了检察权的独立行使。检察官主体定位未明，在机关内部，上一级与下一级部门或人员的关系，不仅仅是行政关系，还无意间形成了履行法律职责的关系，造成检察官法律主体的不独立性。换句话说就是“领导与被领导的行政关系”有意无意地影响到检察权的独立行使，可以说是法律的缺失。同时，部分基层检察官自身素质不高，执法理念落后，影响了检察权的独立行使。

（四）独立行使检察权受到基层检察人员待遇差距影响

目前全国检察人员的基本工资基本是参照地方公务员工资标准，各地经济发展程度的差异造成了工资待遇的差异。而就同级政法机关其他部门来对比，基层检察院也存在政治待遇、经济待遇等差距。首先，检察机关干部职级配备较低。红岗区院作为基层院，除党组成员和三名正科级检察员外，其他科室长全部是副科级干部，政治待遇较低，造成优秀人才流失严重，引进的重点大学

毕业生近年来已调走6名，全部考到政府部门任副处级和正科级干部。原因是检察机关与同级党政机关的干部职级有很大的差距，职级比例明显偏低，检察人员上升空间小。其次，检察人员经济保障落实不到位。检察官工资、待遇与其他种类公务员几乎没有差别，从优待检落不到实处，检察官等级津贴虽然已经下发文件，因各种原因执行过程中仍是困难重重，很大程度上影响了检察人员的发展和进步，检察官专业化和职业化逐渐被淡化，致使许多优秀人才不愿选择检察官职业，基层检察官后继乏人的问题越来越突出，阻碍了检察官队伍整体素质的提升，甚至不少检察院检察官一旦通过了司法考试便选择转行当律师或从事其他职业，检察人才流失现象屡见不鲜。

（五）独立行使检察权受到新闻媒体不实报道的影响

在检察权独立行使过程中，新闻媒体起到了至关重要的作用，尤其是不实或夸大的新闻报道介入检察实践后，对司法公正产生巨大的冲击。在群体心理学的作用下，对正义的关注导致了非正义的结果。在一个缺乏言论自由的环境下，由于缺少沟通渠道和理性的交流实践，民意的表达变成了集体的非理性。狂热的道德激情、简单的是非判断和强烈的愤怒情绪，往往淹没了对问题的深入分析和对规则的尊重，尤其是对法律规则的尊重，这就是我们在办案中经常提到的“社会效果”。举一个真实的案例，发生在地方一个村子，兄弟两个人，老大不孝顺总是辱骂和殴打父母，弟弟看不过去和自己的母亲将哥哥杀死。由于公安局的率先报道，新闻媒体尤其是市晚报、广播电台对此案进行了跟踪报道。在报道中，媒体着重描绘了其死者的野蛮和对父母的不孝，着重描写了弟弟的大义灭亲，此案如何审理成为了群众关注的焦点，民意的表达变成了集体的非理性。最终判定结果为缓刑。但是回过头冷静地来看，从法律的层面，从客观公正的层面来看，新闻媒体和群体民意绑架了法律。

三、关于强化独立行使检察权的做法和建议

（一）在法律上，明确检察官主体地位

当前我国检察队伍的管理是套用国家行政机关工作人员的管理模式，制约了检察队伍的专业化进程。检察官职级是按照行政机关职务层次划分的，行政职级成为确定检察官工资及政治待遇的主要依据，检察官待遇在实施过程中没有充分发挥实质作用。建议细化检察官法，实现检察人员分类管理。鉴于检察机关法律监督地位和检察业务特点，可强化检察官职业色彩，明确检察官作为法律工作者的主体地位，淡化检察官公务员管理的身份，可将检察官分为主诉、主侦和事务类别，使主诉主侦专门业务类检察官有为有位，对于非检察官序列的行政后勤技术人员，可按规定比照公务员法和技术人才等级进行调配评

定，并按照检察官、专门辅助人员、后勤服务人员进行配置。同时划清行政领导与业务领导的关系，使检察官真正实现法律工作者的独立性。

（二）在管理上，确定检察系统独立

首先要明确检察机关与党政机关的关系。党政机关应发挥好政治、思想、组织的导向作用，不得干涉具体案件的办理。应当在明确党政机关和检察机关之间的领导关系的同时，取消地方各级党委和政法委对检察院日常检察工作实行领导的制度，党委领导不得“过问”具体案件的办理情况，对违反规定干涉司法的领导人追究其相应责任。其次要取消基层党委对检察院干部的提拔、任免和调动的权力。建议实行检察系统内上下级垂直管理。市级以下检察机关实行检察机关一体化、垂直领导。实行市级以下检察机关垂直领导重点在于将人、财、物和案件管理权收市级检察院，以加强纵向关系，减弱地方影响。在干部管理上，实行上一级检察院党组管理，健全检察机关组织体系。县区检察院的编制统一上收到市一级管理，两级检察院的编制及领导指数，有市级编制管理部门会同市检察院统一核定和管理。县区检察院录用、调进人员，必须经市检察院审核，严格按照检察官法规定的条件和程序任免检察官。最后要在经费管理制度上，将两级检察院业务经费纳入市级财政预算予以重点保障，统一拨付市检察院负责管理；在业务管理上，强化上级检察院对下级检察院的领导力度和权威性。这样多年制约检察工作发展的问题才能迎刃而解。

（三）在政治上，提高检察干部职级

目前，基层检察长的级别是副处级，其内设机构的级别理应是科级。但目前国家有关部门却没有对基层检察院的内设机构级别作出统一规定。应当在对基层检察院内设机构级别进行规范统一的规定。加强对国家政策制度的落实。目前，根据劳人薪［1988］5号文件对县级检察院科级干部职务职数比例的有关规定最高不超过1∶1.3，红岗区院52×1/（1+1.3）=22。正科与副科之比为1∶1，正科级应为11人，副科级应为11人。实际与此比例差距很大。2006年5月，中共中央作出了《关于进一步加强人民法院、人民检察院工作的决定》（以下简称《决定》），《决定》规定了在各级人民检察院设置检察委员会专职委员，与同级检察院的副职领导相同待遇。但是现实很难能实现，即便增设专职委员，基层检察院也多为副科级。应当加大对文件决定的落实督促，真正提高基层检察院干警的政治待遇，使之更好地独立行使检察权。

（四）在经济上，提高检察人员经济待遇

近年来，国家经济快速发展，拉大了人们收入档次，贫富两极分化比较严重，消费观念形成鲜明对比。一方面，检察官工资、待遇与其他种类公务员几乎没有差别，从优待检落不到实处，主办、主诉检察官津贴虽然已经下发文件，但因各种原因执行过程中仍是困难重重。另一方面，同一地区、同一系统、同一层级的基层院干警待遇不同严重地伤害了干警的自尊心。如某基层检察院刑事检察编制目前为13人，每年办理的刑事案件为600—700件。同市的高新区检察院刑事检察为该院编制2倍，案件仅为100—200件，且拥有高新区特殊补助，住房津贴等均几倍于该院。这些不断渗透和冲击着干警的思想观念，造成思想政治工作队对于干警影响的弱化，而应当享受的待遇享受不到，直接影响着干警干事工作的积极性，从一定程度上制约独立行使检察权。建议通过修改检察官法，将检察官的惩戒、辞退等条件和程序予以细化和合理化，并规定有效的救济程序，对同一地区的检察官薪金和福利实行同一标准，并参照当地的经济发展水平，有步骤地提高检察官的薪金和福利待遇，逐步实现高薪养廉，提高独立行使检察权的水平。

（五）在自身上，提高检察队伍整体执法水平

检察权交由业务素质低的检察官独立行使，不但难以消除社会公众对检察执法能力的疑忌，而且会造成司法腐败。必须加强检察官队伍的整体执法水平，才能为检察权的独立行使夯实基础。要进一步完善检察官的遴选机制，提高任职门槛，宁缺毋滥。要进一步完善检察官培训机制，强化检察官执法素能和执法理念。同时废弃检察官终身制，开展三年一考核项目，根据三年中办案效果、案后回访效果、案件质量等进行考核，不合格取消检察官资格。对于基层检察院案多人少的现状，建议参照法院，建立检察官助理制度，全面提高检察官独立行使检察权的水平。

（六）在媒体上，构建科学、客观、真实的舆论平台

第一，完善相关法律，明确媒体的监督界限。在宪法指导下完善有关媒体监督的法律，媒体不得对检察执法过程中的案件进行煽情和片面的报道；不得对案件的办理过程做过激的、炒作性的评论，评论不得违反相关法律原则；不得侮辱、诋毁、谩骂检察机关和检察人员。第二，提高媒体从业人员的法律素质，加强行业自律。媒体从业人员不但要具备本专业的知识，还要了解法律制度，具备法律素质，用公平、公正的眼界去报道案件，排除自身的情绪化。加强与检察机关的交流，化解媒体和检察机关的思维冲突，推进社会法治化。对于故意进行片面报道或对检察执法进行恶意评论的媒体，应当追究其相应责任。

（七）在民意上，加强科学的引导、管控和监督

第一，健全涉检民意舆情应对机制，完善新闻发言人制度，掌握民意主导权。全面推行责任追究和倒查机制，实行预警管控措施，对虚假、夸大等违法

新闻原则的报道人或媒体给予严惩，积极维权，保护检察机关及干警的合法权利。第二，科学引导民意。正视民意的负功能对检察工作的消极影响，提高自身正确引导能力，正确把握民意的正能量。第三，加强检务公开，主动接受监督。积极开展“检察开放日”活动，接受人民群众来访，邀请人民群众参观，主动公开检察机关工作职责、办案流程等不涉密的事项和程序。完善检务公开的内容和形式，健全完善检务公开工作机制，不断拓宽人民群众了解检察工作的渠道，最大限度地保障人民群众对检察工作的知情权、参与权、表达权、监督权。

法治思维视野下职务犯罪侦查的反思与应对

任海新* 张 文**

一、新刑事诉讼法对职务犯罪侦查的影响

新刑事诉讼法正式施行以来，2013年“一季度，全国检察机关共立案侦查贪污贿赂犯罪案件6732件9139人，其中大案5413件、要案452人，与去年同比，立案件数和人数分别下降10.3%和9%，大案、要案分别下降7.9%、25%；有18个省份立案人数下降，2个省份降幅超过50%，下降面广，降幅很大，全国反贪办案工作总体形势比较严峻”①。一季度，重庆市检察机关共立案查办职务犯罪案件137件157人，人数同比下降51.8%，其中贪污贿赂犯罪案件116件136人，人数同比下降52.1%，渎职侵权犯罪案件21件21人，同比下降50.0%②。数据显示，新刑事诉讼法明显对职务犯罪侦查特别是在贪贿案件的侦查上造成了不小的影响，具体而言，主要体现在以下几个方面。

（一）深化人权保障

1. 明示“尊重和保障人权”

自国家进入法治建设的轨道以来，在现实的职务犯罪侦查领域，人权保障主要是指保障职务犯罪嫌疑人的人权，而这一直都是一个知易行难的问题，实践中侵犯人权的现象时有发生。2004年，“国家尊重和保障人权”写入宪法，2005年最高人民检察院出台全程录音录像制度，虽然执行中仍存在不少问题，

---

* 重庆市检察院第二分院研究室主任，高级检察官，重庆市检察业务专家，全国检察理论研究人才。

** 重庆市检察院第二分院助理检察员，法学硕士。

① 根据2013年4月12日最高人民检察院反贪污贿赂总局副局长徐进辉在“全国检察机关推进反贪办案工作电视电话会议”上的讲话。

② 根据2013年4月10日重庆市人民检察院党组成员、职务犯罪侦查局局长刘昕同志在“全市检察机关查办职务犯罪侦查工作电视电话会”上的讲话。

但职务犯罪嫌疑的人权保障相比从前得到一定程度的改善，时隔8年，刑事诉讼法郑重写入“人权保障”这一宪法原则，首先是在第二条刑事诉讼法的任务上增加“尊重和保障人权”，其次是通过对刑事诉讼法一系列相关条文予以增加、删除和修改，作为该原则的具体化措施。犯罪嫌疑人的人权保障将会得到再一次的“一定程度的改善”。

从侦查机关的角度，传统的以口供为中心的办案模式在短期内尚难迅速转变，而不断强调保障犯罪嫌疑人人权的态势使得侦查权受到一定程度的束缚，职务犯罪侦查要经过一段“阵痛期”式的限缩在所难免。

2. 犯罪嫌疑人的辩护权得到明显加强

“改革开放以来，我国的刑事辩护制度取得长足发展，也存在诸如‘会见难、阅卷难、取证难’等突出问题，2007年修订的律师法对辩护制度作了重大修改，但由于各种主观因素，新律师法在实践中未能充分落实。这次修改刑事诉讼法，充分吸收律师法的规定，针对辩护制度存在的问题，作了重大修改和完善。”① 律师的辩护权得到加强，“律师辩护权是一种根本的权利，被指控人的辩护权是第一性的权利，而律师辩护权则是第二性的权利。因此，律师是依附于被指控人辩护权而存在的，并且前者是实现后者的手段与途径。”② 律师辩护权得到增强在新刑事诉讼法中表现在：第一，辩护律师与职务犯罪侦查权的对抗提前到“第一次讯问或者采取强制措施的时候”；第二，除对一些特殊案件留有余地之外，律师已享有无障碍的会见权；第三，侦查阶段律师权利的保障被刑事诉讼法明文规定，即律师行使刑诉法的权利遇到损害时可以请求上一级检察机关申诉或者控告；第四，赋予辩护人申请调取证据权，案件侦结前听取辩护律师意见等。

3. 讯问程序的规范

一是规定讯问在押犯罪嫌疑人应在看守所内进行，按照新刑事诉讼法第116条第2款规定，犯罪嫌疑人被送交看守所羁押以后，侦查人员对其进行讯问，应当在看守所内进行。这就明确了侦查机关不能以讯问为目的将犯罪嫌疑人带离看守所。二是明确规定讯问时应告知犯罪嫌疑人如实供述。第118条第2款规定，侦查人员在讯问犯罪嫌疑人的时候，应当告知犯罪嫌疑人如实供述自己罪行可以从宽处理的法律规定。三是明确录音录像制度。根据第121条规

① 童建明：《正确理解与适用新刑事诉讼法提升检察工作能力的几个问题》，载《中国刑事法杂志》2012年第4期，第8页。

② 陈兴良：《为辩护权辩护——刑事法治视野中的辩护权》，载《法学》2004年第1期，第9页。

定，侦查人员在讯问犯罪嫌疑人的时候，可以对讯问过程进行录音或者录像；对于可能判处无期徒刑、死刑的案件或者其他重大犯罪案件，应当对讯问过程进行录音或者录像。结合最高人民检察院的最新要求，所有的职务犯罪案件都必须实行全程同步录音录像，另外，第121条第2款也强调了录音录像的全程性及完整性，这意味着所有的职侦案件都必须在审讯时全程完整地录音录像。

上述规定从保障人权的角度讲是规范侦查机关的审讯行为，保证嫌疑人不被刑讯逼供，但却对侦办案件方面带来了较大的挑战，大大增加获得犯罪嫌疑人真实口供的难度。

4. 证据制度的完善

证据制度虽贯穿诉讼活动始终，但最终还是要依赖侦查阶段证据的收集，证据制度的完善使得侦查机关收集证据的难度进一步加大。首先，法定证据各类增加了“电子数据”、“辨认、侦查实验等笔录”，丰富完善了法定证据的种类，使得侦查工作的取证范围相应扩大；其次，“证据确实、充分”有了具体条件的规定，也就是说侦查机关收集证据的标准得以明确，特别是证据必须要达到“对所认定的事实已排除合理怀疑”的程度，这对侦查机关收集证据提出了较高的要求。

更为重要的是，新刑事诉讼法完善了非法证据排除和防止刑讯逼供制度。一是在“严禁刑讯逼供和以威胁、引诱、欺骗以及其他非法方法收集证据”的规定后增加“不得强迫任何人证实自己有罪”。二是增加非法证据排除的规定“采用刑讯逼供等非法方法收集的犯罪嫌疑人、被告人供述和采用暴力、威胁等非法方法收集的证人证言、被害人陈述，应当予以排除。收集物证、书证不符合法定程序，可能严重影响司法公正的，应当予以补证或者作出合理解释；不能补正或者作出合理解释的，对该证据应当予以排除”。三是规定人民检察院等都有排除非法证据的义务。四是规定法庭审理过程中对非法证据排除的调查程序。五是增加规定“在拘留、逮捕后应当立即将被拘留、逮捕人送看守所羁押；犯罪嫌疑人被送交看守所羁押以后，侦查人员对其进行讯问，应当在看守所内进行以及对讯问过程的录音录像制度”①，这些规定既是对侦查权的规范，也是对侦查权的进一步限制。

（二）侦查任务加重

1. 大大增加初查阶段的工作量

新刑事诉讼法下以供促证侦查模式难以为继，侦查机关的侦查中心转到初

---

① 詹复亮：《新刑事诉讼法与职务犯罪侦查战略调整》，载《国家检察官学院学报》2012年12月第6期，第33页。

查阶段，而初查阶段的关键在于收集除嫌疑人供述之外的其他客观证据，这类证据在职务犯罪特别是贿赂犯罪中往往是间接证据，不能直接证明犯罪的存在，这使得侦查工作不仅要投入巨大的人力物力到收集证据工作上，与此同时，基于侦查机关受地方影响较大的现实，侦查机关还必须消耗巨大的精力投入到保密工作中去，侦查的难度也随之加大。

2. 增加对证人的有关工作任务

根据传统的侦查模式，侦查机关一般都只需收集对证人的询问笔录，一般而言证人很少出庭作证，侦查机关也很少投入力量来确保证人出庭作证，而在新刑事诉讼法之下，对证人出庭作证有一系列程序规定，证人出庭作证的可能性大大增加，这就随之增加了侦查机关的相关工作任务。首要的就是必须确保证人在庭审时与侦查阶段的证言的一致性，要确保证人不受到犯罪嫌疑人一方力量的不正当干扰，就这一点来说工作量非常之大，此外，还有可能要涉及证人及其亲属的人身保护问题，同样也给侦查部门带来较大的负担。

3. 侦查人员出庭作证

根据新刑事诉讼法对非法证据排除规定的调查程序，检察机关有义务对证据收集的合法性加以证明，而当现有证据无法证明证据收集的合法性时，只要法院通知职务犯罪侦查人员出庭，侦查人员就必须要出庭说明情况，也就是说，侦查机关已经不能像以前一样出示一个情况说明即可证明证据收集的合法性，而应当在庭审现场直接面对控辩双方的询问。这会导致侦查人员在收集证据时特别是在审讯犯罪嫌疑人时就必须要考虑到将来可能要出庭作证的情况，同时由于多数侦查人员并无出庭作证的经验，因此其在出庭作证时难以灵活应对来自辩方的质询。

（三）加强侦查监督活动的规范化

首先是上面已经提到的两个重要的新的规定强化了对职务犯罪侦查的监督，一是明确采取羁押措施后，侦查人员对犯罪嫌疑人进行讯问，必须在看守所内进行；二是录音录像制度。其次是新增加规定，对与案件无关的财物采取查封、扣押、冻结措施的，应当解除查封、扣押、冻结的财物等行为，当事人和辩护人、诉讼代理人、利害关系人有权向该侦查机关申诉或者控告，受理机关必须及时处理，这些规定进一步强化了对侦查活动的监督和制约，促进了侦查活动的规范化。

二、新刑事诉讼法对职务犯罪侦查的保障

刑事诉讼法的修改，一方面在对职务犯罪侦查权进行规范和限制的同时也给职务犯罪侦查带来了一次重大机遇，“就检察机关职务犯罪侦查职能而言，

新刑事诉讼法一方面通过完善各种侦查手段，提高了检察机关打击犯罪的能力。如延长了传唤、拘传的时间，新设了指定居所的监视居住，增加了询问证人的地点，增加了强制采样作为人身检查的一个子类，扩充了“查封、扣押、冻结”的对象范围；特别是授予了检察机关办理自侦案件过程中决定采取技侦手段的权力（但无执行权），这些都有助于解决长期以来自侦案件侦查手段受限的实际困难。”①

（一）对强制措施的保障

1. 规定了部分案件的指定居所监视居住

指定居所监视居住是新刑事诉讼法赋予侦查机关的一大侦查利器，对职务犯罪而言，特别重大贿赂犯罪的犯罪嫌疑人，满足一定条件可以在指定的居所执行监视居住，而且可以对被指定居所监视居住的犯罪嫌疑人采取电子监控、不定期检查等监视方法对其遵守监视居住的规定的情况进行监督，同时还可以对被监视居住的犯罪嫌疑人的通信进行监控。

2. 有条件地延长传唤、拘传时间

针对尚未采取逮捕、拘留的犯罪嫌疑人，修改前刑事诉讼法规定的传唤、拘传持续的时间最长不得超过 12 小时，而根据新刑事诉讼法，只要满足“案情特别重大、复杂，需要采取拘留、逮捕措施的”传唤、拘传持续的时间可以延长到 24 小时。

（二）对调查手段的保障

1. 部分案件的技术侦查

根据新刑事诉讼法，可以采取技术侦查的职务犯罪案件包括“重大贪污、贿赂犯罪案件以及利用职权实施的严重侵犯公民人身权利的重大犯罪案”，对这类案件，经过严格的批准程序以及相应严格的执行程序，可以采取技术侦查措施，而且相应明确规定了采取技术侦查措施收集的材料在刑事诉讼中可以作为证据使用。

2. 新增查封措施，完善勘验、检查措施

新刑事诉讼法第二编第一章第 6 节新增加了查封措施，同时扩大了查询、查封、扣押、冻结的对象的范围，即包括了“债券、股票、基金份额”三类重要的财产。此外，侦查机关为了确定被害人、犯罪嫌疑人的某些特征还可以对人身进行检查，可以提取指纹信息，采集血液、尿液等生物样本，还可以根据情况进行侦查实验。

---

① 任海新、蔡艺生：《论职务犯罪侦查权的完善——以新刑事诉讼法为视角》，载《中国刑事法杂志》2012 年第 9 期，第 115 页。

3. 扩大证据范围，丰富了证据

新刑事诉讼法将“鉴定结论”改为“鉴定意见”，新增加了“辨认、侦查实验等笔录”及“电子数据”，扩大了有利于侦查取证的证据范围和证据种类。同时，还规定了行政机关收集的证据可以直接作为证据使用，这样也使得侦查机关减少了重复收集有关证据的侦查任务，提高侦查的效率。

4. 证人制度的完善保障侦查工作顺利开展

证人出庭作证有了强制性的规定，即“经人民法院通知，证人没有理由不出庭作证”；证人及其近亲属的人身安全面临危险时，职务犯罪侦查机关有权依据刑事诉讼法采取必要的保护措施保障他们的安全；证人因出庭作证在经济上的损失也有保障，即因作证而支出的交通、住宿、就餐等费用由同级政府财政予以保障，而且明确规定证人所在工作单位不得克扣或者变相克扣证人工资、奖金及其他福利待遇。以上一系列证人出庭作证的规定使得职务犯罪侦查机关在证人出庭指控犯罪上能有更大的作为。

三、职务犯罪侦查的理性设想

在法治思维下，认真执行新刑事诉讼法，既有对职务犯罪侦查的限缩，亦有对职务犯罪侦查的更强有力的保障，职务犯罪侦查机关必须抓住机遇，应对挑战，减短磨合期。

（一）转变侦查理念

职务犯罪侦查工作长远科学发展之路即是更新执法理念，适应法治要求的发展之路，必须“切实增强人权意识、程序意识、证据意识、效率意识和监督意识，进一步坚持惩罚犯罪与保障人权并重，程序公正与实体公正并重，全面客观收集审查证据与坚决依法排除非法证据并重，司法公正与司法效率并重，强化法律监督与强化自身监督并重，严格公正廉洁执法与理性平和文明规范执法并重，把先进执法理念及要求全面落实到反贪侦查工作的各个环节和方面，更好体现诉讼文明、诉讼民主、诉讼公开和诉讼监督制约”①。具体而言，转变侦查理念应当强化四种意识，树立四个并重的理念。

1. 强化人权意识，树立打击犯罪与保障人权并重理念

人权保障理念是基于法治文明及对权力的限制，具有长远意义，不能将眼光局限于人权保障是对侦查权的限制，不利于快速有效打击犯罪的短期影响，必须要树立在保障人权的前提下打击犯罪的信心，一方面，侦查机关要自觉严

① 引自最高人民检察院反贪总局2012年11月7日印发的《关于检察机关反贪侦查工作贯彻实施修改后刑事诉讼法的指导意见》。

格遵守刑事诉讼法有关人权保障的规定，包括“不强迫任何人证实自己有罪”的侦查理念，严禁刑讯逼供、暴力取证等非法收集证据的行为，不得以连续传唤、拘传的形式变相拘禁犯罪嫌疑人，要自觉保障犯罪嫌疑人的饮食和必要的休息时间，要主动告知犯罪嫌疑人的相关权利；另一方面，侦查机关要着力于转变侦查模式，将侦查重心放在犯罪嫌疑人供述之外的其他客观证据上，主动收集全面的证据，努力从证据分析上收集线索，同时，侦查机关要发挥主观能动性，依照法律规定审查判断证据的合法性，综合考虑证据之间的客观联系，注意发现证据之间的矛盾，防止主观臆断，盲目作出结论，要努力提高发现犯罪证实犯罪的能力和效率。

2. 强化程序意识，树立实体公正与程序公正并重理念

职务犯罪侦查机关不仅是单纯的侦查职能的体现，反贪反渎部门同时也是法律监督的职能体现，监督者自身更加要特别注重强化程序意识，一方面要追求实体公正，维护社会公平正义，打击腐败犯罪，遏制腐败形势不断发展的势头，另一方面要维护程序公正，程序公正是实体公正的保障，一个程序不公的案件会损害实体公正的实现，首先，职侦办案人员要严守客观义务，不能超越刑事诉讼法赋予的权力。其次，推动和强化各有关诉讼参与人遵守法定程序，维护程序公正的现代诉讼意识。再次，要注重程序公开，程序的公开性是程序公正的基本的标准和要求。最后，要体现违背程序应予制裁，要制定有关规定对违反程序性的行为追究相关责任，从而减少程序违法现象，树立追求程序公正的理念和意识。

3. 强化权限意识，树立侦查保密与相对公开并重理念

权限意识首先体现在职务犯罪侦查权是由于法律的专门授权，行使侦查权必须在法律授权范围内，合理使用法律规定的手段，严格遵守法律设定的时限。

侦查活动的顺利进行，保密是一个必要的措施。但这种保密需要不能成为侦查神秘化的表现，侦查的公开原则应当成为一项制度，“公开性原则是法治国家原则，不容许仅以真实发现之空洞理由即予以限制或剥夺人民知情的权利，更不容许成为侦查密行的怪招。毕竟对于人民而言，国家的行为必须是公开的，亦即可预见的及可评估的。尤其是对于侦查机关或其辅助人的行为，更是要守着公开性原则，因为侦查机关对于涉嫌犯罪人之行为，系有侵害人权之危险，而你我大家均有可能受到此种危险之侵害。而公开性原则乃是确保国家

行为的可监督性"[①]。讯问过程一律实行同步录音录像，不仅增加了讯问的公开性，而且需要侦查人员提高"镜头下"讯问的能力，这两个方面都需要转变习惯于在封闭条件下侦查的理念，树立习惯于在相对公开条件下侦查的理念[②]。

4. 强化证据意识，树立言词证据与实物证据并重理念

证据是诉讼的灵魂，侦查人员不应夹杂对人与事的过多的感情色彩，应当一切以证据说话，证据如何，罪即如何，证据是否确实、充分，是避免错案的关键所在，"在刑事诉讼活动中，必须强调，证据是认定案件事实的唯一依据，依法收集和运用证据是办案的出发点和落脚点"[③]。刑事诉讼法对证据制度的修改完善对职务犯罪侦查的证据收集工作提出了新的更高要求，这些修改完善无不体现证据收集上的重心改变，以往对言词证据过于依赖，往往先收集言词证据，再通过言词证据来完善实物证据，甚至直接以较多的言词证据定案而辅之以较少的实物证据。在新刑事诉讼法下，必须要树立言词证据与实物证据并重的理念，在侦查取证的过程中应当以实物证据为先，再以言词证据来印证实物证据，两者达到有机统一才能据以定罪量刑。

职务犯罪是实物证据甚为稀少的一类犯罪，但这类犯罪中实物证据的收集往往具有一定难度，但不能以此为借口，怠于对实物证据的收集。

（二）前移侦查重心

职务犯罪侦查机关传统上习惯于或者说将侦查的重心放在正面强攻获取口供上，在新刑事诉讼法下，必须将侦查的重心前移到为最后的审讯做准备的初查上来，因为"初查是对案件线索的筛选和过滤，更是对有价值的案件线索的深化和发展，是侦查人员对案件线索在认识上去粗取精、去伪存真，由此及彼、由表及里，最后认清本质即问查题的性质，实现认识飞跃的过程"[④]，初查一般都是秘密进行的，并不得采取限制人身自由、扣押财产等强制措施。在初查过程中，应当合理地应用秘密调查手段，不断强化初查手段，提高初查的质量和效果，初查往往是围绕所涉嫌犯罪收集外围证据，力争在外围突破并固定核心证据。

---

① 陈志龙：《法治国家检察官之侦查与检察制度》，载《台大法学论丛》1998 年 4 月第 27 卷第 3 期，第 79—123 页。

② 朱孝清：《刑诉法的实施和新挑战的应对——以职务犯罪侦查为视角》，载《人大复印报刊资料——诉讼法学、司法制度》2013 年第 2 期，第 30 页。

③ 陈卫东：《强化证据意识是避免错案的关键》，载《法学》2005 年第 5 期，第 84 页。

④ 朱孝清：《职务犯罪侦查教程》，中国检察出版社 2006 年版，第 80—81 页。

（三）转变侦查方法

转变侦查方法应从侦查实际出发，严格依照刑事诉讼法的前提下，努力探索一切有利于提高侦查效率的侦查方法，可以从信息化引导、预警化研判、精细化初查、规范化讯问、组合化证明、扁平化指挥、一体化支撑、编成化保障八个方面进行探索:①

信息化引导，即是走信息引导侦查的道路，以信息作为支撑来作出侦查决策。

预警化研判，需要从线索发现和审查、初查、立案，到侦查取证、强制措施适用、案件终结和处理等各个环节，进行风险判断评估预警，预防可能出现的情况及应对措施。

精细化初查，要切实转变初查工作粗糙不够细致的现实，而是要投入巨大精力，客观、全面、细致地进行初查工作，以收集充分的犯罪证据。

规范化讯问即是要严格遵守讯问犯罪嫌疑人的程序和规则，坚决落实同步录音录像的制度。

组合化证明，要求树立客观全面、法律真实等证据观念，高度重视物证书证、视听资料、勘验检查笔录、鉴定意见等客观或者科学证据，综合运用科技手段、技术手段按照证明标准和规则，遵循证明方法和路径，对证据素材进行组织、整合，有效形成证据整体、揭示证据关系，从而形成证明依据，认定犯罪事实。

扁平化指挥，要求针对当前国家公职人员职务犯罪侦查环境面临的难题，实行一种减少管理层次、增加管理幅度的指挥模式。要通过着力解决层级结构这样的指挥模式，保证令行禁止、快速反应，避免侦查指挥矢量的纵向逐级递减或横向逐格分散。

一体化支撑，主要目的是排除侦查工作中的干扰阻力，要从转变侦查方式角度出发，应以营造良好执法环境为落脚点，以主动工作的姿态去争取党委领导、人大监督和其他部门的支持，努力形成反腐倡廉的健康氛围，有效保证国家工作人员廉洁履职，规制国家机关工作人员依法行政，公正司法。

编成化保障，要实行侦查力量统一调配，着力实现结构立体化，即上下一体，侦查力量实行“双重领导”，侦查队伍在接受本级院领导的同时，还接受上级侦查部门在业务上的领导和指挥。

---

① 关福金:《加快转变职务犯罪侦查方式的八点主张》，载《检察日报》2012 年 4 月 12 日第 3 版。

（四）发挥机制优势

完善侦查一体化机制，破除单兵作战局限，整合侦查思路与资源。

首先要加强与同属检察机关的其他相关业务部门的一体化工作机制，如公诉提前介入引导侦查、重大疑难案件研讨协作、侦查与批捕公诉之间的信息互通、侦查与批捕、公诉之间的工作协作、侦查与其他相关部门案后的联合总结研讨等一体化工作机制。

其次要加强上下级职务犯罪侦查部门的合作。要进一步强化上级侦查引领推动辖区侦查办案的作用，应当突出地市分院一级侦查机关查办案件的主体作用，发挥提办、交办职侦案件的一体化办案机制的作用，充分发挥基层侦查机关的基础性作用，从人员、机制、保障等方面健全和完善统一管理案件线索、统一侦查指挥、统一调配办案力量，形成上下一体、指挥有力、协调高效的侦查一体化办案机制。

最后要加强与侦查机关之外的相关单位的合作。在技术侦查措施的实施上要与公安机关统筹协调，实现技术侦查的秘密性、有效性，建立与电信等通信运营商邮政等单位的合作机制，快速有效地查询相关涉案信息。

（五）提升人员素质

新刑事诉讼法对侦查权的限缩直接影响到侦查人员的办案工作，侦查人员必须抛弃传统粗放型办案方式，建立精确细致规范的现代侦查理念，要做到这一点，必须通过不断学习培训，提升侦查人员素质，并且要根据新刑事诉讼法，着重提升侦查人员以下四种能力。

1. 运用科技手段的能力

根据信息引导侦查的要求，侦查人员的办案活动均围绕着收集的信息，每一个案件在直接接触犯罪嫌疑人之前收集的信息往往是海量的，侦查人员必须具备运用计算机软件等科技手段来分析、整理、提炼、判断手中的信息。刑事诉讼法赋予了检察机关技术侦查措施，职务犯罪侦查人员虽然不能直接执行技术侦查，但必须要求侦查人员了解现有的技术侦查措施所能够适用的范围、空间，使用哪种侦查措施可以达到什么效果等，侦查人员必须掌握有关技术侦查措施的基础知识，从而使得决定使用技术侦查手段具有目的性和有效性。

2. 第一次讯问的能力

在新刑事诉讼法下，以各种隐蔽方式连续讯问已不大可能，最初的 24 小时第一次讯问犯罪嫌疑人对整个案件具有非常重要的作用，特别是根据最高人民检察院的规定，职侦案件的每一次讯问都要全程录音录像，这就要求侦查人员必须要“主动应对检察机关在‘镜头下’讯问、在律师介入下侦查带来的挑战，积极转变以办案组为单元、突破口供后再逐步收集证据的传统办案方式，大力推行一体化侦查组织模式，注重侦查资源统一调配，强化内审、外调配合互动，提高侦查效率，抢抓制胜先机。职侦案件尤其是贿赂案件的固有特点，决定了审讯仍旧是职侦办案的重要环节，要大力推行专业化审讯组织模式，加强职侦预审队伍建设，深入研究犯罪嫌疑人心理变化规律，善于根据不同类型案件、不同讯问对象的特点，灵活运用政策、策略和技巧进行讯问，努力提升讯问特别是首次讯问的成功率。”①

3. 审查证据的能力

侦查阶段就对证据进行审查是案件顺利进入审判程序的关键，证据收集的时机非常重要，以往，通常情况下案件都是在公诉审查证据环节发现证据不够确实充分，然后再要求侦查机关补充侦查，此时，证据收集的时机和条件往往已经并不具备。在新刑事诉讼法对证据的要求提高的新形势下，职务犯罪侦查人员要养成边收集证据边审查证据的习惯，着力提升自身的审查证据的能力，不能对公诉部门的审查证据存在依赖心理。“在侦查阶段，侦查人员是证据审查和运用的主要责任者。至于在侦查阶段，公诉、侦监部门在重大复杂案件中的提前介入审查证据是一种外力辅助，侦监、渎检部门针对非法证据线索的专项审查是一种外力监督，都应该是促使侦查人员更好地发挥其固有的证据审查职能，而并非要取而代之。”②

4. 出庭作证的能力

侦查人员出庭作证是刑事诉讼法对侦查人员提出的新课题，职务犯罪的侦查人员出庭作证主要是针对取证合法性方面的程序性事实的证明，特别是对侦查人员取得犯罪嫌疑人、证人的言词证据的合法性予以证明，侦查人员必须要具备这样一种能力，在并不熟悉的法庭上如何镇定自若地面对控辩双方的询问，在公众面前从容自若地向法庭阐述收集证据的全过程，理智应对可能存在的言语攻击甚至人身攻击等。

---

① 引自重庆市人民检察院检察长余敏在2013年4月10日“全市检察机关职侦工作电视电话会议”上的讲话。

② 王会丽：《侦查人员应是证据审查与运用的主体》，载《河北法制报》2013年4月10日第7版。

以新刑事诉讼法为视角谈法治思维在职务犯罪侦查工作中的贯彻运用

李继峰*

胡锦涛同志在中共十八大报告中指出，法治是治国理政的基本方式，因而要用“法治思维和法治方式”推进改革、化解社会矛盾。法治思维和法治方式，对中国来说是一种全新的权力运行方式，如何使其不仅仅停留于“政治口号”上，需要各界的共同努力。作为承担反腐败重要职责的职务犯罪侦查（以下简称“职侦”）人员，在侦查活动中必须养成法治思维，遵循法治原则，接受法律规则和法定程序的约束，并最终以实现公平、正义为根本追求。本文拟从当前职侦活动中偏离法治思维现象入手，分析其表现及成因，结合新刑事诉讼法的规定，据此提出因应之策，供同仁们参考。

一、职侦活动中法治思维现状分析

近年来我国的法治化进程在不断推进，但中国仍是一个法治化程度较低的国家。法治没有权威，权力行使缺乏有效监督，公民信访不信法，以言代法等一些社会现象还普遍存在。在中国这样一个受人治思维影响颇深的社会环境下，职侦活动也总是或多或少暴露出人治的痕迹，在一些执法过程中，人治思维有时会主导侦查活动，以致侦查工作出现偏差或者瑕疵。从职侦实践中看，一些现象暴露出了法治思维的欠缺。

（一）侦查目的偏重于对客观真实的追求

我国的刑事诉讼职权主义色彩浓重，关于我国刑事诉讼目的的理论概括，长期以来定位为“惩罚犯罪”、“严厉打击”，为实现这一目标而查明真相，追求“客观真实”乃至“绝对真实”。① 可见，追求打击犯罪活动的速度和力度

---

* 黑龙江省人民检察院反贪污贿赂局侦查一处副处长。

① 参见樊崇义：《实体真实的相对性——修改后刑诉法第五十三条证明标准的理解和适用》，载《人民检察》2013 年第 7 期，第 11 页。

是我国刑事诉讼的主要价值观。加之，以事实为根据，以法律为准绳等诉讼法基本原则的规定，客观上使职侦活动多以追求客观真实为目的，将查明案件这种“重构已然事件”为目标的认识活动绝对化，结果导致人为地排除了人的主观性以及其他诉讼价值存在的可能性。更有甚者，为追求客观真实，不惜非法取证，甚至刑讯逼供，造成了对程序正义等其他诉讼活动应遵循的法治原则的践踏。1996 年颁布的刑事诉讼法对罪疑从无的确立，2012 年新刑事诉讼法在定位刑事诉讼目的中关于“尊重和保障人权”的规定，这一系列的改变实际上也是对侦查实践中过度追求客观真实的一种“反映”和纠正。

（二）侦查过程偏重于对实体法的遵守

重实体、轻程序的不当办案观念，在侦查活动中由来已久。中国是一个有着几千年人治历史的国家，在实施依法治国方略以后，立法上强调实体与程序并重，但在司法和执法过程中，多数办案人员仍认为程序虽然要遵守，但实体比程序更重要，只要案件事实与证据不假，程序缺陷是可以弥补的。这有其主、客观两方面原因。主观方面主要是侦查主体受侦查工作特殊性和侦查人员职业习惯性影响，由于有的侦查活动具有紧急性、风险性、不可预见性特点，常常不能按照法定程序办事，容易形成思维定势，从而导致在一般情况下程序观念淡薄，相当一部分人认为程序次要，甚至不要。客观方面是由于司法机关执法不严、司法不公所造成。不少违反程序的案件，检察、审判机关未能严格把关，通过种种渠道和关系加以整合、补救，最后获得顺利通过。客观讲，这就是法治思维缺失的一种表现。

（三）侦查活动偏重于对有罪追究的不舍

由于职务犯罪多属结果犯，侦查方向多是“由事查人”，司法实践中，运用“以事立案”也是比较有效的侦查方式，一定程度上对侦查人员的思维有影响，尤其是一些工作经验不丰富的侦查员总是先入为主地认为有损害和损失就一定有具体的犯罪行为，工作中难免沿着“有罪推定”的思路去开展侦查工作。除此之外，目前一些检察机关对自侦部门的管理导向也反映了这种倾向。为对职侦工作进行评价激励，有的地区将立案数量、提起公诉数量和有罪判决数量作为考核办案工作的基本依据。这种量化的管理方式导致了侦查活动偏重于作有罪追诉。某种程度看，这既是对诉讼法中关于“无罪推定”基本原则的违反，也反映了个别检察机关在明显违反法治思维方面的“集体无意识”。

二、法治思维对于职侦工作的积极意义

由于法治思维对程序正义的彰显以及对尊重和保障人权的强调总是给职侦

工作造成一些“困扰和束缚”，职侦部门对法治思维重要性的认识经常是放大其给侦查工作带来不便的消极一面，对其积极作用却漠视甚至无视。放眼长远，职侦工作要健康长足发展，就必须正确认识法治思维对职侦工作的积极意义。

（一）法治思维有助于从根本提升司法公信力

制而用之存乎法，推而行之存乎人。好的法律制度能否实现，关键在于执法之人。① 司法公信力的薄弱，从根本上讲是人们对司法机关的不信任，而这份不信任多源于我们自身执法不公或者执法瑕疵，没有让人们看到法治的力量或者权威。当前，网络反腐风起云涌，这背后其实折射了司法机关执法公信力的薄弱，反映了公众对司法机关尤其是职侦部门的不信任，也是对职侦部门贯彻公正、效率等若干法治原则的真实性和彻底性的质疑。作为法治社会的重要标志之一，司法公正的重要性不言而喻。随着社会主义民主政治的发展和依法治国方略的实施，人民群众的权利意识不断增强，对司法公正要求也更加明确和具体。司法公正的实现，最终还是要落实到每一起案件的办理过程中，体现在每一个具体的司法行为上。② 正如习近平总书记所强调的“要努力让人民群众在每一个司法案件中都感受到公平正义”。而这份沉甸甸的责任在于每个执法者是否已将法治思维内化于心，外见于行。只有法治思维成为每个侦查人员的“行动指南”，严格执法，公正司法才能落地生根，届时司法公信力方会油然而生。

（二）法治思维是促进侦查能力提升的不竭动力

伴随每次法治的进步，尤其是诉讼法律的修改，我们会发现，职侦能力都有跨越式进步。这其实是法治进步在职侦部门的具体体现。回顾刑事诉讼法近两次的大修，从1996年刑事诉讼法无罪推定原则的确立到2012年刑事诉讼法中关于不得强迫自证其罪，非法证据排除规则的确立，以及其间对职务犯罪逮捕权上提一级，同步录音录像等规定的出台，尽管每次新规的颁布施行都曾给职侦工作带来不适应和新挑战，但不可否认的是，职侦人员在适应法律修改中树立了先进法治理念，拓展了工作思路，改进了侦查工作方式方法，“唯口供”的执法理念、“硬审讯”的审讯方式等不符合现代法治思维的工作方式方法正在逐步被抛弃，侦查能力得到了实质性的提升。尤其是，2012年新刑事

① 仝玉娟：《公正司法是实现“中国梦”坚强保障——“中国梦·法治路”系列评述之十三》，载《检察日报》2013年5月24日第3版。

② 仝玉娟：《公正司法是实现“中国梦”坚强保障——“中国梦·法治路”系列评述之十三》，载《检察日报》2013年5月24日第3版。

诉讼法所体现的一些先进法治思维，为职侦工作在线索收集、取证方式、科学讯问等方面进行侦查变革奠定了思想基础，提供了动力源泉。

（三）法治思维利于职侦工作的长足发展

法治思维的突出特点就是始终围绕法律思考、解决问题，不会突破法律的边界。缺乏法治思维指引的职侦工作难免会偏离法治轨道。过去一个时期以来，职侦工作之所以出现这样那样的问题，陷入追求客观真实、偏重实体正义、“偏爱”有罪追诉等怪圈，这里面有法制不健全、个人执法素质等方面因素的影响，但核心因素还是法治思维的缺乏和弱化。新刑事诉讼法为职侦工作的未来已经勾勒出了一幅包含多元诉讼价值的法治化蓝图，从将诉讼任务的实质性更改到辩护制度、证据制度的完善，从保障人权的“高调入法”到“拘留逮捕后立即送看守所羁押”的具体规定，字里行间透露出法治思维的现实要求。职侦工作只有站在法治的高度，在惩罚犯罪与保障人权的有机统一和动态平衡中，认真落实新刑事诉讼法，未来必定会取得真正的长足发展。

三、法治思维在职侦工作中的贯彻运用

党的十八大报告确立了“科学立法、严格执法、公正司法、全民守法”的依法治国新十六字方针，这既是未来我国法治建设的基本纲领，也是司法机关需要长期秉持的工作方针。如果说新十六字方针是国家对司法领域法治建设的顶层设计，那么新刑事诉讼法就是国家对司法机关开展法治建设的具体规划。特别是，“修改后刑诉法将一系列法律程序正当的理念、原则、措施写进了法典。这一变化，对什么叫作刑事诉讼法，刑事诉讼的目的、任务是什么等基本问题和内涵都发生了重大变化。”① 在此背景之下，“五个意识”、“六个并重”②相继提出，为今后职侦活动指明了法治化的方向。侦查人员必须积极贯彻运用法治思维，从单纯适用法律的工匠转变为学会平衡各种诉讼价值的法律艺术大师。在职侦领域，要重点把握好加大反腐力度与保障人权的平衡，主动运用法治思维处理好几对关系：

---

① 樊崇义：《实体真实的相对性——修改后刑诉法第五十三条证明标准的理解和适用》，载《人民检察》2013 年第 7 期，第 11 页。

② 2012 年 7 月 17 日，最高人民检察院检察长曹建明在全国检察长座谈会的讲话中强调，检察机关要牢固树立“五个意识”，努力做到“六个并重”。“五个意识”是：人权意识、程序意识、证据意识、时效意识、监督意识。“六个并重”是：坚持惩治犯罪与保障人权并重，坚持程序公正与实体公正并重，坚持全面客观收集审查证据与坚决依法排除非法证据并重，坚持司法公正与司法效率并重，坚持强化法律监督与强化自身监督并重，坚持严格公正廉洁执法与理性平和文明规范执法并重。

（一）打击职务犯罪与保障人权的关系

新刑事诉讼法首次将“尊重和保障人权”明确规定为刑事诉讼法的基本任务之一，这不仅赋予了检察机关新的责任，同时也赋予了检察机关新的角色，重新确立了检察机关与被告人之间的法律关系，诚如有学者指出的那样，本次刑事诉讼法修改“人权保障”条款的入法给出了明确答案：检察机关与被告人之间是权利保障关系，即在被告人面前，检察机关并非高高在上的“监督官”，而是“俯首甘为孺子牛”、负有保障被告人权利的责任和使命的“保民官”。[①] 对于职侦人员来说，由于侦查权具有的扩张性和侵权性属性极易造成对公民权利的侵犯，自侦部门承担的保障人权的责任更重，新刑事诉讼法从初查、立案、侦查、强制措施的采取直至案件侦结甚至到法院审判阶段都设计了人权保障条款，侦查人员要承担起全程保障人权的义务。这就要求职侦人员在职侦活动中必须转变角色，不能再将侦查活动局限为查明真相的“认识活动”。要从单一追求揭露案件真相的一元价值向兼具保障人权、落实程序正义等体现司法谦抑性的多元价值转变，切实承担起打击犯罪和保障人权职责的双重角色，不能顾此失彼。

（二）追求积极实体真实与认定法律真实的关系

这个问题处理妥当与否直接关系侦查目的的正确与否，影响整个侦查活动的走向。新刑事诉讼法确定了刑事诉讼的目的是“既惩罚犯罪又保障人权”，要从刑法实现说转向程序正义说。关于证明标准的规定，已经从积极的实体真实转向了消极的实体真实。[②] 实体的真实是一种已发生的客观事实，侦查活动是一个力求恢复客观事实的过程，但这个过程永远都是尽可能接近客观真实，无法达到完全恢复。因此，侦查人员必须转变现有侦查目的观，在法律的框架内，按照法律正当程序要求，依法审查判断证据，认定法律事实，而不是就实体事实认定事实。

（三）重视证据证明力与证据合法性的关系

侦查工作认定的事实都是建立在证据链上的事实。证据证明力越强，越有利于对案件事实的认定。因而，增强证据证明力历来是侦查工作的重点。但随着非法证据排除规则的确立，证据合法性问题同样成为侦查人员必须重视的工作，特别是在证据证明力与证据合法性发生冲突时，要平衡好二者关系。法律

---

① 万毅：《刑诉法修改对检察制度若干理念的重塑》，载《检察日报》2012 年 10 月 22 日第 3 版。

② 樊崇义：《实体真实的相对性——修改后刑诉法第五十三条证明标准的理解和适用》，载《人民检察》2013 年第 7 期，第 11 页。

已将证据合法性与证据证明力牢牢拴在一起，侦查人员要树立正确的证据观，“妄想以不法取证手段，奢想巧取豪夺到证据是不智之举，是误入歧途，成事不足，败事有余。调查取证违背法定程序，将污染证据来源廉洁性，污秽不洁的证据，等同垃圾废弃物，垃圾终将被逐出法庭之外，不得作为判断的依据。”① 对于侦查活动而言，证据既是定案的依据，也是侦查部门履行职责的支点。因此，侦查人员调取证据必须秉持合法纯洁、公平公正的法治思维。

（四）侦查活动秘密性与开放性的关系

由于侦查活动具有对抗性的特点，因而多在秘密情况下开展。而新刑事诉讼法明确律师以辩护人身份介入侦查，客观上使得侦查活动必须走向开放并适应这样的状态。这对侦查人员不仅是能力上的考验，也是对侦查人员法治思维能否跟上法律要求的一项严峻挑战。要把握好律师介入下秘密与公开的关系，提高开放情况下开展工作的能力，要讲究对抗艺术，对犯罪嫌疑人提出的疑问和合理要求，正面引导和解决并适度满足，既彰显办案的人性化，也减少嫌疑人心里对抗。同时本着程序正义的理念，按照新刑事诉讼法确定的原则、规则和步骤，不越权司法、不懈怠司法、不规避法律的约束，以积极的姿态保障律师在侦查阶段的权利，主动加强与律师的沟通，耐心听取律师的意见，深入交换看法，努力追求共同点，共同维护当事人合法权益。

（五）加大执法办案力度与科学考评办案工作的关系

当前，职务犯罪高发多发，加大执法办案力度是最高人民检察对院职侦的一贯要求。各地在评价职侦工作中也都将加大执法办案力度作为重点内容，但是否应以反映案件查办的各种数字指标作为衡量标准也一直困扰着大家。站在法治的角度，笔者认为，不宜以数字作为考评办案工作的标准。法治思维是尊重客观规律的思维，对于职务犯罪的考评亦应遵循职务犯罪发展规律，对于办案力度的考核制度不能突破宪法和法律规定的检察权的内容、性质、分工和运行的基本条件，不能像追求经济利益那样苛求侦查资源投入和产出的比例，应该寻求职务犯罪发展规律与职侦工作特点、职侦权司法属性与职侦工作的阶段性要求、长远性要求以及侦查资源的相适点，作出科学决策。

“九层之台，始于垒土。”对中国这样一个法治基础薄弱的国家来说，法治的征途任重道远。当法治思维成为每个人的日常思维之时，我们才会离法治更近。

① 张熙怀：《刑事调查取证手段之理念坚持》，载《人民检察》2013 年第 7 期，第 71 页。

关于贿赂犯罪侦查模式的一些思考

宋庆华*

一、在新刑事诉讼法实施的背景下，职务犯罪侦查工作面临着严峻的局面

新刑事诉讼法更加强调程序公正、人权保障、侦查公开等内容，在新刑事诉讼法实施以来，我们可以明白地看到：

（一）新刑事诉讼法充分体现了尊重和保障人权的原则

在证据制度中，明确了“任何人不被强迫自证其罪”原则，确立了非法证据排除规则；在辩护制度中，明确规定了犯罪嫌疑人在侦查阶段可以委托辩护人；在侦查程序中，完善了讯问犯罪嫌疑人、被告人的规定。

（二）以具体措施遏制刑讯逼供

新刑事诉讼法明确规定，“严禁刑讯逼供和以威胁、引诱、欺骗以及其他非法的方法收集证据”，“不得强迫任何人证实自己有罪”。还明确规定，在拘留、逮捕后应当立即将被拘留、逮捕人送看守所羁押；增加规定犯罪嫌疑人被送交看守所羁押后，侦查人员对其进行讯问，应当在看守所内进行；并规定对讯问过程实行录音录像的制度。

（三）完善了辩护制度

首先，明确了律师在侦查阶段介入诉讼时的辩护人身份。其次，保障了律师会见在押犯罪嫌疑人的权利。新刑事诉讼法规定，除危害国家安全犯罪、恐怖活动犯罪、特别重大贿赂犯罪案件外，在侦查期间律师会见在押的犯罪嫌疑人不需经侦查机关批准。辩护律师持律师执业证书、律师事务所证明和委托书或者法律援助公函要求会见在押的犯罪嫌疑人、被告人的，看守所应当及时安排会见。辩护律师会见犯罪嫌疑人、被告人时不被监听。最后，保障了律师阅卷的权利。新刑事诉讼法规定，在审查起诉和审判阶段，辩护律师均可以查阅、摘抄、复制本案的案卷材料。

---

* 国家检察官学院讲师，高级检察官培训部副主任。

以上规定对于检察机关原有的办案模式带来了极大的冲击。基于这种局面，在侦查权力受到如此严格的控制的情况下，办案难度将会加大很多。

二、关于贿赂犯罪现有侦查模式的检讨

在当前形势下，尽管法律规定对办案的要求更为严格，但是在办案程序上并没有作太大调整。因此我们对现有的侦查模式也不需要大动干戈，只需要在现有的侦查模式内做出既符合法律又利于办案的探索即可。

我国检察机关进行职务犯罪现有的侦查模式通常是这样的：

（1）对案件线索进行分析评估；

（2）决定是否初查；

（3）决定是否接触被查对象进行询问；

（4）询问后决定是否立案和采取强制措施。

从以上程序不难看出，询问的结果也即业内所谓的突破与否是决定是否立案的重要环节。因此，接触被查对象进行询问是职务犯罪初查工作中具有决定性意义的重要一环。

在实际工作中，检察机关接触被查对象进行询问往往是按照讯问的标准进行的。在新刑事诉讼法实施前，在接触被查对象期间，如果被查对象供述那就意味着案件突破，接下来就可以决定是否采取强制措施。如果犯罪嫌疑人被逮捕，那么在接下来的两个月的侦查时限内，检察机关就有充分的时间去讯问、调查核实证据。只要没人通风报信，犯罪嫌疑人一般不会翻供，更不要说串供了。但是在新刑事诉讼法实施后，由于法律规定在犯罪嫌疑人受到第一次讯问或采取强制措施之日起，可以聘请辩护人。这一规定虽然从本意上是为了保障犯罪嫌疑人的人权，但实际上，在中国这种人情关系复杂、律师道德品质普遍不高的现实情况下，“点拨”犯罪嫌疑人的现象屡见不鲜，那么犯罪嫌疑人往往就会很容易推翻以前所作的有罪供述，即使作了有罪供述，出于趋利避害的本能，也会在罪与非罪、此罪怕彼罪等问题上来回翻供，从而影响到贿赂案件的顺利查处。后果不言而喻。因此，这也意味着原有的职务犯罪侦查的工作模式已不能够满足当前的办案需要。

三、贿赂案件侦查中的重点与难点

在贪污贿赂犯罪案件侦查中，最令检察人员头疼的莫过于贿赂犯罪。虽然案件侦查依赖于突破口供被视为导致刑讯逼供的罪魁祸首，虽然为了防止和杜绝刑讯逼供，法律为侦查讯问设定了诸多的行为规则。但在当前形势下，供述的获取与否对于贿赂案件侦查工作依然有着重要意义。因为犯罪主体往往不仅

仅位高权重，反侦查能力强，就单从证据的角度来说，侦查难度也很大，因为：一是贿赂案件的直接证据少。直接证据大多是行受贿双方的供述。而贿赂案件的犯罪嫌疑人拒绝供述的现象却非常普遍，贿赂案件的嫌疑人普遍认为办案人员不一定掌握自己的犯罪行为及证据等；有的嫌疑人认为自己的关系网及所谓的“后台”硬，因此对审讯人员不屑一顾，拒绝回答问题。二是受贿案件的原始证据少。在司法实践中，实施犯罪的形式大多是以“一对一”的方式进行的，因此除行、受贿双方以外不会有第三人在场，而且少有物证。三是受贿案件主要的且最重要的证据多为言词证据。对大多数贿赂犯罪案件而言，证明案件事实的证据往往只有犯罪嫌疑人的供述或辩解以及少量的证人证言，而言词证据的一个最大的特点就是缺乏稳定性。

以上足以证明口供在贿赂犯罪案件的侦查中份量极重，甚至无可代替。因为没有人能比犯罪嫌疑人自己更清楚其是否犯罪、实施了哪些犯罪行为以及罪行的严重程度，犯罪嫌疑人的供述仍然是查明案件事实、确定行为性质的重要依据，是追诉活动中的重要证据。以笔者掌握的资料来看，全国范围内，还没有零口供的贿赂案件判决案例。

此外，讯问还可以听取犯罪嫌疑人的辩解，以保证无罪的人不受刑事追究。美国怀特大法官曾指出：“被告人的供述是可以用来反对他的证据中最有证明力和最不利的证据。”①所以，如何获得犯罪嫌疑人得自愿如实供述是贿赂犯罪侦查的重点。

如果说获得犯罪嫌疑人的自愿如实供述是贿赂犯罪侦查的重点。那么如何保证犯罪嫌疑人在自愿如实供述后查实其他证据前不翻供则是贿赂犯罪侦查的难点。因为，犯罪嫌疑人在自愿如实供述后，如果不能及时查实其他证据以印证犯罪嫌疑人的犯罪事实。那么由于方方面面的原因，尤其是在当前的法制环境下，犯罪嫌疑人的翻供将会使得已经进行的工作功亏一篑。

四、“取证与讯问”的应然关系

通过以上论述，供述在贿赂犯罪案件中的重要性和不可或缺性我们已经很清楚了。但刑事诉讼原理告诉我们，为了保证审判的公正进行，为了保证人权不受非法侵犯，我们必须重证据而不能轻信口供。那么我们到底应该怎样把握取证与讯问的关系呢？笔者以为，虽然供述在案件侦查中尤其是在贿赂犯罪案件的侦查中是非常重要，但是，供述绝不是证据的全部，供述的重要性不能取

① Bruton v. United States，391 U. S. 123，139（1968）. See also Cruz v. New York，481 U. S 186，195（1987）. Arizona v. Fulminante，499 U. S. 279，292，296（1991）.

代其他证据的重要性。因此，调查取证和侦查讯问均是案件侦查中不可或缺的侦查手段，二者之间不能相互替代，尤其是不能过分夸大讯问的作用。“由证到供”既是保障人权的需要，也是检察机关在新刑事诉讼法要求下进行贿赂案件侦查所必须采用的工作模式。我们可以把“取证与讯问”的关系用另一对哲学范畴的术语来描述一下：“奇”与“正”是一对哲学范畴，“正”指的是正常；“奇”与“正”相辅相成，能互相转化。“奇正相生”的实现多用于军事上。在军事部署上，担任正面进攻的部队为正，两侧偷袭的为奇；担任守备的部队为正，机动部队为奇；担任钳制部队为正，突击部队为奇。在作战方式上，对阵交锋为正，迂回侧击为奇。在战争原则上，按照常规，运用一般原则的为正，按照特殊情况，灵活应变为奇。①

如果我们可以把“取证”看作是“正”，把“讯问”看作是“奇”，根据上述原理我们就不难发现，在案件侦查中，应当以取证为主，讯问为辅。如果单靠取证，双方打打阵地战，拼消耗，则势必事倍功半，但如果在证据收集不充分的基础上，指望靠讯问就能把案件拿下，则相当于打仗只靠计谋、奇袭，而不以实力为基础，那只能是碰运气了。即使偶尔可从战术层面获得小胜但从战略层面来看终究会一败涂地。三国演义当中，司马懿彻底打败诸葛亮，三国归一统就是鲜明的例子。

在实际工作中也是如此，虽然侦查讯问在贿赂犯罪侦查工作非常重要，但贿赂案件犯罪嫌疑人拒供、翻供的现象却非常普遍。因为贿赂案件的嫌疑人普遍认为自己的犯罪行为、证据等没有被办案人员所掌握，以此作为其抗审的心理支点。这种现象在审讯原理中，被认为是嫌疑人抱有侥幸心理。在审讯原理中，击破嫌疑人侥幸心理的教科书式的方法是“使用证据法”，也是暗合“以正为主，以奇为辅”的原理。因此具体到贿赂案件的侦查而言，检察机关要在初查阶段尽可能多地收集证据以利于突破案件并保持供述的稳定性。实际上，无论是理论界还是实务界很多人也都认识到了这一点，并提出了要重视初查等观点，并呼吁职务犯罪侦查办案理念要从“由供到证”转到“由证到供”等。但在实际工作中检察机关初查工作做得远远不够，仍普遍过分依赖于讯问，这也是为什么实务界过去屡屡质疑“讯问的十二小时”时限规定的原因。客观地说，尽管新刑事诉讼法已将讯问时限延长到了“二十四小时”，但实务界仍普遍感觉时间不够，其根本原因就在于没有准确地把握“证与供”的关系。没有深刻认识“证与供”之间的“正奇”原理。

因此，检察机关在进行讯问之前，应当调取大量的其他证据，证据的数量

---

① 百度百科，http：//baike. baidu. com/view/1478044. htm。

与质量要求是应当足以促使犯罪嫌疑人如实供述并且没有勇气去翻供，然后通过讯问获取直接证据和扩大战果。无论是对于其他证据的获取还是对供述的获取，我们应当“两手抓，两手都要硬”，切不可从一个极端走向另一个极端，要么盲目迷信讯问的威力以获取供述，要么机械教条地办案，而放弃掉侦查讯问这一利器，将其流于形式。

五、职务犯罪尤其是贿赂犯罪侦查的应然模式

通过以上论述，我们已明确知道，调查取证和讯问在职务犯罪尤其是贿赂犯罪侦查中都是十分必要的。因此，检察机关必须调整原有的侦查思维模式，确立以大量收集间接证据为基础，再配合包括讯问等其他侦查方式和侦查手段，全方位立体化地对贿赂案件地进行侦查的指导思想。而且近些年来，由于经济的高速发展以及上级机关的重视，检察机关的硬件建设进步很大，经费不足的情况大为好转。此外，随着检察机关的影响的扩大，检察机关与其他机关部门的合作渠道也日益通畅。这两点为检察机关侦查贿赂案件收集间接证据也提供了物质保证，也为检察机关侦查贿赂案件大量收集间接证据提供了可能性。

（一）侦查人员要确立多方位多层次的立体思维方式

思维是行为的指南，正确的思维方式可以使间接证据的收集工作达到事半功倍之效：而错误的思维方式或思维不清晰，往往把侦查工作引向歧途。实践中，有的案件之所以收集不到间接证据，或者所收集的“间接证据”起不到多人作用，正是与侦查人员的思维方式不正确有关。贿赂案件一般是从间接证据入手开始侦查的，而且起初间接证据不多，也不明确，如果思维方式单一，在初查中乃至侦查中不可能收集到更多的间接证据。因此，侦查人员必须确立多方位多层次的思维方式。①

1. 分析职务与作案时间之间的关系，以确定是否有可能利用职务上的便利，实施受贿犯罪以及也有可能实行多少次犯罪；

2. 分析受贿时是否并发渎职行为；

3. 根据其本人性格分析受贿时可能的地点与方式；

4. 根据其本人性格分析受贿时可能涉及的人员；

5. 根据其本人性格分析受贿时可能的实施细节。

---

① 孙孝福、韩先清：《贿赂案件中间接证据的若干问题探析》，载《中南政法学院学报》1992 年第 4 期，第 65 页。

（二）初查时全面收集间接证据，由证到供

所谓间接证据，就是以间接方式与案件事实相关联的证据，也就是必须与其他证据连接起来才能证明案件主要事实的证据，也称为旁证。[①] 犯罪行为必然会留下痕迹，这些痕迹或有形或无形，但皆可称为犯罪信息，反映着犯罪行为和犯罪行为人的基本特征。“侦查的过程实质上就是一个不断收集犯罪信息、解读犯罪信息、运用犯罪信息的过程。”[②] 间接证据的收集要达到能完全运用间接证据形成初步的认定若干犯罪事实的若干链条，鉴于已有很多有关间接证据的收集的文章，间接证据的收集内容在这里就不赘述了。侦查人员可通过所获取的间接证据形成的证据链推理得出犯罪嫌疑人涉嫌犯罪的结论。这若干链条的外延则是由犯罪嫌疑人及其近亲属的财产状况等证据结成的圆环。而这若干链条交叉点为嫌疑人的供述，而在间接证据大量收集的基础上，接触被查对象，适当辅以运用讯问谋略，获取供述结果应当是水到渠成，而绝不再是靠天吃饭，凭运气。具体操作如下：

收集犯罪嫌疑人及其近亲属的财产状况等证据形成一个财产状况包围圈，堵死贿赂犯罪嫌疑人的退路；因为在大量说不清来源的财产面前，嫌疑人的辩解只能是顾此失彼、破绽百出，甚至可能说得越多，错得越多；即使不说，也是巨额财产来源不明，这样可以给我们侦查人员办案提供一个重要的底线和缓冲区。

收集嫌疑人可能涉嫌犯罪的时段、地点、接触人员情况等间接证据，通过推理形成一个个虚拟完善的犯罪事实过程，在讯问时，运用“点滴使用证据法”，这样，被讯问人会感觉到自己在讯问人员面前无所遁形，任何狡辩抵赖都是苍白无力的，然后再辅以“说服教育”以促使嫌疑人供述。在这种情况下，嫌疑人应该不仅不会再拒供，恐怕连串供的念头也不会再有。即便串供，在强大的间接证据面前，串供不仅不会影响嫌疑的供述，反倒可能会引起共同犯罪人的恐慌，又露出更多新的破绽，更有利于侦查。

---

① 何家弘、杨迎泽：《检察证据实用教程》，中国检察出版社2006年版，第78页。

② 马忠红：《情报主导侦查》，中国人民公安大学出版社2006年版，第69页。

检察机关捕诉关系探讨

——兼论侦查监督权的强化与完善

李慧织[*] 郝海燕[**]

批准逮捕权和公诉权是人民检察院的两项重要职权，如何实现两项职权在检察机关内部有效、合理配置，对于加强检察机关自身监督制约、完善检察机关对侦查机关的法律监督权有着重要意义。关于批捕权和公诉权在检察机关内部的配置，检察机关恢复重建之初，最高人民检察院并没有统一的要求，因此当时各地检察机关出现了捕诉一体、捕诉分立两种模式：最高人民检察院、各省级检察院以及一些中小城市的基层院分别设立刑事检察厅、刑事检察处和刑事检察科，统一行使批捕、公诉权；北京、上海等一些大城市的基层院则设立独立的批捕科、审查起诉科，分别行使批捕权和公诉权。1996 年，全国检察机关第二次刑事检察会议基于加强内部监督制约的考虑，提出批捕、起诉分设两个部门的要求之后，全国检察机关普遍设立了独立的批捕部门和公诉部门。1996 年至今，尽管这种捕诉分立的模式一直为各地检察机关广为采用，但理论上对于捕诉关系的探讨从来都没有停止过。近年来，关于创新捕诉关系、实现捕诉合一等有关捕诉关系的研究更是多受关注，有些地方基层检察院还将原本独立的批捕科和起诉科合并设立刑检科或刑检局。那么，究竟应当如何看待捕诉关系的两种模式，捕诉分立的弊端能否通过捕诉模式的选择得以解决？本文拟在探讨检察权配置原则的基础上，分析两种模式的利弊关系，并提出完善两者关系、加强侦查监督权的若干建议。

一、检察权配置原则探讨

批准逮捕权、公诉权均是检察权的重要组成部分。捕诉合一与捕诉分离的

---

* 郑州市人民检察院未检处处长，中国人民大学法学院和国家检察官学院博士后研究人员。

** 郑州市人民检察院检察官。

本质是检察权的内部配置问题，因此讨论检察权配置的原则对于分析捕诉合一与捕诉分离的利弊关系无疑具有重要指导意义。检察权配置的原则，是指在检察机关内部合理分配检察权所必须遵循的基本规律和必须体现的基本精神。笔者认为，检察权的配置必须体现其本质特点，根据检察权的基本属性，其配置至少应遵循以下原则：

（一）权力制约原则

权力具有易扩张性，极易被滥用而成为权力拥有者谋取私利的工具，“一切有权力的人都容易滥用权力，这是万古不易的一条经验。有权力的人们使用权力一直到遇有界限的地方才休止”①，所以，只要有权力的存在，就必须有权力的制约。刑事诉讼是国家专门机关依照法律的程序，解决被追诉者刑事责任的活动，在这一活动之中，检察机关掌握着国家赋予的庞大权力，集侦查权、批准逮捕权、提起公诉权等权力于一体，而这些权力仍然是由具体的个人实施，客观上存在被滥用的危险。这就决定了在检察机关内部分配权力时，必须严格遵守权力制约原则，以权力制约权力，实现检察机关侦查、批准逮捕、提起公诉等权力的分离和相互制衡，防止因权力的过分集中可能导致的执法不公、司法腐败。

（二）程序正义原则

程序性是检察权的基本属性之一②。其程序性主要表现在两方面：一是检察权的行使过程必须遵守法定的程序，如职务犯罪侦查、审查批准逮捕、审查起诉等，均必须按照刑事诉讼法规定的顺序、程式和步骤进行。二是检察权是一种司法请求权，原则上不对案件进行实体性处理，而仅仅体现为要求司法裁判并提出裁判建议的权力，如同样是剥夺公民人身自由的监管行为，经检察机关批准或决定实施的，只是一种为保障诉讼进行的程序性行为，而非一种人身处罚手段。

检察权的程序性特征，决定了其配置必须遵守程序正义原则，因为只有检察权行使程序的公正性才能最大限度地保证其行使结果的公正性。目前，学界对程序正义的具体要求还没有完全达成共识，但一般认为应包括以下几点：(1）程序参与性，即诉讼双方都有权参与纠纷解决活动；（2）裁判官中立性，即裁判官在纠纷解决过程中应在双方当事人之间处于超然的不偏不倚的中立地位；（3）程序对等性，即诉讼双方的法律地位是平等的，具有相同或对等的

---

① ［法］孟德斯鸠：《论法的精神》（上册），张雁深译，商务印书馆1963年版，第154页。

② 樊崇义主编：《检察制度原理》，法律出版社2009年版，第71页。

权利和义务；（4）程序自治性，即程序对裁判结果的产生具有决定作用；（5）程序理性，即程序必须符合理性要求，而不能是任意和随机的；（6）程序及时性与终结性等①，即检察权的配置不能违反程序正义的具体要求。

（三）客观性原则

客观性，即检察官负有公正执行法律，维护国家、社会利益的客观义务，表现为检察官在执行职务中对有利于和不利于被追诉人的各种因素均应注意和斟酌，从而客观地履行职务。也就是说检察官在履行职权时，应保持客观，由客观而保持公正。这是大陆法系国家对检察官的一个最为基本、重要的要求。在英美法系国家，以往则认为检察官的职责是代表政府追诉犯罪，其参加诉讼活动，一切都是为使被告人受到追究，不必特别为被告人的利益考虑。但从当前英美国家检察制度的发展来看，也正在逐步强调检察官的客观义务。在检察权的客观性方面，各大法系国家趋向基本一致②。1990 年联合国第八界“预防犯罪与罪犯待遇大会”通过了《关于检察官作用的准则》，其中规定“检察官应始终一贯迅速而公平地依法行事，不偏不倚地履行其职能，注意到对犯罪嫌疑人有利或不利的一切有关情况”③。可见，检察权的客观属性已经得到世界范围内的认可。正是基于此，检察权的配置必须以有利于检察官履行客观义务为原则。

二、捕诉合一与捕诉分离——两种捕诉关系模式分析

1979 年我国第一部刑事诉讼法出台，明确规定批准逮捕权由检察机关行使。之后，全国各级检察机关普遍设立了刑事检察部门，统一行使审查逮捕权和公诉权，是为“捕诉合一”。1996 年刑事诉讼法修改后，最高人民检察院提出了批捕、起诉分设两个机构的要求，全国形成了捕诉分立的新格局。近年来，有论者认为捕诉分离弊端明显，建议恢复捕诉合一，部分地方也开始试点恢复捕诉合一办案模式。与此相呼应，理论界关于捕诉合一、捕诉分离的争辩不断，形成了关于捕诉关系两种模式的争鸣。

主张捕诉合一的观点认为，捕诉合一体制是指现行法律框架内，由检察机关内部同一职能部门依法承担审查批捕、审查起诉并履行法律监督的办案工作机制。其实质就是检察机关内部职权的重新组合，目的是建立起一种起诉统率

① 陈瑞华：《刑事审判原理论》，北京大学出版社 1997 年版，第 60—71 页。

② 樊崇义主编：《检察制度原理》，法律出版社，2009 年版，第 59—62 页

③ 程味秋等编：《联合国人权公约和刑事司法文献汇编》，中国法制出版社 2000 年版，第 261 页。

侦查，侦查服务于起诉的新型办案机制。①

主张捕诉分立的观点认为，捕与诉是两种不同性质的司法行为，属于两种不同的诉讼职能。如将捕诉合一，其实在于模糊程序界限，弱化监督制约机制，是我国刑事司法领域重配合、轻制约，重效率、轻公正的陈旧观念的反映，是刑事法治倒退的表现。②

笔者认为，捕诉合一模式违反了检察权配置的基本原则，并且不能避免现行捕诉分离制度的弊端，因此，不宜推行。

（一）捕诉合一违反了权力制约原则

“检察官，乃因对法官及警察的不信任而诞生，在此氛围之下，新生儿不但命定要为防范法官恣意与警察滥权而奋斗，更须为自身不被相类的病毒感染而苦战。”③ 一方面检察制度欠缺类似于审判体系中的审级制度及合议制度；另一方面其本身是监督机关而缺乏有效的防范滥用监督权限之手段，所以检察制度从产生之日起就面临着“谁来监督监督者”④ 的质疑。人民检察院之所以设立侦查监督和公诉两个职能部门，是因为这两个部门的职能分别处于不同的诉讼阶段，二者之间可以相互监督、相互制约。捕诉合一，人为淡化了原本存在的内部监督制约机制，违背刑事诉讼规律，它实际取消了不同检察职能之间的制约作用，取消了不同诉讼环节的过滤和监督功能，使这种有效的内部监督制约机制荡然无存。

（二）捕诉合一违反了程序正义原则

诉讼构造理论认为，刑事诉讼的侦、诉、审三个环节都存在着控、辩、裁三方格局，以保证最低程度的程序正义。在批捕程序中，办案检察官类似于“法官之前的法官”，在兼听侦查机关（控方）与犯罪嫌疑人（辩方）两者意见的基础上行使“裁断”的职能。此时的批捕权是一种中立的、被动的、具有监督性质的权力，与起诉权作为犯罪追诉权所具有的积极主动性是截然不同的⑤。将批捕与起诉合二为一，使批捕权的中立性丧失殆尽，犯罪嫌疑人最低限度的程序公正将难获保证。

---

① 许永俊、王宏伟：《捕诉合一办案机制研究》，载《国家检察官学院学报》2001 年第 1 期。

② 赵燕：《错捕问题研究》，载《中国刑事法杂志》2001 年第 3 期。

③ 林钰雄：《检察官论》，法律出版社 2008 年版，第 94—95 页。

④ 陈瑞华：《谁来监督监督者》，载陈瑞华：《看得见的正义》，中国法制出版社 2000 年版，第 170—178 页。

⑤ 胡冬平：《捕诉合一不宜推行》，载《检察日报》2004 年 7 月 19 日。

（三）捕诉合一违反了检察权分配的客观性原则

作为一种最严厉的强制措施，逮捕无疑会使嫌疑人、被告人受到较长时间的监禁，从而使其人身自由受到最严重、最深远的侵害。尤其是其所针对的不是已决犯，而是因为涉嫌犯罪而受到刑事追诉的嫌疑人、被告人，各国均对这一措施施加较之刑罚更为严密的法律控制。从法治精神来讲，批捕权的精神内核不在于保障诉讼正常进行，而在于防范个人人身自由不受国家权力的任意侵犯。① 因此，从性质上来讲，批捕权是一种监督权，而起诉权与批捕权的侧重点并不相同，其更多的是一种犯罪追诉权，将两种性质相反的权力交给同一名检察官行使，其结果只能使检察机关客观义务原则受到质疑。另外，捕诉合一，实行“谁批捕谁起诉”的办案原则，这样如果一个案件在批捕阶段出错后，办案检察官基于种种利益考虑，很可能不愿意改正之前的错误，这也是对检察机关客观义务的损害。

（四）捕诉合一模式不能避免现行捕诉分离制度的弊端

正如捕诉合一模式的倡导者所言，捕诉合一制度是为了避免现行捕诉分离制度的弊端而提出来的，其认为现行捕诉分离机制的弊端主要表现在法律监督不到位，无法有效实施侦查监督，建立捕诉合一制度可以提高起诉调控、引导侦查的能力，加强对侦查活动的监督，保证案件质量，提高侦查效率。② 笔者认为，捕诉合一模式并不能达到其倡导者所预期的效果，因为影响侦查监督有效性的根本原因，不在于检察权内部配置不合理，而在于侦查监督的程序设计上欠缺合理性。如果检察机关对公安机关进行侦查监督的程序缺陷没有得到完善，检察权内部配置的优化对问题的解决并无太大意义。也就是说避免捕诉分离这一模式的弊端，只能通过侦查监督制度的改革与完善来实现，单纯地将捕诉分离变更为捕诉合一是于事无补的。

三、侦查监督权的改革与完善

（一）侦查监督制度的程序缺陷

如上文所述，我国侦查监督机制的最大缺陷在于缺乏有效的程序保障，这一缺陷导致了检察机关在监督时的随机性和低效率。具体而言，影响侦查监督有效性的程序缺陷主要体现在以下方面：

---

① 卞建林、孙锐：《我国审前羁押制度的科学构建》，载最高人民检察院侦查监督厅编：《侦查监督指南》（创刊号），中国检察出版社2011年版。

② 许永俊、王宏伟：《捕诉合一办案机制研究》，载《国家检察官学院学报》2001年2月。

1. 事后监督与书面监督方式导致侦查监督的效力大打折扣[①]。根据我国刑诉法的规定，除批准逮捕工作外，人民检察院均采取事后监督的方式，只能通过审查批准、审查起诉这种书面的方式来进行。事后监督既不利于检察机关及时发现非法行为并给予当事人以救济，也会导致证明非法行为的证据灭失，从而影响对非法行为的查证和处理。而书面监督一般建立在被监督机关移送的案卷材料基础之上，很难客观反映被监督机关实施的非法行为。

2. 侦查监督手段乏力。现行法律赋予检察机关对违法性侦查行为行使监督权的“最强有力”手段，就是“以口头方式向侦查人员或者公安机关负责人提出纠正”，或者“向公安机关发出纠正违法通知书”。[②] 并且检察机关的纠正意见对于侦查机关已经实施的违法行为基本上不存在程序方面的惩治意义，即使有关机关接受检察院的监督意见，但其违法获得的证据仍被广泛使用。如果侦查机关拒不接受检察机关的纠正意见，检察机关也无计可施。因此，就形成了这样一种现象：“监督者的监督意图能否实现取决于被监督者是否配合；如果其不配合，监督权就落空。”[③]

（二）侦查监督法律制度和工作机制的健全与完善

1. 进一步完善“检察引导侦查”的立法规定。经过近些年的实践探索和研究总结，通过“检察引导侦查”来加强检察机关侦查监督权的工作机制已得到业界的广泛认同。越来越多的理论专家和实务工作者认为，“检察引导侦查”是强化侦查监督的有效途径，“能够避免事后监督、被动监督的弊端，使检察机关把侦查的全过程纳入视野……有效弥补检察机关对侦查活动事前监督、全程动态监督的空白，及时预防和纠正侦查活动中的违法行为，进一步保障犯罪嫌疑人及有关公民的合法权益”[④]。不过，虽然检察引导侦查作为一项成功创新的工作机制已被普遍推行，并在实践中发挥了重要作用，但由于缺乏立法的明确规定，在运行中也面临着很多问题。如由于该机制缺乏法律的强制性，检察机关和侦查机关对其重要性的认识也不一致，因而司法实践中难以保证检察机关对其需要引导的案件都能适时介入，介入后也难免会出现侦查机关消极应对的现象等。

为充分发挥该机制应有的作用，以进一步强化检察机关侦查监督权，现行

---

① 樊崇义主编：《检察制度原理》，法律出版社2009年版，第357页。

② 韩成军：《侦查监督权配置的现状与改革构想》，载《法学论坛》2011年第4期。

③ 张建伟：《从权力行使型到权力抑制型——刑事程序构造的重新设定》，载《政法论坛》2004年第3期。

④ 刘妍：《侦查监督机制的构建》，载《中国刑事法杂志》2009年第5期。

立法应明确“检察引导侦查”的案件类型，并对检察机关引导侦查的方式、方法作出规定。首先，应适当拓展检察引导侦查的案件范围，明确“重大案件”的类型。总结检察引导侦查机制运行的工作经验，应明确规定以下几类案件，检察机关认为有必要时可以介入侦查：严重危害社会治安的暴力犯罪案件；集团犯罪案件；严重破坏社会主义经济秩序的犯罪案件；检察机关通知侦查机关立案侦查的案件；当事人反映侦查人员有违法行为的案件；检察机关认为有必要介入的其他案件。① 其次，检察机关引导侦查的方式，除了参加对案件的讨论，还应包括参加侦查机关对犯罪嫌疑人、被害人的讯问、询问，参加侦查机关的勘验、检查、辨认、侦查实验等。引导侦查的方法或途径则应充分体现检察机关的主动性，检察机关认为有必要引导侦查时通知侦查机关，即可启动检察引导侦查机制的程序运行。

2. 将检察机关对侦查合法性的监督从事后转移到事前。② 对涉及限制或剥夺公民隐私权、财产权的搜查、扣押等强制性侦查措施采取事先审批制度，即侦查机关需要对公民的住宅、人身、物品等搜查、扣押的，必须事先向检察机关申请搜查令、扣押令。搜查令与扣押令应明确记载搜查、扣押的对象、时间、地点及有效期等，侦查机关必须按照令状上记载的内容进行搜查和扣押。搜查令和扣押令一旦过期立即失去效力，如有需要必须重新申请。同时，对可以进行无证搜查、扣押的情形予以明确规定，否则，任何无令状搜查、扣押都是违法的。

3. 严格落实非法证据排除规则。对于非法侦查行为可采取的程序性制裁措施最有效的莫过于排除由非法侦查所获取的证据，因为绝大多数非法侦查行为的目的都在于获取证据。但遗憾的是，我国 1996 年刑事诉讼法仅以一系列的义务性或禁止性规范规定了侦查机关在取证中应遵循的法律程序，却并未就侦查机关违反上述强制性规定会发生什么样的法律后果作出明确规定，即非法取得的证据是否应当排除以及如何排除，也就是说刑事诉讼法并未就非法证据排除建立最基本的法律规则。这种法律规则可包括两个基本要素：一是实体构成性规则，也就是涉及什么是“非法证据”，“非法证据”排除的范围，以及排除“非法证据”的法律后果等问题的规则；二是程序保障性规则，也就是与何方提出申请、裁判者要不要举行专门听证、何方承担举证责任、证明需要

① 童建明、万春主编：《中国检察体制改革论纲》，中国检察出版社 2008 年版，第 193 页。

② 樊崇义主编：《检察制度原理》，法律出版社 2009 年版，第 369 页。

达到什么程度等问题有关的规则。[①] 总之，1996 年刑事诉讼法关于非法证据排除的规定，还停留在宣示的意义上，严格来讲仅仅是一种倡导性的规范，是一种“缺乏制裁机制的刑事诉讼法”[②]。正是由于此，非法证据排除规则一直没有在实践中真正得以贯彻落实。

2010 年 6 月，最高人民法院、最高人民检察院、公安部、国家安全部、司法部联合发布了《关于办理刑事案件排除非法证据若干问题的规定》和《关于办理死刑案件审查判断证据若干问题的规定》。这两个规定不仅扩大了排除非法证据的范围，而且明确规定了排除非法证据的操作规程，包括证据合法性调查程序的启动、法庭的初步审查、控方证明、控辩双方质证和法庭处理等。[③] 2012 年刑事诉讼法也进行了修改，对非法证据排除规则进行了细化。新刑事诉讼法及两个规定，标志着我国非法证据排除规则的框架结构已经初步形成。为实现侦查监督的有效性，实践中，要严格落实非法证据排除规则，坚决排除非法证据。

---

① 陈瑞华：《刑诉中非法证据排除问题研究》，载《法学》2003 年第 6 期。

② 陈瑞华：《刑诉中非法证据排除问题研究》，载《法学》2003 年第 6 期。

③ 熊秋红：《完善证据立法 提高案件质量——刑事证据两规定评析》，载《经济观察报》2010 年 6 月 7 日第 16 版。

加强检察机关对行政执法权的监督

张雅芳[*]　桂　祥[**]

当前，中国特色社会主义法律体系已经基本形成，国家经济、政治、文化、社会生活的各个方面基本做到有法可依，但“法律的制定不是为了法律自身，而是通过法律的执行使其成为社会的约束，使国家的各部分各得其所，各尽其能”①，法律只有实现，才能起到建立和维护社会秩序、促进社会公正和发展的作用。从数量上看，国家的法律法规超过80%是由国家行政机关来贯彻执行的，而当前行政执法权的不合理运行造成很多法律制度的实效性较差，其主要原因是行政主体拥有大量的自由裁量权，权力过于集中且监督机制不完善。我国目前虽存在包括权力机关监督、司法机关监督、行政机关内部监督和社会监督等几种对行政执法权的监督模式，但由于人大监督流于形式、审判监督范围有限、内部监督虚化低效、社会监督刚性不足等诸多弊端，透射出对行政执法权监督的缺失和不到位，造成了行政执法权滥用甚至引发职务犯罪。

随着人民群众民主意识和法制意识的不断增强，依法执政的观念已经深入人心。近一段时间以来，报纸、电视、网络等新闻媒介把不少地方政府部门的行政执法行为作为热点问题放到了“显微镜”下，引起了全社会的共鸣，对行政执法活动起到了很好的监督作用。但是，与舆论监督相比，作为国家法律监督主体的检察机关对行政执法活动的监督却鲜有动作，难道是法律不允许吗？目前，这个问题的答案还有争论，但占上风且更符合公共利益的观点是：检察机关对行政执法活动的监督有法律上的依据，必须进行有效的监督。

一、检察机关对行政执法权监督的理论基础

“公共选择理论认为，政府官员是公共利益代表的这种理想化认识与现实

---

* 上海市普陀区人民检察院研究室副主任。

** 上海市普陀区人民检察院助理检察员。

① ［英］洛克：《政府论》，张羽译，京华出版社2000年版，第242页。

相距甚远，行使经济选择权的人并非‘经济阉人’我们没有理由将政府看作是超凡入圣的神造物。政府同样也有缺陷，会犯错误，也常常会不顾公共利益而追求其官僚集团自身的私利。”① 权力的产生，促进了人类社会的发展；但是受利益因素的影响，权力易于膨胀，需要监督。人类社会发展史表明，没有监督的权力，必然走向腐败。社会文明的演变和进程，是伴随着对权力的制约和监督而来的。从古罗马的元老院，到现代社会的议会制，从无序的武力征服到有序的政府管理，从人治到法治，无不反映出人类对权力制约与监督的探索。在当代，行政权的不断扩张是对行政权进行控制的正当性理由。② 问题是，检察机关是否有权对行政执法权进行监督？或者说检察机关能否监督行政权？

在我国，要理解检察机关的法律监督权与行政机关的执法权的关系，必须准确地界定检察权的性质。就检察机关的性质而言，我国宪法第129条规定：“中华人民共和国人民检察院是国家的法律监督机关。”检察权则被主流观点认定为法律监督权。以此为基点，我国检察权具有以下几点特性：从位阶上看，检察权具有国家性，其行使代表国家，检察机关是国家的检察机关而非地方的检察机关。从性质上看，检察权既不是行政权，也不是单纯意义上的司法权，“我国实行人民代表大会领导下的‘一府两院’制度，在人民代表大会之下，检察权作为一项相对独立的国家权力出现，与行政权、司法权和军事权处于平行地位，从而不同于西方国家把检察权附属于行政权或者司法权的政体结构。”③ 从溯源上讲，检察权是我国人民代表大会制度的产物，西方国家的检察权是分权制衡的产物，我国不存在西方意义上的分权，我国所有的国家权力都来自于人民代表大会，其他权力由它产生并受它监督，那种套用西方国家政治制度分析我国检察权并否定我国的检察权的理论是站不住脚的。从外延上讲，检察权不是某种一元性的权力，而是一种权力束，是由一系列权力组成的集合，这个集合包括由公诉权、职务犯罪侦查权、批准逮捕权、审判监督权等一系列法定职权，这些权力有一个共同属性，④ 即检察权的基本属性——法律监督性，“法律监督”实际上是一个功能性概念，它指的是检察机关通过法定职权的行使来发挥其对审判权和行政权的法律监督功能；检察机关的“法律

---

① ［美］理查德·A. 波斯纳：《法律的经济分析》，蒋兆康译，中国大百科全书出版社2003年版，第29页。

② 徐亚文：《程序正义论》，山东人民出版社2004年版，第303页。

③ 周长军、王海平：《论行政执法的检察监督》，载《政法论》2006年第6期。

④ 朱孝清：《中国检察制度的几个问题》，载《中国法学》2007年第2期。

监督”借助严格的程序实现监督和制约权力的目标，虽然以司法监督为实质，却并不仅仅作为诉讼制度而存在；在我国国家权力结构中，不管是从宪法的刚性规定，还是从我国权力运作的实际情况来看，作为检察职权个性指称的“法律监督”不仅包括对诉讼活动的监督权，更应该包括法律实现的全过程，正是这一职能的特殊属性，使“法律监督”能够在权利和权力、权力和权力的纷争解决方面发挥作用。就理论和实践而言，“检察机关依照法律规定行使检察权，其将‘法律监督’作为专职专责，不受行政机关、社会团体和个人的干涉，有着在法治实践中履行法律监督职责独立性的优势。”① 德国刑事诉讼法学者 Eb. Schmid 曾说：“检察官乃国家意志的代表人，而非政府的传声筒。”此即检察监督主体具有非常强的独立性。就监督能力来看，检察监督具有专业性，检察官是受过严格的法律训练且受法律拘束的群体，其控制行政活动的合法性，以避免法治国家成为警察国家的可能性，行政权涉及的社会生活具有广泛性和复杂性特征，对其监督必须具有人员装备和专业技能作为基础。

从应然的角度分析，尽管受制于人力、物力、财力和精力，检察机关不能再像过去那样实行一般性的法律监督，即对所有国家机关、企业。事业单位和公民行为的合法性进行监督，但也不能完全局限于诉讼监督中，成为一个纯粹的诉讼监督机关。换句话讲，我们一方面应当承认检察监督范围的有限性，而不能再像过去那样对检察监督做泛化的理解；但另一方面对检察监督也不能做过于窄化的理解。尤其是在我国目前人权保障状况和行政执法实践尚存在诸多问题的情况下，赋予检察机关对行政执法活动的监督权力有必要。正是在这种意义上，可以说，现行人民检察院组织法缩小了宪法所规定的法律监督权，从而导致了根据现行法律检察机关无法对行政行为进行监督。② 由此，通过修改人民检察院组织法将检察监督的范围扩展到行政执法领域，增加检察机关对于限制、剥夺人身自由的行政强制措施和行政处罚是否合法实行监督的规定，确立检察监督行政执法的法律依据，实乃大势所趋。

综上所述，我国检察权具有位阶的国家性、性质的宪法性、主体的独立性、执法的专业性、运行的程序性、效果的强制性等基本特征。对行政执法权的监督就是要保证法律能够统一、正确实施。检察机关作为国家的专门法律监

① 梁景明：《论法律监督的二重性——基于法治和政治二场域的讨论》，载《法学杂志》2008 年第 1 期。

② 陈骏业：《行政权力检察监督的探索与构想》，载《人民检察》2005 年第 11 期，第 46 页。

督机关，有职权保障我国法律的有效实现。从实践角度分析，我国检察机关的特征也能保障这种监督权顺利达到这种要求：检察机关独立于行政机关之外而设置，更有利于对地方行政主体的行政行为进行监督和制约：检察权的主动性，可对行政行为进行全面监督；由于上下级检察机关的层级性，可通过提级监督的方式，有效地对地方政府及其部门进行监督。

二、检察机关对行政执法权进行监督的困境

我国现行法律法规中也存在一些检察机关对于行政执法行为是否合法实行法律监督的规定。《国务院关于劳动教养的补充规定》第 5 条就规定："人民检察院对劳动教养机关的活动进行监督。"实践中，劳教机关在作出《劳动教养决定书》后，应当同时制作《劳动教养通知书》，并呈报人民检察院，由人民检察院对其进行审查和监督。针对现实中行政执法机关违法故意不移送犯罪案件而"以罚代刑"的严峻状况，国务院、最高人民检察院于 2001 年分别制定了《行政执法机关移送涉嫌犯罪案件的规定》和《人民检察院办理行政执法机关移送涉嫌犯罪案件的规定》，就如何规范行政执法机关移送涉嫌犯罪案件和人民检察院办理行政执法机关移送涉嫌犯罪案件的问题作出了一些规定。尤其是 2004 年最高人民检察院、全国整顿和市场经济秩序领导小组办公室、公安部在总结经验的基础上，联合发布的《关于加强行政执法机关与公安机关、人民检察院工作联系的意见》，为确保刑事执法于行政执法的"衔接机制"畅销运行提出了七项意见，在一定意义上确立了检察监督行政执法依据。

然而，由于缺乏对检察监督行政执法的合理性的理论论证，加之这些法律性文件的位阶较低，相关的规定又不完善，因而一些地方的行政执法机关对之不予理会和遵从，相应地，这些法律性文件对行政执法实践的影响也是相当有限的。实践中检察机关对行政执法权监督困境具体表现在：

（一）法律权责不明晰，缺少可操作性

我国宪法第 129 条明确规定："中华人民共和国人民检察院是国家的法律监督机关。"国家以根本大法的形式作出这一规定，一方面阐明了法律监督制度是中国国家制度的一项重要内容，另一方面确立了人民检察院在履行法律监督职责中的特殊地位，即检察机关是国家专门的法律监督机关。这意味着检察机关承担国家的法律监督职能，对国家法律实施的各个领域实施监督。既要监督司法机关的执法行为，也要监督行政机关的执法行为，这既符合立法本意，也为检察机关开展行政执法监督提供了根本法上的依据。但是，综观我国行政法律，检察机关如何对行政机关的执法行为进行法律监督，法则无此规定。《中华人民共和国行政诉讼法》第 10 条、第 64 条的规定，也仅限于检察机关

对行政诉讼及人民法院已经发生法律效力的判决、裁定进行法律监督，即所谓的“事后监督”。况且，此两条的规定，一是“第10条”检察机关有权对行政诉讼进行监督的规定不具体；二是“第64条”的实质是对人民法院行使司法权的一种法律监督。而检察机关对行政机关的具体执法活动如何实施法律监督，别无任何法律规定。由此只能得出：检察机关直接对行政机关的执法活动进行法律监督，权责不明晰，缺少可操作性。按照宪法、人民检察院组织法的规定，检察机关对法律执行中的一切违法行为都有权进行法律监督，但是由于现行大量行政法律中没有相关法律监督的具体规定，所以，任何一个行政执法机关都可以以法律没有明文规定为理由，拒绝检察机关对其实施的行政执法行为进行任何形式的监督。如检察机关据此放弃对行政机关执法行为的监督，则有悖于宪法和人民检察院组织法的规定，有负于法律监督机关的神圣职责。在现实生活中，行政机关的执法活动侵害国家、公民、法人以及公共利益，未得到有效监督、纠正的情况大量存在。

（二）检察机关对行政执法的监督手段单一，效果乏力

目前对行政执法检察监督主要通过以下三个途径得以实现：一是在行政诉讼中，在监督法院行政诉讼审判行为的同时，实现对行政机关的具体执法活动的监督；二是在刑事诉讼中，通过自侦和起诉相结合来实现对行政执法行为的监督；三是对与刑事司法领域衔接的行政执法活动的监督，主要是指对行政执法机关移送案件行为的监督。而这三个途径的实现又绝大部分依赖于“检察建议”这个载体，这就折射出检察建议的效力问题。检察院是国家的法律监督机关，监督有察看督促之意。建议是提出自己的主张，如果对某一事物有监督权则必然有建议权，建议权内涵于监督权之中。但现行法律对检察建议的法律效力没有明确界定。如果有关单位只敷衍塞责，或者不予回复，检察机关缺少有效的法律手段来使检察建议得到落实。这凸显出“检察建议”在实践中的困境，实际上也是检察机关行使法律监督职能上的尴尬。

（三）在现行体制中检察机关对行政执法进行监督存在障碍

在现行检察机关双层领导体制下，检察机关对地方行政机关存在着机构、人员和经费等依附关系，设在行政辖区内的检察机关，实际上成为“地方检察机关”，处于当地政府下属的一个执法部门的地位。许多行政机关具有管人、管钱、管物的权力，而检察机关为了自身生存发展的需要，不得不协调处理好与各个部门的关系，监督更是无从谈起。依照我国法律规定只有最高人民检察院和上级人民检察院可以提起抗诉，基层人民检察院不能成为抗诉的主体，这往往会造成熟悉案情的检察机关不能适时提起抗诉，在逐级上报的过程中也造成时间上一定延后，无法及时确认行政行为违法，保障相对人的合法权益。

三、检察机关对行政执法权进行监督的制度构建

(一) 检察权对行政执法权监督的必要性

1. 建立法治社会，必须实现对行政执法权力的有效制约

法治社会，“它的要害，在于如何合理地运用和有效地制约公共权力的问题”①。因为，限制、剥夺人身自由的行政强制措施和行政处罚具有行政机关实施的主动性、调整范围的广泛性等特点，与广大人民群众的切身利益密切相关，倘若不加以有效的监督和制约，将极易被滥用而侵犯公民的合法权力，造成严重的后果。目前，我国行政执法的现实已经有力地说明了这一点。以劳动教养为例，这是一项极具中国特色的非司法性的剥夺人身自由的措施，是“国家法定机关依法对有违法和轻微犯罪行为，不够或不给予刑事处罚的人实行强制性教育改造的行政处罚措施”②。根据相关法律，劳教机关在不经过司法机关批准的情况下，可以对被劳教人员科以1—3年的监禁处分，特别情况下还可以延长1年。权力既大，行使程序也颇为宽松，因而必须确立和完善检察机关对劳动教养措施的监督，将其纳入法治化的轨道，防止其滥用作恶，进而改善我国公民的权利保障状况。另外，如前所述，行政执法机关也可能基于利益驱动等原因而消极执法，将一些本该移送司法机关做刑事追究的犯罪嫌疑人以行政处罚了事，既放纵了犯罪分子，也损害了法律的公信力。这些不良现象的存在都需要加强检察机关的监督与控制。

2. 体现有关国际性法律文件通过司法控制行政权运作的精神

2004年9月在北京召开的第十七届国际刑法学大会上通过的决议《刑事诉讼原则在纪律程序中的适用》第4条规定：“如果处罚决定不是由享有控诉、调查权的机关以外的机关作出的，或者决定处罚的机关不独立于纪律被违反的机关，那么被告人必须被赋予向独立的、无偏倚的法庭上诉的权利，并且该法庭必须拥有根据被告人的请求决定暂停执行处罚的权力。”第8条规定：“作为一项原则，纪律程序中的听证程序应当公开，除非存在以下例外情况：第一，关于轻微处罚的纪律程序；第二，需要维护公共道德，保护未成年人，涉及当事人隐私以及在民主社会中基于国家安全方面的原因。”简言之，该《决议》要求，对于行政制裁性措施，原则上赋予法院通过听审程序予以司法审查的权力。但在我国目前的法制条件下，直接实行由法院对限制、剥夺人身自由的行政强制措施和行政处罚实行控制的做法是不现实的。相应地，作为一

① 徐显明：《论“法治”构成要件》，载《法学研究》1996年第3期，第30页。

② 夏宗素：《劳动教养学》，群众出版社2003年版，第5页。

种过渡，代之以检察机关的法律监督不失为一种相对合理的选择。

（二）完善检察机关对行政执法权监督的几点设想

从我国检察权运行现状来看，目前检察机关对行政权的监督仅限于行政诉讼环节，且只能事后监督。从行政诉讼法颁布实施十几年来的检察实践看，这种监督权的行使也是非常有限和不尽如人意的。从检察机关对行政诉讼监督的目的来看，其监督对象并不是行政活动的正当性和行政诉讼的合法性，而是法院裁判的正确性。因此，严格地说，目前检察机关对行政权的监督还是处于缺位状态，当前，构建我国行政执法权检察监督制度需要从机制、体制和立法多个层面进行，限于篇幅，本文仅从以下几个方面分析：

1. 完善检察机关对行政执法监督的立法规定

（1）明确检察机关对行政执法行为监督的范围。以人民检察院组织法为核心，结合行政诉讼法的相关规定对于检察机关对行政行为的监督范围作出立法解释，或者在行政诉讼法分则中作出细化规定，以明确检察权对行政权监督的具体范围，使检察机关在执行检察监督的过程中权责明确，强化法律依据，树立检察监督的权威，具备充分的法律效力。

（2）完善具体检察监督的程序性规定，增强司法实践中的可操作性。建议在过于原则、空泛、缺少具体措施的立法中规定检察机关进行检察监督的程序，同时将散见于各法律法规中关于检察机关监督职能的规定纳入一个统一完整的体系中，增强可操作性，充分行使国家法律的授权。

（3）拓宽检察监督的外延。检察机关作为国家的法律监督机关，扩大其对行政执法行为的法律监督权的范围，对行政机关的法律、法规、规章、命令及其他规范性文件的合法性启动审查程序是尤为必要的，并将违法之嫌的法律文件提交权力机关审议，依法作出撤销或者修正的决定。

2. 针对职务犯罪进行监督的完善

职务犯罪是行政执法权滥用的最极端形式，其中贪污贿赂罪的法益是职务行为的廉洁性、不可收买性，渎职罪则“从内部侵犯了国家机关公务的合法、公正、有效执行以及国民对此的信赖”①。正因如此，查处和预防行政执法人员的职务犯罪是检察机关的职权之一，这几年来检察机关在这方面也取得了很好成效，如 2008 年 1 月至 11 月，全国检察机关共立案侦查职务犯罪案件 32005 件 39265 人，其中大案 19729 件、要案 2538 人。但当前信息不对称等问题，严重制约了检察机关预防和查处职务犯罪工作的深入开展。为进一步加强检察机关对行政执法权的监督力度，应树立打击与预防并举的监督理念，实践

① 张明楷：《刑法学》（第 3 版），法律出版社 2007 年版，第 892 页。

中探索与行政机关联手建立反渎职工作措施，包括完善行政主体违法线索来源制度、重大公共事件处理的及时介入制度、与行政主体的联络制度、案件移送制度，构建重大行政行为的报告制度特别是对重大项目的审批应该同步报告，从而提高对行政执法领域的职务犯罪的监督成效。

对职务犯罪进行侦办还是属于对行政执法活动的事后监督，对社会已经实际造成了危害，因此十分有必要将对行政执法活动的监督提前到案发之前，而职务犯罪预防就是一种事前对职务犯罪进行监督的方式。要在现行规定的基础上丰富职务犯罪预防的手段，将职务犯罪预防工作做实、做宽。应当充分运用检察建议这种非诉监督手段。检察建议是检察机关对于行政执法过程中存在的轻微违法行为有权提出的具有一定的法律效力的意见或建议，对于单位的堵漏建制、监督行政权力在合法的范围内运行作用很明显。同时对于行政执法过程中比较严重的违法行为，在未构成犯罪的情况下检察机关应当有权运用纠正违法通知书的形式对相关行政主体进行通知纠正，防止出现更加严重的职务犯罪。尽管检察机关有提出检察建议的权利，但因现行法律未对检察建议的执行效力作出刚性规定。司法实践中，检察机关发出的检察建议，个别单位不积极采纳、落实，虚于应对，检察机关虽几经催促，其结果也很不理想。① 因此，建议明确规定检察建议的执行效力刚性条款，比如行政执法部门不落实检察建议时，应当主动以书面形式向检察机关说明理由。

3. 构建相关的行政公诉制度

（1）我国现行法律并未规定行政公诉制度，所谓行政公诉是检察机关直接针对违法的具体行政行为，在特定的范围内监控行政权的滥用或不作为违法，即因行政机关的失职、滥用权力，严重损害国家利益和社会公共利益而无具有原告资格的人起诉，法院又必须奉行不告不理的诉讼原则。据此，授予检察机关公共利益的代表者作为原告对造成社会利益损害的行政行为提起诉讼，行政权具有扩张性和膨胀性，如果检察机关不介入监督，行政权容易失控，背离法律授权的初衷，甚至会危及法律的安定性和社会秩序。

（2）支持行政相对人起诉。民事诉讼法第 15 条规定：“机关、社会团体、企业事业单位对损害国家、集体或者个人民事权益的行为，可以支持受损害的单位或者个人向人民法院起诉。”而行政诉讼法并未规定检察机关对于受违法行政行为侵害的相对人是否可以支持起诉。行政权对于相对人的影响往往比普通民事行为更大，相对人又处于相对弱势的地位，当其合法权益受到不法侵害

---

① 乔耀强：《行政执法行为检察监督的实践与探索》，载《中国检察官》2006 年第 12 期。

时，受害人无力寻求救济，所以检察机关更具有支持起诉的必要性。而且赋予检察机关行政公诉权也符合国际通行做法，从国外有关国家的立法例看，法国、德国、意大利、英国等大多数国家的立法都明确规定了检察机关有权以公益代表的身份提起诉讼、参与诉讼的制度。

(3) 设立适当的专项检察监督活动

笔者设想构建一个信息传递的平台，以依法行政为核心，推进行政公开制度，建立行政执法与检察监督之间信息网络的一体化，依托这个政府信息网络共享行政执法信息，保证检察权在监督机制中主导地位，变被动为主动，发挥其监督职能。

四、结语

当前法律规定下，检察机关对行政执法权的监督是有限的，但检察机关的法律监督定位和行政权司法监督的呼吁，决定了检察机关对行政权法律监督的必然。当前，针对人民群众反映强烈的执法不严问题，检察机关必须不断创新监督方式、完善监督机制。随着检察机关法律监督的全面化、行政权监督的司法化，检察机关在对行政执法权法律监督体系中的地位与作用，必将进一步加强和完善。

以法治的思维综合调控未成年人犯罪

包 频*

未成年人犯罪，是一个沉重的话题，它不仅是法律问题，也是社会问题，更是法治思维问题。法治是国家机关有效管理与优质服务、社会管理与优化服务、社区有效服务与优良服务的基本依托。从这个意义上说，以法治的思维综合调控未成年人犯罪，事关党的执政能力提升，事关国计民生，事关国家长治久安。近年来，未成年人犯罪呈上升趋势，已成为影响社会和谐稳定的因素之一。党的十八大报告指出："法治是治国理政的基本方式。"强调要"提高领导干部运用法治思维与法治方式深化改革，推动发展，化解矛盾，维护稳定能力"。

新刑事诉讼法第五编特别程序，第一章未成年人刑事案件诉讼程序，不仅体现立法之治，还体现良法之治。从第266条至276条是法律规定的法定情节，都必须严格遵守。但法治思维赋予检察机关办理未成年人刑事案件以新的内涵，综合调控是法治理性思维的延伸，可为检察实践进行探讨提供有价值的借鉴。综合调控可以在宏观上命题，也可以在微观上切入，它是建立在司法程序正义和实体正义基础上，由法律职能共同体实行的。以法律视角与司法实践相结合相衔接、用以解决现实冲突，调和社会矛盾，追求司法和谐与社会和谐的新概念。综合调控要求在构建社会和谐大框架内，立足检察职能维护社会稳定，探讨具有思想性、创新性、规范性、合理性、规律性、意识形态架构的柔性机制。综合调控理念的提出，符合新形势、新任务条件下人民群众对检察工作的新期待、新要求。

一、以法治的视角对未成年人犯罪现状之观察

未成年人是社会发展的后续主体，在成长时期正确的思想行为引导，对其一生将产生正确的积极的决定性的影响。特别是进入中学时期的孩子遇到学习

* 河北省唐山市开平区人民检察院检察长。

压力大，有的逃学、厌学，出现考试焦虑、成长焦虑等一系列问题。这一时期未成年人意志抵抗力明显下降，社会上一些低俗的负面影响不可避免的会向未成年人渗透，加之从小生长在优越的生活环境中，养成了生活攀比、自私、好逸等消极心态，极易发生犯罪。

根据某基层院对2005年至2007年三年批捕、公诉案件调查，涉嫌未成年人犯罪案件近70人。反映在年度办案中看似零散的数字，会引发严重的社会数值问题。不仅要防止数字积重难返，还要认识到数值恶性循环。近年来，未成年人犯罪案件明显特征是：（1）低龄化情况突出，其中失学、辍学学生占多数。（2）侵财性犯罪所占比例较大，抢劫、抢夺作案人数逐年增加。（3）具有反复性和不稳定性，甚至是多次犯罪。（4）具有很强的模仿特征，作案手段成人化，带有“江湖”习气，一个盗窃团伙有8个未成年人犯罪，法律视角看令人触目惊心，社会视角看令人忧心，亲情视角看令人痛心。从三个不同视角看：一方面未成年犯罪增多，是社会发展到一定阶段的特殊现象；另一方面，犯罪的未成年人是这个发展阶段的特殊的弱势群体，同时要在综合调控手段上探索适合未成年特点的方式方法。因为未成年人犯罪后，虽享有“从轻、减轻”的特殊刑事政策，并作为独立的法律事件诉讼程序终结，但其精神负担仍处于“法律边缘地带”。涉嫌所犯的类罪，其依然不知法度何以“从轻、减轻”，误认为“不到年龄不处罚”，对“以人为本”的立法精神、法律至善宗旨缺乏理解。有的案件证明：从轻化的处罚制度，使有些未成年人轻视法律的威慑力，以致犯罪或重新犯罪，有时甚至被成年人犯罪所利用。但更普遍的是犯罪前家庭教育苍白无力，自我放纵，无法接受学校的规范和应试教育的压力，又因不良行为问题找不到自尊，使其过早失去知识教育的场所。当社会化的人格教育尚不能形成体系时，未成年人外在的精神看似顽固，其实心理很脆弱，人和精神都是孤立的，求助爱心是很强烈的。由于不能从精神层面恢复心灵的创伤，真正地获得家庭、学校、社会的宽容和接纳、关爱和温暖、信念和力量，使后来的成长继续受挫，成为“自我矛盾和自我混乱”的同一体，思想迷茫，行为无所适从，在追求情感的认同时不能确认正确与谬误，这是大多数未成年人犯罪后一种真实的现状。

二、以法治的思维对未成年人犯罪原因之思考

20世纪80年代电影《小街》所表现的剧情，是当时所处历史时代极有代表性的个案，时至今日该个案却具有普遍性。当今以家庭为单位的三维主体，很多子女与父母形成鲜明的时代“代沟”，平时娇宠放纵行为亦难以矫正。犯罪的未成年人多为独生子女，在家庭里一切“以自我为中心，心安理得地接

受家庭成员共同给予的爱。”由于爱集于一身，导致其对满足不知感恩，稍不满足即发泄情绪，并将情绪直接链接到社会。他们不知道什么是社会，误把自己认识的“环境”当作整个社会，对社会庞大的体系和复杂环境蒙昧无知，用“我的思维方式”和“我的行为方式”表达意愿和需要。有的未成年人犯罪因家庭父母离异，带来自卑心理和精神压力；有的因家长溺爱助长了霸气，以强凌弱，把抢劫、抢夺等法律问题当刺激；有的自知学业不成就业难成，游手好闲，义气结交；有的在学校自尊心受到伤害，报复对抗；有的交友不慎，明知不良为伍、明知违法敢为，对法律缺少起码的敬畏之心带有普遍的趋势。未成年人对法律态度的下滑，说明这一“时代”赋予其拥有很多前人无法比拟的勇气、大胆、聪明、见识的优势，同时也附加一些自负和叛逆。也决定其在特殊情况下的认识问题盲从、不全面所要受到的挫折。从现象看是自身成长行为不规范的结果，从成长的客观环境看却是家庭、学校、社会甚至是法律之责。综其所见，普遍的家庭教育缺方：教子以德，忽略身教，严而少慈，引导无方，溺爱之害，几近平常。学校教育缺失：为师之爱，亘古灯塔，教书育人，爱之本质。社会教育缺予：社会育人，重在风化，立国立德，育人育善。法律教育缺柔：法律济善，灵魂救赎。还处在心理发育期的未成年人，如果先天的缺少人本关怀，后天的又不会爱自己，那么明天就不懂得爱别人。就必然导致今天物质充裕与明天精神空虚的巨大落差。信息社会给青春期以世界异彩纷呈，又带给其扯不住自己的各式各样的风暴，叛逆心理下儿童时期那种笃诚和顺从不再，不觉中就失去了自由的代价。因此，幸福经验无法判断无法选择，如同醉酒的人自以为清醒而行为失控，失去了道德的滋润，阳光无法照彻心灵，这就是未成年人容易犯罪的主客观原因。

三、以法治的方式方法对未成年人犯罪帮教之探索

教育未成年人健康成长，是定国兴邦的大事，保护犯罪的未成年人与预防未成年人再犯罪是法益性问题。在这里所谈法益问题，大体有三种含义：一是指法律实行的社会效益，法律通过其实行而实现自己的社会目的，社会功能及其程度。二是指法律在现实生活作用结果中合乎目的的有效部分。法律效益不仅仅是指经济效益，它还包括政治效益、伦理效益、社会效益。在司法实践中，影响法律效益的各个因素，包括常量和变量，甚至其中数量化的对应关系，人们正是通过控制和调整这些因素和变量，达到对法律实施结果与立法目的的相互校正。三是法律效益在对法就是“刑”以批判的同时，揭示了法律像任何事物一样，作用也有局限性。因为法不是调整社会关系的唯一手段，除法律外，还有经济、政治、行政、思想、道德、文化、教育、习惯、传统、舆

论等手段。当法律不能独立承担社会发展的作用时，替代机制产生，以其调整法律抽象性和稳定性与现实性的矛盾。基于这种认识，把综合调控的理念，运用于未成年人犯罪这一社会性问题，建立未成年人犯罪帮教基地，与未成年人保护法相互衔接，其目的是以较少的经济效益，取得更大的法律效益，确切地说就是以爱心为法益成本，借助两个特定环境流转，对犯罪的未成年人实行心理救赎。

救赎根据：未成年人犯罪后重要的是要得到心理矫正，由其独立承担不法行为造成的后果是不够的。只有在犯罪后才自感受挫，较之犯罪前会表现出超常的控制力，但只是不安情绪异常激烈，不会自己找到犯罪的原因自我纠正和改造。

综合调控：第一帮教课堂设在拘留所。由驻所人员负责，调控的对象是刑事拘留、逮捕羁押和执行刑罚期间的犯罪的未成年人。通过建立《未成年人犯罪基本情况档案》、《未成年人犯罪综合情况调查表》，对未成年人的基本情况进行全面调查。由驻所人员担任帮教工作，写出犯罪原因分析报告，并按照设计的帮教流程进行帮教。帮教宗旨包括教育、感化、挽救。利用“高墙内”环境因素转化，引导自觉悔罪，使其认罪，接受教育，提高改造自我的能力。教育目标包括明德孝、知法度、理心态、修品行、爱人生。教育方式包括谈话、授课、读书、交流、劳动。直至第一课堂帮教的条件消失，再将档案转入第二课。

第二课堂设在检察院。因为身份的变化，课堂名称也谓之改变（情感空间），从帮教设计上有意识地回避罪的概念，体现对未成年人权利最好的保护。由专人对其进行“一对一”、“7 + 7”方式（即 7 天 7 项内容）强化教育，体现对未成年人人格的最大尊重，体现控制未成年人犯罪最佳方式组合。凡因犯罪未被刑拘或改变刑拘等强制措施，缓刑、刑罚执行期满的未成年人都要通过第一课堂帮教后，再通过自愿的形式和家长陪同进入“情感空间”课堂，接受 7 天封闭式、平等式、零距离的心灵沟通，使其感化于内，外化于形。即感恩父母、感恩社会教育。（1）法律知识培训，刑事责任年龄教育；（2）人格自信培训，社会公德、道德影响等；（3）学唱感恩歌《父亲》或《母亲》；（4）写出帮教心得体会；（5）速读一本好书；（6）赠与情感沟通卡；（7）选择一位好朋友。帮教人员定期对本人、家庭回访。两个课堂、两种环境、两种心态、两种感受的冲击，为其心灵打上深刻的印记。

四、对未成年人犯罪综合调控之解析

探索未成年人犯罪实践深刻地回答了“法律条文不是法的本质”的法治

思维问题，更凸显出情法圆融的执法品格。美国法学家伯尔罗指出：“在法律一词的通常意义上，它的目的不仅仅在于管理，它是一种促成自愿协议的事业。”由此，帮教犯罪的未成年人，预防未成年人再犯罪，应当成为检察机关一项自愿协议之事业。

析一：未成年人是家庭之未来，国家之未来；析二：对犯罪的未成年人嫌弃、鄙夷、冷漠和歧视是对其权利的侵犯；析三：现今社会，未成年人不能也没有能力做到“岿然不动、心止于水”；析四：法律监督机关，具有追求社会秩序良性循环和社会和谐的本质属性；析五：孟德斯鸠说：“谁忽视了今天，就会失去明天”；析六：预防未成年人再犯罪，应当是新兴的市场经济国家，日臻成熟的法治国家，对法治的基本理解；析七：对法治的忠诚和贡献在于犯罪的减少，特别是未成年人犯罪的减少；析八：真正实现民主、法治、公平、正义、诚信、友爱、充满活力、安定有序国家过程之必然。

如前所述，以法治思维综合调控未成年人犯罪当为检察之责。

四、法治思维与优化检察权配置

试论构建科学的诉讼构造模型

王鸿翼*

人们对于客观事物的认识理解是个过程，对检察制度的理解也不例外。一般的理解，检察权的权能包括批捕公诉权、自行侦查权、诉讼监督权三个部分，其中后两者是具有我国特色的权力配置，也易招致认识上的歧见。检察院恢复重建以来，就迎接了几次检察机关是否应当拥有自行侦查权的大讨论，对于诉讼监督权的质疑也是接连不断，尤其是反对和否定民事诉讼检察监督的声音，一度异常热烈。时而有人提出，检察院对职务犯罪既侦查又起诉，权力太大，应当把侦查权从检察院剥离出来；时而有人主张，检察院就是社会公共利益的代表，应当开展公益诉讼，对法定的属于监督性质的抗诉、调查权等问题却引不起兴趣；还有观点认为，要实行检警一体化，由检察院引导或指挥侦查活动，如此等等。可见，对于检察机关的认识，感性化色彩还十分浓厚。

每逢遇有司法体制调整和司法权力的配置问题时，都会有观点对检察机关的权能提出质疑。每当讨论检察院自身改革或司法体制改革的时候，总会有一些看来热闹却偏离检察机关法律监督属性的主张。就诉讼监督而言，检察机关在三类诉讼监督方面，刑事诉讼监督已经贯穿了诉讼过程，民事诉讼监督举步艰难，行政诉讼监督则刚刚起步。然而，真正从国情和宪法框架出发，从诉讼活动的实际出发，科学地配置检察权，却非易事。以刑事诉讼为例，公安机关属于侦查，人民法院属于审判，概念清楚，工作界限也清楚。检察院的“监督”二字却既给人以足够的想象空间，也可以缩小到极狭义的理解。加之检察基础理论的薄弱，出现这些问题，也就不足为怪。

自然科学为认识客观事物提供了方法和手段，拿出地图、沙盘、户型图，能便捷地解决判断方向、地形和选购房子的问题。法学问题也可以有这样的认识方法，那就是建立诉讼构造模型。时空观是马克思主义认识论的基本方法之一，亦即把研究对象置于一定的空间，以时间为轴线进行动态研究。我们从资

---

* 最高人民检察院咨询委员，国家检察官学院高级教官。

料、书本里所见的一些诉讼构造模型，仅限于平面表达，局限于直观的三要素，应当属于图形，而非模型。这样的方法是初级的，有时会导致认识上的偏颇，得出错误结论。

笔者认为，建立诉讼构造模型，就是把各诉讼主体抽象为要素，依其相互关联的点、线、面、体形成模型。从而在一定的法律制度原理和程序价值理念的指导下，按照诉讼规律，更直观地正确认识各要素的定位、属性及相互作用，科学确认各要素相互之间的法律关系并对各要素予以合理配置、进行程序设计的方法。

上一段表述实为两句话，本文仅围绕前一句话谈些建立诉讼构造模型的设想，从而提出一种研究方法，提供这一工具的雏形，初步试谈一下。

一、从民事诉讼的检察官出庭谈起——问题的提出

关于诉讼构造问题的思考，由两个问题引发。一是检察官出席再审法庭，应当坐在哪里？关于这个问题，实践中曾经有过争论。但是，笔者觉得在再审法庭上，检察官坐在哪里都不合适，虽然，现行法律规定了检察官应当出席再审法庭，但是这一规定本身并不符合检察机关的法律监督属性及其在民事诉讼活动中的任务，在尚未研究弄清检察官在再审法庭中的法律地位和任务的情况下，出庭显得盲目和尴尬。

民事抗诉制度设计不能照套刑事抗诉的做法。民事抗诉的法律实质是：审判机关享有维持原判的权力，同时，也负有开庭再审的义务。对检察机关的职责来说，依法强制性地启动再审程序即是法律结果。法律没有赋予也不应当赋予所谓的“对庭审活动的监督”，更不应当设定检察机关承担所谓举证和质证的义务。

确认再审法庭上的检察官席位，就要明确检察权在民事诉讼活动中与其他相关要素的法律关系。认定诉讼法律关系的前提是对于诉讼要素的准确定位。检察机关在民事诉讼法律关系中，它的位置究竟应当在哪里？公权力未解决定位问题，就谈不上解决与其他诉讼要素的相互法律关系问题。思考再三，得出结论：民事诉讼中甲乙双方抗辩、审判权居中裁判的所谓民事诉讼三角形构造，无法表现检察权与各诉讼要素之间的关系。原因简单，数学定律表明：一般地，一个平面上不能表现四个以上非同质的要素。

笔者从事检察工作之先，曾经学过水利工程设计，也实际设计过水库、渠道等水利工程建筑物，这属于工科。也曾学过数学，属于理科。工科的基本思维方式，就是把客观现实转变为图纸和模型来认识客观世界。继而，再把图纸和模型转化为现实来改变客观世界。理科的思维方式是化繁为简，高度抽象，

从繁复的客观现象当中，把一些复杂的现象抽象为具体的若干要素来进行研究，把客观世界中的变量、常量之间的关系表现为函数关系，把客观事物的相关关系表现为图形关系，亦即采用数和形的方法来认识客观事物。这就养成了一种习惯，在分析问题、解决问题的时候，把事物分解或归纳成为若干要素，以至于建立相应的模型，加以分析。这种方法笔者也用在研究法律制度上，这是诉讼构造问题的由头之一。

实践必须要靠理论来支撑。笔者曾经多次说过：大家平时挂在嘴上的所谓“民事行政检察理论”究竟有没有？如果有的话，是什么？在哪里？结论是：民事行政检察理论正在形成之中。我们要遵循和依据宪法、基本法层面的原理和诉讼规律，努力在理论、实践的循环往复认识基础之上，去创建这一理论。民事检察制度要巩固完善，出路也在于开展实践基础上的理论建设。

开展民事检察必须要学习、研究民事诉讼理论，并且要与检察理论密切结合，才能形成民事检察理论。笔者看到有不少的研究民事检察问题的文章、著作，都有一个很大的缺陷，就是没有从民事诉讼法学的基本理论角度来研究民事检察，仅仅停留在对检察机关属性的认识上，停留在以宪法精神为依据的思想指导之下进行研究和论述。这样的研究结论乍一看似乎有理有据，但属于自说自理。不顾民事诉讼基本规律的观点不仅缺乏说服力，甚至有时会导致错误。

民事诉讼法学的基本理论，大约有这么几部分：一是民事诉讼价值论；二是民事诉讼目的论；三是民事诉权论；四是民事诉讼标的论；五是民事诉讼法律关系论；六是既判力理论；等等。理论体系的构成有不同的划分，笔者比较赞成这六部分为主组成的民事诉讼法学基本理论的体系。这些基本理论应当是开展民事行政检察必须学习掌握和遵循的。比如说，民事诉讼价值论是研究民事诉讼程序价值的基本理论，关系到诉讼制度的指导思想和出发点，如果不解决检察权介入民事诉讼的程序价值问题，就不能回答检察权为什么要介入民事诉讼。

笔者刚到民行厅的时候，问同事：我们开展工作的指导思想是什么？回应说：“敢抗、会抗、抗准。”听了以后，觉得这不能算是工作指导思想，体现不了检察权介入民事诉讼后的程序价值，充其量是一个办案标准或者是办案要求，准确地说，仅仅是对办理抗诉案件的要求。当时，正面临着2001年底的全国检察系统机构改革，再不抓一抓，这支队伍在基层就很难维持，急切需要召开第一次全国民行工作会议，明确发展方向。尤其是再不解决检察权介入民事诉讼以后的程序价值问题，不能提出一个符合法理和诉讼规律的指导思想，就难以使学术界和实务界认同，也就不能解决检察权为什么要介入、凭什么要介入民事诉讼程序的根本问题。当时在要求三个月内也就是抢在8月以前开会的前提下，经过与大家的研讨和紧张的思考提出了“维护司法公正、维护司法权威”这样一个观点。

“维护司法公正、维护司法权威”不是一句简单的政治口号，这是宪法框架下关于国家权力配置价值体现的表述，是审判机关、检察机关相互关系的阐述，是诉讼规律的体现，是民事行政检察工作的价值追求及其所在。具体的，笔者多次讲过，不再赘述。

提出了维护司法公正、维护司法权威这一个指导思想之后，就得到了实务界和学术界的普遍认可。最高人民法院有了强烈的反响和回应。以这一段历史为例来说明，只有从以民事诉讼法学的基本理论入手，才能指导民行检察工作的正常开展。但是，仅仅解决了一个程序价值方面的问题还远远不够，必须要运用检察学的基本理论，使之与民事、行政诉讼理论全面地、系统地融合，创新原有的诉讼理论，创建我们自己的民事检察、行政检察理论才能解决民行检察工作之所需。

如何奠定民事检察基本理论，如何撬开既有的民事诉讼法学理论体系，来建立检察权介入民事诉讼之后的新的理论，这样，就又发现了一个问题：现有的全部民事诉讼法学基本理论是一个根本不存在检察权的理论体系。从研究问题的角度来看，没有了检察权的介入，大家都省事。检察权一旦介入，无论是诉权论、诉讼目的论、诉讼标的论、既判力理论等一系列基本理论，都必须要变化调整乃至于重构。

要想在现有完备的、众所熟悉且认可的庞大理论体系中，把检察权塞进去，首先要解决切入点的问题——从何入手？结合检察官出庭所坐席位问题的思考，笔者发现，民事诉讼法律关系论应该是最基本的切入点。但是，传统的民事诉讼关系论，根本不存在法律监督关系，法律关系是建立在诉讼构造基础上的各诉讼要素之间的关系。于是，诉讼构造问题凸显，成为一个实在的、本源的、初始的问题。

要厘清思路，应当先从诉讼构造入手，研究由于检察权的介入导致诉讼构造发生何种变化，进而使得原有民事诉讼法律关系发生改变，由此引发其他相关基本理论的改变。

二、检察权的介入必然引发传统民事诉讼构造理论的变化

我国理论界视野下的诉讼构造又被称为诉讼结构、诉讼模式、诉讼形式等。江伟、张伟平、江平、章武生等著名教授都有不同的定义。综合起来有几个关键词：诉讼主体及其他要素、基本法律关系、职权行为、诉权行为、权限配置，等等。笔者理解，这些论述强调的重点各异，但基本精神相似，基本上

是指在一定的诉讼目的下，配置诉讼权限，由此形成审判机关与当事人之间的诉讼地位及其相互关系。

在这些认识的引领下，民事诉讼的基本法律关系是法院和当事人的关系；价值理念是认识、把握国家权力和当事人权利、义务的关系，这里的国家权力仅特指审判权；诉讼构造的基本分类是职权主义和当事人主义之间的轻重与取舍……从而，审判权与诉权的关系就成为全部民事诉讼理论的一条主线。

王锡三教授称诉权与审判权之间的关系为“民事诉讼的纲”，说它贯穿了理论全部，从而纲举目张。

笔者更共鸣于刘荣军教授关于诉讼构造（诉讼模式）的观点，大意是：“民事诉讼模式是指支持民事诉讼制度和程序运作所形成的结构中各种基本要素及其关系的抽象形式”。

现在，检察监督制度已经成为民事诉讼制度的基本原则之一，作为公权力的检察权已经成为民事诉讼的基本要素，对于根本没有检察权存在的民事诉讼理论体系来说，面对写进了基本法的检察权，就存在不可回避的选择：是因为检察权的介入不符合当下民事诉讼法律理论，无视这一事实，排斥乃至于反对检察权的介入，还是依据宪法精神和我国国家司法体制特点和国情，而去积极探索研究这一特点，努力改写、完善我国的民事诉讼理论呢？前者，如同埋头沙土的鸵鸟，此路不通；后者，恰似湖塘里的水牛，泥泞难进。

在前面说到刘教授关于诉讼模式的论述基础上，笔者有几点体会：

第一，当下，检察权作为公权力介入民事诉讼，诉讼构造由双方当事人与审判权三要素的结构，增至为四要素。一条基本的定律：三点决定一个平面，空间中的任意三点必在一个平面上。这就使笔者对大家纷纷讨论和赞美的诉讼三角形产生了疑问——对于多因素之间的关系，平面图形已不能准确地反映客观事实，传统的“两造一审”不是全部事物，只是事物的一个组成部分而已。

第二，原有的民事诉讼法律关系概念，实际上既包括法院与当事人之间的民事审判法律关系，也包括了当事人之间的民事争讼法律关系。当下，又增加了民事诉讼检察监督法律关系。四个要素相互交织，三种法律关系共存，这就构成了一个立体模型。在平面图形不能反映上述要素以及法律关系相互之间联系的情况下，研究法律问题使用立体模型看来似乎有些另类，但显然要比平面图形科学。

第三，诉讼构造称之为诉讼结构尚可，但与诉讼模式、诉讼形式的表述还是应当有所区别。目前论述的职权主义和当事人主义的诉讼构造或称之为诉讼模式的这种两分法的分类，基本上均指的是法院审理案件主观价值取向偏重不同的审判模式，与诉讼模式虽有关联，但也有区别。也正是在这一基础上，笔者更赞成一些学者提出的“协同主义”和“和谐主义”审判模式。

笔者理解，相对于审判权来说，职权主义就是主动，当事人主义就是被动，协同主义、和谐主义就是互动。

第四，诉权与审判权之间的关系是民事诉讼之纲。一切民事诉讼制度的设计，无不围绕保护诉权的正当行使和防止审判权的恣意和失范来进行。这存在程序设计的难点：

难点之一，当事人的诉讼权利最终实现，必须要得到公权力的确认，才能得以实现。我们的诉讼程序设计，必须作如下假定：总体上，人民法院行使国家审判权是公正无误的，这毋庸置疑。在某一程序、某一案件中则必须假定这一审判权是可能有误的。如是，在有误的公权力之下，则不能保证作为权利存在的诉权的实现。而关于当事人的诉讼权利究竟是私权利还是公权利的问题，笔者认为，在国家法定诉讼程序中表现为当事人私权利的诉讼权利，其属性应当视为公权利，而非私权利。

难点之二，现实中，审判权偏向于某一方诉权、竞合于某一诉权，乃至于三权竞合虚假诉讼导致调解结案的现象竟然存在。传统的思维方式，纠结于在审判权与诉权之间的权利义务配置，已经难以防止和纠正这一事实。试图仅仅在诉权与审判权之间的权利义务调整来达到预期目标，显然还有间隙和空白。

第五，我国民事诉讼领域引入监督职能的公权力，使审判权与检察权构成一对矛盾。其中，人民法院在民事审判活动中发挥主导和指挥作用，人民检察院在民事审判活动中发挥法律监督作用，两者相辅相成，达到更好地保障且监督审判权和诉权正当行使的预期日的。

对于当事人而言，审判权的救济是一种当即的、直接的救济，检察权的救济仅是可期的、间接的救济。两者的性质、出发点以及法律效果都有本质差异。那种把检察监督的作用仅限于是对当事人权利救济的看法是片面有误的。

迄今，大家普遍认为等腰（等边）三角形是民事诉讼构造模型。可以看到一些文章高度赞美民事诉讼三角形的形态美、内涵美的文章，大都是从理论上、形态上、理想化的基础上而言的。

相对而言，我国民事诉讼构造是由审判权、检察权一组公权力，会同甲诉权、乙诉权一组公权利，共同组成诉讼构造所自然形成的、呈现在人们面前的三棱锥体状的立体图形，不仅具有外在的美，还具有内在的力。相对于传统的平面等腰或等边三角形而言，显具科学性、合理性。如果在今后加以精心设计、努力实践，不断完善，必将有利于民事诉讼法学的理论研究。

当然，这有待于我们与理论界的共同不懈努力。在与国内外特别是韩国、日本有关学者交流的过程中，他们对此显露出很大的兴趣，这并不奇怪，这是国家根本法律制度的不同使然。同时，也使我们看到：检察权的介入恰恰是民事诉讼法律制度的本土化色彩所在。看到这点，不仅要努力开展工作，更要认识到从事工作对于推进国家法治建设、完备法律体系、促进法学理论建设的意义。

三、传统民事诉讼构造理论的理想化及其不足

笔者曾经搜集过一些资料，发现研究民事诉讼构造的观点基本上是日本为代表，他们研究的比较早，比较多，主流观点就是："……完美的、符合美学审美价值观的诉讼三角形结构（有的是等腰三角形，有的强调应当是三内角为 60 度的正等边三角形），这种外在的形式美，蕴含着内在的合理性，把民事诉讼当中原告、被告、审判三方在民事诉讼过程当中的组合方式和相互关系揭示的清清楚楚，反映了国家权力和个人权利之间的关系，决定了民事诉讼的基本运行态势，使人们对民事诉讼的概貌有一个清晰的认识。"可以说，各方面加以诠释，赞美有加。

民事诉讼这三方组合确要达到等腰或是等边三角形的话，需要一系列前提条件，比如双方举证责任分配恰当，双方举证能力均衡，法官居中裁判，不受任何外力、内力影响等。这样，才能实现正三角形的诉讼状态。但实践当中往往不能如此理想。我们看图 1，这是理想化的诉讼结果。

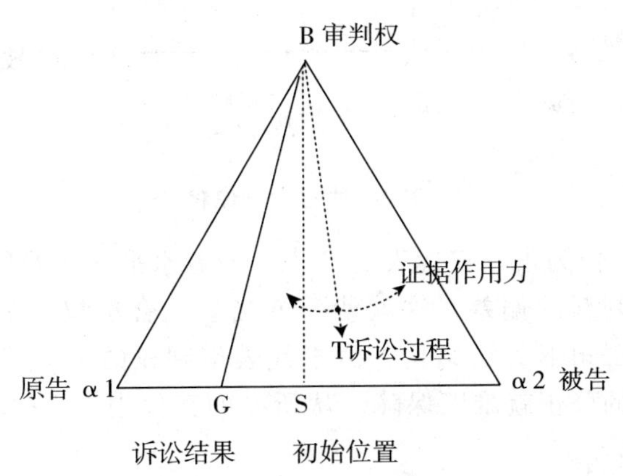

图 1　理想化诉讼过程

在这个等边（等腰）三角形当中，如果以线段 α1、α2 来表示原告、被告双方纠纷的话，在诉讼的理想初始阶段，法官的内心是没有任何成见的，表示为由 B 点做一条垂线，即 BS，表明审判权不会对原告、被告任何一方做任何的倾斜，或先入为主的判断。由于是等腰三角形，S 点必然在 α1、α2 线段的中点，这是初始的假设。所以，以虚线来表示。

在诉讼过程当中，随着双方的举证质证，法官相应进行分析判断，内心开始进行摇摆，用一条虚线 BT 来表示。最终，当诉讼终结的时候，BT 就由不确定状态变为确定状态，就是说在庭审的过程当中，证据的作用力对法官形成的内心确信定格在 α1、α2 线段之上，得出的诉讼结果，即线段 BG。这点最终落到何处？就决定于双方的或胜诉，或败诉。这是一个动态的判断过程、动态的理想状态。

在现实中，且不说存在着法官未尽职责、徇私枉法或者由于种种原因不能坚守中立的立场，也忽略法官的经验判断能力。通过实际案例不难发现，三角形的顶点往往在诉讼的初始阶段就已经发生了偏移。

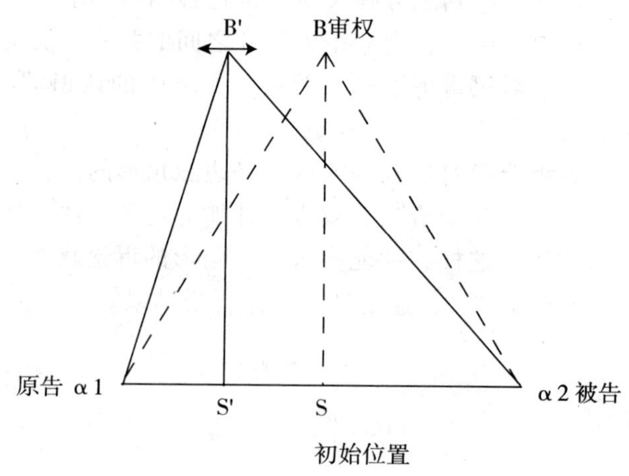

图 2　法官立场偏移

我们看图 2。作为审判权代表的 B 点，沿着水平线在偏移，法官立场的偏移，造成了内心判断的偏差，这就使一方当事人合法权益受到侵害。这个时候，原本理想的三角形诉讼结构，由于代表审判权的 B 点的横向位移，已经不能实现。司法的公正就难以保障，从所办的案件当中，也看到另一种情况，那就如同图 3。

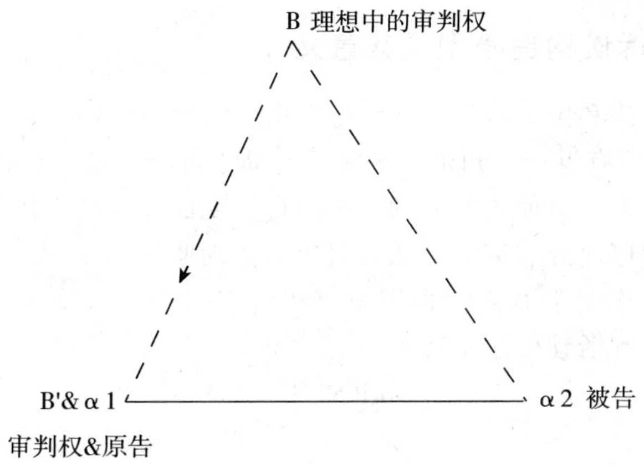

图 3　审判权与某一诉讼的竞合

当审判权和一方当事人具有某种默契、沟通，形成竞合的时候，诉讼三角形就变成了一个线段，假设 B 点和 α1 重合后，理想的诉讼三角形就不复存在。

还有一种情形，实践当中，往往出现一些所谓虚假诉讼，大家看看图 4。

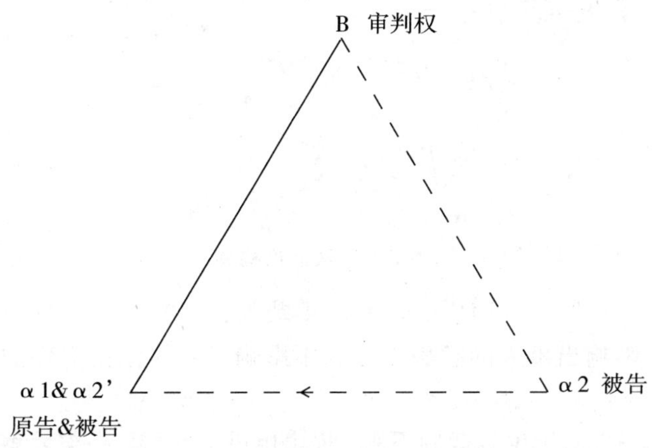

图 4　诉权的竞合即为虚假诉讼

α1 和 α2 两点竞合，这个时候，法官的判断只能是形成一个线段，由 B 点到 α1 的线段，理想、完美的诉讼三角形也就变为当事人预期的线段。实践中，三点竞合，使三角形成为一点的案例也有发生。

要解决这些问题，应该说在诉讼制度设计上，在审判队伍建设上和在对当事人行使诉权的正当性审查等方面都可以采取若干方法，形成综合防范的组，防止发生上述现象。同时实践表明：引入另一个公权力即检察权介入民事诉讼，并加以科学配置，不失为一个符合国情的明智之举。

四、民事诉讼构造模型及其意义

根据我国宪法和民事诉讼法的规定，引入检察权后的民事诉讼结构模型如图5。这有助于原有诉讼三角形的平衡，有助于诉讼三角形更加趋近于等边。

检察权的介入，就使得原先的平面图形，变成了一个立体模型，检察权超然于原审诉讼程序之外，同时又赋有对审判活动监督的职责，这样就可以发挥一定的作用力，作用于B点，也即检察权对审判权施以作用，有助于审判权的正当行使和审判活动依法正确进行。

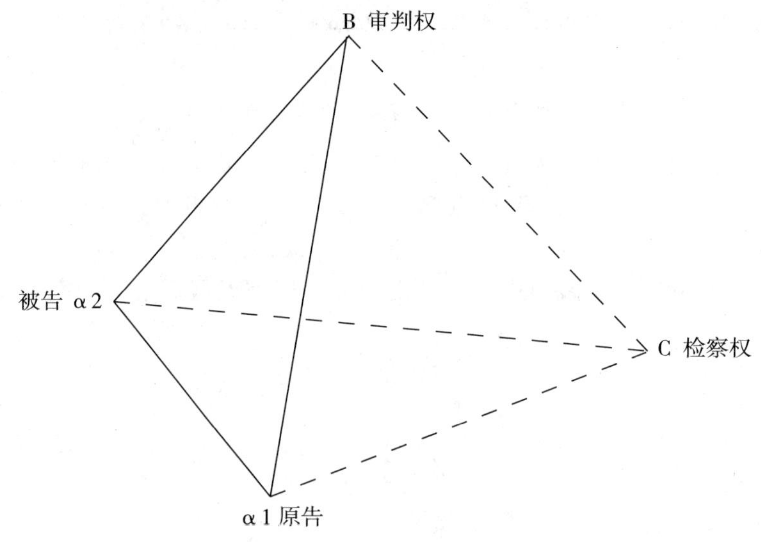

图5　民事诉讼构造

图5显示，在原审程序中，法院居中裁判，原被告双方抗辩，检察权没有介入其中，不影响当事人的意思自治，不影响审判权依据案件的具体情况作出正确的判断。

如当事人一方对于生效裁判不服，提出申诉的时候，检察院就要了解双方当事人的情况，形成一个以检察权居中审查、双方当事人共同组成的另一个三角形关系。这时，检察机关就成为该程序的指挥者、决定者，人民检察院据以判断是否有必要开展调查，是否有必要调阅案卷，等等。继而得出是否确有必要启动新一轮的再审程序。从图5也可以看出，检察机关审查程序的法律意图是对于原审结果的矫正，结果启动了又一轮的审判而已，检察权的本质仅限于程序权。

公平与效率的价值取向要求审判权必须居中，而不能偏移一方。同理，上述直观地表明：检察权同样必须居中行使，这就是从2001年的第一次全国民行工作会议以来，我们多次反复强调“居中”理念的缘由。在审查申诉案件过程中，检察院既要考虑申诉一方的主张及其提供证据的情况，又必须要考虑到被申诉一方及其申诉证据的情况。同时，还要考虑人民法院在审判活动当中，审判组织的组成上，审判程序的合法性上以及认定事实的过程当中和适用法律等方面是否存在问题，从而作出是否启动再审程序、提出抗诉或检察建议的决定。

可以看到，建立这个诉讼构造模型后加以解读，内容是非常丰富的，有助于直观的揭示检察机关在对民事审判活动进行监督时，与其他诉讼要素的相关关系，从而明确应当树立什么样的正确理念，应该注意什么样的事项以及如何处理好检察权同审判权、检察权同申诉方、被申诉方之间的关系。更为重要的是，由此就把传统意义上的民事诉讼法律关系延伸为三种：一是法院与当事人之间的民事审判关系；二是当事人之间的争讼关系；三是检察院与法院及本案当事人之间的法律监督关系。这在原先只有争讼关系和审判关系组成的民事法律关系基础上，又新增加了检察监督法律关系。对于从理论上厘清检察权和审判权，检察权和当事人诉权之间的关系，提供了可资研究的直观模型。

检察权介入之后形成了民事诉讼法律关系的改变，这既是起点，也是突破口。由诉讼构造的改变，引发民事诉讼法律关系的改变，由民事诉讼法律关系的改变，带来民事诉权论、民事诉讼程序价值论以及既判力理论等一系列基本理论的影响和改变。以此为基础，就可期待建立一系列符合我国宪法精神，符合现行法律体系的民事检察理论，从而丰富和补充全部民事诉讼法学基本理论。建立这一模型的作用和意义是显而易见的。

五、刑事诉讼构造模型及其意义

对于传统意义上的诉讼构造平面表现形式的改变，不能仅限于民事诉讼范围，假设此论成立的话，必应同样适用于刑事诉讼和行政诉讼。民事诉讼构造理论是否具有这种通适性，这需要先从刑事诉讼谈起。过去，笔者参加有关培训讲课、法制宣传时，都习惯采用代码和图示的方法，感觉这样比较简洁、明快。如图10：用A来代表国家权力机关的立法权，用B代表审判权，用C代表检察权，用D代表行政权，这是四种国家公权力。用希腊字母α1、α2……αn来代表非公权力的其他诉讼参与人。

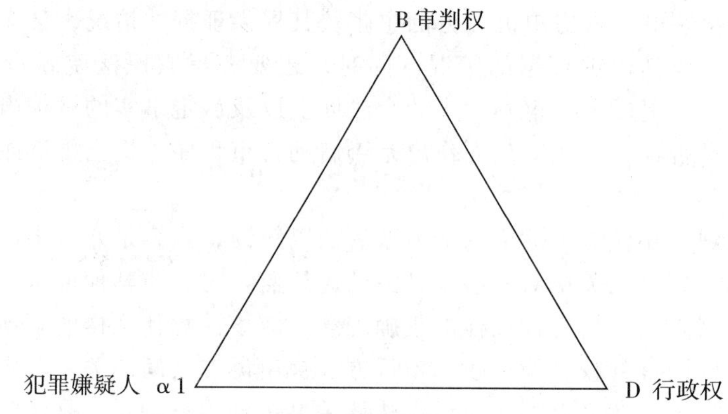

图 6　检察院未介入刑事诉讼程序由公安机关直接指控犯罪

新中国成立以来，检察机关三起三落。刑事诉讼程序曾经一度缺失检察权。正如图 6，以 B、D、α1 三点组成平面三角形。刑事诉讼是由 D 行政权，也就是公安部门进行侦查，直接提交法庭进行审理，以 B 为代表的审判权对当时叫作被告人的 α1（现在叫做犯罪嫌疑人）进行审判。如此诉讼三角形构造的弊端显而易见。

众所周知，“文革”期间最为突出，犯罪嫌疑人包括辩护权在内的基本诉讼权利被剥夺，造成了相当数量的冤假错案。图 6 直观地表明，犯罪嫌疑人与其中任何一个公权力都是不平等关系，不存在诉讼的平衡，也没有公权力之间的制约，公民的诉讼权利无从谈起，案件审判质量当然地难以保证。实质上，就是诉讼构造不合理、不科学。这是一度曾经出现的情况。

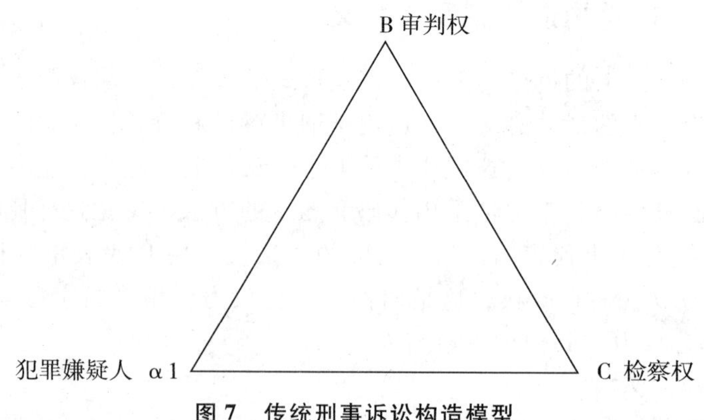

图 7　传统刑事诉讼构造模型

再看图 7，以 B、C、α1 这三点组成的三角形，这是现在大部分研究刑事诉讼规律中所常见的图形，也是可以从法庭上直观感受到的。审判权 B 居中裁判，C 作为公诉一方，α1 作为犯罪嫌疑人的被告一方，组成控辩三角形。

但这仅可叫作刑事诉讼构造中的审判诉讼构造，不能称之为刑事诉讼构造。刑事案件的鉴定人、证人等诉讼要素等，并没有体现在诉讼三角形之中。特别是刑事诉讼中重要的行政权（侦查权）并未显现。因此，这诉讼构造模型不能完整、准确地反映刑事诉讼程序及其规律。

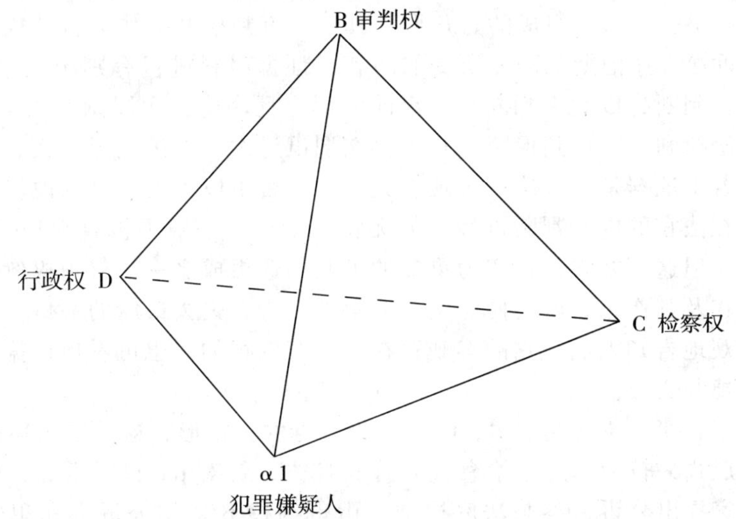

图 8　新型刑事诉讼构造模型

图 8 是引入检察权后形成的刑事诉讼构造模型，是由审判权的 B 点与行政权（侦查权）D 点和检察权 C 点以及相应的犯罪嫌疑人的 α1 的四点组成一个三棱锥状的立方体，比较准确地揭示了刑事诉讼法律关系。可以看到，这个立方体有四个三角形的平面组成，分为三个层面来解读。

第一个层面，是以 C、D、α1 组成的平面三角形，姑且叫作侦查起诉构造。它表明在刑事诉讼程序中，作为犯罪嫌疑人的 α1 被 D 点的行政权立案侦查进行询问，掌握一定的情况之后，提请 C 点，也即检察权批准逮捕，检察权 C 对 α1 进行讯问，对有关证人进行询问，核对相关犯罪事实，批准或不批准逮捕。进行到一定阶段之后，由行政权 D 向检察权 C 提出提请起诉意见或作出不提请起诉决定。

在这一过程中，侦查权和检察权的关系，本质是两个公权力的相互制约，主要表现为位于刑事诉讼中间环节的检察权对侦查权的制约。即使是工作方面的配合，也是制约前提下的配合。人民检察院对于公安机关的提请逮捕、提请起诉等意见，要根据案情特别是针对 α1 犯罪嫌疑人的情况作出相关的决定，包括不捕、不诉、追捕、追诉等系列决定。同时，诉讼程序也作了赋予侦查机关不服检察机关关于逮捕、起诉决定复核权的制度设计，使两个公权力处于制约平衡状态，辅之以赋予犯罪嫌疑人一系列法定的刑事诉讼权利，这就具有防止公权力的恣意，保障使有罪者得到追诉，无罪者不被追诉的程序价值。这是平面三角形 CDα1 的侦查起诉构造，亦即起诉前的诉讼程序。

第二个层面，姑且称之为审判构造，亦即审判程序的模型。这一部分实际上是由两个三角形组成。

一是以 B、D、α1 组成的三角形。其中，审判权 B 对作为行政权的侦查权 D 在刑事诉讼程序前期依职权所提取的若干证据材料进行有别于检察权 C 的、独立的分析判断，以此来判断在庭审前的诉讼程序中，犯罪嫌疑人 α1 的合法权益、诉讼权利是否得到保障，是否存在刑讯逼供，口供是否确实，行政权 C 所提供的若干证据是否合法、客观、充分，是否予以采信。可以说，这个层面往往隐含在法官的内心判断过程，如无特殊情况，一般不被直观地反映出来，易为忽视。但这一客观存在实为重要的审判构造组成之一。审判权忽略了这个部分的存在及其作用，就会使假案、错案的产生，失去最后的关口。可见，这一模型直观地告知人们，它的客观存在是不容忽视的，也可看出依据模型研究问题的便捷与必要。

接下来，第二部分是以 B、C、α1 为端点的三角形，这是刑事案件庭审活动的外在形式，较为熟悉。检察权 C 作为控方，针对 α1 犯罪嫌疑人的犯罪事实代表国家提出公诉，参与法庭质证，由审判权 B 依据公诉人和犯罪嫌疑人及其辩护人在庭上的指控、辩解情况，得出独立的判断，从而作出 α1 即犯罪嫌疑人是否有罪，构成何罪，进行何种处罚的判决。同时，法律也赋予检察机关对于刑事判决的抗诉权力。无论是一审环节的上诉程序抗诉，还是二审环节的监督程序抗诉，都体现了检察权对于审判权的制约。由此，维护国家法律的统一实施。

上述两部分共同构成了审判构造。

第三个层面，以 B、C、D 所构成的平面三角形，姑且叫作协同制约构造。这个三角形更加不明显，但却是更加重要的客观存在。

侦查、检察和审判三个公权力在刑事诉讼过程中，按照刑事诉讼法的授权和诉讼规律各司其职，相互制约配合，保障诉讼活动的顺利进行，既要有效地打击犯罪行为，又要使无罪的人不受法律追究。实践表明，这对于贯彻党的刑事政策，更好地配合形势维护社会秩序等，无疑都具有积极作用。

但是，这一层面的客观存在也告诫人们：公检法三个机关应当在刑事诉讼法授权的范围内，取得上级机关的支持，恪尽职守，各司其职，严防在具体个案上一味的强调协调配合，使法定的诉讼程序流于形式，丧失程序价值，使得当事人合法权益受到侵害，使案件得不到依法审理。

这一层面需要研究和解决的问题很多，也很现实，是防止冤假错案产生的重要层面，一点即明，不再多说。

总之，刑事诉讼构造应当由前述的侦查起诉构造、审判构造以及协调制约构造的三个部分、四个平面三角形组成的立体状模型。这较之通常所见的刑事诉讼三角形的图形，对于揭示刑事诉讼程序及其规律，无疑更加全面、准确且符合实际。按照这个模型，还可以引申出一系列的结论，有助于正确认识刑事诉讼规律，准确地把握刑事诉讼各个要素之间的诉讼权利（权力）义务关系。从上述模型的直接观察，每一个线段都是一种法律关系，每一个层面都反映了相应三个要素之间的联系，由此可以引申并涵盖全部刑事诉讼理论的内容。但这不是本文要说的重点，笔者这里主要想说明建立一个诉讼构造模型的必要性、科学性和可行性。如何利用模型则是另外层面的容量巨大的各专业性问题。

需要强调的是，本模型仅是在几个基本的刑事诉讼要素上建立的。在刑事诉讼过程中，还有其他的要素参与，比如证人、鉴定人、现场勘验人，等等。如果把这些要素放进去，诉讼构造模型就呈现一个多顶点的多面体形状。以此类推，层层剖析诉讼过程中若干要素之间的相互法律关系。从而，厘清刑事诉讼中各要素间的诉讼权利与义务，更好地进行制度设计，以期达到刑事诉讼目的。

在研究诉讼构造方面，平面图形的表达仅是初级的、局部的，远不如立体的模型更加科学，尤其是当研究的对象，属于四个以上的要素时，平面图形根本不能胜任。

就方法论的角度讲，建立模型的分析研究是一种捷径，有利于突破把问题平面化、简单化的思维方式，这既适应于研究诉讼理论，也可用及其他的自然科学、社会科学问题，这有大量的例子可以举，在此，也不多说。

六、行政诉讼构造模型及其意义

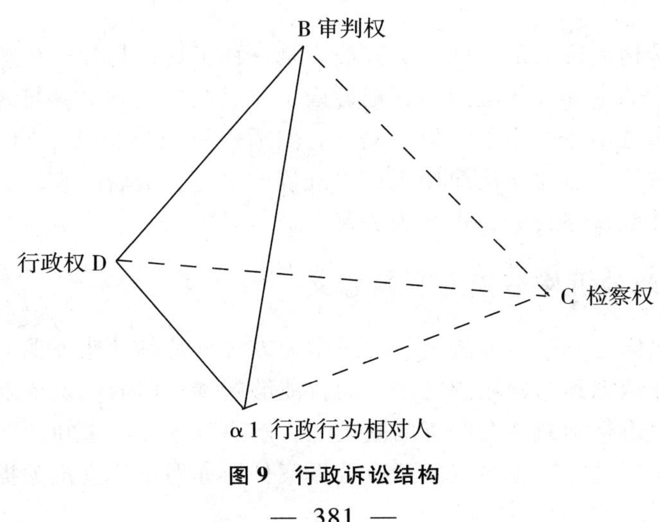

图 9　行政诉讼结构

诉讼构造模型同样也适用于行政诉讼。依图 9 可见：

第一，在三角形 BDα1 亦即原审程序中，作为原告的行政行为相对人面对国家公权力的被告一方相对弱势。因此在程序设计上，并不是依照民事诉讼谁主张，谁举证的原则，行政权亦即被告一方承担对其行政行为合法性的举证责任，从而，维持诉讼平衡。审判权的行使易为行政权影响乃至干预。三角形 BDα1 还表明检察权的诉讼地位，即在原审程序中检察权并未介入。

第二，相对于检察权而言。三角形 BCα1 表现的是行政行为相对人不服法院生效裁判，向检察院申请抗诉案件的审查程序的部分过程。三角形 BDC 表现的是行政机关不服法院生效裁判，向检察院申请抗诉案件的审查程序的部分过程。这一诉讼构造模型直观地告诉我们：两组法律关系虽然都是原审当事人向检察院申请抗诉案件的审查程序，但由于行政权与行政行为相对人的性质不同，在审查过程中，检察院要注意这两者既有共性也有个性，应当制定不同于民事诉讼的办案规则，以适应行政诉讼的特有规律，办案实践中在把握上也应当与民事诉讼有所不同。三角形 CDα1 表明，检察权在审查行政诉讼案件过程中，也要坚持居中审查、不偏不倚的原则。

第三，同理，相对于审判权而言，三角形 BDα1 和三角形 BCα1 则反映的是法官对于检察官抗诉事由以及原告、被告各自陈述辩解的综合判断过程，并由此得出行使国家审判权力时，应当遵循的规律和注意问题。

第四，三角形 BCD 表明检察机关介入行政诉讼，既是对审判权的制约，又是支持。检察机关介入行政诉讼具有天然的合理性、正当性，符合我国国情，有利于行政诉讼案件的依法审判。这个诉讼构造模型揭示了行政诉讼案件各要素之间的相互联系。从而，有助于厘清思路，寻求规律。如果展开，内容就太多了。

建立诉讼构造模型是一种认识方法，是一种工具，是分析和解决问题过程的一部分，它的全部过程应当是：把诉讼主体以及相关诉讼参与人抽象为若干要素，从中筛选出主要要素，建立模型。然后，依照模型从不同的角度出发，做出相应的解读，且化作法律用语做出准确的表达。最后一步，亦即进行抽象后的还原，才是最终目的，也至为关键。

七、行政公诉构造模型及其意义

建立诉讼构造模型的方法是一种科学的方法，其科学性表现为它不仅可以诠释人们已经认识到的领域和问题，而且能够超越人们的认识范围，对于尚未发生的事物，进行判断。在既有的基础上，解决从已知到未知的问题。

笔者要说的是，现正热议的行政公诉案件，亦即由检察机关提起行政公诉的案件，应当属于什么性质？诉讼构造模型显示：假定已经建成了以检察权为控方，行政权为被告一方，审判权居中裁判的行政公诉法律制度的话。这一类诉讼当然地不属于刑事诉讼范畴、不属于民事诉讼范畴。但是，它也不应当属于一般意义上的行政诉讼范畴。应当是属于三大诉讼之外的第四类诉讼。在位阶上，另属一类。它应当是高于民事诉讼、刑事诉讼和行政诉讼这一类诉讼的另类诉讼。这是诉讼构造模型的语言，也符合客观实际。

行政公诉与行政诉讼名称相近，看来相似，本质却截然不同。认识不到这一点，仅限于在现有的行政诉讼规律来认识行政公诉，继而进行程序设计，就不能把握行政公诉的特殊规律，会在理论和实践上徒劳、走弯路，或者说，没有出路。

还是通过建立诉讼构造模型表明上述观点。这个模型是由 B 点代表审判权、C 点代表检察权，D 点代表行政权。控方、辩方、审判方三要素组成的这么一个平面的诉讼构造。相对于行政诉讼构造而言，在这个诉讼三角形中，行政行为相对人 α1 为行政权 D 代替。可以看出，这两者的法律地位不同，诉讼目的不同。因此，在诉讼程序的设计上，至少在诉讼请求和诉讼结果方面，应当与一般意义上的行政诉讼有所不同。行政公诉的原告已经不再是一般意义上的行政行为相对人，D 和 C 同为国家公权力，理论上已经构成诉讼平衡。因此，在举证责任分配，庭审程序设计方面虽然可以借鉴其他性质的诉讼，但又都应当有所不同，不能简单地照搬照套。三角形 BCD 显示，审判权、检察权和行政权同属于人民代表大会产生的三个国家权力，在权力位阶上属于同一层次，行政公诉制度不仅在建立制度之初必须要取得国家权力机关的授权，更重要的，程序设计上也必须引入国家立法权，以便形成完整的诉讼构造。这从诉讼构造模型角度看，也是如此。那就是加入 A 点，组成一个新的三棱锥体，如图 10。

从图 10 可以看出，行政诉讼是由 BCDα1 组成的立方体，行政公诉是由 ABCα1 组成的立方体。诉讼构造模型显示，行政公诉不同于任何诉讼，不应当是现行三大诉讼的其中一种，而是与其有别的另一类诉讼。

这个诉讼模型表明，检察权 C 作为控方，行政权 D 作为辩护方，进行抗辩，显然符合诉讼平衡基本原理，按照我国宪法精神，审判权、检察权、行政权统属于人民代表大会领导下的国家权力，对它负责并报告工作。行政诉讼构造模型展示出国家政体特点，是宪法精神的体现，亦应符合国家权力配置的本意。

八、建立行政公诉构造模型后的诉讼体系模型及其意义

各类诉讼的诉讼构造模型具有内在联系，是一个自成体系的认识方法。把立法、审判、检察、行政这四个公权力，以及民事诉讼的两造为顶点，建立一个立方体的模型，充分展示出我国宪法精神下的国家权力科学配置和诉讼体系的完美。

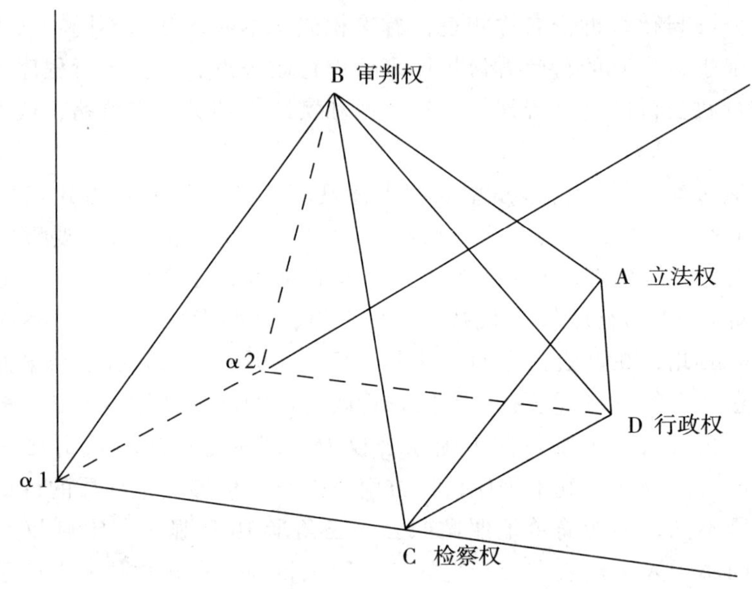

图 10　行政公诉确立后的诉讼制度体系

由图 10 可以看到，以 A、B、C、D、α1、α2 这五个端点组成的多棱体的结构，代表了建立行政公诉之后的全部诉讼体系，就形成了多棱体的诉讼构造。把它拆分来看，在这个诉讼构造模型中：

由 B、C、D、α1 所组成的立体结构，展示的是刑事诉讼构造。

由 B、C、α1、α2 四个端点组成的立体结构是民事诉讼构造。

由 B、C、D、α2 所组成的立体结构，展示的是行政诉讼构造。

由 A、B、C、D 四端点所组成的立体结构，展示的是行政公诉结构。

这样，可以直观地展示且表明，我国现有的和即将完善的各类诉讼制度，是一个符合宪法精神、科学严谨的诉讼体系。

上述诉讼构造模型还提示我们：为什么职务犯罪不同于一般的刑事犯罪，要由人民检察院进行立案查处。诉讼构造模型显现，国家机关工作人员职务犯罪的本质是行政权的运行中出现问题，也就是 D 点出现问题。这时，再由同属于行政权 D 的公安机关负责侦查，显然不符合权力配置的一般规律和基本

要求。因此，依据宪法规定应当并且只能，由不担任审判职能的唯一的公权力C，也即检察权，来行使对行政权D予以立案侦查的任务。并对其提出控诉，由国家的审判权B主持审判活动，居中进行裁判。A、B、C、D四点组成的立方体，解读为对国家机关工作人员的刑事犯罪进行追诉的诉讼构造模型，再次直观地表明了我国刑事诉讼侦查权配置的内在合理性。

综上所述，诉讼构造模型的图形如同一颗钻石，远比所见其他诉讼结构模型（图形）美观且科学，套用一位日本学者的话，这颗钻石“将在诉讼法律史上闪烁着美好的本土特色和光辉”。

正义的治理与治理的正义

——社会管理向度下的法治思维与检察权配置优化

罗昌平* 陆 静**

一、公平的正义：社会管理的逻辑选择

（一）关于“正义”的现实性解释

按照柏拉图的理解，正义只是一种德行，是善的总和，“每个人必须在国家执行一种最适合他天性的职务”，“每个人都作为一个人干他自己份内的事而不干涉别人份内的事”。① 按照西方功利主义的理解，社会的总体的善的增加便是正当，一个社会的制度安排只要满足了大多数人的幸福就是正义。② 当原初的道德问题失之空谈，之后的功利主义又显见偏颇的情况下，学者罗尔斯则提出了一种新的见解，“正义的主要问题是社会的基本结构，或更准确地说，是社会的主要制度分配基本权利和义务，决定由社会合作产生的利益之划分的方式。”③ 他将之归纳为“公平的正义”，并分为两个原则：一是“每个人对与其他人所拥有的最广泛的基本自由体系相容的类似自由体系都应有一种平等的权利”，二是“社会的和经济的不平等应这样安排，使它们被合理地期望适合于每一个人的利益；并且依系于地位和职务向所有人开放。”④ 当“公

* 上海市静安区副巡视员，全国检察业务专家，曾历任上海市静安区人民检察院检察长、上海市社会管理创新领导小组副组长。

** 上海市徐汇区人民检察院研究室副主任，检察员，法学博士。

① 柏拉图：《理想国》，商务印书馆 2002 年版，第 154 页。

② ［美］约翰·罗尔斯：《正义论》，何怀宏、何包钢、廖申白译，中国社会科学出版社 1988 年版，第 22 页。

③ ［美］约翰·罗尔斯：《正义论》，何怀宏、何包钢、廖申白译，中国社会科学出版社 1988 年版，第 7 页。

④ ［美］约翰·罗尔斯：《正义论》，何怀宏、何包钢、廖申白译，中国社会科学出版社 1988 年版，第 60—61 页。

平的正义”原则回归到制度安排和秩序设计，便为社会管理和治理的方向提供了有益的借鉴，也因此让正义具备了现实性和可操作性。

（二）社会管理之问题所在

随着中国社会发展基础的变迁而步入转型历史进程，以及各种利益面临重新调整与分配，社会秩序又出现更新组合与建构的态势。几十年来，我国市场化的改革开放已经创造了骄人业绩，中国的迅速崛起也早就成为不可逆转的事实。然而，发展的代价与风险同样令人瞩目。在全球化社会分工中的低端地位使我国劳动者工资始终在低水平上徘徊，生态危机和各类重大安全事故始终是不可回避的隐患；而且，市场经济的发展让贫富差距持续拉大、社会矛盾与冲突日渐复杂化，频繁的人口流动和迁移使社会治安也面临着严峻的挑战。可见，社会管理是个问题，但是，我们也不禁要问，社会管理的问题在哪里？

有人认为，社会资源的首要留置权，是应建立起一种“社会最低限度”，让个人可以过一种有自尊的生活，成为集体的一分子。① 这也正好反映了马克思关于人的全面发展的观点。目前我国新型社会管理模式尚未最终确立，传统模式的历史影响又依然存续，两种模式共融共生，便呈现出一些复杂的特征：如社会自治力量薄弱，社会管理权力由国家垄断向社会分权仍然处于探索阶段，社会管理制度供给仍然缺乏或滞后。由此可见，我国现存的社会管理模式明显滞后于人的日益增长的全面发展的需求。人的全面发展既是社会主义社会的本质要求，也是社会管理的最终目的，它要求社会管理方式发生彻底变化，这便意味着“公平的正义”是社会管理乃至作为社会管理重要组成部分之一的检察权配置的逻辑选择。

（三）法治思维与社会管理

无疑，“公平的正义”在社会中的具象便是“法治社会”。应当说，法治能够满足多种价值目标，能够让人们站在不同的角度看到其不同的服务方向，这也许是各种主体都愿意追寻法治的原因。从公民的角度看，法治的根本是保护公民的权利和自由，法治的权威来自“公正的正义”，任何目的都不能以牺牲“公平的正义”为代价；而对政府来说，大局稳定的政治目标的实现是当务之急，为了国家利益、社会利益和政治大局，个体的权利和自由可以做必要的牺牲。② 两者对法治的不同认识和对利益的不同判断使法治的追寻以及法治

---

① ［美］丹尼尔·贝尔：《资本主义文化矛盾》，严蓓雯译，江苏人民出版社 2007 年版，第 3 页。

② 陈金钊：《魅力法治所衍生的苦恋——对形式法治和实质法治思维方向的反思》，载《河南大学学报（社会科学版）》2012 年第 5 期。

社会的建构更是举步维艰。但无论如何，公民和政府都希望法治有权威，法治社会有章法，社会管理和社会生活都能受到法律的控制和调整。

因此，遵循法治原则，是当代社会管理选择的必然逻辑和思维。也就是说，社会管理内在地包含了法治保障的内容。社会管理的目的在于使社会能够形成更为良好的秩序，产生更为理想的政治、经济和社会效益，所以必须有法律规范作支撑、有制度作保障，这是社会管理内在艰巨复杂性和建设社会主义法治社会的必然要求。唯有以法治理念为指导，以法制体系、法治程序和规范为支撑，推进社会管理才能真正实现最佳的政治、经济和社会效益。

可见，从社会管理的目标和途径来看，法治保障必不可少。社会管理的目标是社会稳定和谐。当前我们国家进入到经济发展黄金时期，也是社会矛盾的凸显期，社会转型带来社会不稳定因素、不和谐因素在增多。这就需要通过改善民生，最大限度增加和谐因素、最大限度减少不和谐因素，为经济社会发展创造良好的社会环境。我国社会管理是一个庞大艰巨的系统工程，在这样一个人口基数大、国情复杂的环境中，如果没有法律支撑的创新反而会导致局面的混乱。因此，社会管理的途径和方式需要法律来规范，社会管理的成果和效力需要立法固定下来，社会管理的运行秩序与社会治安秩序需要法治思维和法治理念来保障。法治思维已成为社会管理的必要条件和基础性条件。①

---

① 而且，社会管理创新中法治保障的理念在逐步强化。早在2004年6月中国共产党的十六届四中全会，出现了社会管理创新的提法，即“加强社会建设和管理，推进社会管理体制创新”。2007年党的十七大报告提出要“建立健全党委领导、政府负责、社会协同、公众参与的社会管理格局”。2010年，温家宝总理在《政府工作报告》中指出，要适应新形势，推进社会管理体制改革和创新，合理调节社会利益关系。2011年2月，胡锦涛总书记在中央党校举行的省部级主要领导干部社会管理及其创新专题研讨班发表的讲话中指出，要“扎扎实实提高社会管理科学化水平，建设中国特色社会主义社会管理体系”。2011年3月，“社会管理创新”一词首次以重要篇幅写入政府工作报告。随后我国出台了第一份关于创新社会管理的正式文件——《中共中央国务院关于加强社会创新管理的意见》。2012年9月16日，中央社会治安综合治理委员会更名为中央社会管理综合治理委员会。而十八大就社会管理做了战略新部署，明确提出要加快形成党委领导、政府负责、社会协同、公众参与、法治保障的社会管理体制，更是首次将“法治保障”纳入到社会管理体制中来。这一方面可以看出，我国在社会问题上依法治理的决心，并正在积极往前推进，另一方面也说明了法治保障在社会管理创新中的重要作用，以及这一理念在实践中的逐步强化与适用。2013年曹建明检察长在全国检察长会议上进一步指出，要充分发挥检察机关在加强和创新社会管理中的法治保障作用，努力提高化解社会矛盾的能力。为新的一年里检察机关推进社会管理创新工作作了部署。

二、正义的治理：检察权的配置与社会管理

检察权的运作是社会管理的重要组成部分，是通过法治途径实现社会管理的重要渠道，是维护社会秩序、实现有效管理的重要手段。检察机关作为国家法律监督机关，其所具有的法定性、监督性、中立性、客观性、统一性、专业性、公开性以及依法独立行使职权等特征，也使其在社会管理的法治保障方面具有其他社会管理方式不可替代的地位和价值。

（一）检察权配置的秩序效应

社会秩序是人类社会发展的永恒议题，谈社会必然涉及秩序。在社会发展的平稳时期，社会秩序往往退出人们视线，成为隐性社会问题；然而社会转型期一旦来临，社会秩序就立即成为首要问题而被提上议程。① 刑事犯罪便是社会失序的重要表现之一。检察机关担负的重要职责之一是打击刑事犯罪，而刑事犯罪是社会矛盾的突出表现和严重后果，检察机关通过执法办案，就可以打击严重犯罪，化解社会矛盾，恢复被破坏的社会治安秩序，以保证社会管理活动的正常运转和全面发展，促进社会治安秩序稳定和谐。检察机关还通过对社会管理过程中出现的贪污贿赂、渎职侵权等职务犯罪予以查处惩治，促进社会管理中有关机关依法行政、勤政廉政，保障国家权力在法治轨道上运行，并及时发现社会管理方面存在的问题，促进完善社会管理制度。

（二）检察权配置的规范效应

人类社会发展史表明，一个国家最有效的社会管理工具就是法律。良好的社会管理模式是以法律来构建社会管理的基本框架，以法律秩序和法律规范为支持。② 而社会管理科学化水平较高的社会，必然是社会管理规范化水平较高的社会。在法治社会，规范有效的社会管理不仅要求有完备的社会管理方面的立法，不仅要求社会成员切实遵守相关法律，不仅要求有关社会管理主体依法行使管理职权，而且还要求司法机关依法介入社会管理。检察机关通过行政诉讼监督，通过确认、保护、监督、制约等功能，为社会管理的规范和有关社会管理主体依法履行职责提供公正、有效的法律保障，促使行政机关加强和改进社会管理与公共服务，依法管理社会事务，提高社会管理法治化、科学化水平；通过对侦查、刑事审判、刑罚执行、民事审判及其执行等活动进行的诉讼

---

① 贾玉娇：《利益协调与有序社会——社会管理视角下转型期中国社会利益协调理论建构》，吉林大学 2010 年博士学位论文，第 45 页。

② 丘志乔：《以法治创新社会管理：规范公权与保障私权相结合》，载《开放导报》2012 年第 3 期。

监督，促进这些机构规范执法行为，并完善和创新其管理社会的体制机制；通过对侵犯社会公益行为的监督，强化对有关社会组织在社会管理活动的规范性，确保国家和社会公共利益免受侵害，促进司法公正。检察机关作为我国宪法规定的法律监督机关，针对社会管理权行使中出现的各种问题来加强法律监督，既是检察权运行的一项重要内容，也是检察机关承担的根本职责和重要使命。①

三、治理的正义：检察权配置在社会管理中的特殊作用

（一）适度前伸与有限后延：法律监督职能的全新视角

检察机关法律监督的属性和地位，检察机关维护国家法制统一的根本职责，决定了其在社会管理中要更新传统法律监督理念，不断加深对检察权配置的认识，从更高层面和更广范围创新法律监督形式，延伸法律监督的触角，使国家的法律能够在诉讼过程的各环节、社会生活的各领域不被践踏、不受歪曲。当然，检察机关延伸法律监督触角要始终立足于执法办案，而不能脱离检察机关的法定权限和办案业务而无边界的开展法律监督。

1. 适度前伸的两种方式。法律监督职能的适度前伸除了有助于法律的统一正确实施外，还可改变检察机关在执法办案中的被动性。前伸的方式主要有两种：一是通过加强立案监督来促进依法行政。加强对行政执法的监督，这不仅是检察机关保障国家法律统一正确实施而必须履行的重要职责和法定义务，也是检察权合理配置的根本保障和有效途径。② 因此，前伸法律监督的触角，通过建立行政执法与刑事司法衔接（以下简称“两法衔接”）的工作机制，搭

---

① 2009 年的全国政法工作会议全面部署了政法机关开展“深入推进社会矛盾化解、社会管理创新、公正廉洁执法”三项重点工作的任务。2010 年最高人民检察院专门制定了《关于深入推进社会矛盾化解、社会管理创新、公正廉洁执法的实施意见》，就检察机关充分发挥职能作用，深入推进社会管理创新工作提出了具体的实施意见，规定了检察机关参与社会管理创新的内容，即积极参加社区矫正工作，监督监管场所依法、文明、科学管理，协助做好特殊人群的服务管理，积极参加社会治安重点地区综合治理，积极参与网络虚拟社会的建设管理，加强检察网络建设和检察宣传工作六项内容。2011 年最高人民检察院按照中央文件要求，专门下发了《关于充分发挥检察职能参与加强和创新社会管理的意见》，从总体思路、基本原则、职能作用、方法途径、主要任务等方面，进一步细化了检察机关加强和创新社会管理的各项工作，这一实施意见也已成为检察机关保障社会管理创新的依据和基础。

② 曹建明：《深入推进三项重点工作　统筹抓好各项检察工作　为经济社会又好又快发展提供更加有力的司法保障》，载《法制日报》2009 年 12 月 26 日。

建“相互衔接、信息共享”的资源平台，加强对行政执法机关移送涉嫌犯罪案件以及侦查机关办理移送案件的监督，可以有效解决社会管理中存在的行政执法机关监管不力、“被动执法”、有案不立、有案不移、以罚代刑等现象的发生，对于堵漏建制、规范行政执法，从源头上推动依法行政，具有非常积极的意义。二是通过建立涉检信访评估预警机制来实现源头治理。从现代风险管理学的角度看，风险是永恒存在并不断发展变化的，风险管理是一种必然和长效的选择。社会矛盾的形成是复杂因素的共同作用所致，解决影响社会和谐稳定的源头性、根本性、基础性问题是艰巨的、长期性的任务，不能偶尔为之，也不可能一蹴而就。① 涉检信访评估预警机制的建立，可将检察机关参与社会管理的关口前移，通过重点关注事关人民群众切身利益、社会反响大、可能引发重大公共安全隐患、群体性上访或突发性涉稳事件的案件及执法行为，从源头上有效预防和减少因执法过错、执法瑕疵、执法随意而引发的信访矛盾。

2. 有限后延的三种途径。法律监督职能的适当后延除了有助于法律的统一正确实施外，还可改变检察机关在执法办案中的机械性。执法办案是履行一切检察职能的本源和归宿，也是检察权合理配置的的基础性工作。② 但是就按办案、机械办案并不是我们履行职能的终点，只有适当后延法律监督职能，通过办案来解决问题、化解矛盾，才能真正实现“案结事了人和”的目标。后延的途径有三种：一是检察建议。检察建议是检察机关为促进法律正确实施、促进社会和谐稳定，在履行法律监督职能过程中，建议有关单位完善制度、加强内部制约监督的一种重要方式，③ 其作为违法犯罪预防的重要手段、服务大局保障民生的重要载体，得到了社会各界的广泛认同。而且检察机关能在立案环节或者批捕、起诉阶段就发现相关机关在社会管理中存在的问题，并立即制发检察建议督促改进，更是体现了其不同于法院司法建议的及时性优势。二是社区检察。社区检察指检察机关与其他刑事司法机关、社区及社会机构间构建起长期而主动的伙伴关系，以解决社区犯罪问题、提高社区安全感以及增强社区生活质量为导向的非传统检察模式。④ 社区检察部门是检察院派驻社区的工

---

① 陈兰、孙寅平：《运用风险管理理论完善风险评估程序》，载《检察日报》2013 年 2 月 22 日第 3 版。

② 杨建顺：《社会管理创新的内容、路径与价值分析》，载《检察日报》2010 年 2 月 2 日。

③ 参见朱孝清、张智辉主编：《检察学》，中国检察出版社 2010 年版，第 427 页。

④ 张鸿巍：《社区检察制度刍议》，载《广西大学学报（哲学社会科学版）》2012 年第 4 期。

作窗口，[①] 其不参与执法办案，不以办案为工作内容，这就决定了其能将主要精力放在主动倾听民意，主动为民解忧，并加强对基层刑事执法活动和基层司法公正的监督，从源头上化解矛盾。三是未成年人社区观护。是对于涉罪未成年人采取非监禁措施，将其置于自由社会，交由社会力量组成的专门观护组织，在诉讼期间接受观护人员的辅导、监督、观察、矫正、保护、管束等，以达到改善行为、预防再犯、保证诉讼顺利进行的目的，并为司法处理提供依据的活动。[②] 尽管法院也有专门的少年法庭，但是其通常是一院对应多区，无法开展直接联系社区基层的观护机构，而检察机关则可在各个区设立专门的未成年人刑事办案机构，并通过构建"捕诉监防一体化"工作模式和社会观护、帮教工作机制，吸收社会力量共同开展对弱势群体的保护。

（二）突出重点与加大力度：职务犯罪打击的深度探索

社会管理工作能否良性发展，能否持续推进，能否为老百姓所接受，均迫切地需要一个清廉、为民、优质的法治环境。因此，防范和打击社会管理领域的职务犯罪，检察机关责无旁贷。

1. 突出查办社会管理领域职务犯罪。职务犯罪是国家工作人员利用职务便利实施的贪污贿赂，玩忽职守，徇私舞弊，或者侵犯公民权利，破坏国家对公务活动的管理职能，依照刑法规定应当受到刑罚处罚的犯罪行为。由于职务犯罪行为主体的特殊性，它给社会公众造成的损失无法弥补，对国家形象的损害不可估量。[③] 而且无论是贪污腐败还是渎职滥权，都会恶化日益凸显的社会矛盾，降低公众对政府的公信力。要使社会管理始终沿着法治的轨道前行，保障执法机关廉洁执法，到位不越位、到位不缺位，就必须发挥检察机关在打击职务犯罪中独有作用。检察机关要突出查办社会管理领域的职务犯罪，要严肃查办发生在领导机关、领导干部和职能部门中的职务犯罪案件；严肃查办社会管理权力集中部门和岗位的职务犯罪案件；严肃查办农村基层政权组织和关键岗位以权谋私、侵害群众切身利益的职务犯罪案件；严肃查办破坏生态资源、引发群体性事件和充当黑恶势力"保护伞"的职务犯罪案件；严肃查办国家机关工作人员利用职权实施的侵犯公民人身权利、民主权利的犯罪案件；加大

---

① 上海市杨浦区人民检察院课题组：《对社区检察室监督职能的再思考——以贯彻新刑诉法第 94 条、第 111 条为视角》，载《政治与法律》2012 年第 9 期。

② 上海市闵行区人民检察院课题组：《新刑事诉讼法框架下未成年人社会观护制度的深化和完善》，载《上海公安高等专科学校学报》2012 年第 5 期。

③ 李伟：《检察机关职务犯罪预防部门参与社会管理创新问题研究》，载《法制与社会》2010 年 11 月（中）。

惩治商业贿赂犯罪力度；加大惩治不作为、乱作为等渎职类犯罪案件力度，促进国家工作人员依法行政、依法管理。

2. 加大职务犯罪预防工作力度。职务犯罪侦查固然重要，但事实证明，只有惩防并举、标本兼治，才是遏制职务犯罪的根本之策。预防犯罪是任何刑事政策的目的所在，预防职务犯罪更应成为检察机关开展法律监督所必须关注的重要方面。由于预防职务犯罪是一项长期、复杂而庞大的系统工程，它涉及政治、经济、社会及意识形态的各个领域，要全面推进职务犯罪预防工作，就必须综合运用检察机关的各项权能，大力开展职务犯罪的专业化、社会化的预防的领导体制和工作机制。

（三）诉讼全程参与的独特优势

检察机关作为专门的法律监督机关，可以对刑事、民事和行政三大诉讼活动进行法律监督，并全程参与刑事诉讼。按照我国相关法律的规定，检察机关除了具有职务犯罪侦查、批准逮捕、提起公诉和支持公诉的权力，还可以进行立案监督、诉讼监督和刑罚执行监督等项权力，从而囊括了刑事诉讼的全部流程，这是其他机关所不具有的，因为无论是公安机关、人民法院还是司法部门均只参与刑事诉讼进程的一个阶段，承担某一项具体的诉讼职能。检察机关全程参与刑事诉讼是其独特性最具代表性的体现，决定着检察机关作用的发挥。

1. 检察机关全程参与刑事诉讼，决定了它更能清晰地感受法律政策在实践运用中存在的不足和漏洞。无论是刑事法律还是刑事政策，其制定初衷都是为了规范社会行为、协调社会关系、解决社会问题、化解社会矛盾，并且刑事法律政策一旦制定就将成为各政法机关履行职能的准则和依据。然而刑事立法的滞后性是否足以应对日新月异的社会管理变革，新修订的刑事立法又是否能顺畅地完成各诉讼主体之间的磨合，这些都需要全程参与法律适用的过程才能切身地感受。与此同时，刑事政策尽管具有及时性、针对性、柔性和弹性的特点，可以成为刑事立法的有益补充，但也正因为如此，其在适用中常常存在标准不统一、解读不一致、操作随意化的问题，这些同样只有全程参与者才能敏锐地捕捉。因此，检察机关要充分发挥全程参与的优势，积极参与刑事立法政策的制定修改，善于提出有针对性的立法建议和司法解释。

2. 检察机关全程参与刑事诉讼，决定了它在履行职能的过程中更易发现社会管理中存在的问题。检察机关全程参与刑事诉讼的每一环节，使得他相较于其他机关能够更早地感知社会管理中的问题，及时地掌握该问题从产生到接受处理的全部脉络，也因此可以凭借宽广的视野和更为全面的角度来观察此问题，并提出对策。比如当前与人民群众生命财产密切相关的食品安全问题、工程质量问题等，检察机关在坚决查处、严厉打击的同时，可以凭借全程参与刑事诉讼的优势，提出系统全面客观的问题治理决策，并密切配合纪检、公安、税务、工商、质检等机关开展综合治理来根治顽疾，并防患于未然。

3. 检察机关全程参与刑事诉讼，决定了它可以在诉讼中全程规范其他机关的社会管理活动。加强和创新社会管理，是党中央国务院在新形势下提出的一项重大战略决策，也是各级政法机关工作的重中之重。因此各级政法机关都会在现有职能基础上，不断创新工作形式，以适应社会管理的新形势和人民群众的新需要。为此，检察机关除了继续发挥对侦查程序和审判程序的传统监督职能以外，也要对其他机关的社会管理活动进行监督，以确保各机关职能的行使始终沿着法治的轨道前行。

公平正义是人类历史永恒的话题，“公平的正义”也是社会管理以及检察权配置的逻辑选择和制度安排。也就是说，法治思维的本质便是促进社会公正。检察机关天然地具有社会正义性，其代表国家指控犯罪，维护法律秩序、伸张法律正义。如果说，侦查只是为公诉阶段准备证据和事实条件的话，那么公诉则是国家对违反法律情况所进行的具有法律效力的监督和对国家法律不可侵犯性的宣示和维护；如果说，审判只是在检察机关提起公诉的前提下才能行使的一种被动的裁判权，那么公诉便是可以对任何违反法律构成犯罪的行为和行为人进行追诉的一种主动权力。因此，某种意义而言，检察机关还具有明显不同于侦查机关、审判机关的特殊正义性。检察机关以国家公诉人的身份提起公诉只是为了维护社会的正义，除了收集能够证明被告人有罪和罪重的证据还收集证明被告人无罪和罪轻的证据，其除了极力使有罪的人依法受到应有的追究还努力保护无罪的人不受法律追究。① 这种特殊的正义性决定了检察权在社会管理中可以发挥重大的作用。

四、正义的守望：检察机关通过自身创新推动社会管理

随着社会治理对司法的仰赖日益加重和当前的社会管理形式及创新的要求，检察机关原有的工作机制已不能完全适应转型期社会发展的需要，检察机关的履职行为也要与时俱进，不断创新。而检察权的能动特质和检察官的客观忠实义务，也决定了检察权能够针对刑事犯罪和民事、行政纠纷的新特点，融合法律规则、法律精神和案件实际，慎重平衡各方主体利益，以适应转型期经济社会发展的需要。

---

① 参见孙谦主编：《中国特色社会主义检察制度》，中国检察出版社 2011 年版，第 45 页。

（一）能动执法才能为社会管理提供多种秩序保障

社会管理需要以稳定的社会秩序为前提和基础，检察机关要通过能动执法，为社会管理提供多种秩序保障。

1. 明晰政策，通过权力制约促进法律运行秩序。在我国权力结构中，检察权处于一种独特的地位，是独立于审判权、行政权的具有国家强制力的法律监督权。虽然人类近代以来没有放弃利用国家权力来组织社会、构建秩序、造福民众，但历史上权力为恶给人类带来的种种痛楚，使人们对权力的提防与对它的利用同样重视。于是，在权力能够出没的任何道口，制度设计者们都精心地、理智地加设了坚固的控权闸门。[①] 对此，检察机关在执法中应当注意保护改革创新的精神，分清主观故意，要鼓励改革创新，营造好的氛围。一是要依法履行检察职能，严厉打击干扰改革、破坏改革、钻改革空子的违法犯罪行为，保护改革的成果。二是要恪守法治的精神，严格遵循司法规律，善待各类经济主体，尊重首创精神，依法保护改革创新成果。对改革过程中出现的一些不规范现象，要解放思想，分清原则问题和次要问题，保护勇于改革创新的精神。三是要重视预防，特别是重大改革、关键性的改革，要加强重要环节和岗位上的职务犯罪预防，早介入，早提醒，避免出现重大损失，这也是保护改革者的重要方面。

2. 创新机制，通过查办案件促进微观管理秩序。当前传统犯罪和非传统因素对社会稳定的影响不断加大，如涉及群体性利益的刑事案件；网络犯罪；事关民生的公共卫生、食品安全等。营造和谐稳定的社会环境是检察机关的政治使命。检察机关通过查办具体案件，在微观层面上妥善化解纠纷、恢复被破坏的社会秩序的效果，为社会管理创造良好的法制环境，促进社会在稳定有序的状态中不断发展。检察机关要不断积累审理案件和解决纠纷的经验，一方面为解决问题提供一种独特而有效的工具和技术，另一方面根据社会管理领域的新情况、新特点，积极探索有利于维护社会稳定和保障公民权利的新举措，协调和整合各种利益关系，疏导和化解各种社会矛盾。

3. 夯实基础，拓展职能化解源头矛盾。这是对法律监督内涵和外延的深化。一是向矛盾源头拓展。检察机关应当查找矛盾源头，标本兼治，消弭矛盾冲突，维护社会和谐。二是向基层拓展。检察重心应当下移和下沉，向社区、乡镇、企业、学校拓展，使检察工作扎根于基层和群众。三是结合岗位职能拓展。拓展工作不是一项独立于检察权运行的工作，它贯穿和融合于检察工作的各个环节和各个部门，应围绕各项检察业务开展拓展工作。四是把握拓展的

---

① 陈辐宽：《检察视域中社会管理创新的新思考》，载《政治与法律》2011 年第 8 期。

度。检察权不仅是法定的权力，而且也是有边界的权力。职能拓展不能超出法定权限，不能越权代替其他部门行使职能。

（二）深入挖潜才能为社会管理提供专业建议

检察权作为上层建筑的重要组成部分，必须与其伴生的经济、政治、文化背景相适应。“经济基础的变更，全部庞大的上层建筑也或慢或快地发生变革。”① 当前我国的社会结构、社会组织形式、社会行为规范和价值观念发生了深刻变化，经济发展与社会发展不平衡、不协调，社会问题凸显，其主要原因是现有的社会管理体制难以适应经济社会发展的要求。法律是影响经济社会演变的内生变量的要素之一。检察权应当与时俱进，根据生产方式的发展而优化和更新。

检察机关通过执法办案，注重职能延伸和诉讼监督，推进经济发展，促进社会整合，体现了上层建筑服务于经济基础的社会发展规律。从领域上看，检察机关的法律监督权横跨刑事、民事、行政三大诉讼，综观刑事诉讼包括刑罚执行的全过程，外联行政执法活动，内牵公、法、监狱、看守所等部门，牵涉面极广；从性质上看，检察监督权既体现了权力在不同部门间的配置，也体现了权力的分立与制衡，对维护法律统一正确实施，维护社会公平正义具有重要作用；从职能上看，检察机关的法律监督权赋予了检察机关启动程序、纠正违法行为和检察建议的权力，负有追诉犯罪的职责，对犯罪打击范围、打击力度等刑事政策的把握具有主动性。通过这些优势，检察权在运行过程中就比较容易发现被监督主体在执法过程中所存在的问题，提出的建议具有较强的针对性，可以促进被监督主体规范或创新管理模式。

为此，检察机关在履行执法办案职责过程中，还要进一步延伸职能，加强调查研究，形成公共政策。检察机关通过对审理的刑事、民事和行政案件的收集、分析和研判，注重发掘同类案件中的普遍性和倾向性问题，以此发现案件所反映出的深层次问题、社会管理中的不足或者不适应新形势的地方，并在充分调研、论证的基础上，通过制作检察建议等方式积极为相关社会组织完善管理提供服务。如把握社会管理中的根本问题，形成针对性强、质量高的理论成果和报告，及时向党委反馈，作为制定政策的依据。检察机关要通过强化调研，对社会治安、宏观经济形势变化而引发的新动向进行研究，为人大立法提供素材和依据。检察机关应当加强与政府及其职能部门的合作，通过参加立法研讨、提出法律意见等多种形式，参与其公共政策的制定。同时还可以向行政部门提交法律咨询或法律意见，就政府的法案提出建议，向社团、机构提供法

① 《马克思恩格斯选集》（第2卷），人民出版社1995年版，第33页。

律咨询、行贿犯罪档案查询等。

当然，检察权的配置和运行，不能突破现有的法律框架，既要积极主动，又要坚守法治，保证创新性的机制、方法与现有法律法规协调一致；采取的方法既要考虑可行性、创新性，更要考虑合法性，绝不能自我放大检察职权，突破法定职能配置检察权不宜涵盖的内容，否则很可能导致检察职权的滥用，最终形成国家公权力过渡膨胀并干预甚至侵犯公民、法人和社会团体合法权益的危险局面。

（三）公正为先才能为社会管理提供法治理念支撑

检察机关通过复合权能的行使，牵引和导向社会行为模式和社会主流价值，促进对司法公正的认同。推进社会管理，创新检察工作，必须以法治思维作为支撑。唯有依法治国的理念深入人心、思维深入骨髓，检察权的配置才会自觉以法律为根据设计创新路径，普遍的受众才会在试验创新的内容时，以法律的视角衡量创新的成果。只有进入全民理性的社会，社会才会是理性地可以自我管理、自我发展的社会。检察机关在其中具有重要使命。

首先，以社会法治理念引领社会管理理念。依法治国和依法行政已是得到认可的最佳治理模式，社会管理也应遵守法治的模式。社会管理要有秩序、有效率，离不开公平正义和良好的激励导向机制。只有依法进行管理，不偏不倚才能体现公正，公正管理才被信服，才能形成良好的管理秩序；只有把良好的激励导向机制体现在法律之中，依法进行管理，社会管理才能激发创造力，提升社会管理的效率。

其次，以社会管理质量评价社会管理效果。犯罪是衡量社会管理质量的“显示器”。① 检察机关的社会正义性决定了它在维护社会公平正义方面要多发些声音。检察机关依法履行逮捕、公诉权，通过追诉职责的履行，通过对刑事政策的正确运用与把握，对于规范和促进社会管理具有评价和指引作用。

总之，检察机关以维护宪法、法律的统一正确实施为己任，以维护社会公平正义为目标，这一宗旨的核心就是依法治理国家、依法管理社会。社会管理中融入法治理念和法治思维将会为检察权的配置提供不竭动力，也将为会检察工作的提升带来强大助力和良好效果。

---

① 陈辐宽：《检察视域中社会管理创新的新思考》，载《政治与法律》2011年第8期。

中国检察制度内部组织建设与检察权合理配置

邵　晖*

如果以1999年最高人民检察院发布《检察工作五年发展规划》作为时点来审视的话，能够发现中国近几年检察改革实践进行的如火如荼、推行的举措也是林林总总。从改革内容来讲，它既涉及人民检察制度同其外部的人民法院制度、人民政府制度、人民代表大会制度等之间的区分、协作和联系，又涵盖了人民检察制度内部的诸多方面，如横向上检察机构部门的设置和划分、同级检察机构的协作；纵向上上下级检察机构之间的关系、不同部门之间的联系以及检察官的养成、培训、任职、晋升、惩戒和检察制度运行所需的财务、技术支撑等诸多方面。从改革特征来看，虽然检察改革中相应措施、思路和方式等的践行脱离不开当下中国所有政治制度的合力推动和作用，但是它主要体现为仍然是以检察系统自身力主实行、层层推进为中心的改革活动。可以说，中国检察改革实践中的许多内容同检察制度自身的内部组织建设和实践有着密切联系。同时，在检察制度内部组织构建和改革的过程中也出现了相应问题，它体现出在改革思路和思考方式上的“中国式”特色。任何检察制度的设计和检察改革实践等，都以实现检察制度之创设目的和保障检察权之完备履行为目标，中国自不待言。因此，本文通过探讨检察制度内部组织与检察权之间的理论关系，以此为分析工具来审视和辨析中国当下检察改革实践中有关检察制度内部组织建设的相关问题，以便为理顺现实中内部组织建设与检察权配置之间的动态关系提供相应的技术思路和方式。

一、检察制度内部组织结构与检察权

依照社会学的基本认识，组织是为一定目标所构建并同外部环境深刻相联系的社会实体（social entity），是具有一定结构、活动规律的特定功能的开放

* 中国社会科学院法学所2012级博士后研究生，助理研究员。

系统。它的构成要素包括人（基本要素）、共同目标（前提要素）、结构（载体要素）、管理（维持要素）等。同时，组织目标是组织创建的基础，组织权能合理运作是组织目标实现的要点①。检察制度作为社会实体，自然能够被视为特定的组织。此外，检察制度可以进一步划分为：检察制度的价值理念和检察制度的实体构造。前者对检察制度的实体构造具有指引效果，后者则要在整体运行和基本构建上体现价值理念的指引。

可以说，检察制度价值理念是对检察制度实体制度结构的原理性认知和评判，它包含着检察制度构建的目的性价值，即对人权、公正、正义的追求，以及检察制度自身的手段性价值，即检察制度构建区别于它者的独特要求。因此，检察价值理念是逻辑和经验、认知和存在共生互动的结果。它既是在经验上对诸多检察制度实体结构予以把握和分析，同时逻辑上进一步予以归纳和思辨的产物，又是作为检察活动规律和原理的一种现实存在和认知。

此外，基于检察价值理念的指引，对检察制度予以整体审视可以发现：检察制度自身区别于它者的独特属性背后暗含着对检察权的依赖。因此，检察权能的性质和运行状况决定了检察制度实体构造中的外在构造和内在构造。检察制度的外部构造是指检察制度对外的基本表现形态，它体现了检察制度在国家政治制度中的基本定位以及同其他制度之间的联系和区别。例如，检察制度同法院制度、议会制度等之间的关系。在中国的国家制度序列中是指人民检察制度同人民代表大会制度、人民法院制度、人民政府制度等之间的联系与区分。检察制度的内部构造则是指检察制度自身的表现形态，其中又可区分为组织构造和程序构造。检察制度的内部组织构造主要指涉的是检察制度内部的基本格局和设置。例如，纵向上，上下级检察机构整体之间的位置、关系以及上下级不同权能部门之间的关系；横向上，检察机构内部部门之间的联系以及同级检察机构之间的关系；检察人员的基本定位和配置等。检察制度的程序构造保障了检察权能在检察制度运行过程中能够合理实现。具体结构如下图：

---

① W. Richar Scott, Institutions and Organizations: Ideas and Interests, SAGE Publication, 2008, pp. 1 – 5.

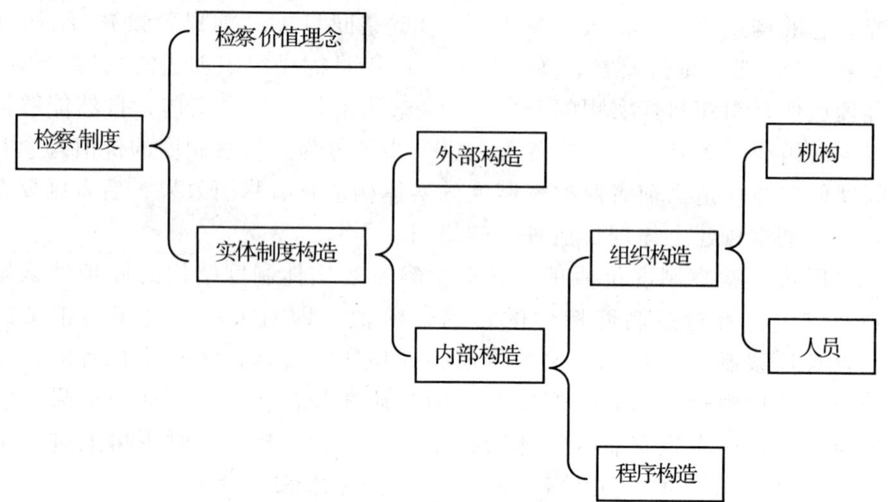

检察制度内部组织构造图

检察权能的具体属性、内容和运行决定了检察制度内外部的构成与表现。检察权能的属性决定了检察制度在整个国家制度序列中的地位，并确定了检察制度基本的外部边界和内部组织框架。检察权能的内容和运作则决定了机构内部的具体设置和人员的配备。从整体来看，检察制度的实体构造都不应同检察制度的价值理念相违背。所以，基于理论层面上的考量，国家检察制度的组织设计应以检察权能的属性、内容和运作为中心来有序推行。

二、域外实践状况

本文选取法国、德国、日本、苏联为例，来逐步比较和分析各国检察权能属性、内容、制度内部组织结构以及彼此之间的联系。

（一）检察权属性、内容的比较

如下表所示①：

表1 法国、德国、日本、苏联检察权属性、检察权能比较

	检察权属性	检察权属性规定之依据	检察权能	检察权能规定之依据
法国	行政权	法国《宪法》第64条、第65条；《关于司法官地位之组织法之1958年12月22日第58－1270号条例》；法国《公务员法规》；	刑事案件起诉权、刑事调查权、民商事案件起诉权、行政案件起诉权、执行司法判决权等；	法国《刑事诉讼法典》第31条、第39条至第44－1条；《民法典》第29－3条、第117条、第175－2条、第184条、第375条、第378－1条、第493条、第1893条、第1844－8条；《知识产权法典》第L.613－26条；《民事诉讼法典》第421条至第443条；《商法典》第L. 621条至第661条；《行政司法典》第L.7条；《财政法院法典》第L.112－2条、第L.264－25条等；

① 以下诸表当中有关法条的内容，主要来源：(1) 法国相关法律条文，法国官方网站（http：//www. legifrance. gouv. fr）公布的最新相关法律条款，以及《法国刑事诉讼法典》（罗结珍译，中国法制出版社2006年版）。(2) 德国相关法律条文，德国司法部网站（http：//www. bmj. bund. de）公布的相关法律，《德国刑事诉讼法典》（李昌珂译，中国政法大学出版社1995年版）以及魏武的《法德检察制度》（中国检察出版社2008年版）。(3) 日本相关法律条文，《日本检察厅法》从日本检察厅网站（http：//www. kensatsu. go. jp/）获得，《日本刑事诉讼法》（宋英辉译，中国政法大学出版社2000年版）、《日本检察讲义》（杨磊、张仁等译，中国检察出版社1990年版）以及伊藤荣树的《日本检察厅法逐条解释》（徐益初、林青译，中国检察出版社1990年版）。(4) 苏联相关法律条文，古谢夫的《苏联和苏俄刑事诉讼及法院和检察院组织立法史料汇编》（王增润译，法律出版社1958年版），B. Г. 列别金斯基，Д. И. 奥尔洛夫主编的《苏维埃检察制度》（重要文件）（党凤德、傅昌文等译，中国检察出版社2006年版）以及B. N. 巴斯科夫，A. C. 巴甫科夫所著的《苏联检察院组织法诠释》（刘家辉、梁启明、盛杰译，中国检察出版社1990年版）。

（续表）

	检察权属性	检察权属性规定之依据	检察权能	检察权能规定之依据
德国	行政权	德国《宪法》第九章；《法院组织法》第十章；	刑事案件起诉权、刑事调查权、行政程序中的公益代表人、民事案件的起诉权、执行司法判决权等；	德国《刑事诉讼法典》第127b条、第152条至第173条、第451条；《行政法院法》第35条至第37条；《违反秩序法》第40条至第44条、第69条、第75条；《民法典》第1316条；
日本	行政权	日本《宪法》第41条、第65条、第76条；《国家行政组织法》第8条；	刑事案件起诉权、刑事裁判之执行权、作为公益代表人之职权、民事案件起诉权等；	《日本检察厅法》第4条、第6条；日本《刑事诉讼法》第247条、第472条；《民法》第7条、第10条、第13条、第25条、第26条、第40条、第56条、第57条、第744条、第835条、第845条、第918条、第943条、第953条、第958条；《民事诉讼法》第15条、第270条之2第1款、第384条之2第5款；
苏联	监督权	苏联《宪法》第113条、第117条；《苏联检察院组织法》第1条、第2条；	对国家管理机关、企业事务单位、公职人员和公民进行法律监督（一般监督）；对调查机关和侦察机关进行执法监督；对法律审理案件进行执法监督；对拘留场所、监禁场所，对执行法院判处的刑罚和其他强制措施进行执法监督；同违反社会主义所有制保护法的行为进行斗争；同犯罪行为和其他违法行为进行斗争，侦察犯罪案件，追究犯罪人的刑事责任，保证有罪必究；会同其他国家机关指定预防犯罪和其他违法行为的措施等；	《苏联检察院组织法》第3条、第4条；

如上表所示：第一，在检察权属性方面。在国家的宪政制度构建上，法国、日本、德国采取“三权分立”模式。虽然检察权属性究竟是司法权、行政权亦或是司法行政权在理论上仍存有争议，但是在现实实践中，这些国家都将检察机构设定为行政机构，在国家的基本法中确定检察权的行政权属性。由于苏联在国家制度设计上采取以“苏联最高苏维埃”为中心，即任何制度权力的获得与依据都是来源于“国家苏维埃”授权，同时苏联检察机关的任务被定位为保障苏联《宪法》在全苏联境内统一实施。因此，苏联将检察权定位为“监督权”。第二，在检察权能方面。法国、德国、日本、苏联的检察制度中都包含着诸多的检察权能，检察机构具有刑事公诉权是这些国家在检察权能方面的基本共同点。基于行政权设定，法国、德国、日本都将检察机关作为“国家之代表人”，使其能够对民事、行政、商事等案件提起诉讼并行使相应职权。苏联检察机构的职权与法国、德国、日本的最大不同在于，苏联检察机关具有“一般性的监督权能”。即对国家管理机关、企业事务单位、公职人员和公民是否遵守苏联《宪法》与法律进行监督。如果排除“一般监督权”的设定，在检察职权的内容与范围上，法国、德国、日本、苏联检察机构所具有的职权并没有较大区别①。

① 这种近代大陆法系检察制度能够参与民事、行政、商事等侵犯国家利益的案件以及其作为“国家之代表人”的设定，除了源于检察机关被定位为行政机关以及国家行政机构作为维护和执行国家利益之重要机关的原因之外。也同历史上检察制度在法国创建之时，其作为“国王之代理人”保障国王的恩泽在全国境内予以实现有着很重要的联系。例如，法兰西国王路易十二世统治时期颁布的《普洛亚条例》，又被称为“一四九八年赦令”(the Ordinances of 1498)，其中就规定了国王检察官在拥有参与刑事犯罪的职权之外，还具有受理民众控告、向法院请求对罪犯处以罚金以及没收金钱等处罚、监督司法行政事务、侦查犯罪以及出席参加民事审判等义务等广泛性的权力。

（二）检察制度组织构造的比较

表 2　法国、德国、日本、苏联检察制度组织构造比较

	检察制度组织构造					
	外部			内部		
	人员	同内部的关系	法律依据	人员	内部状况	法律依据
法国	司法部长	检察机关隶属于司法部长；以书面形式，命令检察长提起或指派检察官提起追诉或者向有管辖权的法院提出部长认为适当的书面要求；对检察官进行惩戒和任免；	法国《宪法》第 65 条；法国《司法组织法典》第 5 条；《刑事诉讼法典》第 30 条第 1、2、3 款；	代理共和国检察官、助理检察官、共和国检察官、上诉法院检察长；	检察长应主动引导和协调各共和国检察官的行动以及辖区内各检察院对公诉政策的执行；共和国检察官每年向检察长提交一份有关检察院的活动与管理以及适用法律的报告，且不影响其主动制定或者应检察长要求提出的个别报告；检察长对本辖区内的所有官员拥有上司之权力，并且可以通过书面的形式命令各检察官；每一级别，检察院成员都由其上级长官与检察长进行工作评价；检察官具有客观之义务；	法国《刑事诉讼法典》第 35 条、第 36 条、第 37 条；法国《关于司法官地位之组织法之 1958 年 12 月 22 日第 58－1270 号条例》第 5 条；
德国	联邦司法部长	联邦检察机关隶属于司法部长；以书面形式，命令检察长提起或指派检察官提起追诉或者向有管辖权的	德国《宪法》第九章；德国《法院组织法》第 146 条；	联邦总检察院检察长；联邦检察官；	联邦总检察院检察长统领各联邦检察官；拥有对所属检察官的惩戒权；书面形式命令检察官；检察官具有客观之义务	德国《法院组织法》第 146 条；《法院组织法》第十章；德国《刑事诉讼法》

（续表）

	检察制度组织构造					
	外部			内部		
	人员	同内部的关系	法律依据	人员	内部状况	法律依据
		法院提出部长认为适当的书面要求；对检察官进行惩戒和任免；				第160条；
日本	法务大臣	法务大臣对检察官进行一般性的指挥监督；对于每一案件的调查或处分，只能对检事总长进行指挥；对检察官进行惩戒和任免；	日本《宪法》第41条、第65条、第76条；日本《国家行政组织法》；《日本检察厅法》第14条；	检察总长、次长检事、检事长、检事、副检事；	检察总长、检事长和检事长可以自行处理其指挥监督下的检察官的事务，也可以使其指挥监督下的其他检察官处理；检事总长、检察长或检事长可以行使其指挥监督下的检察官处理规定的部分事务；检察官具有客观义务；	《日本检察厅法》第7条、第8条、第9条、第11条；
苏联	最高苏维埃	苏联最高苏维埃任命苏联总检察长；	苏联《宪法》第114条；	苏联总检察长；共和国、边区、省、市和区的检察长；检察官；	苏联总检察长在其所属机构的协助下对准确和统一地执行法律行使最高监督的职权，并领导各检察机关的活动及监督它们的工作；苏联总检察长通过审批事先经过院委员会讨论的本院机关的工作计划来领导各级检察院之工作；实行严格的一长制原则；每个上级检察长对正确组织其下属各级检察长的工作负完全责任；	苏联《宪法》第113条、第117条；《苏联检察院组织法》第4条；

如上表所示：

第一，法国、德国、日本、苏联在检察制度的内部构造框架上都强调以各级检察长为中心，形成由各级检察长逐步统辖的等级性格局。通过纵向维度上各级检察长对所属检察官的管理与领导，促成检察制度横向维度上检察机构、检察官之间的协助与支援，从而形成整个检察机构系统内部的统一性状态。从理论上来看，这种状况同检察权属性被定位为行政权、监督权有着重要关联。

第二，在检察制度内部组织的设定上存在相应差别。法国、德国、日本在其法律规定以及检察制度传统中都有配置和确认检察官客观性义务权或检察官相对独立的状况，即法国、德国、日本在检察制度的内部组织设置上皆突出检察官并非单纯“惟命是从”的“官署”，他应该是世界上最客观的“官署”。并特别强调在办理司法审判案件的过程中，检察官不但自身要以“客观”、“公正”为职权活动之依归，而且要求通过法律或其他方式规制与调控司法部长、上级检察官行政指令权对检察官客观处理案件的影响①。苏联的检察制度设计上则并没有检察官客观义务权的设定。

第三，在有关检察官客观义务权的设置上具有如下特点：以检察职权合理行使为初衷。检察官客观义务权的实现，主要强调检察官在处理“检察事务”时其内部自身的规约以及外部给予的保障。所谓检察事务，主要指各国检察机构在涉及法院统辖的司法性案件中所针对的相应事务。由于传统上大陆法系采取“审检合署”制度，原则上是以检察院相对应法院的管辖区域和管辖事项作为检察事务的管辖范围，如《日本检察厅法》第6条有关检察事务范围之规定就是采取这项原则②。在司法性案件当中，检察官作为司法程序的“启动者”、或是重要的“参与人”、抑或“公共利益的代表者”等身兼司法程序中的多重“角色”。为此，对检察官行使权能有严格的实体法、程序法限定并赋予检察官“客观”、“公正”之要求。

事实上，这种在检察制度内部组织设计上“检察官客观义务权”的存在和缺失，恰恰反映出检察权属性、内容、运作等的状况对检察制度内部组织设计的影响。首先，由于检察权属性被定位为行政权或监督权，为检察制度整体上采纳等级性、统一性、上命下从格局赋予了理论上的支撑。其次，从权能内

① Joachim Herrman, “The German Prosecutor”, Complied in, Kenneth Culp Davis, Discretionary Justice in Europe and America 16 – 74, Urbana Chicago London, University of Illinois Press (1976).

② ［日］伊藤荣树：《日本检察厅法逐条解释》，徐益初、林青译，中国检察出版社1990年版，第36页。

容来看，虽然法国、德国、日本、苏联的检察机构都具有对司法案件提起诉讼的权力，但是法国、德国、日本将此种权力认定为具有司法权属性的公诉权，这造成了司法权、行政权两者运作对制度结构要求之间的冲突，从而导致在制度结构上的问题，如等级性、统一性、检察官相对独立等共存的状况。反观苏联检察制度，由于检察权被定位为监督权，检察机构提起诉讼的相应权能被认定为是对一种国家监督职能的履行，这反而促成了权能属性、内容、运作等同检察机构制度格局的完善统合①。

总之，以检察权的属性、内容和运作等为基本要求来有效规划检察制度的内部组织设计，显然是当下各国检察制度内部组织构建的基本趋势。例如，相关国际性文件要求：在国家制度层面，明确检察机关的权力定位以及同其他机构之间的关系并根据检察制度的权力属性来采取不同措施②。

三、中国时下的问题及理论上的反思

中国时下检察改革实践的诸多内容都同检察制度的内部组织构建相关，其中比较有代表性的如“检察工作一体化机制”建设、人民监督员制度、主诉检察官制度等，这些相关实践受到检察系统改革主导思路的影响。

从最高人民检察院近十几年发布的有关检察改革实践的总体规划中，能够清晰地发现加强上下级检察院之间的领导关系是中国当下检察改革的基本思路和主导举措。例如，以“检察工作一体化机制”建设为例，1999 年最高人民检察院发布的《检察工作五年发展规划》当中，将“健全上级检察院对下级检察院的领导体制，加大领导力度，形成上下一体、政令畅行、指挥有力的领

① 实际上，检察权属性、内容的解说为合理认识以及构建检察制度提供了一种理论上分析和阐释的进路。检察权能的具体形成、制度的现实塑造等相关问题仍然需要历史的追溯和探明，逻辑上的判断和假设提供了一种学理上的证明，其必要但未必充分。逻辑上的预设和推导虽然自洽，但是往往容易忽视历史经验中的现实状况，从而导致认识上的偏离和误区。有关检察权属性、内容论证的思路以及相关历史性梳理的文献，可参见，张志铭：《检察权的性质及其正当性基础》，载张志铭《法理思考的印迹》，中国政法大学出版社 2003 年版；邵晖：《“检察”一词的语义学探析》，载《国家检察官学院学报》2012 年第 2 期；邵晖：《检察一体的历史与现实》，载《国家检察官学院学报》2013 年第 1 期。

② 可参见，联合国的“检察官角色指引”（Guidelines on the Role of Prosecutors）、“国际检察官协会”（the International Association of Prosecutors）的“检察官专业责任标准和基本职责及权利声明”（Standards of Professional Responsibility and Statement of the Essential Duties and Rights of Prosecutors）和欧洲理事会的“检察官伦理及行为准则”（European Guidelines on Ethics and Conduct for Public Prosecutors，the Budapest Guidelines）等。

导体制，确保依法独立高效行使检察权”作为完成改革总体任务和目标的基本原则和方针，并首次提出“检察工作一体化机制”的改革目标，它被定位为中国检察系统整体改革的一项重要举措。值得注意的是，检察业界认为“检察工作一体化机制”建设是“检察改革的重要内容之一，是从工作机制上落实宪法和人民检察院组织法有关检察领导体制和检察权行使原则的重要举措，是发挥检察机关领导体制优势和增强法律监督整体合力的关键环节”①。这表明在有关“检察工作一体化机制”改革的认识上，起初强调了“领导体制”和“权能运作”两者并重的要求，但是在实践中却出现了过于向“领导关系”偏离的趋势。2000 年《检察改革三年实施意见》的颁布，再次重申了“改革检察机关的机构等组织体系，加强上级检察机关对下级检察机关领导”的重要性，2005 年、2007 年陆续推出的《最高人民检察院关于进一步深化检察改革的三年实施意见》、《关于加强上级人民检察院对下级人民检察院工作领导的意见》，更是反复着力指出“加强上下级检察院的领导关系”在总体中国检察改革实践中的核心作用。以此为中心，相关的改革实践也逐步突出对上下级检察院领导关系的强调。但是，这些相关改革都体现出了以“领导关系”或“行政性”为中心的倾向和思路，“较为突出的是加强上级检察机关的监督与统合性功能，如强化检察一体化，由上级检察院在更大的范围内整合调配资源，配置于下级院的检察权的某些部分有上收趋势。如职务犯罪决定逮捕上提一级；职务犯罪裁判审查由上级院与案件承办单位同步进行。在部分地区，属于本级管辖的职务犯罪案件，也由上级检察机关统一组织实施侦察，等等”②。可以说，我国在检察制度内部组织建设上的主要问题是试图以制度建设为中心，采取单一式的行政格局来塑造检察制度并统合检察权能。

组织的构建应以保障权能属性、内容等合理实现和运作为中心，中国检察制度内部组织设计也应合理支撑中国特色检察权能的完备运行。中国检察权被定位为法律监督权，主要包含职务犯罪侦查权、批准和决定逮捕权、公诉权、立案监督和侦查活动监督权、刑事审判监督权、对刑事判决、裁定的执行和监管改造机关的活动是否合法的监督权、民事审判、行政诉讼监督权等。同人民代表大会制度、人民政府制度、人民法院制度所具有主要职能的单一化（立法权、行政权、审判权）相比，人民检察制度的监督权属性设定使其包含着

① 谢鹏程：《正确把握检察工作一体化机制的内涵和价值》，载《人民检察（湖北版）》2007 年第 10 期，第 46 页。

② 龙宗智：《检察机关办案方式的适度司法化改革》，载《法学研究》2013 年第 1 期，第 169—191 页。

多样权能，具有复合特征。在检察制度的设计上，这些相应权能的运作所期求的组织结构显然会因为权能内容和特征的不同而有相异的要求。以公诉权为例，该权能的行使需要检察官严格遵守法定主义、达到内心确信，使其如同法官一样的思考，其能否合理运作是保障刑事犯罪嫌疑人或被告人人权之实现、审判之公正的重要环节。基于公诉权的内容和特征，在检察制度组织格局上显然需要一种适当弱化检察制度内部行政格局，从而使得检察官具有相对独立性的结构。反观职务侦查权，源于各国犯罪侦查机构的实践以及侦查权的基本特征，在案件的侦查过程中由于情况瞬息万变，为了保障侦查的迅捷有效，势必要求对侦查资源采取强力有效的统合以保障能够将其迅速的运用于一点①。这要求在检察制度的格局设计上，采取更加强化内部行政化格局的思路和方式。在此处能够发现这两项权能运作对检察制度内部组织结构的“理想”需求之间存在着基本的悖论和矛盾。

这表明：从理论层面来看，中国当下检察制度所包含的诸多权能体现出复合性的特征，同时基于不同权能合理运作对检察组织基本构建的各自需求，导致仅仅以一种单纯的组织结构模式并不能合理统合、保障其各项权能的完备运行。从实践层面来讲，中国近几年检察改革实践中着力加强上下级之间的领导关系，显现出更加偏重于以一种单一的“行政化”模式来构建中国检察制度内部组织设计并统合所有权能的改革倾向。此种改革方式在现实中已然产生了相应的问题，特别是随着2012 年新刑事诉讼法的颁布对检察机关监督权的重点加强，立足检察权能的合理行使，相关学者提出应进一步细化中国检察改革实践，在制度构建上适度“司法化”等观点和主张，并指出了相应的建议。这些观点和意见看似“老生常谈”，但并非如此。实际上，自 20 世纪 90 年代末期中国检察改革有序开始以来，在实践中我们始终保持着基本的“一体化”、“行政化”思路，对此策略所带来的正面成就和成果不能忽视和妄自菲薄，它确实保障了中国检察机构从上级到地方检察权能行使的更加统一和有效等等。但是，随着相关制度性设计格局的基本成形以及改革的逐步深入，如何确保中国的检察权能得以更加合理、有效地运作显然是当下实践的重点。可以

---

① 这里需要强调的是，侦查权的集中行使也是在法定的合理限度之内。如同强调公诉权的基本运作前提一样，在现代法治社会两者的运作都应恪守法律、程序上的设定和要求。从实质目的来看，公诉权和侦查权的运作都应遵守保障人权、法治等目标。从形式目的来看，公诉权和侦查权由于其权能内容、运作的不同，而造成二者在形式价值层面偏重的相异，前者更权重于公正，后者更倾向于效率。正是这种权能自身实质的区别，便在制度设计上反映出特定的要求。所以，本文始终所强调的制度构建应以权能运作为中心，也正是源于不同权能的具体内容和特征这个基本状况。

说，中国检察改革正从早期的单纯制度性关注向权能完备运作以及两者完善契合转变，从而展现出其逐步深入、细化、合理的过程。

中国检察制度中富含着多种权能，如何保障检察权合理配置同检察制度内部组织建设之间的合理关联显然是一个繁复性的问题。行文至此，笔者认为，在中国未来的检察制度内部组织建设实践中应恪守如下基本原则：首先，确保以权能合理运作为中心。权能的完备实现是实现组织目的和任务的根本，组织的格局也以组织权能属性、内容、特征、运作为依归。坚持以权能为中心，是保障组织合理构建的必要前提。如果仅仅以制度格局设计为出发点而忽略权能自身的特征，则是“本末倒置”、“舍本求末”。其次，基于组织的目的和任务，合理划分组织权能的层次，区别主要权能、次要权能。应以主要权能为核心来设计组织的基本格局，并在不影响该权能完善行使的前提下，将其他权能以及制度设计“外接”于组织上，即不触动主要权能运作所需求的必要结构。这就表明在现实中，复合性的、相异权能相融合的组织，其制度格局和构建必然始终存在着相“冲突”的风险状况。最后，立足于实践面对此种制度组织状况，要保持一种“开放性”的思考与认识。由于其自身内部始终存在着权能“冲突”的危险，在不分割任何权能的前提下，仅仅采取一种符合某项权能的单一制度性设计思路显然都会影响到与其相异权能的运作和行使。为此，这为现实中改革实践的思考和认识提出了更高的要求。当然，在确定该组织的制度改革思路时，始终坚持以主要权能的运作为中心来合理配置、调和制度结构是值得首肯得！

法治思维下检察机关“一般监督权”之重构

王玄玮[*]

无论何种社会形态，权力制约和监督都是“法治”的核心观念和价值之一。[①] 在我国检察职权配置史上，“一般监督权”曾经是检察机关对其他公权力进行监督和制约的代表性职权。从新中国成立之初时起，一般监督权就在检察机关职权体系中居于重要地位。但从20世纪50年代末开始，这项职权逐步淡出检察机关，仅在法律上予以保留，备而待用。直至1979年，新制定的《人民检察院组织法》完全取消了这项职权。一般监督权因何被取消？究竟它对中国的法治建设有无价值？它能给检察制度的发展完善带来哪些借鉴和启示？这些问题非常值得思考。

一、“一般监督权”的历史回顾

“一般监督”是来源于苏联检察制度的一个概念，其含义是检察机关代表国家，对有关国家机关、社会团体、企业和其他各种机关以及公民是否确切遵行法律，实行检察监督。[②] 20世纪20年代，列宁在“十月革命”胜利以后，逐步提出了他的法律监督思想。1922年，全俄中央执行委员会第三次会议通过了《苏俄检察条例》，建立了一种集一般监督、诉讼监督、犯罪追诉等职能于一身的新型检察制度。这种检察制度模式，在1936年《苏联宪法》中得以定型化。该法第113条规定：苏联总检察长对各部和各部所属的各机关、公务人员及全体苏联公民是否确切遵行法律，负最高的监督责任。自此，“一般监督”开始成为社会主义司法制度的标志性制度，逐步在各社会主义国家中传

---

* 云南省人民检察院法律政策研究室副主任，法学博士，全国检察理论研究人才。

① 参见刘海年：《略论社会主义法治原则》，载《中国法学》1998年第1期。

② 参见［苏联］列别金斯基：《苏维埃检察署的工作组织》，载谢鹏程选编：《前苏联检察制度》，中国检察出版社2008年版，第111页。

播开来。

新中国成立前后，随着南京国民政府旧法统的彻底废除，我国掀起了一个学习和移植苏联司法制度的高潮。1949 年 9 月，中国人民政治协商会议通过的《中央人民政府组织法》第 28 条参照苏联宪法第 113 条，规定："最高人民检察署对政府机关、公务人员和全国国民之严格遵守法律，负最高的检察责任"。最高人民检察署下设三个业务部门，其中第一处即负责检察政府机关、公务人员及全体国民是否违反共同纲领、人民政府的政策方针与法律、法令和决议。①

1954 年 9 月，我国第一部《宪法》颁布，最高人民检察署从中央人民政府中独立出来并改称最高人民检察院，检察机关确立了独立的宪法地位，"一府两院"的国家机构格局正式成形。这部宪法第 81 条规定："中华人民共和国最高人民检察院对于国务院所属各部门、地方各级国家机关、国家机关工作人员和公民是否遵守法律，行使检察权。"在同一次全国人民代表大会会议上，《人民检察院组织法》也获得通过。根据法律确定的职能，最高人民检察院设立了五个业务部门，即第一厅（一般监督厅）、第二厅（侦查厅）、第三厅（侦查监督厅）、第四厅（审判监督厅）、第五厅（监所、劳动改造机关监督厅）。② 从当时的检察机关职能排列顺序看，一般监督在检察机关各项业务中居于首位，地位相当重要。其原因在于："……维护宪法和法律的统一施行，已经成为人民检察院的首要任务，而通过一般监督职能的行使，保障法律的统一和稳定，则是完成此项任务的重要方法。"③ 对于一般监督的形式，《人民检察院组织法》第 8 条规定：最高人民检察院发现国务院所属各部门和地方各级国家机关的决议、命令和措施违法的时候，有权提出抗议；地方各级人民检察院发现本级国家机关的决议、命令和措施违法的时候，有权要求纠正；如果要求不被接受，应当报告上一级人民检察院向它的上一级机关提出抗议。

1954 年至 1957 年是新中国检察史上的第一个"黄金时期"，各项检察业务稳步发展，一般监督也开始在全国试行。最高人民检察院第一厅总结了各地试行一般监督工作的情况，提出了一般监督工作的四步程序：（1）发现违法；（2）查明违法；（3）纠正和防止违法；（4）使违法者负法律上的责任。对于发

---

① 参见《中央人民政府最高人民检察署试行组织条例》（1949 年 12 月 20 日中央人民政府主席批准），第 10 条。

② 参见闵钐编：《中国检察史资料选编》，中国检察出版社 2008 年版，第 404 页。

③ 最高人民检察院第一厅：《关于各地人民检察院试行一般监督制度的情况和意见》（1954 年 12 月 23 日）。

现违法的方法，最高人民检察院第一厅归纳为以下七种：（1）研究机关、企业、合作社等所发布的重要决议、命令、指示和其他重要文件；（2）列席有关机关、企业、合作社等所召开的有关执行法律、法令的重要会议；（3）受理机关、企业、团体工作人员、公民以及检察通讯员的检举和控告；（4）有目的有计划地访问机关、社会团体、企业、合作社，了解其有关执行法律的情况；（5）和有关机关建立联系制度，相互交换情况，提供材料；（6）从具体案件中发现违法；（7）搜集报纸刊物（包括内部刊物）上所揭发的违法材料。违法情况查明后，使用“建议书”、“提请书”、“抗议书”等法律文书予以纠正。① 可见，当时的一般监督试点工作颇有成效，工作的制度和程序得到了初步建立。各地在实践中也取得了一些成功经验，例如，1956 年福建省人民检察院对该省人民委员会颁布的《禁止滥宰耕牛暂行办法》中规定刑事处罚，以及关于配设乡护林员的通知中规定护林员有拘留权两项违法决定，分别提请该委员会作了纠正；安徽省萧县等人民检察院纠正了当地有些农业社以流通券代替人民币的违法事件。②

不过，在一般监督工作的试点过程中，也出现了不少问题。有的地方监督范围过宽，例如某市就把一些国营商店螃蟹跑掉、韭菜烂掉、工厂劳动环境差等问题纳入“一般监督”的范围，令人啼笑皆非；有的时候工作方式不当，例如最高人民检察院第一厅在农林部搞试点，在列席该部部务会议时引发了对方的反感和不满。③ 这些现象的存在，导致方方面面对一般监督工作的看法不太一致，有些甚至提出很激烈的反对意见，如有人就认为一般监督是对外国制度的抄袭，不适合中国国情，主张修改法律予以废除。面对试点工作中遇到的这些复杂情况，最高人民检察院党组也曾经向中共中央报告：“人民检察院的一般监督工作涉及国家的法律、法令等重大问题。而我们目前的经验不够，干部的政策、法律水平不高，因此，应采取有重点的慎重进行的方针，摸索经验。人民检察院党组在一般监督工作中发现有违法的决议、命令和措施的时候，应查明情况，提出意见，请示党委处理；经党委决定需要通过法律程序提出抗议的时候，再提出抗议。”④

---

① 参见最高人民检察院第一厅：《关于各地人民检察院试行一般监督制度的情况和意见》（1954 年 12 月 23 日）。

② 参见王桂五：《王桂五论检察》，中国检察出版社 2008 年版，第 193 页。

③ 参见徐益初：《实践中探索中国特色的检察制度》，载《国家检察官学院学报》2005 年第 1 期。

④ 王桂五：《王桂五论检察》，中国检察出版社 2008 年版，第 191 页。

尽管最高人民检察院的态度已经比较谨慎，但是一般监督权仍然在1957年的反右派斗争中遭到批判。当时的主流政治话语认为，检察机关的一般监督是“专政矛头对内”、“束缚对敌斗争的手脚”，有人甚至指责这项工作“以法抗党”。① 检察机关内部坚持一般监督工作的代表人物刘惠之、王立中，则被扣上了“右派分子”的帽子。② 在这样的政治氛围下，经请示中共中央，最高人民检察院决定将一般监督从检察机关的日常工作中取消。③ 1958年8月，第四次全国检察工作会议提出，检察机关的一般监督职权应该作为一个法律武器保留下来，备而待用；过去那种把一般监督当作经常任务、矛头对准人民内部的做法，是完全错误的。④ 自此，一般监督权名存实亡，基本上退出了检察机关的职权体系。就连“一般监督”这个词语本身，也基本上从检察机关的各种文件、会议材料中消失了。

从1957年开始，在“左”倾思想的指导下，检察机关的法律监督职能受到很大冲击，整个检察制度都处于风雨飘摇之中，几经波折。1968年，最高人民法院、最高人民检察院、内务部三个单位的军代表和公安部领导小组联合提出《关于撤销高检院、内务部、内务办三个单位，公安部、高法院留下少数人的请示报告》，这个报告经中央批示下发后，最高人民检察院及各地检察院被先后撤销，检察制度至此中断。直到1978年3月，五届全国人大一次会议通过修改后的《中华人民共和国宪法》，检察机关才恢复设置。1978年《宪法》第43条基本沿用了1954年《宪法》第81条的表述，叶剑英委员长在修改宪法的报告中指出：“鉴于同各种违法乱纪行为作斗争的极大重要性，宪法修改草案规定设置人民检察院。国家的各级检察机关按照宪法和法律规定的范围，对于国家机关、国家机关工作人员和公民是否遵守宪法和法律，行使检察权”。⑤ 此时，检察机关的一般监督权在宪法上仍然处于保留状态。不仅如此，

---

① 参见《政法部门需要彻底的整顿》，载《人民日报》1957年12月20日。

② 刘惠之，时任最高人民检察院铁路水上运输检察院副检察长；王立中，时任最高人民检察院第一厅厅长。

③ 参见《张鼎丞检察长在全国省、市、自治区检察长会议上的报告》（1957年12月9日）。报告指出：“关于一般监督工作的做法，中央曾几次指示，我们国家政权是统一的、巩固的，各级国家机关及国家机关工作人员是积极实施宪法、法律的。因此，一般监督工作不要普遍做，可以保留作为武器，由党来掌握。实践证明，这是完全正确的，是符合于国家的情况和利益的。”

④ 参见《检察机关的今后任务》（第四次全国检察工作会议1958年8月15日通过）。

⑤ 叶剑英：《关于修改宪法的报告》，1978年3月1日在中华人民共和国第五届全国人民代表大会第一次会议上。

宪法文本中检察机关的监督范围还从“是否遵守法律”扩大到了“是否遵守宪法和法律”。然而，仅仅在一年后，情况就再次发生了变化。

1979年7月1日，五届全国人大二次会议通过了新的《人民检察院组织法》。这部法律虽然第一次将检察机关定性为“国家的法律监督机关”，但是在检察机关的具体职权上取消了“对于国家机关、国家机关工作人员和公民是否遵守法律行使检察权”的规定，代之为“对于叛国案、分裂国家案以及严重破坏国家的政策、法律、法令、政令统一实施的重大犯罪案件，行使检察权”等五项刑事诉讼方面的职权。对这一变化，彭真委员长在对法律草案进行说明时解释为：“检察院对于国家机关和国家工作人员的监督，只限于违反刑法，需要追究刑事责任的案件。至于一般违反党纪、政纪并不触犯刑法的案件，概由党的纪律检查部门和政府机关去处理。”① 这意味着，立法机关已经在立法层面取消了检察机关的一般监督权。当然，在1978年《宪法》保留了检察机关一般监督权的情况下，1979年《人民检察院组织法》自行取消一般监督权，这样规定的效力存在疑问。不过，在1982年通过的现行《宪法》中，这一立法变化得到了确认。现行《宪法》只是将检察机关的性质确定为“国家的法律监督机关”，不再使用“检察机关对国家机关、国家机关工作人员和公民是否遵守宪法和法律，行使检察权”的表述。同时，《宪法》又将国家机关规范性文件的审查撤销权授予人民代表大会及其常务委员会行使。从此，一般监督权完全退出了中国的法治舞台。

二、“一般监督权”的法治价值

尽管一般监督权已经从中国检察机关的职权体系中消失了，但这并不表示一般监督权的制度设计没有价值。如前所述，一般监督权之所以取消，原因包括检察理论不完善、检察队伍不适应，监督实践也出了一些问题，但最主要的原因还是政治上的原因。时至今日，依法治国已经成为国家和社会治理的基本方略，强化对权力的监督已经成为人民群众的共同心声。无论在官方还是民间，不会有人再以“专政矛头对内”来批判检察机关，客观评价一般监督权的主要障碍已经完全消失。笔者认为，一般监督权的制度设计有着不可忽视的法治价值，它对检察机关法律监督职能的完善具有重要意义。

（一）“一般监督”的实质是守法监督

根据1954年宪法第81条之规定，一般监督权的监督对象包括“国务院所

---

① 彭真：《关于七个法律草案的说明》，1979年6月26日在中华人民共和国第五届全国人民代表大会第二次会议上。

属各部门、地方各级国家机关、国家机关工作人员和公民”。如此宽泛的监督范围，一般监督权究竟是一种什么性质的权力？

为了说明这个问题，我们先来看一个50年代检察机关行使一般监督权的“典型试验”。1956年9月，广东省阳春县人民检察院发现本县人民代表大会及人民委员会会议未按法律规定的期限召开，于是发出了《建议书》，要求县人民委员会加以纠正和改进。《建议书》主要内容摘录如下：①

阳春县人民委员会：

我院根据副检察长列席你会委员会初步所发现的问题，对你会执行《中华人民共和国地方各级人民代表大会和地方各级人民委员会组织法》的情况依法进行了检查，经检查结果发现有下列问题：

1. 阳春县第一届人民代表大会于1954年6月27日召开，至现在已两年又两个月，仅于1956年1月7日召开了第二次会议。不执行《中华人民共和国地方各级人民代表大会和地方各级人民委员会组织法》第十条“省、直辖市、县市、市辖区人民代表大会会议每年举行二次”的规定。

2. 阳春县人民委员会于1956年1月10日正式成立之后，于2月18日、7月16日、9月14日先后召开三次委员会会议。不执行《中华人民共和国地方各级人民代表大会和地方各级人民委员会组织法》第二十九条“县级以上人民委员会每月举行一次”的规定。

……

根据上述情况，我院按照《中华人民共和国人民检察院组织法》第八条的规定，向你会提出建议书，要求你会采取措施，纠正和防止违法，以保证国家法律的贯彻执行：

……

兼检察长　叶　超
副检察长　柯金水
一九五六年九月二十日

在这个事例里，检察机关对县人民代表大会、县人民委员会遵守相关法律的情况进行了监督，正如1954年宪法第81条的表述——对有关国家机关和公民“是否遵守法律，行使检察权”。这种监督的监督对象宽泛，监督内容丰富，监督的锋芒主要指向国家机关，同时也包括公民个人。这种监督的性质是

① 王松苗、晏向华：《法律监督：与人民检察结缘的风雨历程》，载《检察日报》2009年8月10日第5版。

什么？不是或不完全是立法监督（虽然监督对象包括人民代表大会），不是或不完全是执法监督（虽然监督对象包括人民委员会），更不是司法监督，而是一种综合性的“守法监督”。[①] 这种监督有助于提高全社会的守法水平，增进全社会的法律意识，特别是能够促进行政机关依法行政。这样的监督，无论在新中国成立之初社会主义法制初创时期，还是在当前依法治国、建设社会主义法治国家时期，都有着重要的法治价值。在本事例中，检察机关的监督也收到了显著的效果。县人民委员会接到建议书后，召开会议进行了讨论，提出了纠正的措施，《人民日报》对这一监督事例进行了报道。[②] 此后，广东省人民检察院将阳春县检察院的建议书转发全省各县检察院，要求各县都进行一次检查。不久，《南方日报》报道了广东全省各地纠正不按期召开人代会的情况。从这一事例中可以看出，一般监督对于提高国家机关的守法水平有着重要作用，这样的作用是以诉讼个案为载体的检察机关其他监督职能所无法代替的。

或许有人会认为，既然现行《宪法》已经赋予人民代表大会及其常务委员会相应的监督职能，国家权力机关似乎已经起到了“一般监督”的作用，不必再考虑检察机关的一般监督职能了。对此，笔者认为，我国的各级人民代表大会是非常设机构，一般每年只召开一次会议；常务委员会虽然性质上是人民代表大会的“常设机关”，但其开会次数也是有限的，一般要每两个月才举行一次会议。再者，各级人民代表大会及其常务委员会的任务都十分繁重。[③] 因此，国家权力机关的监督不可能是一种经常性的具体的监督，只能是宏观的、涉及重大事项的监督。在这样的实际情况下，如有的宪法学者所指出的，“行政机关和审判机关的日常事务即具体的执法活动，很可能处于国家权力机关无力监督的状态”，因而“仅有人大及其常委会这一监督体制是不够的”。[④] 检察机关作为专门性、日常性的法律监督机关，它的监督职能正好可以弥补国家权力机关监督的不足。

---

① “守法监督”是笔者自己对一般监督权性质的概括。在笔者阅读范围内，尚未见到学界在这个意义上使用“守法监督”一词。比较接近的用语是王人博教授对检察机关职能的概括——“护法”。参见王人博等：《中国宪政与中国检察》，载张智辉主编：《中国检察》（第17卷），中国检察出版社2008年版，第23页。

② 参见《接受县检察院建议，阳春县纠正了不依期召开人代会的现象》，载《人民日报》1956年11月10日。

③ 例如，全国人民代表大会行使的职权多达15项，全国人大常委会行使的职权多达21项。参见《中华人民共和国宪法》第62条、第67条。

④ 韩大元：《中国检察制度宪法基础研究》，中国检察出版社2007年版，第149页。

（二）“一般监督”是法律监督不可或缺的重要组成部分

新中国成立初期，最高人民检察署副检察长李六如在评析苏联检察制度时，将法律监督的内涵解构为“司法监督”和“一般监督”，“一方面是司法监督，即代表国家，保障一切法律能正确施行和运用，换句话说，即是检察司法、公安等机关，有无违法判决与违法事件。另一方面是一般监督，即代表国家，维护国家和人民的权益，检察政府的法律、法令、决议、政策等之严格执行，换句话说，即是检察政府机关、公务人员、陆海空军、公民有无违法措施与违法行为”。① 从这一解读中可以看出，一般监督权在人民检察制度建立之初就是法律监督权不可或缺的重要组成部分。最高人民检察院成立时的五个业务机构中，第一厅负责一般监督，后四个厅开展的都是司法监督。一般监督权不仅在业务排序上居于首位，而且从职权性质上讲不是检察机关法律监督职能的1/5，而是占据了半壁山河。

然而，自从1979年《人民检察院组织法》取消了一般监督权，检察机关的法律监督职能急剧缩小，该法第5条规定的检察机关五项职权完全是参与和开展刑事诉讼方面的职权。② 由此，检察机关异化为只承担刑事诉讼职能的“刑事检察院”。直到1989年行政诉讼法和1991年民事诉讼法颁布，检察机关开始承担行政、民事审判监督职能，检察机关才逐步从单一的刑事诉讼机关向全面的诉讼监督机关转变。不过，这时的检察机关职能仍然只局限于“诉讼监督”，并不是真正的、完全的“法律监督”。现行宪法规定人民检察院是国家的法律监督机关，这是我国社会主义民主政治的一种政治考量和制度安排。法律监督制度应该是国家政治制度的组成部分，检察机关应该是国家的宪政机关。但由于一般监督权的取消，使得检察机关在性质上名不副实，从宪政机关降格为一个诉讼机关。这样的现状，已经对检察机关的宪法定位形成了较大的冲击和挑战。有的学者就这样评论：“让一个承担刑事追诉甚至刑事侦查职能的国家机构，去监督和保证国家法律的统一实施，并在其他国家机构违反法律

---

① 李六如：《各国检察制度纲要》，转引自甄贞等：《法律监督原论》，法律出版社2007年版，第9—10页。

② 《人民检察院组织法》第5条规定：“各级人民检察院行使下列职权：（一）对于叛国案、分裂国家案以及严重破坏国家的政策、法律、法令、政令统一实施的重大犯罪案件，行使检察权。（二）对于直接受理的刑事案件，进行侦查。（三）对于公安机关侦查的案件，进行审查，决定是否逮捕、起诉或者免予起诉；对于公安机关的侦查活动是否合法，实行监督。（四）对于刑事案件提起公诉，支持公诉；对于人民法院的审判活动是否合法，实行监督。（五）对于刑事案件判决、裁定的执行和监狱、看守所、劳动改造机关的活动是否合法，实行监督。”

时予以纠正，这的的确确带有一定的‘乌托邦’的意味，构成了一种制度上的神话。”① 从某种意义上讲，如果检察机关如现状般仅仅是一个诉讼监督机关，那么它似乎就没有必要放在宪法中来规定，享有和行政机关、审判机关相并列的宪法地位。要想让检察机关恢复法律监督机关的本来面目，必须让检察机关承担诉讼监督以外的法律监督职能，这恰恰是一般监督权的职能范畴。换句话说，一般监督是法律监督不可或缺的重要组成部分。没有一般监督，法律监督就残缺不全，甚至就不再是真正的法律监督。

三、“一般监督权”的当代重构

现行宪法文本中规定“人民检察院是国家的法律监督机关”，但并未以列举的方式限定检察机关“法律监督”的监督内容与监督方式。而且，这一条款中“法律监督”一词所指的“法律”，并不仅仅指刑事法律，也不是仅仅指诉讼法律，而是应该包括刑法、民法、行政法、诉讼法在内的完整意义上的法律。② 时至今日，检察机关职能的发展已经远远突破了彭真同志 1979 年对检察权的解释。1989 年行政诉讼法和 1991 年民事诉讼法的颁布，已经使检察机关告别了“刑事检察院”，职责范围不再是“只限于违反刑法，需要追究刑事责任的案件”。特别是 2000 年以后，《立法法》授予检察机关“法规违宪（违法）提请审查权”，《监督法》授予检察机关“违法司法解释提请审查权”，③ 这两项权能在一定程度上已经带有“一般监督权”的性质。为了使检察机关真正回复到“法律监督机关”的宪法定位，有必要根据国家确立依法治国基

---

① 陈瑞华：《问题与主义之间》，中国人民大学出版社 2000 年版，第 32 页。

② 至于是否包括宪法则有不同解释。从规范体系及效力位阶的角度讲，宪法是根本大法，不在“法律”之列。现行《宪法》第 62 条、第 67 条将“监督宪法的实施”职权授予全国人大及其常务委员会，也是“法律监督”不包括“宪法监督”的解读依据。不过，从《立法法》第 90 条等法律条文的规定上看，检察机关有权参与规范性法律文件是否违宪的监督。在当前主流政治话语中，也多次指明检察机关应当维护宪法的实施。例如，周永康在“深入贯彻党的十七大精神全面加强和改进检察工作座谈会”上的讲话中，四次提到检察机关应当“维护（保证、确保）宪法和法律的统一正确实施”。参见周永康：《在深入贯彻党的十七大精神全面加强和改进检察工作座谈会上的讲话》，载《检察日报》2008 年 7 月 10 日第 1 版。

③ 参见《中华人民共和国立法法》第 90 条、《中华人民共和国各级人民代表大会常务委员会监督法》第 32 条。需要说明的是，这两部法律不是专门针对检察机关进行授权性规定，检察机关目前还未正式开展这两项带有违宪审查性质的业务。相关讨论参见王玄玮：《违宪检察论——检察机关启动违宪审查程序的初步探讨》，载《政治与法律》2009 年第 4 期。

本方略的新目标和检察机关职能发展的新情况，对一般监督权进行重新审视，加以改革和完善，吸取这一制度的精华，剔除不科学、不合理的部分，将其重构为体现检察机关法律监督职能的新制度。

（一）不再使用“一般监督”这一术语

“一般监督”一词与其本身的制度一样，都是舶来品。事实上，我国任何一部法律中都没有出现过“一般监督”这一术语。自从一般监督权引进之初，围绕这一术语所产生的不同理解与争论就没有停止过。据我国检察理论奠基人王桂五先生介绍，20世纪50年代时对“一般监督”主要有五种理解：一是理解为对破坏国家政权统一和完整的重大案件实行检察；二是理解为监察机关的政纪监督；三是理解为包括参与民事诉讼的一项检察权；四是理解为监督一切，包括违法行为、违纪行为、不当行为等；五是理解为对有关政府机关的违反法律的政令和公务人员的违法行为实行法律监督。① 由于理解不一，导致在如何对待一般监督的问题上产生重大分歧，这是一般监督权取消的原因之一。直到今天，对这一术语仍然存在不同认识。例如，原最高人民检察署副检察长李六如在评析苏联检察制度时，将法律监督的内涵解构为“司法监督”和“一般监督”，二者是并列的关系。《中国特色社会主义检察制度》一书也叙述：“作为法律监督机关，苏联检察机关的职权可以分为一般监督和司法监督两部分。”② 但现在也有其他权威著作认为这种理解不准确，提出“苏联检察机关的一般监督职能与司法监督职能是种与属的关系，一般监督是上位概念，司法监督是下位概念，一般监督包括司法监督。”③ 由这些不同理解和分歧可见，“一般监督”这一术语确实不像“侦查监督”、“民事检察”、“监所检察”等检察机关其他职能术语一样简单明了、内涵清晰。一般监督的监督对象过于宽泛，监督内容过于丰富；既针对行政机关，又针对地方立法机关；既针对国家机关，又针对公民个人。如果继续使用“一般监督”一词，将会导致这一权力的属性不易界定，权力的运行规律难以把握。鉴于此，笔者建议今后不再使用“一般监督”这一术语，改用可以与检察机关当前职能相并列的其他术语（不一定是单个术语）取而代之。

（二）取消原“一般监督权”中对公民守法情况进行监督的内容

在研究检察机关的职权配置时，应当警惕“贪大求全”的思想，不能认为检察机关的权力越大越好、职能越多越好。根据我国宪政架构和法治原理应

---

① 参见王桂五：《王桂五论检察》，中国检察出版社2008年版，第190—191页。

② 孙谦：《中国特色社会主义检察制度》，中国检察出版社2009年版，第81页。

③ 朱孝清、张智辉主编：《检察学》，中国检察出版社2010年版，第77页。

该由检察机关行使的职权，即使历史上不存在，也可以通过立法增加、予以完善；而不应该由检察机关行使的职权，即使历史上有过，也应当毫不吝惜地予以放弃。

有学者对苏联检察制度进行了研究，认为苏联检察机关的职权配置存在一个显著缺陷——权力过多。苏联检察机关“既有一般监督权，即可以监督一切国家机关、国家工作人员、社会经济组织和普通公民遵守法律的情况，又有无限定范围的侦查权、批捕权和起诉权，容易形成强势的国家机关”。[①] 应该说，这样的评价是中肯的。在从苏联借鉴过来的一般监督权中，最应该取消的就是对公民守法情况进行监督的那部分内容。首先，检察机关对全体公民守法情况进行监督并不现实。这样的任务太庞大、太不可想象，即便将检察机关工作人员在现有基础上增加几十倍，也不可能胜任这样的工作任务。但更重要的原因在于，这样的任务与检察机关的职权特征并不吻合。对照检察机关的现有职权后可以看出，检察院主要是一个制约公权力的机构。例如，检察机关反贪污贿赂部门、反渎职侵权部门负责监督有关国家机构及其工作人员；侦查监督部门负责监督公安、国家安全、海关等刑事侦查机关；公诉部门负责监督刑事侦查活动及人民法院的刑事审判活动；监所检察部门监督的是监狱、看守所、劳教所等监管机关；民事行政检察部门负责监督人民法院的民事、行政诉讼活动。很明显，检察权的监督锋芒指向的是特定国家机构的公权力。检察机关的职责简言之就是“挑刺”——找到公权力运行过程中的违法、失范之处，提出监督意见提请相关机构纠正。[②] 让检察机关去监督普通公民是否守法，这样的制度设计不符合检察机关的性质与职权特征，监督方向完全相反。因此，无论检察机关今后如何改革、发展，都不应再承担原来“一般监督权”中监督公民守法的那种职责。

苏联解体以后，俄罗斯联邦对国家制度进行了全方位的改革。改革过程中，对检察机关在国家权力中的地位和作用问题曾经发生过很激烈的争议。激进改革派主张按照西方模式来重构检察机关，建议将检察院归属于行政机关或法院，但这种主张遭到了强烈的反对。改革的结果是，检察院的一般监督职能得到保留，但是从监督对象中排除了社会活动、社会组织、政党和公民。[③] 与

---

① 谢鹏程：《前苏联检察制度给我们留下了什么》，载谢鹏程选编：《前苏联检察制度》，中国检察出版社 2008 年版，“编者前言”，第 5 页。

② 参见王玄玮：《论检察权的属性与运行特点》，载《法治论丛》2010 年第 6 期。

③ 参见樊崇义等：《域外检察制度研究》，中国人民公安大学出版社 2008 年版，第 297—299 页。

俄罗斯相似，中国也正在经历着国家和社会的转型（市场经济、法治政府、民主推进等等），其检察制度改革的经验颇值得中国重视。

（三）将“一般监督权”改造为“地方立法检察权”与“行政检察权”

取消原“一般监督权”中对公民守法情况进行监督的内容后，剩下的就都是对公权力的监督了。这样的监督符合检察机关的性质与职权特征，有利于公民权利的保障和国家法治水平的提高，可以审时度势地考虑加以恢复、改革完善。鉴于“一般监督”的内涵已经有所变化，而且这一术语本身也不宜再继续使用，建议将一般监督权分别改造为“地方立法检察权”与“行政检察权”。但要注意的是，这两种监督性权力的规范基础和完善路径有一定的差别。

1. “地方立法检察权”

这个词语听起来很陌生（系笔者比照检察机关现有职能“生造”的术语，也可以称之为“地方立法监督权”），但它所描述的制度实际上在我国法治框架的设计中已初具雏形，已具有一定的立法基础。2000 年颁布的《立法法》第 90 条第 1 款规定：“国务院、中央军事委员会、最高人民法院、最高人民检察院和各省、自治区、直辖市的人民代表大会常务委员会认为行政法规、地方性法规、自治条例和单行条例同宪法或者法律相抵触的，可以向全国人民代表大会常务委员会书面提出进行审查的要求，由常务委员会工作机构分送有关的专门委员会进行审查、提出意见。”根据这一规定，检察机关有权参与对地方性法规、自治条例和单行条例等地方立法的合宪性、合法性的监督。而且，基于法律监督机关的宪法定位，在该条款所列举的国家机关中，最高人民检察院是最适合从事这一监督的机构。① 在我国法治实践中，地方立法涉嫌抵触上位法的情况也时有所闻（如 2003 年“李慧娟事件”中涉及的某省地方性法规）。但现实的情况是，检察机关目前尚未开展这种监督。原因可能在于，这一条款的授权对象较多，而且是一种倡导性、可选择的授权，并不是专门针对检察职能的设权性规定。最高人民检察院“可以”提出审查要求，当然也就可以不提出审查要求。如果在开展地方立法监督的问题上认识统一，将来修改《人民检察院组织法》或制定《法律监督法》时只要加入相关的授权内容，使“地方立法检察”成为检察机关的法定职责，那么检察机关就可以名正言顺地行使这一职权。这同时也是给检察机关设定了一种义务，届时如果不开展这种监督就是失职。这样的监督，必定将促进地方性立法质量的提升，对宪法和法

① 参见王玄玮：《违宪检察论——检察机关启动违宪审查程序的初步探讨》，载《政治与法律》2009 年第 4 期。

律权威的维护及国家法制的统一将大有裨益。在新法出台之前，如果检察机关认为有必要，可以先依据《立法法》第90条的规定进行试点，主动对这项工作进行探索。

2. “行政检察权”

与前者相比，“行政检察”一词看上去更熟悉，因为从1991年起检察机关就开始设置民事行政检察机构，开展民事行政检察业务。但是，现行制度中的“行政检察”表述的并非检察权对行政机关的监督，实际上是对人民法院行政诉讼的监督。在现有的法律框架下，检察权可以对行政权进行监督的范围极其有限，仅限于监督劳动教养机关的活动、看守所的监管活动、监狱执行刑罚的活动、人民警察执行职务的活动、行政执法机关向公安机关移送涉嫌犯罪案件的工作、公安机关对治安案件的办理等少数情形，① 这些在检察机关全部业务中仅占很小比重。如果与庞大的行政机关作出的难以计数的行政行为相比，如此有限的监督范围更可谓微不足道。然而现实是，虽然针对行政行为的监督已经建立了行政监察、行政复议、行政诉讼等制度，但是行政机关依法行政的水平仍然不尽如人意。在《全面推进依法行政实施纲要》中，国务院明确指出政府在依法行政方面还存在不少差距，诸如：“……行政决策程序和机制不够完善；有法不依、执法不严、违法不究现象时有发生，人民群众反映比较强烈；对行政行为的监督制约机制不够健全，一些违法或者不当的行政行为得不到及时、有效的制止或者纠正，行政管理相对人的合法权益受到损害得不到及时救济；一些行政机关工作人员依法行政的观念还比较淡薄，依法行政的能力和水平有待进一步提高。”② 如果恢复“一般监督权”中对行政机关进行监督的内容，建立起名副其实的行政检察制度，那将有利于真正将行政权纳入有效监督的范围，督促行政权进入理性运行的轨道。

笔者认为，将一般监督权改造为行政检察权时，对于不同行政行为的监督应当采取不同的方式进行。对于涉嫌违宪（违法）的行政法规，检察机关可以依据《立法法》第90条之规定，提请全国人大常委会进行审查；对于涉嫌抵触上位法的政府规章，检察机关可以依据《规章制定程序条例》第35条、

---

① 法律依据分别为《国务院关于劳动教养的补充规定》第5条、《看守所条例》第8条、《监狱法》第6条、《人民警察法》第42条、《行政执法机关移送涉嫌犯罪案件的规定》第14条、《治安管理处罚法》第114条。需要说明的是，检察机关对监狱执行刑罚的活动进行监督的范围既包括对监狱刑事诉讼活动的监督，也包括对监狱行政行为的监督；检察机关对人民警察执行职务活动的监督、对治安案件办理的监督等内容并未完全开展。

② 《全面推进依法行政实施纲要》（国务院2004年4月20日颁布）第1条。

《法规规章备案条例》第9条等规定，建议国务院进行审查。对于现行法律法规中尚无相关规定的，就要研究进行必要的制度创新，创设新的监督方式。例如，检察机关可以考虑积极运用检察建议这一监督方式，探索对公民、法人提出控告、申诉的具体行政行为及规章以下抽象行政行为进行监督；对经过检察建议监督程序后未获纠正的严重违法的行政行为，探索向人民法院提起行政公诉。如果这些监督机制得以落实，那将是检察机关向真正的法律监督机关转变而迈出的一大步，更是中国走向法治政府和宪政国家迈出的一大步。

法治思维与优化检察权配置

——以推进我国羁押必要性审查权运行为视角

李卫国* 侯晓焱**

党的十八大报告指出："提高领导干部运用法治思维和法治方式深化改革、推动发展、化解矛盾、维护稳定能力。"早在党的十五大报告中，就曾提出，要"进一步扩大社会主义民主，健全社会主义法制，依法治国，建设社会主义法治国家"。之后党的历届代表大会均对依法治国思想不断丰富和发展。十八大报告提出的法治思维与法治方式是落实科学发展观的新要求，标志着我国社会主义法治国家建设进入新阶段。检察机关作为法律实施机构对于全面落实法治思维肩负着历史重任。具体到羁押必要性审查权，这是2012年修订刑事诉讼法中对于检察机关权力配置的优化与完善，它对于强化审前阶段的人权保障具有重要意义。随着新修订刑事诉讼法的具体实施适用，各界对于羁押必要性审查权的理解日益加深。本文拟从法治思维的视角，对这一制度的立法创制、文本设计以及运行问题加以审视，以促进这一权力的有效运行。

一、羁押必要性审查立法是法治思维运用的直接成果

（一）羁押必要性制度的设立体现了法治的初衷——保障公民权利

由个人意志主宰的国家政治生活与社会生活是不确定的，难以有效防止个人专断与腐败，难以为国家民众的合法权益提供保护。"保障国家的稳定和长治久安，最根本的还是靠法治，这是由法治所具有的稳定性、连续性、权威性、科学性等特征所决定的。"① 可以说，法治的初衷主要是保障公民的基本权利和自由，保障国泰民安。刑事诉讼，是国家权力与公民权利对抗最为激烈

* 北京市人民检察院第一分院反贪局局长，北京市检察业务专家。

** 北京市人民检察院第一分院法律政策研究室副主任，法学博士。

① 赵元银：《论建设有中国特色社会主义法治国家的途径》，载《社会科学家》2000年第5期。

的领域。一旦成为犯罪嫌疑人、刑事被告人，公民的人身自由、生命财产、个人声誉等将面临重大影响，有时甚至是灾难性的损害。所以，虽然为了保障诉讼顺利，现代刑事诉讼普遍确立了审前羁押的诉讼程序，但鉴于它使犯罪嫌疑人、被告人受到较长时间的监禁，严重侵害公民人身自由，各国对于审前羁押建立了严格的法律控制程序。① 对羁押必要性进行定期审查就是旨在发挥这种功能的制度。长期以来，我国刑事诉讼中存在逮捕与羁押不分、羁押与刑期倒挂、超期羁押、非法羁押等问题，严重影响了涉案当事人的公民权利。2012年，伴随着“尊重与保障人权”条款，羁押必要性审查制度被写入新修订的刑事诉讼法，正是立法机构贯彻法治思维、强化人权保障的立法举措。

（二）羁押必要性审查制度的设立体现了法治的重点——治权

法治思维中，治理的客体是什么？学界对此素有争议。笔者认为，法治过程中治理的客体重点在于官员的权力。官员是依法治国过程中公权力的具体行使者，权力存在的场所就有权力的滥用与腐败，所以，法治的阻力不是来自于普通的百姓，而是更有可能来自于行使着权力的官员和由官员所行使的权力。“从一定意义上讲，法律对官、权、钱的约束、控制和运用的成功与否，是依法治国能否成功的重要标志。”② 决定审前羁押是刑事诉讼中公权力行使的结果。对犯罪嫌疑人羁押，犯罪指控机关或多或少会得到便利，比如，更容易获得犯罪嫌疑人的有罪供述、更容易保障各个诉讼阶段的顺利进行、更容易保证所获得证据的稳定性。但是，犯罪嫌疑人不是刑事诉讼的客体，无罪推定是现代刑事诉讼普遍确立的原则，它要求通过将权力制约引入审前羁押程序来实现对犯罪嫌疑人的权利保障。长期以来我国刑事诉讼中存在的一押到底、羁押决定权集中、纠正违法羁押和超期羁押不利的现象与此严重不相符，必须完善刑事诉讼中的权力配置，强化权力制约。羁押必要性审查制度是承载这一立法使命的有效载体。新刑事诉讼法第93条赋权检察机关对捕后的羁押必要性进行审查，其时间跨度既包括侦查阶段，也包括审判阶段，使侦查机关与审判机关在羁押问题上的权力受到检察机关的权力制约，无疑有助于更好地体现法治所要求的治权理念。

---

① 参见徐鹤喃：《中国的羁押必要性审查——法制生成意义上的考量》，载《比较法研究》2012年第6期。

② 胡云腾：《论推进依法治国进程的若干问题》，载《现代法学》1999年第2期。

二、由检察机关承担羁押必要性审查的立法安排是法治思维的落实

从我国实施依法治国基本方略以来的经验可以看出，当前贯彻法治思维的重点，应当“从过去关注于注重西方法治理论与法治经验，转变到以中国国情和实际为本、以合理学习借鉴外国法治经验为用上来，更多地关注中国经济社会实际，回应和解决中国现代化建设出现的各种法治问题。”① 具体到羁押必要性审查问题上，域外法治国家大多授权法官来对未决羁押进行定期审查，由此，主张我国也由法官对于强制处分权进行授权和审查的观点俯仰皆是。但是，贯彻法治理念，必须回应中国的现实，此次修订刑事诉讼法将“对羁押必要性进行审查”的权力专门赋予检察机关，是立足中国国情做出的立法选择。

（一）我国的法官难以体现域外司法审查中法官具有的独立性

“西方国家的司法官员甚至法院本身具有高度的独立性，加上控诉与裁判职能在法律上得到严格的分离，法官并不从事任何带有刑事追诉意义的活动，因此，由法官或法院对羁押的合法性所作的司法审查，足以在不同程度上防止未决羁押的滥用。”② 我国法官独立审判的理想还任重而道远。

首先，我国公检法机关共同维护社会治安的使命使法院审查羁押必要性的结果难以有显著改变。分工负责、互相配合、互相制约原则是我国宪法和刑事诉讼法规定的基本原则。实践中，法官与警察、检察官一样承担惩罚犯罪的任务。当控诉证据明显不足时，有的法官不会轻易直接做出无罪判决，而是建议检察官去补充侦查，甚至会亲自展开庭外调查，收集不利于被告人的证据。有的法官甚至依据庭外收集的证据，在不经过控辩双方质证、辩论的情况下，集追诉与裁判于一身，直接对被告人的“罪行”予以定罪量刑。③ 所以，在公检法共同承担惩治犯罪职责的大背景下，法院承担羁押必要性审查职能的效果不容乐观。

其次，中国司法机关的质效考核体系发挥的负面影响堪忧。自20世纪90年代起中国司法机关陆续开展了绩效考核，旨在优化管理，促进提高业务质

---

① 李林：《关于全面落实依法治国基本方略需要研究解决的几个问题》，载《法律适用》2009年第12期。

② 陈瑞华：《比较刑事诉讼法》，中国人民大学出版社2010年版，第306页。

③ 参见陈卫东主编：《刑事诉讼法实施问题调研报告》，中国方正出版社2001年版，第171页。

效。检察机关对于捕后做无罪处理、不诉甚至判缓刑的，在考核中被评定为错误逮捕或者逮捕质量不高。2008 年 1 月，最高人民法院开始在全国范围内试行《案件质量评估指标体系》。① 对审判质量的考核，有的法院采取消极计算方法。如立案不当，有罪和无罪判决有误，发回重审、二审和再审改判等，一般采取扣分方法处理。② 如果批捕权和羁押必要性审查权由法院行使，鉴于羁押在我国往往具有暗示有罪的功能，以及国家赔偿制度的影响，法院在判决中能否摆脱前期自己所做的逮捕和羁押的影响还是未知数。

最后，影响法院独立裁判的外部因素客观存在。例如，各级人民法院除了按照宪法对同级人大负责并接受上级人民法院的监督之外，在事实上还隶属于并在经费上严重依赖于地方财政，没有由各级人大设立单独的法院财政预算，无法保障自身的财政独立和充足。如果法院无法摆脱这些因素的影响，则无法树立中立地位，难以对羁押必要性作出客观判断。

（二）我国检察机关的性质决定了承担批捕和羁押必要性审查职能的适宜性

值得注意的是，在欧洲一些国家，仍然保留着有些情况下由检察官批准强制处分权的做法。《欧洲人权公约》没有将羁押决定权明确地仅仅授权于法官。根据该公约第 5 条第 3 款，任何依据公约第 5 条第 1 款第 1 项被逮捕或者拘留之人应当被迅速带到法官或者经法律授权行使司法权之其他官员的面前，并应当有权在合理期限内得到审判，或者有权被释放候审。③ 欧洲人权法院通过一系列判决指出，该条款的宗旨在于保障任何人不被任意剥夺自由。“其他官员”不必等同于“法官”，但无论如何必须具备法官的若干特质：一是独立于行政机构和当事人。这强调，“其他官员” 自身拥有与法官类似的独立性；二是在程序要求方面，该官员应当对被带至其面前的人员履行听取意见的义务；三是在实体要求方面，该官员必须对有利于和不利于被指控人的因素予以全面考虑，依据法律规定，判断是否有羁押该人的理由，并在没有此类理由的情况下释放该人。根据这些标准，欧洲人权法院在 Schiesser v. Swizerland 案中裁判瑞士地区检察官向被羁押人 Schiesser 提供了公约要求的保障。可以看出，

---

① 参见重庆市第二中级人民法院课题组：《审判质效考核体系的考察与反思》，载《法律适用》2011 年第 2 期。

② 沐润：《法院绩效考核制度的评析及其完善》，载《云南大学学报（法学版）》2012 年第 2 期。

③ Everyone arrested or detained in accordance with the provision of paragraph 1（C）（art. 5 -1-c）of this article shall be brought promptly before a judge or other officer authorized by law to exercise power and shall be entitled to trial within a reasonable time or to release pending trial. Release may be conditioned by guarantees to appear for trial.

它没有从“法官优位”的角度思考强制处分权的归属问题，而是认为防止强制处分权滥用的关键在于寻求一个客观中立的第三方来斟酌双方利益冲突，做出公允的判断，而这里的第三方可以是法官，也可以是具有中立地位的检察官。①

在中国批准逮捕权主体方面，德国赫尔曼教授提出，“必须追问的是，中国的检察官能否超脱于其追究犯罪的天职，能否以客观中立的态度决定是否剥夺犯罪嫌疑人的自由。”② 我国检察机关行使批准逮捕权和羁押必要性审查权是履行法律监督职责的体现，特别是作为具体承担部门之一的侦查监督部门，在刑事诉讼中不承担公诉职能，职责就是站在客观的立场审查案件是否符合逮捕和继续羁押的条件，具有中立地位。此外，域外司法审查机制的宗旨在于制约侦查权和保障人权，而我国检察机关的侦查监督职能也正是以此为己任，不仅审查案件在定罪、量刑等方面是否符合逮捕要求，而且需要审视案件中犯罪嫌疑人的社会危险性具体如何，以及是否存在侦查活动违法的现象，体现出检察机关法律监督的属性。这些都为我国检察机关充分履行审查羁押决定的适当性提供了正当基础。出于对中国现实的洞悉与警醒，许多专家学者对刑事诉讼法的这一修改持肯定态度。陈光中教授指出，此次法律修改发展了我国检察机关的特色。检察机关的定位在世界上本就不是一个模式，我国检察院承担了一部分西方意义上的司法审查职能，这在中国现行法律框架下利大于弊。③

笔者认为，我国目前未决羁押率高的主要原因不是未决羁押的审查主体不当，而是源于观念抵触、非羁押性强制措施不足等问题。在有的法官承担羁押审查的国家，依然出现审前羁押审查徒有虚名现象。例如，俄罗斯 1992 年 5 月曾通过一项法律，在俄罗斯历史上首次规定为逮捕与审前羁押的合法性和正当性提供依法审查，并由法官承担。但是美国学者 1996 年的一项研究表明，该法律在当时的总体实施情况并不顺利，俄罗斯法官并没有做出有力的回应。听证会延迟和延期司空见惯；从羁押场所释放犯罪嫌疑人和被告人的决定不是常态而是例外。新法实施的阻力主要不是警察与检察官，而是法官，因为法官们不愿让新法的要求超越他们对犯罪以及释放具有潜在危险性的被告人所带来

---

① 参见高峰：《欧洲人权法院视野下的检察官中立性问题——兼论检察官行使强制处分权的正当性》，载《犯罪研究》2006 年第 1 期。

② ［德］约阿西姆·赫尔曼：《关于中国〈刑事诉讼法（草案）〉的报告》，载《比较法研究》2012 年第 1 期。

③ 葛琳：《两大诉讼法修改与检察制度的完善研讨会综述》，载《国家检察官学院学报》2013 年第 1 期。

的社会后果的忧虑。①不必要的未决羁押危害巨大，所以，我们更需要关注的是，如何在实施新法的过程中找准症结，推动改革。

三、我国羁押决定权力运行中的权力冲突

从依法治国的角度审视，对公权力引入制约机制是法治过程的重点。但是，权力制约不等于权力冲突，权力制约是一种权力运行的结果受到另一权力的审查，权力冲突则是面对同一客体，两个或者以上的权力主体均有影响权从而使结果处于不确定状态。我国羁押必要性制度在文本意义上已经建立，但是，由于这一制度在我国初步建立，还缺少经验可循，同时，法律修订中对于相关联条款的关注协调不足，这导致我国的羁押必要性审查制度运行中面临权力冲突的若干问题，需要以法治思维推动加以解决。

（一）侦查阶段检警之间的权力冲突

在侦查阶段，检警权力对于羁押状态的影响包括：第一，依据新刑事诉讼法第 93 条，检察机关对于羁押状态的变更只享有向侦查机关或者部门的建议权；第二，依据第 94 条，侦查机关或者部门享有不受检察机关制约的直接撤销逮捕权；第三，依据第 94 条，检察机关对适用不当的享有变更权。由此，检警权力出现潜在冲突和重大差异。

检警权力的潜在冲突是指，在侦查阶段，检察机关发现自己做出的批捕决定不当时，应该依据第 94 条直接撤销，但是，依据第 93 条，却只能向公安机关提出变更强制措施的建议。对于这两条貌似存在矛盾的法条应该如何理解？对此，下文将予以详细建议。

检警权力的重大差异是指，依据第 93 条，检察机关在侦查阶段对羁押必要性审查后不能直接变更强制措施，而是只能向公安机关提出变更建议，另外，根据新刑事诉讼法第 94 条与刑事诉讼规则第 148 条，公安机关、检察机关的自侦部门如果发现采取强制措施不当，有权释放被逮捕的人或者变更强制措施，之后，只需通知原批准的检察机关。在实践中，有的侦查机关或部门发现遗漏的犯罪嫌疑人后主动向检察机关申请追加逮捕该人，检察机关批准逮捕之后，侦查机关或部门又出于某种理由直接对其取保候审，变更的迅速与随意有损害法律严肃性之嫌。有专家学者对此解释为，将逮捕改为取保候审，属于刑事强制措施从严苛变更为宽缓，是对人权保障的加强，所以可以不需要报逮捕授权机关的批准。笔者理解，此观点所指的“人权保障”应该仅仅指“犯

① 参见 Todd Foglesong，“Habeas Corpus or Who Has the Body? Judicial Review of Arrest and Pretrial Detention in Russia”，in 14 Wisconsin. International Law Journal 542，543，1996。

罪嫌疑人”或者“被指控人”的人权；当支撑羁押正当性的若干要素（如社会危险性）被疏于审查时，刑事法律将只成为“犯罪人的大宪章”，而难以同时成为“善良人的大宪章”。

（二）审判阶段检法之间的权力冲突

我国法院享有逮捕权，并有权对逮捕后羁押人员变更强制措施。依据我国宪法第37条，任何公民，非经人民检察院批准或者决定或者人民法院决定，并由公安机关执行，不受逮捕。刑事诉讼法中相关条文也体现了我国法院具有决定逮捕权的原则。

同时，案件提起公诉后，人民法院取得案件管辖权。依据新刑事诉讼法第94条，法院有权主动审查逮捕羁押的适当性并有权撤销逮捕，依据新刑事诉讼法第95条，法院也有权依据当事人的申请而决定撤销或者维持羁押。根据相关司法解释，被逮捕的被告人患有严重疾病、生活不能自理，或者怀孕或者正在哺乳自己婴儿的，或者系生活不能自理的人的唯一抚养人的，人民法院可以变更强制措施。①对于当事人变更强制措施的申请，人民法院应当在接到申请后三日内作出决定；同意变更的，按规定程序办理，不同意变更的，应当告知被申请人，并说明理由。② 可见，在审判阶段，法院对于当事人强制措施的决定与变更享有直接决定权。

然而，依据新刑事诉讼法第93条，检察机关负责审查逮捕后的羁押必要性，逮捕后的阶段应该包括自作出逮捕决定至判决前的各个阶段，期间跨越了侦查阶段、审查起诉阶段和部分的审判阶段。那么，检察机关在案件提起公诉后对于羁押必要性的审查权与前述的法院决定或者变更逮捕等强制措施的权力如何协调？一方面，公诉后人民法院审查变更羁押的权力能否看作是对羁押必要性的再次审查权？另一方面，如果人民法院认为存在前述三种情况之一或者具有其他不应当逮捕的情形的，有权为被告人变更强制措施，解除羁押状态，而检察机关审查后认为应该继续羁押，双方意见发生冲突，应该如何看待？此时，依据新刑事诉讼法第93条检察机关的意见没有强制力，是否继续羁押由法院最终决定。

综上可见，对于羁押必要性审查职能，我国检察机关在自己负责的审查起诉阶段履职时最为顺畅；在侦查阶段与审判阶段，则面临与侦查机关、审判机

---

① 参见2013年1月1日起施行的《最高人民法院关于适用〈中国人民共和国刑事诉讼法〉的解释》第133条。

② 参见2013年1月1日起施行的《最高人民法院关于适用〈中国人民共和国刑事诉讼法〉的解释》第137条。

关的权力制约与协调问题。这表明，我国刑事诉讼中存在着一种持续的、权力主体多元的羁押必要性审查制度。“持续”是指，在检察机关审查逮捕羁押必要性之后，如果案件进入审判阶段，检察机关的审查结论客观上受到法院的再次审查并且有时被更改；“权力主体多元”是指，在我国影响羁押与否的机关绝非只有检察机关，公检法三机关都以各自的方式发挥作用。在这种权力行使框架下，对于是否羁押问题，将不可避免地出现检警意见不同、检法意见冲突的情形。

四、以法治思维解决权力冲突的可行路径

（一）提高立法质量，完善社会主义法律体系

运用法治思维，优化权力配置，首先应该坚持完善中国特色社会主义法律体系，“从片面追求立法数量的立法观，转向注重立法质量的立法观”。[①] 从前述权力冲突看，法律修订的不系统是造成问题的主要原因之一。我国此次修订刑事诉讼法决心将羁押必要性审查纳入条文范围。但是，法律的修订是一项系统工程，刑事诉讼的多项制度间存在直接或者间接的关联。如果将羁押问题比作一枚硬币，羁押还是释放作为羁押权行使的结果就成为硬币的两面，都属于羁押权行使的内容。刑事诉讼法赋予检察机关批准逮捕权，同时又赋予公安机关不受事前审查的直接撤销强制措施、释放犯罪嫌疑人的权力，这在理论上可以出现架空批捕权的法律效果。

而且，刑事诉讼法第93条“羁押必要性”的立法界定缺位，直接带来新增条款与保留条款衔接时的潜在冲突。刑事诉讼法修订案通过之前，有法学专家曾经针对羁押必要性试点的情况指出，“羁押必要性”在国外是很重要的概念，但在我国的法定程序设计上，并没有使用这一概念，用的是“逮捕必要性”。逮捕必要性与羁押必要性并不能等同。[②] 这一问题在新法正式通过后依然存在，刑事诉讼法第93条明确使用了“羁押必要性”一词，却不明确这一概念的具体内涵；注意力更多地集中到设计“羁押必要性”审查制度方面，对于与原有条款的衔接问题则考量不足，从而影响了刑事诉讼法新旧条款之间的衔接，导致出现条款适用中的困惑和冲突。

（二）按照立法初衷开展司法活动，避免“曲意释法”

刑事诉讼法第93条规定检察机关认为无羁押必要性时，可以建议侦查机

---

① 李林：《关于全面落实依法治国基本方略需要研究解决的几个问题》，载《法律适用》2009年第12期。

② 李晶晶、徐伯黎：《公检法司代表探讨羁押必要性审查机制》，载《检察日报》2010年4月28日。

关予以释放或者变更强制措施，但侦查机关并无采纳的义务，自行斟酌是否采纳，并将处理情况在10日以内通知人民检察院。同时，关于“羁押必要性”的概念在刑事诉讼法中并无立法界定，只是规定在检察机关制定的规则中，侦查机关、审判机关并无遵守规则的义务。由此，其他机关特别是侦查机关如何理解“羁押必要性”成为刑事诉讼法第93条能否落实的关键。在我国司法实践中，公、检、法机关在一定程度上利用其解释和适用刑事诉讼法的话语权，作出往往带有明显目的性和倾向性的有利于自己的解释，这种解释，基于部门利益而故意为之。这种做法被学者称为“曲意释法”。① 笔者认为，在羁押必要性审查领域，也容易出现类似现象。刑事诉讼法第93条虽然确立了羁押必要性审查制度，但作为新设置的制度，法律的规定比较原则，没有对于羁押必要性的定义、审查的形式、间隔的时间等具体操作性问题做出细致规定。另外，对犯罪嫌疑人进行审前羁押，的确更容易保障诉讼顺利进行，并且还可能获得检举揭发其他犯罪等便利，在这种情况下，公检法机关特别需要从强化人权保障、强化权力制约的立法本意出发，对于比较原则的法律规定做出合理的解读，以法治思维推动更新执法理念，推动实现立法原意。

（三）对公检法之间的权力制约方式做适度改变

如前所述，我国检察机关虽然是羁押必要性的审查机关，但是，公安机关和审判机关在各自负责的阶段均对羁押与否发挥重要作用，在很大程度上，羁押必要性的审查权可能被架空。这种状况是我国公检法三机关之间“分工负责、互相配合、互相制约”的结果。据论证，设计公检法三机关之间的这一关系的理论基础是认为这样有助于经过实践的反复检验，最终查明案件事实，形成正确认识；而且，三机关之间目的一致，这种关系有助于顺利、准确地完成惩罚犯罪的共同使命。② 这种观点是国家本位主义的突出体现，忽略了刑事诉讼自身的规律，弱化了对在刑事诉讼中最容易受到侵犯的公民个人权利的保障。

公检法三机关中，公安机关在刑事诉讼中的地位最值得关注。关于侦查机关在我国的重要地位。《中共中央关于进一步加强和改进公安工作的决定》（中发［2003］13号）指出，“公安机关是人民民主专政的重要工具，是武装

---

① 万毅：《“曲意释法”现象批判——以刑事辩护制度为中心的分析》，载《政法论坛》2013年第2期。

② 对这一观点的详细论述参见：徐益初：《论我国刑事诉讼中的几个辩证关系——兼论完善我国刑事诉讼原则的问题》，载《中国法学》1990年第1期；卢剑青：《对公检法三机关相互关系的再认识》，载《法学》1984年第3期。

性质的国家治安行政力量和刑事司法力量，肩负着打击敌人、保护人民、惩治犯罪、服务群众、维护国家安全和稳定的重要使命。"① 文件对于公安机关的重要作用予以充分肯定。而且，我国宪法和刑事诉讼法都规定，人民法院、人民检察院和公安机关进行刑事诉讼，应当分工负责，互相配合，互相制约，以保证准确有效地执行法律。

刑事诉讼法中的诸多条文都体现了这一宗旨的精神，公安机关在多个环节对于检察机关的决定发挥制约作用。例如，公安机关对检察机关的不批准决定和不起诉决定，认为有错误的，都可以要求复议，如果意见不被接受，可以向上一级检察机关提请复核。这些颇具中国特色的制度规定，反映出我国公安机关在刑事诉讼中与司法机关的同等地位。德国学者赫尔曼教授认为，"这表明警察在中国刑事程序中具有相对强大的地位。德国法律没有给予警察这种权利，而是将它严格地视为仅是检察院的一个'辅助机构'"② 2012 年修订刑事诉讼法对公安机关更加有升格为司法机关的迹象。例如，刑事诉讼法第 46 条规定，辩护律师在职业活动中知悉委托人或者其他人，准备或者正在实施危害国家安全、公安安全以及严重危害他人人身安全的犯罪的，应当及时告知司法机关。立法机构主编的法律释义书籍指出，"这里规定的司法机关，是泛指侦查机关、人民检察院和人民法院。"③ 刑事诉讼法第 115 条中也有类似规定。再从公安机关领导的职务看，根据《中国新闻周刊》2010 年 3 月的报道，全国省级党政权力框架中，仍有一半以上的政法委书记兼任公安部门首长。

正是基于上述现象，陈光中先生不无忧虑地指出，"强警不应当改变公安机关在国家机构体制中的固有定位，不能把公安机关提拔升格为司法机关，否则就破坏了我国宪法所规定的国家机构的有机统一体制，也有违社会主义法治理念。""司法体制改革的方向是应当使法院和监察官员这两个司法机关越来越能依法独立、公正地行使审判权、检察权，而不是让公安机关与司法机关渐行渐近，乃至于三者混为一体都成为司法机关。"④

---

① 转引自陈光中：《刑事诉讼中公安机关定位问题之探讨——对〈刑事诉讼法修正案（草案）〉规定司法机关包括公安机关之质疑》，载《政法论坛》2012 年第 1 期。

② 约阿西姆·赫尔曼：《〈德国刑事诉讼法典〉中译本引言》，载《德国刑事诉讼法典》，李昌珂译，中国政法大学出版社 1995 年版，第 7 页。

③ 郎胜主编：《中华人民共和国刑事诉讼法释义》（最新修正版），法律出版社 2012 年版，第 95 页。

④ 陈光中：《刑事诉讼中公安机关定位问题之探讨——对〈刑事诉讼法修正案（草案）〉规定司法机关包括公安机关之质疑》，载《政法论坛》2012 年第 1 期。

五、制度完善视角下羁押必要性审查模式的发展

在上述路径分析的基础上，笔者认为，应该对我国的羁押必要性审查制度以及更广阔的意义上的羁押决定体系做以下完善：

第一，厘清、精确界定“羁押必要性”的含义，消除第93条与第94条之潜在冲突。在羁押问题上，存在羁押的合法性与必要性之分。如陈瑞华教授指出，未决羁押这一强制措施的适用，除了要具备合法的理由之外，还必须具有必要性……如果说羁押理由的限定是从目的正当性方面对羁押施加的限制，那么必要性原则的确立则是为法官在行使自由裁量权方面提供了一项指导准则。[①] 在我国的羁押实践中，存在错押、超期羁押和不必要的羁押这几种不同情况，前两者属于违法羁押，应当及时依法纠正；而第三种才属于此处研讨的羁押必要性的问题。但在我国试点该制度以及目前初步实施刑事诉讼法过程中，对这一问题的重视并不充分。在现行立法下，检察机关在侦查阶段究竟是否有权力直接改变逮捕决定，取决于对“羁押必要性”的理解和运用。只有妥善解决这一问题，刑事诉讼法第93条与第94条的潜在冲突才有可能解决。囿于篇幅，“羁押必要性”的具体分析在此不予赘述。

第二，取消侦查机关和侦查部门自行变更逮捕强制措施的权力。对此，已有实践部门人士指出，“对于应当适用逮捕，而公安机关却适用了取保候审或监视居住的情况，刑事诉讼法未规定相应的监督程序，导致公安机关在这两项强制措施的适用上享有不受监督的决定权。”建议对公安机关撤销、变更逮捕强制措施，增加规定：“公安机关因案情变化、侦查目的完成等因素，认为已逮捕的犯罪嫌疑人无继续侦查必要的，批准撤销或变更决定，并通知公安机关，由公安机关执行。”[②] 笔者认为这种建议是可取的。

第三，在大胆探索实施法律的基础上，未来趋势应是变更羁押必要性审查机关的建议权为决定权。在我国羁押必要性试点过程中，将检察机关对于羁押必要性审查后的权力设计为带有监督性质的建议权，刑事诉讼法的正式法律修正案也采取了这一思路。但是，笔者赞同卞建林教授的观点，有批准权力的机

---

① 陈瑞华：《问题与主义之间——刑事诉讼基本问题研究》，中国人民大学出版社2003年版，第173—174页。

② 唐一哲：《论完善对刑事强制措施的检察监督——从修改刑事诉讼法的角度》，载甄贞主编：《刑事诉讼法修改与诉讼监督》，法律出版社2011年版，第199页、第203页。

关就应该有决定的权力。[①] 在审前阶段，检察机关是而且是唯一的批准决定逮捕的机关。当特定事由出现，表明检察机关据以作出逮捕决定的依据不存在或不再存在时，检察机关也理应有权改变自己作出的逮捕决定。现行修订案之所以采用了这一模式，应该更多地是为体现刑事诉讼法中公检法三机关分工负责、互相配合、互相制约的原则，以及对于侦查活动打击犯罪效率的关照。为了消除上文所述的权力行使冲突，提高羁押必要性审查制度运行的效率，有必要在法律实施一段时期后予以相应调整，既考虑调整审查权的性质，也考虑调整审查权的承担主体。回应现实，作出改变，是立法应有的品格。

六、结语

新刑事诉讼法创设了逮捕后继续审查羁押必要性的制度，为我国进一步完善未决羁押制度迈出了宝贵的一步。该制度落实情况如何，取决于法律实施机关以及法律制定机关能否运用法治思维，在实施过程中找准症结，从而真正实现制约权力、保障人权的立法目标。

---

① 李晶晶、徐伯黎：《公检法司代表探讨羁押必要性审查机制》，载《检察日报》2010 年 4 月 28 日。

检察权本质属性定位引导检察机关领导体制革新

叶文胜[*]　张　莉[**]

一、问题之提出

检察机关的定位问题一直是司法改革亟待解决的问题，而这一问题解决的前提一定是国家对检察权的定性，很多人认为检察机关的定位在宪法第129条、第131条①中已经给出了答案，即人民检察院的宪法定位是“法律监督机关”，但是法律监督机关这样定位的基点是什么呢？是先由宪法以根本法的形式确立检察机关的地位，还是应当先明确检察权的性质再以此为基础奠定检察机关在司法体系中的位置？显然这不仅仅是一个应然和实然的问题，在逻辑的先后顺序上我们当然应当厘清的是，一个机关享有的权力是基于什么样的权利产生的，如果倒过来由下至上的去推导权利的性质那是会发生根本错误的。所以笔者认为在如何解决检察机关的定位问题上应当先考察检察权的性质。

在涉及检察权性质对检察机关领导体制的影响问题上，我们不得不先考虑检察权的结构内涵，我国检察权的结构模式由两个基本职能、三种具体职权所共同构成：两个基本职能为宪政法律监督职能与诉讼活动组织职能，在此基础之上，可相应地划分出法律监督以及案件侦查、案件公诉三种具体职权。其中法律监督职权的内容包括侦查监督、审判监督、刑罚执行监督；公诉职权包括所有公诉案件的审查起诉、出庭公诉，刑事公诉案件中的批准逮捕、自行补充侦查以及对同级人民法院第一审判决和裁定的抗诉；案件侦查权则为检察机关

---

* 北京市丰台区人民检察院检察长。

** 北京市丰台区人民检察院助理检察员。

① 《中华人民共和国宪法》第129条规定：“中华人民共和国人民检察院是国家的法律监督机关。”第131条规定：“人民检察院依照法律规定独立行使检察权，不受行政机关、社会团体和个人的干涉。”

对依法直接受理的刑事案件所享有的侦查权。① 亦即我国的检察机关承担的主要职能包括监督、侦查、公诉三种，相对应的是可以理解为目前将检察机关视为单纯的法律监督机关显然是不合理的，它除了监督权还具备行政和部分司法的权力，因而在论及检察机关领导体制时，坚持所谓的“双重领导体制”② 是否合理是一个很值得深入思考的问题，如果检察机关自身定位不清晰，不难想象在领导体制上会产生什么混乱的状态，所以本文试图从检察权的界定入手明晰检察机关的定位，进而对我国目前检察机关领导体制的革新提出一些完善的建议。

二、检察权的性质——争议中的理性思考

（一）检察权之共性解析

检察制度是一个舶来品，就其在宪政条件下与审判职能对应而存在、以追诉犯罪为基本职能的结构形式而言，现代检查制度是西方的产物。近代中国检察制度是中国御史制度与西方检察制度结合演化的结果。③ 而检察权的内容取决于各国的法律传统、法律实践及宪法与法律的具体规定。不同类型的国家、不同法系，检察权的内容各异、差异重大。

有学者提出将当代各国的检察权大致可以区分为狭义检察权、中义检察权和广义检察权三种。④ 其中，狭义检察权是指仅以行使部分公诉权为限的检察权，英国较为典型。所谓中义检察权是指包括公诉权、侦查权、侦查监督权（或指挥权）及审判监督权等权能的检察权，法国、德国、日本等大陆法系国家以及美国的检察权都可归类为此种。以日本为例，日本学者对检察权作出广义与狭义的界定。他们认为：从广义上解释，检察权是检察官作为公益代表人所具有的特殊司法权限，即执行《日本检察厅法》第 4 条及第 6 条所规定的事务的权限。这些权限包括：（1）在刑事诉讼中实行公诉，请求裁判所正当适用法律，并监督判决、裁定的执行；（2）对于属于裁判所权限的其他事项，

---

① 杨宗辉、周虔：《检察权结构探微》，载《法学评论》2009 年第 1 期，第 22 页。

② 1979 年 7 月制定的《中华人民共和国人民检察院组织法》，将检察机关上下级之间的监督关系改为领导关系。该法第 10 条规定：“最高人民检察院对全国人民代表大会和全国人民代表大会常务委员会负责并报告工作。地方各级人民检察院对本级人民代表大会和本级人民代表大会常务委员会负责并报告工作。最高人民检察院领导地方各级人民检察院和专门人民检察院的工作，上级人民检察院领导下级人民检察院的工作。”1982 年宪法确认了这种双重领导体制并沿用至今。

③ 孙谦主编：《中国检察制度论纲》，人民出版社 2004 年版，第 5 页。

④ 石少侠：《检察权要论》，中国检察出版社 2006 年版，第 26 页。

在认为职务上有必要时，可要求裁判所通知或者陈述意见；（3）作为公益代表人处理其他法令规定属于其权限的事务；（4）对任何犯罪进行侦查。从狭义上讲，检察权只是针对刑事案件而言，即：（1）实行公诉；（2）请求裁判所正当适用法律；（3）监督判决的执行；（4）对任何犯罪进行侦查。① 而广义检察权，是指除包括中义检察权的权能外，还享有法律监督权的检察权，俄罗斯、乌克兰、白俄罗斯等独联体国家以及中国等国的检察权皆可归为此类。通过这种对检察权内容的比较研究，我们可以发现一点，即所有的检察权的内容都源于公诉权的确立，无论是狭义的、中义的还是广义的检察权，它们之间的共性并不是法律监督，而是公诉，当然这种共性不能决定每个国家在检察权的定性上都得一致，必须承认各种类型的检察权都与该国的宪政体制紧密结合，但是在了解作为检察权的共性特征是公诉权这点之后，进而联系本国实际政策和国情解析中国检察权定性是非常重要的。

（二）检察权性质辨析

中国检察制度因其独特之处而备受质疑，围绕检察权展开的争论更是此起彼伏。综合来看，目前理论界存在的学说主要有八种：司法权说、行政权说、双重属性说、法律监督权说、立法权说、双层属性说、多层属性说、多元属性说。② 在这里笔者仅就争议最多的几种观点进行解析，进而明确检察权的界定问题。

1. 司法权说。有学者认为，在我国检察机关是一个完整独立的机构体系，它的权力来源于宪法和权力机关的授权，就下级机关而言，其上级机关也是其权力来源，检察机关与行政机关和审判机关都有各自独立地位，检察机关与审判机关是平行设置的，它们是我国的两大司法机关。③ 在此肯定了检察权应当是和审判权一样都属于司法权的范畴，这种观点很快受到一些学者的质疑，他们认为尽管司法权在现代社会中的含义已经没有以前那样清晰，现代社会的司法权及行政权在功能意义上的区分正变得越来越模糊，其社会功能也表现出一定的可变性，但作为解决社会纠纷的一项国家权力，其内在的固有性格依然较为稳定，作为现代意义的司法权至少应当具备独立性、被动性、判断性和终局

---

① 裘索：《日本国检察制度》，商务印书馆2003年版，第13－14页。

② 张学武：《检察权性质辨析——审视〈宪法〉第129、131条之规定》，载《东岳论丛》2008年7月，第165页。

③ 参见陈光中、徐静村主编：《刑事诉讼法学》，中国政法大学出版社1999年版，第35页；周士敏：《论我国检察制度的法律定位》，载《人民检察》1999年第1期，第56页。

性的特征，经过考察发现检察权虽然包含部分司法要素，但是司法权无法涵盖检察权的外延。① 笔者对基于检察权不具备司法权的特征而排斥其司法性的观点极不认同，所谓司法权必须具备终极性、中立性、独立性和被动性或消极性等特征的观点，事实上已经是在三权分立的体制下，从狭义的角度理解司法权，持此观点的学者简单地将审判权的特征归纳为司法权的特征，在前提缩小的语境中探讨检察权是否属于司法权的问题本身就是有缺陷的。我国的宪政制度不同于西方国家的三权分立，党的十八大报告中有关司法体制改革的论述是我国司法体制改革必须遵循的指导思想，这种狭义的司法权概念是否应当适时进行更正了呢？

2. 行政权说。持此观点的学者认为以公诉权为基本内容的检察权不可能具有终局性、中立性、被动性、独立性的特点，检察机关的设置也不同于审判机关的组织体系，检察权在本质属性上、在终极意义上应该属于行政权。② 其理由有二：首先，国家掌握了追究犯罪的主动权，但是又不能让裁判机关同时握有追诉权，因而就设置了专门的追诉机关，在公诉活动过程中，检察机关各项权能的运作不同于法院审判权的运作，公诉机关与被追诉方是对立冲突的，它要将双方的对立提交审判机关作出最终的裁决；其次，检察机关组织体制和行动原则具有行政特性。检察机关组织活动的基本原则是“检察一体制”，具体体现为“阶层式建构”和上级的“指令权”。然而对此学说，学者们提出了尖锐的批判，他们认为将我国检察权定性为行政权的观点实际上并无新意可言，此种观点只不过是对“三权分立”政体下检察权定位观之简单移植。③ 针对持行政说观点的理由，他们认为“行政权说”的立论基础与我国现行的宪政体制相悖，我国并无三权分立而是通过划分行政机关、审判机关、检察机关三者之间的职权范围而形成了三项权力彼此监督、相互制约的权力运行机制。同时以检察机关主要是一个公诉机关享有公诉权为理由，将检察权最终归属于行政权是不成立的，因为在这里讨论的检察权事实上是一种集合性权力。④ 笔者认为，虽然我们不能否认检察机关的组织体制和行动原则与行政机关有相似之处，但这并不能说明检察机关就是行政机关，检察权就是行政权。检察权的设置有防止司

---

① 参见张学武：《检察权性质辨析——审视〈宪法〉第129、131条之规定》，载《东岳论丛》2008年7月，第165—166页；陈卫东：《我国检察权的反思与重构——以公诉权为核心的分析》，载《法学研究》2002年第2期，第5页。

② 陈卫东：《我国检察权的反思与重构——以公诉权为核心的分析》，载《法学研究》2002年第2期，第6页。

③ 石少侠：《检察权要论》，中国检察出版社2006年版，第51—52页。

④ 参见石少侠：《检察权要论》，中国检察出版社2006年版，第45—51页。

法专断和擅断、维护法制、保障人权之目的，将检察权等同于一般行政权，抹杀了检察官在一定程度上的独立判断权和处置权，抹杀了检察官受法定原则的严格限制，抹杀了应将依法办事置于上命下从的组织关系之上的要求，其最突出的弊端是使检察权服从于行政权，检察官服从于政府首长，从而严重损害法治原则的贯彻，而难以避免地使检察权成为当权者达到某种目的的工具。

3．法律监督权说。持此观点的学者认为，中国的检察权既不属于司法权，也不属于行政权，而是独立的法律监督权。① 主张“法律监督说”的学者主要从以下几方面来进行论证：第一，检察机关的宪法地位决定了检察权的法律监督权属性。根据我国宪法和人民检察院组织法的规定，人民检察院是国家的法律监督机关。第二，法律效力的普适性与法制的统一性决定了检察权的法律监督权属性。没有有效的、以国家强制力为后盾的法律监督机制，就不可能维持法律效力的普适性与统一性。第三，分权制衡理论决定了检察权的法律监督权属性。“将分权制衡理论与我国检察机关的法律监督职能联系起来加以探讨，对于充实我国检察制度的基础理论，对于正确界定我国检察权的性质，无疑具有重要的理论意义。② 在此基础上，有学者还提出人民检察院并非行政执法机关，检察机关的法律监督（包括对人民法院审判活动的监督）与其他一切形式的法律监督的质的区别就在于它的司法性。检察概念的实质内涵是法律监督，侦查、审查批捕、审查起诉、提起公诉和抗诉等司法职能同时是法律监督的具体实现形式而已。③ 笔者认为，法律监督只是检察权权力内容的一部分。首先，如果将检察权的内涵界定为单一的法律监督权，显然会违反基本的诉讼法理，在刑事诉讼中作为公诉方行使的检察权如果既包含公诉权又包含法律监督权，那么将会打破诉讼机制本身固有的平衡性。其次，宪法和法律赋予检察机关在诉讼活动中的监督权只是原则性的规定，实际操作中存在很多漏洞，例

---

① 持此观点的学者有：叶建丰：《法律监督权：检察权的合理定位》，载《河北法学》2004年第3期；曹呈宏：《分权制衡中的检察权定位》，载《人民检察》2002年第11期；石少侠：《论司法改革中的检察权》，载《吉林大学社会科学学报》2004年第5期；左星宇：《检察权属性的法理分析》，载《甘肃行政学院学报》2003年第2期；石少侠：《论我国检察权的性质》，载《法制与社会发展》2005年第3期；谢鹏程：《论检察权的性质》，载《法学》2000年第2期。

② 石少侠：《论我国检察权的性质：定位于法律监督权的检察权》，载《法制与社会发展》2005年第3期，第89—91页。

③ 参见王玉珏：《论我国宪政体制和司法体制中的检察权——司法权性质与检察机关定位问题的法理学考察》，载王少峰主编：《检察制度理论思索与研究》，中国检察出版社2005年版，第11—12页，第31页。

如，虽然在立案、审查批捕、起诉等阶段检察机关对侦查机关的活动可以予以“把关”，但是实践中很多侦查行为并没有受到太多约束，例如刑事诉讼中的监视居住措施，常常因为被采取监视居住人无固定居所而被在指定地点实施监视居住，然而这样的情况实际上已经接近变相羁押，诉讼法对这些类似的可能侵犯人身权利的侦查行为，并没有明文规定检察机关的监督措施，在空有宪法条文原则性规定的情况下，检察机关想开展法律监督事实上是困难重重。法律条文对该种观点的不支持还可从刑事诉讼法中找到证据。该法第3条规定：“检察、批准逮捕、检察机关直接受理的案件的侦查、提起公诉，由人民检察院负责。”此条也表明了检察权与批捕权、公诉权及法律监督权的关系并非如某些论者所讲的那样简单。在现代实行侦、控、审分离的国家，审查批捕、审查起诉、提起公诉以及支持公诉是刑事诉讼程序中的常态，是每一个奉行现代刑事诉讼理念的国家最普通不过的正常诉讼行为。可是如果将这些诉讼行为的本质都变成法律监督行为：不但审查批捕是法律监督，而且审查起诉、提起公诉、支持公诉等都成了法律监督，这显然是不合理的。

除了以上三种具有代表性的学说，还有很多学者提出了自己不同的主张，但不管这些主张争论得多么激烈，终归要解决的是在现行法制体系下检察机关究竟应当处于何种地位，是司法机关？行政机关？还是法律监督机关？我们不能简单地说这些争论孰优孰劣，可是至少从这些关于检察权性质的争论中我们看到了一点，在中国目前的宪政体制和司法体制下，想从“三权分立”的角度看待检察权是不可行的。按照我国宪政体制安排，司法制度包括审判制度和检察制度，检察制度在国家权力结构中与审判制度同样重要，律师制度、刑事侦查制度、监狱制度等则属于司法辅助制度。[①] 也就是，在我国对于司法的解释明显与西方国家以审判为中心的司法概念是有所区别的。在“三权分立”的宪政意义上，司法机关和司法权通常仅指法院及其裁判权，“司法独立”仅限于法院的审判独立。虽然我不认同有些学者所坚称的“司法只是一种裁判”，“司法权即裁判权”似乎是一个不证自明的公理，因此可以径直根据现代法院的审判权才具有的若干特点来思考和论证侦查权、检察权“应然”的

① 参见中共中央党校教务部编：《五个当代讲稿选编》，中共中央党校出版社2000年版，第182页。

归属问题，但是对此提出批判的学者概括司法权是一种以诉讼形式进行的执法权①的这种观点笔者也是非常不赞同的。

笔者认为，对司法的范畴不应该做狭义的理解，司法应该是启动或者主持审判程序的特定国家机关或者个人所进行的一系列活动。这里的司法并不限于被动，也包含主动地司法（法院的再审监督启动程序事实上已经是主动司法），司法权是享有启动或主持审判程序的权力，所以在符合我国国情的前提下将检察权列入司法权的范畴是合理可行的。

第一，在司法机构设置上，按照宪政体制安排，我国司法制度包括审判制度和检察制度，在遵循的司法原则上，我国法院和检察院都需要遵循司法独立、在法律面前人人平等以及保障被告合法权利等司法原则。②

第二，作为检察权的主要实践形式的公诉权在审判程序上具有与当事人的诉权类似的形式特征，但是无论在法律上还是诉讼法学理论上，它都并非“当事人”的“权利”，而是统一的国家司法权力的一个重要的组成部分，没有它，法院的审判权及其国家刑罚权就根本无法实现。

第三，作为检察权的司法权是具有法律监督效果的司法权。依据刑事诉讼法第 3 条规定：“检察、批准逮捕、检察机关直接受理的案件的侦查、提起公诉，由人民检察院负责。”检察机关的主要职能包括检察、批捕、侦查和公诉，这些职能是并列的，可见检察作为法律监督职能并未涵括后面的批捕、侦查和公诉，但是实践中，人民检察院的检察（即法律监督职能）多半是伴随在批捕、侦查和提起公诉的过程中发生的，或者我们可以这样说，检察院并不具备独立的法律监督职权，只能是通过在诉讼过程中发挥司法权来实现，它要达到监督效果一定是通过司法职能的充分发挥来体现的。

第四，笔者同意陈卫东教授对公诉权在检察权中的领导地位，从前面所述的各国关于检察权的定义中我们也可以看出检察权的共性在于其拥有公诉权，但是陈教授认为检察权最终归属于行政权的观点笔者不能认同，其实这涉及到关于司法权的概念解析不同，传统意义上的司法权必须具备独立性、被动性、判断性和终局性四个特征，这种概括的前提是以审判权为核心的司法权概念，

① 倪培兴对司法权的构成概括为：“所谓司法乃是以诉讼形式进行的执法。而司法权则是人民及其国家机关依宪法和诉讼法取得的依照法定的程序进行诉讼以维护个人、集体和国家合法权益的权利和权力的总和。狭义的司法权则专指依法主持和进行诉讼的国家权力。”参见倪培兴：《论司法权的概念与检察机关的定位——兼评侦、检一体化模式》，载《人民检察》2000 年第 3 期，第 46 页。

② 参见詹复亮：《宪政视野中的司法制度及其改革》，载王少峰主编：《检察制度理论思索与研究》，中国检察出版社 2005 年版，第 43—44 页。

然而在我国宪政体制下的司法制度包括审判权和检察权，较难的是司法权和行政权如何区分的问题，事实上现实的政治生活并不存在着是司法权就应当与行政机关或立法机关彻底分离的绝对命令。司法权存在的根本价值和目的就在于保障宪法和法律统一、正确地贯彻实施，在一切违法行为中，执法（包括司法）违法乃是对法制最具有破坏性的违法行为，一个处于被动状态的独立裁判机关的裁判权可以制约和防止积极主动地国家权力的滥用，但对于有法不依、执法不严以及违法不纠的问题却显然是乏力和无奈的，一个能保障在全社会实现公平和正义的“应然”司法制度并非一个仅仅有审判独立的制度，因此，把从制度上保证审判机关和检察机关依法独立、公正地行使审判权和检察权列入司法体制改革的目标，是为中国司法制度建设确立了一个正确的目标取向。

第五，还有一个很重要的问题就是检察机关职权中的侦查权应当如何界定，我们前面谈到检察权应当是具有法律监督性质的司法权（事实上审判权在某种程度上也是具有法律监督性质的），那么侦查权一般是归属于行政权的，在检察机关的职能范围内如果包括侦查权，要将检察权完全划归为司法权似乎就不太合理了。事实上笔者认为，侦查权的确应当属于行政权的范畴，我们国家也并未实行警检合署，但需要注意的是，检察机关并未干涉所有案件的侦查，法律只是规定对某类特殊案件由检察院自侦，并不能因为这些特殊的法律规定就抹杀掉检察权的司法性而归类为行政权，不过这种检察院享有直接侦查权的情况应该在不久的将来逐步消减，毕竟检察机关仍应当以公诉为主要契机进入司法程序，侦查和起诉分开，在起诉这个过程实际也是对公安机关侦查活动的监督审查，作为审判启动程序的公诉能够达到更好的效果。

三、检察机关领导体制的改革之路——由检察权本质属性定位引起的反思

（一）目前我国检察机关领导体制存在的弊端

检察机关的领导体制是指检察机关与对于检察机关有官员任免、业务指导及工作监督等权限的其他国家机关之间、检察机关上下级之间和检察机关内部所形成的组织关系。① 检察机关的领导体制是检察权有效行使的组织保障。检察机关领导体制和职权配置是否科学、合理，直接关乎检察权能否有效行使，因此各国都依据本国检察机关的法律性质、地位以及政治制度和司法制度的特

① 卞建林、田心则：《论我国检察机关领导体制和职权的改革与完善》，载《国家检察官学院学报》2006 年第 5 期，第 44 页。

点来建立符合本国检察权运行规律的检察机关领导体制和职权配置方式。

各国检察机关的领导体制，由于其性质、法律地位、工作任务以及政治制度与司法制度的特征等因素影响，呈现各自的特点。大致可分为以下几种类型：(1) 不依附于行政机关的垂直领导体制。这种领导体制的主要特点是：上级检察机关领导下级检察机关，最高检察机关领导各级检察机关；检察机关不受政府和地方权力机关的领导，仅在最高一级对国家权力机关负责。如英国、意大利以及其他一些属于大陆法系类型的检察机关成独立建制而不依附于行政机关。属于社会主义检察制度类型的苏联、东欧等多数国家及越南、朝鲜等国也实行上述独立性体制。(2) 对行政机关有一定附属性的垂直领导体制。多数大陆法系国家的检察机关以及英美法系部分国家的检察机关在行政机关体制内实行垂直领导体制。这种体制可分为两个部分：一是检察机关内部，上下级机关之间具有领导指挥关系；二是最高检察机关与作为其上级的行政机关之间，具有受监督和特定情况下接受指挥的关系。检察机关与其上级机关之间的这种关系，被认为是检察活动正确反映国家意志，防止行使检察权中出现失误的需要。日本是这一体制的代表。(3) 双重领导与监督体制。这种体制的特点是检察机关既要受同级国家权力机关或政府的领导或监督，同时又要受上级检察机关的领导。如法国检察机关属于政府系统，行使具有行政性质的权力，但派驻于法院内，检察官受上级检察机关和同级司法行政长官的双重领导。(4) 多元化体制。如美国检察机构，在联邦和州分别设立检察机关，二者没有隶属关系。联邦司法部长即总检察长对派往各个司法管辖区执行职务的联邦检察官有一定的指挥权，但无权指挥地方检察官。地方州和市镇一级检察官办事处各自为战，检察官由普选或任命方式产生，对本地区选民或任命机关负责，但与当地行政当局或议会通常无隶属关系。①

我国宪法第 132 条规定："最高人民检察院是最高检察机关。最高人民检察院领导地方各级人民检察院和专门人民检察院的工作，上级人民检察院领导下级检察院的工作。"这种双重领导体制是我国在长期的经验教训中总结出来的，但是由于相关的具体制度安排不够配套，造成这一体制在实践中并未真正落实。

首先，外部保障体制不健全。在人事管理方面，根据党管干部的原则，我国检察机关目前对干部的管理实行的是"双重领导，以地方党委为主，上级

① 参见龙宗智：《检察制度教程》，法律出版社 2002 年版，第 142—144 页。

检察机关为辅”的管理体制①，但这种双重领导模式往往取决于地方党委领导是否开明，依赖于领导个人的领导方式和风格，上级检察机关通常难以有效地对下级检察机关的领导干部进行管理。在财政管理方面，目前我国实行的是中央和地方财政分灶吃饭的管理体制，中央与地方分开，地方各级之间分开。地方各级检察机关的办公经费、检察人员的工资及福利待遇等完全依赖于地方财政，同时又没有完善的法律制度加以规范，在这种情况下，检察经费等能否得到保障在某种程度上主要取决于地方党政主要领导对检察工作的重视程度，而由于经常性的预算不足导致的检察经费短缺现象使检察机关对地方政府财政部门始终处于一种求助状态，特别是在有些经济不发达的地方，有时连工资都没有保障，更不用说福利待遇了，这势必导致个别检察人员受利益驱动违法犯罪，滋生司法腐败，影响司法公正。检察机关的人、财、物受制于地方导致的直接后果就是检察权的地方化。宪法规定的检察机关应对产生它的权力机关和上级检察机关负责变成只对地方党委负责，检察院成为名副其实的服务于地方的检察院。

其次，内部管理机制不完善。业务领导机制不健全，上级领导下级的范围和程序不明确，检察机关属于司法机关，但是长期以来，检察机关在一些重要环节上没有按司法工作方式从事检察活动，反而借用了三级审批的行政工作方式处理案件、管理检察工作，从而抹杀了检察活动的特点。检察官管理大众化，长期以来，检察官一直被当作普通公务员对待，管理模式高度行政化。由于检察官分类制度尚未建立，检察人员管理一元化，相当一部分检察官实际上并不承担检察业务工作，造成我国目前检察官队伍非常庞大、而检察官比例又极不协调的局面，影响了检察权的优化配置和检察官素质的提高。

（二）检察机关领导体制改革的目标

由前述关于检察权性质的争论引发的对中国现行检察机关领导体制是否适合我国对检察机关的定位的思考，成为现在司法体制改革的一个重点课题。党的十五大、十六大相继提出司法改革的任务后，党的十八大进一步明确了司法

① 实践中，由地方党委组织部门负责地方干部的人事管理包括提拔、提名，因此，地方各级人民检察院的检察首长（包括检察长和副检察长）要想获得人大提名并通过任命，必须获得地方党委领导的首肯。虽然《人民检察院组织法》规定各级检察院检察长的任命在经过同级人大选举后，还要经上一级检察院检察长报请同级人大常委会批准，若上级检察院检察长不同意地方提名、任命的下级检察长人选，进而不报请同级人大常委会批准，则该任命无法生效。但在实务中，若上级检察院检察长与地方党委领导的意见不一致时，一般要听从地方党委领导的意见。参见万毅：《两岸检察机关领导体制比较》，载《东方法学》2012 年第 1 期。

改革的方向，法学界对如何推进司法体制改革见仁见智，众说纷纭。对改革现行司法体制，使司法机关在人、财、物上具有更大自主权，摆脱地方保护主义和部门保护主义对司法的干扰，保证检察权和审判权依法独立、公正地行使，从体制上保障司法公正的实现，是人们的共识。

近年来，最高人民检察院不断深化检察体制改革，加强上级检察机关对下级检察机关的业务领导。最高人民检察院在《检察工作五年发展规划》中即明确提出，健全上级检察院对下级检察院的领导体制，加大领导力度，形成上下一体、政令畅通、指挥有力的领导体制，确保依法独立、高效行使检察权。2006 年最高人民检察院在《关于进一步加强公诉工作强化法律监督的意见》中提出，下级人民检察院对上级人民检察院的决定，必须坚决执行。2007 年又在《关于加强上级人民检察院对下级人民检察院工作领导的意见》中规定，上级检察院作出的决定，下级检察院必须执行，不得擅自改变、故意拖延或者拒不执行。上级检察院发现下级检察院相关决定、活动、文件有违反相关法律规定的，应及时向下级检察院提出纠正意见或指令撤销，下级检察院如认为上级检察院的决定有错误，应在执行的同时向上级检察院报告。但是，客观地说，这一单纯强调上级检察机关在业务上的领导权，而无同步的检察人事权方面的改革，究竟能否实现其初衷和目的，尚在两可之间。此外，单向度地强调检察一体、强化上级检察机关的领导权，不区分具体情形、一味强调“下级人民检察院对上级人民检察院的决定，必须坚决执行”，而无保障下级检察院检察官办案独立性以及防范检察一体滥用的具体举措，可能会导致“奉命起诉（或不起诉）”等“检察解体”现象的出现。

笔者认为，检察领导体制的改革，实质上是对检察权的配置及其运行方式的调整和完善。其内容主要涉及三个层次：

一是检察机关在国家政权架构中的地位和作用，包括检察机关与执政党的关系，与国家权力机关的关系，与其他国家机关、司法机关之间的关系等，这是国家权力在不同国家机关之间的配置，是检察领导体制的外在规定性。

二是上下级检察机关之间的关系，是检察权在不同层次上的纵向配置。这包括检察机关的组织体系、职能配置、组织原则、中央和不同级别地方检察机关之间权能划分、领导方式等方面。

三是检察机关内部的组织管理方式和领导关系，是检察权在同一层次上的具体运行方式，涉及各个检察机关内部不同职级之间的权力关系、内部组织关系、各内设机构之间的事权划分、活动原则和管理制度等方面的内容。①

在关于检察权定位的争论中我们看到，正是由于国家权力在不同国家机关之间的配置，带来各国家机关依据其享有的权力行使职权的不同特点，在解决第一个层次中检察机关的定位时我们可以从对检察权的探索中确立一个本源，正是基于检察权的司法性，笔者认为，检察机关应当属于具备法律监督职能的司法机关，它不同于行政机关和其他国家机关。

检察机关应该从检察权的本质属性和内在要求出发，实行特殊的“相对垂直领导体制”，即中央和地方党委保障检察机关独立行使司法权，进一步贯彻落实“检察一体制”，地方各级检察机关之间实行垂直领导，除最高人民检察院检察长由全国人大任免外，检察机关的人事任免权和业务指导权均由上级检察机关享有，各级检察机关经费由中央财政统一划拨。具体内容如下：

首先，应当明确检察机关是国家的司法机关，不应当由政府和党委过多干预检察机关的业务活动，在各级检察机关之间应当确立一种相对的垂直领导制度，地方人大与检察机关只是一种监督关系，除了最高人民检察院检察长向产生它的全国人民代表大会或者常务委员会报告工作以外，地方各级人民检察院不向同级人大及其常委会负责，但必须列席同级人大及其常委会会议，向其通报工作，接受监督，听取对检察工作提出的意见与建议。地方各级院只对最高人民检察院和上级人民检察院负责，对宪法和法律负责。

其次，要赋予检察机关独立的人事任免权和财政控制权。最高人民检察院检察长由中共中央向全国人大推荐选举产生，副检察长、检察委员会委员、检察员以及全国地方各级人民检察院检察长、副检察长、检察委员会委员、检察员的任免皆由最高人民检察院检察长提请全国人大常委会审议通过；在省级院以下垂直领导的体制下，省级人民检察院检察长由省级党委向省级人大推荐选举产生（并经全国人大常委会审批），副检察长、检察委员会委员、检察员以及市、县两级人民检察院检察长、副检察长、检察委员会委员、检察员的任免由省级人民检察院检察长提请省级人大常委会任免。在财政方面，建立“中央统筹预算，系统层层下拨，赃款赃物上交中央”的经费装备保障机制。每年年初，由最高人民检察院根据全国各级检察机关的经费与技术、通讯、办公办案等装备需要，结合上年度财政决算情况拟制本年度财政预算，提交全国人大常委会审议通过，然后由中央财政，按月或季度划拨到最高人民检察院计财装备部门，然后系统内逐级下拨。这样一来实现了财权独立，摆脱了地方行政机关借助经费装备等对检察机关施加影响和控制，以财权独立保障了检察权独立。

---

① 陈斌：《谈检察领导体制改革模式的可行性选择》，载王少峰主编：《检察制度理论思索与研究》，中国检察出版社 2005 年版，第 422 页。

法治思维模式下的基层检察机关内部资源配置研究

孙 静[*] 樊华中[**]

一、引言

目前关于检察权配置的研究大多将研究重心放在宪法或法律层面如何配置检察机关权力。这些研究固然重要，但一直或者说过多地将目光放置于检察机关外部权力构建、权力配置等“外因”性研究，而忽视了检察机关内部机构科学性、人员配置与培养方式合理性等“内因”性研究，显然会顾此失彼。

以马克思主义的哲学观来说，内因是事物发展的根本原因，外因是事物发展的必要条件。对于检察制度、检察权的研究应当内外兼顾，不能顾此失彼。内因是事物发展变化的内部原因，即事物自身的矛盾；外因是事物发展变化的外部原因，即一事物与它事物的外部联系和外部矛盾；外因是变化的条件，内因是变化的根据，外因通过内因而起作用。检察权、检察制度完善也同样如此。即便有完善的外部权力配置，如果内部没有一支能够担当得起权力运作的人才队伍，没有能够保障权力顺畅运行的机构设置，那再好的权力“外因”研究，终将因“内因”动力不足而贻笑大方。检察权内涵、外延、配置等的“外因”性环境理顺，会促进国家权力机构更主动、更自觉地运用检察权来监督其他权力，最终达到公权力的检察监督；但理顺的检察权若没有良好的机构运行保障、没有良好的人才队伍运作等“内因”性保障，那检察权终究会得不到外部环境的认可，甚至最终被其他权力所“矮化”。这也是哲学上内因和外因相互影响在检察工作中的表现。

如何来理解检察权的“内因”性问题，笔者借用他人对“检察资源”的研究成果，赞同“科学配置检察资源是做好各项检察工作的基础，也是解决

---

* 上海市奉贤区人民检察院检察长。

** 上海市奉贤区人民检察院研究室副主任。

检察资源有限性和人民群众对检察工作需求不断增长的矛盾的重要课题。”①同时，将“检察内部资源”在总结前人研究的础上分为两大块：“机构设置”与“人力资源培养”。“检察内部资源”运用的科学与否、质量高低与否将直接影响“外部”检察权如何配置等问题。

二、法治思维模式与检察内部资源配置研究的关联

（一）法治思维模式界定

法治属于法理学中的基础命题。现有法理学研究成果对法治基本底线认同，即法律至上、规则至上。同时也认为，在对法治的研究中，不仅要将目光放在作为法治结果的法治目标状态，还要对法治的形成过程和实现法治的具体部门、具体工作机制给予足够的关注与思考。普遍认为，法治是一种建立在法律基础上的思维方式。如法治思维“是指执政者在法治理念的基础上，运用法律规范、法律原则、法律精神和法律逻辑对所遇到或所要处理的问题进行分析、综合、判断、推理和形成结论、决定的思想认识活动与过程。”② 一个社会，其法治能否取得成功“直接依赖于社会的公共决策者与私人决策者是否能普遍接受与法治理念相适应的思维方式，是否能按法律思维方式形成预期、采取行动……对利与弊的权衡，对成本与收益的比较以及对善与恶的评价，都不能替代法律的标准和结论。”③ 当然，由于社会生活的复杂性与法律可能的滞后性，社会生活中可能会出现法律空白。但法治思维不仅包括依据法律规范解决问题，还包括依据法律原则、法律精神、法治理念等法律逻辑来解决相应问题。法治思维有相应的逻辑思维层次：首先从脑海中“搜索”相应问题的法律规范；如果“搜索”不到具体的法律规范，则继而“搜索”相应的法律原则；如果既无法律规范，也无相应的法律原则，则继而寻求认识和解决相应问题的法律精神。④

不过，法治思维毕竟属于抽象的思维形式，具有主观性与不可捉摸性。要检验一个群体或公共决策者是否具有法治思维，在社会的组织生活中是否习惯

---

① 王魁：《去地方化与去行政化：检察资源配置视域中检察改革的两个重要方向》，载孙谦主编：《检察论丛》（第15卷），法律出版社2010年版，第128页。

② 姜明安：《法治、法治思维与法律手段——辩证关系及运用规则》，载《人民论坛》2012年5月11日。

③ 郑成良：《论法治理念与法律思维》，载《吉林大学社会科学学报》2000年第4期，第6—7页。

④ 姜明安：《运用法治思维和法治方式治国理政》，载《中国司法》2013年第1期，第14页。

于从法律角度思考和解决各种问题，必须借助于一定的物化形式。比如检验我们目前检察工作中是否存在、是否贯彻了法治思维，不仅要看检察机关具体办案人员的工作态度与工作方式，还要看检察机关内部的机构设置是否为检察官法律思维的培养提供了养成的环境。

（二）检察机关内部资源与法治思维的关联

如前所述，本文将“检察内部资源”分为两大块：“机构设置”与“人力资源培养”。而之所以要以法治思维来思考“检察内部资源”配置主要在于两方面：一是检察工作的起始点；二是司法工作的一般思维要求。首先，在司法工作的起始点方面，法律工作是一项专业性很强的工作，必须经过多年的专门培训与教育，才能胜任。这也是被目前世界各国法律教育所证实的经验。其次，司法者要能办案，还必须能将自己所理解的法律规范、法律原则、法律精神在自己的办案过程中予以实现。而这两点实现的关键在于有受到良好的法律教育背景的人与容许实现法治思维的工作环境。如果将检察机关比作为社会组织体中的一个细胞的话，那检察机关内如机构设置、人才培养晋升方式等软环境则是为履行检察职责、容纳检察人才发展“培养皿、培养基”①。不但检察机关在社会组织中要体现出依法办案的精神，其检察文化、检察机构形成对“培养基、培养皿”对内部人才也应当以法治思维方式进行培养。如果说检察权配置、检察职责属于静态性的权力描述，而检察人员、机构设置则属于检察权、检察职责实现的动态性权力运行。不但静态层面的权力配置需讲求法治思维，动态层面的权力运行需讲求法治思维，为配合权力运行的内部机构设置、人才培养晋升等“培养皿、培养基”的塑造当然也要讲求法治思维。

三、法治思维模式下的检察机关内部资源配置的冷思考

所谓冷思考，并不是唱反调，而是指多一些理性思考。在大多数认为某个问题具有都应当如此那般的情况下，而不是一味符合与赞同，而是适当的从反面进行冷静思考。当然，冷思考有可能得出不符合常理的结论，也可能得出让主流观点不太喜欢的结论。不过，冷思考的另外一个结果可能是促进工作的科学化，至少也会提出一种工作科学化的探讨话题。总体看来，目前检察工作机构、工作方式等未体现司法工作的规律性。具体如下：

① 培养基与培养皿乃借用生物学的概念。培养基是供微生物、植物和动物组织生长和维持用的人工配制的养料。培养皿，是一种用于细胞培养的实验室器皿，换言之，是用于盛载液体培养液或固体琼脂培养液进行细胞培养的玻璃或塑料圆形器皿。参见百度百科，http：//baike. baidu. com/view/737661. htm。

（一）行政化现象

其实，行政化现象不仅仅是我国大陆的特有现象，国外以及我国台湾地区都有这样的担忧。比如，我国台湾地区的检察权研究中，也有“在上命下从的体制构造中，检察官会不会与统治者相互勾结，成为统治者打击异己遂行政争的手段？人民的革命之子会不会沦为政府的压迫工具？”① 之类的问题意识。只不过，台湾地区对检察权行政化的担忧是基于上命下从式的检察一体化担忧，而我国大陆不仅有上下级之间行政化的担忧，而且在某一级的检察院内部都有行政化现象。这在基层检察院更加明显。

其实，行政化工作在任何一个公共组织都是存在的，关键是能否在需要将行政化事务与业务化事务分开的时候恰当地分开。而我国基层检察院的行政化现象不仅仅表现在日常行政事务管理中的审批制，还有在司法工作中的“检察人员承办，办案部门负责人审核，检察长或者检察委员会决定”的“三级审批制”，甚至检察委员会与检察长的关系也属于行政性的。比如，在检察长负责制之下，检察委员会即使形成与检察长意见不同的多数意见也不能改变检察长的决定。此时，对于案件可以报请上一级人民检察院决定；对于事项可以报请上一级人民检察院或者本级人民代表大会常务委员会决定。② 再比如，从信访接待工作中的领导包案制度、首办责任制、挂牌督办制，更可以看出检察办案过程中在案件处置方式上的行政化倾向。这些制度在解决部门信访问题的同时，也在引导信访人以一种极端的方式来引起高层领导重视。限于篇幅，对于行政化现象不再展开。

（二）党员性工作过多现象

党的领导是我国取得革命胜利的重要法宝，也是改革开放现代化建设取得胜利的关键因素。在我国既处于发展的重要战略机遇期，又处于社会矛盾凸显期，坚持与发挥党的领导的政治优势势在必行。新时期的党委工作主要是指围绕党的建设而进行的一系列具体的党内管理活动，比如发展党员、党员教育、党员管理、党员纪律检查等工作。

其实，我国的法律是由党领导人民制定的，依据党和人民制定的法律办事、办案本身就是在坚持党的领导，在坚持人民群众的路线。检察官不但具有党员的身份也具有法律工作者的身份。而这两种身份在一定范围内是重合的。

---

① 万毅：《中国台湾检察权定位、配置及其他》（下），载《东方法学》2010 年第 2 期，第 132 页。

② 更多关于检察机关办案行政化问题的论述请参见龙宗智：《检察机关办案方式的适度司法化改革》，载《法学研究》2013 年第 1 期。

比如，法律工作者有“忠诚、公正、清廉、文明”等核心价值观要求，也有将法律所蕴含的“公平、公正、公开”等精神在工作中实现的要求，还有党员身份所产生的“密切联系群众”、“从群众中来，到群众中去”的党性要求。其实，这几类身份要求，就像“政治效果、法律效果、社会效果”在大部的案件处理时都是一致的。区别只是在小部分法律适用疑难问题、证据不足等疑难案件中。在多数时候，依据党和人民制定的法律，将法律所蕴含的精神实现也就是在坚持法律工作者的特有“党性教育”。但目前，有一些基层同志反映司法机关内开展党员工作没有适当区分法律工作者身份的特殊性，将检察机关等同于一般的行政性单位、党务工作性单位，开展了形形色色的党员活动，这些活动固然有利于密切联系群众，但在相当程度上使得其工作内容不是法律工作，而变成了群众工作。还有一些基层同志反映各种党的纪律检察、廉政教育、反腐倡廉占据了较多的工作时间，很多时候开党会都是带着案子边办案、边开会。

(三)“迎民化”现象

在我国，老百姓对权力部门传统就有一种神秘感、敬畏感。近些年来，随着政务公开、检务公开、司法公开的开展，政府、检察院、法院对老百姓越来越体现出了“亲民”现象。尤其是自2010年政法机关开展了三项重点工作后，检察院、法院以一种积极的态度融入社会管理、渗入公共管理领域。尤其是新媒体势力的崛起，检察院、法院以更入世的态度，向公众宣传自己的工作，解除司法神秘化。这些亲民行为既是“权力来源于人民”的表现，也是“受人民监督”的必然要求。但人民监督检察权、司法权应当有合适的渠道。比如，固定化的有每年向全国人民代表大会工作报告制度，灵活性的有向人大常委会报告制度、向地方党委汇报制度。这些力量既是正规的运作方式，也是法治化的运作方式。

但目前的“亲民化”工作有向“迎民化”转变的现象。以法院、检察院的人民审判员、人民监督员制度来说：目前很多声音都在营造一种声势，即试图加强外部监督的力量，引入人民陪审员、人民监督员，以普通百姓的力量来监督法律工作。笔者认为，这种做法无疑是从一个“司法神圣化”极端走向了另一个“司法平民化”极端。普通老百姓很难理解法律上的证据取舍等问题，充其量只能内心确认某个事实是否有无。而且中国人民陪审员不像英美法系，英美法系的人民陪审员制度之所以传为佳话，还在于其国家体制能保障每个参与审案的陪审员能够在参审前接受相当程度的培训。相反观之，我国陪审制度下的人民陪审员、人民监督员，反而成为一种政治身份的象征，其以获取人民陪审员身份为荣誉而在社会上沽名钓誉。参加陪审活动，也不需要经过特殊培训就直接上岗。这也是导致人民陪审员、人民监督员名声不佳，改革陷入死胡同的关键。探究我国人民监督员、人民陪审员的深层文化基理，会发现其与外国法系的天赋人权、社会契约等理论基础不同，我们强调的是党的领导、群众路线。以普通群众参与审查起诉、参与定性审判来宣传司法工作的群众路线，将神圣的司法工作等同于群众工作，将专业化的法律工作等同于人人参与的行政化工作，等同于依靠群众力量的党员性工作，体现的不是制度先进性，而是“橘生淮北则为枳”的文化误读。

综上所述，以法治思维来衡量检察工作，在具体办案的工作中适当地区分法律工作与行政工作、党务工作，以法律工作的特有思维固定自身的工作内容，开拓自身的工作方式显得很有必要。

四、对检察机构与检察人力资源培养现状的梳理与审视

检察权是一个复杂的权力体系，其中的每一项权力都要由检察机关依据自身职能部门来分别行使。只有在检察机关内部依据检察权的运行规律配置检察权，按照法律工作规律管理检察人员，才能培养造就一支专业化的人才队伍，有了高素质的检察人才队伍才能行使好检察职权。但目前检察机关内部机构设置与人员培养或多或少地存在与法律工作规律不符的现象。

（一）机构设置现状的梳理与审视

科学合理的职权配置关系到公正、高效、权威的司法制度的真正建立。检察权内部优化配置可以使内部机构各司其职、各尽其责，但这种优化配置应当能体现检察工作的特殊性。目前机关内部设置不能体现法治工作的特点，完全是依据行政机关的部、局、科、室、队来设置的，机关内部科室林立。为了便于表述，笔者作图示如下：

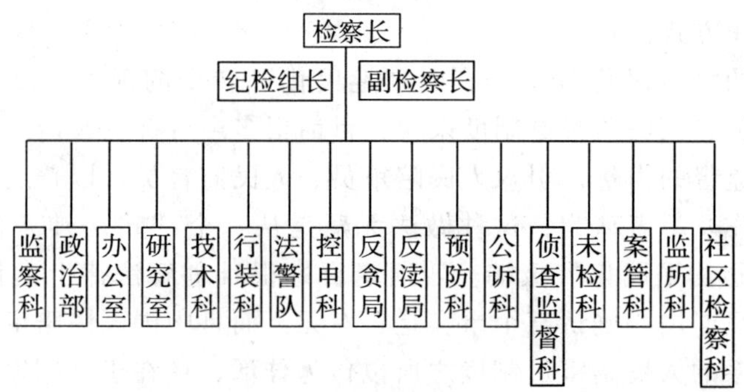

目前全国基层检察机关常见的机构设置图

如果从习惯于目前的定势思维来说，检察机关是没有问题的。因为至少这样的设置使得检察权、检察职责被不断细化，分配到每一个部门。每个职责好

似都有人承担。但这样的机构未能体现检察权的法律属性，也体现不出检察机关的工作规律。在这些机构中工作，必然是行政性多于业务性、党员性工作多于业务性工作。但从应然层面来说，法律机关的工作情况应当是业务性工作多于行政性工作、党员性工作，行政性工作、党员性工作处于配角地位。而在这样的机构设置中，业务工作反而处于配角地位，行政性工作反而处于主角地位。

有些地方在意识到这种常见机构设置的不足，而在基层院开展了依据法律职能的机构设置。如湖北省人民检察院将基层检察院的内设机构调整为五个部门，笔者将其图示转载如下：

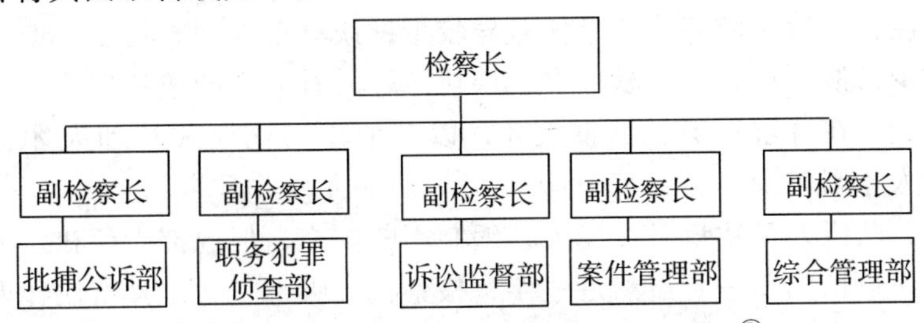

宜昌市伍家岗区人民检察院机构设置示意图①

这样的机构设置具有一定优点。比如能实现“横向大部制，以检察业务为中心整合检察机关内设机构；纵向扁平化，减少中间层级，促进检力向执法办案一线倾斜；突出检察官主体地位，充分发挥检察官的主观能动性；体现‘诉讼职能与诉讼监督职能适当分离，案件办理职能与案件管理职能适当分离’的合理内核”。但这样的机构改革也存在一定问题。首先，批捕与公诉是性质截然不同的工作，不宜放在一起。虽然有些地方在未成年人检察工作上，将批捕与起诉两大职权放在一起。但毕竟是未成年人工作对象特殊性所致。其次，诉讼监督部与新兴的案件管理部之间也存在着职能混淆，因为案件管理部门也在实行着部门的诉讼监督职能。最后，检察机关新兴的民事行政检察职能直接被“革”掉了。

（二）对人力资源培养现状的梳理与审视

在检察人力资源的培养方面，目前检察机关实行的培养模式与一般行政机关无大致差别，也以局长、科长、主任作为称呼“代码”，对检察人员进行行政化管理，而不是与检察规律、检察工作相符的人员管理模式。如果从习惯于目前的定势思维来说，检察机关的人员成长也是没有问题的。毕竟按照现行职

① 翟兰云、郭清君：《湖北：基层院试水“大部制”“扁平化”》，载《检察日报》2013年5月22日第9版。

务级别培养出来的人才可以直接与外界交流。比如，如果检察人员去外单位任职的话，直接以行政级别相对应，即在检察院内部属于正科级的，在外部直接找个正科级的岗位，属于正处级的则直接找个正处级的岗位。但在目前检察机关内部的人力资源开发与队伍管理关系上，存在的一些现象值得关注：

第一，以队伍管理的方式开发检察人力资源，不得其法。可以说，队伍管理与检察人力资源开发各有侧重。在队伍建设中，共产党员先进性教育、作风建设、廉政建设、讲党性、重品行、作表率等是重点，法律政策掌握、法律适用等业务能力、敬业精神等人力资源中有关价值贡献的因素则不如前者重要。而现实中，我们谈管理较多，谈开发人力较少；谈贡献较多，谈对个体价值认同较少；谈整齐划一较多，谈个体差异较少；谈尊重老同志较多，谈让老同志多付出较少；谈让年轻人奉献较多，谈让年轻人有适当的成长环境、足够的成长空间较少。在尊重知识、尊重人才，以及依市场化模式管理人才、配置人才、回馈人才则较少。

第二，队伍人员数量日渐庞大，编制不断扩充，但内部岗位核定人员分配不均衡、岗位忙闲不一。虽然近些年，检察机关吸纳了大批具有法律专业知识的新生力量（尤其是法律背景的研究生、博士生），也招录了大批的检察文员，但从大多数的检察部门仍然在疾呼自己部门人手不够。但是由于历史原因，不办案的检察官依然在检察官队伍中占有相当比例。每个岗位都在强调自身工作繁忙、任务重、任务急，需要扩充编制。但从大多时候的观察看来，并非如此。

第三，检察官管理的行政化模式依然存在。虽然我国检察官设置了首席大检察官、大检察官、高级检察官、检察官等十二级的检察官，但对于检察官的管理模式仍然采取行政模式，而非专业化的检察官模式。即便是检察官等级，基本上也是按行政职务加工龄换算出来的数字符号，并不具有实质的意义。检察机关内部，对不办案的科室人员（如技术科、监察科、行装科、办公室、政治部等）都要以检察官等级作为培养的目标，而办理案件的检察官竟然没有等级！很多时候，办案部门的等级、编制要等到其他部门的老同志退休后，才能解决。

第四，岗位任命与轮换，行政性命令过多，自主选择过少。有些地方，存在队伍管理严重不适应人才发展成长的状况。在队伍管理上存在浓重的“人治”色彩，这与人力资源开发中所要求的公开性、开放性、平等性、协商性严重不符。领导干部权力过分集中、民主商谈机制不完善，导致检察干警的内部流动、选任、调离等关键时刻在很大程度上仍停留在神秘化和封闭状态。信息不畅，视野不宽，透明度差，渠道狭窄，“在少数人中选人，极少数人拍板选人”现象仍不同程度地存在。在基层检察院这种情况特别明显。

第五，在传统体制下，检察干警存在科室选择壁垒，特别是业务部门与综合部门之间壁垒明显。对于上了年纪的综合部门人员，“工龄”歧视特别严重。出于办案部门的利益考虑，除非强势领导特意安插，业务部门领导出于部门利益考虑，在综合部门待时间过长的人才不能公平地进入办案部门。相反，业务部门的人员要到其他部门任职则非常容易。换言之，一个在综合部门长时间工作而没有办案业务经验的人，很难到业务部门担任职务；而在业务部门工作时间较长的人，即便没有综合部门相关工作经历，也直接可以“空降”到综合部门任职。如此形成了，有志青年进入检察机关不愿进入综合部门（多指研究室、监察科、预防科、行装科，办公室、政治部等能与领导接触的科室则例外)，因为出于对科室部门利益的考虑，单位对自身工作的需要限制了人力资源的自主选择。很多人发挥的仍然是“螺丝钉”精神，组织安排去哪个部门就去哪个部门。

第六，现有检察机关队伍管理中的薪酬管理模式体现不出劳动力的价值。从人力资源学研究来看，每一个人力资源都有市场化价值。随着法律学生市场化程度的越来越高，检察官、法官、律师、法务工作人员之间具有一定的相似性与可比性。目前，检察人员的人才引进、利用、调配都应依据市场法则，通过市场调节来决定最终取向。但目前检察机关内部完全是按职务、资历、工龄等非市场因素来确定各自的收入。很多拿着高收入、高福利的人并未贡献多少人力价值。相反，长期工作较重的新进人员往往会在收入与付出之间心理失衡。比如，从工作量来看，有些基层业务部门工作量较大，但在薪金水平或其他的激励措施上，这些业务部门的待遇与其他部门之间的差异并不大。

综合说来，各种条块管理、部门所有、“官本位”、论资排辈、中庸保守、小团体主义以及压制新人成长、排斥优秀人才等弊端仍制约着本来就十分有限的人才能力和潜力的发挥。

五、法治思维下检察机构设置与检察人力资源培养

法律工作是一项专业性很强的工作，必须经过多年的专门培训与教育，才能胜任法律工作。这也是被目前世界各国法律教育所证实的经验。如果不经专门培训就可以上岗的话，那世界各国为何还要在法律教育、法律考试、检察官、法官晋升等体制问题上花费大量心血？既然是经受专门培训的人员，其进入检察工作这一特殊法律工作领域，其工作部门、管理模式、成长环境就应当与一般的国家机关工作人员予以区分。其中，在法治思维方式上，最重要的就是将法律工作适当的与行政工作、党员性工作区分开来，并在机构设置、人员

晋升等方面以“物化”的形式予以固定。总之，应当以法律工作的特有思维开展检察工作，在机构设置、人员培养方面作出改革，详述如下。

（一）适当改革现有基层院的内设机构，以专业化的设置改良行政业务化的设置

根据检察机关在国家机构中定位及检察权配置应当坚持的法治规律，笔者仍然同意，检察机关内部机构设置应当实行精简原则，采用“大部制”模式。但不同于湖北省宜昌市基层院所做的机构改革，而是更贴近现行法律规定的既定职能，也包括检察机关在转型社会中可能派生的职能，更包括将行政性工作、党员性日常工作从业务工作中剥离出去而设立的部门。具体图示如下：

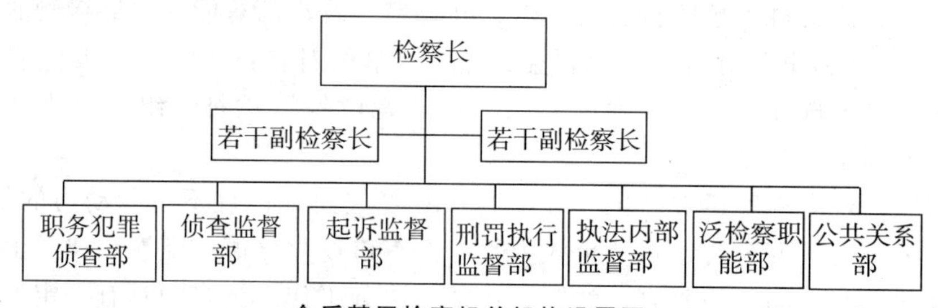

今后基层检察机关机构设置图

职务犯罪侦查部、侦查监督部、起诉监督部的职能自然不必多言。刑罚执行监督部是对目前监所科的职责继承。监所科目前承担的减刑、假释、保外就医等变更执行和对监狱、看守所的活动是否合法以及对超期羁押监督工作、及随着新刑事诉讼法实施所增加的羁押必要性审查职能，监所部门对刑罚执法情况的监督仍然有必要加强。

值得多谈的是执法内部监督部、泛检察职能部、公共关系部。

1. 执法内部监督部。近些年，执法内部监督是检察机关回应“监督者由谁监督”而做出的工作创新。目前规范执法内部监督的各项制度已经日臻完善，全国性的统一规定就有《人民检察院执法内部监督暂行规定》、《关于加强检察机关内部监督工作的意见》，也有《最高人民检察院检务督察工作暂行规定》、《关于强化上级人民检察院对下级人民检察院执法办案活动监督的若干意见》，还有体系性的《检察机关执法工作基本规范》（2013 版），地方性的规定更是难以穷尽。因此，执法内部监督不但有理论上的需要，也有现实的基础，更考虑到目前各地基层院，在内部监督管理上“监督多头”现象，应当单独成立一个部门。今后的执法内部监督部可以将目前案件管理科、监察科、政治部、控申科、研究室的检察委员会监督等监督性质的职责均涵盖在内。另外，考虑到目前检察机关案件管理科与控告申诉科在统一收案、统一出

案，形式审查与实质审查“两张皮”的现象。① 又考虑到目前检察机关内既有控告申诉科在受理线索、举报，又有社区检察室在受理部分线索、举报，还有案件管理科在收案、发案，其实这些受理的内核仍然是从程序与实体两方面监督业务部门的办案情况。这些职能明显属于执法内部监督属性。所以今后控申科、社区检察科、案管科的相应职能皆由执法内部监督部接手。如此一来，检察机关所有的案件信息要进来，得通过此部门，所获信息要出去，也得通过此部门。既合并了职能，也实现了实体与程序的双重监督，解决了“两张皮”不合理现象。

2. 泛检察职能部。之所以存在泛检察职能部，是因为当前中国社会正处于转型期间，政府的职能在不断增加、削减或转变，同时意味着权力行使的空间与范围也在不断变化，检察权监督的范围也在相应的增加、消减或转变。再如，民间的社会公益组织机构也在不断增多，其职能也在不断变化，有时会与政府的管理职能发生重合，有时也会与社会的弱势群体发生夺权（利）现象，此时就需要检察机关担当起法律监督职能。目前泛检察职能最为明显的就是民事行政检察部门内的职责，如对于检察机关是否承担民事公益诉讼、行政公益诉讼就存在很多理论上的争议。但是，虽然有争议，很多地方检察机关仍开创性地行使着督促起诉、支持起诉等职能。再比如，以前从反贪工作中独立出来的预防科的职能，目前逐渐与国家腐败预防局、各级纪委、监察部门的职能混淆起来，暂时将预防科的职能放在泛检察职能部，待时机成熟，也可能被剥离出去。再比如，各个业务科室在履行侦查、侦查监督、审查起诉过程中所制发的检察建议职能；法律政策研究室为办案部门提供检察基础理论研究、检察应用理论研究等职能，其实均不属于法律有明确规定的职权，但这些职能对于检察工作又具有积极意义，因此，可以将这些职能归入泛检察职能部。

3. 公共关系部。公共关系部是为将行政性事务与党务性事务从日常办案工作中剥离出去而设立的机构。公共关系部，也是目前随着新媒体诞生而兴起的话题。早在2011年北京市检察机关就探索检察机关成立检察公共部的可能性。② 随后江苏泰州、深圳南山区予以积极回应，并在《检察日报》上积极刊

---

① 所谓的两张皮，是指控告申诉科只负责接受案件线索、举报线索、申诉线索，而无法也无力进行实质审查；案件管理科接受公安机关报送的案件，也不进行实质审查，致使很多案件进入批捕环节、公诉环节时，承办人员发现本院竟然无管辖权。

② 李永刚：《“司法公信力与检察公共关系建设”研讨会在京举行》，载《检察日报》2011年10月17日第1版。

文。[①] 目前，北京市检察院设置公共关系领导小组及办公室，其相关人员专任或者兼任公关岗位，履行公关人员的职责，收集和处理有关检察公关需要的资料信息，制定公关计划和规划，负责同媒体接洽和与社会公众的日常沟通，实施包括公共关系调研、策划、传播、管理等在内的各种公共关系建设实务工作。其具体职责是负责四种关系的处理，即：一是群众工作；二是检察宣传工作；三是检务公开工作；四是代表委员联络工作，即加强和改进与人大代表、政协委员以及人民监督员的联络工作。[②] 笔者认为，这种公共关系已经涵盖了目前各地办公室、政治部、控申科、纪检监察科等部分对外职能。恰恰这些职能是检察工作中经常面对也需谨慎应对的外围行政性、党员性工作关系。而将应对这些关系的工作或者说职能从日常的检察业务工作中剥离出去，对于提高检察业务工作的效率具有重大的意义。今后，可以作为单独的一个部门，既能处理好各业务科室法律工作与行政性工作、党员性工作难以拆分的现实，也能提高检察业务的工作效率。

（二）适当改革现有检察人才培养方式，营造符合法律人才成长方式的成才环境

现代管理心理学在人力资源开发中的心理实验表明，引得进人才、留得住人才，不仅要借助工资、奖励的激励措施，还要靠领导的人格魅力、优越的工作条件和良好的工作氛围。因此，检察机关的人力资源开发，不仅要以待遇吸引人、调动人；也要以事业激励人、环境调动人、激励人。在今后的检察队伍管理中，要以资源开发的形式，而不是强制命令的方式管理人才、开发人才。具体来说：

1. 打破科室壁垒，以环境建设调动人、激励人。开发检察人力资源的一个重要因素就是营造一个有利于人才成长和发展的工作环境。具体来说，包括任命环境、流动环境、晋升环境。在当前的任命、流动、晋升工作中，如前所述，主要是领导安排、任命式的。人才对于工作的选择基本处于被动式的，因此，要创新人才“柔性流动”机制，大力盘活人才存量，实现以存量促增量。比如，人才可以原地不动在完成现有工作任务的同时，辅助其他科室完成一定的工作量，在完成工作中，可以摸清以往被视为陌生甚至神秘的其他部门。再比如，单位内部科室之间也可以通过人才互借、任务合作，实现检察人才的内部交流，最终在交流中发现人才，实现工作岗位之间的互补、双赢，达到资源

① 周剑浩：《处理好检察机关社会公共关系应注重“三化”》，载《检察日报》2011年10月30日第3版。

② 董永格、陈涛：《检察机关公共关系建设的路径方法》，载《检察日报》2011年11月14日第3版。

共享。再比如，深化干部人事制度改革，努力建立公开、平等、竞争、择优的用人机制，完善对干部的激励和考核机制。再比如，对于老同志，我们既要承认历史，也要面对现实，鼓励老干部散发自身的余热，提携、带教年轻干警，使年轻干警更快地熟悉检察工作。

2. 考虑人文社会因素，以事业心调动人、激励人。很多检察干警在接受专业的法律教育后，都希望在工作中有更多的自由权和决定权。因此，在开发人才时，要营造以发展检察事业为纽带的磁场，给予其对检察工作发展方向、模式等建议权，增强和保持检察工作对优秀干警的吸引力。同时，要对优秀检察人才的发展创造成长、成才的空间，强调优秀人才的的事业发展，使创造性人才能够脱颖而出。

3. 考虑经济因素，以待遇调动人、激励人。市场经济倡导资源的合理配置，人才也是现有资源的一种，与其他资源一样也具有价值。检察机关的人才衡量要也要遵循市场法则，要把待遇作为一面旗帜来吸引高层次的人才。改变目前单一的行政级别、行政职务的工资配置模式，让更多的人拥有报酬激励下的工作动力。具体做法有：一是不同部门、不同岗位的差别激励机制。检察机关内部科室种类多样，工作岗位、业务和工作水平要求也存在一定差别。为了实现对检察干警的个别激励目的，就要充分考虑干警的个性差异，挖掘干警的潜在能力。通过行为激发干警的工作热情，在队伍管理中应关注干警的心理变化，针对不同的对象采用不同的激励方法。二是要建立符合市场化报酬回馈机制，主要通过津贴形式发放。随着人才市场化的程度不断成为现实，时常有检察机关优秀人才跳槽的情况。建立市场经济规律的人力资本配置、投资与回报机制。随着市场化程度的提高，员工配置、人才引进都将依据市场法则，通过市场调节来决定最终取向。目前机关内部竞争也很激烈，但在报酬的回馈上却仍然是计划式的、非市场式的。因此对于优秀的人才可以根据其工作成果、工作成绩以补贴的形式给予额外报酬。

综合来说，法治思维模式下的基层检察院内部资源配置研究的主要目的在于发现并阐述基层检察机关在机构设置、人才培养等方面存在的不符合法治工作特殊性要求的现象，旨在提出相应的机构设置方案、人才培养方式，最大限度地以检察办案人员为中心，调办案人员主动积极性。当然，提出的想法也许较为粗浅，也可能并非是唯一的出路。撰写此文，只希望能够引起同行对检察机关内部机构设置、人才培养的“内因”性研究。

检察权优化配置需要厘清的四个问题

卢　希*

权力的高效、有序行使离不开对权力配置的认识和把握，权力如何配置，实现权力的有效制约是人类社会产生以来就不断思考的问题，也是研究权力结构的重要内容之一。① 检察权作为一项重要的国家权力亦不例外。从现实情况看，各国检察权配置的方式不尽相同、各具特色，并没有统一的模式。而任何一种制度或模式都是有利有弊的，唯有适合社会环境者才能生存，唯有符合社会发展需要者才有生命力。② 从我国的情况看，检察权的优化配置，既是一个新问题，也是一个老问题，围绕如何对我国检察权进行优化配置的争论由来已久，而近年来围绕检察机关诉讼职权和监督职权"分"与"合"的讨论更是愈演愈烈。

要解决好检察机关诉讼职权和监督职权优化配置的问题，笔者认为，应当重点理解和把握好以下四个问题：即检察机关的性质、检察权的性质和内容、诉讼职权和监督职权的关系、实现诉讼职权和监督职权优化合理配置的具体路径。上述四个问题依次构成了诉讼职权和监督职权优化配置的内在动因、理论前提、决定因素和方式尺度。可以说，这四个问题环环相扣、前后相继、层层深入，具有一定的递进关系。

---

* 北京市人民检察院第二分院党组书记、检察长。

① 参见周永坤：《规范权力——权力的法理研究》，法律出版社 2006 年版，第 215—221 页。

② 面对种类繁多、类型各异的检察权，我们首先必须承认各种类型的检察权都紧紧依附于该国现存的宪政体制，都有其存在的合法性与合理性，不应在片面强调某一类型检察权优点的基础上，夸大该类检察权的普适性，而忽视该类检察权所赖以存在的特殊性及可能存在的弊端。参见贾志鸿等：《检察院检察权检察官研究》，中国检察出版社 2009 年版，第 138 页。

一、司法实然对立法应然的背离——探讨诉讼职权和监督职权优化配置的内在动因

《宪法》第129条规定："中华人民共和国人民检察院是国家的法律监督机关。"理所当然，法律监督应当成为检察机关首当其冲的"主业"，而实践中人民检察院的业务更多地外在表现为"公诉"，以致法律监督在相当长一段时间反倒成为若有若无、可有可无的"副业"，法治运行的实然状态与立法规定的应然状态渐行渐远、本末倒置。可以说，有关检察机关诉讼职权和监督职权是否应当分离的讨论，在相当程度上是由于司法实然状态对立法应然状态的背离，即检察机关实际定位与宪法定位不相符所造成的，并进而产生了关于检察机关的性质、检察权的性质、诉讼职权和监督职权的关系等一系列理论争鸣。

检察机关的性质即它区别于其他国家机关的职能属性，这是由一个国家的国体、政体以及国家机构的分工所决定的。关于我国检察机关的性质，尽管宪法和法律均作出了明确规定，但是，在理论上仍然存在不同的认识，在实践中也存在淡化或违背检察机关法律监督性质的问题。正是由于实践中检察机关的监督职能长期被诉讼职能所遮蔽、所掩盖，检察机关的法律监督力度在现实中才被长期弱化，这里面一个很重要的原因就是法律监督权在配置上过于分散，某些监督职权与诉讼职权交叉、混同行使。

从现有监督权运行情况看，以刑事诉讼为例，① 检察机关内部只有监所检察部门是承担刑罚执行监督职责的专门监督部门，在其他如批捕、公诉等部门，相对于诉讼职权而言，监督职权基本上是这些业务部门的附属职权，有时为了使其主要职能顺利实现，不得已作出某种让步，甚至以牺牲监督职能为代价。这种实践中诉讼监督职能的分散状态和其辅助性、从属性的地位，必然导致检察机关法律监督地位的淡化和法律监督力度的弱化。② 可以说，职能冲突源于同一部门行使多种职能，即职能的未分化状态。③ 笔者认为，在检察机关内部对诉讼职权和监督职权进行适度分离可以促使检察机关向着宪法的应然定

---

① 由于在刑事诉讼中，公检法三机关的关系最为错综复杂，有配合、有制约、有监督，因此，本文主要以检察机关在刑事诉讼中的职权配置和作用发挥为视角来进行具体分析。

② 参见许海峰、慕平主编：《法律监督——实践者的理性思考》，法律出版社2005年版，第245页。

③ 参见左卫民、赵开年等：《侦查监督制度的考察与反思——一种基于实证的研究》，载《中国检察》（第15卷），北京大学出版社2007年版，第25—43页。

位理性回归，即在职权配置上，诉讼职权和监督职权统一于法律监督，又由不同的职能部门分别行使；在机构设置上，各职能部门统一于检察长，又保持相对独立性。这样，可以实现法律监督由分散到集中、由弱化到强化、由模糊到清晰的转变。

此外，在讨论诉讼职权和监督职权适度分离时，我们还必须明确以下两点：

第一，检察制度的本质属性是法律监督。检察制度的本质属性，是对各国检察制度共同点的抽象和概括的理性认识。如果作横向的考察，很容易发现现代各国检察制度的共同点是国家公诉制度。但如果作纵向的考察，就会发现古今中外各种类型的检察制度在不同的范围内和不同的程度上以不同的形式具有法律监督的性质，因而法律监督是检察制度的本质属性。正如我国台湾著名学者林钰雄所言："创设检察官制度的目的有三，即确立权力分立原则、以一受严格法律训练及法律拘束之公正客观的官署来控制警察活动的合法性、守护法律……检察官之责不单单在于刑事被告之追诉，并且也在于国家权力的双重控制。"① 因此，对于检察机关而言，提起诉讼和参与诉讼只是实行法律监督的一种形式，而不是它的本质，也不是它唯一的形式。② 法律监督的本质属性与"两权"适度分离的外在形式是一种由里及表的关系，也可以说，诉讼模式的演进为检察官提供了平台和载体，而检察制度的产生和发展始终是围绕着分权制衡与监督制约。

第二，检察权优化配置的目的是强化法律监督。在宪法中明确规定检察机关是国家的法律监督机关，是我国宪政和检察制度的重大特色，对我国检察制度的研究和改革应当以此为出发点和着眼点。③ 也就是说，行使法律监督权的主体不能分离，但在检察机关内部具体职权的配置上可以适度分离。检察权的配置应当围绕实现和强化法律监督的目的的内在需求设置，离开了法律监督的目的要求，讨论检察机关应当具有哪些职权、不应当具有哪些职权，都将是无的放矢的空谈，检察权的优化配置也就会迷失方向。目前，实践中检察机关法律监督属性被弱化和虚置的现象，是我们通过检察权的优化配置去改革、去完善现有制度的内在动因，其本身并不是质疑检察机关作为国家的法律监督机关这一基本定位的理由。必须明确的是，所谓权力分立与制衡理论只是权力协调

---

① 参见林钰雄：《检察官论》，法律出版社 2008 年版，第 6—9 页。

② 参见王桂五主编：《中华人民共和国检察制度研究》，中国检察出版社 2008 年版，第 170—172 页。

③ 何家弘主编：《检察制度比较研究》，中国检察出版社 2008 年版，第 476 页。

的一种精神，而不是作为唯一固定的一种模式存在，其真正目的在于保障国家权力的和谐和有效运行。因此，对诉讼职权和监督职权适度分离的讨论是对检察机关宪法定位的理性回归，本质上是为了进一步强化法律监督，而不是将诉讼职权或监督职权从检察机关剥离出去。

二、本质属性与具体形式的统一——探讨诉讼职权和监督职权优化配置的理论前提

检察权，是指为了实现检察职能，国家法律赋予检察机关的各项职权的总称，是国家通过法律赋予检察机关的一种国家权力，是由国家强制力保障行使的一项权力，具有国家权力的一般属性。① 从我国检察权的内容和形式来看，是“一体两翼”的结构模式，“一体”即法律监督，“两翼”即诉讼职权和监督职权，无论是诉讼职权还是监督职权，都是检察权的具体体现，也是法律监督的具体体现。

第一，检察权和检察职权之间是抽象和具体的关系。检察权是一种抽象的权力，是各种检察职权的概括和抽象，检察职权是检察权的具体化，各种检察职权都是检察权的具体表现形式，检察权本质属性的唯一性与具体形态的多样性两者之间并不矛盾。检察职权内容丰富，具有复合型和多层次性，在总体上包含侦查权、公诉权和诉讼监督权，其中每一类又包括许多种权能，从检察权的具体内容上看，包括侦查权、批准逮捕权、起诉权、对诉讼活动的监督权，而上述各项权力之间的关系也影响到不同诉讼主体之间的关系。

第二，检察权和法律监督之间是内在统一的关系。按照王桂五先生的观点：“检察和监督是一致的，检察也就是一种特殊性质的监督，即法律监督。”② 因此，在我国，检察权和法律监督是一体的，检察机关行使检察权是实行法律监督的具体表现形式，法律监督则是检察权的本质属性，二者是一个事物的两个方面。检察权与法律监督的一体化，不仅表现在各项具体检察权都具有法律监督的性质，而且也表现在我国的法律监督必须通过各项具体检察权来实现。法律监督是本质、是目的，各项具体的检察职权是形式、是载体。③ 关于检察权与法律监督的内在一致性，从人民检察院职能变迁和发展变化的过程也可以看出来，这一过程基本上是以检察机关法律监督的性质加以确立和完

---

① 朱孝清、张智辉主编：《检察学》，中国检察出版社 2010 年版，第 319 页。

② 王桂五：《王桂五论检察》，中国检察出版社 2008 年版，第 26 页。

③ 参见朱孝清、张智辉主编：《检察学》，中国检察出版社 2010 年版，第 326—328 页。

善的。[①]

第三，检察权本质上应当是被强化和保障的法律监督权。检察机关的性质和职权具有特殊性、专门性和独立性，检察人员最根本的宪政职责应是强调对法律的一种强势监督，其他职责只是这种根本职责的派生。而对于检察权，既不是完全意义上的行政权，也不是通常意义上的司法权，本质上应当是被强化与保障的法律监督权。从法律监督的范围上看，应当与国家法制的发展状况相适应，即检察机关应当全面承担起保障法律实施的责任，而不是仅仅局限于保障某一方面的法律实施。[②] 将检察权定位于法律监督权，不仅符合检察权本身具有的多重属性，也是国家权力制约机制内在规律的必然选择，是国家权力分配和有效控制的重要保障。

三、诉讼职权和监督职权的关系——探讨诉讼职权和监督职权优化配置的决定因素

在理论层面厘清检察机关诉讼职权和监督职权之间的关系是检察权优化配置的前提和基础，关于两者的关系，理论界与实务界见仁见智、众说纷纭，归纳起来有“一元论”和“非一元论”，后者包括“二元论”、[③]“三元论”、[④]“四元论”[⑤]，其中，以“二元论”为代表。

一元论有两个含义：一是指在我国权力结构中，即在国家权力机关的隶属下，只能有一个专门行使国家法律监督权的系统，即检察系统；二是指检察机关的各项职能都应当统一于法律监督，都是法律监督的一种表现形式。应当注意的是，检察职能的法律监督一元化，并不排斥监督内容和监督形式的多样

---

① 参见张朝霞、温军、贾晓文：《论检察职权内部配置的基础与路径》，载《政法论坛》2009 年第 1 期，第 186—191 页。

② 参见樊崇义：《一元分立权力结构模式下的中国检察权》，载《人民检察》2009 年第 3 期，第 5—11 页。

③ 目前持该观点的学者主要有中国政法大学的樊崇义教授、中国人民大学的陈卫东教授以及以山东省人民检察院吕涛副检察长为代表的检察系统内部的理论研究者。参见樊崇义：《法律监督职能哲理论纲》，载《人民检察》2010 年第 1 期，第 13—20 页；陈卫东：《检察机关角色矛盾的解决之策》，载《法制日报》2011 年 2 月 23 日；吕涛、杨红光：《刑事诉讼监督新论》，载《人民检察》2011 年第 8 期，第 24—29 页。

④ 参见徐汉明：《我国检察职权优化配置的路径选择》，载《人民检察》2010 年第 3 期，第 10—16 页。

⑤ 马岭：《我国检察机关的性质分析》，载《河南省政法管理干部学院学报》2010 年第 1 期，第 78—85 页。

性，而是表现为一元化和多样性的统一。①

二元论认为，检察权的内容基本上可以分为两类，一类是诉讼职权，一类是监督职权，二者的运行规律不同、法律授权不同，应当区别对待。至于诉讼职权和监督职权如何区分，陈卫东教授的观点比较具有代表性，他认为：凡是法律规定的，由检察机关自己行使的诉讼权力都是检察诉讼职能的具体表现，相应的，不是由检察机关直接、自我行使的职权，而是籍由对其他机关或者个人行使的权力进行监督的行为，可以划归为诉讼监督行为。②

之所以会有一元论和非一元论的争论，主要是侧重点不同，一元论更多强调的是检察机关诉讼职权和监督职权具有法律监督属性的共性，二元论则强调二者之间的差异。非一元论与一元论的最根本区别在于将诉讼职权从法律监督职权中独立出来，而不是用一个统一泛化的法律监督概念来统辖。笔者认为，人民代表大会制度赖以建立的理论基础即人民民主专政理论是我们研究中国宪政问题的现实合理性的分析工具，正是这个政治理论决定了中国的政治制度具有权力一元化的倾向。中国的体制因为特殊国情而排斥分权，但同时，对权力进行适度的分离设置和建立制约机制始终是现代法治的共同精神，这对于检察权的优化配置同样适用。具体到诉讼职权和监督职权的关系，两者之间既有联系亦有区别，但联系大于区别。我们应当在坚持一元论观点的同时，也要看到我国检察机关行使职权具有多元化的特点，③ 可以将两者的关系具体界定为“一元共生”而非二元或者多元，具体来说：

从联系看，两者相互依存、相辅相成。一方面，诉讼职权是监督职权存在的前提，没有诉讼职权，检察机关就找不到着力点和突破口，就无法有效行使监督职权。④ 另一方面，监督职权是诉讼职权的保障，检察机关没有监督职权，就无法确保诉讼活动的正常进行，行使诉讼职权的效果就得不到彰显。实践的发展也印证了理性的判断，正是因为检察机关在行使诉讼职权、全程参与

---

① 参见王桂五主编：《中华人民共和国检察制度研究》，中国检察出版社 2008 年版，第 177—181 页。

② 参见陈卫东：《检察机关角色矛盾的解决之策——法律监督职能与诉讼职能的分离》，载《法制日报》2011 年 2 月 23 日。

③ 何家弘主编：《检察制度比较研究》，中国检察出版社 2008 年版，第 514 页。

④ 作为宪法确立的国家专门的法律监督机关，检察机关的监督具有一定的“强制性”的特征，这是法律监督区别于其他监督方式最为突出的特征，检察机关的法律监督之所以具有这种强制性，就是因为法律赋予了检察机关一定的诉讼职权，如职务犯罪侦查权、批捕权、公诉权。参见梁国庆主编：《中国检察业务教程》，中国检察出版社 1999 年版，第 2 页；张智辉主编：《中国检察》（第 18 卷），中国检察出版社 2009 年版，第 20 页。

刑事诉讼活动的过程中，才有条件发现与诉讼活动相关的监督线索和问题，得以及时进行监督纠正。同时，对于严重违法、构成犯罪的案件，在监督纠正诉讼活动中的违法问题时，对犯罪嫌疑人启动诉讼程序，维护了司法公正，也为检察机关参与刑事诉讼的价值之实现提供了充分的保障。①

从区别看，两者规律不同、各有特性。诉讼规律在刑事诉讼中主要体现为程序法定、实体公正与程序公正相统一、无罪推定、审判独立、控辩平等原则、客观追诉原则和公共利益原则；诉讼规律在民事诉讼中的基本原则和要求包括意思自治、不告不理、审判中立等。法律监督规律在检察权运行中的要求主要体现在法律监督的权威性、单向性、间接性，法律监督的对象和范围有限性，法律监督的事后性，法律监督的独立性等。

在厘清诉讼职权和监督职权关系的基础上就不难发现：在现有司法体制框架下，在坚持由检察机关统一行使法律监督权的前提下，将诉讼职权和监督职权在检察机关内部进行适度分离和优化配置十分必要。

第一，有助于打击犯罪和保障人权双重目标的平衡。从《宪法》、《刑事诉讼法》、《人民检察院组织法》的相关规定看，人民检察院的主要任务，概括起来就是打击犯罪和保障人权，两者之间的平衡是刑事诉讼制度发展的一条重要规律，根据这一规律，任何一项刑事诉讼制度的完善都需要兼顾打击犯罪和保障人权两个方面，并且保持适当的平衡。② 然而，控辩双方悬殊的实力却有可能影响刑事诉讼目的的实现，为此，各国在诉讼制度和机制上通过限制控方权力、加大控方责任、赋予辩方权利的同时，还赋予了检察官客观公正义务。③ 由此可见，检察官在刑事诉讼中的任务无外乎两项：追诉犯罪和护法保民，偏重于任何一个方面，都不能保障刑事诉讼目标的实现。探索将诉讼和监督适度分离，诉讼职权和监督职权分别由不同的部门来行使，因各司其职、各有侧重而有助于实现打击犯罪和保障人权两大目标的动态平衡。

第二，有助于司法公正和司法效率双重价值的实现。诉讼讲求效率，强调“迟来的正义就是非正义”，如刑事诉讼规定了两审终审以及上诉、抗诉期限，目的就是避免刑事裁决的过分迟延；而监督带有明显的事后性，公平正义是其

---

① 参见山东省人民检察院吕涛副检察长在2010年11月第一届刑事诉讼监督论坛上的发言材料。

② 参见孙谦、童建明：《遵循刑诉规律　优化职权配置》，载《人民检察》2009年第22期，第5—7页。

③ 参见孙长永：《检察官客观义务与中国刑事诉讼制度改革》，载《人民检察》2007年第17期，第5—10页。

终极价值目标，如监督一般不受时间限制，随时发现、随时纠正，体现了“实事求是、有错必纠”的原则。如果我们将诉讼职权和监督职权长期混同行使，由于两者在价值目标上的不完全一致性，导致实践中的任意取舍，不利于公正与效率的有效实现。从这一点上讲，诉讼职权和监督职权适度分离有一定的积极意义。

第三，有助于诉讼参与人和法律监督者双重角色的明晰。检察机关的角色定位是其一切职能、义务的本源和依据。在我国，检察机关是法律监督机关，又是司法机关，这一角色定位决定了其一切职能的本源和依据，因此，包括控诉职能在内的所有职能都取决于、服务于法律监督，其目的都是为了维护法律的统一正确实施和社会公平正义，这一点就检察机关作为一个整体而言并不矛盾。但不能忽视具体化到某一个集追诉犯罪与保障人权于一身的检察官时，就会发生角色混乱的问题。而从司法实践看，检察官由于角色不清导致心理两难，由于职责不清造成顾此失彼的情况也时有发生，以公诉部门为例，其控诉职能和审判监督职能存在一定冲突，公诉部门在承担指控犯罪职能的同时，又承担着对刑事审判活动加以监督的职能。审判监督权要求检察官公正客观地判断审判活动的合法性，而控诉职能又要求公诉人积极主动地证明被告人的罪行，说服法官判定其有罪，这就在客观上造成了公诉人自身的角色冲突。笔者认为，将诉讼职能和监督职能适度分离，诉讼的不监督，监督的不诉讼，实行“术业专攻”，可以有效解决检察官在角色交叉时的困惑和尴尬。

第四，有助于诉讼和监督双重职能的合理优化配置。诉讼的情况相对简单，监督的情况比较复杂，有些情况下监督需要多个部门的协调配合，比如说近年在检察工作中逐渐发展起来的综合监督，实践效果较好，有效提升了监督效能，有利于检察机关使局部的、限于司法内部的工作情况超出专业化设定的藩篱，进入社会层面与之互动。[①] 在实践中，因之涉及检察机关内部多个职能部门、专业要求较之个案监督要高得多，只有放在一个专门的监督部门才能做好、做实，从这一点上说，将监督部门单独设立也具有一定的合理性。

第五，有助于制约和监督两种控权方式的协调统一。从立法层面看，《刑事诉讼法》第7条规定：“人民法院、人民检察院和公安机关进行刑事诉讼，

---

① 综合监督是检察机关在刑事诉讼活动中逐渐发展起来的一种监督方法，是指检察机关在诉讼监督工作中，对一段时期的一类案件、一个领域或整体司法工作中反映的执法司法问题进行专项调研后，以情况通报、检察建议、工作报告为主要手段，向被监督单位、党委、人大，以致社会予以反馈和反映的工作方式。参见邹开红：《检察机关应加强对刑事活动的综合监督》，载《人民检察》2011年第15期，第45页。

应当分工负责，互相配合，互相制约，以保证准确有效地执行法律。”第 8 条规定：“人民检察院依法对刑事诉讼实行法律监督。”从实践层面看，曹建明检察长在第十三次全国检察工作会议上指出，检察机关要加强与其他执法司法机关的良性互动，处理好诉讼监督与诉讼制约的关系。① 由此可见，诉讼监督和诉讼制约是不能混同的。以刑事诉讼为例，检察机关各项职能包括指控犯罪，其性质都统一于法律监督，其目标都是为了实现公平正义。法律监督的方式和手段具有多样性，从检察机关在刑事诉讼中进行法律监督的方式看，一是以参与诉讼的司法方式进行法律监督，如侦查、审查逮捕、审查起诉，二是以非诉讼的方式，如提出检察建议、纠正违法通知书、就法律问题提出司法解释、提请立法解释。② 前者大多体现了“制约”，后者大多体现了“监督”。在许多以往有关刑事诉讼的论著中，往往对“监督”和“制约”不加以区分，严格来说这是不科学的。法律监督是与国家基本政治制度相联系的，而互相制约仅仅与国家的刑事诉讼制度相联系，即使在刑事诉讼领域，两者也只是部分的重合，而不是完全的等同。③ 强调诉讼监督不能排斥诉讼制约，诉讼监督应与诉讼制约相结合，才能发挥最好的司法效果。事实上，人民检察院不仅是追究犯罪的机关，更是约束其他国家权力特别是司法权力的机关，法律监督权和刑事司法制约权是宪法明确赋予检察机关的双重国家权力，而刑事司法追诉权和法律监督权在权力属性上正好对应于权力的制约与监督。④

---

① 参见张书铭：《诉讼制约与诉讼监督的关系》，载《检察日报》2011 年 8 月 3 日。

② 参见谢鹏程：《法律监督关系的结构》，载《国家检察官学院学报》2010 年第 3 期，第 18—24 页。

③ 参见王桂五：《略论互相制约与法律监督的异同及其他》，载《人民检察》1990 年第 5 期。

④ 这一原则是在法制建设中总结实践经验而形成的，它最早是在 1953 年 11 月中央政法党组向中共中央的书面建议中提出来的，出发点是为了健全人民司法制度特别是检察制度，以防止和减少错捕、错判案件。互相制约不等于互相监督，制约作为一种诉讼程序和制度，不论在刑事诉讼中是否发生违法情形，这种程序都要执行；而法律监督则只有在发生违法行为的情况下，才能实行。当然，检察机关作为法律监督机关，在刑事诉讼中负有法律监督的职责，因此，其对公安机关、人民法院的制约，在很大程度上是与其侦查监督、刑事审判监督相重合的。参见王桂五主编：《中华人民共和国检察制度研究》，中国检察出版社 2008 年版，第 105—107 页。

四、专设机构与内设机构的选择——探讨诉讼职权和监督职权优化配置的方式尺度

我们关注检察权的配置时，一定要注意检察权的运用，研究如何正确运用法律赋予检察机关的职权，以便充分发挥检察权的功能作用。[①] 检察机关对诉讼活动进行的法律监督，无论是以参与诉讼的方式还是以非诉讼的方式，都不可能完全脱离执法办案，监督线索的取得、监督效果的深化都使得检察机关的诉讼职权和监督职权相互依存、相互影响、相互作用，特别是综合监督、类案监督、多元监督等高层次法律监督方式更有赖于两者的共同作用。因此，笔者认为，讨论“两权”分离的前提必须是由国家的法律监督机关即人民检察院统一行使两项职权，在这一大前提之下进行“两权”适度分离，而不能完全脱离，将某一项职权分出去。

从上文的分析中，我们充分探讨了“两权”适度分离在理论上的必要性，那么，在实践中究竟是否可行，以及如何实行呢？对于这一问题，我们不妨通过对一些地方检察院已经进行的实践探索的分析去启发思路。评价一项制度是否合理，主要看该制度是否达到其本身所追求的目标，而评价是否达到预期目标，一个很重要的标准就是制度各要素之间的分配与协调在形式上是否自我周延并建立一个动态的权威的平衡机制且充分发挥作用。理论上对诉讼职权和监督职权适度分离，反映在实践操作层面就是机构、人员的适度分离，从现实看有两种不同模式：

（一）“两权”适度分离模式之一：在检察院内部设立专门的监督机构

以湖北省人民检察院为例，在检察机关内部成立专门的诉讼监督部门，实现“一步到位”。近年来提出了“两个适当分离”，其中之一就是推动诉讼职能和诉讼监督职能适当分离。[②] 具体过程是：（1）2009 年 9 月开始实行抗诉职能和职务犯罪侦查职能适当分离，由公诉、民行和职务犯罪侦查部门分别负责承办。（2）2009 年 11 月在黄石、宜昌、神农架林区的 13 个规模较小的基层检察院推进内部整合改革试点工作，实行“五部制”，将现有机构统一整合为批捕公诉部、职务犯罪侦查部、诉讼监督部、案件管理部、综合管理部，各部由一名副检察长兼任负责人，减少层级，建立以检察官为主体，检察官—副

---

① 张智辉：《检察权研究》，中国检察出版社 2007 年版，第 231 页。

② 湖北省人民检察院检察发展研究中心：《实行“两个适当分离”优化检察职能配置——湖北省检查机关在法律制度框架内的实践探索》，载《人民检察》2010 年第 24 期，第 9—13 页。

检察长—检察长的纵向体系。(3) 2010年上半年对省院机关部分内设机构职责进行调整，组建审查批捕处，承担审查逮捕以及批准延长羁押期限等职能，将侦查监督处的职能调整为刑事立案监督、侦查活动监督、对行政执法机关向司法机关移送刑事案件的监督。同时，省市县三级院分别按照不同模式，探索实行公诉职能与审判监督职能适当分离，将省院原有的公诉二处、公诉一处分别更名为公诉处、审判监督处，有些市级院设立公诉处和主要负责抗诉职能的检察处，部分基层院成立批捕公诉部和诉讼监督部。

（二）“两权”适度分离模式之二：在检察院现有机构内部设立诉讼监督组

以北京市人民检察院第二分院为例，走的是“小步快跑”的渐进式改革路子。目前，二分院的主要业务部门大多成立了诉讼监督组,① 这些诉讼监督组可以大致分为三种类型：

第一，研讨决策型。以公诉一处为例，2007年公诉一处开始探索实行诉讼监督组工作机制，从人员构成上看，由处长、副处长、各业务组长组成。组长由处长指派一名资深检察官担任，必要时，吸纳法律监督水平较高的资深检察官或理论水平较高的年轻同志参加。对改变管辖、增减犯罪事实、是否撤回起诉等重大问题进行研讨、决策，与其他类型的诉讼监督组相比其决策功能更加突出，并且对内对外都能有效开展监督。

第二，实体监督型。以侦查监督处为例，2010年年底，侦监处制定了《北京市检察院第二分院侦查监督处诉讼监督办法》，设立诉讼监督办案组，专门负责办理立案监督案件等相关诉讼监督工作，这种诉讼监督组的工作重点和特色在于直接办理相关诉讼监督案件。

第三，程序把关型。以公诉二处为例，该处于2011年年初成立了诉讼监督综合组，负责对本处承办人发出检察建议、纠正违法通知书、追捕追诉犯罪嫌疑人、追诉遗漏犯罪事实等诉讼监督工作进行管理，主要是谋划、督促、汇总和考核等，这种诉讼监督组主要侧重于“对外”监督，工作的侧重点在于对诉讼监督进行程序上的把关。

（三）“两权”适度分离的基本思路

诉讼职权和监督职权优化配置问题是涉及检察工作发展方向的重大理论问题，在理论上和实践中都躲不开、绕不过。无论是专门设立监督机构，还是实行诉讼监督组工作模式，都是对“两权”适度分离的有益探索和尝试，可以

---

① 2011年北京市人民检察院第二分院在设置科室负责人时将诉讼监督组统一变更名称为“××科”，如“公诉二处公诉一科”等。

说，“分离”是诉讼职权和监督职权优化配置的方向，“适度”是诉讼职权和监督职权优化配置的原则，目的都是通过“内在的集中统一与外在的适度分离相结合”的方式，进一步增强监督的主动性和针对性，使法律监督由分散走向集中、由“副业”变成“主业”，形成平衡发展的态势。具体说，应当从以下三个方面切入，找到诉讼职权和监督职权合理优化配置的具体路径：

第一，机构设置。在讨论机构设置时要着重把握以下三个基本原则：一是区别情况分别对待，不搞“一刀切”，最高人民检察院、省级人民检察院、地市级人民检察院、区县级人民检察院的职能定位不同，工作任务、工作重点、工作方式有一定差异，因此，在考虑如何设置监督机构时一定要区别情况分别对待。二是机构名称要突出检察机关法律监督的本质属性，如可将机构名称定为“审判监督处”、“侦查监督处”、“立案监督处”等，就体现出了检察机关的法律监督属性。三是对内监督和对外监督并重，主要体现在人员配备和相关保障上，最高人民检察院曹建明检察长曾经多次强调，要把强化内部监督和加强诉讼监督放在同等重要的位置，因此，我们在考虑如何设置监督机构时，一定要体现出“两个并重”的价值取向。

第二，机制保障。这里所说的工作机制主要是指诉讼职权和监督职权适度分离后，为了确保工作衔接而建立的一系列保障机制，如线索发现、移送及办理反馈机制，工作协调配合机制，执法办案监督制约机制，资源整合优化机制、绩效考核机制等，这些配套机制的构建是“两权”适度分离后检察权整体运行顺畅的重要保障。

第三，角色适应。在传统模式下，办案部门的检察官已经习惯了一边参与诉讼、一边开展监督；在新模式下，诉讼的专责诉讼，监督的专司监督，诉讼职权和监督职权分别由不同的检察官行使，在各司其职的同时，检察官也需要注意信息的共享。因此，客观上检察官也势必需要一个对新角色的适应和自身心理调适的过程，对此，也要加强培训和引导，以确保“两权”适度分离的过程平稳有序。

总之，诉讼职权和监督职权在检察机关内部的适度分离，有助于整合资源、提高效率、优化职能、强化监督，是推动检察工作科学发展的必由之路。

检察机关内设机构边界的实践思考

田鹤城[*]　梁晓淮[**]

一、引言

诺贝尔经济学奖获得者科斯在其著名的《企业的性质》一文中提出：企业的规模取决于组织成本和交易成本的比较。企业将倾向于扩张，直到在企业内部组织一笔额外交易的成本，等于通过在公开市场上完成同一笔交易的成本或在另一个企业中组织同样交易的成本为止。① 尽管科斯研究的对象是市场经济主体，但其所运用的成本分析方法同样适用于公共组织。特别是在当前社会公众对政府运营成本越来越关注，政府财政控制更加透明、规范。行政成本无疑成为公共部门设置和运行所需要考虑的重要因素之一。党的十八大报告提出稳步推进大部门制改革，大部门制并不只意味着不同部门的合并，也包括对部门内设机构的整合。

检察机关作为国家法律监督机关属于国家机构的重要组成部分，其运行成本当然由国家财政负担。因此，其内设机构的设置既要考虑满足实现法律监督职能的需要，也要考虑如何降低运行成本。遗憾的是，在检察机关内设机构设置的改革实践过程中似乎并未充分关注和考虑行政成本的问题，相关理论研究中也少有涉及。

以最高人民检察院内设机构的设置为例，1949 年最高人民检察署成立时，设置了 6 个内设机构，其中 3 个综合部门，3 个业务部门。② 而到 2012 年，最高人民检察院的内设机构已达 21 个，这还不含其下辖的 6 个直属事业单位。

---

* 陕西省人民检察院法律政策研究室副主任，西北工业大学博士后。

** 陕西省人民检察院法律政策研究室主任。

① 参见罗纳德·科斯：《企业的性质》，载盛洪主编：《现代制度经济学》，北京大学出版社 2003 年版，第 103 页。

② 参见王松苗：《检察机关内设机构的风雨变迁》，载《检察日报》2009 年 10 月 12 日第 5 版。

下级检察机关内设机构的设置一般与上级机关相对应，从总体来看，检察机关的内设机构数量越来越多。这固然有随着社会的发展法律监督内涵越来越丰富、检察业务越来越繁重的客观原因，但在设置内设机构时没有充分关注和考虑行政成本也是导致机构数量庞大的原因之一。

如果将检察机关视为一个生产单位（其提供的产品是公共服务），内部分工有助于其更加专业化的生产、更加科学的管理，但内部车间（内设机构）越多，组织成本就会越大。这就产生了一个问题：究竟设置多少个内设机构才能用最小的成本实现法律监督的职能需要？我们可以假设两个极端，一是检察机关不设内设机构，检察职能由检察长直接指挥检察官完成（内设机构数量为0，机构边界最大）。二是将每一项检察职能分别由不同的内设机构承担（内设机构数量非常大，机构边界最小）。无疑理性的选择应是介于二者之间，这就迫使我们要研究，检察机关内设机构的边界究竟应该多大才是合理的？

二、检察机关内设机构的设置目的及其功能异化

检察机关设置内设机构的根本目的是更好地实现法律监督职能。将法律监督职能分配给不同的内设机构，通过机构之间的互相配合以提高效率，通过机构之间的互相制约以提高质量。如将诉讼监督职能分为刑事诉讼监督和民事、行政诉讼监督分别由侦监、公诉、监所、民行等部门行使，各部门业务固定有助于检察官的专业化，通过专业化的分工配合，可以提高工作效率。又如，自侦、侦监、公诉三项职能分别由三个部门行使，犹如三道工序，后一道工序对前一道工序有监督作用，通过内设机构之间的互相监督，可以更好地保证案件质量，实现司法公正。

尽管设置内设机构的本旨是实现法律监督职能，但在检察机关内设机构改革的过程中，内设机构的设置往往被赋予了许多其他功能。而其中非常重要的一个功能是通过设置内设机构解决检察官的职级待遇问题。在我国司法体制中，检察官的地位并不独立，没有业务事项的决定权，其行政待遇和物质利益往往与相应的职务、职级挂钩，检察官只有通过获得相应的行政职务才能得到一定的社会地位和经济利益，检察官只有成为行政领导才能在处理案件时获得更多的话语权。而通过多设置一些内设机构就可以增加职数编制，解决检察官的职级待遇问题。这往往成为实践中增设内设机构的主要动因。因为设置内设机构的这一功能和实现法律监督职能的本旨没有任何关系，我们可以称之为内设机构功能的异化。这种内在利益的驱动和检察体制改革、诉讼法修改等因素相结合就造成了检察机关内设机构数量日益扩大的客观结果。

正如某位经济学家戏称：当一部机器出现故障，所有的工程师都在忙着寻

找各种原因的时候，突然有人意识到，原来电源没有插上。① 我们在为检察机关内设机构的设置提出政策建议时，如果忽视了内设机构的这种异化功能，所构想的制度设计就很可能难以实现。检察官职级待遇属于检察人力资源管理问题，检察人力资源管理和内设机构的设置分别属于检察管理的不同类别，当二者通过非正式纽带交织在一起时，内设机构设置问题就变得更加复杂化。之所以在研究检察机关内设机构的设置之前要特别强调这种异化功能，不仅在于要合理界定检察机关内设机构的边界必须首先要去除附加在内设机构之上的异化功能，更为重要的是检察官的职权范围是决定检察机关内设机构边界大小的决定性因素之一。有研究者敏锐地指出：内设机构是检察职能的分解形态和检察官行使职权过程中的行政组合。在检察职能分解与检察官的独立性之间对内设机构进行功能定位是研究检察机关内设机构设置问题的理论前提之一。②

或许不需要运用复杂而抽象的理论来解释内设机构规模、成本、功能和人力资源管理之间的关系。我们可以用一个形象的比喻来描述检察机关内设机构与人力资源管理关系的现状。假设检察机关是一艘船，船上有九名工作人员，其中一名舵手（检察长），舵手负责船的方向因而当然获得对船上人员的指挥权并享有相应的经济待遇。其余八名工作人员为水手（检察官），水手要获得提升只能通过转变为管理人员（厅、处、科长），因此为了更好地激励水手工作积极性，决定分别设置船头、左舷、右舷、船尾四个工作区，各提升一名区长，于是该船内设机构为四个，管理人员变为五名，具体工作人员减少为四名。如此设置的后果是船只运行成本（管理费用）增加、运行效率降低（执行具体职能的工作人员减少），为了解决这一问题（案多人少），必须增加水手（检察官），当水手（检察官）规模扩大，又面临着激励问题，于是再设置新的机构，结果导致机构数量不断扩大，行政成本攀升，工作效率反而降低。

三、检察机关内设机构组织成本分析

组织成本可分为显性组织成本和隐性组织成本。显性组织成本是指可以用货币衡量和计算、计入会计账目的组织成本。主要包括管理人员工资、管理经费、培训费用等。隐性组织成本是一种隐藏于组织总成本之中，游离于财务审

① 参见史蒂芬·列维特：《魔鬼经济学》，广东经济出版社 2006 年版。

② 参见徐鹤喃、张步洪：《检察机关内设机构设置的改革与立法完善》，载《西南政法大学学报》2007 年第 1 期。

计监督之外的成本。[①] 主要包括信息沟通成本、效率成本、机会成本等。组织成本中的绝大部分是隐性成本，难以具体量化。组织成本就像冰山，浮在水面的冰山一角体现的是能看见的向外支付的组织管理费，而大量的沉在水下的冰山是人们所看不到的企业内部消耗的组织费用，水下的组织内耗越深，露出水面的冰山就越小。[②]

检察机关的组织成本包括很多方面，下面我们以内设机构的设置为切入点，结合笔者30余年的检察工作实践，对机构运行的显性组织成本和隐性组织成本进行分析。首先来看显性组织成本，设置一个内设机构必然要确定内设机构的管理人员和辅助管理人员，对这些非生产性人员支付的工资以及这些人员从事管理活动所消耗的行政经费都应计入组织成本。以省级检察机关为例，设置一个内设机构一般配备正职负责人一位，副职一到三位，内勤一到四位。内设机构正、副职负责人不直接办理案件，内勤一般也不直接办理案件，这些人员都从事非生产性劳动，其工资和所耗用的行政经费均为组织成本。接下来我们再来看隐性组织成本，检察机关内设机构特别是业务部门之间具有程序性联系，增设业务部门意味着业务的分离和细化，与此同时各业务部门之间信息沟通成本必然增加并在一定程度上影响到效率。内设机构的分设还伴随着管理成本的增加，例如考核难度加大、人员培训成本增加等。

组织机构的合理设置可以有效降低组织成本。从组织成本角度分析，现行检察机关内设机构设置数量无疑过多，应当进行合并。通过内设机构的合并可以减少管理人员的数量，使更多的人力资源投入到办案一线；机构合并后管理链条缩短，管理者获取信息更加直接，有助于管理水平的提高；机构的合并可以促使检察官业务能力的全面发展，通过“干中学”降低培训成本；机构的合并还可以降低机构之间的信息沟通和摩擦成本，更好地提高工作效率。但是，机构的合并也面临两个问题：一是机构合并后业务量增加，内设机构负责人能否承担增加后的工作量，目前检察机关办理刑事案件实行的是，检察人员承办，办案部门负责人审核，检察长或检察委员会决定的模式。这种模式下，如果内设机构的边界过大，办案部门负责人将无力承担审核职责。这个问题的解决一方面需要通过对检察官和行政负责人之间重新配置权力和职责，扩大检察官的权力并强化其责任，行政负责人对一般案件不再干涉，更多地承担行政

---

① 参见管良坤：《企业成本控制中的隐性成本及其控制研究》，载《Business China》2010年第9期。

② 参见雷丽玲：《企业组织成本控制问题及对策探讨》，江西财经大学2012年硕士学位论文。

管理职能。另一方面也要注意内设机构的边界要合理，管理资源和业务量要相匹配，不能为合并而合并。二是检察业务之间具有程序性，不同环节的业务之间具有监督作用，内设机构的设置不能只考虑组织成本，还要考虑法律监督职能的实现，在二者之间应当选择最优化方案。

因此，检察机关内设机构的设置在组织成本方面必须减少重复支出的管理成本，降低部门之间沟通协调成本。当一类检察业务由一个部门行使比由两个部门行使组织成本更低的话，则应对部门进行合并，用最小的成本实现法律监督职能。

四、检察机关内设机构设置的政策建议

根据《人民检察院组织法》等法律的规定，法律监督职能可以概括为四大类：（1）刑事诉讼监督。主要包括：刑事侦查监督、刑事审判监督和刑罚执行监督。（2）民事行政诉讼监督。主要是对人民法院的生效民事行政判决、裁定是否正确适用法律以及民事行政诉讼活动进行监督。（3）职务犯罪监督。主要是对国家工作人员贪污、贿赂、渎职侵权等犯罪行为进行监督。（4）刑事犯罪公诉。主要是对公民、单位触犯刑事法律构成犯罪并需追究刑事责任的行为向人民法院提起公诉。以上四大职能分别由不同的内设机构承担，其中刑事诉讼监督职能主要由侦监部门（自上而下又分为几个厅、处、科）、监所检察部门、控申部门承担；民事行政诉讼监督由民行检察部门（各地情况不同，有将民事检察和行政检察分设的，也有设民行一处、二处的）；职务犯罪监督职能由反贪局和反渎局承担（两个局之下又分为若干个处、科）；刑事犯罪公诉职能由公诉部门承担（分为若干个厅、处、科）。

目前这种内设机构设置方法不仅导致显性组织成本过高（过多的管理人员），也导致隐性组织成本过大（各部门之间沟通协调产生的摩擦成本、对内设机构的考核难度大等）。基于降低组织成本的考虑，必须对目前的内设机构进行整合，基于实现法律监督职能的需要，又必须为内设机构确定合理的边界。

刑事诉讼监督方面，目前侦监、监所、控申（部分业务）的业务具有同质性，只是监督的环节和重点不同，而民事行政诉讼监督和刑事诉讼监督二者监督的具体对象虽有一定差异，但均是对诉讼活动进行监督，又具有共性的一面。因此可以考虑将上述内设机构进行合并，只设一个诉讼监督部门（厅、局、处、科）。刑事公诉职能也没有必要分设几个部门，只设立一个公诉部门（厅、局、处、科）。职务犯罪监督方面，贪污、贿赂与渎职犯罪均属职务犯罪，许多贪贿犯罪又和渎职犯罪相交织，从工作模式看反贪和反渎具有类似

性。实践中反贪部门普遍存在案件数量多、人员不足的情况，而反渎部门一般却面临案件数量少、人员闲置的局面，这两个部门也可以考虑合并，以更好地利用人力资源。刑事公诉部门和职务犯罪监督部门不能和诉讼监督部门合并的原因在于，三个部门之间具有内部监督的关系。因此检察机关主要业务部门只需设置三个内设机构即可。特别是在基层院，没有必要在机构设置方面和上级机关一一对应，机构设置越少越好。目前还有部分业务不能纳入上述三个内设机构，主要是案件管理业务、检察委员会办公室业务、举报控告业务。其实，举报控告和检察委员会办公室的职能都可以归入案件管理部门（实践中部分地方检察机关已经将检察委员会办公室归入案件管理部门）。而为检察业务服务的综合部门更应该进行合并，只设政治部、综合局（处、科）即可，根据业务人员的比例配备相应工作人员。

以上对内设机构的重新整合建议方案，既能满足实现法律监督职能的需要，又能最大限度地降低组织成本，同时也可以有效遏制检察机关内设机构设置数量不断扩大的趋势，应当是确定检察机关内设机构边界的一种合理选择。

法治思维下检察权的优化与制约

王润生[*]　顾忠长[**]

党的十八大报告在作出“全面推进依法治国”重大决策和战略部署的同时，要求运用法治思维和法治方式深化改革、推动发展、化解矛盾、维护稳定。而“法治思维”和“法治方式”的提出，既是党对推进依法治国基本方略的巨大理论贡献，也体现了新时期党对依法治国认识的新高度和发展的新起点，并为实现依法治国指明了具体路径，因而对国家的长治久安和繁荣稳定具有深远影响和重要意义。

关于法治思维，目前尚无统一规范的界定与表述。如有的认为，“法治思维”，顾名思义，是一种运用法治价值来认识世界的思维方法，是法治价值在人们头脑的思维形态中形成的思维定势，并由此产生指导人们行为的思想、观念和理论。① 也有的认为，法治思维是指按照法治的逻辑来观察、分析和解决社会问题的思维方式，它是将法律规定、法律知识、法治理念付诸实施的认识过程，直接关系到依法行政、依法办事的效果。② 还有的则认为，法治思维就是在行使权力的活动中，视依法执政为贯彻执政宗旨和实践政治伦理的体现，坚持崇尚法治，敬畏法律，尊重权力，慎用权力的理念，按照法治需要、法治要求、法治原则以及法律规范，分析判断遇到和需处理的问题，理性地得出结论、制定政策、选择措施，使之合宪合法、符合人民根本利益的思想活动及过程。③

笔者认为，法治思维是一种与人治思维和权力思维具有本质区别的综合

---

* 上海市黄浦区人民检察院检察长。

** 上海市黄浦区人民检察院检察委员会委员、法律政策研究室检察员。

① 莫纪宏：《识读“法治思维”》，载《辽宁日报》2013年1月22日第6版。

② 罗志坚、万高隆：《法治思维：贯彻落实依法治国基本方略的必备要素》，载《宁夏党校学报》2012年第4期，第71页。

③ 方工：《防止“运用法治思维”沦为清谈》，载《检察日报》2013年1月31日第3版。

性、整体性思维。它主要包含三个层面的内容：首先，它是执政主体运用法治理论、法治价值、法治逻辑等进行综合性思维运行或思想认识的过程；第二，在该思维运行或思想认识过程中会形成一定的法治思维定势或法治理念；第三，这些法治思维定势或法治理念会指导执政主体严格遵循法律规则和要求来分析、研判、处置和解决各种社会问题，并付诸于社会管理实践活动。概而言之，法治思维是指执政主体运用法治理论、法治价值、法治逻辑等来观察、分析、研判各种社会问题，并在一定的法治思维定势或法治理念指导下，根据法治原则、法治需要和法律规范及法定程序，理性处置并解决各种社会问题的思想活动及其过程。

作为宪法赋予维护国家法制统一历史使命和法律监督神圣职责的检察机关，既是依法治国方略的推进者和保障者，也是实现依法治国的建设者和实践者。在全面推进依法治国和积极倡导“法治思维”和“法治方式”前提下，检察机关要切实转变思维方式，努力养成法治思维；要通过进一步优化与制约检察权，使检察权有效发挥服务改革、发展、稳定大局和维护社会公平正义的积极作用，并成为全面推进依法治国进程中不可或缺的、重要的法治方式之一，以顺应时代发展和法治进步的要求与需要。

一、切实转变思维方式，自觉养成法治思维

思维决定行为。近年来，全国各级检察机关通过深入开展社会主义法治理念、政法干警核心价值观等一系列主题教育实践活动，使检察干警进一步加深了对社会主义法治内在要求、精神实质和基本原则的认识，不断更新执法观念，并从思想、作风、执法规范等方面逐步解决了“为谁执法，靠谁执法，怎样执法”等问题，确立了以“依法治国、执法为民、公平正义、服务大局、党的领导”为主要内容的社会主义法治理念和以“忠诚、为民、公正、廉洁”为基本内容的核心价值观，有效推进了检察工作的创新发展，取得了明显的工作成效。但同时，我们亦应清醒地看到，目前检察办案中“重实体轻程序”、“重打击轻保护”、“重办案的法律效果，轻办案的政治效果与社会效果”等现象仍时有发生，一些干警就案办案、机械办案甚至“案结事未了”的情况依然客观存在。究其原因，就在于其法治理念还不牢固，执法观念转变还不彻底，思维方式更多的还停留在一般的法律思维上。而事实上法律思维并不等同于法治思维，两者之间虽然具有一定的内在关联性，但却是一种包含与被包含的关系。其中法治思维属于广义范畴，法律思维属于狭义范畴，法治思维包含着法律思维，两者之间具有宏观和微观的差异，并表现为思维主体、思维内

容、思维责任的不同。① 一是在思维主体上，法律思维一般限于法律专业人员，法治思维则是对包括领导干部在内的一般公职人员的要求。二是在思维内容上，法律思维一般只需作法律是非判断，即合法与违法、合理与不合理以及应当承担怎样的法律责任等判断，比较强调法律职业的具体法律方法，侧重于法律方法论对职业思维的影响。而法治思维所要考虑的因素则较为广泛，如在实体把握与决策上，除考虑合法性外，还需考量公众接受程度、科学合理性、可操作性、风险性以及可控程度等多方面因素，因此，法治思维“是一种整体性的思维，一种社会思维，是一种国家治理的理念、视角和思路”。② 三是在思维责任上，法律专业人员属于建议性思维，其只需将有关意见或建议提供给有权决策者参考即可，所以一般不直接承担法律责任；而有权决策者是决策性思维，所作决定直接影响到相对人的权利和义务，所以一旦决策失误，则要承担法律后果和政治后果。

基于法律思维与法治思维的差异性，检察机关必须在不断深化“强化法律监督，维护公平正义”的检察工作主题中，注重加强并提高运用法治思维和法治方式的能力。既要结合目前党的群众路线教育实践活动的开展，进一步提高检察干警对社会主义法治理念的精髓、核心价值观的科学内涵及其联系的认识和领悟，正确厘清并把握法治理念与法治思维、法治方式的关系，力求使法治理念植根于心，始终坚持以公平正义为价值追求，以实现好、维护好人民利益为执法标准，以服务改革、发展、稳定大局为重要使命，切实转变执法观念和思维方式，自觉养成法治思维，真正做到“执法思稳定，办案想发展”，并成为政治上忠诚、思想上警醒、作风上务实、业务上过硬的法律守护者；又要外化于行，努力将法治思维和法律理性融入到检察办案的各个环节，严格依照法治原则、法律精神、法律规范和法定程序，正确行使公诉权、诉讼监督权、检察侦查权三大检察权能，③ 使之成为依法治国和促进法治建设的重要法治方式，准确惩治刑事犯罪，尊重保障人权，严防冤假错案发生，有效维护司法公正，不断提升司法公信力。

二、科学优化检察权，有效提升监督效能

随着我国社会主义民主政治的发展和依法治国方略的实施，人民群众的权

① 刘平：《怎样理解“法治思维”》，载《法治研究》2013 年第 2 期，第 4 页。

② 蒋传光：《法治思维与社会管理创新的路径》，载《东方法学》2012 年第 5 期，第 114 页。

③ 参见谢佑平等：《中国检察监督的政治性与司法性研究》，中国检察出版社 2010 年版，第 358—359 页。

利意识不断增强，对司法公正的要求也更加明确和具体。这既是法治社会发展的必然，也是当前进一步推进司法改革，科学、合理优化检察权的动力和源泉。在法治思维语境下，笔者认为：

首先，检察权的优化配置应当坚持以下“四个原则”：

(一）立足本土原则

所谓本土，一般指本国国情，它包括政情、社情和历史文化传统等方面。我国正处于并将长期处于社会主义初级阶段，这个历史阶段的政治、经济和文化等构成了当前我国的国情。历史经验表明，任何忽略或脱离国情的改革设想或制度设计，都是不切实际和难以推行的。检察权的优化配置同样如此，必然是并且只能是在现有基础上进行。因此，既要坚持本土化原则，注重立足于中国国情和法制现实，充分认识中国特色检察制度形成和发展的特殊性，认真考量我国检察机关的司法属性及其法律监督职能，以便“从中国的权力架构中、从检察机关运作的实际情况中思考检察职权优化配置的问题”；[①] 又要加强全球检察制度多元化特征的考察与研究，借鉴、利用域外检察理论、制度和检察机关运作方式，并在加强国内外刑事诉讼法律理论、制度与实践的良性互动中，构建与完善具有中国特色的社会主义检察制度，使检察权科学、有效地服务于我国依法治国方略和刑事诉讼司法实践。

(二）依据宪法原则

宪法是国家的根本大法，是产生国家机关的法律根据和国家权力的法律来源。我国宪法不仅明确了检察机关的法律监督地位，而且确认了检察权的依法独立行使。这是立法对先进法治文化与理念的汲取和结晶。在法治思维语境下，优化配置检察权更须在宪法规定的国家权力架构内进行，并在宪法的总体框架内为完善法律监督方式、独立行使检察权提供更有力的法律和制度性保障，籍以推进依法治国进程和社会主义和谐社会构建。

(三）尊重司法规律原则

司法规律是司法活动中客观存在的、不以人的意志为转移的、一定条件下经常起作用的、决定着司法发展必然趋势的内在的、本质的必然联系。以法治思维来审视，法是根植于自然的最高理性，而司法规律则是在司法中产生并被司法实践证明具有一定科学性和法治生命力的客观规律，因而是应当予以遵循的。而认识并利用司法规律来优化配置检察权的过程，实质上是我们对检察制度的本质认识不断深化并助推检察制度可持续发展的过程。如果离开了司法规

① 张智辉、张雪妲：《关于检察职权优化配置的若干思考》，载张智辉主编：《检察权优化配置初探》，中国检察出版社 2011 年版，第 2 页。

律，检察权的配置就有可能偏离检察制度的本质及其功能，即使其权能配置可能得到某些扩张或压缩，但绝不是真正法治意义上的科学、合理优化。

（四）深化法律监督原则

优化配置检察权是为了坚持、巩固和完善中国特色社会主义检察制度，切实解决检察权配置和运行过程中出现的问题，使检察权的行使更能满足依法治国的需要和人民群众对司法公正的需求。因此，要根据法治发展与需要，认真把握检察机关法律性质、地位及其职能定位，深入分析、研究检察权配置和运行中存在的问题，注重从完善检察制度、强化法治方式上着手，从深化法律监督、提升监督效能上着力，不断探索并完善法律监督的范围、方式、措施和途径，以真正实现优化配置检察权的目的。

其次，检察权的优化配置应当围绕三大检察权能，有序推进：

（一）完善公诉权

面对当前经济社会发展转型、利益格局多元、社会矛盾凸显、刑事犯罪高发的现状，公诉权的运行已显现出不符合社会发展趋势以及法治需求之处。如公诉权行使过度行政化既难以激励公诉人员的办案积极性和工作责任感，一定程度上也影响了公诉权的有效发挥；公诉权行使中的主要监督手段是抗诉以及向被监督者制发检察建议或纠正违法通知书。除抗诉和民事再审检察建议外，法律并未规定一般的检察建议或纠正违法通知书具体的法律效力，以及被监督者不接受监督应承担的法律后果，以致公诉权监督手段单一、刚性不足，监督缺乏权威性。因此，优化配置公诉权，应以实现公诉权司法属性和法律监督功能为核心目标。

一是加强公诉权司法化改革。在推进公诉工作专业化、精细化的基础上，要积极推进公诉主任检察官责任制，并赋予公诉主任检察官以相应的工作职责和更大的公诉自由裁量权，以促进能动司法，使公诉权成为服务改革、推动发展、化解矛盾、维护稳定的有效法治方式，改变目前公诉权运行中“审而不定，定而不审”的行政化现状，不断适应司法化要求。

二是赋予公诉权对纠正违法及责任追究程序的启动权。建议现行法律在明确检察建议和纠正违法通知书相应法律效力的同时，赋予公诉权对纠正违法及责任追究程序的启动权，并使这种监督必然启动纠正违法及责任追究程序。如规定：被监督者接到检察建议或纠正违法意见书后，应当在规定期限内立即纠正，并将纠正整改情况回复检察机关。如果被监督者拒绝接受监督，检察机关有权提请上一级检察机关向被监督者的上一级机关提出检察建议或纠正违法意见书。检察机关对于被监督者具有严重违法行为或故意不纠正违法行为的，可建议有关机关对其予以行政处分及责任追究；构成犯罪的，则根据法律规定，追究其刑事责任。

（二）强化诉讼监督权

诉讼监督是检察机关开展法律监督的主要内容。优化完善诉讼监督权，有利于检察机关更好地发挥纠正执法中违法行为、保障公民权益的作用，并有效实现检察权与行政权、审判权之间的制衡性。

一是要完善立案监督与侦查监督调查权。建议赋予检察机关依法对刑事侦查案件材料的调阅监督权。即检察机关有权调阅侦查机关的刑事受案、立案、破案的登记表，立案案件案卷材料，不受案、不立案、撤案决定书及案卷材料，以及侦查活动采取强制措施等情况，以利于检察机关及时掌握侦查机关“应当立案而不立案”与“不应当立案而立案”等情况信息，堵塞立案监督与侦查监督“死角”，防止侦查机关出于地方保护或利益驱动，随意滥用国家公权介入经济领域或民商事纠纷的行为，确保司法公正。

二是赋予检察机关对“另案处理”案件的审查监督权和“以罚代刑”案件的刑事调查权。建议立法明确规定，检察机关在审查起诉案件中，发现“另案处理”的涉案人可能触犯刑律、依法应受刑事追诉的，可要求侦查机关说明理由；如果“另案处理”理由不成立的，检察机关有权决定将“另案处理”的涉案人与其他犯罪嫌疑人并案处理，依法追究其刑事责任。法律同时应规定，检察机关对于行政执法机关作行政处罚的案件，认为可能涉嫌犯罪的，可向行政执法机关查询案件情况；经审查，认为构成犯罪的，应当通知行政执法机关按照管辖规定向公安机关移送涉嫌犯罪案件，行政执法机关应当执行，并将执行情况回复检察机关。行政执法机关不移送的，检察机关可通知公安机关直接立案。对于公安机关接到检察机关立案通知后仍不立案侦查的案件，经省级以上检察机关批准，可由受理案件的检察机关立案侦查，以增强检察机关对立案监督的刚性措施与权威性。

三是完善检察机关对强制性措施的审查监督权。为保障公民人身自由和合法财产不受侵犯，建议赋予检察机关对侦查机关使用拘留、取保候审、监视居住及搜查、扣押、冻结等直接剥夺人身自由、控制他人财产的强制性措施的审查监督权，① 并在刑事诉讼法中规定，犯罪嫌疑人及其近亲属自行或委托律师不服公安机关作出的拘留、取保候审、监视居住及搜查、扣押、冻结等强制性措施的，可向检察机关提出申诉。检察机关接到申诉后应立即进行审查，并作出是否撤销的决定。检察机关决定撤销的，公安机关应当执行。犯罪嫌疑人及

---

① 卞建林：《论我国侦查程序中检警关系监督优化》，载《国家检察官学院学报》2005 年第 3 期，第 9 页。

其近亲属自行或委托律师不服检察机关作出的拘留、取保候审、监视居住及搜查、扣押、冻结等强制性措施的，可向上一级检察机关提出申诉；或公安机关不服检察机关作出的撤销强制性措施决定的，可向上一级检察机关提出复核。上一级检察机关应当立即进行审查，并作出是否撤销或维持的决定，下级检察机关应当执行。

（三）优化检察侦查权

职务犯罪是犯罪行为与国家权力相结合的“隐性犯罪”。① 随着其职务型、隐蔽型和智能型犯罪特点的日趋复杂化，查办职务犯罪案件普遍存在着“发现难、取证难、处理难、干扰阻力大”的困局，而“网络反腐”的风生水起，一定程度上也暗示着现有侦查手段和体制已滞后于职务犯罪的发展。为之，笔者认为，应以我国刑事诉讼理论为指导，以检察实践为基础，根据中国国情和职务犯罪侦查工作特点及规律，重构职务犯罪侦查管辖制度，进一步优化配置检察侦查权。

一是完善人民检察院机动侦查管辖权。我国刑事诉讼法虽授予检察机关机动侦查管辖权，但因限制严格而使之被虚置，并弱化了反腐查案力度。故建议：(1) 适当调整侦查对象。刑事诉讼法可将第 18 条第 2 款中“国家机关工作人员”修改为“国家工作人员”，以防止国家工作人员中的一部分非国家机关工作人员利用职权实施的职务犯罪案件无法进入侦查视线。(2) 适当扩大侦查范围。可将国家工作人员“利用职权实施的其他重大犯罪案件”纳入检察机关机动侦查案件范围，以发挥检察机关在职务犯罪侦查中信息、线索、技术共享和证据互证优势，达到节约司法资源、提升侦查成效的目的。(3) 适当降低启动层级。可将行使机动侦查管辖权需“经省级以上人民检察院决定”修改为“经上一级人民检察院批准，并报省级人民检察院备案，可以由人民检察院立案侦查”，以使基层检察院排除地域辽阔、交通不便及层层报批程序繁琐等因素的困扰，正常行使该权能，及时对职务犯罪快速、有效侦查与果断决策。当然，为加强对该权能行使的严格管理，根据最高人民检察院《关于强化上级人民检察院对下级人民检察院执法办案活动监督的若干意见》规定，上级检察院一旦发现基层检察院有不当行使机动侦查管辖权的，均有权指令其纠正，并按照执法过错责任追究的有关规定，对相关领导和直接责任人员作出严肃处理。(4) 明确界定“重大”情形。如果刑事诉讼法对检察机关机动侦查对象、侦查范围、侦查启动层级作出适当调整，可保留该侦查管辖的“国家机关工作人员利用职权实施的其他重大的犯罪案件”中的“重大”一词，

① 朱孝清：《职务犯罪侦查教程》，中国检察出版社 2006 年版，第 16 页。

以防止该权能行使的随意性，但应对“重大”情形作出界定，以确保法律的正确实施；反之，应消除“重大”一词对该权能的限制，以防止因此而出现职务犯罪监督缺位、监督成效不佳等现象。

二是完善与职务犯罪相关联刑事案件侦查管辖权。应打破以犯罪主体或罪名为案件管辖划分标准的常规，借鉴刑事立法中基于行贿罪与受贿罪为对偶关系而将一般主体的行贿罪纳入检察机关案件管辖范围的可行性做法，确立以涉案犯罪性质作为划分侦查管辖权的标准，规定与国家工作人员职务犯罪相关联的渎职“原罪”案件、公检互涉案件、妨害司法类犯罪案件以及中国境内外国官员贿赂犯罪案件等刑事案件，统一由检察机关立案侦查，以利于检察机关审时度势，有效确定侦查方向，统筹协调工作节奏，加强侦查谋略运用，并能以侦查此类案件为突破口，查找职务犯罪案件线索，收集职务犯罪证据，并发挥此类案件的证据互证优势，促进侦查效率提升。

三是完善职务犯罪基本管辖权。《人民检察院刑事诉讼规则》中规定职务犯罪案件“由犯罪嫌疑人工作单位所在地的人民检察院管辖”。由于职务犯罪没有被害人，其社会危害性主要体现在影响犯罪嫌疑人所在国家机关的声誉上，故以犯罪嫌疑人手中的国家职权的工作单位所在地作为确定职务犯罪管辖权的基本标准，具有合理性。建议刑事诉讼法可吸纳这一标准，明确将此作为职务犯罪基本管辖权，并规定“如果由其他人民检察院管辖更为适宜的，可以由其他人民检察院管辖”，以便对职务犯罪案件可适时采取指定异地管辖或提办管辖，为检察机关独立行使检察权、排除地方权力干扰提供法律保障。

四是完善职务犯罪指定管辖权及侦诉审协调机制。为实现指定异地侦查管辖的规范化、制度化，刑事诉讼法或司法解释应就其适用作出规定：（1）适用情形为本地同级四套领导班子成员，或受案司法机关的法官、检察官等司法人员，或涉案当事人的人事关系隶属于本行政区且与地方领导人存在密切利益关系的涉嫌职务犯罪等案件。（2）法定理由为本地司法人员的整体回避，以确保社会公众对司法人员的公正性不会产生合理疑虑。（3）指定异地侦查管辖应只限于直接指定管辖、并案由一个检察院集中侦查，一般不允许转指定或将并案拆分后交不同检察院分别侦查管辖，以严格控制指定异地侦查管辖权的行使，节约诉讼资源，提高诉讼效率，避免出现更多的侦诉审之间管辖权的衔接与协调问题。（4）完善侦诉审协调机制。根据我国刑事诉讼阶段性理论，可规定以“侦查管辖和审判管辖并重”为原则，充分尊重侦查管辖中适用指定异地管辖的现状，在不违反审判级别管辖的前提下，由侦查管辖决定起诉管辖和审判管辖；同时，可采取“起诉管辖协调侦查管辖和审判管辖”原则，规定案件侦查终结后，如果根据审判级别管辖不存在需要变更审判级别管辖情形的，由负责侦查的检察院直接向同级法院起诉；如果根据审判级别管辖存在需要变更审判级别管辖情形的，则由负责侦查的检察院报送上一级检察院，再由上一级检察院向同级法院起诉，以改变职务犯罪指定异地管辖中案案协调、程序繁琐的现状，有效提升职务犯罪追诉效率。

三、完善监督制约，充分体现法治成效

法国启蒙思想家、法学家孟德斯鸠曾说："一切有权力的人都容易滥用权力，这是万古不易的一条经验。"而制度则是对权力和恣意的一种限制，它所蕴含的公平与正义价值是现代法治国家极力追求的目标。习近平总书记2013年1月22日在党的十八届中央纪委二次全会上也强调指出，要加强对权力运行的制约和监督。把权力关进制度的笼子里。因此，在法治思维语境下，检察权既要不断加强优化配置，以适应时代发展和法治进步的要求，但同时亦应建立并完善相应的监督制约机制，以有效防止检察权的滥用，确保检察权在全面推进依法治国进程中真正受之于民、用之于民，服务于社会主义民主法治建设。

（一）完善人大监督，确保法律正确实施

要在认真总结人大及其常委会对法院、检察院实施权力监督和执法监督的经验基础上，以国家立法形式明确人大及其常委会对检察机关实施监督的监督范围、监督方式、监督内容以及监督意见或情况报告的具体格式、内容等，并切实完善相关监督意见的整改反馈机制、整改反馈情况检查或抽查制度和相关责任追究动议制度等，有效改变目前人大监督中监督方式较为单一、监督重点不够突出以及监督意见的整改情况、责任追究落实不够有力等现象，不断提升人大及其常委会的监督权威，充分体现依法治国实效。与此同时，检察机关也要进一步完善工作机制，积极采取检察工作通报、执法检查、听庭评议、重大工作专项报告、"检察开放日"活动等各种形式，主动争取并自觉接受人大及其常委会的监督；并通过探索建立人大代表监督联系人制度，健全人大代表意见建议督办、催办、反馈制度等，加强与人大代表的沟通，充分听取并及时落实人大代表及人民群众的意见和建议，不断改进与完善检察工作，确保国家法律的统一正确实施。

（二）强化公权制衡，增强诉讼监督效能

没有监督的权力必然产生腐败，但"一般来说，权力监督并非在权力之上设置更大的权力或者更高的权力阶位取代原有的权力行使，而只能通过权力

制衡予以实现。”① 我国设置检察权的初衷与目的，就在于保证国家法制的统一和法律的正确实施，保障政治体制架构的理性运行和国家权力之间的均衡性，并通过检察权与行政权、审判权的制衡性，确保实现公检法三机关之间“分工负责，互相配合，互相制约，准确有效地执行法律”的刑事诉讼要求。因此，理性完善公权力之间的制衡机制，不仅有助于防止检察权的滥用，而且对于改变目前刑事诉讼中检察机关与公安、法院之间“重配合轻制约”的现状，也有较大的现实意义。建议：一是探索建立公安机关对检察人员违法行为通报制度。即公安机关如发现检察人员在检察和侦查活动中有违法违纪行为，可以向检察机关制发书面公函，检察机关应及时开展调查，并将处理结果书面回复公安机关。二是探索建立法院对不起诉决定的审查制度。即公安机关对检察机关的不起诉决定申请复议、复核后意见仍未被接受的，有权向法院申请审查。法院受理审查申请后，应对检察机关起诉裁量权行使的程序和实体进行审查。法院如果认为被不起诉人的行为已构成犯罪，需要追究刑事责任的，应向检察机关发出书面公函，要求检察机关提起公诉；如果建议不被采纳，可以要求上级检察机关督促执行。三是探索完善法院审理中发现新的犯罪事实建议检察机关变更起诉制度。即在司法解释中可增加规定，法院在审理中发现新的犯罪事实，应书面建议检察机关补充或变更起诉，认为检察机关不统一补充或变更起诉的决定有错误的，可以向上一级检察机关提出书面建议，上一级检察机关仍不同意补充或变更起诉的，法院应当就起诉指控的犯罪事实依法作出裁判。四是健全对不起诉规则的案件不予受理制度。即对于不符合起诉规则的或违反级别管辖规定提起公诉的案件，法院有权不予受理，可由检察机关按照相关规定完善后重新提起公诉或根据级别管辖规定另行提起公诉。②

此外，还应进一步探索建立行政执法机关与检察机关的配合协作工作机制、行政执法机关不予立案异议反馈机制以及检察机关与行政执法机关相互移交案件工作机制等，以加强行政执法机关对检察权行使的监督。

（三）深化自侦监督，提升司法公信程度

人民监督员制度是最高人民检察院根据中央关于推进司法体制改革的精神，在我国现有法律框架内对检察机关直接受理侦查的职务犯罪案件创设的一项程序性的外部监督机制。该制度自 2004 年 8 月试点以来直至在全国实行，

---

① 郑成良、袁登明、吴光荣：《司法监督与司法公正》，载《中国司法》2004 年第 6 期。

② 李培龙：《论检察机关接受外部监督的途径和方式》，载《上海法学研究》2012 年第 5 期，第 29 页。

客观上很好地填充了“谁来监督监督者”这个监督真空地带和理论界兼司法实务界的难题，充分体现了司法民主性，且对推进司法体制改革和司法公正，促进检察权的正确行使，具有重要的积极意义。但基于该制度目前仍缺乏明确的法律依据，人民监督员的选任及管理仍主要由检察机关负责，且实施监督的深度和效力尚不能真正到位，以致一定程度上影响了该制度的社会公信度。因此，要切实加强法治思维，一是建议在加强调研和充分论证的基础上，由立法对人民监督员制度作出明确规定，使之有法可依。二是完善人民监督员管理机制。建议参照全国人大常委会《关于完善人民陪审员制度的决定》，采取由检察机关所在地的机关、团体、企事业单位和基层组织民主推荐与符合条件的公民自行提出申请相结合的方式，遴选人民监督员；建立由检察机关人民监督员办公室与同级人大常委会法工委共同审查拟任人员，由检察机关提请同级人大常委会任命人民监督员的操作程序；实行由同级人大常委会任命并向人民监督员颁发任命书的工作制度，并明确人民监督员对同级人大常委会负责，接受同级人大常委会的领导；人民监督员参加监督活动所应享受的补助，可参照人民陪审员制度，由检察机关向同级财政申请后专款给付，或直接由同级人大常委会予以给付；规定人民监督员办公室每年应定期向人民监督员通报检察工作情况及直接受理立案侦查案件情况，以接受人民监督员的监督；同级人大常委会有权分别听取人民监督员办公室和人民监督员关于实施监督等相关情况的汇报，并对制度实施中的问题提出意见和建议，从而使人民监督员在实施监督中保持中立、超然的地位，使该制度真正上升为具有民主性质和制约功能的法律制度，以赢得社会更多的信任感与认可度。三是深化人民监督员制度。建议将该制度置于整个刑事诉讼体制中来考虑，吸收国外大陪审团制度和检察审查会制度的合理内核，进一步完善其监督定位与功能，改进“听汇报式监督”，并保障人民监督员的知情权和实施监督所应介入的深度，赋予其实施监督一定的法律效力，如对上一级人民检察院复核程序的启动权，对检察机关变更刑事诉讼中某个环节法律结果的监督与督促权，以及建议人大常委会适时监督的提请权等，使人民监督员制度在以“权利制约权力”，保障检察机关正确行使检察权上，充分体现民众参与监督的刚性和力度，以顺应世界法治文明趋势。

（四）注重检务公开，促进监督落到实处

检察权只有在阳光下运行，才能确保其刚性与执行力。因此，在将权力关进“制度笼子”里的同时，也要注重制度的公开性和透明性，积极推进“检务公开”和“阳光检察”。一是除法律明确规定保密的情况外，检察机关应将执法办案和实施法律监督的依据、程序、流程、结果公之于众，自觉接受公众监督，以确保执法办案制度的执行到位和法律监督工作的落到实处。对于拟开展或业已开展的各项法律监督工作，检察机关既可以专题汇报、新闻发布等传统方式自觉接受社会监督，也可以立项命题方式，主动征求人大代表、政协委员及其他司法行政机关意见，并善于直面网络，正视网络舆论监督，有效扩大法律监督辐射面，及时改进不足之处，不断提升执法公信度和群众满意度，并促使检察干警始终保持思想上的警醒，时刻绷紧廉洁从检之弦，严格依法、文明、规范行使检察职权。二是不断增强执法办案和自我监督的科技含量，努力提升办案信息化水平，有效堵却隐性执法、暗箱操作等有损执法公正现象的发生；并严格规范自侦案件询问、讯问全程同步录音录像，积极引入技术取证固证、多媒体举证示证、远程指挥办案或观摩出庭、实时执法监控等科技手段，确保案件当事人及犯罪嫌疑人、被告人的合法权益，促进检察权的公正廉洁运行。三是要强化上级人民检察院对下级人民检察院执法办案活动的监督机制，完善省级以下人民检察院立案侦查案件上提一级审查决定逮捕制度，健全下级人民检察院向上级人民检察院报告制度、述职述廉制度等，确保监督有机衔接与运转科学化。四是要深化对重点执法岗位、执法环节、执法人员的监督制约，严格落实执法过错责任追究制度，加大检务督察力度，严肃查处检察人员违纪违法案件，以促使检察人员内修素养、外树形象，准确行使检察权，更好地发挥检察机关服务大局、保障民生、维护社会公正与和谐稳定的职能作用。

以法治思维重构检察权配置的原则

边学文* 施长征**

按照法治思维来配置检察权，就是要体现控权——对公权的控制、制约，尤其要敢于面对“谁来监督监督者”的质疑。将法治思维作为检察权配置的指引，是权力配置的应有之义和根本出发点。一般认为，检察权配置的原则是在检察权配置过程中应当遵循的根本性、基础性原理。“要在宪法、法律上构建一个独立、公正而高效的检察权运行机制，必须首先构筑自己独特的作为检察权行使规则的基础或本源的具有综合性和稳定性的基本理念和基本价值准则，这就是检察权配置应当遵循的基本原则。”①

一、现有检察权配置原则研究成果的缺陷

（一）采用简单的列举式方法

众多研究成果在论述检察权配置原则时，一般采用列举式的方式，如有观点认为，检察权配置应遵循有利于保障检察机关充分发挥法律监督职能原则、有利于保障司法公正原则和有利于保障对权力进行制约的原则，② 有的人认为，检察权配置应当遵循维护检察机关宪法地位、权力制约权力、立足国情、符合立法科学性等原则。③

（二）对原则的列举没有“原则”

检察权配置的原则应当是指导检察权配置的基本原理，具有指导性功能，那么研究者依据什么判定某一原则应该是检察权配置所要遵循的原则，绝大多数的研究成果没有说明这一“判准”，所以其列举的原则呈现出很大的随意性。有的研究成果是采用经验主义思路，将曾经作为原则的内容予以梳理、选

---

* 天津市人民检察院第二分院公诉处处长。

** 天津市人民检察院第二分院公诉处助理检察员。

① 韩成军：《中国检察权配置问题研究》，中国检察出版社2012年版，第61页。

② 参见朱孝清、张智辉主编：《检察学》，中国检察出版社2010年版，第328—335页。

③ 参见斯诺：《论我国检察权配置》，复旦大学2008年硕士学位论文。

取，有的研究成果直接从概念进行生硬的逻辑演绎。

（三）缺乏有效的逻辑基础

现有研究成果只解决了配置原则有哪些的问题，却没有解决“原则是什么”、“原则应该有哪些”、“原则有什么用”等深层次的问题，很多研究者急于罗列原则之后，直接进入配置路径的论证，而其罗列的原则完全是为了配置结果做“铺垫”，其配置研究呈现本末倒置的情况，原则没有成为指导配置研究的“指挥棒”，反而是结果成为拣选原则的依据。

二、确立检察权配置原则的“原则”

现在进行权力配置研究，就是要解决检察权在运行过程当中出现的问题，建立独立、高效、公正检察权运行机制，从而实现限权、护民、正义的目标。而现在的主要问题是：检察机关的宪法地位受到质疑（检察权的本质属性争议较大）、检察机关现有某些具体权力（职务犯罪侦查权、自侦案件批捕权、民事行政检察权等）存、废或转移问题、法律监督机关如何接受监督的问题以及法律监督手段抵消的问题。在确立检察权配置的原则时，要遵循以下指导思想：(1) 能够解决现实问题；(2) 充分考虑中国国情并对适当借鉴别国经验；(3) 兼顾检察机关与其他治权机关的权力分配问题与检察机关内部权力配置问题。

我国检察权配置应当在坚持宪法原则的前提下，通过不同权力交由不同机关行使，并赋予机关彼此制衡的机制，而彼此制衡的手段必须是具有完整结构的权力，即遵循合宪性原则、有限权力分立原则、权力制衡原则、权力结构完整原则，如果这“四大原则”得以贯彻，现在权力配置中存在的主要问题基本上就可以解决。

三、检察权配置的四大原则

（一）合宪性原则

检察权配置必需从本国的宪政体制出发来进行。人民代表大会制度是我国的基本政治制度，任何权力的配置、权力组织系统的调整都不能违背这一根本政治制度。但在坚持现有政治体制的前提下，对于西方政治体制、权力配置的科学性、合理性应有所借鉴，以“三权分立”制度和人民代表大会制度是完全不同的宪政体制为由，拒绝吸收“三权分立”体制的“合理内核”的做法过于简单，仍留有旧时代“意识形态化”的印记。宪法规范、宪政制度自身也是变革的对象之一，所以对于权力配置应有通盘周全的考量，不宜将宪法规定设置为恒定的论证的“坐标原点”。我国宪法制定于1982年，虽几经修正，[①] 但仍存不少“硬伤”，从长远来看，宪法修改是政治体制改革、司法体制改革的重要内容之一。即使是人民代表大会制度也在不断调整，所以，在研究权力配置过程中，对于本国宪政的尊重和考虑，绝不能奉行机械的“法条主义”，而要将宪政体制的调整、宪法规范的改变一并作为研讨之内容。正如，西方的“三权分立”制度也不是没有缺陷，西方学者也一直在检讨该制度，比如英国的边沁、美国的阿克曼、法国的卢梭、奥地利的凯尔森等人，从运转失灵、效率低下、职责不清等方面提出批判和质疑。特别是20世纪以来，行政权在各国权力体系中的地位不断扩张，“一直都有一种努力，要把代议性结构注入行政中去，要从一个单一结构之内，在有效率的政府和代议控制之间找到某种均衡。同时，还一直有一种努力，想把司法的公道价值和正当程序价值注入到行政程序之中。因此，这里有双重努力在淡化等级结构的形式，而不是对之实施外部的制约，方法是将同等性结构组织和司法程序构筑在行政结构本质之内。”[②]“三权分立”制度不是铁板一块，国内对其分析批判过于宏观，对其具体制度安排缺少深入细致的研究。维尔所说的“行政权膨胀”问题，在我国也存在，而且更加复杂，在我国宪政体制下进行权力配置，西方的解决方案是否能为我所用，需要决策者、研究者仔细分析。

1. 我国检察权配置必须建立在人民代表大会制度的基础之上

人民代表大会制度是我国的根本政治制度，人民代表大会制度的体制也是

---

① 现行宪法在20年左右的时间里修改了四次。近现代许多国家为了防止在民主多数决的名义下损害宪法的价值，一般在宪法中明确规定宪法修改不得涉及的领域或事项，但我国宪法没有禁止修改的条款，即使对宪法基本原则的修改也不属于禁止事项，这又涉及修改宪法本身的正当性、“合宪性”问题。在学界有所谓违宪的宪法规范的说法，指新制定宪法条文背离宪法原本的精神或基本原则，又称宪法破坏。我国对宪法的修改基本上属于功能主义风格，“将法律视为政府机构的一个组成部分。其主要关注点是法律的规制和便利功能，并因此而注重法律的意图和目标，并采用一种工具主义的社会政策路径。功能主义体现了一种进化式变迁的理想。”参见［英］马丁·洛克林：《公法与政治理论》，郑戈译，商务印书馆2002年版，第84页。

② ［英］M. J. C. 维尔：《宪政与分权》，苏力译，三联书店1997年版，第327页。

一种特殊的“分权”体制,① 完全按照西方“三权分立”的政治改革是不切实际的，而且在西方国家正在探讨权力控制机制、权力均衡协调化、加强对行政权制约的背景下，国人更应该对“全盘西化”的倾向时刻保持警惕。“冷战结束后的经验证明，强制其他国家进行社会变革是危险的与事与愿违的，这些国家的社会变革要由他们自己国内的人民做主。以美国为首的西方与俄罗斯、中国的冲突的关键不是意识形态，其冲突的根本在于利益。”② 人民代表大会制度经过实践检验，是适合我国国情的政治制度，检察权配置、检察改革必须在此基础上进行，同时吸收、借鉴国外先进的法律制度、法治理念，做到“洋为中用”。

2. 保持检察机关与审判机关、行政机关作为平行治权机关的宪法设计

宪法本身是人类构建政治构建的产物，治权、治权机关的设计是国家在政治、经济、文化、历史多维制约下的一种理性选择。我国实行的是人民代表大会制度下的“一府两院”的治权机关构架体系，这一体系应当继续保持，理由如下：(1) 这一体系设计经过多年的实践，被证明是符合我国国情的，并且已经生长成为我国新的政治实践、宪法实践的传统；(2) 这一体系设计足可以容纳人民主权、有限政府、人权等宪法的现代国家理念，和西方的“三权分立”的政治设计有殊途同归之功用，在全球化时代的今天，一些普适性的观念（民主、法治、人权等）已经逐步作为一国制度设计的“正当性”的来源之一,③ 部分国家的政治统治的依据、政治统治的目标以及政治统治的方

---

① 我国宪法第三章对各级各类国家机关的职权所做的原则性划分或分配实际就是分权，而我国许多法律的内容和制定目的在不同程度上也都是分权的体现，分权已经是一个确定不移的事实。另外，承认人民代表大会制度也是一种分权体制与宪法第2条关于“人民行使国家权力的机关是全国人民代表大会和地方各级人民代表大会”的规定并不矛盾，宪法关于由人民代表机关代表人民行使国家权力的规定的内容是特定的，也就是说，限于宪法规定的范围。而人民代表大会制与当代西方的各种政权组织形式的区别仍是根本性的。西方强调权力分立与制约平衡，人民代表大会制虽在法律上、事实上分权，但强调民主集中制原则，即同一级国家机构内，人民代表机关地位在政治上至高无上。实际上，人民代表机关这种至高无上的政治地位不仅与国家机关之间依法分权不矛盾，而且是以分权为前提和基础才得以体现的。参见童之伟：《“议行合一”说不宜继续沿用》，载《法学研究》2000年第6期。另见童之伟、伍瑾、朱梅全：《法学界对“议行合一”的反思与再评价》，载《江海学刊》2003年第5期。

② See Rein Mullerson. Democratisation through the Supply - Demand Prism. Hum Rights Rev (2009) 10: pp. 531—567.

③ 参见李琦：《宪法哲学：追问宪法的正当性》，载中国公法网 http://www.chinapublaw.com/emphases/200551302816.htm，2012年12月24日访问。

式呈现趋同化的趋势；（3）不能将宪法设计未落到实处的原因归结到设计本身，我国政治法律实践中出现了一些“潜规则”或习惯性做法，使宪法设计的治权机关的目的落空，如某些地方的检察机关、审判机关独立行使权力无法完全实现，重要案件的决定权实质上转移到非司法机关或个别人手中，这并不能说宪法设计出现了问题，而是要想方设法剔除制度运行的障碍。

3. 坚持检察机关的宪法功能定位

我国宪法规定，人民检察院是国家的法律监督机关。检察机关的宪法定位是以检察机关行使治权所发挥的重要功能为视角作出的界定，是在“三权分立”之外，单独创设法律监督权，并交由专设机关来行使的一种新的控权模式。我国检察机关的法律监督范围几经变化，由全面监督，到以诉讼监督为主、以刑事诉讼监督为核心，由监督一切执法、司法、守法主体，到以国家机关行使公权为监督对象。实践证明，由检察机关行使法律监督权是符合我国国情的，宪法定位是准确的，对于检察机关行使多种属性差异较大的权力的客观情况，是不可避免的现象，这就需要在权力内容、运行方式、协调机制等方面作出调整，实现公权力互相制约、法律监督机关也受监督的法治国家。

（二）相对的权力分立原则

在现代社会，法治要以民主为基础，法治不仅旨在维护社会秩序，而且必须对公民的人身权利和自由予以保障。人类漫长的法治实践证明，国家权力无制约，必然被滥用，滥用的结果是其他公权力被侵蚀、公民的权利被践踏，自由“只有在那样的国家的权力不被滥用的时候才存在。”① 弗里德里希指出：“所有的政治权力都可能被滥用，无论行使的法律形式是什么。但是集中的权力比分散的权力更易被滥用。”② 现代国家为了控制、惩罚犯罪而设定刑罚权，为了保障国家刑罚权的实现一般都会设置刑事侦查权、刑事起诉权、刑事审判权、刑罚执行权、刑事监督权等一系列治权，为了控制权力，防止权力滥用，其中一些权力必须实现分立，交由不同治权机关行使，其中检察机关行使的权力集合成为检察权，所以检察权配置过程中也要遵守权力分立原则，但无法实现完全绝对的权力分立。

1. 检察权本身是权力分立的产物

权力分立是被历史证明了行之有效的权力配置法则，是控制权力、防止权

---

① ［法］孟德斯鸠：《论法的精神》（上册），张雁深译，商务印书馆1995年版，第154页。

② Carl Joachim Friedrich：Constitutional Government and Politics：Nature and Development，Harper Brothers Publishers New York，1937，p. 499.

力被滥用的一种制度设计。在经典的分权理论产生时，检察机关作为国家专门机关进行设置，检察权（主要是公诉权、民事公诉权）的行使处于萌芽状态。分权的理论在古希腊罗马的混合政体的理论和实践中已经初见端倪，而现代分权理论由洛克作为奠基人，孟德斯鸠最终形成了较为完整的三权分立理论，并经过美国的分权实践得以发扬光大。孟德斯鸠认为："要防止滥用权力，就必须以权力约束权力"，"当立法权和行政权集中在同一个人或者同一个机关之手，自由便不复存在了；因为人们将要害怕这个国王或议会制定暴虐的法律，并暴虐地执行这些法律，如果司法权不同立法权和行政权分立，自由就不存在了。如果司法权同立法权合而为一，则将对公民的生命和自由施行专断的权力，因为法官就是立法者。如果司法权同行政权合而为一，法官便将握有压迫者的力量。如果同一个人或者由重要人物、贵族或平民组成的同一个机关行使这三种权力，即制定法律权、执行公共决议权和裁判私人犯罪或争讼权，则一切便都完了。"① 美国 1787 年宪法几乎是按照孟氏的理论做了一个更加精细的三权分立的制度设计，法国经过艰难的实践历程也确立了较为完善的分权制度，英国分权实践更是直到 1911 年——立法权真正归属民选的下议院后，才算最终完成。确立权力分立在上述国家是成功的，最显著的标志之一就是在较长的时期之内这些国家都未因集权的暴政而对人民形成灾难性的打击。而在同一时期，未实行分权或实行伪分权的国家，因权力的过于集中而导致的"人权消亡"事件不胜枚举。在上述分权的理论和实践中，国家第一层级的治权只有立法权、司法权和行政权，也就是常说的"三权"，检察机关的作为行政机关行使的权力同样遵循三权分立原则。检察权是作为权力分立的结果而产生的。一般认为，检察权最早在法国确立，源自 14 世纪的国王代理人（procureur du roi）制度。在产生国王代理人之前，王室利益、领土利益以及寡妇、孤儿和穷困者的利益都直接由法官依职权进行保护，国王为了维护自己的采邑权、司法权、财产权等权利，指派代理人在法官面前代理自己的利益，这直接体现了在特定案件中起诉权和审判权的分立。②

法律监督权是新创制的国家治权，属于控制公权的新模式。在苏联和我国的治权体系中，法律监督权和行政权、审判权都属于第一层级的治权，权力通过分权和制衡可以实现监督，那么法律监督权的出现，相当于形成了控权的

① ［法］孟德斯鸠：《论法的精神》（上册），张雁深译，商务印书馆 1995 年版，第 154 页以下。

② 参见魏武：《法德检察制度》，中国检察出版社 2008 年版，第一章"法国检察制度的渊源与发展"。

“双重控权模式”。因为分权模式已经通过各个治权机关互相制衡的手段，所以，法律监督权以非强制力的方式（建议式）进行监督，对其他治权机关行使权力行为进行警示、纠正并提出建议。

2. 检察权配置要坚持通过有限分权避免权力滥用

任何权力不加限制和制约，都可能被滥用。在检察机关内部，检察权簇的配置仍要奉行分权原则。《人民检察院刑事诉讼规则（试行）》规定：“人民检察院按照法律规定设置内部机构，在刑事诉讼中实行案件管理、立案侦查、侦查监督、公诉、控告、申诉、监所检察等业务分工，各司其职，互相制约，保证办案质量。”① 这一规定其实就体现了将检察权分解后交由不同部门行使的分权内容。

根据检察权的具体权力管辖内容适用分权原则。检察权是由刑罚程序性权力束和法律监督权力束构成的权力集合，在分权问题上应从具体权力的属性和内容进行分析，如不能笼统地分析检察权和审判权、行政权的权力如何分立，因为检察权本身还行使着职务犯罪侦查权、刑事公诉权等非法律监督类的权力。应针对检察权簇的具体内容，从有利于实现控制权力、保障人权、司法正义等目标出发，构建我国检察机关内部的有限分权体制。

检察权是一个检察权簇的集合，并不是每一项具体的权力或职权都应遵守权力分立，比如刑罚执行监督权就无法体现权力分立，这是由于权力的来源、行使对象等原因造成的。比如民事审判监督权，由于在民事审判过程中，检察机关并非一方当事人，其监督权是一种事后单项维度监督，没有可以分立的权力内容。

3. 检察权配置应遵守的有限权力分立的主要内容

关于我国检察权配置的权力分立应遵循以下几点要求：（1）侦、控、审分立。我国大体上采用的是刑事侦查权、刑事公诉权、刑事审判权分别交由不同机关行使的分权模式，而检察机关备受质疑的职务犯罪侦查权问题，就是因为该权与刑事公诉权同归检察机关一个治权机关行使就违背了我国侦、控、审分离的模式；（2）监督权和被监督权力分立。这一做法是权力分立的必然要求，让治权机关行使监督权来监督自己行使的另一权力是否存在违法情形，极有可能让监督权目的落空，如我国刑事诉讼法规定法院同时行使审判权和刑事审判监督权（通过提起审判监督程序进行），明显违背权力分立原则；（3）禁止变相的权力集中消解权力分立。权力分立的原则写进宪法是重要的，但更重要的是形成依照宪法运作的宪政。仅仅存在于规范层面上的分权式虚伪的权力

① 《人民检察院刑事诉讼规则（试行）》第5条。

分立，只能成为掩盖集权的“幌子”。19世纪的宪政运动，从权力配置的角度来看，就是一个分权运动。到20世纪70年代，世界上142部宪法，绝大多数都确立了权力分立，包括立法机关和行政机关的条款的占100%，含司法机关的条款的占98.5%。但真正贯彻权力分立的国家还是少数。检察改革为了迎合某些政治主题，使本已相对分立的权力又倒退到集权制，如根据《最高人民检察院关于进一步加强未成年人刑事检察工作的决定》第7条之规定，“省级、地市级检察院和未成年人刑事案件较多的基层检察院，原则上都应争取设立独立的未成年人刑事检察机构”，第8条规定：“设立未成年人刑事检察独立机构的检察院，一般应实行捕、诉、监（法律监督）、防（犯罪预防）一体化工作模式，由同一承办人负责同一案件的批捕、起诉、诉讼监督和预防帮教等工作。”这种集中行使权力的做法直接违反了《人民检察院刑事诉讼规则（试行）》第5条之规定，使未检部门的权力运行处于相对封闭的状态，难以实现监督，这种专门化的后果是有利于保障未成年当事人的权益还是会产生相反的结果，值得深思。

（三）权力制衡原则

权力制衡是权力制约的一种模式，它指将国家权力分立为若干系统由不同的人员和机关掌握，使之相互独立、相互牵制、相互平衡的一种制约原则或政府体制。近代真正的分权理论始于洛克，孟德斯鸠的分权理论的精华之处在于制衡。检察权配置也要遵守权力制衡的原则。

1. 权力制衡赋予治权机关互相控制、制约的手段

分权只解决了集权问题，没有制衡机制，分权仍可能演化为集权。检察权、行政权、立法权、审判权等国家治权之间必须在法治国框架内，确立互相制衡的原则。在确立三权或多权分立以后，作为立法权的成果的规范，因为仍需要具体的人去执行，有形成“具文”的风险，作为“最软弱”的司法权因缺乏执行力而失去作用，行政权具有天然膨胀的优势，在权力结构中仍然可能通过架空立法、抵制司法而成为“一家独大”。如果没有完善的制衡机制，分权极有可能演化为集权，而最有可能的就是行政权的威权统治，而直接体现就是某一集团或团体的利益形成凌驾一切的统治。希特勒的暴虐统治是“有分权、无制衡”的坏结果的最典型体现。在检察权内部，各相关检察权簇之间，仍然要体现制衡的思想，这样可以确保检察权内部集权现象的出现。

现在，我国检察机关作为法律监督机关却缺乏制约其他机关的有效手段，表现为弹性监督方式多，难以达到理想效果。检察机关通过建议性的手段对公安机关、审判机关、刑罚执行机关行使法律监督权，但权力能否实现完全取决于被监督者的行为。不但如此，其他机关却掌握着检察机关的财政权和实质的

机关首长任命权，这种决定性的“制衡”手段由其他机关行使，检察机关独立行使权力的空间十分有限，而且一旦其行使权力的结果与这些机关有厉害关系，则权力难以按照设定的法律轨道运行。

2. 权力制衡需要精致的制度设计予以实现

只有通过精细化的制衡设计才能保障分权的格局。分权只是防止国家权力被滥用的宏观设想，而唯有进一步的制衡设计贯彻这种设想。在这一点上，汉密尔顿等联邦党人为我们提供了一个论证的典范。从美利坚合众国宪法产生（1787 年 9 月 17 日签署）到该宪法生效（1789 年 3 月 4 日美国第一届国会宣布）期间，联邦派和反联邦派其实都是赞同三权分立的，其焦点主要集中在权力制衡的机制上，尤其是在三权分立中行政权的地位问题上。联邦党人不但对权力机构的设置等宏观问题做了讨论，而且对于各机关人员的来源与构成，甚至参、众议院开会的次数都给出了详细的设计并说明理由，这种三权分立的制衡机制“完全是崭新的发现，或者是在现代趋向完善方面取得的主要进步”①。如检察机关通过内设机构行使不同检察权力的，可以设定彼此的制衡机制达到控权效果，但由于最终审批权同归一个领导人，那么就只存在形式的分权，而没有实质的制衡。

3. 检察机关需确立内部制衡机制

检察权内部制衡机制的设计并非无足轻重，应当按照业务分工，各内设机构各司其职、互相制约（见下图），世界各国的检察制度基本都体现了这一思想，我国检察制度中也予以明确，但这种制衡机制却总显“笨拙”。第一，行政审批式的权力运行抵消了内设机构制衡设计。各部门分设以后存在着相互制约，如审查起诉部门以不起诉制约审查批准逮捕部门的权力行使，羁押审查机构（监所检察机构）以纠正违法等方式监督制约审查起诉部门，这种制衡设计本来是很好的，但由于运行过程存在着过度行政化的问题，直接使内设部门之间的制衡构架成为无用的“空壳”。第二，内设机构职能重叠，无法实现分权制约。检察机关成立专门的未成年刑事检察部门，专门办理未成年人案件的审查批准逮捕、审查起诉、提起公诉、监所检察等，实现未成年人案件“侦、诉、监、防”一体化，使本来相互分开的权力又全部集中到一个内设机构行使，加大内部权力监督制约的难度。

① ［美］汉密尔顿、杰伊、麦迪逊：《联邦党人文集》，程逢如、在汉、舒逊译，商务印书馆 1980 年版，第 41 页。

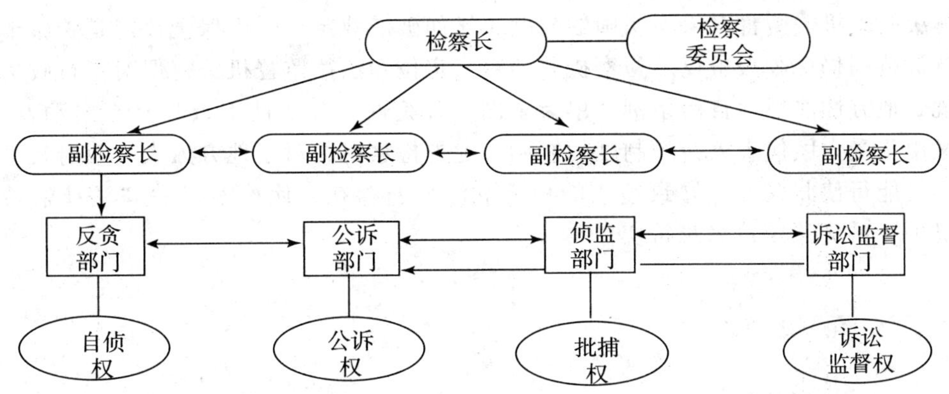

检察机关内部权力制衡图

（四）权力结构完整原则

国家权力必须具备必要的要素才能构成完整的权力，其中包括：权力主体，国家权力的拥有者和实施者；权力对象，国家权力的实施对象；权力目标，即通过国家权力实施所要达致的目标；权力手段，实施国家权力的各种方式、措施；权力结果，实施国家权力的后果或利益①。从权力结构完整性来看，我国检察权有所欠缺。

第一，检察权权力目的不明确。比如法律只规定检察机关具有监督审判权的职责，但具体目的不明确，有些个别地方的检察院甚至滥用抗诉权，对一些不是因为公平审判权受到严重侵害所造成的民事、行政错误判决也提起抗诉，事实上检察机关成为民事、行政诉讼一方当事人的代言人，有些当事人为了节省上诉费，在一审败诉后不提出上诉，只待判决生效后要求检察机关提出抗诉，扭曲现代诉讼结构，极大地浪费了司法资源。

第二，检察权运行的方式缺乏强制性，后果要件缺失。检察权运行的重要手段是对有关单位发出检察建议书或纠正违法通知书，但法律没有规定被监督对象不接受检察建议或不纠正违法的消极后果，有些地方靠被监督对象自身的评价考核体系才显现检察权的运行效果，这样必定使检察权运行处于“空转”状态，极大地侵蚀了检察权的权力基础。

第三，权力对象不明确。法律规定过于笼统，造成检察权无法启动。比如2012年新修改的《中华人民共和国民事诉讼法》首次将检察机关的法律监督对象由“民事审判活动”调整为“民事诉讼活动”，但立法用语的改善并不能

① 公丕祥主编：《法理学》，复旦大学出版社2008年版，第148页。

解决检察机关监督对象不明确的问题，比如破产裁定、诉讼保全裁定是否属于抗诉范围仍存较大争议。检察机关的宪法定位为法律监督机关，但对于行政法规、地方性法规、自治条例、单行条例的合宪性、合法性审查只具有启动权，又由于受人民代表大会的制度的制约，地方检察机关对于地方人大、政府几乎不可能行使此权力，导致违法的地方立法普遍存在，使检察机关“法律监督机关”的宪法定位名难符实。

宪法语境中公检法三机关之间的关系

孙春雨* 张翠松**

法院、检察院和公安机关的宪法关系是我国宪政体制中的基本问题，涉及司法职权配置、司法程序运行和司法独立等基本制度，对于保障人权、确保司法公正、促进社会和谐稳定具有重要意义。2011 年第 3 期《法学研究》杂志刊登了中国人民大学法学院韩大元教授、于文豪的《法院、检察院和公安机关的宪法关系》一文，该文从宪法第 135 条“人民法院、人民检察院和公安机关办理刑事案件，应当分工负责，互相配合，互相制约，以保证准确有效地执行法律”的规定出发，以制度演进的历史为脉络，还原了从 1949 年至 1982 年三机关关系的演变以及“分工负责、互相配合、互相制约”的最终形成与入宪历程。通过对“分工负责、互相配合、互相制约”的规范结构以及实际运作模式的分析，提出了对法院、检察院和公安机关关系的合宪性调整思路。① 文章视野开阔、资料详实、论证充分，既有历史的厚重感，又有现实的针对性。该文对深刻理解和把握三机关之间的宪法关系，推进司法改革，建立公正、高效、权威的社会主义司法制度提供了重要参考和决策依据。但笔者对“法院、检察院和公安机关的宪法关系”仍有不同的认识和看法，供商榷探讨。

一、公检法三机关宪法关系的体现

（一）宪法关系的含义

宪法关系是宪法学的基本范畴之一，按照我国目前宪法学界的观点，宪法关系有广义和狭义两种理解。广义上的宪法关系又称宪法法律关系，是指根据

---

* 北京市人民检察院第二分院法律政策研究室主任、检察委员会委员、检察员，法学博士。

** 北京市人民检察院第二分院法律政策研究室刊物编辑科科长，法学博士。

① 参见韩大元、于文豪：《法院、检察院和公安机关的宪法关系》，载《法学研究》2011 年第 3 期。

宪法性法律规范产生的，以宪法上的权利和义务为基本内容的社会政治关系。[①] 广义上的宪法关系直接以宪法性法律规范为调整依据。这里的宪法性法律规范不仅包括宪法，还包括其他一切宪法性法律如选举法、国家机构组织法、国旗法、集会游行示威法、民族区域自治法、香港（澳门）特区基本法等。狭义上的宪法关系仅指依据宪法规范（宪法典）[②] 所产生的权利义务关系，而不包括宪法性法律关系，即宪法性法律关系不是宪法关系。狭义说认为宪法关系的建立主要也是依赖宪法规范，但宪法性法律是法律而不是宪法，只有由宪法调整的关系才是宪法关系，而宪法性法律调整的关系只能是一般的法律关系而不是宪法关系。[③]

通过以上对宪法关系定义的梳理我们可以看出，广义上的宪法关系是指以宪法典和宪法性法律规范如选举法、国家机构组织法、民族区域自治法、特别行政区基本法等为基础和调整依据的。狭义上的宪法关系仅指作为国家根本大法的宪法所确认和调整的社会关系。

（二）三机关宪法关系的体现

根据以上分析，按照狭义上的理解，目前人民法院、人民检察院和公安机关之间的宪法关系体现在《宪法》第 129 条、第 135 条[④]；按照广义上的理解，目前人民法院、人民检察院和公安机关之间宪法关系体现在众多法律条文中，除了上述提到的《宪法》第 129 条、第 135 条外，还包括《人民检察院组织法》第 1 条、第 5 条、第 13 条、第 14 条、第 16 条、第 17 条、第 18 条、

---

① 据笔者所查阅到的资料，目前大多数学者持这种广义观点。相关文章参见梁忠前：《论宪法关系》，载《法律科学》1995 年第 1 期；王向明：《试论宪法关系和宪法规范》，载《当代法学》1988 年第 3 期。

② 目前在我国仅指《中华人民共和国宪法》。

③ 参见刘作翔、马岭：《宪法关系和宪法性法律关系》，载《西北大学学报》2005 年第 3 期。

④《宪法》第 129 条规定：“中华人民共和国人民检察院是国家的法律监督机关。”第 135 条规定：“人民法院、人民检察院和公安机关办理刑事案件，应当分工负责，互相配合，互相制约，以保证准确有效地执行法律。”

第19条，①《人民法院组织法》第10条第3款、第11条第2款、第13条第3款、第14条②等。从这三部法律的制定时间来看，《人民检察院组织法》和《人民法院组织法》是1979年7月1日由第五届全国人民代表大会第二次会议通过，而《宪法》是1982年12月4日由第五届全国人民代表大会第五次会议通过，从颁布时间上的先后顺序可以看出，《宪法》第129条是对《人民检察

---

① 《人民检察院组织法》第1条规定："中华人民共和国人民检察院是国家的法律监督机关。"第5条规定："各级人民检察院行使下列职权：（一）对于叛国案、分裂国家案以及严重破坏国家的政策、法律、法令、政令统一实施的重大犯罪案件，行使检察权。（二）对于直接受理的刑事案件，进行侦查。（三）对于公安机关侦查的案件，进行审查，决定是否逮捕、起诉或者免予起诉；对于公安机关的侦查活动是否合法，实行监督。（四）对于刑事案件提起公诉，支持公诉；对于人民法院的审判活动是否合法，实行监督。（五）对于刑事案件判决、裁定的执行和监狱、看守所、劳动改造机关的活动是否合法，实行监督。"第13条规定："人民检察院对于公安机关要求起诉的案件，应当进行审查，决定起诉、免予起诉或者不起诉。对于主要犯罪事实不清、证据不足的，可以退回公安机关补充侦查。人民检察院发现公安机关的侦查活动有违法情况时，应当通知公安机关予以纠正。"第14条规定："人民检察院对于公安机关移送的案件所作的不批准逮捕的决定、不起诉或者免予起诉的决定，公安机关认为有错误时，可以要求人民检察院复议，并且可以要求上级人民检察院复核。上级人民检察院应当及时作出决定，通知下级人民检察院和公安机关执行。"第15条规定："人民检察院提起公诉的案件，由检察长或者检察员以国家公诉人的身份出席法庭，支持公诉，并且监督审判活动是否合法。"第16条规定："人民检察院起诉的案件，人民法院认为主要犯罪事实不清、证据不足，或者有违法情况时，可以退回人民检察院补充侦查，或者通知人民检察院予以纠正。"第17条规定："地方各级人民检察院对于本级人民法院第一审案件的判决和裁定，认为有错误时，应当按照上诉程序提出抗诉。"第18条规定："最高人民检察院对于各级人民法院已经发生法律效力的判决和裁定，上级人民检察院对于下级人民法院已经发生法律效力的判决和裁定，如果发现确有错误，应当按照审判监督程序提出抗诉。按照审判监督程序审理的案件，人民检察院必须派人出席法庭。"第19条规定："人民检察院发现刑事判决、裁定的执行有违法情况时，应当通知执行机关予以纠正。人民检察院发现监狱、看守所、劳动改造机关的活动有违法情况时，应当通知主管机关予以纠正。"

② 《人民法院组织法》第10条第3款规定："各级人民法院审判委员会会议由院长主持，本级人民检察院检察长可以列席。"第11条第2款规定："地方各级人民法院第一审案件的判决和裁定，当事人可以按照法律规定的程序向上一级人民法院上诉，人民检察院可以按照法律规定的程序向上一级人民法院抗诉。"第13条第3款规定："最高人民检察院对各级人民法院已经发生法律效力的判决和裁定，上级人民检察院对下级人民法院已经发生法律效力的判决和裁定，如果发现确有错误，有权按照审判监督程序提出抗诉。"第14条规定："人民法院对于人民检察院起诉的案件认为主要事实不清、证据不足，或者有违法情况时，可以退回人民检察院补充侦查，或者通知人民检察院纠正。"

院组织法》和《人民法院组织法》上述条文精神的归纳和提炼，特别是《宪法》第129条和《人民检察院组织法》第1条的规定完全相同，实质上是对《人民检察院组织法》第1条“中华人民共和国人民检察院是国家的法律监督机关”的确认。同样的《宪法》第135条和1979年7月1日由第五届全国人民代表大会第二次会议通过的《刑事诉讼法》第5条规定完全一致，是对刑事诉讼法第5条“人民法院、人民检察院和公安机关进行刑事诉讼，应当分工负责，互相配合，互相制约，以保证准确有效地执行法律”的肯定和确认。这一规定一旦写入宪法，也使得三机关“分工负责，互相配合，互相制约的关系”由刑事诉讼法律关系上升为宪法关系。《宪法》第129条的规定因原来也是在宪法性法律文件《人民检察院组织法》中，因此，三机关宪法关系①的性质没有改变，只不过法律地位有所提高。其后，1982年宪法经历了四次修改，《人民法院组织法》经历了两次修改，《人民检察院组织法》经过了一次修改，但在这三部法律的历次修改过程中，上述提到的法律条文没有任何变动，因此，我们也可以说《人民法院组织法》和《人民检察院组织法》的上述条文是《宪法》第129条和第135条精神的细化和具体化。

通过上述对宪法关系理论和条文产生过程的分析可以看出，三机关的宪法关系除了体现在《宪法》第135条外，还体现在以《宪法》第129条以及其他诸多条文中②，那么为什么我们在理解人民法院、人民检察院和公安机关宪法关系的时候容易谈到《宪法》第135条，而忽略第129条呢？

这主要是由第129条这一法律条文的结构和内容的特殊性所决定的。同第135条相比③，第129条法律规范的主体不是很明确，只是说人民检察院是国家的法律监督机关，而没有提到其他主体和法律关系的内容，这需要我们结合宪法理论和我国的宪政体制来理解这一条文的具体内涵。与西方国家的“三权分立”不同，我国是“议行合一”的政治体制，全国人民代表大会行使最高立法权，是代表人民行使国家权力的机关。“一府两院”都是人民代表大会的执行机关，“一府两院”接受人民代表大会的领导，受其监督。在人民代表大会下，各个国家机关行使不同性质的国家权力，相互之间互不隶属，地位平

---

① 从广义上理解宪法关系。

② 按照对宪法关系的狭义理解，三机关的宪法关系仅体现在第129条和第135条，按照广义理解，除了上述两个条文，还体现在《人民法院组织法》和《人民检察院组织法》的一些条文中。从目前宪法学界来看，大多数学者持广义观点，笔者也倾向于广义说。但无论是广义还是狭义理解，第129条和第135条都包括在其中，已能满足本文讨论主题的需要，故在此不对广义和狭义观点的区分做出评价。

③ 第135条的法律关系的主体很明确是人民法院、人民检察院和公安机关。

等，行使人大赋予的职权。行政机关承担着国家建设和公共服务的主要职责。人民法院专司审判，对于各种纠纷按照法律的规定进行公正的裁判。因我国的人民代表大会制度是一种“有分工、无分权”的制度，它虽然不排斥国家权力在具体行使上的划分，但在人民代表大会统一授权的前提下，行政权和审判权都有其相对独立的封闭的运行系统，除其依托内部的监督体系进行自律、自省外，对其的外部监督往往处于一种真空的状态。① 再加上实践中，涉及到我国国家机关之间相互关系的问题时，往往协调被过分的强调，而出现忽视分工、忽视被监督的问题，而这是有违国家权力的一般运行原理的。在这样的宪政体制背景下，我国就设立了一个专门的机关——人民检察院，由其负责法律监督工作，主要是对行政执法权和审判权的监督，目的是保证国家法律的统一正确实施。这里行使行政执法权的机关主要包括公安、工商、税务、海关、商检等机关，行使审判权的机关是指人民法院。因此，从理论上说《宪法》第129条调整的是人民检察院与人民法院和公安等行政执法机关之间的关系。目前由于我国检察机关的法律监督职能履行还不充分，检察机关对行政执法机关的监督尚付阙如，检察机关的法律监督权在实际运行中主要表现为诉讼监督权。因此，宪政制度设计检察机关对行政机关和审判机关的监督，在实际的运行中主要体现为人民检察院对公安机关和人民法院的监督。因而，《宪法》第129条在实际运行中调整的主要是作为国家法律监督机关的人民检察院与公安机关和人民法院之间的关系。因此，人民法院、人民检察院和公安机关之间的宪法关系不仅体现在第135条，也体现在第129条，虽然第129条没有第135条那么明确地表述该条文调整的法律关系的主体和内容。鉴于本文前面提到的《人民检察院组织法》和《人民法院组织法》中的条文是第129条和第135条精神的体现和具体化，它们中有的条文调整的是三机关的关系，比如《人民检察院组织法》第1条、第5条，有的条文调整的是两机关的关系，比如《人民检察院组织法》第13条、第14条调整的是检察院和公安机关之间的关系，《人民检察院组织法》第15条、《人民法院组织法》第10条第3款、第11条第2款、第13条第3款、第14条等调整的是人民法院和人民检察院之间的关系，鉴于研究重点和篇幅所限对其中的法律关系就不一一列明。

二、诉讼监督与诉讼制约的区别

根据文章前述，三机关的宪法关系既体现在《宪法》第129条又体现在

① 高乃谦、高宏雷：《检察机关行使法律监督权的应然研究》，载《中国司法》2010年第8期。

《宪法》第135条，要全面理解和把握三机关之间的宪法关系，就要正确处理好《宪法》第129条和第135条的关系，将其放在一个整体的框架中去理解，关键是准确把握检察机关与公安机关和人民法院的诉讼监督与诉讼制约的关系。

根据《宪法》第129条规定，人民检察院作为法律监督机关对公安机关和人民法院行使法律监督权，根据第135条的规定，人民检察院和人民法院、公安机关之间是分工负责、互相配合、互相制约的关系，这两条宪法条文体现了检察机关既是国家的法律监督机关又是刑事诉讼中的一个参与机关，人民检察院既履行法律监督职能又履行诉讼职能形成的双重法律关系。当其履行监督职能时，与法院和公安机关之间形成法律监督（诉讼监督）关系，当其行使诉讼职能时，与法院和公安机关之间形成互相制约的关系，那么人民检察院对法院、公安机关的诉讼监督和三者之间的诉讼制约关系是否相同，如何区分？

关于检察机关与人民法院、公安机关之间的诉讼监督与诉讼制约关系，学界看法不一，有的将诉讼监督和诉讼制约不做区分，认为监督就是制约，制约就是监督，① 有的认为应严格区分监督和制约，不应将两者混淆，② 笔者认为，监督和制约都是对权力的约束和控制的方式，二者具有相似性，但在谈到法院、检察院和公安机关宪法关系时，不应将两者等同，理由如下：

（一）诉讼监督与诉讼制约区别的概念分析

1. 从词源来看监督和制约是两个不同概念

从监督的词义看，是指从旁边或自上而下察看并督促，因此，在监督关系中，监督者处于相对超脱和独立的地位，其权益与被监督者的权益是不同的。

---

① 参见龙宗智：《相对合理主义视角下的检察机关审判监督问题》，载《四川大学学报（哲学社会科学版）》2004年第2期，第69页；张智辉：《法律监督三辨析》，载《中国法学》2003年第5期，第24页；万春、高景峰：《论法律监督与控、辩、审关系》，载《法学家》2007年第5期，第126页。韩大元教授的《法院、检察院和公安机关的宪法关系》一文也是秉承这一观点，他在论述“分工负责，互相配合，互相制约”原则的一般性时，认为在民事和行政诉讼中，检察院对法院也具有制约关系，其法律支撑分别体现为《民事诉讼法》第14条和《行政诉讼法》第10条关于人民检察院对民事审判和行政诉讼进行法律监督的规定，可见韩教授的观点就是对监督和制约不做严格区分。参见韩大元、于文豪：《法院、检察院和公安机关的宪法关系》，载《法学研究》2011年第3期。

② 参见葛洪义：《“监督”与“制约”不能混同——兼论司法权的监督与制约的不同意义》，载《法学》2007年第4期；周标龙：《论刑事诉讼中的制约与监督》，载《法学杂志》2010年第2期；蒋德海：《权力监督和权力制约不应混同》，载《检察日报》2008年4月4日第3版。

制约是牵制、约束之意，一事物的存在、变化是另一事物存在、变化的先决条件，则前者制约后者。① 在权力关系体系中，制约主要是指某种权力系统之下的若干种相对独立的子权力之间存在的互为依存、互相影响、互相约束的关系，即某种权力的运行要以其他相关权力的运行为条件，反之亦然。因此，互相制约关系是同一权力系统内部互相约束的关系。

2. 从中央文件和法律文本来看，监督和制约是两个不同的概念

十七大报告提出要“完善制约和监督机制，保证人们赋予的权力始终用来为人民谋利益”，这说明监督和制约不是同一个概念，否则是同语反复。在我国宪法文本中“监督”出现16次，“法律监督”出现1次，“制约”出现1次，其中在有关人民代表大会及其常委会的职权规定中，使用“监督”一词，“法律监督”一词出现在宪法第129条，“制约”一词出现在宪法第135条，可见，宪法的立法原意已经将“监督”、“制约”与“法律监督”作了区分。在我国刑事诉讼法中，“监督”一词出现12次，“制约”一词出现1次（与宪法第135条的规定相同），“监督”一词的使用语境主要是人民法院的“审判监督程序”以及人民检察院对刑事诉讼法律监督权的规定，比如人民检察院依法对刑事诉讼活动进行法律监督的概括规定、检察机关的死刑临场监督以及对刑罚执行的监督等。通过上述梳理可以看出在我国中央文件和法律文本中，监督和制约不是同一个法律概念，二者具有不同的法律意义及后果。并且“监督”一词的使用频率远高于“制约”。

（二）诉讼监督与诉讼制约区别的法理分析

1. 监督产生于授权，而制约产生于分权（权力的分工）

监督与制约都是权力的控制和约束机制，但是两者的控权机理不同。一般来说监督以授权为前提，它是权力的拥有者、委托者对权力的受托者、行使者的一种控制。反映的是法律地位不同的权力主体之间的约束关系，这种关系侧重于纵向性和单向性，是监督主体向监督客体发出的行为，是一种权力对另一种权力的约束，所以权力监督是以授权为前提的，授权并不改变权力从属的主体。在我国检察机关之所以拥有法律监督权是来源于宪法的授权。制约是以分权（权力的分工）为前提的，权力经过分解后由不同的主体来行使，彼此形成一种掣肘、均衡的关系。制约反映的是法律地位平等的权力主体之间的约束关系，这种关系侧重于横向性和双向性，是双方互为制约主体和制约客体，是

---

① 参见在线辞海查询“制约”词条，http：//www.521yy.com/cihaizaixianchaci/cihai1.asp? kw=%BC%E0%B6%BD&%CC%E1%BD%BB=%D4%DA%CF%DF%B4%C7%BA%A3%B2%E9%D1%AF，2012年1月4日访问。

权力之间的相互约束，权力集于一体是不可能形成对权力的制约的。①

2. 监督是单向的、外力控权方式，制约是双向的、内力控权方式

权力监督通常是单向的、外力控权方式，是权力的所有者、委托者对权力的受托者的一种控制，后者对前者没有反向的牵制权、控制权，因此，在监督关系中，监督者处于相对超脱和独立的地位。制约是权力的一种内力控制，主要依靠诉讼权力运行的制度化、程序化进行控制。在制约关系中，制约双方都在"局中"，都不能摆脱他们之间的联系，这种相互制约的不同主体的相关性主要有两种情况：一是各权力主体处于权力运行的不同程序和阶段，有前后之分，前后权力行使的结果形成互相制约；二是各权力主体在同一程序或阶段中扮演不同的角色，通过共同参与和相互辩论对最终结果形成制约。譬如，在刑事诉讼中，侦查、控诉、审判由于分工不同，职能的内涵各异，互相衔接，交互发生作用而形成互相制约的诉讼机制，这种互相制约以一方的存在作为另一方存在的前提。②

3. 监督具有主动性，制约具有依赖性

由于监督权源自于被监督权力系统的外部，两者在权力运行所追求的具体目标和利益上存在层次上的差异性，监督权是以纠正被监督者权力运行过程中的错误为己任，因此，在有法律明确授权的前提下，监督权的行使具有主动性，即只要发现被监督者权力运行中存在足以损害法律统一正确实施的错误，就可以启动监督程序，或督促，或匡正，或弹劾，而不受被监督者的提请或其权力生效与否的限制。制约权则有很大的不同。制约权的发生依赖于与同一体系相关权力之间的权能转换和"激活"机制。就检察机关与公安机关而言，在指控犯罪的同一目标之下，批捕权或起诉权的行使有赖于提请批捕或移送起诉权的行使。同样，公安机关的复议、复核权，也有赖于检察机关批捕权和起诉权的行使。换而言之，互相制约是当一种权力用尽后，需要转换为另一种权力才能实现最终的目标；而另一种权力主导作用的发挥也有赖于前一种权力的"激活"才能达成。这也是监督权只能由检察机关单向作用于公安等行政执法机关，而制约权则存在双向作用的重要理由。③

---

① 参见王寿林：《制约监督：规范权力运行的两大法宝》，载《检察日报》2008 年 9 月 2 日，廉政周刊阳光版。

② 参见谢鹏程：《也谈监督、制约和制衡》，载《检察日报》2008 年 5 月 29 日第 3 版。

③ 参见《浅谈法律监督关系与互相制约关系比较》，载中顾法律网，2011 年 12 月 20 日访问。

（三）诉讼监督和诉讼制约区别的“规范分析”

以上是从概念上和法理上对监督和制约区别的分析，那么在我国现行法律文本中，诉讼监督与诉讼制约有何不同的表现？因检察机关与公安机关和法院的监督与制约的宪法关系主要体现在刑事诉讼中，本文主要从刑事诉讼法的条文规定和运行机制出发，来阐释诉讼监督与诉讼制约区别的体现。

1. 三机关诉讼制约的体现

在刑事诉讼中，人民检察院参与刑事诉讼的整个过程中，是一个独立的诉讼主体，在依法独立行使侦查、审查批捕、审查起诉、出庭公诉等职权中，对审判机关、公安机关、安全机关等国家机关形成一定的制约关系。这种制约关系是宪法和刑事诉讼法规定的三机关分工负责、互相配合、互相制约原则的制度化体现。

第一，检察机关和公安机关之间的互相制约主要体现在审查批捕和审查起诉制度中。公安机关逮捕犯罪嫌疑人和移送起诉案件，需要提请人民检察院批准和审查决定，人民检察院可以作出不批准逮捕或不起诉决定，公安机关认为应当逮捕或应当起诉的，可以要求复议、复核。在这一对互相制约的关系中，公安机关和检察机关虽同为指控犯罪的一方，但公安机关对犯罪嫌疑人采取逮捕强制措施和移送起诉的权力，受到检察机关批准或不批准逮捕、审查决定起诉或不起诉权力的制约；检察机关的上述权力也受到公安机关复议复核权的反向制约。

第二，检察机关与审判机关的相互制约主要体现在刑事公诉案件和刑事、民事、行政案件的抗诉中。在刑事公诉案件中，检察机关不提起公诉，法院就不能审判；法院的审判范围必须与起诉的范围一致，不能超越起诉的范围；检察机关认为法院的裁判确有错误，可以提起抗诉。法院对检察机关的制约包括：法院对检察机关提起公诉的案件在审理后认为证据不足或在法律上不构成犯罪的，可以做出无罪判决；法院即使做出有罪判决，也可能只是部分认定公诉人指控的犯罪事实，对不实部分或证据不足部分不予认定；对公诉人提出的非法证据，合议庭拒绝予以采纳作为认定事实的依据，等等。

2. 诉讼监督关系的体现

三机关之间的诉讼监督关系主要体现为人民检察院对刑事诉讼的法律监督，其内容主要包括立案监督、侦查监督、审判监督和刑罚执行的监督。

第一，立案监督。根据《刑事诉讼法》第 111 条的规定，检察机关认为公安机关对应当立案侦查的案件而不立案侦查的，或者被害人认为公安机关对应当立案侦查的案件而不立案侦查，向检察机关提出的，检察机关应当要求公安机关说明不立案的理由。检察机关认为公安机关不立案的理由不成立的，应当通知公安机关立案，公安机关接到通知后应当立案。此外，《人民检察院刑事诉讼规则》还将公安机关不应当立案侦查而立案的，也列入了检察机关立案监督的范围。检察机关主要是通过对应当立案而不立案发出《要求说明不立案理由通知书》、《通知立案书》等形式对公安机关的立案进行监督。

第二，侦查监督。侦查监督是指检察机关对公安机关侦查活动中的违法行为，有权以口头或书面方式向公安机关提出纠正意见。立案监督和侦查活动监督，是检察机关对公安机关实行诉讼监督的主要内容。检察机关主要是通过对公安机关的专门调查工作和适用强制措施活动中的违法情形发出《纠正违法通知书》、《检察建议》等方式体现法律监督权对侦查权的单向监控和纠错。

第三，审判监督。《刑事诉讼法》第203条的规定："人民检察院发现人民法院审理案件违反法律规定的诉讼程序，有权向人民法院提出纠正意见。"检察机关通过发出《纠正违法通知书》、《检察建议》等形式体现对人民法院的审判监督。

第四，执行监督。人民检察院对法院、监狱、公安机关看守所和派出所等刑罚执行机关执行刑罚的活动以及刑罚的变更是否合法进行监督。如果发现有违法情况，提出纠正意见。

综上，检察机关与人民法院和公安机关之间的诉讼监督与诉讼制约关系是有区别的，当然这种区别在理论上和逻辑上容易区分，在司法实践中却容易混淆和替代，这是检察机关肩担双任的结果，也是中国特色检察制度的独特性所在。

三、正确认识诉讼监督与诉讼制约的关系是全面把握三机关宪法关系的关键

从上述对诉讼监督与诉讼制约区别的分析来看，检察机关与人民法院和公安机关之间诉讼监督和诉讼制约是两种不同的法律关系，应将二者正确区分，不能混淆和互相替代。理论上和实践中出现的只谈制约而忽略监督的倾向是有害的，这可能导致监督被制约所遮蔽甚至用制约代替监督。再加上我国司法实践中三机关流水式的诉讼构造以及一直存在的"重配合、轻制约"、"重惩罚犯罪、轻保障人权"的倾向，最终会使国家法律的权威性可能被部门眼前利益的功利性所代替，宪法关于三机关之间权力行使约束和规范的规定也就流于形式，司法实践中出现的许多冤假错案，比如佘祥林、聂树斌、赵作海案等都是典型例证。因此，在某种程度上说，检察机关的诉讼监督比诉讼制约更迫切，只有强调对刑事诉讼的法律监督，充分发挥检察机关在整个刑事诉讼中既作为诉讼参与者，又作为法律监督者的双重职能作用，三机关的相互制约机制

才能充分实现，《宪法》第129条和第135条关于三机关关系的规定才能全面的体现。这既是规范司法行为的要求，也是优化司法职权配置的基础。但同时我们也应注意到检察机关法律监督权行使的边境和界限，三机关关系的调整一定要符合司法和诉讼规律，检察机关法律监督权的行使一定要符合诉讼运行机理，维护法院的审判独立和司法权威，限缩公安机关不适当的权力，加强对公安机关的侦查监督，充分发挥法院和公安机关对检察权的制约机制，这样才能保障三机关权力合法行使和健康运行。

当然在强化检察机关诉讼监督职能的同时，我们也不能忽视三机关互相制约机制的功能和作用，因权力制约机制属于日常工作中因分工而产生的相互约束，具有经常性、普遍性、即时性的优点，这对司法权的规范和约束更有现实性。① 所以，对司法权的制约也需要建立起比较完善的内部工作过程中的权力制约机制。

综上，正确认识三机关的宪法关系，需要发挥诉讼监督与诉讼制约两个方面的作用。日常工作中的制约机制是司法权正确行使的重要保障，检察机关的法律监督是司法权肌体健康运行的重要手段，二者缺一不可、不可偏废。只有将监督和制约两种手段结合起来，相互作用，才能保证司法权规范、健康、合法、有效的行使。

① 参见葛洪义：《“监督”与“制约”不能混同——兼论司法权的监督与制约的不同意义》，载《法学》2007年第4期。

法治思维与优化检察权配置

肖振猛*

本次国家高级检察官论坛把“法治思维与检察工作”作为主题，我觉得很有意义。五年前时任中共中央总书记的胡锦涛同志在和全国大法官、大检察官座谈时曾指出“检察权是检察机关依法行使的职权，是国家权力的重要组成部分，对维护国家政治社会稳定、保护人民利益具有重要作用。优化检察权的配置，对于充分发挥检察机关检察职能，强化国家法律监督，保障法律统一正确实施，具有重要意义。”① 检察权配置如何才能优化或者配置达到科学合理，目前无论是理论界，还是实务界，可谓仁者见仁，智者见智。从法治思维看，检察权的正确边界、检察权的基本权能、检察权的运行模式这三个问题的把握，对于科学合理配置检察权至关重要。笔者拟就这三个问题的思考，向各位领导和专家学者们作个汇报。

一、关于检察权的正确边界问题

检察权的边界问题，是检察权配置的宏观问题。边界问题是检察权是否正确行使的权力界限。我们都知道，任何公权力都必须要确定其边界，否则就有可能越位。检察权作为一种公权，当然也不例外。边界确定不正确就可能越位，越位说好听点是扩权，不好听是滥权，甚至违法用权。

检察权亦称法律监督权。法律监督有广义和狭义之分，广义的法律监督就是监督法律的施行，检察机关的法律监督是专门性的法律监督工作，是狭义的法律监督工作。监督法律的实施，是国家权力机关当然权力，这也是法律监督工作。2012 年 3 月的第十二届全国人民代表大会第一次会上，时任全国人民代表大会常务委员委员长的吴邦国在工作报告中强调“全面贯彻实施监督

---

* 贵州省人民检察院副检察长，最高人民检察院法律政策研究室挂职副主任。

① 《法镜周刊》2008 年 1 月 2 日第 1 版。

法，……加强法律监督和工作监督”①，时任最高人民法院院长王胜俊在工作报告中强调“自觉接受检察机关诉讼监督，共同维护司法公正。”② 最高人民检察院检察长曹建明在工作报告中阐明：“全国检察机关……忠实履行宪法和法律赋予的职责，着力强化法律监督、强化自身监督、强化队伍建设。”③ 在如此重要的会议上这样表述，就是在表明法律监督不仅仅是检察机关的工作。这就要求我们对检察机关的法律监督权即检察权要设定边界，以便能够正确认识检察机关法律监督的性质、地位、内容和范围。

笔者认为检察权行使的边界，首先要把检察机关的法律监督理解为狭义的法律监督，即是对刑事犯罪和诉讼违法行为实行的法律监督之义。检察机关只能在诉讼中实行法律监督，依法独立公正行使检察权。所以应当把检察权行使的边界限定在诉讼中即刑事诉讼、民事诉讼、刑事诉讼中；不在诉讼中就不能实行法律监督，就越界了。理论界的理论家们明确告诉我们，检察机关的法律监督是有限的监督即犯罪行为和诉讼违法行为的监督，是专门的监督即违法诉讼行为的监督。肖蔚云是这样阐述的，“新宪法（1982 宪法）明确规定人民检察院是国家的法律监督机关。这说明检察机关的性质是专门监督法律在全国的统一和正确实施、与犯罪行为作斗争的机关。检察机关既不采取对国家机关实行一般监督的方针，也不能像 1975 年宪法那样对检察机关加以否定，检察机关的主要任务是对违法犯罪行为进行法律监督。”④ 王叔文是这样阐述的，“这里的法律监督，是特定意义上讲的。人民检察院对于国家机关和国家工作人员的监督，只限于违反刑法，需要追究刑事责任的案件。”⑤ 樊崇义这样阐述，“而在我国一元分立权力结构下，由于行使立法权的权力机关缺乏一种对行政机关与审判机关进行动态监督与制约的机制，就必须有一种独立于行政权与审判权的法律监督权来进行制约与监督，检察权就只能定位为一种法律监督权。”“而且，我国检察机关的法律监督权只是众多法律监督体系中的一部分，虽然是最重要的部分，但并不包括公民一般违法行为的监督，而只是公民、团体的重大违法行为即犯罪违法行为与诉讼违法行为的监督。”⑥ 孙谦是这样阐述的，“对于法律监督权，笔者主张作狭义的理解。法律监督权与检察权，是

---

① 《人民日报》2010 年 3 月 20 日。

② 《人民日报》2010 年 3 月 21 日。

③ 《人民日报》2010 年 3 月 21 日。

④ 肖蔚云：《论宪法》，北京大学出版社 1988 年版，第 293 页。

⑤ 王叔文：《宪法》，四川人民出版社 1988 年版，第 293 页。

⑥ 樊崇义：《检察制度原理》，法律出版社 2009 年版，第 25 页、第 31 页。

一个事物的两个概念，或者说是从不同的角度表述同一个事物。当我们提出法律监督权的时候，强调的是它的性质和功能；当我们提及检察权的时候，强调的是它的具体权能和实际行使。有时提法律监督权，有时提检察权，并不意味着概念上的混乱和矛盾，只能说不同的地方使用不同的术语和关注的重点不同。在我国，法律监督权不是泛指一切监督法律实施的权力或权利，而是一种专门的权力，是检察机关根据宪法授权，依法行使检察权，以保障国家法律统一正确实施的一项专门活动。其活动宗旨是维护宪法和法律的统一正确实施。公诉、职务犯罪侦查、对诉讼活动依法监督，构成了法律监督权的基本形式和内容。”①

检察权的边界在诉讼中，这体现在宪法和法律、法规中，检察机关的具体权能和实际运行只有诉讼法有明确规定，有了这些规定，检察权行使才有程序和施行办法。司法改革特别是刑事诉讼法的修改、人民检察院刑事诉讼规则的修改、民事诉讼法的修改、国务院制定的《行政执法机关移送涉嫌犯罪案件的规定》，都说明了检察机关检察权的具体权能的实际运行只有在诉讼中才能依法独立公正地行使。对犯罪行为和违法诉讼行为在报案、检举（举报）、控告、申诉后，经过侦查、起诉、辩护、审判和执行等诉讼阶段，检察机关实行犯罪控诉和违法诉讼行为监督纠正，以实行法律监督的。对于不是犯罪的一般行为或不是违法诉讼行为，检察机关在法律法规的规定上是找不到有实行法律监督这方面授权的。如职务犯罪预防，尽管通过地方立法规定使这项工作有法可依，但却不是检察机关的法律监督权内容，不能算为检察职权。因为职务犯罪预防主体不是检察院，而是各个公务员的单位；预防职务犯罪由预防工作委员会组织协调，检察院仅是工作委员会下的办事机构，起到立足检察权职能并结合办案开展职务犯罪廉政宣传教育作用，以期促进公务人员各个单位尤其是领导集体尽到职务犯罪预防的制度预防和教育预防责任。对于职务犯罪预防与检察职权的关系，只能说是检察职权（职能）的作用延伸或触角延伸。

二、检察权的基本权能问题

检察权的权能问题，是检察权配置的中观问题。权能是检察权的具体内容。“权能”是权力的内容，是权力的具体样态②。我们都知道，任何公权力都是由具体的职权、职能、职责、责任所组成，我们可以把这些职权、职能、职责、责任概括为权能。检察权的这些职权、职能、职责、责任就叫作检察权

① 孙谦：《论中国检察改革》，载《法学研究》2003 年第 6 期。

② 张俊浩主编：《民法学原理》，中国政法大学出版社 1997 年版，第 73 页。

能吧。目前，检察职权大体有职务犯罪侦查、审查批准逮捕、审查起诉、提起公诉、诉讼监督等等；检察职责大体有控告检察（职务犯罪举报）、反贪污贿赂侦查和预防、反渎职侵权侦查和预防、侦查监督、公诉、民行检察、监所检察、刑事申诉检察、死刑复核检察、专门检察（军事检察、铁路检察、林业检察等）、检察技术、司法解释、案件管理等等；检察职能大体有打击、保护、监督、教育、预防等等；检察责任大体有维护法制统一和尊严、维护政治社会和谐稳定、维护司法公正和社会公平正义、监督法律在诉讼中严格正确实施、保护党和国家、保护人民利益和保障人权等等。

检察机关的这些权能中哪些是基本权能？理论界和实务界有三种理论和实践。一是侦、捕、诉分离理论，这是当前全国检察机关的通论，这个理论主要意义是内部监督制约，这个理论要求行使职务犯罪侦查职权的不能行使审查批准职权和公诉职权，但不等于这些职权不能行使其他诉讼监督职权，从而形成了侦查权、审查批准逮捕权、公诉权、侦查监督、监所检察、民行检察、控告申诉检察等法律监督权。二是诉讼职能和诉讼监督职能分离理论。这个理论强调行使诉讼职能和诉讼监督职能的部门及人员要适当进行分离。湖北检察机关及一些检察院按照这一理论进行了改革探索实践。三是“去行政化”强化检察功能的理论。这个理论把检察职能划分为职务犯罪侦查、刑事犯罪检控、诉讼监督、犯罪预防和社会建设促进。目前有的检察院按照这一理论进行了改革实践探索。

上述三种理论都有一定道理和合理性。但笔者认为，检察机关基本权能的划分，应当在遵行边界理论按照“人民法院、人民检察院进行刑事诉讼应当分工负责，互相配合，互相制约，以保证准确有效地执行法律”的宪法原则、三大诉讼法规定“人民检察院在依法（有权）对刑事诉讼、民事诉讼、行政诉讼实行法律监督”的规定。为此，笔者认为检察基本权能应当有三项，即诉讼控诉权能、诉讼制约权能、诉讼监督权能。其他权能如技术、职务犯罪预防等可以是辅助权能或权能延伸。

在刑事诉讼中，要实现法律准确有效地执行，要求检察机关互相配合。刑事诉讼主要分为控诉、辩护、审判、执行，就控诉而言，检察机关直接受理案件的侦查即职务犯罪侦查，提起公诉，违法所得没收、精神病人强制医疗的申请，检察机关行使的这三项职权，应当归类为诉讼控诉权能。侦查是提起公诉的发动，是控诉的前提条件；提起公诉是侦查的延续，是控诉的成果目的。检察机关通过介入侦查、引导取证和出庭公诉、发表公诉意见，与公安侦查机关、审判机关进行密切配合。检察机关的诉讼控诉权能，就是理论家们讲的检察机关及其办案人员行使的是“诉讼职能”或“刑事犯罪指控”职能。这个职能的特征是由检察机关直接对公民或单位组织行使的检察职权，极具攻击性，容易被滥用侵犯人权和财产的公权力。从这个意义上讲诉讼控诉权能应当是检察机关的在刑事诉讼中的一种权力。我们可以把诉讼控诉权能称为“诉讼控诉权力”。

在刑事诉讼中，要实现法律准确有效地执行，要求检察机关互相制约。公安机关负责对刑事案件的侦查、拘留、执行逮捕，检察机关负责批准逮捕、职务犯罪侦查、提起公诉，人民法院负责审判，刑罚执行由监狱等机关负责。各个司法机关行使权力首先要受到制约，且是相互制约。检察机关通过审查逮捕、审查起诉制约公安侦查机关，公安机关不同意不批捕、不起诉可以通过复议复核来制约检察机关；审判机关通过改变或否定公诉意见的审判、裁定、决定来制约检察机关，检察机关不服审判机关裁判或决定，可以通过抗诉、撤诉制约审判机关；审判机关通过减刑、假释、暂予监外执行裁定制约刑罚执行机关，刑罚执行机关认为审判机关的判决有错误的，有权转请人民检察院或原判人民法院处理，对此来制约审判机关。可见检察机关在刑事诉讼中的审查逮捕、审查起诉、撤诉、抗诉等制约性质的职权，即是检察机关的诉讼制约权能。这个诉讼制约权能，就是理论家们反复阐述的制约与监督是不同的，不能混为一谈。按照理论家们对制约特征的分析，制约是双向性的制衡权力，就是说制约是双方互相进行的，一方不同意另一方的意见，可以申请复议、复核、复查，以期纠正对方错误的决定；而监督是单向性，不能双方互相进行，所以在法律规定中是找不到“互相监督”这样的提法，只有在不严谨的口语或讲话中有“互相监督”的说法或讲法。检察机关的审查批准逮捕权既然是公安侦查机关可以申请复核、复议的权力，那就说明审查批准逮捕权是一种制约性质之权，而不是监督权性质之权。

检察机关的审查批准逮捕、抗诉等诉讼制约权能，虽然也是针对公民和单位的人身自由等权利的剥夺，但严格上说还是通过侦查机关的提请而发动而间接产生的，而司法机关在刑事诉讼中的这些制约性权能，是法律赋予这样机关的权利。所以从这个意义上讲，我们可以把检察机关诉讼制约权能称为“诉讼制约权利”。

为了保障法律在诉讼中得以严格执行和正确实施，尊重和保障人权，促进司法公正，防止冤假错案发生，法律授权检察机关依法对刑事诉讼和有权对民事诉讼、行政诉讼实行法律监督。检察机关刑事诉讼监督主要是通过建立行政执法与刑事司衔接机制和公民的控告申诉，对公安侦查机关开展刑事立案监督；通过刑事诉讼法具体细化规定，对公安机关开展侦查监督、刑事审判监督，对监狱等刑罚执行机关开展刑罚执行监督，通过刑事诉讼立法开展强制医疗执行监督、诉讼时限和羁押必要性监督；通过民事诉讼法授权检察院，对错误民事判决、裁定监督，对损害国家利益、社会公共利益监督，对审判人员民事违法行为监督，对民事执行活动监督；通过行政诉讼法立法授权，对行政诉讼活动实行法律监督。刑事诉讼监督、民事诉讼监督、行政诉讼监督理论界和实务界都比较赞成概括为“诉讼监督”。我们把它称之为检察机关的诉讼监督权能。

前述监督特征是一种单向性的。目前在三大诉讼中就只赋予了检察机关监督权，而没有赋予公安侦查机关、法院、监狱等司法机关监督检察机关之权，也就是不存在司法机关在诉讼中可以互相监督。对于检察机关的诉讼监督，目前法律赋予的手段主要有：提出刑事抗诉、民事抗诉、行政抗诉，发出刑事、民事、行政判决裁定检察建议，发出刑事立案通知，对侦查人员违法取证调查核实，要求对非法收集证据情形进行说明，对审判人员民事审判违法行为提出检察建议权，进行民事调查核实等。这些诉讼监督权能，有的是在法律中规定为“可以”，这是对检察机关的一种授权性的监督权力；有的是在法律中规定为“应当”，这是对检察机关的一种要求性的监督责任。正确理解和把握这些法律规定立法意义，诉讼监督权能应当是一种“权力和责任的集合”。为此我们应当把诉讼监督权能称之为“诉讼监督权责”更为贴切。

作为一种权责的诉讼监督权能，我们一定要谨防“扩权”的冲动。在进行诉讼监督理论研究和实务探索中，要避免提出纠正意见、检察建议、提出抗诉后，对其他被监督的司法机关及其司法人员追求“必须要听检察院监督意见”。在理论研究上和实践探索中，防止把诉讼监督权责作为一种刚性权力看待。而是应当看成是一种发现、提醒、通告式的权责。发现了诉讼违法行为，该提出监督意见不提出监督意见就是缺位和渎职；该提监督意见提出了，就站了“应该站的位”，就履职了。至于其他司法机关及其司法人员的诉讼违法行为，被提出纠正意见的机关，是否必须纠正，法律也没有赋予检察机关自行来纠正，更没有赋予检察机关追究不纠正责任的权力。还是应当把被提出纠正意见的情况通过报告党委和人大、并通过正确的方式向社会公布，告知向检察机关申诉控告的当事人及诉讼代理人，以求得党委的领导监督、人大的法律监督、社会的民主监督、媒体的舆论监督、当事人的信访监督等的支持，共同发挥监督的效果，避免追求检察机关的诉讼监督能“包打天下”虚幻之梦。

三、检察权的运行模式问题

检察权的模式问题，是检察权配置的微观问题。模式是指事物的标准样式，包含事物运行方式、规律。我们都知道，任何公权力的运行都应当遵循权力行使内生的规律，按照实现目标任务所设定的路径，选择能够提高质效的方式。检察权的运行模式这是检察权行使应当遵循的规律、法定路径、实现方式，也可以说是由检察权行使的体制、机制、制度、机构、组织等组成。检察权是国家权力的重要组成部分，检察权的行使在三大诉讼法中都有具体而明确的规定。各级人民检察院在最高人检察院的领导下，依法独立公正行使检察权，积极稳妥地推进检察体制机制改革，强调理性文明公正廉洁规范执法办案，以期能够较好地体现检察机关的法律监督效果，但我们总感到法律监督效果没有达到应该达到的理想状态，检察监督职能作用发挥得还不充分，职务犯罪侦查的力度和法治化水平有待提高，批捕起诉犯罪质量效率效果也有待提高，诉讼监督仍然是薄弱环节，冤假错案及瑕疵案件的发生极大损害了检察机关司法公信力。为此，曹建明检察长在2013 年 5 月召开的全国检察机关电视电话会上指出，“改革和完善执法办案指导决策机制，完善办案组织形式，深化检察官办案责任制改革”①。关于检察权运行模式，以下两个问题较为重要。

（一）检察机关优化检察权配置，要按照“运动员不能当裁判员”的权力运行内生规律，进一步改革完善现行检察权运行模式

优化检察权即法律监督权的配置，主要是优化配置好检察职权。理论界有这样的非议：我国检察机关既是法律监督机关又是公诉机关，“是既当运动员又当裁判员”；我国检察机关既是法律监督机关又是职务犯罪侦查机关，自己侦查并批准逮捕，那么谁来监督检察院？公诉既要指控犯罪，又要监督纠正刑事诉讼违法行为；监所检察既要监督纠正刑事违法诉讼行为，又要查办监管场所中发生的职务犯罪。这两个具体的检察职权在诉讼中的行使，确实存在“既当运动员又当裁判员”问题。为了回应这些非议，应当加强检察理论研究，深化检察改革。产生了“诉讼职能和诉讼应当适当分离”检察理论，并以此理论进行内设机构职能调整和执法办案方式改革。但诉讼监督部门如何能够及时有效地发现诉讼违法行为又成了新的问题。职务犯罪侦查虽然推行人民监督员制度、实行职务犯罪逮捕上提一级制度，但“谁来监督检察院”的质疑并没有得到有效解决。

如何能够解决这个问题呢？笔者认为按照“裁判员不能当运动员”要求，职务侦查职权和审查批准批捕、审查起讼（提起公诉）职权应当分别行使，诉讼控诉权能、诉讼制约权能和诉讼监督权能应当分别行使，创新执法方式，改革办案制度。具体讲，如果是检察机关直接受理侦查的职务犯罪案件，实行职务犯罪侦查部门、公诉部门、诉讼监督部门执法办案分开，各部门至少安排

① 《检察日报》2013 年 5 月 30 日头版。

一名检察人员（应当是有执法资格的检察官）参加办案，分别履行自侦权，逮捕、起诉审查权，诉讼监督权，即实行 1 +1 +1（1 为自侦，1 为逮捕和起诉审查，1 为诉讼监督）检察官执法办案制度，如果是公安、安全、监狱等机关侦查的刑事案件，公诉部门和诉讼监督部门执法分开，两部门至少安排一名检察人员（应当是有执法资格的检察官）参加办案，分别行使逮捕、起诉审查和诉讼监督权 1 +1（1 为逮捕、起诉审查，1 为诉讼监督）的检察官执法办案制度。我们把每个案件都有行使诉讼监督权能的检察官，再加上行使诉讼控诉权能或诉讼制约权能的检察官办案制度叫“严格两人执法办案”制度。这个“严格两人执法办案”制度的核心思想有七点：一是行使诉讼监督职能的检察官不能行使诉讼控诉权能和诉讼制约权能；二是行使诉讼监督权能的检察官一人要承担起目前的立案监督、侦查监督、审判监督、刑罚执行监督、诉讼时限和羁押必要监督；三是诉讼监督是可以甚至说应当“一竿子插到底”的工作；四是行使诉讼监督权能的检察官必须和行使诉讼控诉权能或诉讼制约权能的检察官一起办案；五是强调在具体的执法办案中发现诉讼违法活动，解决诉讼监督部门不能及时有效发现违法诉讼行为的难题；六是强调负责诉讼监督权能的检察官，要和承办审查逮捕、审查起诉刑事案件（含自侦案件）一样，由案件主办人审查逮捕、起诉的检察官对案件的定性、罪与非罪负责，由主办诉讼监督的检察官对案件有无违法诉讼行为负责；七是强调审查逮捕和审查起诉、出庭公诉应当是同一检察官为宜。

（二）检察机关优化检察权配置，要按照“分工负责、互相配合、互相制约”的原则，进一步改革完善检察权运行模式

这里主要谈一下逮捕权由侦查监督部门及行使诉讼监督检察官负责必须进行再调整问题。检察机关 1978 年重建至 1999 年，全国检察机关设立刑事检察业务部门，负责审查批准逮捕、审查起诉支持公诉工作，以实现对侦查机关侦查活动、法院审判活动的监督，实行“捕诉合一”运行模式①；1999 年最高人民检察院将刑事检察厅分设为审查批准逮捕厅（2000 年更名为侦查监督厅）、审查起诉厅（2000 年更名为公诉厅），至此，实行了 20 年的“捕诉合一”变成了“捕诉分离”运行模式。“捕诉分离”运行以来，诉讼监督特别是侦查监督、审判监督薄弱局面并没有如预想的改变，而“捕诉合一”能够及时“介入侦查”、有效“引导取证”的优势逐渐弱化了，近来不时曝出的冤假错案，更是应当引起我们对“捕诉合一”运行模式的反思。

---

① 刘志军：《人民检察职权的历史演进》，载《检察日报》2011 年 11 月 21 日第 3 版。

通过以下反思，笔者认为逮捕审查应当调整由公诉部门及行使公诉职权检察官负责。（1）审查批准逮捕是制约性权，不能由负责侦查监督这一诉讼监督性质任务的部门和人员承担。（2）把逮捕这一最严厉的强制措施的批准决定权赋予检察机关，确定了它的司法审查性质，但要从分权制衡上理解，而不能从“诉讼监督”性质上理解。这种司法审查的目的是防止“以捕代侦”，即负责侦查的部门及其侦查人员不能负责审查批准逮捕、提起公诉，而不是说审查批准逮捕不能提起公诉，如果这样，检察长就没有检察监督的执法办案权了。因为法律规定批准和决定逮捕是检察长或由检察长主持的检察委员会之权。（3）法律规定“人民检察院在审查批准逮捕工作中，如果发现公安机关的侦查活动有违法情况，应当通知公安机关予以纠正，公安机关应将纠正情况通知人民检察院”（刑事诉讼法1996年修改第96条、2012年修改第98条）、“人民检察院审查案件（起诉案件），必须查明：（五）侦查活动是否合法”（刑事诉讼法1996年修改第137条、2012年修改第168条）、“人民检察院认为可能存在本法第五十四条规定的以非法方法收集证据情形的，可以要求对证据收集的合法性作出说明”（刑事诉讼法2012年修改第171条）、“人民检察院发现人民法院审理案件违反法律规定的诉讼程序，有权向人民法院提出纠正意见”（刑事诉讼法1996年修改第169条、2012年修改第203条）。这些法律规定明确了，检察机关开展审查批准逮捕工作和提起公诉工作中，要开展诉讼监督工作。这里的主体是人民检察院，不是检察院的业务部门。所以应当创设的是执法办案的运行机制，而不是审查批准逮捕和提起公诉部门分设。前述建立“严格两人执法办案制度”就是这个意思。（4）执法办案实践中，因公诉部门及公诉检察官在法庭上有举证之责任，被逮捕的被告人如因证据出现疑罪或无罪问题，检察机关有过错责任，要受检察长责怪，所以很想及时“引导取证”，但由于“捕诉分离”运行模式目前被侦查监督部门及以“诉讼监督权责”为己任的检察官隔阻了，而侦查监督部门及其负责审查逮捕的检察官对“介入侦查”并不感兴趣，更谈不上“引导取证”了。就是出现捕后疑罪、无罪，也能够把过错责任推给公安机关侦查取证不力。公安机关在取证问题上又因得不到及时有效的“引导取证”，能不能达到“提起公诉”的证据要求也就无所谓了，反正检察机关批准逮捕后过错责任已承接下来。如此，“捕诉分离”运行模式不仅没有使检察机关增强法律监督实效，反而成为执法办案过错责任的“冤大头”。基于上述几点的思考，笔者认为，在创设“严格两人执法办案”制度的情势下，应当恢复检察职权运行中的“捕诉合一”模式，由公诉部门负责审查逮捕、审查起诉、支持公诉，而把现由公诉部门负责的审判监督之责分离出去，交由诉讼监督部门负责；现由侦查监督部门承担的审查逮捕之责不再承担。

检察机关的新一轮“深化检察改革”即将拉开序幕。愿“法治思维和优化检察权配置”的思考，在各地开展深化检察改革工作中有所启发。不妥之处，敬请批评指正。

论公诉环节的法律监督

董兆玲[*]　谢志强[**]

《宪法》第129条规定："中华人民共和国人民检察院是国家法律监督机关。"这一规定在确立了检察机关宪法地位的同时，也明确了检察权的属性：法律监督。从我国立法来看，检察机关的法律监督权显然是广泛的，它既包括了对全国人大及其常委会所制订的法律实施情况的监督权（如对刑事、民事、行政法律的实施进行监督），还包含了为确保这些监督权的实现而赋予检察机关的调查权，对国家公职人员职务犯罪的侦查权等等。根据权力制衡、司法公正的要求，这些职权由人民检察院各内设机构分别行使，贯穿于检察司法的各个环节。然而，职能分立、各司其职的做法，也使得一些检察人员产生观念的偏差，无法从全面履行法律监督权的高度，认识自身所担负的职责，甚至使得实践中出现了法律监督的诉讼化倾向。① 本文拟从公诉的角度，就"法律监督"与"诉讼监督"权的异同作比较，并对如何完善公诉环节的法律监督略抒浅见。

一、法律监督与诉讼监督的联系与区别

在论述法律监督与诉讼监督区别之前，有必要对两者的概念作一界定。事实上，无论是我国宪法还是有关法律，都没有对"法律监督"的概念作一明析。但通常认为，所谓法律监督，指专门的国家机关根据法律的授权，运用法律规定的手段对法律实施情况进行监察、督促并能产生法定效力的专门工作。② 而诉讼监督，则是指人民检察院依法对侦查、审判、刑罚执行和监管等

---

* 广东省人民检察院检察官学院院长。

** 广东省中山市人民检察院公诉科科长。

① 参见蒋德海：《法律监督还是诉讼监督》，载《华东政法大学学报》2009年第3期，第84页。

② 张智辉：《法律监督概念辨析》，载中国民商法律网 http：//www.civillaw.com.cn/article/default.asp? id＝29788。

诉讼活动是否依法进行所实施的监督。[①] 由于现行法律赋予检察机关的法律监督权多局限于诉讼领域，检察机关法律监督的范围在很大程度上与诉讼监督是重合的，因此，长期以来，无论理论界还是实务界都有一种误解，即将法律监督等同于诉讼监督。但实际上，这两个概念既有区别，又有联系。主要表现在：

（一）范围界定：诉讼监督是法律监督的重要组成部分

从概念上辨析，“法律监督”的监督对象是“法律的实施”，换言之，无论任何主体，只要出现破坏国家法律实施的情况，都应当纳入法律监督的范围。法律监督的形式包括三种：监督立法、监督行政、监督司法。由于我国并非“三权分立”政体，法院并不享有违宪审查权，因此，监督立法权只能由人大所独享。而监督行政、监督司法两项职权，法律则将很大一部分权力授权专门的法律监督机关——人民检察院，由其来实施。经过长期实践，目前检察机关在监督司法的领域已经形成较为完整的体系，并涵盖了民事、行政、刑事三大诉讼领域。而监督行政方面，则相对薄弱。由于检察机关恢复重建之后，一般监督权被取消，因此目前检察机关对于一般的行政违法行为，只能通过检察建议予以纠正，构成职务犯罪的则依法立案侦查。从这个角度而言，检察机关应然的权力与实然的权力还存在很大落差，“法律监督”制度还有很大的完善空间。但这并不妨碍“检察机关法律监督职责是监督国家法律统一正确实施”这一命题的成立，因为，即使检察机关目前无法对一般性的行政违法进行监督，但一旦这些行政违法达到一定的严重程度，检察机关即可全面介入。从范围上而言，我们不难发现，所谓的诉讼监督，实际上只是司法监督的组成部分，其监督的对象，仅仅局限于诉讼环节有关法律的实施情况。具体而言，包括立案监督、侦查监督、审判监督、刑罚执行监督等。因此，从范围上而言，诉讼监督既是法律监督的一个组成部分，同时也是实现法律监督的一种手段。

（二）方式比较：法律监督的方式包括诉讼监督与非诉讼监督

诉讼监督本身有两层含义：其一，特指监督的范围。即特指从诉讼的启动到结束的整个过程。在这一过程中所有的诉讼活动，包括立案、侦查、审判、执行等，都是检察机关法律监督的范围。其二，特指监督的方式。在诉讼监督中，“诉讼”既是检察监督的对象，同时也是检察监督的主要手段。以审判监督为例，如果发现案件的判决或裁定确有错误，检察机关或直接通过抗诉启动

---

① 陈国庆、石献智：《检察机关诉讼监督制度的完善》，载《国家检察官学院学报》2009 年第 6 期，第 22 页。

诉讼程序，或通过建议再审要求法院自行启动诉讼程序。但无论是抗诉权还是再审检察建议权，其本质都是一种诉讼启动权，具有程序性监督、事后性监督的特点。①

而法律监督权则不局限于诉讼本身，法律监督还涵盖了大量的对诉讼以外的违法行为进行监督的职权，其中最主要的是检察侦查权。检察侦查权在性质上可以分为三种：职务犯罪侦查权、补充侦查权、机动侦查权。与诉讼监督权相比较，检察侦查权具有三个显著特点：一是监督范围不局限于诉讼活动。只要涉嫌职务犯罪，无论其是否发生在诉讼过程中，都可以依法启动职务犯罪侦查权。二是监督目的不局限于纠正违法。在诉讼过程中，即使侦查人员不存在滥用职权、玩忽职守等违法行为，只要检察机关对侦查所取得的证据有疑问，就可以自行启动补充侦查权予以核实。三是监督触角可延伸到事前预防。诉讼监督一般遵循“事后监督”的规则，即检察机关只有在违法事由出现之后，才能启动监督程序，而检察侦查权则不局限于此。国家机关工作人员利用职权实施的重大犯罪，即使其不属于职务犯罪的范畴，如果检察机关认为由其他侦查机关管辖有违公平，可能影响司法公正，在由省级检察机关批准的情况下，可以自行立案侦查。这实际上是在预见到可能发生司法不公的情况下代行了有关机关的职责，防范司法不公的出现，具有预防性的特点。当然，法律监督权的非诉讼监督方式并不局限于检察侦查权，还包括了检察建议权、检察意见以及职务犯罪预防等。

二、公诉环节法律监督的瓶颈与缺陷

如上文所分析，法律监督无论是内涵还是外延，都要大于诉讼监督。然而，由于立法的原因，目前的检察院组织法、诉讼法对检察机关的非诉讼监督制度并没有形成一个完整而科学的体系，这一现状严重制约了检察机关的执法思想，不少学者或干警将法律监督等同于诉讼监督。具体到公诉环节，主要有以下问题：

（一）原则与细则的冲突：法律监督立法存在缺陷

中国特色检察制度最大的特点，是人民检察院被宪法定位为国家法律监督机关，其职责是维护国家法律的统一、正确实施。这一点与西方“三权分立”体制下，检察机关仅仅承担控诉职能是有本质区别的。然而，从我国相关立法

① 所谓程序性监督，是指检察机关对于违法本身没有直接的纠正权，只是启动了有关机关的内部纠正程序；所谓事后监督，是指检察机关的监督必须在有关行为作出后，才能启动监督程序。

来看，“法律监督”作为一种制度，其核心价值并没有得到真正的体现。虽然宪法明确了人民检察院“法律监督机关”的性质和地位，并构建了检察机关独立于政府、法院的“一府两院”组织架构，但与此相对应的，却没有构建起真正意义上的法律监督体系：长期以来，检察机关并不享有完整的法律监督权，其既无法直接纠弹行政违法，也无法对法院的所有诉讼活动进行全面监督（民事调解、民事执行等活动便是例证），检察机关所谓的“法律监督范围”被严格地限制在诉讼领域，甚至是长期压缩在刑事领域，这一现状无疑是与宪法的规定相违背的，也使得检察机关独立于各级政府、各级法院的宪政设计失去了其应有的积极意义。①

具体到公诉环节，虽然《刑事诉讼法》第8条明确规定：“人民检察院依法对刑事诉讼实行法律监督。”但在具体的制度设计上，法律更多的是将检察机关的监督对象局限于案件本身。换言之，公诉环节法律监督制度的设计，更多围绕“确保案件的正确定罪量刑”来进行。所谓“监督手段”如退回补充侦查、不起诉、抗诉等都是围绕案件的事实、证据、法律适用来进行，而查明案件事实、正确定罪量刑之外的违法行为，如公安机关违法撤销案件懈怠侦查取证、公安人员插手经济纠纷的违法行为、法院制定并适用违法的刑事指导意见、诉讼主体以外的人对审判违法施加不当影响（如行政机关不当干涉司法机关办案）、法院系统违背诉讼法的案件请示制度、法院违法减刑假释的裁定、法官在法定量刑幅度内滥用自由裁量权……对于这些行为，刑事诉讼法既没有明确赋予检察机关监督权限，也没有详细规定具体监督程序。即使检察机关发现了违法，并发出《检察建议》，也因为监督手段缺乏法律刚性的规定而使得效果大打折扣。从这个意义上而言，我国目前公诉环节法律监督的制度设计，与刑事诉讼的法律监督原则是存在冲突的，应当进一步予以完善。

（二）检控与监督的矛盾：法律监督意识有待增强

由于公诉活动最直接的体现就是在法庭上指控犯罪，是犯罪的指控者，属于传统意义上“追诉”的范畴。并且，在大陆法系国家，基于“侦检一体化”的原则，检察机关本身就是侦查的指挥者和控制者。因此，无论是理论上还是实践中，都非常容易混淆公诉人的角色定位，把公诉人视为犯罪的追诉者。有学者认为：追诉机关最为重要的一个职责，就是站在国家的立场上追究犯罪，这种具有倾向性的诉讼地位，这一特征注定了检察机关不可能是处于中立地位的监督者。因此，目前检察机关既享有公诉权，又享有法律监督权，本身就是

① 武乾：《试论行政公诉》，载《法学评论》1999年第5期，第39页。

"既当运动员又当裁判员"。[①] 这种理论对司法实践的影响是深远的。在司法实践中，检察机关往往忽略公诉权"法律监督机关"这一属性，存在着较为严重的"重公诉，轻监督"的倾向。公诉工作的评价标准，往往以法院最终是否做出有罪判决为依据。至于公诉人是否发现了诉讼过程中的违法行为、是否采取了有效的监督手段，只是一种附带性的软性评价标准。而对于不影响诉讼进行、不影响案件实体处理的其他违法甚至是犯罪行为，检察机关长期以来欠缺一种主动介入并积极发现的内在动力。

然而，中国特色检察制度最重要的特征之一，就是中国的检察机关并不实行"侦检一体化"，并非侦查活动的领导者，也不是附设在法院之内的"单纯公诉机关"。确切地说，检察机关只是刑事诉讼的监督者。而这种监督职能是与公诉职能相互协调、相互兼容的关系。

首先，检察机关不领导普通刑事案件侦查，不具追诉性。侦查的任务在于查明事实、揭露犯罪、追诉犯罪，具有强烈的追究倾向。而公诉的任务则在于证明犯罪。前者必须以"侦查假说"为支持，根据初步掌握的证据和事实，运用侦查经验和逻辑推理，对案件情况、犯罪人情况等作出初步推断。[②] 在案件没有侦破之前，凡是具有作案动机、具备作案时间、出现在作案现场等具备侦查价值的人，都可以列为嫌疑对象，并在积极主动的侦查活动中逐一排除。因此，从某种程度上讲，"侦查"是一种先建立有罪推定，再逐一排除的过程。这一特征使得侦查人员容易出于思维惯性，把"侦查假说"视为"侦查结论"，甚至不惜采用刑讯手段逼取口供，进而产生冤假错案。而公诉活动，则是一种居中的审查行为，即通过审查侦查所取得的证据，判断是否存在犯罪、是否需要追究刑事责任，并进而通过对证据的综合运用，对犯罪进行证明。由于检察机关并不介入先前的侦查活动，其对公安机关移送案件的审查，本质上是一种站在中立的立场上的审视。这种审视与法官对案件的审查判断是颇为相似的：如果证据确实充分，检察官将提起公诉，法官将做出有罪判决；如果证据不足，检察机关可以退回补充侦查或做出不起诉，法官也可以准予检察官将案件撤回补充侦查或直接判决无罪。正因为检、法的这种高度相似性，

---

① 参见陈吉生：《论公诉权与法律监督权的独立行使》，载《政法论丛》1998 年第 1 期。

② 参见毛立新：《侦查假说与无罪推定》，载 http：//www. chinacourt. org/html/article/200503/24/155454. shtml。

很多大陆法系国家将检察官视为“站着的法官”。① 因此，将检察官在法庭上运用证据对犯罪进行证明的活动视为一种追诉活动而否认其中立性，是不客观的。

其次，检察机关的监督充其量是一种程序性监督。人民检察院的“监督”，很大程度上也只是一种启动侦查机关、审判机关层级、审级监督的权力，而不是直接改变原决定的实体权力。最终决定是否改变的，还是被监督者本身。

事实上，关于公诉权的法律监督本质，已有不少文章予以深入论述，基于篇幅关系，此处不赘。

（三）实然与应然的距离：法律监督手段简单乏力

如前文所述，如果仅从概念上而言，“法律监督”应当是一种得以对法律的实施情况进行全面监督的完善的体系。而由于立法的粗疏，目前人民检察院享有的法律监督权还有较大的可完善空间。具体到监督手段上，也是极为简单乏力，尤其是公诉环节的法律监督更是如此。根据2005年《人民检察院实施〈中华人民共和国刑事诉讼法〉规则》的规定，对于情节较轻的违法行为，由检察人员以口头方式向侦查人员或公安机关负责人提出纠正，并及时向本部门负责人汇报，必要的时侯，由部门负责人提出。对于情节较重的违法行为，应当报请检察长批准后，向公安机关发出纠正违法通知书。人民检察院发出纠正违法通知书的，应当根据公安机关的回复，监督落实情况，没有回复的，应当督促公安机关回复；发现人民法院或者审判人员审理案件违反法律规定的诉讼程序，应当向人民法院提出纠正意见，参照对公安机关侦查活动中违法行为监督的规定办理。但最高人民法院《关于执行〈中华人民共和国刑事诉讼法〉若干问题的解释》规定，对于人民检察院认为人民法院审理案件有违反法律规定的诉讼程序的情况而提出的书面纠正意见，人民法院认为正确的，应当采纳。由此可见，人民检察院提出的口头纠正意见必须建立在“法院认为正确”的前提之下。但法院的司法解释并没有要求另外设立独任审判或合议庭对检察机关的书面纠正意见进行审查，实践中，检察机关的纠正意见往往由作出违法行为的合议庭或法官进行审查，于是，这就陷入了“自己当自己违法行为法官”的误区之中，检察机关的纠正意见即使正确，也通常不被接受，成为没有任何约束力的废纸。由于纠正违法通知书也无制裁性措施予以保障，检察机关对公安机关的不回复、不整改行为只能督促，督促不被接受则束手无策，对

① 参见孙谦、郭立新、胡卫列：《检察官管理制度研究》，载孙谦等：《检察论丛》（第2卷），法律出版社2001年版，第20页。

人民法院以纠正意见不正确为由对纠正违法通知书置之不理，更是毫无办法。

三、强化公诉环节法律监督的措施与进路

针对上述存在问题，笔者认为，应当从立法和司法实践两个层面全面加强公诉环节的法律监督：

（一）完善立法，赋予检察机关完整的法律监督权

宪法是我国的根本大法，从维护宪法的权威性出发，有必要通过修改相关法律，还原“法律监督”的本来面目。具体而言，可以从三个层次予以完善：一是修改《人民检察院组织法》，明确赋予检察机关对国家法律实施情况进行监督的职权，尤其是对国家工作人员、国家机关的执法、守法情况进行监督的职权。二是修改三大诉讼法，将人民检察院目前的诉讼监督拓展为全面的法律监督。将公安机关、人民法院在诉讼中的所有违法行为，以及其他所有破坏诉讼法实施、干涉司法机关独立行使职权的违法行为纳入检察机关的监督范畴。三是修改行政监察法及相关行政程序法，将人民检察院的法律监督权拓展到行政领域，使人民检察院享有纠正行政违法、维护行政法制统一的职权。唯有如此，检察机关才能恢复“法律监督”的本来面目，享有完整的法律监督权。

值得注意的是，在监督方式的设计上，立法应当将诉讼监督与非诉讼监督区分规定。对于诉讼领域的监督，或者通过诉讼手段进行的监督，目前的立法已经基本设计了一套较为完善的监督程序和监督手段。但对于非诉讼领域的监督，以及采用非诉讼手段进行的监督，目前依然存在缺陷，主要体现在监督手段乏力、监督刚性不足等。因此，立法应当充分考虑到检察机关提出的检察建议、纠正违法意见被拒绝之后的救济程序，唯有如此，监督才有刚性。笔者认为，这方面可以参考《行政监察法》，明确规定：“对于检察机关提出的检察建议，有关机关无正当理由必须履行，并在法定期限内将落实建议的情况向检察机关反馈。”“对于检察机关要求纠正违法行为的通知，有关机关必须及时整改，予以纠正，并在法定期限内将纠正情况向人民检察院反馈。”“无正当理由拒不接受检察监督的，检察机关有权对相关责任人的违法行为进行调查，并将调查结论移送有关机关进行纪律处分。构成犯罪的，追究刑事责任。”检察法律监督范围的拓宽，必然会加强公诉环节法律监督的范围，法律监督刚性的增强，也必然增强公诉环节法律监督的刚性。

当然，关于立法的完善，是一个复杂的系统工程，限于篇幅关系，此处不赘。

（二）拓展思路，在公诉环节全面履行法律监督权

虽然目前立法还存有许多缺陷，但这并不妨碍检察机关在公诉环节适当地

延伸法律触角，全面履行法律监督权，这既是宪法赋予人民检察院的神圣职责，也是刑事诉讼法对检察机关的具体要求。首先，人民检察院在公诉环节全面履行法律监督职责具有明确的宪法依据。宪法将检察机关明确为“法律监督机关”的定位，为检察机关全面履行法律监督职责提供了确定而清晰的法律依据，这一依据具有最高的法律效力，是其他法律构建我国检察监督制度的重要依据，也是人民检察院全面履行法律监督权的效力来源。其次，人民检察院在公诉环节全面履行法律监督权具有具体的诉讼法依据。根据刑事诉讼法总则规定的“检察监督”原则，人民检察院的法律监督应该涵盖整个诉讼过程，涵盖破坏诉讼依法、有效、公正进行的一切违法行为。检察监督原则是刑事诉讼法的一个基本原则，效力贯彻诉讼法的始终，不因分则制度设计的粗疏而影响其效力。因此，针对目前检察机关法律监督诉讼化的倾向，人民检察院有必要拓展思路，创新工作机制，把法律监督的触角延伸到诉讼的各个角落。具体而言，至少可以从以下三个方面拓展公诉环节的法律监督工作：

一是将法律监督对象拓展到公诉环节的所有违法行为。根据列宁的法律监督理论，检察机关法律监督的目的，在于维护共和国法制的统一。因此，凡是破坏法制统一的行为，都应当成为法律监督的对象。尤其是享有强大公共权力的国家机关，更应该成为监督的重点。在公诉工作中，检察机关长期以来把监督的重点放在案件的实体把握上，对于程序违法的监督力度较弱，这一局面应当予以改变。例如，在侦查阶段，检察机关批准逮捕的案件被侦查机关作撤案处理，而未移送起诉。公诉部门应当对此予以监督，依法要求公安机关将不符合撤案条件的案件移送审查起诉。此外，对于退回补充侦查的案件，公安机关消极侦查，懈怠取证，人民检察院也应将其纳入法律监督的范畴。事实上，检察机关法律监督的触角，不应当局限于案件本身。对于可能影响司法公正的其他违法行为，也应当及时纠正。例如，虽然无证据表明侦查人员符合法定回避条件，但其在侦查过程中屡次置检察监督于不顾，可能影响案件的公正办理的；公安人员对取保候审、监视居住的嫌疑人怠于监管，可能影响诉讼进行的；在审判阶段，法官违反程序法的规定，违法会见案件当事人及其近亲属，可能影响司法公正的；对依法应当采纳的证据而拒不采纳；法庭控制不力，未能保障诉讼参与人诉讼权利的等等，检察机关都应当进行监督。

二是将法律监督对象延伸到非诉讼参与人。我国社会主义法制体系虽然已经初步形成，但还不完善。在我国现有法制环境下，司法机关独立行使职权的宪法原则还经常受到地方保护主义和部门保护主义的干扰，一些非法的案外因素对案件的影响还一定程度存在。与此同时，由于制度不完善，司法机关内部的工作机制也可能存在影响司法公正的因素。因此，作为检察机关，法律监督触角不应当仅仅局限于诉讼参与人本身，而应当延伸到可能影响刑事诉讼顺利进行的非诉讼领域。例如，党政机关领导利用职权，非法对侦查、检察、审判人员施加影响，可能影响诉讼顺利进行，或可能影响司法公正的；国家机关工作人员以拒不提供司法机关调查取证工作的；公安机关制定的规范性文件违反刑事诉讼法的有关规定，等等。

三是创新公诉环节的非诉讼监督方式。如前文所述，公诉环节检察机关的法律监督方式可以分为两类：诉讼监督方式与非诉讼监督方式。前者以诉讼为手段，虽然无法对案件作出实体处理，其行使可能引起诉讼程序的变更。如退回补充侦查（案件由起诉环节重新回到侦查环节）、不起诉（中止诉讼程序）、抗诉（引起新的审判程序）、提请抗诉（可能引起再审程序）等。后者则是以不变更诉讼程序的方式，对诉讼中的违法行为进行纠正。如纠正违法通知书、检察建议等。从目前法律规定来看，诉讼监督方式在刑事诉讼法中有明确的规定，程序完善、效力较高。而非诉讼监督方式则往往面临法律程序不完善、监督效能不高等困扰。笔者认为，监督效能不高，与公诉环节法律监督手段未形成体系、法律监督程序不完善固然有关，但更重要的，则是因为各种手段未能形成梯状结构，造成刚性不足。因此，有必要创新监督方式，完善目前的非诉讼监督方式。借鉴民事行政检察中的一些有益创新，笔者认为可以考虑增加以下几种监督方式：(1) 检察敦促令。主要用于侦查机关懈怠侦查，使得侦查工作久拖不决，如不加快侦查进度和力度，可能造成相关证据灭失，或影响诉讼进行的情形。(2) 引导侦查意见书。主要适用于公安机关该调取的证据未予调取，使案件出现较大证据缺陷，有必要进一步补强。这种监督方式与补充侦查提纲最大的区别在于“说理”，明确告诉侦查机关调取何种证据，以及该证据的作用、调取该证据的理由等。(3) 建议更换办案人。对于懈怠侦查或有可能影响案件正常办理的办案人员，或多次置检察监督于不顾的办案人员，可以适用这种监督方式。(4) 纪律处分建议书。适用于在案件办理过程中确有违法、违纪行为，但尚未构成犯罪的情形。

（三）强化刚性，综合运用现有各种法律监督手段

针对目前公诉环节法律监督刚性不足的问题，笔者认为可以考虑从以下两个途径予以加强：

一是加强自行补充侦查工作。自行补充侦查权是检察侦查权的一种，拥有与职务犯罪侦查权一样的侦查权能，是刑事诉讼法赋予公诉部门的重要监督手段。在检察实践中，自行补充侦查权可以用于以下三种情形：(1) 弥补侦查缺漏。即侦查所取得的证据存在一定瑕疵，但不适宜退回补充侦查的。(2) 防止司法渎职。具体而言，主要包括案件证据不确实或不充分、支撑案件结论的主

要证据为非法证据应予以排除、犯罪嫌疑人提出了合理辩解并提供了取证方向，而侦查机关对此未予核实，以及有证据表明公安机关未查明的、影响案件定罪量刑的关键证据被隐匿等。（3）发现职务犯罪线索。侦查过程中，发现案件证据不足，而这种证据不足背后可能存在权钱交易的可能，则不应当仅仅满足于作出存疑不起诉，而应当在退回补充侦查无果的情况下，考虑启动自行补充侦查。在侦查过程中，在补充相关证据的情况下，固定职务犯罪的线索，并及时移交自侦部门。又如，检察机关提起公诉的案件，庭审时相关证据出现不正常的变化，而这种变化可能因相关司法人员的职务犯罪引起，公诉部门不应为了避免无罪判决而草率撤回起诉，而应当建议对案件进行补充侦查，并利用补充侦查权查明案件背后的不正常因素。值得注意的是，公诉部门介入公安机关相关案件的侦查，比职务犯罪侦查部门更具有隐蔽性。因为，公诉部门更了解案情、案件中可能出现职务犯罪的环节，有利于查清隐藏在侦查、审判过程中的职务犯罪，另外，公诉部门以自行补充侦查为由启动侦查权，表面的侦查标的为刑事案件本身，涉嫌职务犯罪的公安司法人员不容易引起警觉，有利于更顺畅地发现案件背后的腐败线索。

二是借助人大刚性监督。人大作为权力机关，无论对行政机关还是司法机关，都具有广泛的监督权力。作为直接向人大负责的法律监督机关，人民检察院有必要把人大的监督权与检察监督权有机结合起来，形成监督合力。具体到公诉环节，可以考虑采用以下方式：（1）编制年度法律监督报告。将检察机关公诉环节法律监督的情形，包括被监督对象违法的情况、提出监督的理由、被监督机关采纳的情况、被监督机关整改的情况等向人大客观报告，以引起人大的重视。（2）启动弹劾权。对多次拒绝检察监督，且经调查确实存在严重违法事实，可以向人大提出报告，建议人大罢免相关司法人员。

关于反贪侦查权的优化配置研究

——以与刑事侦查权的优化配置比较研究为视角

孙长柱* 张云霄**

在新形式下，职务犯罪呈现出隐蔽化、智能化、集团化等新的趋势和特点。笔者以与刑事侦查权的优化配置比较研究为视角，从侦查启动权、侦查指挥权、侦查执行权和侦查监督权四个主要层面对反贪侦查权的优化配置做专门的研究，以期有助于检察机关反贪侦查部门进一步整合侦查资源、拓展侦查途径、理顺侦查机制、增强侦查能力、提高侦查效益。

一、关于两者基本概念的比较研究

根据《刑事诉讼法》第106条第1款的规定，侦查是指公安机关、人民检察院在办理案件过程中，依照法律规定进行的专门调查工作和有关的强制性措施。从这个意义上讲，侦查权最基本的概念就是指侦查机关依法享有的进行专门调查工作和采取有关强制措施的权力。①

笔者认为，反贪侦查权是指检察机关反贪部门依法运用各种侦查手段、方

* 北京市朝阳区人民检察院党组成员、副检察长，三级高级检察官。

** 北京市朝阳区人民检察院反贪局办公室助理检察员。

① 目前，关于侦查权的定义主要有以下几种：第一种是从权力的性质和内容上定义，认为“侦查权是国家司法权的一部分，就是指按照法律进行的专门调查工作和采用有关强制措施的权力。”第二种是从权力的任务和内容上定义，认为“侦查权是指依法收集证据，揭露和证实犯罪，查缉犯罪人，以及实施必要的强制性措施的权力。”第三种是从权力主体、任务与内容上定义，认为“侦查权是指侦查机关在刑事诉讼中，为了查明案情、收集证据、揭露犯罪和揭发犯罪人，享有依照法律进行的专门调查工作和有关强制措施的权力。”第四种是从侦查主体、内容上定义，认为“侦查权是侦查机关的调查取证权，采取强制措施权、预审权、依法移送起诉权，以及为了查获犯罪分子而采取的紧急措施、特殊措施权”。参见张玉镶、官万路：《论侦查权的概念》，载《北京人民警察学院学报》2001年第1期，第4—5页。

法和谋略，以查明案情、收集证据、揭露犯罪和犯罪嫌疑人为主要目的，从而享有的进行专门调查工作和采取有关强制性措施的司法权力。而刑事犯罪侦查权则是指公安机关侦查部门依法运用侦查手段和谋略，为了查明案情、收集证据、揭露刑事犯罪和刑事犯罪嫌疑人，所享有的专门调查工作和采取有关强制性措施的权力。

从基本概念的比较研究来看，反贪侦查权不同于刑事侦查权主要表现在以下几个方面：

（1）权利行使主体的不同：刑事侦查权的行使主体为公安机关，并且主要是公安机关刑事犯罪侦查部门、经济犯罪侦查部门等；而反贪侦查权的行使主体为检察机关反贪侦查部门。

（2）权利行使客体的不同：刑事侦查权所面对的犯罪客体主要是公民的人身权利和财产权利等普通客体；而反贪侦查权所面对的犯罪客体主要是国家工作人员职务行为的廉洁性和公共财产权等特殊客体。

（3）权利行使目的的不同：刑事侦查权行使的主要目的是维护国家安全和社会公共秩序的需要，它针对的是国家主权的反对者，在典型意义上是对“犯罪——孤立的个人反对统治关系的斗争”的镇压①。反贪侦查设置的目的是防止国家权力的滥用，保障国家法律在国家工作人员职务活动中得到统一、正确的实施，较典型地体现了用权力（国家追诉权）制约权力（国家工作人员的管理权）、用法律手段防止和制裁权力滥用。②

但是，笔者认为在我国现有的法律体系内，结合侦查理论与实践，无论是反贪侦查权还是刑事侦查权，都可以将其进一步划分为：侦查启动权、侦查指挥权、侦查执行权以及侦查监督权四方面权限（如下图）。

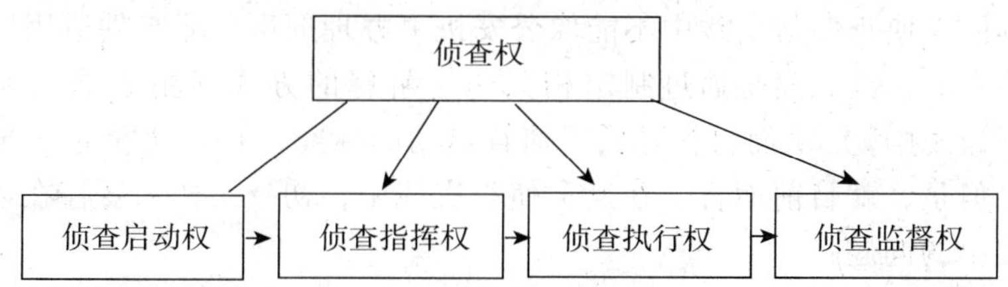

另外，“配置”一词，在《辞海》中的解释是：配备、安排。而“优化”是软科学中的一个概念，指在一系列约束性条件下，通过对系统要素以及系统

① 参见《马克思恩格斯全集》（第3卷），人民出版社1956年版，第399页。

② 张雪樵、王晓霞：《职务犯罪侦查制度的完善》，载《国家检察官学院学报》2010年第2期，第45页。

与环境关系的改变，使系统目标达到最大效果的方法。[①] 所以“优化”所研究的问题焦点是如何在众多的方案中寻找最优方案。

因此，笔者认为，反贪侦查权优化配置是指检察机关反贪侦查部门依照宪法、法律以及相关司法解释的各种规定，紧密结合反贪侦查办案的实际情况，科学、充分、合理地利用有限甚至稀缺的若干侦查资源（包括人力、物力、财力等），从而促使反贪侦查启动权、反贪侦查指挥权、反贪侦查执行权以及反贪侦查监督权等权限的良性互动，并且最终实现反贪侦查权的运行达到最佳效果状态。

二、关于侦查启动权限的比较研究

笔者认为，反贪侦查启动权限，是指检察机关主管领导在审阅和听取案件初查总结报告后，认为其符合法律规定，有犯罪事实，并且需要追究有关人员刑事责任，从而正式启动侦查立案程序的权力。应该说，反贪侦查启动权限是反贪侦查权正式行使的标志，是反贪侦查权的重要基本组成部分。而刑事侦查一般采取的是“由事到人”的“显性”侦查模式，即首先呈现出一系列的犯罪现场后，侦查人员根据痕迹物证等侦查线索去寻找和查缉犯罪嫌疑人，最后查明案件真相。因为通过现场勘查，一般可以初步认定是否属于刑事案件，以便尽快做出是否立案的决定。但是，反贪侦查一般采用的是“由人到事”的“隐性”侦查模式，即反贪侦查人员根据比较简单的举报材料等其他案件线索，确定需要调查的人员，进行初查工作，进而形成初查报告后，才有可能立案侦查。

正是因为侦查模式存在较大的差别，在很大程度上使得检察机关反贪侦查部门在具体的侦查办案实践中不能像公安机关办理刑事犯罪案件适用刑事诉讼法规定的立案标准，而是通过制定相关司法解释的方式（主要是《人民检察院刑事诉讼规则》）从而自行降低了侦查启动的标准，并且设置了“初查”这一制度。但是，就目前而言，在反贪侦查实践中，初查工作主要存在以下三方面比较突出的问题：

首先，初查性质不明确，其主要表现为：初查往往容易变异为侦查，导致在初查阶段滥用侦查手段，甚至出现侵犯人权的现象。依法应在立案后实施的侦查权，在“立案前审查”或者“初查”阶段就被使用了，比如询问、鉴定等常规侦查手段和化装侦查、耳目内线等秘密侦查手段等，因此常常出现了

① 苏祖川：《职务犯罪侦查权的配置与优化》，西南政法大学2005年硕士学位论文。

"侦查行为前置"、"初查制度异化为侦查制度"等不正常的现象。①

其次，初查措施不完善，其主要表现为：一是由于没有立案，反贪侦查部门及其侦查人员在实施初查工作的时候，经常发生接受查询的单位以未立案为由而拒绝被查询，此外，接受询问的相对人往往因为不具备证人的诉讼地位和资格而拒不提供相关情况；二是由于现行的初查制度没有明确规定被查询单位和被询问人的保密义务，很容易造成泄密的发生。

最后，初查效果不理想，其主要表现为：由于初查性质不明确和初查措施不完善导致初查效果不尽理想。一方面表现在容易发生侵犯人权的现象，有些检察机关往往采取"不破不立"、"以查代侦"的方式，超期羁押、超期办案；另一方面表现在可能出现利用初查权谋取私利，有些检察机关内部人员利用初查的结果向被举报单位或者个人谋取私利，进行权钱交易。

因此，针对反贪侦查与刑事侦查在侦查模式上的不同，以及反贪侦查权特有的初查机制，要切实优化反贪侦查启动权，必须要解决初查所存在的上述缺陷。可以归纳为以下三点：第一，确立初查法律地位，实现其合法化。初查制度实际上是检察机关查办职务犯罪案件职能与其他机关履行反腐败职能和其他单位、个人履行反腐败义务实施有效对接的制度②。要根本解决初查制度存在的缺陷，必须通过以基本法立法的形式明确初查制度的法律地位。笔者认为，可以考虑将初查制度写入《刑事诉讼法》的立案程序篇章，使其成为刑事诉讼开始的标志，对初查制度实行彻底的诉讼化改造。第二，明确初查启动条件，实现其规范化。初查启动条件主要是：有职务犯罪的案件线索；该案件线索可能存在职务犯罪案件；这些案件线索是否客观存在职务犯罪案件、是否要决定立案侦查，只有通过初查工作才能做出决定，或者虽然可以初步确认符合立案条件但必须通过初查才能明确立案后的侦查思路。③ 第三，规范初查实施规则，实现其务实化。须注意初查措施和侦查措施的区别，制定出符合相对宽松而又符合司法实践需要的初查措施。比如在初查阶段需要做鉴定的，无需出具鉴定结论，也无需告知相对人；在无须固定询问笔录的情况下，询问地点应当不受限制等。

---

① 王德光：《侦查权原理：侦查前沿问题的理性分析》，中国检察出版社 2010 年版。

② 卢乐云：《我国现行职务犯罪初查制度的缺陷及其完善》，载《中国刑事法杂志》2010 年第 3 期。

③ 参见卢乐云：《初查原则之探析》，载《中国刑事法杂志》2009 年第 11 期，第 70—75 页。

三、关于侦查指挥权限的比较研究

笔者认为，反贪侦查指挥权限，主要是指上级检察机关反贪部门对下级检察机关反贪部门以及同级检察机关反贪部门上级对下级在办理职务犯罪案件过程中的指导、管理、协调的司法权力。应该说，反贪侦查指挥权限，是反贪侦查权顺利行使的向导，是反贪侦查权的关键组成部分。笔者就以下两个方面来展开关于侦查指挥权限的比较研究：

（一）关于侦查指挥权限在办理专案过程中的比较研究

以办理专案为例，刑事侦查指挥权限的行使方式主要表现为：在上一级公安机关侦查部门临时设立侦查指挥中心（室），抽调下一级涉案地区公安机关的精干侦查力量，集中全力开展相关的专案侦查工作。这种办案方式的特点和优点就是在短时间内，可以集中优势侦查力量，强化顶层侦查指挥，协管各种侦查行为，从而最大限度提高整体侦查的效益，全面、集中、高效地开展刑事侦查办案工作。因此借鉴此种运作方式，针对反贪侦查指挥权做出以下比较研究。

根据最高人民检察院《人民检察院职务犯罪大案要案侦查指挥中心工作的暂行规定》，最高人民检察院、省级人民检察院和分、州、市人民检察院自2002年以来相继设立了侦查指挥中心，分别负责组织、指挥、协调全国、全省（自治区、直辖市）和分、州、市人民检察院辖区内有重大影响或者跨区域的大案要案侦查工作和相关事项。但是在反贪侦查实践中也存在一些问题，阻碍了反贪侦查指挥权限的充分发挥。虽然最高人民检察院《关于检察机关反贪污贿赂工作若干问题的决定》和《人民检察院侦查协作暂行规定》对侦查指挥问题作了一些原则性规定，但是实际操作性不强。其中最突出的问题是，侦查指挥中心的定位模糊①。这主要表现为：侦查指挥中心到底是一个实战部门还是一个协调机构？有些地方的检察机关成立侦查指挥中心，主要职能为协调机构，主要是大案专案的指挥协调；而有些地方检察机关成立的侦查指挥中心，则是集线索的管理、初查、侦查等职权于一体的实战部门。

笔者建议可以借鉴刑事侦查指挥权限的经验，在现有有关侦查指挥中心模式的基础上，进一步优化对反贪侦查指挥权的行使：第一，明确办案分工，做到指挥适当。要注意处理好侦查指挥中心与所辖区域内各个检察机关之间的办案关系。制定具体的侦查指挥中心运作的案件范围，明确指挥中心应该管辖的案件类型，并不

---

① 参见童建平、仇小东：《检察机关职务犯罪侦查模式探究》，载《司法实务》2008年第6期。

是所有的专案都由侦查指挥中心来侦查，而是主要针对跨区域、当地检察机关侦查有阻力等案件才由侦查指挥中心来办理。对于普通的专案则主要是做好协调以及保障工作，必要时给予指导，从而使得侦查指挥中心的指挥功能使用适当。第二，增强实战色彩，做到指挥有力。尤其是根据专案的具体查办情况，充分做好保密工作，而且集中统一行动的案件可以由侦查指挥中心来集中行使侦查权，抽调各院反贪部门的精干侦查力量，统一安排与部署，确保侦查命令得到及时、快速的执行，从而使得侦查指挥中心的指挥功能高效有力。

（二）关于侦查指挥权在办理一般案件过程中的比较研究

无论是刑事侦查指挥权限还是反贪侦查权限在办理一般案件过程中都面临着一个“信息衰退”的问题。这主要表现在：侦查人员在向侦查指挥人员汇报案情时，其实做了一道“加法和减法”，即往往会加入自己的主观色彩，而减去部分客观因素，从而使得侦查指挥人员在指挥决策上失误，致使侦查出现僵局，甚至偏离原本正确的侦查途径。于是以浙江省杭州市公安局为代表，针对办理刑事犯罪案件中存在的“信息衰退”理论，逐步探索出“案件信息汇总汇报制度”。也就是将侦查人员在犯罪现场勘查过程中所收集的各种各样的信息进行统一归纳和汇总，在向侦查指挥人员汇报案件时，不仅要汇报自己主观上认为对于突破案件有价值的信息，还要整理出收集的其他信息。在案件分析会上，通过集体讨论与研究，再次分析那些看似与案件无关的信息，发掘侦查线索，确定侦查方向。

因此，在办理职务犯罪案件过程中，可以借鉴刑事侦查指挥权对待案件信息工作的思维与模式，以进一步优化反贪侦查指挥权。检察机关反贪部门可以使用“同步录音录像”方法来全面客观地搜集与案件有关的信息，一是在讯问（询问）过程中，进行全程录音录像，为侦查指挥的正确行使提供侦查讯问（询问）信息；二是在搜查时，也可以使用“同步录音录像”，在依法尊重与保护人权的前提下，承办人员通过对搜查现场的全方位拍摄，为侦查指挥人员提供搜查现场的信息，从而使得案件信息能够较为全面、客观地呈现在侦查指挥人员面前。

四、关于侦查执行权限的比较研究

笔者认为，反贪侦查执行权限，是指检察机关反贪部门侦查人员在充分听取和理解侦查指挥人员的指令后，依法查找职务犯罪嫌疑人、搜集相关案件证据，进而查明案件事实的司法权力。应该说，反贪侦查执行权限是反贪侦查权正常运行的最重要保障，是反贪侦查权的重要组成部分。与刑事侦查权的侦查执行权限相比，反贪侦查权的侦查执行权限在反贪侦查实践中主要存在两个问题：一是情报信息工作比较滞后；二是侦查手段比较单一。

（一）关于情报信息工作的比较借鉴

近年来，我国公安机关刑事犯罪侦查部门大力倡导“情报主导侦查”，依托丰富的各项情报信息资源，实现了由“被动型办案”到“主动型出击”的侦查形式重大转变，从而大大提高了侦查工作的整体效率。以上海市公安机关的相关经验为例，其确立了四个主要观念：一是情报主导观念；二是情报投资观念；三是情报研判观念；四是情报共享观念①。相比之下，检察机关反贪部门的职务犯罪情报体系建设仍然比较落后，已经较难满足当今形势下对反贪侦查工作的要求。要想真正提高侦查执行的效益，必须加快构建职务犯罪情报体系。借鉴刑事犯罪侦查执行中的“信息主导侦查”机制，可以采取以下有益尝试：

第一，组建专门的信息中心与专业化信息情报队伍。一是在侦查指挥中心下设职务犯罪信息中心，作为专门的信息机构；二是基层人民检察院可以直接在反贪局下设信息中心；三是举报中心的有关信息情报（主要是案件线索）也要归口信息中心来管理②。

第二，构建科学合理的职务犯罪侦查信息库。职务犯罪侦查信息库的信息主要可以分为：案件线索信息、案件犯罪情报信息、案件侦查终结信息、社会公共信息、执法协作共享信息等。

第三，搭建智能高效的职务犯罪信息网络平台。根据现有条件可以从三个途径来搭建职务犯罪信息网络平台：一是检察机关在现有条件下对系统内部网络进行整合升级；二是检察机关与社会软件开发公司进行联合研发信息系统；三是委托社会科研组织和机构根据检察机关信息化建设的要求研发信息系统。最后将这些信息系统按照统一标准进行有机整合，形成智能高效的职务犯罪信息网络平台③。

（二）关于特殊侦查手段运用的比较研究

特殊侦查手段主要包括技术侦查手段和秘密侦查手段。而技术侦查手段主要包括监听、密取、邮检等一系列侦查方式。秘密侦查手段主要包括守候监视、跟踪盯梢等外线侦查方式和狱内特情等内线侦查方式。在刑事侦查执行权限运行过程中，恰当使用特殊侦查手段对于刑事案件的成功告破具有重要作

---

① 马忠红：《情报主导侦查》，中国人民公安大学出版社 2006 年版，第 244 页。

② 北京市人民检察院课题组：《信息引导职务犯罪侦查机制研究》，载《国家检察官学院学报》2011 年第 2 期。

③ 潘宏军：《浅谈开展信息化侦查所具备的条件》，载《信息化侦查大趋势：信息化侦查理论与实践学术研讨会论文集》，中国人民公安大学出版社 2011 年版。

用，有时甚至起到非常关键的作用。而且《联合国反腐败公约》明确了反腐败机构可以使用的三种特殊的侦查手段：一是控制下交付；二是特工行动；三是电子或者其他监视形式。

但是相比而言，我国反贪侦查在采用特殊侦查手段上的困境主要是：缺乏相对独立地使用特殊侦查手段的权力。虽然最高人民检察院、公安部《关于公安机关协助人民检察院对重大经济案件使用技侦手段有关问题的答复》规定："对于经济案件，一般不要使用技术侦查手段。对于极少数重大经济犯罪案件主要是贪污贿赂案件和重大的经济犯罪嫌疑人必须使用技术侦查手段的，要十分慎重地经过严格审批手续后，由公安机关协助使用。"① 这导致的直接后果很可能有两种：一是由于审批手续过于繁琐，致使"侦查黄金期"消失，导致侦查陷入僵局；二是使用特殊侦查手段需要公安部门的特别协助，容易泄露案情，导致侦查前功尽弃。

因此，借鉴刑事犯罪侦查执行权在运用特殊侦查手段的做法，应该赋予职务犯罪侦查执行权在运用特殊侦查手段时更多的相对独立权力。笔者认为，第一，可以适当下放对于检察机关使用特殊侦查手段的审批权限，进一步简化审批手续，2012 年《刑事诉讼法》特别增加了"技术侦查"一章，其中第 148 条规定："人民检察院在立案后，对于重大的贪污、贿赂犯罪案件以及利用职权实施的严重侵犯公民人身权利的重大犯罪案件，根据侦查犯罪的需要，经过严格的批准手续，可以采取技术侦查措施。"在具体的反贪侦查办案过程中，可以制定合理科学的实施细则，以相应地简化审批手续，提高侦查效率。第二，要建立健全责任机制与惩罚机制，对于使用特殊侦查手段的案件，承办人除了填写相关审批材料外，还应填写《使用责任书》；并且对于违规违法使用特殊侦查手段的承办人依法严格处理，情节严重的，依法追究其刑事责任。

五、关于侦查监督权限的比较研究

反贪侦查监督权限，是指检察机关内部机构和检察外部机关对反贪侦查部门在查办职务犯罪案件过程中依法进行监督的权力。笔者认为，反贪侦查监督权限主要分为外部监督权限和内部监督权限两种具体实施方式，是反贪侦查权的必要的有益补充部分。

对于刑事侦查而言，我国《刑事诉讼法》明确规定检察机关应当从立案、侦查过程对公安机关所从事的刑事犯罪侦查进行法律监督。虽然从某些角度

① 魏巍：《论我国职务犯罪侦查权的合理配置》，载《金卡工程·经济与法》2010 年第 1 期。

看，这种侦查监督仍存在一定的缺陷，但这种监督既符合刑事诉讼法理的基本要求，同时也被司法实践公认为一种有力的外部监督。当前学界对于反贪侦查监督权限的争论主要集中在以下三个方面：第一种观点认为，在保留人民检察院自侦权的同时，加强和完善检察机关内外部监督制约体系；第二种观点强调，完全与西方大多数国家接轨，在保留人民检察院自侦权的同时，对自侦权由人民法院通过"司法令状"的方式进行控制；第三种观点认为，人民法院只对人民检察院自侦权中"批捕权"进行司法审查，而对检察机关的其他侦查行为主要通过加强和完善内部监督来实现。①

笔者认为，借鉴刑事侦查监督权限的运行体制，以及综合考虑我国宪政体制与司法实践，可以进行以下改良：

（一）建立外部监督机关

根据我国宪政体制与结构，各级人大及其常委会主要是通过每年听取和审议检察机关工作报告的形式来对检察机关的工作进行监督。笔者认为，可以成立反腐败委员会，并将其置于各级人大常委会下，通过法制化监督，从根本上解决反贪侦查监督权限实行的问题，真正实现由"同体监督"向"异体监督"的转变。

（二）完善内部监督机制

一是应着力进一步建立和完善纵向监督机制。笔者认为，纵向监督机制是指上级人民检察院反贪侦查部门对下级人民检察院反贪侦查部门在办理职务犯罪案件过程中予以的监督和管理。笔者认为，可以主要从以下两个方面做进一步的完善：一方面，上级人民检察院应通过报告和备案的形式加强对下级人民检察院反贪侦查部门有关撤销案件决定的监督和管理；另一方面，针对"批捕上提一级"这一司法改革实践出现办案时间紧张的问题，可以采用"审查逮捕派出小组"的模式，② 即由上级人民检察院侦查监督部门在辖区内的下级人民检察院设置"审查逮捕派出小组"。

二是应着力进一步建立和完善横向监督机制。检察机关横向监督机制是指各级人民检察院内设部门对于本院反贪侦查部门在办理案件过程中所进行的监督。笔者认为，主要是应加强本院侦查监督部门的立案、撤案监督机制。一方面，针对反贪部门初查后作出的不立案决定书应当报本院侦查监督部门进行备案审查；另一方面，反贪部门撤销的各类案件，应报本院侦查监督部门进行备案审查。

① 周欣：《侦查权配置问题研究》，中国人民公安大学出版社 2010 年版。

② 上海市宝山区人民检察院课题组：《职务犯罪决定逮捕权上移的现实应对》，载《法学》2009 年第 7 期。

新民事诉讼法视野中的民事检察权*

张　驰** 俞　亮***

一、民事检察权的本质属性

《中华人民共和国宪法》将人民检察院明确定位为“法律监督机关”，拥有独立的法律监督权力，以确保法律的统一适用和实现公平正义，因此从本质上讲，人民检察院所行使的检察权是与其他国家机关一样的公权力，其根本目的就是维护国家和社会的公共利益。不过，由于各个国家机关的性质和任务不同，因此各种公权力的行使方式也并不相同。相比于同属司法机关但以行使中立裁判的审判权为主要职责的人民法院，人民检察院所行使的法律监督权在运行过程中往往更具有主动性和灵活性。同时，由于国家和社会公共利益普遍存在于社会生活的各个领域，因此即便在主要以解决平等民事主体之间法律纠纷的民事诉讼中，人民检察院仍然有义务充分行使法律监督职责，一方面可以防止民事当事人以虚假诉讼等方式侵害国家与社会的公共利益，另一方面也可以通过监督民事法律的正确实施来间接促进法秩序的构建和法治理念的树立。不过，由于涉及的案件纠纷在性质上具有较大的差别，因此检察权在各个诉讼领域内的表现形式也有所不同。如今，犯罪被认为是个体对国家和社会公共利益发动的最直接、最严重的侵害和挑战，刑事诉讼中的检察机关也因此拥有了最为完整、力度最强的监督权限，其内容既包括侦查权、公诉权等直接启动和参与刑事诉讼的权力，以及为保证诉讼顺利进行而采取各种强制措施的权力，也包括在立案、侦查、审判、执行等阶段通过提起抗诉、发出纠正违法行为通知书或检察建议等方式进行间接诉讼监督的权力。相比之下，绝大多数的民事诉讼只涉及平等民事主体之间的私人利益，对国家及社会公共利益的影响较为遥

---

* 本文系国家检察官学院科研基金资助项目《中法民事检察制度比较研究》的阶段性成果。

** 最高人民检察院控告检察厅助理检察员。

*** 中国人民大学与国家检察院联合博士后流动站在站博士后。

远和间接，因此民事检察权在行使方式上也基本以提起抗诉和提出检察建议等事后、间接监督方式为主。不过，在直接涉及国家和社会公共利益的公益诉讼中，民事检察权仍然可以表现为以当事人身份提起和支持诉讼的形式。2013年1月1日正式实施的新民事诉讼法不但在监督对象、监督主体、监督方式、监督手段等方面极大地扩展了民事检察权的范围，而且正式引入了公益诉讼制度，这无疑是对民事检察权基本内涵和发展规律的承认和遵循，从而为我国民事检察权的充分行使和发展提供了有力的立法保障。

二、民事检察权的运行模式

虽然新民事诉讼法极大地丰富了民事检察权的内容和手段，但仍然应当根据具体案件类型中的权力（利）运行状况来选择合适的监督模式。

（一）检察权对审判权的单向监督模式

由于绝大多数民事诉讼都是案件的直接当事人在人民法院主持下开展的，因此，在这类主要涉及私人利益的民事案件中基本上是审判权和双方当事人诉权的行使，其运行模式则表现为国家公权力（审判权）对人民群众私权利（当事人的诉权）的救济和保障，此时国家和社会公共利益的直接介入程度相对较小。不过现代政治理念往往警惕国家公权力的滥用，人民检察院对该类案件的监督就表现为对人民法院是否依法行使审判权进行监督和制约，从而防止人民法院通过滥用审判权来侵犯当事人的合法权益，进而防止对法秩序本身以及社会公众对法治信仰的破坏。鉴于民事审判权和民事检察权同属于公权力的范围，且人民检察院也非对案件实体结果进行处理的裁判机关，因此这类情形下的民事检察权的行使应当属于公权力之间的监督、制约模式。另外，由于检察机关并非此类案件中的当事人，其所代表的实体权益并不受人民法院裁判活动的影响，因此此时的检察监督也主要表现为检察权对审判权的单向监督模式。不过，对案件的实体处理在根本上应当属于审判权的职权范围，检察权不能以监督的名义代替审判权的行使，民事检察权的监督对象只能是审判机关所做出的各种诉讼行为的合法性，而监督的方式也应当是以抗诉或检察建议的方式纠正审判机关的违法诉讼行为。此时的检察权法律监督性体现在通过行使程序性权力来实现对实体权益的制衡与调控①，如确实因审判违法行为导致严重的程序不公或实体裁判结果不公，则应当要求审判机关重新依法进行审判和执行活动。

---

① 李征：《论民事公诉权与检察权的共性》，载《社会科学辑刊》2012年第1期。

（二）检察权对私权利的多元监督模式

既然民事诉讼主要解决的是民事主体之间的私权利纠纷，且国家有义务尊重公民对自身合法权益的行使和放弃，则检察机关在对民事诉讼中当事人私权利的监督应主要表现为防止其权利的滥用。其中，当事人在民事诉讼中滥用私权利的形式既可以表现为滥用民事实体权利，也可以表现为滥用民事诉讼权利。通常情况下，当事人对民事实体权利的滥用往往会被审判机关以裁判的方式加以驳回，因此并不需要检察机关予以特别监督。但是在以调解方式结案的诉讼中，审判机关往往会只关注于双方当事人参与调解的自愿性，而对作为调解内容的当事人民事权利的行使与放弃则会根据当事人意思自治的原则不做实质性的审查，这就容易为部分当事人借助调解这一合法形式来掩盖其非法目的，进而获得对其被滥用的民事实体权利的司法支持。新民事诉讼法在民事检察监督方面的一个重大修改就是将民事调解书也纳入到监督的范围之内，而监督的内容就是调解书中的实体内容是否会侵犯国家或社会的公共利益，其作用将会极大地弥补审判机关对当事人虚假诉讼进行惩戒方面的不足与漏洞。

此外，当事人在特定情况下还会滥用其诉讼权利，以此来规避正常诉讼程序的约束。鉴于民事案件当事人的绝大多数诉讼行为针对的都是对方当事人或审判机关，其权利滥用会导致审判机关做出对其不利的实体裁判后果，因此民事诉讼当事人能够直接向人民检察院行使的诉讼权利主要就是要求人民检察院针对民事审判和执行启动检察监督的申诉权。不过，无论从提高诉讼效率，还是从维护审判机关司法权威的角度出发，当事人就其发现的审判机关实施的各类诉讼错误都应当首先向审判机关提出并寻求纠正和救济，因此人民检察院在依当事人申请而行使民事检察权时必须要坚持事后监督原则，并以审判机关已经进行过自我纠错作为依申请进行检察监督的前置程序。在司法实践中，部分当事人不服一审判决不上诉，或者对生效裁判不服也不在法定期限内申请再审，转而向人民检察院寻求监督。如果人民检察院对此类申诉也受理，则既是在鼓励当事人怠于行使正常的救济权，并违背了新民事诉讼法所特别规定的诚实信用原则，也是在对当事人滥用申诉权的放任，从而使正常的两审终审制和审判监督程序被架空。因此，对于当事人的此类申请，人民检察院不应当受理，并告知当事人自己来承担上述规避法律和怠于行使诉讼权利的不利后果，以体现民事检察权在督促当事人积极、依法、正确行使诉讼权利方面的检察监督职能。

（三）公益诉讼中的检察权运行模式

除了通过间接监督民事诉讼依法运行的方式来维护国家与社会的公共利益之外，由检察机关直接代表国家和社会参与到具体的民事案件中无疑是一种更为直接的维护公共利益的方式，而近现代各国在设计各自的民事检察制度时也往往都把民事公诉作为一个很重要的切入点。① 作为代表国家提起刑事公诉，追究犯罪、维护国家利益、社会公共利益的机关，人民检察院在法律的授权下，同样应当享有能够代表国家就损害国家利益、社会公共利益的民事侵权行为提起民事公诉的权力，这种诉讼就是公益诉讼，检察机关享有此种民事公诉的权力就是公益诉权。作为民事检察权的一部分，公益诉权同样具有法律监督的属性，并在其行使过程中发挥检察监督的职能，因此是检察机关法律监督权的必然组成部分之一。② 在我国，由于缺乏法律的明确授权，检察机关能否顺利开展公益诉讼在司法实践中一直存在着广泛的争议，③ 最高人民法院和最高人民检察院也都曾发文叫停过检察机关关于公益诉讼的尝试。新民事诉讼法第55条关于"对污染环境、侵害众多消费者合法权益等损害社会公共利益的行为，法律规定的机关和有关组织可以向人民法院提起诉讼"的规定，虽然正式确立了我国的公益诉讼制度，但对于公益诉讼主体——"法律规定的机关和有关组织"，这一表述仍然较为模糊，是否包括人民检察院还有待明确。不过，从检察机关的法律定位、民事检察权的性质、职能等方面看，由检察机关作为提起公益诉讼的主体无疑是最为适当的，既符合公益诉讼的规律，也与检察机关的职权、责任等相匹配。

当然，与检察机关在非公益诉讼中对审判机关和当事人的单向、间接、事后监督模式不同，公益诉讼中的检察院由于具有了当事人的身份，因此在监督模式上显然会更加直接、主动和复杂。一方面，公益诉讼中的检察监督需要检察院以当事人的身份通过依法行使民事诉权的方式来实现，而且会更加鲜明地表现为对案件实体处理结果的直接影响。无论是对审判权还是其他当事人的私权利的监督和制约，都不再仅限于事后纠正违法审判行为或非法调解一种途径，而是更要强调通过诉前科学、准确、完整地设计诉讼请求，诉中依法、恰当地行使举证、质证、辩论、申请诉讼保全，诉后积极督促、协助裁判内容的执行或依法提起抗诉等方式来完成全程、全面、同步的监督。其中，检察机关所主张的诉讼请求以及所提出证据证明的案件事实将直接限定审判权行使的范围，对裁判结果的二审或再审抗诉也将对审判机关做出的实体裁判起到全面监

① 邵世星：《民事检察规律的比较研究与启示》，载《人民检察》2012年第9期。

② 张晋红、郑斌锋：《论赋予检察机关民事诉权的法理依据》，载《诉讼法学研究》（第1卷），中国检察出版社2002年版，第261页。

③ 杜萌：《无授权性规定成民行检察监督最大难点》，载《法制日报》2007年4月26日。

督的效果。而对于民事被告滥用实体或诉讼权利的行为，检察机关更是可以通过起诉、质证、辩论、申请财产保全、申请强制执行等方式加以直接的驳斥和纠正。另一方面，以公益诉权形式体现的检察监督权必须服从民事诉权运行的基本规律，即还必须同时接受合法审判权的指挥和对方当事人合法诉权内容的制约。民事公诉人必须如同普通诉讼当事人一样提出准确、完整、适当的诉讼请求和证据支持，并恰当地运用举证、质证、辩论、协商等诉讼手段才能最大程度地维护国家和社会的公共利益，否则将会承担败诉的不利后果，绝不允许检察机关利用法律监督者的身份行使任何特权来破坏民事诉讼的公平性和公正性。

三、民事检察权的规制

民事检察权虽然在维护国家、社会公共利益，监督法律统一、公正实施方面发挥着不可替代的作用，但本身作为一种实力强大的公权力同样也存在着被滥用的可能性，尤其是在非公益诉讼案件的监督过程中，由于其对审判权和当事人私权利的监督都是一种单项监督，缺乏来自被监督对象的直接、明确的制约，因此更应该通过严格的制度设计和自我约束来避免民事检察权的滥用和异化。

（一）民事检察权的启动限制

为了保证民事诉讼中的审判权威和尊重当事人的意思自治，人民检察院只有在发现审判权和民事当事人的私权利违反了法律的强制性规定或者侵犯了国家和社会的公共利益之后才有启动民事检察监督的理由，且只有在民事审判机关的正常纠错程序无法实现纠错任务的情况下才有启动民事检察监督的必要，因此民事检察权在启动时应当受到以下几个方面的规则：

1. 介入时间的规制。民事检察监督的开展须以人民法院作出的判决、裁定或民事调解书已经生效，审判人员或者执行人员的违法行为已经实际完成为前提，对于还在法定上诉期限内、尚未发生法律效力的民事判决、裁定，或者还未被双方当事人签字的民事调解书，以及审判人员或执行人员在诉讼过程中发表的非最终、非正式意见，人民检察院不应启动对其的监督程序。

2. 基于当事人申请监督的前置程序规制。民事案件当事人提出的检察监督申请其主要功能是帮助检察机关发现民事违法行为的方式和渠道之一，而对其自身实体权利的救济只有在民事违法行为被纠正之后才能实现。在我国，人民检察院与法院一样同属于司法机关，以维护国家和社会公共利益为己任，绝不能成为案件当中具体当事人私人利益的代言人，因此人民检察院在受理当事人的民事检察监督申请时的主要任务是审查是否存在民事违法行为需要由检察机关来纠正，而非直接评判人民法院民事裁判所确定的实体权利、义务关系是否正确，除非其内容存在明显的错误。事实上，人民法院作为提供司法正义的机关，对于其自身违法行为和错误同样有纠正的义务，法律也规定了相应的二审、再审、复议、异议等诉讼纠错程序。人民法院通过法定程序纠正自身错误是正当程序的基本要求，既符合司法效率的原则，也有助于维护其司法权威。当事人只有在穷尽了人民法院自身的救济程序之后，才能向人民检察院申请监督。由于我国民事诉讼法对于纠正已经生效裁判的错误规定了专门的审判监督程序，因此对于当事人无正当理由而未在法定期限内上诉或向人民法院申请再审而直接向人民检察院申请监督的、人民法院已经裁定再审的、人民法院正在对再审申请进行审查的①、法律规定当事人可以另行提起诉讼或提出异议或复议的、当事人未依照规定提起诉讼或者提出异议或复议而转向人民检察院申请监督的，人民检察院不应当受理。当然，对于因不可归责于当事人的原因而导致其未能上诉或申请再审的，如有新的证据，足以推翻原判决、裁定的；据以作出原判决、裁定的法律文书被撤销或者变更的；审判人员有贪污受贿、徇私舞弊、枉法裁判等严重违法行为的；人民法院送达法律文书违反法律规定，影响当事人行使上诉权或申请再审权的；当事人因自然灾害等不可抗力无法行使上诉权或申请再审权的；当事人因人身自由被剥夺、限制，或者因严重疾病等客观原因不能行使上诉权或申请再审权的；有证据证明审判人员或者其他人员以暴力、胁迫、欺诈等方式阻止当事人行使上诉权或申请再审权的，人民检察院仍然应当受理相关当事人的检察监督申请。

3. 监督理由规制。虽然有观点认为“如果检察机关认为人民法院对事实认定存在一定问题，原则上不能启动抗诉程序……对于法律适用问题，检察机关同样也要谨慎行使民事诉讼监督权，原则上不能随意提起抗诉和检察建议”②，但既然检察监督的目的是通过纠正民事违法行为来维护国家、社会的公共利益和国家法律的统一、正确实施，则任何程序性违法以及侵犯国家、社会公共利益的实体裁判违法都应当成为启动检察监督权的理由，因此新民事诉讼法第208条规定了人民检察院发现有该法第200条规定情形之一的，或者发现调解书损害国家利益、社会公共利益的，有权进行检察监督，即将启动检察监督的理由等同于人民法院启动再审程序的理由。当然，由于事实问题与法律问题、程序问题在性质上存在着较大差异，其判断往往受到事实认定者的知识

① 但人民法院无正当理由超过三个月未对再审申请作出裁定的除外。

② 韩成军：《新〈民事诉讼法〉对民事诉讼检察监督的拓展与规制》，载《河南社会科学》2012年第12期。

储备、生活经验、认证能力、客观环境等个案当中具体因素的影响，更换事实认定的主体并不一定能够保证获得更加准确的认定结果，因此应当尽量尊重对法官（或合议庭）在事实认定方面的结论，除非其违背了法定的证据规则、证明程序、基本的逻辑规律和普遍认可的公理或常识。当以事实认定错误作为提起检察监督理由时，对于“基本事实”、“主要证据”等关键问题也应当尽量谨慎理解。至于法律适用方面的错误，既然保证法律在全国范围内统一适用是检察机关的根本义务，不允许对法律的适用标准留给法官自由裁量，以此保证法律在适用于某一种情况时只能得出唯一的结论，因此当检察机关与法院就法律适用问题产生不同认识时，检察机关有义务提起检察监督。尤其是当上级人民检察院发现下级人民法院在适用法律方面存在错误时，更应当通过抗诉的方式来维护法律适用的统一。

（二）民事检察权的运行规制

民事检察权一旦启动，必然会对正常的诉讼程序和当事人的权利产生一定的影响，因此其在整个运行期间同样要接受必要的规则，尤其要防止其在运行过程中脱离当初启动监督的理由和价值目标。具体而言，我国民事检察权在运行过程中应当在以下几个方面有所限制：

1. 检察权内部的合理分配与制衡。根据权力分立的基本理论，通过将权力交由不同的主体行使有助于防止总体权力的滥用。正如在统一的司法权内部需要由检察权对审判进行必要的监督，在统一的审判权内部还要坚持立案权、审判权、执行权相互分离一样，在检察权的内部也需要由不同的部门来分别负责检察权的启动和检察权的运行，以此来避免检察权在监督其他权力（利）的同时自身发生失控。反之，如果将检察监督的启动权和运行权交由检察机关内部的同一个部门行使，则极有可能导致该部门在行使检察权的过程中随意更改当初启动检察监督的理由，进而脱离该理由的限制，并偏离检察监督的最初目标和轨道。因此，在同一个检察院内部，应当将民事监督案件的立案工作（负责民事检察权的启动）与对民事监督案件提起抗诉或发出检察建议（负责民事检察权的运行）工作交由不同部门来行使。

此外，在上下级检察院之间也应当明确区分行使检察权的工作重点。一方面，从对审判权、当事人权利进行监督的工作重心来看，同级检察院应当主要负责对民事诉讼中发生的事实错误、程序错误进行监督，上级检察院则应当主要负责对下级法院进行的民事诉讼中发生的法律错误进行监督。之所以如此划分，既符合不同错误形式的纠正方式特点，也基于上下级检察院在行使检察监督权手段上的差别。由于上级检察院往往是以抗诉的方式向生效判决法院的上级对应法院提出抗诉，如果其抗诉所针对的事项是下级法院的事实错误，则上级法院极有可能将该案发回下级法院重新审理；而如果上级检察院以下级法院的程序错误为由提出抗诉，则上级法院更是只能将案件发回下级法院重新审理，因此针对下级法院在诉讼过程中实施的事实错误和法律错误，上级检察院实际上根本没有太多的机会亲自履行检察监督的任务。不过，如果上级检察院以法律错误提起抗诉，则上级法院只能决定由自己对案件进行重新审理，并对发现的法律错误进行改判，这既有利于上级人民检察院实际履行检察监督职责，也有利于实现在更大的范围内统一法律适用这一目标。而对于生效裁判的同级检察院而言，如果其能够在诉讼过程中及时发现同级法院发生的事实认定错误或程序性错误，并发出检察建议，则会尽早督促同级法院进行纠正，从而避免因发回重审导致的诉讼资源浪费。但是对于同级人民法院所做裁判中的法律适用问题，由于同级人民检察院在司法权威和法律素养上并不必然高于同级人民法院，则适合将该问题报送给上级人民检察院处理。另一方面，从对检察权自身进行约束的角度出发，上级人民检察院更应当侧重于在检察系统内部对下级检察权的行使进行领导和指挥，下级人民检察院则更侧重于对外对民事诉讼和执行活动进行监督工作。虽然同级人民代表大会和党委都可以对检察权的行使进行监督和制约，但在监督的常态化和专业化方面还较为薄弱，因此由上级人民检察院对下级人民检察院进行领导和监督，既符合检察一体化的原则，也可能避免下级检察院受到地方保护主义的影响，从而为下级检察监督权的依法行使提供有力的制度保证。

2. 依申请检察监督以一次为限。司法的根本功能在于纠纷的解决，而司法的终局性则是实现这一功能的必然要求。近年来，“终审不终”的现象已经严重影响了司法的效率和权威。申诉权虽然是公民的基本权利，但也同样存在着被滥用的可能性，如果不对其进行合理的限制，则会极大地浪费国家的司法资源，同时也会侵犯其他当事人的合法权益。因此新民事诉讼法在赋予当事人得向人民检察院申请监督的权利之时，也明确规定该权利的行使应以一次为限，即人民检察院在对当事人申请经审查后作出提出或者不予提出检察建议或者抗诉决定的，当事人不得再次向人民检察院申请检察建议或者抗诉。在司法实践中，各级人民检察院在适用这一原则时主要包括以下两种情形：（1）人民检察院对当事人的申请经审查作出不予提出检察建议或者抗诉的决定，当事人再次向人民检察院申请监督的，人民检察院不应受理。（2）经人民检察院提出抗诉或者再审检察建议，人民法院进行再审后作出的民事判决、裁定或者民事调解书，当事人再次要求检察监督的，人民检察院也不应受理。

试论民事检察监督思维的转变

彭智刚* 吴新华** 谭小颖***

新修改的民事诉讼法体现了维护民事权利、深化法律监督功能。检察机关诉讼监督职权、公益诉讼制度是修改亮点，为检察机关丰富监督方式、强化监督实效提供保障。同时，如何转变民事检察监督的执法思维，提升司法公信力，消弭社会矛盾，是检察机关面对的新课题。

一、民事检察监督的现状与问题

（一）民事检察监督现状

民事检察监督20余年，取得了长足进展，形成了较为完善的监督体系，但仍处于发展阶段，监督条款立法粗放，办案模式陈旧，监督效果不明显，无法满足社会不断增长的法治需求，主要存在以下几个方面的问题：

1. 监督条款立法过于原则

新民事诉讼法规定了新的民事检察监督内容，包括执行监督、调解监督、公益诉讼、立案监督等，还确立了检察建议的法律地位，使社会对检察监督充满了期待。但关于这些内容的立法或是概念性规定，或是原则性规定，在相关司法解释出台之前，检察机关无法正常行使监督职权，引起社会的广泛不满。

2. 执法行为不规范

为便于权力行使，检察机关结合区域特点制订抗诉、检察建议、执行监督、息诉罢访等工作机制，使法律规定具有可操作性。由于案件审查期限管理、办案流程设计、法律文书制作管理不到位等造成错误，致使监督申请人以此作为司法不公、责任心不足的事由；而着装不规范、审查周期长、送达手续不完整等细节失误，也会使检察机关的形象受到质疑和误解。上述两方面因素

* 北京市西城区人民检察院副检察长，中国社会科学院法学研究所博士后研究人员、研究生院教授。

** 北京市西城区人民检察院法律政策研究室副主任。

*** 北京市西城区人民检察院检察员，北京大学法学硕士。

都会降低检察机关执法公信力，不利于监督工作的开展。

3. 息诉占用过多司法资源

部分申请人向检察机关申请监督时，往往按照有利于自身的理解，将个案败诉上升为司法腐败，形成不同程度的缠访、闹访现象。各级检察机关基于化解社会矛盾、维护社会稳定的要求，需要办案干警投入大量精力释法说理，息诉罢访，从而影响其他案件正常办理。司法实践迫切要求出台民事监督案件终结机制，以分流重复信访案件。另外，部分案件当事人确因生活困难缠访、缠诉，而仅靠检察机关一个部门难以解决实际困难。

4. 考评标准影响监督效果

检察监督以工作量为指标，以分值反映案件质量，成为检法两家案件审查追求的目标。法院追求以调解替代启动再审，检察机关追求以强烈的抗诉方式要求再审，以适应不同的考评。致使在实践中，柔性的再审检察建议方式得不到有效的应用。由于检法追逐各自的部门利益，忽略了公平正义、以人为本的理念，有舍本逐末的倾向，从而也影响到法律监督的实效。

5. 民事申诉案源匮乏

目前，大量需要法律监督的民事案件未能进入监督视野。部分群众只知道两审终审，以及到法院申请，而不知晓检察机关监督再审，导致一些判决确有错误或瑕疵的民事案件游离于法律监督之外，影响了民事检察监督工作深入开展。新民事诉讼法扩大了检察机关监督范围，如何将所有符合法律规定的民事监督案件纳入到办案流程中来，扩大监督规模，是值得思考的问题。

（二）民事检察监督现状思考

1. 认识分歧影响监督效果

完备的立法是司法机关有效执行法律的前提。新民事诉讼法对民事检察监督的规定已经超出以往的明确，但鉴于司法实践中的问题较大，最终仍然一概性地回避了有争议的内容，制度之间、程序之间、程序与制度之间的关系配置有待完善。[①] 立法原则明确的规定，仍然没有触碰法院与检察院之间长期以来的分歧和矛盾，诸如监督范围、程序、方式等，导致检法在同一法条下各自理解，在实际操作中，检法缺乏有效积极配合，办案效率低，监督效果打折。这种监督者与被监督者天然关系，没有制约双方的明确细则，很难达到协调一致。

2. 民事监督工作缺乏透明度

民事检察监督作为重要的法律制度，其建立、运行也需要接受外部的监

---

① 引自潘剑锋：《〈民事诉讼法〉修改述评》，载《立法前沿》2012 年第 5 期。

督，增加办案机制公开透明度。由于各地办案流程缺乏统一性，检察机关自说自话，缺乏有效约束。当事人切身参与到民事检察程序中来，对检察机关办理民事案件进行监督，势必对检察工作人员的规范性提出更高的要求。严格的规范办案流程，控制办案时限，提高法律文书质量使检察机关有信心增加透明度，将自己置于法院和社会的监督之下，取得申请人和社会的信任，实现监督目的。

3. 执法办案缺乏横向协调

现代民事检察监督是国家司法体系的组成部分，在履行法律监督职责过程中，应该与其他机关和组织相互协调配合。但目前横向协调机制尚未形成，不同的主体各行其道，不能进行有效沟通。检察机关能够逐步自我提升，但缺乏对外部力量形成有效影响的能力，不能借助各种社会资源共同参与矛盾化解，限制了各种监督方式的充分运用，尚未形成有效息诉罢访的工作机制。另外，部分案件的当事人的实际困难，也需要相关行政部门协调一致，发挥综合合力。

4. 监督效果唯考核论

案件质量考核是旨在提高案件质量，引导监督走向的管理模式，其标准设计应该符合民事检察监督的客观要求。但考核是案件管理的手段，不能完全代表监督效果的优劣。实践中，各检察机关往往受到评比的压力，不得以“唯考核论”，被动地以是否符合考评要求，能否提高排名次序作为选择监督工作的标准，甚至严重忽视监督实效，影响检察监督权发挥应有的监督效果。

二、执法思维对民事检察监督的能动作用

（一）执法思维

民事检察监督的执法思维，是检察机关在法治理念基础上，运用民事法律规范、法律原则、法律精神和法律逻辑对民事监督申请进行分析、综合、判断、推理，并形成结论的思想认识活动与过程。执法思维以民事法律和制度为基础，同时对法律监督具有积极的能动作用，在我国具有独特的内涵。我国是成文法国家，在行政色彩浓厚、社会变革剧烈、社会关系复杂的现实面前，可借鉴和参考的文献较为有限。因此，灵活运用执法思维能动性解决实际纠纷起到了补充法律制度不足的作用，最大限度避免诉权保障缺位、审判权运行僵化和司法社会功能的部分缺失带来的弊端。①

① 宋汉林：《谦抑与能动：民事审判权运行之相对限度》，载《河北法学》2013 年第 2 期。

（二）科学转变的执法思维具有能动作用

合理运用执法思维的能动性，能够使检察机关在涉及社会整体利益的领域，以维护社会公共利益、促进实质公平为目的，不拘泥于现有法律的规定，积极主动地行使检察权，通过不同方式参与司法审判。① 从某种意义上说，科学转变执法思维，发挥能动作用，能够促使检察机关监督领域的适当拓展，与相关法律法规无缝衔接，解决法律自身条块分割造成的天然分离。

1. 法律规定的自然延伸

民事诉讼法的修订，仅扩展了民事检察监督的范围，如公益诉讼、民事执行监督、调解监督等，但法律只进行了原则性规定，无具体的实现手段，两者之间存在空白。抑制了检察监督的功能，而司法能动性可以突破这种限制，在法律高度概括的框架内予以规范化，弥补司法解释正式出台前的监督需要，体现检察权主动思维的内在要求。

2. 服务社会稳定性的合理要求

服务大局是检察机关国家性的必然要求。服务社会稳定性是民事检察监督的应有之意：在法律制度内规制社会主体的民事活动；在制度外以柔性执法引导其脱离非理性自我消解矛盾方式，同时融入对弱势群体的人文关怀，以提升司法公信力为手段实现检察监督的示范效应。

3. 提高司法效率的必然选择

民事制度是固定的，具有刚性，在制度稳定的前提下对各种利益进行均衡和选择不切实际。司法能动性则不然，它具有灵活性和适应性，能够以法律规定为基准，牺牲个别主体之间的制度利益形成贴近社会需求的方案，赢得社会整体稳定；规范而阳光的管理模式，是提升效率的有效手段，为检察机关调整公共利益关系所必须。

4. 监督范围的“事后原则”

新民事诉讼法为民事检察监督赋予新的模式，在完全的“事后监督”模式基础上设计部分立案监督、“诉中监督”程序。但检察机关的职责是履行监督权，对法院审判活动合法性进行审查，而不是越俎代庖，代替法院行使审判权；更不是不当干预当事人处分权。因此，检察权仍应保持有限监督的立场，充分尊重法院审判权的独立性和当事人诉讼权、处分权。但在司法实践中，民事监督有限性往往不能满足社会对法律监督的深刻性的要求。司法能动性赋予检察官一定范围的裁量权，在正当程序的保障下，运用检察调解、检察和解等

---

① 周礼文、丁晓波、王力：《经济法案件中的检察能动性研究》载《中南大学学报（社会科学版）》2011 年第 6 期。

多种方式，实现“案结事了”的司法追求。

（三）转变执法思维的价值

转变民事检察监督执法思维，形式上表现为检察官案件审查过程的法律适用，实质上体现为在现有法律体系下实现民事检察监督的应然效果。

1. 调整监督思路

司法文明是政治文明在司法领域的体现。现代司法理念是司法文明的重要组成部分，民事检察监督则是其外化的表现形式。现代司法理念是司法客观规律与主观意识的统一，反映在制度上，是对民事检察规律的尊重。

第一，重新认识监督程序正义。新民事诉讼法规定符合再审情形保留了管辖、回避、质证程序中的重大违法情形，而取消了原第179条“对违反法定程序可能影响案件正确判决、裁定的情形，或者审判人员在审理该案件时有贪污受贿，徇私舞弊，枉法裁判行为的，人民法院应当再审”之规定，使民事检察监督更具有针对性，减少因程序瑕疵启动再审造成诉讼资源浪费。

第二，正确认识民事检查监督职能。新民事诉讼法调整了执行监督、调解监督、公益诉讼、违法行为监督等公权力的设置，为民事检察监督开拓了更为广阔的空间，是权力制约的另一种平衡。将监督的重点从审判监督放眼于民事诉讼整体的监督，将法院审判活动中对当事人有决定性影响的裁判和决定，都纳入民事检察监督范围，以纠正法院错误和维护公平正义紧密结合。加强对执行、调解、公益诉讼制度等监督模式的研究，是民事检察的新思路。

2. 整合社会资源介入办案程序

整合司法资源是法治资源优化的需要。以民事检察监督现有制度构建为依托，一方面，针对不同申请监督案件，采用区别对待的方式审查：对于某些具有通过柔和方式解决实体问题、化解矛盾可能的，可以邀请相关单位出面，共同促成和解，及时终结案件，体现实体正义；另一方面，对于某些缠访、缠诉案件，检察机关可以采用听证等公开方式，邀请人民代表、法院、律师、相关行政机关、社区工作者进行释法说理，充分发挥社会力量的各自优势，通过社会资源介入检察办案程序，提升监督效果。

3. 以公开透明提升司法公信力

加强民事检察监督的公开透明，可以有效弥合检察机关与当事人之间的矛盾和冲突，从而提高检察机关的公信力。检察机关应该通过设立开放性的工作机制，扩大接受监督的范围和力度，接受当事人的监督，接受法院、其他行政机关，特别是社会的监督。通过检察机关自发的规范与约束，主动向当事人以及社会公开办案期限、办案程序。规范的检察监督能提高大众对检察机关的信任度，取得法院的尊重和接纳，树立检察机关的良好形象。另外，执法办案的能动性，也并非是一味的讨好和迁就，在遇到个人案件缠访、闹访时，应当适时启动案件终结机制，以提高法律的严肃性。

三、以转变的执法思维构建科学发展的民事检察工作机制

（一）民事案件查询机制

检察机关加大执法公开透明力度，加强规范性工作机制构建，接受来自法院、行政机关、社会组织和个人的监督，民事案件查询机制就是检察机关公开执法的体现。查询机制是检察机关向社会公开各类法律监督办案工作流程，允许申请人、申请人委托的代理人、利害关系人依规定的方式查询民事监督申请案件的受理审查情况，该机制的设置旨在便利申请人了解民事检察的工作程序和申请案件的审查情况，以社会监督强化工作规范，提高检查监督工作效率。

民事案件查询机制包括两个环节：流程公开和案件查询，二者公开的目的和方式不同。流程公开是案件查询的基础。新民事诉讼法扩大了民事检察的监督范围，检察机关以原有较为成熟的审判监督工作规范为蓝本，根据执行程序、调解程序、诉讼中监督等事项的特点制定相应监督流程，包括案件受理的条件、范围、审查方式、期限、结案方式等内容，采用各种宣传途径向社会公开。而案件查询的主体需要严格限制，只有案件申请人、申请人委托的代理人或利害关系人凭有效证件，查询本案受理、审查案件的时间，审查情况，承办人员等事宜，便于申请人了解案件进展，树立检察机关公正执法的良好形象。

（二）程序终结告知机制

民事案件监督申请人请求检察机关进行法律监督，以民事诉讼法的基本程序规定为依据，而具体流程是检察机关根据监督需要比照民事诉讼程序设定。根据民事检察监督权客观、中立、有限的性质，检察机关审查民事案件的形式采取书面审查，或书面与询问相结合的方式。案件审查终结后，检察机关如何向申请人告知审查结果亦没有专门的规制，在实践中执行得较为随意。为了体现民事检察的严肃性和规范性，应该设计专门的结果告知程序。

审查终结告知机制是检察机关依申请人书面申请对民事生效裁判进行法律监督，并将审查结论以特定方式向当事人告知的工作机制。告知机制根据客观情况采用简易告知和现场告知两种模式。（1）简易告知模式。这种模式适用于申请人不在本市，或申请人明确表示不愿到检察机关领取法律文书的情形。检察人员口头通知申请人检察机关审查意见，并将法律文书邮寄至申请人指定地址视为告知完成。（2）现场告知模式。检察机关设立专门民事监督接待室，由案件承办人依法向当事人或当事人授权的代理人现场告知审查意见；对申请人不理解或不认可的内容，承办人要进行释法说理，并将过程记录在案，由申

请人签收；检察机关进行全程录音录像，确保告知程序的公正、严肃。告知机制维护法律的尊严，使申请人保持对法律的敬畏；严格的程序能够保障申请人充分行使权利，也为检察机关化解矛盾保留证据。

（三）民事补偿性救济机制

民事检察监督没有直接的权利救济功能，也不具备行政机关直接的社会管理职能，而是主要以民事审判程序为前置的补充性救济机制。根据现行法律制度的设计，司法是最终的救济途径，体现为实体和程序的救济；而民事检察监督又是民事纠纷的最后救济程序，这无疑将检察机关推到化解民事争端的最前沿。在各项检察业务中，民事检察最贴近市民生活，维护弱势群体合法权益理应是民事检察工作的重点。由于经济结构调整等社会问题形成的个体利益损失往往很难通过民事诉讼或行政监管获得补偿，作为最后监督程序的民事检察必须承担起解决这些社会问题的责任。但救济机制以补偿性为原则，检察机关不是民事责任赔偿主体，而是在确认法院审判、执行、调解等案件处理适当的基础之上，对特定人员给予司法救济。民事救济方式主要是经济救济。检察机关根据当地的经济水平设置救济的原则、范围、对象、标准、方式，对法律监督申请人给予经济补助，缓和社会矛盾。

救济机制还应佐之以责任追究。对于造成申请人权利损害的部门和个人，检察机关有权自行或将线索移转给有权机构进行调查，并依法追究其责任，给予申请人精神抚慰，最终全面实现司法公正。

（四）信访案件终结机制

某些民事监督申请人的重复信访、缠诉闹访消耗了大量司法资源，且形成不良的社会示范效应。检察机关以启动再审实现申请人的诉权，维护其实体权利，并不直接介入当事人权利划分。经检察机关审查，对于明显缺乏事实和法律依据，不能支持申请但持续信访的案件，检察机关可以制定终结程序，避免申请人将信访无理扩大，无止境消耗司法资源。

设置信访案件终结机制明确适用范围、条件和程序，应该符合以下原则：第一，严格进行民事监督案件的复核。对于申请人信访涉及的检察监督案件，检察机关应该本着实事求是的态度进行案件复核，审查内容包括法院审理活动的合法性，同时包括检察人员审查案件的合法性。第二，适用正式告知程序，阐明监督的标准和结案方式，加强释法析理。第三，介入上级检察机关和社会力量共同化解矛盾，公开听证或公开质证，协助检察机关展开息诉工作。第四，设定合理期限。申请人没有合法依据，在一定期间仍然无理信访、闹访的，检察机关最后采用公开答复，告知终结决定，并通告其他有关部门。

（五）公益信息共享机制

公益信息共享机制是由与公共利益相关的各行政主管部门、行业协会，以及具有公共管理职责的其他机构与检察机关之间建立公益信息共享的工作机制。新民事诉讼法强化了对公共利益的保护，确定了公益诉讼制度。民事诉讼法第 55 条规定，对污染环境、侵害众多消费者合法权益等损害社会公共利益的行为，法律规定的机关和有关组织可以向人民法院提起诉讼。虽然公益诉讼在民事诉讼法中只进行了原则性规定，尚无规定实施程序的司法解释出台，但关于公益诉讼的审理范围已经基本确立下来。

公益诉讼的主体涉及我国众多的国家机构和社会组织，如环保局是负责环境保护和国土资源管理的行政机关；而消费者协会以及各种行业公会对其所辖范围进行管理。检察机关是专门的法律监督者，是具有公益诉讼主体资格的不二之选。不同管理部门和社会组织将所辖范围内发生的影响公共利益的信息进行汇集，并进行分类管理，形成定期通报制度（临时发生的重大事件也可随时通报），由检察机关对公共信息根据法律规定的条件进行审查，根据其专业性和程序性的强度与相关部门进行沟通，确定提起诉讼的主体，启动公益诉讼程序，维护社会公共利益。

民事执行检察监督若干问题构想

张衍路*

新《中华人民共和国民事诉讼法》第235条明确规定："人民检察院有权对民事执行活动实行法律监督。"这一规定进一步拓宽了检察机关对人民法院执行活动的监督范围，对于充分发挥检察监督职能，及时督促法官依法认真履行执行职责，有效解决人民法院"执行难"问题，切实保护诉讼当事人的合法权益，具有重大现实意义。但监督范围的扩大、监督途径的拓宽，增加了检察机关的工作量，人员力量不足的问题将进一步凸显；执行监督的实践经验不足，民事检察队伍整体素质不适应的问题将更加突出；同时，由于该规定较为原则，检察机关如何在实践中履行好该职责既是个理论问题又是个实践问题。笔者结合多年从事民事检察工作的经历，试图就民事执行监督的范围、程序、方式及应注意的问题等方面作一理论探讨，为今后制定相关规定提供参考。

笔者认为，民事案件执行监督是指各级人民检察院对同级人民法院或上级人民检察院对下级人民法院所作出的判决、裁定在执行环节所形成的执行裁定、执行决定和执行行为的一种合法有效的监督，其监督的对象为人民法院和执行法官。

一、民事案件执行监督线索来源与受理

民事案件执行监督线索来源是检察机关做好民事执行监督工作的前提，优质的线索更是提高监督效率、效果的前提。在检察机关民事监督的司法实践中，通常各级人民检察院受理的民事执行检察案件主要有以下来源：（1）当事人或其他利害关系人向人民检察院申诉的；（2）其他单位和个人向人民检察院举报的；（3）上级人民检察院或本院检察长交办的；（4）人民检察院在办案过程中自行发现的；（5）国家机关或人民团体、社会组织转办的；（6）互联网或其他媒体披露的。

---

* 重庆市人民检察院研究室副主任（正处级），三级高级检察官。

在上述6种发现渠道中，第一种最为常见，这如同抗诉监督的线索发现一样，因为案件当事人和利害关系人对判决、裁定的执行最为关心，违法执行的后果会直接导致其利益受损。其次是其他单位和个人在向人民检察院举报法官违法犯罪线索中发现的。再次为上级人民检察院或本院检察长交办或通过人大、政协交办的。从立法本意和发现的线索来源看，民事执行监督是一种主动监督，只要人民法院在执行环节有违法执行情形，人民检察院均有权主动对其监督，而非执行“不告不理”被动监督原则，这为人民检察院更好地全面履行法律监督职责提供了广阔发展空间。

人民检察院受理的民事执行监督案件是有一定条件的，一般来说，符合下列条件应当予以受理：（1）申诉人为民事执行活动当事人或利害关系人（案外人）；（2）有书面具体的申诉理由和请求；（3）申诉人在人民法院民事执行活动中或自人民法院民事执行活动终结之日起6个月内提出的。其他渠道反映要求人民检察院执行监督案件的受理条件，可参照上述条件执行。

二、办理民事执行监督案件的程序

（一）立案

对于符合受理条件的民事执行监督案件，经承办人审查对有下列情形之一的，经分管检察长批准，人民检察院应当立案审查：（1）执行裁定、决定认定事实的主要证据不足的；（2）执行裁定、决定适用法律错误的；（3）违反法定程序，可能导致执行裁定、决定错误的；（4）可能存在违法采取强制执行措施的；（5）人民法院超过规定期限未将已执行的案款支付给申请执行人的；（6）人民法院未在法定期限内对当事人、案外人的书面异议、复议申请作出裁定的；（7）没有正当理由，超期执行案件的；（8）人民法院自立案之日起超过两年未采取适当执行措施的；（9）被执行人提供了足以保障执行的款物，并经申请执行人认可后，人民法院仍然执行被执行人其他财产，严重损害当事人合法权益的；（10）执行活动有损害国家利益、社会公共利益、他人合法权益的违法情形的；（11）有证据证明执行人员在履行职务过程中有贪污受贿、挪用公款、玩忽职守、滥用职权、接受当事人及其诉讼代理人的请客送礼、违反规定会见当事人等违法违纪行为的；（12）人民法院执行活动中有其他违法情形的。

对于不符合以上立案标准的民事执行监督案件，人民检察院应在15日内作出不立案决定。

对于决定立案或不立案的处理结果，检察院承办人要制作《立案决定书》或《不立案决定书》等法律文书，经科处室负责人审核，分管检察长批准，由案管部门送达申诉人，并做好相应息诉工作。

（二）立案后的审查办理

一般来说，民事案件执行监督的承办人应当由具备较为熟悉执行业务、责任心较强、有一定沟通协调能力的检察官担任。

审查办理程序可考虑：首先，承办人对申诉人的材料进行书面审查。对照申诉人的申诉理由和原判决、裁定法律文书及执行裁定书、决定书或执行行为，审查人民法院是否及时进入执行程序、执行活动（过程）是否合法、执行结果是否侵害了当事人或案外人的合法权益。其次，调卷审查。对案件执行裁定、决定认定的主要事实和证据或执行程序可能错误的情形，承办人要及时向部门领导提出调阅人民法院案件卷宗等材料申请，调阅的手续与办理抗诉案件相同。对于调卷中发现的与实际执行中的矛盾点，必要时案件承办人可以进行必要调查，以核实人民法院执行裁定、决定或执行行为的合法性。最后，制作审查终结报告。经书面审查和调卷审查，承办人应当制作相应的审查终结报告，经科处室同志集体讨论，提出具体民事执行监督处理意见。

需要说明的是，一是对正在审查的民事执行监督案件，若尚未执行终结，且继续执行可能造成执行回转困难或不能执行回转的，人民检察院可向人民法院发出中止执行建议书或暂缓执行通知书。当中止执行的情形消失后，人民检察院应在得知情形消失之日起3日内发出恢复执行建议书，建议人民法院恢复执行。二是具有下列情形之一的，人民检察院应终止审查：（1）申诉人撤回申诉，且不损害国家利益和社会公共利益的；（2）人民法院已经自行纠正违法执行裁定、决定或行为的；（3）当事人已自愿执行和解，且不损害国家利益和社会公共利益的；（4）应当终止审查的其他情形。

三、民事执行监督案件的监督手段、方式（办理结果的运用形式）

办理结果的运用形式通常也是民事执行监督的主要手段和方式，是检察机关对人民法院对民事执行监督的重心。笔者认为，人民检察院经审查所提出的民事执行监督处理意见，通常可以考虑采取以下几种有效监督方式实施监督，以体现检察机关法律监督的及时性和有效性。

（一）发出检察建议书

人民检察院经审查，发现人民法院的执行活动有下列情形之一的，可发出书面检察建议书，建议人民法院审查处理：（1）执行裁定、决定依据错误；（2）执行裁定、决定认定事实的主要证据不足；（3）执行裁定、决定适用法律确有错误；（4）人民法院未在法定期限内对当事人、案外人的书面异议、复议申请作出裁定；(5）被执行人提供了足以保障执行的款物，并经申请执行人认可后，人民法院仍然执行被执行人其他财产，严重损害当事人合法权益；(6）其他需要监督的情形。

值得说明的是，检察建议书是检察机关最为常见、最为有效的一种监督方式，主要适用于法院所作出的执行裁定、决定在适用法律、认定事实或执行程序中出现的重大问题，如不及时加以纠正，必然导致严重后果，是对实体执行的一种有效监督方式。但执行监督不能采用抗诉形式，因为监督的具体对象毕竟不是针对人民法院审判活动所形成的判决、裁定，而是执行裁定、决定和执行行为。

（二）发出纠正违法通知书

经人民检察院审查，发现人民法院的执行活动有下列情形之一的，可向人民法院发出纠正违法通知书，督促其及时纠正：(1）人民法院超过规定期限未将案款支付给申请执行人的；(2）执行裁定、决定、执行行为违反法定程序的；(3）违法采用强制执行措施的；(4）执行人员在执行过程中违反执行纪律，造成不良影响的，或有贪污、受贿、挪用公款、玩忽职守、滥用职权等违法违纪行为的；(5）其他需要发出纠正违法通知书的情形。

值得说明的是，纠正违法通知书是检察机关常用的一种法律文书。通常为人民检察院发现人民法院作出执行裁定、决定违法或在具体实施执行过程中执行人员行为违法，如不及时加以纠正可能导致严重后果时适用。其施用效果仅次于检察建议书。

（三）更换承办人员建议书

人民检察院经审查，发现人民法院有下列情形之一的执行活动，可发出更换承办人员建议书：(1）执行人员接受当事人、诉讼代理人请吃送礼的；(2）没有正当理由，超期执行案件的；(3）人民法院自立案之日起超过两年未采取适当执行措施的；(4）承办人有法定回避情形未回避的；(5）其他需要监督的情形。

值得说明的是，建议更换承办人的做法是中央司改文件中明确的，本次民事诉讼法修改未涉及此项措施，根据最高人民检察院实施民事诉讼法相关要求精神，实践中仍可采取此措施。这一措施的运用，旨在对监督过程中及时发现执行法官自身有违法苗头但未造成严重后果的情形及时加以阻止、纠正，通过建议更换承办人，体现检察机关监督的及时性、公正性。

（四）派员现场执行监督

有下列情形之一的案件进入执行程序后，经人民法院邀请，报院分管领导同意后，人民检察院可以派员到执行活动现场进行监督：(1）涉及国家利益、社会公共利益的案件；（2）涉及社会和谐稳定的群体性案件；（3）事关地方经济发展、党委政府明确要求检察机关参与的执行案件。除以上情形外，人民检察院不得采用现场同步监督的方式。

值得说明的是，派员现场执行监督只适用执行活动重大、涉及社会稳定、被执行人员众多等情形，应当慎重适用。在现场监督过程中，若双方当事人有和解可能的，人民检察院可配合人民法院做好执行和解工作。当发现人民法院执行活动有不当之处的，可当场向人民法院执行人员提出口头纠正意见。若人民法院执行人员未采纳的，在工作日结束后，报检察长同意，可向人民法院提出书面纠正意见。

（五）移送职务犯罪线索

人民检察院在办理民事执行检察案件过程中，发现法院执行人员在执行过程中有贪污、受贿、挪用公款、玩忽职守、滥用职权等行为涉嫌构成犯罪的，应及时将线索移送本院职务犯罪侦查部门，并协助做好查办职务犯罪工作。

值得说明的是，检察机关发现法院有关人员涉嫌犯罪的线索在及时移送的同时，也要做到准确，并将相关事实和证据一并移送到职务犯罪侦查部门，必要时积极做好配合查办工作，不能一送了之。

对于上述第1种措施和第2种、第3种措施，人民法院应当分别在收到人民检察院发出的文书后的15日内和7日内提出具体处理意见书面反馈至人民检察院；对人民检察院发出的执行监督意见，若双方当事人有和解可能的，人民检察院应积极配合人民法院做好双向预约参与执行和解工作；对当事人或其他利害关系人向人民检察院申诉的执行案件，人民检察院审查认为人民法院的执行活动正确、合法，未向人民法院发出执行监督意见的，应做好申诉人的息诉工作；发现双方当事人有和解可能的，可运用双向预约调解机制配合人民法院共同做好当事人的和解工作。

四、办理民事执行监督案件应注意的问题

检察机关要做好民事执行监督工作，除了明确基本职责和程序、监督方式外，还应注意做好以下几项工作，否则此项工作的针对性和实效性会大打折扣。

（一）注重加强与人民法院的沟通

各级检察机关尤其是民事检察部门要主动与法院沟通协调，加强信息交流，增强两院工作的前瞻性、预见性，确保检察机关和审判机关贯彻落实新民事诉讼法协调有序有效推进。要通过建立完善联席会议、联合调研、工作信息交流和案件研讨等长效机制，使检法信息交流、类案和重大个案的沟通、监督

制度化。既要文来文往，又要人来人往，保持两院领导、部门和办案人员之间常态化的良性互动。既要敢于监督，又要善于监督，树立监督与支持并重的理念。既要坚持原则又要讲究策略，注意多沟通、多换位思考。要下大力气提高包括检察建议在内的民事执行监督意见的准确性和成功率，增强监督实效。要在监督法院执行活动的同时，也要主动接受法院对检察工作的意见建议，不断改进和完善开展执行监督的方式和手段，提高依法监督、规范监督的能力和水平。

在实务操作时，要特别注意把握两点：一是各级检察机关在制定有关民事执行监督办法（标准）时要认真听取人民法院的意见。理由是新《民事诉讼法》第235条规定的“人民检察院有权对民事执行活动实行法律监督”太原则，由于没有现成的、统一的实施标准，各级检察机关在经过一段实践的基础上可先行制定一个实施办法，但这个实施办法一定要征得人民法院的同意、理解、配合和支持，否则就会变成“单相思”，实践中不可行，自然谈不上实效性。二是各级检察机关要对在实施办法（标准）执行的过程中遇到的新情况、新问题及时与人民法院沟通，本着敢于监督、善于监督的原则采取灵活的方式适时进行跟踪监督。

（二）建议最高人民检察院在总结各地经验的基础上，适时出台民事执行监督实施办法

理由是此项工作是一项创新，且实践性很强，没有现成的经验可借鉴，只有放手大胆让省级以下检察机关先行先试，在实践中认真探索，经过一定时间（最好是一年）的探索，待条件成熟时再制定全国检察机关通行的实施办法（标准）。

（三）切实加强人员力量配备，注重素质能力的提高

一是要严格落实最高人民检察院《关于加强和改进民事行政检察工作的决定》，加强民事检察人员数量配备，增加办案力量，改善队伍结构。对照新民事诉讼法的工作任务，适当增加民行检察部门人员编制，提高民行检察人员的比例，新增政法专项编制要向民行检察部门倾斜，重点对民事诉讼法修改后案多人少矛盾比较突出的地方和部门予以倾斜和保障，特别是要用好现有空编补充人员。招录新进检察人员时，要注意从法官和律师队伍中引进一批办案经验丰富的骨干。要在政治上、工作上、生活上关心爱护民行检察干部，加强对民行检察干部的培养力度，完善激励表彰机制，保持民行检察队伍的相对稳定。二是要进一步加强民行检察部门的能力素质建设，提高民行检察队伍专业化水平。专业化的民行检察队伍是履行好执行监督职能的重要保证。要通过干部遴选、公务员招录、内部调配等方式，挑选一批具有民商事法律知识、有办

案经验的人员，充实到民行检察队伍之中。要改善民行检察人员结构，可适当调配一些有自侦、刑检工作经历的干部充实到民行检察部门。三是要加大民行检察人员的业务培训力度。要通过聘请法院执行业务专家、检察机关民行业务专家传授执行监督业务知识；通过开展业务知识竞赛，深入开展全员岗位大练兵活动；通过开展到法院等单位挂职锻炼工作，使民行检察人员深入了解民事诉讼（执行）全过程，全面丰富业务知识，增强专业化水平，以适应执行监督工作发展的需要。

（四）要加强各级院对执行监督办案工作规律性问题的调查研究

尤其是省、市院要加强增强办案指导的针对性和有效性。各级检察机关要加强调查研究，结合民行检察执行监督工作实际，认真分析新民事诉讼法对民事检察工作的深刻影响，及时研判贯彻执行监督实施中出现或可能出现的重大疑难问题，提出对策建议。要在实施新民事诉讼法过程中，梳理出需要重点研究解决的重大执行监督问题，组织力量加强理论和实务研究，为民行检察工作的改革发展提供有力的理论支持。

（五）要加强队伍管理，严肃政治纪律

要加强对民行检察队伍的管理和监督，严格规范民行检察人员与当事人、律师和执行法官的关系，深化检务公开，坚决杜绝以权谋私、以案谋私，以及办人情案、关系案、金钱案等问题的发生，以铁的决心、铁的纪律打造铁的队伍。

论派驻基层检察室的职权配置

常 杰[*] 刘 涛[**]

派驻基层检察室（以下简称检察室）是检察机关延伸法律监督触角、促进检力下沉，更好地服务党和国家工作大局的重要途径和平台。最高人民检察院对检察室建设十分重视，在2010年下发了《关于进一步加强和规范检察机关延伸法律监督触角促进检力下沉工作的指导意见》，并于2011年10月召开了全国检察机关派驻基层检察室建设工作座谈会。目前，各地纷纷设立检察室，全国共设立2000多个。可以说，经过近年来的积累，检察室对推进法律监督工作起到了良好的作用，但是也出现了一些问题。要促进检察室的长期发展，必须要解决一个基础性、根本性、核心性的问题，就是检察室的职权配置，这个问题不解决，不仅会直接影响其对外行使检察职权的效果，也会影响检察机关内部权力运行的效果。

一、检察室职权配置的现状和存在的问题

在当前的检察实践中，虽然最高人民检察院《关于进一步加强和规范检察机关延伸法律监督触角促进检力下沉工作的指导意见》曾对检察室的职权作出了原则性规定，但是各地在探索过程中，对检察室的职权配置并不一致，因此，在检察职权的实际运行过程中，造成了一些问题。

（一）检察室职权配置的现状

1. 检察室职权配置的文本规定

从目前看，检察室从出现之初到现在，曾出现过不同的文本规范。1993年最高人民检察院发布的《人民检察室乡（镇）检察室工作条例》中，曾规定了乡（镇）检察室的五项职权：一是受理辖区内公民的举报、控告和申诉，接受违法犯罪分子的自首；二是经检察长批准，对发生在本辖区内，属于检察

* 国家检察官学院天津分院院长，法学博士，天津财经大学硕士生导师。

** 最高人民检察院政治部助理检察员，法学博士。

机关直接受理的刑事案件进行立案调查、立案后的侦查；三是对辖区内缓刑、假释、管制、剥夺政治权利和监外执行人员的管理教育工作进行检察；对人民检察院决定免诉的人员进行帮教；四是结合检察业务工作，参加社会治安的综合治理，开展法制宣传；五是办理检察长交办的工作。但是该条例的规定有的已经与刑事诉讼法规定的检察机关职能不相符，而且比较笼统，缺少具体的工作标准和要求，可操作性不强。这也是导致当时检察室运行混乱的原因之一。

之后，在经过多年的探索之后，2010 年最高人民检察院下发了《关于进一步加强和规范检察机关延伸法律监督触角促进检力下沉工作的指导意见》，在该意见中，指出检察室要重点在以下工作职责内发挥作用：一是接受群众举报、控告、申诉，接待群众来访；二是发现、受理职务犯罪案件线索；三是开展职务犯罪预防；四是受理、发现执法不严、司法不公的问题，对诉讼中的违法问题依法进行法律监督；五是开展法制宣传，化解社会矛盾，参与社会治安综合治理和平安创建；六是监督并配合开展社会矫正工作，参与并促进社会管理创新；七是派出院交办的其他事项。可以说，这个意见的出台，对于改变各地在实践探索中出现的形式不一、运行多样的局面，促进检察室建设规范化起到了重要作用。

2. 检察室配置的实践情况

在检察实践中，各地对检察室职权配置情况并不一致。主要存在以下几种类型：

一是综合全能型职权配置模式。此种类型的检察室虽然身份是基层检察院的派驻机构，但它以派出院的名义履行检察职能，代表完整的检察权。它职能全面，拥有多元化的权力配置。

二是业务突出型职权配置模式。这种模式在规定检察室的各项职权的基础上，赋予检察室某些业务职权，从而实现检察职权配置的刚性特点。但是各检察机关具备的突出性职权各不相同，如有的检察院赋予了检察室职务犯罪侦查职权，有的检察院则将批捕权下放检察室，而有的检察院的检察室则被赋予了对简易案件进行公诉的职权。

三是突出法律监督型职权配置模式。这种模式立足于检察机关法律监督职能，通过多种形式开展法律监督。但是法律监督的重点有所不同，有的突出了对公安、法院的监督，有的则突出对行政执法进行监督。

四是服务型职权配置。这种模式突出对社会综合治理的积极参与，通过法律宣传和法律咨询、案件调处、息诉罢访等工作，服务基层建设。如某些检察室把信访维稳工作作为第一重点来抓。另外，此类模式在各地巡回检察室这种检察室模式中尤为典型。

（二）检察室职权配置存在的问题

从目前检察室职权配置来看，主要存在以下几个方面的问题：

1. 法律文本规定具有原则性，需要在进一步细化的基础上，加强立法确认

目前，对于检察室职权配置的文本性文件只有1993年最高人民检察院发布的《人民检察室乡（镇）检察室工作条例》和2010年最高人民检察院下发了《关于进一步加强和规范检察机关延伸法律监督触角促进检力下沉工作的指导意见》。但是这两个文本性文件对于检察室职权配置仍过于原则。如《关于进一步加强和规范检察机关延伸法律监督触角促进检力下沉工作的指导意见》中规定了“受理、发现执法不严、司法不公的问题，对诉讼中的违法问题依法进行法律监督”，但是对于如何发现问题、监督的范围、监督的手段等，并未作出具体规定。当然，在目前检察室建设仍处于进一步探索阶段的背景下，原则性规定有利于充分发挥各地改革探索的积极性和灵活性，避免规定过死而出现无法因地制宜的情况。但是这种情况也会带来一定的弊端，就是各地随意性较大，容易出现权限范围过宽、过滥的情况。其实在20世纪90年代初期，各地检察室发展之所以出现低潮，很大的原因就是权限范围过宽、过滥且又缺乏有效管理、制约；工作人员越权办案、非法插手经济纠纷、变相羁押等现象时有发生。

同时，我国宪法并未对“检察室”的地位和职权予以确认，而人民检察院组织法中也无相关规定。这就造成了检察室职权配置的一个先天性不足，即相对于人民法庭依据的《人民法院组织法》和公安机关依据的《公安派出所组织条例》等法律规范，检察室的依据为检察机关内部规范，所以在效力等级上存在差别。这种情况对检察室职权配置无法形成强有力的推动作用。

2. 部分检察室超越检察职权履行职能

检察机关是我国的法律监督机关，行使国家的检察权。检察权不同于立法权、行政权，是因为检察权具有其内在的特殊价值和特殊要求。检察室职权的配置，无法也不应该超越检察权本身的性质。不可否认，检察室之所以存在，主要是为了延伸法律监督的触角，但是需要注意的是，这种延伸只是本身所具有职能的延伸，而不是对应当具有的职权范围的超越。但是从目前的检察实践看，部分检察室在行使职权过程中，超越了本身职权的配置，甚至有的超越了作为派出主体的检察机关的职权。如有的检察室为了更好地参与社会综合治理，对辖区农村社会治安状况、存在的治安隐患进行摸底调查，并进行归类统计、登记，认真分析原因，提出解决问题的方案和措施。笔者认为，检察机关参与社会治安综合治理的确是检察机关应当履行的职责，但是在具体履行过程

中，必须立足于检察机关法律监督职能本身。而上述检察室主动对辖区治安状况进行摸底，虽然可以起到积极的作用，但是该职权由直接管理社会治安的基层派出所进行似乎更能获得良好的效果。如果越俎代庖，会导致作为法律监督机关的检察院与作为行政执法机关的公安机关出现职能混同，不利于检察室的长期科学发展。

3. 实现检察职权的方式、手段值得商榷

检察机关履行法律监督职能必须通过符合检察机关特点和司法规律的方式、手段。但是笔者在调研中发现，部分检察室在实现检察职权的过程中，采用的方法值得商榷。有的检察室履行法律监督职能范围过大，导致出现选择性司法，如通过要求基层法庭邀请旁听的方式对法庭审理案件进行监督。但是由于法庭审理案件数量较大，检察室不可能对每一起案件均参加旁听，所以容易出现选择性司法。还有的检察室履行职权存在角色混淆，出现监督者与被监督者联合执法的现象。如有的检察室参与配合地方党委政府处理各类纠纷，在乡镇出现林木纠纷的时候，“派驻乡镇检察室与司法所人员一道，从杉木的成材周期，从邻里关系，从情、理、法等方面耐心细致地做了大量的调解说服工作，最终原、被告双方握手言和，同意调解，并签定了调解协议”。笔者认为，检察机关应当以查处职务犯罪为依托来实施对行政执法和司法领域的法律监督，如果法律监督机关与作为被监督者的主体联合执法，不但有违基本的政治原理，且更不利于监督者自身的超然独立性的提升与同步监督工作机制的拓展。所以，这种检察机关的行政服务性事务容易使其自身陷入法无据的尴尬境地，因为它们已经游离于实然法之外了，故需要谨慎地进行制度性探索。

4. 检察室与检察院内设机构关系不畅

在检察室与内设机构的关系上，部分检察室还存在管理、衔接不畅的情况，主要是由于检察室与内设机构在职权范围上存在交叉，因此在如何划分内部权限、如何进行统一管理的问题上存在混乱。在业务衔接上，有的检察室基本等同于反贪局、反渎局的一个办案科室，承担一部分办案任务，工作只为完成办案指标任务，而有的检察室与内设机构是并列关系，甚至不是一个主管检察长主管。在考核管理上，有的检察室实行单独考核，而有的检察室不进行单独考核，将相关业务纳入对应科室的业务范围，只对对应科室进行考核。

二、科学配置检察室检察职权的原则

科学配置检察室检察职权，要符合检察室职权派生主体的检察权的特点，符合司法规律，同时也要符合作为职权行使主体的检察室自身的特点，符合履行职权的实际条件。笔者认为，科学配置检察室检察职权，必须符合以下几方面的原则：

（一）检察室职权配置应符合检察权的一般特点

从根本上而言，检察职权的配置取决于检察权的定位。虽然检察权的定位不同于检察职权的配置，但二者却有着内在的联系，尽管法律监督的任务最终要通过检察职权的配置来实现，但检察权的法律定位对于检察职权的配置具有基础性、决定性的作用。检察权定位与职权配置是内容与形式、根本与枝节的关系。

1. 检察室职权配置不能超越检察权法律监督的性质

对于检察权的性质，历来争议纷纷，但是通说仍然坚持检察权的法律监督属性。现代检察制度发展至今，可以说现代国家分权理念基础上的监督制衡的需要是检察机关产生和发展的直接原因，因此大多数国家检察权的配置都有一个或明或暗的主线——法律监督。基于此，法律监督更能准确地概括各项检察权性质，我国将检察机关定位于法律监督机关是合适的，法律监督不但是我国检察制度和检察权产生和存在的价值基础，也为我国检察制度和检察权的进一步发展完善奠定了理论基石。因此，检察室职权配置不能脱离这个大前提，必须要坚持检察权的法律监督职能。

2. 应避免职权过泛造成出现“一般监督”的趋势

检察室职权配置需要坚持法律监督属性，但是这种监督权的配置与运行，必须要有明确的界限，“从性质上来说，司法权自身不是主动的。要想使它行动，就得推动它”，“如果它主动出面以法律的检查者自居，那它就有越权之嫌”。否则，容易出现权力泛化，形成所谓的“一般监督”。而对于一般监督而言，在中国检察发展历史上，曾出现过较大的争论，之所以最后放弃了一般监督，在1979年修改《检察官组织法》时就曾有所阐述。当时之所以没有规定一般监督，是因为认为“最高人民检察院对国务院各部门的工作是无法监督的，管不了也管不好，过去就没有实行过。而且跟人大对政府的监督是什么关系，也是个问题”。因此，不宜保留这个“一般监督”。虽然随着我国经济社会的发展，检察机关监督职权越来越得到了充分的行使，但是目前仍然没有足够的条件去行使一般监督。因此，作为延伸法律监督触角的检察室，也要注意避免出现职权配置与运行的泛化。

同时，这种泛化可能导致的后果之一就是在职权无法充分行使的时候，会带来渎职的后果。可以说，国家权力天然具有扩张性，检察权也不例外。因此，在检察职权配置过程中，必须坚持权责一致的原则，实现赋权与控权相统一。而这种统一性会给职权的实际运行附加相应的法律后果。如果赋予相应职权，但是由于无法充分行使以达到法律的预期目的，则容易导致渎职的追究。

（二）检察室职权配置应符合检察室自身特点

职权的配置必须与职权行使主体具备匹配性。这种匹配性要立足于职权行使主体自身的独特定。就检察室而言，要实现职权的科学配置，就必须厘清检察室不同于作为派出主体的检察院的独特性。可以说，从根本上而言，检察室的各项职权派出检察院均可以行使，但是之所以要设置检察室，其重要原因就在于基层群众诉求表达渠道不畅通和检察机关与基层群众之间信息不对称。一方面，检察机关缺少长效的信息渠道，另一方面，群众对见检察机关的认知度不及诸如基层派出所、人民法庭、税务所、司法所等机构，基层群众的诉求无法反映到检察机关，导致检察院法律监督职能无法充分发挥。这也是之所以将检察室作为法律监督延伸“触角”的意义所在。因此，检察室职权配置，必须从此点出发，才能充分体现检察室存在的合理性和必要性，才能实现检察室“腿”的作用，从而保证职权配置的科学性。

有的学者曾从权力的制衡体系出发讨论检察室职权配置，认为我国县级以上权力架构上看，实行的是一元多立的权力架构。在这一权力架构下，检察机关就是承担权力制衡的机关，通过赋予检察机关法律监督的功能来实现权力制衡的目的，保障一元多立权力架构下的权力运行。目前，乡镇已经普遍设立了法庭、公安派出所、司法所等司法机构，工商、税务等行政派出机构也基本健全，但欠缺同级检察监督，难以做到权力制衡。设置乡镇检察室，可以充分延伸检察机关的法律监督职能，与司法权、行政权共同构成权力制衡体系，这表明，检察室的设置对于基层权力架构的平衡性起到了关键性作用。但是笔者认为，权力体系的制衡性不等于权力运行的等级性。检察权具有监督行政权行使的职责，但是并非一定要同级监督，更不应该认为基层检察院无法监督人民法庭、派出所等低一级机构。因此，在检察室职权配置过程中，不应该过多基于监督主体的等级性进行配置。

还有的学者从“乡镇政府”失败的角度研究检察室职权配置，认为由于没有必要的监督机制，乡镇政府行为会丧失正当性，而导致乡村治理失灵的外部原因就在于缺乏一种约束机制制约政府行为方式，而乡镇检察室强化法律监督，能够起到约束的作用。但是笔者认为，这同样无法澄清检察室与作为派出主体的检察院之间的界限。如果乡镇政府失灵的监督制约机制无法由检察院来确立，为何检察室就能确立？是权力行使的问题，还是信息渠道的问题？如果是权力行使的问题，检察室本身是无法超越检察院来行使职权的，因此检察院无法解决的问题，检察室仍然无法解决。如果是信息渠道的问题，那么则支持了笔者的观点，并不是缺乏约束机制的问题，而是约束机制的确立与行使方式的问题。

（三）检察室职权配置应当符合履行职权的实际条件

检察职权的科学配置从本质上就是将现有的监督资源重新分配、有效整合的过程，就是将法律规定的检察职权在相关主体之间进行优化配置的过程，从而形成一种职权有序运行的状态，保证检察职权充分有效地行使。因此，必须要考虑相关主体行使职权的环境及其本身的实际状况，否则不会产生好的效果。

1. 必须保证内设机构之间顺畅衔接

评价一项制度的好坏或者是否合理，主要是看该制度是否达到其本身所应达到的目标，而评价是否达到预期目标，一个很重要的标准就是制度各要素之间的分配与协调在形式上是否自我周转并建立一种动态的权威的平衡机制且充分发挥作用。因此，要实现检察室职权配置的科学性，必须实现内设机构之间的顺畅衔接，否则，很容易出现内设机构之间“角色冲突”。因此，一是要尽量避免各部门之间的职能交叉，从而防止出现削弱检察权统一、高效运行的情况。二是要尽量实现检察权配置的明确化，通过明确各权力主体间的关系和应当承担的责任，确保各项职权在法治轨道上运行。三是要根据职权行使主体的自身特点，实现职能归口，努力推进专业化建设。

2. 必须符合检察室实际履职保障

职权的运行必须依托一定的载体，而运行的效果受到载体自身条件的制约，包括人员配备、队伍素质、办公场所等。如果超越这些条件配置职权，要么造成职权无法顺利行使，要么造成职权虚化，不仅无法实现预期目的，反而会造成职权运行结果与群众期待之间的差距，影响公信力。从目前各地检察室的实际情况而言，人员配备较少，大多配备3至5名干警。另外，保障机制不健全是一个比较突出的问题。经调研发现，各地有相当一部分检察室未经机构编制部门批准为正式机构，即使被批准为正式机构的检察室，也有很多机构规格不明确，需要增加办公场所、车辆、日常办公开支等。甚至有的检察室虽然被赋予职务犯罪侦查职能，但是检察室没有符合要求的办案场所，需要将犯罪嫌疑人带回基层检察院进行讯问。在这种情况下，如果赋予检察室过多的职权，根本无法完成相关工作。

三、检察室检察职权的科学配置

根据上文所述的原则，笔者认为，检察室职权配置应立足于检察权自身性质和法律监督“触角”作用的发挥，主要包括以下几个方面的内容：

（一）发现、受理职务犯罪线索

发现和查处职务犯罪是检察室的首要职能。检察室要充分利用深入基层、接触群众的信息优势，及时发现、受理职务犯罪案件线索。检察室在发现、受理职务犯罪线索之后，应当及时移送并积极配合反贪部门和反渎部门进行查处，但是不得自作主张、自行处理。这里，笔者不赞同赋予检察室职务犯罪侦查的权限。一方面是因为侦查权具有其独特性，主动性和策略性较强，需要形成统一的合力；另一方面，目前为了防止职务犯罪侦查过程中面临的取证难、办案阻力大、防止地方干扰等问题，检察机关在积极探索侦查一体化、职务犯罪审查逮捕权上提一级等机制改革。在这种背景下，如果将职务犯罪侦查权下放至检察室，是与目前的改革方向背道而驰的。同时，如上文所述，许多检察室本身的保障条件并不具备进行职务犯罪侦查的硬件，因此，不宜为检察室配备职务犯罪侦查权。

（二）法律监督职能

1. 对公安派出所执法过程中的违法问题依法进行法律监督

对公安派出所的监督包括立案监督和侦查行为监督。立足于检察室的“触角”性质，检察室应当致力于畅通监督信息的收集与反馈。笔者认为，通过密切与公安派出所的联系，搭建信息沟通平台，建立联席会议、网络信息共享等渠道，建立与派出所执法的信息共享机制，从而掌握派出所执法情况，为落实法律监督职能奠定基础条件。在收集信息后，及时反馈侦查监督等相关内设机构，由内设机构及时、准确的进行监督。有学者提出要建立检察室对派出所的检察引导侦查机制，笔者认为不妥。从目前的实际情况看，检察室3至5人的人员配备情况，无法较好地实现检察引导侦查，因此，该项职能由专门从事侦查监督的内设机构行使效果会更好。

2. 对人民法庭的司法活动进行法律监督

对人民法庭的监督一方面要致力于通过加强与人民法庭的联系，构建信息共享和交流的平台，对诉讼中的违法问题进行法律监督；另一方面，通过密切与人民群众的联系，方便当事人申诉，及时向申诉人反馈监督过程中的相关信息，提高监督的效率和效果。通过发挥检察室接触群众多、接触案件广的地缘优势对已经反映到检察室又向人民法庭提出诉讼的案件，要跟踪调研，变事后监督为实时研判，通过受理当事人反应的司法不公问题，找准监督对象，及时向人民法庭反馈相关社会信息，协助审判部门做好当事人工作；必要时，可以商请审判部门共同研究解决群众反映的问题，保证诉讼顺利进行。同时笔者认为，对人民法庭的监督，以事后监督为宜。目前，许多地方在积极探索如何加强对民事行政审判的事前监督和事中监督。但是由于事前监督和事中监督的机制还未完全确立，如果此时让仍然需要进一步完善的检察室进行事前监督和事中监督，效果不一定会好。同时由于检察室人员配备较少，也无法充分实现事前监督和事中监督，反而会削弱检察室的法律监督职能。

3. 刑罚执行监督

包括对缓刑、假释、暂予监外执行、社区矫正等工作，配合相关机构和部门实施法律监督，防止出现漏管现象。检察室通过与社区、村民自治组织等机构、部门的积极沟通，及时掌握服刑人员的基本情况和刑罚执行等情况，从而便于对此类人员的监管。

（三）参与社会综合治理

包括接受群众举报、控告、申诉，接待群众来访，方便群众司法诉求；积极开展职务犯罪预防；开展法制宣传；依法参与化解涉检矛盾等职权。但是需要注意的是，在积极参与社会综合治理的过程中，尤其是在参与社会矛盾纠纷、处理信访的过程中，必须坚持以法律监督为基础，不能有所偏离。因此，对于矛盾纠纷的处理，要有较为明确的范围限制，主要集中在因邻里纠纷、亲友之间的纠纷、家庭矛盾纠纷引发的轻微刑事案件中的调解；涉检纠纷的调解等。而对于属于司法所等行政机关职权范围内的纠纷的调节，不宜过多参与。

（四）审查批准逮捕及审查起诉等职权不宜在检察室配置

如上文所述，检察室应定位为延伸法律监督的“触角”，因此，实际承担审查逮捕及审查起诉等职权的主体，仍然为基层院内设部门，而检察室的职权仅是一种延伸和深化。同时，从案件流程上看，虽然案发地在检察室辖区之内，但是案件在公安机关要经过相关部门审核，以公安机关的名义移送检察机关办理；而审查起诉的案件，经过检察机关审查，要向人民法院而不是人民法庭提起公诉，因此，仍将审查逮捕和审查起诉的职权统一于侦查监督和公诉部门为宜。否则，一方面容易导致内设机构职能的虚化，另一方面可能会导致执法标准的差异。同时，也容易受到基层人际关系的干扰。

法治思维视野下完善派驻检察室工作运行机制的若干建议

鲍　峰* 　孙振江**

党的十八大强调“提高领导干部运用法治思维和法治方式深化改革、推动发展化解矛盾、维护稳定的能力”。这一全新论述，从价值观和方法论的高度，提出了改革、发展与稳定难题的破解之道，也为破解派驻检察室工作困境指明了方向与出路。法治思维是一种国家治理的理念视角和思路，重视运用法律规则和手段化解社会矛盾，使法治成为一种普遍的行为模式，法治缺失是导致派驻检察室工作运行举步维艰的重要因素。法治思维是社会管理创新的必然要求，是完善派驻检察工作机制的基本思维模式，具体法治是完善派驻检察室工作机制的基本路径。据此，笔者拟对法治思维指引下完善派驻检察工作机制的建议等，谈一些自己的认识和思路。

一、法治缺失：派驻检察室工作运行存在问题的主要因素

（一）派驻检察工作开展缺乏法律依据

乡镇检察室与派出法庭、公安派出所、司法所等较为成熟的派出机构相比，缺乏国家法律层面上的清晰定位与明确支持。虽然目前多地检察机关以《人民检察院乡（镇）检察室工作条例》作为设立乡镇检察室的法律依据，但这仅是最高人民检察院的“内部”文件，法律效力较低，乡镇检察室只能长期根据“内部规定”探索性地开展工作，无形中降低了监督的法律地位和权威性，给监督工作的开展带来了相当大的困难。“机构设立及工作职能均缺乏法律依据，这是乡镇检察室建设面临的最大问题和困难”。① 囿于

* 山东省临沂市人民检察院党组书记、检察长。

** 山东省临沂市人民检察院研究室助理检察员，法律硕士。

① 郑红：《发展乡镇检察室服务新农村建设的思考》，载《人民检察》2008 年第 22 期。

现行法律的羁束，在派驻检察监督上升为法律规定之前，要求最高人民检察院以一家之言来规制乡镇行政、执法的行为，既勉为其难，又有越位之嫌。故而，这种建立在检察机关同乡镇机关协调的基础上、以检察机关的威信和执行机关的自觉性为保障的监督机制，就缺少了必要的约束力。

（二）组织架构不够科学，影响派驻检察职能发挥

组织架构的科学建构是派驻乡镇检察室有效开展工作的基础和前提。当前，派驻检察室机构设置不科学，组织体制混乱，在一定程度上影响了派驻检察职能的发挥。一是没有规范的业务管理部门。根据检察事务管理和组织架构的基本原则，基层检察院与上级检察院一一对应，分别设置办公室、政治部、侦监科等部门，以确保检令畅通。但对于基层检察院设置的派驻检察室而言，高检院、省院却没有设置相应的管理部门。这使得处于探索阶段、面对阻力和压力较大的乡镇检察室不仅在工作开展上难以得到上级院的有效指导与支持（而这又是极为有必要的）也导致派驻检察工作难以得到党政管理机构的认同。二是组织体制混乱。有些地方将检察室定位为基层院派驻机构，与内设科室平行；有的看似属于基层院派出机构，而实际上与内设科室是两块牌子、一套班子，成了科室的派出机构和附属物；有的属于基层检察院和乡镇党委共同的派出机构，表面上一块牌子，实际上双重领导。

（三）派驻乡镇检察室的职能定位不明确、重点不突出

第一，职能定位的模糊性和不确定性。尽管最高人民检察院的《关于进一步加强和规范检察机关延伸法律监督触角促进检力下沉工作的指导意见》等有关内部文件对派驻检察室的职能作了一些规定，但也比较模糊，执法的随意性较为明显。如派驻检察室是应当担负具体的办案职责，还是仅承担发现线索并移送本院职能部门的责任等均不明确，造成派驻检察工作内容混乱，监督效果难以体现。第二，基层院内设部门与检察室之间存在职能冲突。当前检察机关的内设职能已经非常完备，而派驻检察也并非是基于检察职权的分工而产生的又一原生职能，因此与其他职能部门存在职能交叉和重叠的问题。第三，职能发挥的片面性。检察室是基层检察院的派出机构，其职能应是整个检察职能的有机整合与综合。但目前，派驻乡镇检察室职能发挥并不充分，有的片面强调法律宣传，检察室仅仅是一个宣传室；有的片面强调信访接待，检察室异化为信访接待室；有的则强调为检察院其他部门提供案源的职能，变成了服务型检察室。

（四）工作独立性差，影响执法公信力的提升

乡镇检察室作为基层检察院的派出机构，就其科层地位而言，类似于检察院内部的一个业务机构；就其职责而言，乡镇检察室发挥着其他业务机构所没

有的最直接、最有力的服务于基层的作用，理应具有比其他业务机构更大的相对独立性。但实际工作中，大部分乡镇检察室均定位为基层检察院职能的延伸或辅助，只是被动地协助派出检察院开展诸如提供线索、开展法制宣传、犯罪预防一类的业务工作，或超越职责协助党委政府处理检察职能之外的事情，工作的主动性、独立性都不强，难以发挥其独特优势和特点。这与派出法庭、派出所可以独立行使职能有明显区别，“使得乡镇检察室对基层公安派出所、司法所、人民法庭可能存在的权力滥用无法形成有效的制约，并导致乡镇检察室的作用被民众低估乃至忽视”。①

（五）监督权力不完善，存在监督盲区

在大力推进城乡一体化的进程中，行政权的高效运行发挥着至关重要的作用。在充分发挥行政权能动作用的同时，也要倍加关注检察权对行政权的监督，只有二者有机结合，在城乡一体化推进的过程中才能在追求效率的同时，避免产生大的公平隐患。为此，应赋予乡镇检察室相应的职权，以确保行政权运行的合法性、合理性和有序性，防止权力的滥用。但当前，乡镇检察室监督权力并不完整，工作运行内容主要集中在预防、涉农职务犯罪线索的收集、诉讼监督及积极参与社会治安综合治理方面；对行政执法机关的法律监督几乎没有涉及，对辖区内派出所、法庭的执法活动监督力度不够；初查的职务犯罪几乎都是涉农村干部贪污受贿犯罪，很少涉及乡镇政府等工作人员的职务犯罪。即便是在派驻检察工作开展较好的海南省，“陵水县检察院在对行政执法的法律监督权力方面没有展开，参与社会管理创新的途径不多”。②

（六）缺乏有效的工作模式

目前，各地检察机关对派驻检察室进行了不同形式和程度的探索。主要工

---

① 肖仕卫：《论乡镇检察室的重建》，载《法学研究》2009 年第 6 期。

② 古卫爽等：《从乡镇检察室的运行机制中探究乡镇检察权的优化配置》，载《南阳师范学院学报》2012 年第 2 期。

作模式有外派式、兼职式和聘用式。① 工作模式的多样化，暴露出在探索初期对派驻乡镇检察室职能的不确定和模糊性，更多的仅仅是把派驻检察室作为便民联系的工作途径，不能真正体现“检力下沉”的初衷。尤其是兼职式和聘用式，由于人力资源有限，工作紧紧局限于检察机关控告申诉接待窗口的延伸，承担了控申部门“二传手”的角色，长此以往，派驻检察工作也就失去了最初设立的意义，形同虚设。

（七）工作运行保障机制不健全

一是经费来源缺乏保障。检察室办案、基本建设等经费没有纳入财政预算，有的检察室只能借用当地政府房屋作为办公和生活用房，影响了工作的深入开展。二是人员配备不足，年龄结构不合理，有的甚至呈现“老化或少化”的两个极端，年富力强、有责任心、业务能力强的同志相对缺乏。以临沂为例，目前，全市派驻检察人员共计225人，其中属于县区院派出的有126人（其中检察官仅82人，其他人员44人），乡镇派出79人，临时聘用20人。每个乡镇检察室检察官配备不到2人，严重制约工作的深入开展。

二、法治思维：完善派驻检察室工作运行机制的必然要求

（一）法治思维的基本内涵

“目前，关于法治的学术话语、政治话语、宣传话语多半是在名词层面取得一致，而远非在概念层面的共识，许多关于法治的争论实际上是概念的理解和定义的不同造成的。”② 何谓法治思维，不同的学者有不同的看法。有人认为，“法治思维，即法律思维方法，是在法治理念背景下，按照法律的逻辑

---

① “外派式”以上海和江西为代表，即检察机关在外设置检察工作站或检察工作室，外派专门检察人员开展工作。“兼职式”以浙江和天津为代表，是指检察机关不派出专职检察干警，而是从本院中选出专门检察干警从事社区检察工作。例如，天津市河西区人民检察院在全区13个街道办事处成立了社区检察工作室，挑选了本院13名精通业务的优秀中层领导，除了负责本部门业务外，还分别担任每个社区检察室的负责人，每周抽出固定时间到检察工作室接待、走访、化解基层矛盾纠纷（参见张宁等：《发挥社区检察室作用深入推进社会管理创新》，载《天津政法报》2010年6月22日第1版）。“聘用式”以河南为代表，是指检察机关在外不派出专门的检察人员，也不设置专门的检察场所（参见洪永新等：《试论以检力下沉推进社会管理创新——兼谈社区检察的探索和思考》，载《法制与社会》2012年第4期），例如，河南蔡县检察院在全县26个乡镇、街道办事处的司法所建立检察工作机制，从每个司法所选聘一名政治素养高、业务能力强、有丰富群众工作经验的专职司法干部为涉检便民服务联络员，进行相关知识专门培训后，颁发联络员证书，协助检察机关收集涉情民意，协助检察机关做好涉检便民服务工作。

② 刘杨：《法治的概念策略》，载《法学研究》2012年第6期。

（包括法律的规范、原则和精神）来观察、分析和解决社会问题的思维方式。遇到问题或者纠纷，要在法律的框架内，理性地分清法律关系，依据法律的规定来妥善地化解纠纷，解决问题。"① 袁曙宏认为，所谓法治思维，在本质上区别于人治思维和权力思维，其实质是各级领导干部想问题、做决策、办事情，必须时刻牢记人民授权和职权法定，必须严格遵循法律规则和法律程序，必须切实保护人民和尊重人权，必须始终坚持法律面前人人平等，必须自觉接受法律的监督和承担法律责任。② 姜明安教授认为，所谓"法治思维"，是指执政者在法治理念的基础上，运用法律规范、法律原则、法律精神和法律逻辑对所遇到或所要处理的问题进行分析、综合、判断、推理和形成结论、决定的思想认识活动与过程。③ 上述学者对法治思维的界定表述虽然有所区别，但都从不同侧面揭示了法治思维的基本要义：法治思维是按照法治的逻辑观察、分析和解决社会问题的思维方式，它是将法律规定、法律知识、法治理念付诸实施的认识过程，直接关系到依法办事的效果。

一般来说，法治思维具有如下特征：

1. 法治思维是理性思维

法律是理性的体现，理性能使人们更加公正、更加平和。在法治思维的领地非法律因素对思维决策影响需要经过法律方法论的过滤，以排除决策的武断和任意。法治思维正是因为有了法律原则、规范及程序作为思维的根据，能够在一定范围内抑制权力和权利的极度扩张，对抑制各种非理性的冲动有重要意义。④

2. 法治思维是系统思维

法治思维是指导工作的系统化思维方式，其关注工作的前因后果，将问题的解决置于系统的大环境中，坚决摒弃只看眼前利益、立足部门利益的狭隘做法。

① 鹤岗市政府法制办：《浅谈法治思维的运用和环境信访突出矛盾的应对策略》，来源：黑龙江省人民政府法制信息网 2011 年 12 月 13 日。

② 袁曙宏：《全民推进依法治国》，载《十八大报告辅导读本》，人民出版社 2012 年版，第 221 页。

③ 姜明安：《再论法治、法治思维与法律手段》，载《湖南社会科学》2012 年第 4 期，第 77 页。

④ 参见陈金钊：《对"法治思维和法治方式"的诠释》，载《国家检察官学院学报》2013 年第 2 期，第 82 页。

3. 法治思维不排斥人的作用

“正确的路线确定之后，干部是决定的因素”①。法治所追求的是以法律和制度保障贤人能人执掌公权力，并保障贤人能人在行使公权力时为人民做好事，不做坏事（包括故意地和过失地做坏事），更防止和避免坏人恶人执掌公权力和做坏事。法治不仅不排斥选贤任能，而且追求和保障选贤任能，通过选贤任能实现法治的目标。

4. 法治思维体现权力制约和权力有限的基本精神

法治的基本目标就是控制权力，确定权力的边界，防止权力滥用。以权力制约权力是现代法治的基本原理，也是法治思维的题中之义。同时，权力的有效行使必须限制在合理的界限内，否则就有可能陷入权力滥用的境地，甚至造成违法的后果。

（二）法治思维对派驻检察室工作机制完善的引领作用

法治思维尊重检察工作规律，是统摄检察活动的基本思维模式。只有按照法治思维的要求配置派驻乡镇检察室职权，并规范权力的运行，完善相关工作机制，方能保证派驻检察工作达到预期效果。实践中存在的派驻检察活动与派驻检察价值目标相悖的情形，深刻揭示了现行派驻检察室职权配置还存在与法治思维要求不相符的地方。这就要按照法治思维的基本内容及其对检察职权配置的要求，对现行的派驻检察室工作运行状况进行重新审视，对引发派驻检察工作脱离法治思维要求的因素予以修正和变革，对派驻检察工作中不符合法治思维要求的工作机制进行重组和完善。

遵循法治思维是推进派驻乡镇检察室工作按照自身内在逻辑科学发展的必然选择。法治思维从不同角度和层面对派驻检察室工作运行机制的完善提出了相应的要求：

第一，宪法是法治的基础、灵魂，也是法治实现的保障。“法治思维首先是宪法思维”②，要求我们在完善派驻乡镇检察室工作机制时必须以宪法确立的法律监督者为基本定位，不断创新工作方式、方法，提升监督效能。第二，法治思维是新时期领导干部必备的执政思维。这要求全体检察人员尤其是各级院检察长，必须以法治的眼光客观看待当前工作中出现的问题，认真谋求化解之策，推进派驻检察工作健康发展；而不能回避问题，只做“浮光掠影”的表面文章；深入推进检察室工作，不仅要强化硬件建设，更要完善软件建设。第三，法治思维是符合科学发展观的系统思维。要求我们在工作中要着眼于检

① 《毛泽东选集》，人民出版社1991年版，第526页。

② 韩大元：《法治思维首先是宪法思维》，载《检察日报》2012年12月4日。

察工作的长远发展、科学发展，不能做短期的政绩工程。要认真研究工作中的问题，整体推进，不能厚此薄彼。第四，法治思维是理性思维。要求我们在法治框架内推进派驻检察室工作机制改革，优化职权配置，规范执法行为，使派驻检察工作运行更加合乎司法内在规律。第五，根据法治思维的防止权力专断原则，检察机关要加强对基层行政权、执法权的监督。加强对新农村建设过程中职务犯罪的查处，避免公权力执掌者脱离法治思维治事理政，使权力被圈在笼子里面。第六，法治思维的有限监督原则要求我们对原来派驻检察室职能泛化的弊端反思，避免不理性地夸大派驻检察活动的功能和作用。同时派驻检察要接受内外部的监督。

（三）法治思维引领下完善派驻检察工作机制需解决的几个问题

1. 完善派驻检察工作需处理好几组矛盾

（1）充分发挥派驻检察室一线优势和提高工作效率的矛盾。设置派驻检察室的初衷在于充分发挥检察室贴近基层、贴近群众的优势，延伸监督触角，提升监督效能。但检察室工作开展上须做好与业务科室的衔接、配合，这导致在一些案件的处理上，由于内部汇报等程序的影响使工作效率无法提升，甚至错失办案良机。因此，完善派驻检察室工作运行机制，必须认真思考如何有效解决这一矛盾，以确保监督质效的提升。

（2）业务衔接中的群众认同和工作合法性问题。围绕如何做好派驻检察室工作与业务科室的衔接配合，各地从不同层面进行了探索，但均存在群众对检察工作的认同感和工作合法性的问题。如有的检察院仅将派驻检察室作为业务部门的办公场所，这固然解决了群众的舟车劳顿之苦，但又增加了检察机关的工作量，并未涉及工作机制构建的核心问题；有的地方将对部分案件的监督、听取意见交由检察室人员代为办理，这固然减轻了办案科室的工作量，方便了群众，但也涉及办案人更换是否合法，在检察室听取意见能否得到群众认同，案件处理中出现信访等问题时检察室如何承担责任的问题。

（3）工作合力的形成与工作保密的矛盾。依托派驻检察室构建多部门参与的法律监督联动机制是提升检察机关执法效果的重要途径。但在构建联动机制的同时，需要认真思考工作保密的问题。如有的检察院将对涉罪未成年人的社会调查交由未检科和派驻检察室联合开展，这固然提升了工作效率，但实际工作中极易泄露未成年人的隐私，违背未成年人保护的基本立法精神，实践中的部分做法也并未得到群众的认同，甚至招致群众的反感。

（4）争取地方党委政府支持与独立行使检察权的关系。在基层检察院办公经费普遍紧张的情况下，乡镇检察室建设的经费等后勤保障只能依靠检察机关与地方党委政府沟通协调。争取到乡镇党委政府的经费支持固然是一种成功的经验，但检察室不能因过度依赖地方党委政府支持而丧失其职能发挥的独立性，要处理好自身职责与服务地方经济发展之间的关系。

2. 明确乡镇检察室的工作原则

（1）法律监督原则。派驻乡镇检察室作为法律监督触角的延伸，在工作中必须坚持依法进行的基本原则，在此基础上结合地方实际情况进行有益的探索，做到在检察机关职权范围内配置职责任务、制定工作规范，确保各项执法活动、每个执法环节都能有章可循。

（2）有限监督原则。乡镇检察室作为检察院的派出机构，并不拥有检察院的全部组织机构，其派出性质决定着它的权能配置并不是全能的。检察室工作开展中，要坚持监督的适度性，防止职能泛化，大包大揽，避免因职责不清、权限太广而变成“小检察院”或乡镇政府的职能部门。

（3）注重发挥检察室的独立性与检察权行使的统一性相结合。乡镇检察室是本级院的派出机构，所有工作都要服从、服务于本院的法律监督工作；其工作运行必须着眼于提升检察机关的整体监督效能，注意维护检察权行使的统一性和权威性。同时要注重发挥检察室的相对独立性作用，在工作创新、教育培训等方面，发挥内设科室无可比拟的作用。

（4）务实、及时、便民。在城乡一体化的推进过程中，社会关系、人民群众生活方式都发生了很大的变化，一些新型社会矛盾随之涌现，给社区居民带来了更多的涉法问题，广大民众对涉及法律方面的服务需求也更为迫切。乡镇检察室工作开展必须密切关注群众诉求，针对不同法律诉求，制定个性化的服务方案，在工作方式方法上要与“坐办公室式”的工作方式有所区别，善于使用群众语言，对于群众反映的问题要迅速回应、迅速解决。

三、法治路径：完善派驻检察室运行机制的对策和建议

（一）完善立法，确保派驻检察履职有法可依

一是完善最高国家权力机关的立法。当前应根据社会政治经济发展状况，及时修订《人民检察院乡（镇）检察室工作条例》，重新明确乡镇检察室的职责，使其更适应当前工作需要，并在时机成熟的时候修改《人民检察院组织法》，完善乡镇检察室存在的法律依据，真正使乡镇检察室工作有法可依。二是完善派驻检察工作规章制度。及时总结派驻检察的经验，制定规范、统一派出检察机构管理办法，明确其法律地位和职权范围，规范派驻检察工作开展流程，确保规范执法，履职有据。

（二）构筑科学的组织架构，完善派驻检察管理协调机制

一是规范派驻乡镇检察室的组织结构与规模。派驻乡镇检察室应当与派出

院内设机构平级。在检察室人员组成上，应选择有较高政治素质、业务素质和协调沟通能力的检察人员驻检察室；同时要注意年龄结构、知识结构、能力结构的搭配，力求优势互补。检察室人员规模大小要合适，每个检察室应当有1至2名具有检察官资格的工作人员。二是完善管理协调机制。派驻乡镇检察室作为基层检察院的派出机构，应当与派出院内设机构平级，接受派出院的直接领导，对派出院负责。但鉴于其工作环境、工作重点的特殊性，应在派出院内设立派驻乡镇检察室工作领导小组，下设办公室，指定专人具体负责派驻检察室工作，统筹协调各有关方面之间的关系。各业务部门要加强对检察室的指导，加强经常性沟通配合，派驻乡镇检察室在协助各业务部门开展工作过程中需要发出法律文书的，统一由各业务部门制作，以院名义发出，由各业务部门立卷归档；重大事项或涉及多个部门协调处理的工作，应提出初步意见后报分管检察长或检察长同意。

（三）合理定位职能，构建利益冲突协调机制

法治社会应当是社会要素合理平衡、利益关系有条不紊的社会，“任何一项权力的越位、错位、失衡，都会造成社会关系的紧张，引发新的矛盾”①。派驻检察室在职能定位上既不能缺位、错位，更不能越位，应遵循法治思维的指引，量力而为。

1. 明确乡镇检察室职务犯罪线索初核职能

乡镇检察室要“坚持把查办和预防职务犯罪作为促进基层政务环境优化的重要途径”②。检察室查办职务犯罪具有贴近群众、反应敏捷、查案迅速的先天优势，对其辖区范围内的举报、控告和自首材料进行审查，如果举报、控告材料情况不清，难以确定其性质的，报检察长批准后有权对线索初核；如果线索材料比较明确具体的，检察室应配合反贪部门和反渎部门进行查处。检察室的职权应限于对案件材料性质不明、难以归口线索的初核，对于需要立案侦查的案件应该转交有权科室办理，做到不失职、不越位。

2. 强化检察室的涉检信访处置和犯罪预防职能

（1）依法处理涉检信访。在城乡一体化迅速推进的进程中，因征地拆迁等引发的社会问题频发，群众信访问题不断涌现。乡镇检察室要积极承担维护农民信访民主权利和促进信访法制化的双重责任，引导群众合理、有序地表达

① 参见卓泽渊：《法治的国度——一谈法治国家的基本特征》，载《检察日报》2000年3月16日。

② 重庆市检察院课题组：《派驻基层检察室参与社会管理创新机制建设研究》，载《行政与法》2012年第10期，第31页。

诉求。对控告、申诉、举报，做好登记记录和疏导工作，能当场作出答复或处理的，应及时答复处理并做好登记；不能当场处理的，应进行初步审查，按规定提出审查意见和分流、跟踪了解办理情况并及时回复。

（2）积极开展犯罪预防工作。以涉农检察室为平台，通过召开预防职务犯罪联席会、举办法制讲座等活动，增强乡村基层干部的廉政意识和守法意识，促进基层干部廉洁自律。及时介入农村重大基础设施建设和重点民生工程，并通过检察建议、案例分析、调查报告等方式提高乡镇依法行政水平，推进社会管理完善与创新。整合各类刑事犯罪预防资源，坚持教育与服务并重、防范和控制结合，做好农村社会治安防控工作。

3. 理顺两项监督职能

（1）对公安派出所和人民法庭执法活动的法律监督。派驻乡镇检察室不应当插手办案问题，仅应当负责线索的发现和移送。对工作中发现的公安派出所、人民法庭执法不公正、不规范问题依法监督纠正，对公安派出所和人民法庭工作人员涉嫌职务犯罪的，配合反贪、反渎部门依法介入调查。

（2）监督并配合社区矫正工作。社区矫正工作已经由监所科负责，不应当再度重叠交叉。乡镇检察室要发挥自身优势，积极参与社区矫正工作，全面履行法律监督职责，督促对矫正对象的教育管理、考核奖惩等制度的落实；接受被矫正对象及其家属的控告，维护矫正对象的合法权益。

（四）构建专兼配合的工作模式

检察室到底采取何种工作模式，目前没有统一、成熟的经验可循，各地做法差异较大。笔者认为，应当在现有法律和最高人民检察院有关规定的框架内积极探索、稳妥推进，《人民检察院乡（镇）检察室工作条例》第5条规定的专职固定式的工作模式在当前案多人少的矛盾较为突出的基层，很难在短期内得到有效落实。[①] 结合当前工作实际，应建立“专职固定＋科室人员挂靠”的工作模式，即每个检察室固定3至5名专职人员，业务部门抽调人员挂靠检察室。挂靠人员接受原科室和检察室的双重领导，定期与检察室进行业务联络。这既能解决现有人员不足问题，又有利于协调院内工作，锻炼干警，是目前较为可行的方式。

（五）健全乡镇检察权独立行使机制

乡镇检察权一定程度上的独立行使能确保其职能作用充分发挥，在工作上

---

① 《人民检察院乡（镇）检察室工作条例》第5条：“乡（镇）检察室配备检察员、助理检察员、书记员若干人，设主任1人，根据需要可设副主任1人，主任、副主任由检察员担任。”

做到不等不靠，体现法律监督的能动性。为此需从以下几个方面努力：一是人员独立。检察室一般远离县城，工作开展上要充分发挥检察室主任的能动性，宜在明确职权和责任的基础上，考虑实行检察室主任负责制。二是工作独立。检察室既要有统一的定位、职能和管理，又要针对各地的情况差异，注重展现地方特色，努力推进检察室自身工作创新，更有效地发挥职能作用。如苍山县院派驻尚岩检察室针对西部矿区社会治安、计划生育管理不规范等问题，联合县纪委和县委组织部、宣传部根据派驻乡镇检察室的区位特点，分别在派驻尚岩、兰陵检察室，建成了以预防基层干部涉矿职务犯罪、贪污受贿和渎职侵权职务犯罪为主要内容的廉政文化教育基地，增强了预防职务犯罪的精细化程度。

（六）构建派驻检察联动工作机制

就检察系统来说，构建内部一体化工作机制。一是注意整合与院里内设部门的资源，形成监督合力。通过联席会议等形式，加强与公诉、侦监等业务部门的衔接与配合，实现信息资源共享，提升监督实效。二是整合派驻乡镇检察室与派驻检察联络室的资源，形成以乡镇检察室为主干，以检察联络点为辅助的“全覆盖”基层检察工作体系。如苍山县院以兰陵、尚岩两个派驻乡镇检察室驻地镇为定点成立巡回检察工作办公室，以各自管辖的2至3个非驻点镇为巡回区域设立巡回检察工作室，进一步提升了检察机关均等服务基层的能力和水平。沂南县院整合检察室、民生检察联络站、民生检察联络员等，打造“三位一体”的基层检察工作网络体系，为群众提供更加便捷的法律咨询和服务。就检察系统外部来说，完善与基层司法、行政执法衔接工作机制。通过建立联络员及信息通报、联席会议等制度，强化对乡镇司法、行政部门的法律监督，变粗放无序型监督为精细科学型监督。

（七）探索适应基层实际的派驻检察工作保障机制

一是经费保障财政化。乡镇检察室所需的人员、办公等经费，应纳入财政预算，由基层检察院统一管理。在建立检察室办公楼有困难的地方，应积极寻求当地政府支持，解决好办公用房。在暂不具备设立固定检察室的地方，可先设立巡回检察室（联络站），逐步向乡镇检察室过渡。二是配齐配强派驻检察人员。选有刑检工作和自侦工作经验的骨干为宜，老中轻合理搭配，并在经济上和晋升晋级、评先评优上优先考虑。三是建立有效的业绩评价体系。将派驻检察室工作全面纳入检察工作绩效考核中，以工作业绩为考核重点，分别从工作纪律、工作实绩、群众满意度等方面考评。对办案人员的考核，一般工作人员由负责人从勤、廉、绩、效等方面考核，负责人每年年终向全院干警作述职述廉报告，接受干警监督。同时要特别注重业绩评价结果的运用，将其作为检察官等级晋升、交流培训等管理决定的重要依据。

五、法治思维与检察机关自身监督制约机制建设

检察权运行的内部监督制约机制探讨

杜国强*

权力是需要监督的，不受监督制约的权力必然导致腐败。中国宪政体制下的检察权也面临着同样的问题。对检察权的监督制约包括外部监督制约和内部监督制约两个方面，检察权能否有效行使首先取决于其自身是否具有完备的监督制约体系和良好的运行机制；而且同外部监督制约相比，检察权的内部监督制约较为规范，在某种程度上更容易发挥效能，因此强化对检察权的内部监督制约对于规范检察权的运行、促进公正执法具有举足轻重的作用。以下本文对现行检察权的内部监督制约机制做一尝试性探讨，并就其完善略抒管见。

一、现行检察权内部监督制约机制的概况

检察机关自恢复建立以来，最高人民检察院始终很重视对检察权的内部监督制约，先后制定了一系列规章制度，并采取了许多重大举措，初步形成了贯穿检察工作全过程、涉及检察权运行各个方面的内部监督制约体系。

例如，为落实《宪法》和《人民检察院组织法》中关于上级检察机关领导下级检察机关的规定，最高人民检察院在《人民检察院刑事诉讼规则（试行)》和相关法规中详细规定了上下级检察机关之间的请示报告制度、指令纠正制度、案件调取和交办制度、检查指导制度、重大案件备案制度、报批制度等，以加强上级检察机关对下级检察机关的领导和监督。为强化审查逮捕权和审查起诉权的内部监督制约，在《刑事诉讼法》和《人民检察院刑事诉讼规则（试行)》中做了明确规定，从程序上赋予上级人民检察院对下级人民检察院做出的不批准逮捕或不起诉决定以监督的权力，以保证这种权力不被滥用。2007 年最高人民检察院又颁布了《关于加强上级人民检察院对下级人民检察院工作领导的意见》，对检察机关上下级领导关系做了进一步规定和完善。

* 广东省广州市花都区人民检察院副检察长，法学博士、博士后，副研究员，全国检察业务专家。

为加强对职务犯罪侦查工作的监督和制约，最高人民检察院于1998年10月21日颁布了《关于完善人民检察院侦查工作内部制约机制的若干规定》，之后又对其做了进一步的修改和补充，于2004年6月24日重新颁布了《关于人民检察院办理直接受理立案侦查案件实行内部制约的若干规定》。具体包括以下内容：一是职务犯罪的查处工作在不同阶段分别由不同的内设机构分别承办；二是实行侦查权与审查决定权分离；三是建立侦查工作的集体决策机制，避免个人决定事项；四是建立多环节、多层次的制约链条。2005年9月最高人民检察院检察委员会又通过了《关于省级以下人民检察院对直接受理侦查案件作撤销案件、不起诉决定报上一级人民检察院批准的决定（试行）》和《人民检察院直接受理侦查案件立案、逮捕实行备案审查的规定（试行）》；2005年12月最高人民检察院下发了《人民检察院讯问职务犯罪嫌疑人实行全程同步录音录像的规定（试行）》；针对职务犯罪案件的侦查、逮捕在同一检察院内操作，制约效果不明显的问题，最高人民检察院于2009年出台了《关于省级以下人民检察院立案侦查的案件由上一级人民检察院审查决定逮捕的规定（试行）》，防止因权力过于集中导致职务犯罪侦查权的滥用。

为进一步规范检察机关的执法活动，保证办案质量，最高人民检察院先后制定了《关于加强案件管理的规定》、《检察机关职务犯罪侦查部门办案质量考评办法》、《检察人员执法过错责任追究条例》。为进一步推进党风廉政建设，加强检察队伍管理，最高人民检察院近年来先后出台了《检察人员任职回避和公务回避暂行办法》、《检察人员廉洁从检十项纪律》、《检察人员纪律处分条例》、《中华人民共和国检察官职业道德基本准则（试行）》、《最高人民检察院检务督察工作暂行规定》等一系列制度，从而形成了具有中国特色的检察权内部监督制约体系。

二、现行检察权内部监督制约机制存在的问题

应当说上述内部监督制约机制对于规范检察权的正确运行、提高检察机关的执法水平和办案质量起到了重要作用，但是由于对执法活动中出现的新情况、新问题研究不足，尤其是对检察权的内部配置及行使中关键环节的监督制约机制尚不健全，致使司法实践中不可避免地存在检察权的滥用现象，在一定程度上影响了检察机关法律监督职能的正常发挥。主要表现为：

（一）上级检察机关对下级检察机关的领导和监督机制尚未有效运作

主要表现为上级检察院领导和监督下级检察院的主动性和积极性不足，大多是下级出现问题时请示上级，上级主动到下级走访的情况不多；在请示答复方面，上级检察机关对于下级检察机关提出的请示，答复不够及时，上级检察

机关业务部门对下级检察机关的业务指导力度不够，这与上级检察机关人员的指导理念、业务水平参差不齐有很大关系。

（二）检察委员会的监督职能未能充分发挥

在检察机关设立检察委员会实行集体领导，是我国检察制度的一大特色，也是民主集中制在检察体制中最突出的体现。检察委员会作为检察机关的决策机构和权力机关，不仅对检察业务工作具有决定权，而且对检察长的职权也可以起到一定的限制作用，可以避免检察长个人决定问题可能发生的片面性，因此在检察机关的内部监督制约机制中有着举足轻重的作用。但从我国目前实际情况来看，在检察委员会制度中还普遍存在着委员结构不合理、议事范围不明确、工作流程不规范等现实问题，集中表现为检察委员会工作的质量与效率和法律职责的要求还不相适应，其对检察业务进行监督的职能也就随之减弱。

（三）职能部门之间的相互制约机制尚不完善

从理论上讲，职能部门之间制约应当是双向的、互动的。但是在司法实践中，我们强调最多的往往是对检察机关职务犯罪侦查权的监督制约，而忽视了对其他检察权的监督和制约。例如，根据相关法律规定，在普通刑事案件中，公安机关对于检察机关做出的不予批准逮捕或不起诉的决定有异议的，有权要求复议，也可以提请上一级检察机关复核；而在直接受理立案侦查的案件中，《人民检察院刑事诉讼规则（试行）》仅规定了下级人民检察院对于上级人民检察院做出的不逮捕决定，应当在收到不予逮捕决定书5日以内报请上一级检察机关重新审查，而由于重新审查部门与做出原不逮捕决定的为同一部门，致使重新审查往往流于形式。另外，在检察机关各部门之间尚未形成有效的相互制约机制，如有的地方的公诉部门和控申部门由同一副检察长主管，控申部门的纠错作用无法得到发挥；监所检察部门也往往不能及时收到各个部门的文书，对诉讼进行到哪一阶段并不清楚，也就无法形成互相制约机制。

（四）纪检监察部门的监督制约相对滞后

当前在检察权运行过程中，纪检监察、检察业务在两条线上运行。纪检监察部门有时主动监督意识不够强，监督工作还不能有效地契入到业务工作中去，对执法办案一线人员特别是重点执法部门、关键执法岗位人员的监督不能到位，工作方式主要是事后查处问题，事前监督、事中监督、动态监督机制缺失，难以及时发现执法环节上出现的问题，安全防范作用不明显。业务部门执法环节出了问题，出于家丑不可外扬的心理，一般情况下不会主动向纪检监察部门反映，立足于在内部掩盖、消化和处理问题，久而久之，养小患酿大祸，问题藏不住了才最终暴露出来，有些问题给检察机关的执法形象造成了严重影响。

三、完善我国检察权内部系统监督机制的基本构想——系统监督

党的十八大报告指出：要坚持用制度管权管事管人，建立健全决策权、执行权、监督权既相互制约又相互协调的权力结构和运行机制，确保国家机关按照法定权限和程序行使权力。十八大报告为检察机关深化内部监督制约机制改革指明了方向。笔者认为，检察权的内部监督制约应采取系统监督的模式，即围绕检察职权的运行，以检察一体化和监督制约为理念，明确各类监督主体的职责，规范监督行为，创新监督途径，使检察决策权、执行权、监督权始终处于既相互制约又相互协调的监控之中，通过实行内外结合、环节互动、上下统一的全方位监督，使办案过程得到全面监督，使检察人员的行为得到全面监督，使检察工作的整体运行态势和质量效果得到自主有效的监管调控，最终达到公正、高效、文明执法，防止腐败现象发生的根本目的。

（一）关于系统监督的主体

检察权的具体职能由检察机关不同的部门来行使，因此，检察权的内部监督制约主体既要有创新，同时又要注意整合，以发挥系统监督的优势。笔者认为，系统监督的主体应分为三个层级：第一层级为上级检察机关，第二层级为本院检察委员会、纪检监察部门、检务督察委员会，第三层级为各个职能部门。其中每一层级的纵向之间是垂直监督关系，每一层级的横向之间是平行监督和制约关系。

1. 上级检察机关的监督

检察机关是上下级领导关系，最高人民检察院领导地方各级人民检察院和专门人民检察院的工作，上级人民检察院领导下级人民检察院的工作。因此，检察机关内部监督制约主体中，上级检察机关对下级检察机关形成的领导和监督关系是顶层的监督关系，是检察一体化的根本体现。其监督的内容也相当广泛，涉及检察队伍、业务和事务建设的各个方面，以宏观性、决策性和指导性监督为主。

2. 检察委员会的监督

检察委员会制度本身是一种集体决策机制，它在检察机关内部监督制约系统中处于重要地位。这是因为检察委员会作为检察机关的最高业务决策机构，在办案以及重大事项中处于最终的审查把关位置，由其负责对办案流程、案件质量和重大事项的决策进行监督是题中应有之义。同时，检委办应作为沟通各职能部门与检察委员会的桥梁，代行部分监督权并定期向检察委员会汇报工作情况，为检察委员会决策提供参考。

3. 纪检监察部门的监督

纪检监察部门作为法定的和专门的监督制约主体，负责对检察机关领导班子、办案人员和检务保障人员落实上级决定和指示、执法执纪及落实党风廉政建设责任制等方面的情况进行检查和监督，纪检组向其派驻机关负责并报告工作，监察室向本级党组负责并报告工作，这是检察权内部监督制约机制的一个重要方面。

4. 检务督察委员会的监督

推行检务督察制度，是深化检察制度改革，加强检察队伍建设，做到严格、公正、文明执法的一项重要举措。检务督察委员会是检察机关内部的综合执法监督部门，在检察权内部系统监督主体中居于核心地位。监督的事项涉及遵守和执行国家法律法规及上级人民检察院重大工作部署、决议、决定、指示的情况，遵守办案程序和办案纪律的情况，落实安全防范措施的情况，执行各项规章制度的情况，遵守检容风纪的情况等。

5. 职能部门之间的相互制约

对于检察系统自身来讲，检察权由法律分别赋予不同的职能部门行使，其目的就是加强各部门之间的相互配合和相互制约，保证检察权不被滥用，因此检察权的正确运行不仅有赖于各职能部门依法履行职责，而且有赖于各职能部门之间的相互制约，只有这样，才能既保证检察权的统一行使，又能避免检察权的过度扩张。从这个意义上讲，检察机关各职能部门能否相互制约是检察权内部监督制约成败的关键。

（二）关于系统监督的客体

对检察机关来说，系统监督的客体就是检察权，即检察权运行过程中的决策权、执行权和监督权三项权能。

1. 决策权

决策权是检察权运行的起点，也是检察权中最关键的权力，对决策权进行有效监督，是检察权内部监督的首要环节，也是检察权健康运行的开端。从检察工作的实际来看，一项民主和科学的决策，对检察事业科学发展起着巨大的推动和促进作用；反之，则会阻碍检察事业的发展，甚至损害检察机关的形象。长期以来，我们只重视对决策执行问题的监督，而忽视了对决策过程本身的监督，决策不民主、不科学甚至失误的问题时有发生。因此，建立健全检察权内部监督制约新机制，首先必须完善对决策权的监督和制约，将涉及检察事业全局的重大事项、重要干部任免、重要建设项目安排、大额资金使用、重大复杂疑难案件处理等方面的决策纳入监督的视野，以提高科学决策、民主决策、依法决策的水平和能力。

2. 执行权

好的政策、制度或者法律，必须得到切实遵守和执行，否则就是一纸空文。对执行权进行监督，是检察权内部监督制约的关键环节。检察权实际运行过程中出现的一些违法违纪现象和问题，一方面是现有的法律法规和制度没有得到切实遵守和执行，另一方面是一些关键的执法环节缺乏有效的监督制约机制，导致执行过程中走了样。因此，必须加大对执行权监督的力度，将干警遵守法律法规的情况、履行职责的情况、执行办案纪律和规定的情况、遵守决定决议的情况等内容全面纳入监督的范畴，切实建立起不愿为、不敢为、不能为的监督制约机制。

3. 监督权

英国历史学家艾克顿曾说过："权力倾向于腐败，绝对的权力倾向于绝对的腐败。"① 因此，监督者自身更要接受监督，不能恣意和妄为，这是权力良性运行的基本规则。对检察机关有关部门的监督权进行监督，第一，要从制度上规范监督权行使的职权范围、程序和救济方法，确保监督部门执法执纪时有法可依、有章可循。第二，要通过检察委员会、纪检监察部门、检务督察委员会等监督主体相互之间的制约机制来解决擅权的问题，如建立情况通报制度、问题协商沟通机制、执法执纪不当上报制度等。第三，加大上级检察机关对应监督部门监督的力度。如建立健全向上级检察委员会、检务督察委员会、纪检监察部门报告工作的制度；完善上级检察机关对应监督部门检查走访下级检察机关监督部门的制度等。第四，建立健全权利救济制度。当监督主体出现违反程序、滥用职权、作风粗暴等现象时，赋予被监督者即广大干警控告、举报和申诉等权利。第五，建立健全对监督者执法执纪过错责任从严追究的制度，监督者执法执纪发生过错，给被监督者造成的损害相对更严重，影响范围更广，因此对监督者要有更为严厉的惩戒措施。

（三）系统监督的实现途径

检察权内部系统监督的实现途径比较多，从总体上来看，应从以下三个方面去构建：首先要完善立法和相关制度，使监督制约有章可循；其次要加强科技强检，以信息化提升监督效能；最后要加强案件质量督察，深化绩效考核机制和执法责任制。从当前检察工作的实际来看，应重点从以下几个方面构建：

1. 建立健全检察机关上级领导下级的工作制度

领导机制创新的目的是要建立更为紧密的上下级领导关系，从而实现上级对下级经常性和制度性的监督。当前要认真落实最高人民检察院《关于加强

---

① 张志海：《略论职务犯罪产生的原因及根治的对策》，载《陕西行政学院学报》1999 年第 4 期。

上级人民检察院对下级人民检察院工作领导的意见》：一是建立健全工作报告制度和述职制度。下级检察院应定期（季度或半年）将检察工作的情况、存在的问题及解决问题的措施、下一步工作设想等书面向上级检察机关报告，接受上级人民检察院的监督。二是加强上级检察院对下级检察院的业务指导和监督。上级检察机关各业务部门要加强对下级检察机关对口业务部门的指导和监督，并通过培训等各种方式，提高下级院检察干警的综合素质。三是完善上级检察院对下级检察院的请示答复制度。明确请示的范围、请示的程序、请示的内容和要求、答复的期限、答复采取的形式等。四是建立健全案件备案审查制度。下级院对于大要案线索、立案侦查的大要案、做出不逮捕决定、不起诉等决定的，应及时将备案材料报送上级院对口业务部门。下级院对上级院的纠正决定必须严格执行，并将执行情况及时报告上级检察院。五是加强上级检察机关对下级检察队伍特别是领导班子、领导干部的管理和监督，上级人民检察院应适时派员参加下级检察机关党组民主生活会，认真落实上级检察院负责人与下级检察院负责人及其他班子成员谈话制度，下级检察机关领导班子成员应定期向上一级人民检察院述职述廉。

2. 大力推行党务检务公开制度

党的十八大报告指出：保障党员主体地位，健全党员民主权利保障制度，开展批评和自我批评，营造党内民主平等的同志关系、民主讨论的政治氛围、民主监督的制度环境，落实党员知情权、参与权、选举权、监督权。因此，大力推行党务检务公开制度，是强化检察权内部监督制约的有效途径。具体包括：一是公开议事规则。公开党组会议、办公会议、检察委员会会议议事规则，使全体干警明白各类会议的议事范围和决策程序，掌握监督的途径和方式方法，增强监督的主动性和积极性。二是公开重大决策过程。凡涉及检察机关建设的重大事项、重要干部任免、重要建设项目安排等方面的决策，在经过必要的保密审查后，实行网上公示，广泛征求干警意见；党组会（或办公会、检委会）形成初步决定或意见后，再次上网征求意见，最后根据反馈回来的意见进行修改，形成最后决定。三是公开民主集中制原则落实的情况。凡属检察机关建设的重大事项和关系群众切身利益的敏感问题，要逐步实行票决制，其中对重大事项的决策应记名表决并记录在案，对重要人事安排的决策应无记名投票表决，并将民主决策的过程和实行票决制的结果在检察机关内部网上公开。四是公开领导责任制落实的情况。当检察机关出现决策不当或发生重大决策失误时，有关决策不当和失误的原因、调查处理结果、责任承担等方面的情况应在检察机关内部网上公开。五是探索建立检务内部公开的机制。对重大工程建设审计情况，大额资金使用情况，有关具体案件的查处进程、案件基本情况、案件争议焦点、案件社会影响、各阶段法律文书等内容，都可以在检察机关内部网上公开，以便接受全体干警监督。

3. 完善检察委员会工作制度

为提高检察委员会监督的效率和质量，可从以下方面创新和完善检察委员会的工作机制：一是改革检察委员会人员组成结构。吸收德才兼备、优秀资深的检察人员为专职检察委员会委员，更凸显其司法机关性质。二是建立争议问题解决机制。规定在办案过程中职能部门之间在办案程序、定性、处理等方面存在重大争议时，必须提交检察委员会讨论，检察委员会应当认真进行讨论并及时给予答复。三是建立记名表决制度。避免委员发表意见和投票决定事项时无原则地附和领导意见；检察长在重大业务问题上与多数检察委员会委员的意见不一致时，应提交上一级检察院审查决定，上级检察院应及时给予答复。四是检察委员会议事公开制度。检察委员会决定的事项，应制作会议综合情况简报，客观反映决策过程和结果，并在检察机关内部网上公布。五是充分发挥检委办的监督作用。可由检察长或检察委员会授权检委办对职能部门办案活动中易发生问题的环节进行经常性的或者专门的监督检查，重点监督不立案的案件、不批准逮捕的案件、作撤案处理的案件、作不起诉决定的案件、领导交办或人大转办以及人民群众反映强烈的案件等。六是建立督察长列席检察委员会会议制度。检务督察委员会督察长对检察委员会遵守和执行国家法律法规以及上级检察机关重大工作部署、决议、决定、指示等情况进行监督，列席会议的督察长应在会议记录上签名副署。

4. 创新纪检监察工作模式

纪检监察部门要充分发挥好组织协调作用，积极探索有效的监督形式，拓宽监督渠道，加大监督力度，真正解决好敢于监督、善于监督的问题。一是建立健全纪检巡视制度。由纪检部门组织巡视组，采取定期巡视、专题巡视、联合巡视等方法，对检察权运行过程中执行党的纪律、民主议事、党务检务公开、反腐倡廉建设等方面的情况进行巡视，及时发现带普遍性和倾向性的问题，有针对性地组织教育和整改。二是确立纪检组长副署会议制度。纪检组长列席检察机关党组会议时，有权审阅相关会议记录；会议记录不真实时，有权要求补正；对相关会议记录，应当签名副署，表明履行监督职责的情况。三是完善纪检监察部门参与考核考评检察干警的工作制度。规定纪检监察部门有权参与对检察干警的选任和考察，有权参与对检察干警的办案质量考评和工作绩效考核，有权对检察干警承办的案件进行网上跟踪监督，有权在民主评议、对照检查等活动中对检察干警执法执纪和廉政建设的情况发表意见。四是建立纪检监察部门案件走访制度。纪检监察部门应建立随案跟踪走访、案后回访等制度，通过采取明访和暗访相结合等形式，向案件当事人、发案单位、公安机关、审判机关、监管机关及本院控申部门及时了解办案过程中检察干警执法执纪的情况，加大事前监督、事中监督的力度。五是认真落实各项廉政制度。扎实抓好上级院负责人与下级院负责人谈话、任前廉政谈话和诫勉谈话、领导干部述职述廉、个人重大事项报告、任期经济责任审计等制度的落实，坚决避免走过场、流于形式。

5. 构建检务督察工作新机制

《最高人民检察院检务督察工作暂行规定》已经对检务督察的工作机构、职权范围和工作方式等作了明确规定。目前，多地检察机关已正式成立了检务督察工作机构，且已发挥了重要作用。笔者认为，构建检务督察工作新机制，必须把握以下几点：第一，实行检务督察机构工作人员轮换制。检务督察机构除领导相对固定外，其他工作人员可从各职能部门抽调，任职到一定期限（半年或一年）后即实行轮换，以解除工作人员怕得罪人、竞争上岗时受影响等后顾之忧。第二，建立调查统计和分析制度。检务督察部门要开展经常性的调查统计工作，分析本地检察机关近期执法执纪的情况，找准薄弱环节及常出问题的关键环节和岗位，有针对性地制定督察措施和督察方法，切实提高检务督察的效果。第三，建立检务督察机构与业务部门之间的工作联系机制。要建立规范的信息共享制度、情况通报制度、联席会议制度等工作机制。督察部门要及时掌握业务部门的工作动态，以便围绕业务部门的工作重点去开展工作，提高督察工作的针对性；业务部门要通过督察部门反馈回来的信息，及时掌握执法执纪过程中存在的问题，以便及时整改，提高监督效果。第四，建立电子检务督察制度。检务督察工作要与信息化建设有机融合起来，充分发挥检察业务信息化平台的作用，把开展网上电子督察、检察业务远程督察等作为开展经常性督察工作的方法，实现事前、事中和事后全程动态监督。

6. 继续深化检察机关“三位一体”机制建设

检察机关“三位一体”机制是指检察机关在社会主义法治理念指导下，围绕检察工作主题和总体要求，以现代管理理论和信息化理念为理论基础，以过程控制和质量管理为主要方法，通过计划、实施、检查、改进四个基本管理环节，充分利用信息化手段对检察业务、队伍和事务进行规范化管理的工作机制和管理机制。[①] 近年来，全国许多检察机关已开展“三位一体”机制建设，该机制已被实践证明是一种行之有效的强化内部监督制约的方式，建议在前期建设的基础上进一步深化，将“三位一体”管理机制建设成为一项以信息化

---

① 参见广州市人民检察院课题组：《检察业务、队伍和信息化“三位一体机制”研究》，载张智辉：《中国检察》（第17卷），中国检察出版社2008年版，第361页。

为支撑，包括检务公开、程序规范、流程科学、监控到位、执行有力、效率提升、质量保证在内的系统化的品牌工程。具体可从以下几个方面深化：第一，实现检察业务过程控制。以信息化为基础，以检察业务为核心，细化办案流程，量化工作标准，实行规范化管理，严格过程控制，实现全程动态监督；设置系统自动预警功能，当各项业务接近规定的临界点时，系统自动预警并发出催办信息或改正信息；设置系统自动限制功能，业务承办过程中手续不完备或程序不规范的，系统自动限制业务流程进入下一程序或阶段，直至手续正当、程序规范为止。第二，实现内部监督信息化。设置系统监督授权端口，上级检察院领导，本院正副检察长、纪检组长、检务督察委员会正副督察长、监察室主任、检委办主任及专职检察委员会委员、业务部门领导可以随时进入业务管理系统，跟踪了解和监督业务办理的进展情况；依托信息化水平的提升，全面实行网上监控，使检察队伍建设、业务建设和检察事务始终在阳光下运行，实现各种监督资源的有效整合和利用，减少工作的随意性，增强工作的程序性，提高监督工作的及时性和有效性。第三，实现以业务管理管队伍的目标。健全和完善“三位一体”机制中的业务评价体系，设置业务自动考评考核系统，细化、量化各种业务质量考评、绩效考核标准；业务管理系统根据业务承办的具体流程和环节，依据标准自动进行评分、统计、考评和考核并公布结果；干警的工作效率和质量成为网络共享信息，相互之间有了比较和评价，明确了自身的优势和努力方向，通过相互监督，鼓励先进、激励后进，实现对检察队伍的规范化管理。

7. 充分发挥案件管理中心的监督作用

目前检察机关内部已成立案件管理中心，对检察业务实行统一和规范化管理，这是实现检察权内部监督制约的一个重要途径，因此案件管理中心要认真履行职能，充分发挥其对业务部门监督制约的作用：第一，统一受理业务，控制业务进出口。由案件管理中心对检察业务实行统一归口管理，统一受理案件和其他业务，将不符合受理标准的案件和业务挡在“进口”外，把有问题的案件和业务堵在“出口”内，防止违法违规办理业务或发生错案，防止业务承办质量不高而影响检察机关的形象。第二，统一指挥业务流转，控制业务过程。案件管理中心按照业务流程和职能分工，将各项业务分发至具体职能部门承办；职能部门承办完毕后将结果报案件管理中心处理；业务需要进入下一程序的，由案件管理中心再次将业务分发至相关职能部门承办；各个职能部门按照业务流行履行完全部程序和手续后，将最后结果报案件管理中心审查；所需材料齐备、报批手续完备的，由案件管理中心开具法律文书或签发文件，并登记备案。第三，统一监督和审查，控制业务质量。案件管理中心审查业务过程中，发现没有履行正当手续或者程序不规范的，发出不合格指令，限期采取纠正措施；需要提交检察委员会讨论决定的重大事项或重大复杂疑难案件，在审查后提出初步意见提交检察委员会讨论决定，并对检察委员会的决定进行督办、检查。第四，统一对外协调，控制法律监督效果。由案件管理中心对外移送案件、送达法律文书或文件，统一索要回执；由案件管理中心对相关决定的执行情况进行监督，发现没有在规定的期限内执行的，立即指令相关监督部门跟踪监督，直至正确履行为止。

8. 健全案件质量考评、绩效考核及责任追究机制

加强对案件质量考评和工作绩效考核，落实领导责任制及检察人员执法过错责任，是强化检察权内部监督制约的重要途径，同时也是落实检察权内部监督制约机制的有力保障。第一，完善案件质量考评机制。规定考评标准，针对各个业务流程的每个环节制定明确的质量要求和评价标准，以便对案件质量进行评估时有章可循；规定考评机构，明确检委办可根据考评办法对案件质量进行事先审查，对信息化系统的自动考评结果进行必要的修正，并将审查修正结果提交检察委员会，由检察委员会最后把关；规定考评期限，明确半年进行中期考评，年终进行年度考评，检察委员会还可定期对一些重大、复杂的案件或者群众反映强烈的案件进行抽查，以提高监督的针对性；规定诫勉程序，对案件考评质量不高、文书制作不规范、工作效率低的，可通过诫勉、警告等方式敦促其及时纠正。第二，完善工作绩效考核机制。即在规范化管理和案件督察的基础上，明确内设机构和工作岗位职责、工作目标，实行全员能力和绩效考核。工作目标层级设置，层层监督，责任落实到人，同时建立与考绩相一致的奖惩机制，既可以有效地解决主管检察长、科室负责人和一般干警之间工作责任不均、工作压力不均的问题，又克服了粗放型管理的弊端，解决工作效能不佳、干好干坏一个样的问题，强化干警的竞争意识和责任意识。① 第三，完善责任追究机制。最高人民检察院曾制定了《人民检察院错案责任追究条例》，但是由于该条例过于原则和概括，导致各地在错案追究的内容、程序和做法上出现很大差异，因此建议最高人民检察院对错案的范围、责任的划分以及追究的具体程序做出进一步的完善，各级人民检察院应以案件质量管理为突破口，狠抓落实，对执法办案中违反党纪政纪和检察纪律的，要按规定追究当事人的纪律责任，对部门负责人、分管领导失教、失管、失察的要按照党风廉政建设责任追究的规定予以处理，对包庇、隐瞒问题的责任人要严肃追究责任。对轻微违纪、案件质量不高、文书制作不规范、工作业绩平平、工作效率低等尚未构成党纪政纪处理的，可通过诫勉、警告等方式敦促其及时纠正。

---

① 霍建东：《检察业务流程规范化管理的构想》，载《检察实践》2004 年第 1 期。

法治思维语境中检察机关内部监督机制研究

沈曙昆[*]　贾永强[**]

党的十八大报告强调："提高领导干部运用法治思维与法治方式深化改革，推动发展，化解矛盾，维护稳定能力。"法治思维的核心要求是把权力关进制度的笼子里接受监督。检察权是法律监督权，检察机关在监督别人严格执法、公正司法的同时，必须用更严的要求、更高的标准来监督自己，这既是法治思维的基本要求，也是法治方式的具体体现。

一、检察机关内部监督的历程回顾

检察机关自成立以来，一直重视内部监督工作。早在1956年，最高人民检察院就设立了监察委员会，履行对各级检察机关及其工作人员的监察职责。1978年检察机关恢复重建后，自身反腐倡廉等内部监督工作由人事部门主管，最高人民检察院在1980—1988年的工作报告中每年都强调"对极少数检察人员违法乱纪行为进行了严肃处理"。1987年中央纪委批准最高人民检察院设立了党组纪检组，1988年组建监察局，与党组纪检组合署办公。1989年，最高人民检察院在工作报告中首次公布了全国检察机关处理检察人员的具体数字，① 并提出要自觉接受人民代表大会及其常委会的监督、接受人民群众的监督和舆论监督、建立和完善内部制约制度如实行检察机关自行侦查犯罪案件分权制，即把侦查、预审与决定逮捕、起诉分开，由两个部门分别管理，消除权力过于集中的弊病，使各项业务活动都受到外部监督制约和内部制约。

---

* 云南省昆明市人民检察院检察长。

** 云南省嵩明县人民检察院检察长。

① 最高人民检察院在1989年工作报告中披露：全国检察机关1988年受到党纪政纪处分和刑事处罚的检察人员有340人，其中，开除公职的9人，开除党籍的22人，追究刑事责任的60人。

1990年，最高人民检察院党组纪检组更名为中央纪委驻最高人民检察院纪检组。同年，最高人民检察院会同国家编委联合下发《关于设立地方人民检察院监察机构的通知》，地方各级检察机关纪检监察机构相继设立。各级检察机关纪检察监察部门先后组织对检察机关和检察干警经商办企业、对办案部门下达创收指标、无偿占用企业钱物和交通通讯工具、利用职权插手经济纠纷、枪支弹药使用管理、违规办案导致涉案人员死亡、特权思想和霸道作风、扣押冻结款物处理以及利用检察权乱收费、乱罚款、拉赞助等情况进行专项检查清理，尤其是1998年开展教育整顿以来，每年都组织开展一个教育实践活动，有针对性地解决群众反映强烈的突出问题和不正之风，检察人员违纪违法人数呈逐年下降趋势，检察机关执法公信力、认可度显著增强，人民群众信赖感、满意度明显提高，社会形象进一步提升。

2000年以来，最高人民检察院更加注重发挥制度建设在内部监督中的保障作用，先后建立了巡视、上级院负责人与下级院负责人谈话、上级院派员参加下级院党组民主生活会、领导干部任前廉政谈话、诫勉谈话、个人有关事项报告等制度，颁布了《人民检察院监察工作条例》、《检察机关领导干部廉洁从检若干规定（试行）》、《检察人员执法过错责任追究条例》、《人民检察院执法办案内部监督暂行规定》、《关于上级检察院对下级检察院执法活动监督的若干意见》20余项规定，内部监督初步形成了涵盖规范领导干部廉洁从检行为、惩戒违纪违法行为、对检察权进行监督制约等方面的制度体系。

最近几年，检察机关为回应外界关于“谁来监督监督者”的理论压力——其实“谁来监督监督者”本身就是一个悖论，因为如果“监督者应该被监督，那监督监督者也应该被监督，如此衍生下去，将会形成一个无法穷尽的监督链条，不仅监督成本会极其高昂，监督机制也会因监督权力之间的纠缠与冲突而陷于不能动弹之境”① ——更加注重内部监督，要求用比监督别人更高的标准来严格要求自己。尤其是2009年以来，检察机关不断深化和修正了关于“三个强化”总体目标的认识和表述，使强化自身监督与强化法律监督、强化队伍建设并列为推进检察工作全面协调健康发展的“三驾马车”。最高人民检察院每年组织召开全国检察机关纪检监察工作会议，曹建明检察长都出席并作重要讲话，充分体现了“一把手”对内部监督的高度重视。2009年7月，最高人民检察院组织召开了全国检察机关内部监督工作座谈会。2010年8月，最高人民检察院又组织召开了全国检察机关内部监督工作经验交流会。曹建明检察长两次出席会议并就对做好新形势下的内部监督工作作了一系列重要指

① 江平、邓辉：《论公司内部监督一元化》，载《中国法学》2003年第2期。

示，理论观点高屋建瓴，期待要求语重心长。2011 年 12 月 1 日，最高人民检察院印发了《关于加强检察机关内部监督工作的意见》（以下简称《意见》），对近些年来检察机关内部监督工作经验进行了概括总结和提炼升华，对当前和今后一段时期的内部监督工作进行了详细部署，是加强检察机关内部监督工作的纲领性文件，具有里程碑式的重要意义。

二、检察机关内部监督机制的运行现状

（一）检察机关内部监督现实成效

1. 内部监督的总体思路清晰完整

《意见》提出了检察机关内部监督的一个工作体系、四条工作路径和六项基本原则，工作总体要求明确，工作思路清晰。一个工作体系，即党组统一领导，检察长负总责，班子成员分工负责，纪检监察部门组织协调，部门各负其责，全体检察人员共同参与的工作体系。四条工作路径，即以领导干部为重点，以执法规范化为核心，以制度建设为关键，以改革创新为动力。六项基本原则，即坚持党组统一领导，齐抓共管；坚持围绕中心，服务大局；坚持突出重点，统筹推进；坚持依法依纪，从严治检；坚持分工协作，相互制约；坚持改革创新，与时俱进。

2. 内部监督的组织架构初步形成

全国四级检察机关普遍设立了纪检组，最高人民检察院、省级检察院和市级检察院普遍设立了监督察部门，县级检察院有专人负责监察工作。2008 年以来，市级以上检察机关开始普遍成立检务督察部门，对遵守和执行国家法律法规、遵守办案程序和办案纪律、遵守检容风纪等情况开展督察。2011 年以来，各级检察机关加快推进设立案件管理部门，切实加强对执法办案的监督。纪检、监察、督察、案管“四位一体”的内部监督组织架构初步形成。

3. 内部监督的客体对象相对广泛

《意见》根据检察工作实际特别是检察人员违纪违法问题发生的规律特点，将监督的客体重点设定为 5 个方面：一是强化对重大决策部署和制度执行的监督，二是强化对领导班子和领导干部的监督，三是强化对执法办案活动的监督，四是强化对干部选拔任用工作的监督，五是强化对重大经费开支等工作的监督。监督对象相应分别是下级检察机关和检察院内设机构、领导班子和领导干部、执法办案人员、干部选拔任用相关人员、重大经费开支及政府采购和重大工程项目相关的人员等。内部监督的客体对象基本涵盖了检察工作的各个重要环节，相对广泛。

4. 内部监督的方式举措明确具体

《意见》对5项内部监督的重点内容分别列举了若干监督方式，工作举措明确具体。如关于重大决策和制度执行的监督方式，规定了专项检查、跟踪督办检查、检务督查、严肃查处等5种方式；关于领导班子和领导干部监督，规定了上级院参加下级院党组民主生活会、述职述廉、巡视、上级院负责人与下级院负责人谈话、廉政档案、个人有关事项报告6种方式；关于执法办案监督，规定了充实和完善一案三卡，加强办案一线党组织建设，案件质量检查、案件复查和重点案件回访，健全查办职务犯罪工作监督制约机制，建立和推行检察人员执法档案、积极推广制度科技等预防手段等方式。

（二）检察机关内部监督问题梳理

内部监督机制的四个构成要素为监督主体、监督客体、监督对象和监督方式。目前，检察机关内部监督机制中除监督对象即监督谁外，其他三个要素在实践运行中都还存在一些问题亟待解决。

1. 内部监督主体方面存在的问题

内部监督主体是解决由谁监督的问题。从理论上讲，人人都可以行使监督权力，《人民检察院执法办案内部监督暂行规定》第10条规定："执法办案内部监督工作的责任主体是各级人民检察院的检察长、分管执法办案工作的副检察长、监察部门、执法办案部门负责人及其检察人员。"课题组认为，检察长、副检察长、部门负责人在执法办案中履行的更多是领导职责，专门履行监督职责的主体应该是纪检组和监察、检务督察、案件管理这几个职能部门。目前内部监督主体方面存在的问题是：

（1）主体关系尚未理顺。一是纪检组与监察部门职责相互交叉。纪检组是同级纪委派驻检察机关的纪律检查机构，严格来讲应属于外部监督，但由于检察机关的特殊性，纪检组长一般被任命为检察院党组成员，接受派出纪委和派驻检察院党组的双重领导，在工作性质上更多体现于检察机关自身的党内监督；监察部门则是检察机关内设监察机构，两者的职责虽然有一定区分，但交叉内容较多，如都有检查本院内设机构和下级人民检察院执行国家法律、法规情况的职责，都有受理、处理检察人违反纪律的职责，都有监督财务收支职责等。二是纪检组、检务督察部门、案件管理部门与监察部门在体制上相互关系不明朗，横向体系不完整，衔接不顺畅，监督合力尚未形成，监督资源有待整合。三是检察机关内部上下级检察院纪检组之间的关系未理顺。监察部门上下级领导关系很明确，《人民检察院监察工作条例》第6条规定，人民检察院监察部门在本院检察长和上级检察院监察部门领导下行使职权。但纪检组作为纪委派驻机构，应当接受派出纪委的领导；作为检察院党组成员，也要服从院党组的领导，但是否需要接受上级检察院纪检组的领导目前没有明文规定。

（2）机构人员配备不足。一是在2008左右开始的新一轮地方纪检体制改革试点中，少数检察院纪检组被撤销，检察机关纪检工作由纪委新派出的政法纪工委统一开展，内部监督变为外部监督，带来监督不到位、不及时、不深入等较多弊端。二是由于纪检组与监察部门合署办公，大多数纪检组只有组长的领导职数编制，没有工作人员编制，导致大多数纪检组只有组长一个人。三是在2002年左右的机构改革中，大部分县级检察院的监察科被撤销，只安排一两个人在纪检组长的领导下开展工作，监察职责难以充分履行。四是检务督察部门的机构编制大多没有经过编委批准，督察室主任的任命也没有经过组织部批准，“名不正言不顺”，工作权威性不足，行使职责时底气不足。五是案件管理部门在内部监督工作中的职责定位还没有引起重视，大多数省市检察机关案件管理工作刚刚起步，大多数基层检察院还没有正式成立案件管理机构；已经成立机构的，工作人员也没有全部到位，工作尚未全面开展，加之管理软件的缺失，手工操作导致工作效率低下，目前基本上还没有将工作重点指向监督。

（3）人员素质有待提高。监督者应当比被监督者有更高的素质，才能充分发挥监督职能，同时让被监督者信服。目前存在的问题：一是思想认识不高，部分检察院将内部监督部门当作养老、养闲部门，年富力强的人少，监督无法有效开展。二是业务素质不高，业务部门不愿意放业务骨干到内部监督部门，业务骨干本身由于内部监督部门的福利待遇、工作成就感等原因，除非是可以去做领导，自然也不愿意到内部监督部门，导致内部监督部门鲜有在多部门工作、熟悉多个检察业务环节的专业人员。不精通检察业务，自然难发现问题并进行深入监督，内部监督很多时候是蜻蜓点水、表面化。三是心理素质不高，内部监督从本质上是对检察人员的关心、爱护和保护，但从形式上讲容易得罪人，甚至是得罪领导，很多内部监督人员不愿意大胆监督，失之于宽、失之于软，是在所难免的。

2. 内部监督客体方面存在的问题

内部监督的客体是解决监督什么的问题。监督客体在规定上一要避免过粗，防止该监督因没有依据而监督不了；二要避免过细，防止什么都想监督，最终什么都监督不了。《意见》在对近年来检察机关内部最容易出问题的领域和环节进行归纳的基础上，明确重点要从五个方面加强内部监督，但在列举监督内容时，也还存在一些问题。

（1）部分内容过于泛化。如在关于“加强对党的路线方针政策和上级检察院重大决策部署，决议决定、规章制度执行情况的监督”中，主要监督两方面的内容：一是加强对中央、最高人民检察院重大决策部署和制度执行情况的监督；二是加强对最高人民检察院和上级院决议决定、命令指示贯彻执行情况的监督。这个范围太宽泛，因为检察机关的所有活动都是在执行“中央、最高人民检察院重大决策部署和制度”，这样规定相当于所有工作都是监督的重点。

（2）部分内容过于虚化。如在关于“加强对领导班子和领导干部的监督”中，主要监督三个方面的内容：一是加强对领导班子和领导干部贯彻执行党的路线方针政策特别是贯彻落实科学发展观、遵守党的政治纪律的监督；二是加强对领导班子特别是“一把手”贯彻执行民主集中制等情况的监督；三是加强对领导干部落实党风廉政建设责任制、廉洁自律和遵守相关规定以及工作作风的监督。其中“加强对领导班子和领导干部贯彻执行党的路线方针政策特别是贯彻落实科学发展观、遵守党的政治纪律的监督”内容比较虚，而且加强对“贯彻执行党的路线方针政策监督”与前一部分的内容重复。

（3）部分内部过于细化。如在关于“加强对执法办案活动的监督”中，主要也是监督三个方面的内容：一是加强对执法办案重要岗位和人员以及关键环节的监督；二是加强对检察机关自侦案件的监督；三是对执法不廉问题、社会关注高和群众反应强烈的突出问题的监督。其中“执法办案重要岗位和人员以及关键环节”及“执法不廉问题、社会关注高和群众反应强烈的突出问题”虽然《意见》没有明确，但提及要严格执行《检察人员执法过错责任追究条例》、《人民检察院执法办案内部监督暂行规定》。该《规定》第8条列举了9类应当重点监督的案件，第9条列举了14类应当重点监督纠正的行为；该《条例》第7条列举了10种应当追究责任的“故意”执法过错行为，第8条列举了9种造成严重后果、应当追究责任的“过失”执法过错行为。这四条内容基本囊括了执法办案的方方面面，几乎所有的执法办案人员和执法办案行为都成为监督的重点。当全部都是重点的时候，也就没有了重点。

3. 内部监督方式方面存在的问题

内部监督方式是解决怎么监督的问题。《意见》及相关文件对监督方式的列举总体上比较明确和具体，但也还存在一些问题。

（1）部分监督方式实效性不强。如检察人员执法档案制度，本质上是考评方式，并不是严格意义上的监督方式，在人少案多矛盾突出的检察院，执法档案基本上在年底突击完成，纯粹应付交差，形式化、表面化严重，达不到预期效果。又如《意见》提出加强办案一线党组织建设，在党员达到3人以上的办案组设立临时党组织，对执法办案活动进行监督——但由于党组织负责人一般都会是办案负责人，而案件原本就是由负责人指挥开展的，这种既是

"教练员"又是"裁判员"的监督方式，其效果可想而知。

（2）部分监督方式操作性不强。如在责任追究方面，"《检察机关党风廉政建设责任制责任追究暂行规定》和《检察人员执法过错责任追究条例》存在诸如线索的发现和调查程序不够明确、责任追究启动程序不够详细周密、职能部门的权属不够明晰等问题，急需采取措施补充完善。"①

（3）部分监督方式可行性不强。如《人民检察院执法办案内部监督暂行规定》第14条规定："执法办案部门检察人员在执法办案内部监督中承担以下职责：对本院检察长、副检察长和上级人民检察院对口部门检察人员履行执法办案职责的情况进行监督。"第16条规定："下级人民检察院发现上级人民检察院及其检察人员在执法办案活动中有违纪违法行为的，应当进行监督。"这种下级监督上级的制度安排在实践中很难运行。

三、检察机关内部监督机制的改革完善

（一）内部监督主体的完善

1. 整合内部监督主体资源

整合现有内部监督资源，形成纪检组长组织协调，纪检组、监察部门、案件管理部门和检务督察部门各负其责的内部监督工作体系，增强内部监督工作合力。

一是巩固纪检组长在内部监督中的总协调地位。虽然纪检组从组织体系上讲是同级纪委的派出机构，但纪检组长同时兼任派驻检察院的党组成员，应当代表党组成为内部监督工作的总指挥，切实承担内部监督工作的总协调职责。

二是强化纪检组建设。尽快恢复因种种原因被撤销的检察机关纪检组，充分发挥纪检组在内部监督中的职能任用。明确规定检察机关内部上下级检察院纪检组之间的领导关系，形成纪检组一体化工作格局。协调纪委为纪检组增加专门人员编制充实纪检组力量，改变纪检组与监察机构"两块牌子、一套人马"的现行体制。鉴于检察机关的政法专项编制普遍紧张的现状，协调在纪委的人员编制中为派驻检察院纪检组增加人员，省级检察院纪检组建议增加3至5人，市级检察院纪检组增加2至3人，县级检察院增加1至2人。

三是在县级检察院增设监察机构。目前大多数县级检察院尚未设立监察科，只有专人负责日常监督工作，这种现状不能适应当前最高人民检察院对内部监督工作高度重视的现实需要，应尽快设立，专门行使监察职责。

---

① 张志杰：《从四方面着手做好检察机关内部监督工作》，载《检察日报》2011年4月27日第3版。

四是推进案件管理机构建设。将案件管理机构定位为执法办案内部监督的主要职能部门加快推进，确保人员、装备、软件等尽快到位。

五是进一步强化检务督察平台。建议省级检察院增设有机构编制的检务督察办公室；有条件的市级检察院可以增设有机构编制的检务督察办公室，条件暂时不允许的设立没有机构编制的检务督察办公室，但办公室主任由监察处副处长兼任，增强检务督察工作的效力；县级检察院设专人负责检务督察工作。

2. 重构内部监督主体职责

结合《意见》确定的检察机关内部监督工作重点，重新定位纪检组、监察机构、案件管理机构和检务督察机构的职责，尽量避免四者职责出现交叉。纪检组主要负责对执行党的路线方针政策的监督，对领导班子和领导干部的监督，对干部选拔任用工作的监督；案件管理机构主要负责对执法办案活动的监督；检务督察机构主要负责对上级检察院重大决策部署、检容风纪、警车使用、枪支管理的监督①；监察机构主要负责对重大经费开支、政府采购、重大工程建设项目的监督，同时负责对案件管理机构、检务督察机构以及监察机构自身在履行监督职责中发现的违法违纪行为进行调查，并提出处理意见送检察长办公会研究决定，或送纪检组按规定报相关部门处理。

3. 提升内部监督人员素质

一是要提高内部监督人员的职级待遇。建议参照纪委纪律检察室负责人职级普遍高配的做法，将监察机构和案件管理机构负责人的职级高于其他内设机构负责人的职级予以设置，体现内部监督的位阶效用，强化内部监督工作的权威性，增强内部监督工作的吸引力。对工作成绩突出的内部监督人员，参照市纪委任命正处级检查员、副处级检查员、正科级检查员的做法，相应给予正处级、副处级、正科级、副科级检察员的职级。二是要加强内部监督人员的激励，在学习、培训、考察等方面给予适当倾斜。三是要选好挑好内部监督人员，将熟悉检察业务工作，具有一定的综合协调能力、年富力强的人员选配到内部监督部门，提高内部监督人员的整体素质，有效解决不敢监督、不愿监督、不能监督的问题。

（二）内部监督客体的完善

指导性文件的四个层次分别是意见、指导意见、实施意见和实施方案。《意见》作为最高人民检察院的宏观性规范文件，内容相对原则，需要根据上级的总体部署，结合本地的实际情况，由省级检察院制定指导意见，市级检察

① 领导交办的一般事项的督办工作，建议由院办公室负责。办公室督办办理效果不理想的，可转送检务督察部门处理，增强督办督察工作的层次性。

院制定实施意见，县级检察院制定实施方案，细化监督内容，突出监督重点。

一是细化和突出对决策部署的监督。检务督察部门每年要梳理上级检察机关、地方党委和本院党组作出的重大决策部署，将全国检察机关统一开展的主题实践教育活动、业务部门统一部署开展的专项行动、地方党委关于检察工作的重要决定和批示、院党组关于本年度工作的重大安排等列入督察计划，有针对性地开展督促检查，确保检令畅通、令行禁止。更加注重对警用车辆、检容风纪和办案安全的督察，防止这几个方面出事而被新闻、网络媒体报道和渲染。

二是细化和突出对执法办案的监督。监督和制约是两个不同的概念。案件管理机构作为执法办案内部监督的职能部门履行的职责，应注意和其他业务部门相互之间的制约区别开来，重点对内部制约缺失的执法办案环节以及内部制约出现争议的案件进行监督，做到制约是制约，监督是监督，避免两者混淆，使监督的重点更加清晰，更加突出，更具实效。

三是细化和突出对领导干部的监督。纪检组应突出对领导班子侧重于贯彻执行党的路线方针政策和政治纪律情况的监督，对领导干部侧重于贯彻执行党风廉政建设责任制、民主集中制和廉洁自律情况的监督，对干部选拔任用侧重于贯彻执行《党政领导干部选拔任用工作条例》情况的监督。更加注重对“一把手”的监督，明确各级检察长原则上不得分管人事、财务和工程项目，使领导班子内部权力配置合理、相互协作、相互制约，防止独断专行。

四是细化和突出对财务活动的监督。监察机构要细化对检察机关自身的重大经费开支、重大工程建设和重大政府采购尤其是重大科技装备和检察信息化建设项目的监督内容，省级、市级、县级检察院要结合实际分别界定各自重大经费开支、重大工程建设和重大政府采购的标准，明确监督内容。

（三）内部监督方式的完善

1. 改革部分实效性不强的监督方式

对部分监督效果不佳、工作量较大的监督方式大胆改革，部分监督方式予以完善，部分监督方式予以废除，部分监督方式予以整合，尽量为内部监督部门和执法办案人员减轻负担。“一案三卡”制度和执法档案制度可由各级检察院根据业务量灵活掌握，案件较少的，可以继续坚持；案件较多的，确定一个比例，没有必要每件案件都填写“三卡”和档案。临时党组织制度仅针对专案以及社会影响极大且办案时间较长的案件。整合关于对领导班子和领导干部的监督方式中的上级检察院参加下级检察院民主生活会、述职述廉、巡视、上级检察院负责人与下级检察院负责人谈话等制度，做到下一次基层，尽可能完成若干项监督任务。

2. 细化部分操作性不强的监督方式

《意见》提出要制定检察机关领导干部廉政档案的实施办法、执法办案内部监督实施细则、检察机关干部选拔任用工作监督办法、检察机关重大经费支出监督办法、检察机关政府采购和重大工程建设项目招（投）标监督办法等，很有必要，建议尽快出台。《检察机关党风廉政建设责任制责任追究暂行规定》和《检察人员执法过错责任追究条例》中关于线索发现和调查程序不够明确、责任追究启动程序不够详细周密等问题，应当在贯彻落实这两份文件的实施办法中予以进一步明确。加快全国检察机关案件统一管理软件的开发运行，尽快实现对执法办案活动的网上动态监督，充分发挥案件管理部门的职能作用。规范案件评查的范围、方式、程序等，确保案件质量。

3. 强化部分可行性不强的监督方式

遵循内部监督工作规律，废除下级监督上级这一尴尬的制度安排，对下级检察院的领导班子尤其是“一把手”的监督要充分发挥上级检察院纪检、监察和检务督察部门的职能作用。进一步强化廉政风险防控机制建设，防止风险防控只是挂在墙上、写在纸上，落实不到行动中，努力从源头上预防检察腐败。科学运用责任追究手段，合理使用《检察人员纪律处分条例》、《检察机关党风廉政建设责任制责任追究暂行规定》和《检察人员执法过错责任追究条例》中的批评教育、组织处理和纪律处分几种惩治方式，在内部监督考评中鼓励更多运用批评教育方式来敲敲警钟、防患未然。

法治思维下的检察机关自身监督制约机制重构

张剑文*

一、法治思维的意涵

“法治思维”作为政治概念提出以来，迅即被套用为各行各业的发展、建设指导思想，成为报章热词，① 同此前“科学发展”、“和谐社会”一样俨然蜕变为无处不可用的流行概念。然而“法治思维”不该是任人打扮的小姑娘，至少作为学术命题的“法治思维”，其意涵应有一定的确定性，其运用应有一定的规则，其实践应有特定的目标，并非标榜了“法治思维”就可以立即奏效。

推诸学人对“法治思维”的阐发，可称共识者有如下数端：其一，对“法治”虽有不同解说，但这一概念是指“rule of law”而非“rule by law”（法制），基本的核心意义是指规则治理而非人治、法律保障人权维护公平正义而非服务于威权、政府必须依法行政；② 其二，法治思维是建立在法治理念

* 国家检察官学院副教授，澳门大学法学院博士研究生。

① 以“法治思维”为关键词 google 搜索新闻，显示约 22800 条结果，排在前列的标题包括阎晓宏：《运用法治思维推动新闻出版管理法治化》；何平：《善用法治思维建设“大湖名城”》；丁伟：《以法治思维法治方式推进改革创新》；陈新：《以法治思维和法治方式深化平安建设提升民生幸福指数》等。

② 姜明安：《法治、法治思维与法律手段——辩证关系及运用规则》，载《人民论坛》2012 年第 5 期，第 6 页；陈金钊：《对“法治思维”和“法治方式”的诠释》，载《国家检察官学院学报》2013 年第 2 期，第 77 页；陈金钊：《用法治思维抑制权力的傲慢》，载《河南财经政法大学学报》2013 年第 2 期，第 1 页；姜明安：《再论法治、法治思维与法律手段》，载《湖南社会科学》2012 年第 4 期，第 75 页。

上的，以法治作为逻辑基础的思维，首先是对执政者提出的要求，[①] 是指执政者在法治理念的基础上，运用法律规范、法律原则、法律精神和法律逻辑对所遇到或所要处理的问题进行分析、综合、判断、推理和形成结论、决定的思想认识活动与过程；[②] 其三，与“法治思维”关联的“法治方式”是法治思维的外化，是指应对社会问题的方式是通过法律规范的制定实施、法律手段的运用来进行。[③] 以上三者构成法治思维的基本意涵。

从词语结构来看，“法治思维”还可以由两个维度解释：其一为基于法治的思维，其二为合于法治的思维；前者侧重于过程，后者侧重于结果。基于法治的思维首先要求作为逻辑起点的法律规范完备，另外，要求法律的运用者（实施、执行、解释者）遵守实体及程序规范。合于法治的思维首先要求法律规范本身合乎法治理念，即应为良法，应当具备内在一致性并符合社会一般公平正义观念；另外，法律的实施、执行、解释应当合于法律原则、法律精神和法律逻辑，权变或具体问题具体分析的裁量权都应当是有限的而非任意的。

从约束的主体来看，对于执政党而言，法治思维要求将合于人民利益的政策制定为法律；对于立法机关而言，法治思维要求法律制定尽可能吸纳大多数社会成员参与，使法制反映社会共识；对于司法机关而言，法治思维要求司法过程遵守法律赋予的权限及规定的程序，并且司法结果体现公平正义的观念；对于行政机关而言，法治思维要求政府守法、行政行为合法并符合公平原则。

二、检察机关自身监督制约机制之检讨

（一）检察机关自身监督制约机制的内容

检察机关内部监督制约，或检察机关内控机制，提出的依据在于，作为国家法律监督机关，首先要做到自身规范执法，自身正而后才能正人。检察权运行于自我监督制约机制之下，从而避免不当行为的发生，应该说初衷良好，这一点高层领导人的讲话、报告之中已经表述的非常充分。例如，最高人民检察院曹建明检察长指出，要把内部监督放在与强化法律监督同等重要的位置来

---

① 袁曙宏：《全面推进依法治国》，载《十八大报告辅导读本》，人民出版社2012年版，第221页；蒋传光：《法治思维：创新社会管理的基本思维模式》，载《上海师范大学学报（哲学社会科学版）》2012年第6期，第5页。

② 姜明安：《法治、法治思维与法律手段——辩证关系及运用规则》，载《人民论坛》2012年第5期，第6页。

③ 付子堂：《论构建法治型社会管理模式》，载《法学论坛》2011年第2期，第40页；胡建淼：《法律思维与现代政府管理》，载《国家行政学院学报》2011年第3期，第67页。

抓，只有高度重视解决好自身存在的问题，才能更好地强化法律监督职能。[①]周永康致信第十三次全国检察工作会议强调始终坚持党对检察工作的领导，强化自身监督全面履行法定职责。[②] 强化自身监督在过去五年被放在与强化法律监督同等重要的位置上，[③] 以如何强化自身监督为主题的研究为数不少，[④] 各地检察机关就如何强化自身监督也探索了许多举措。[⑤]

强化检察机关内部监督最基本的要求是加强对自身执法办案活动的监督，这是为各地实践所证明的一致认识。目前检察机关自身监督机制的目的是确保严格、公正、文明、廉洁执法，防止检察人员违法违纪现象的发生，防止权力失控、决策失误、行为失范。监督的重点一方面是对人的监督，即对领导干部和办案人员的监督，另一方面是对事的监督，即对执法办案活动的监督。检察机关自我监督措施主要体现在对执法办案活动的监督，在对事监督中同时实现对人的监督；自我监督的内容大致为工作绩效、办案流程、办案质量、办案风险等，措施则包括绩效考核评价、办案流程管理、案件质量评查、办案风险评估预防及责任追究。

具体而言，绩效考核评价为多重多元体系，包括地方党委目标责任考核、最高人民检察院规范化考核和检察业务考核、[⑥] 上级检察院业务考核，以及内设机构部门绩效考核，考核内容涵盖党风廉政建设、作风纪律建设、执法办案质量、业务工作成效等。办案流程管理（案件管理）主要依据最高人民检察院制定的《检察机关执法工作基本规范》以及各地制定的办案流程管理规定等规范性文件，对各项业务流程进行管理监控，监控关键环节为案件受理、立案、侦查、审查、结案、移送起诉、判决审查和案卷归档等。案件质量评查是对办结案件质量的事后评价，主要依据各地方制定的案件质量评查办法等规范，依照事实认定、法律适用、程序规范、案卷装订、责任追究等评分标准，采取部门评查、评查组审查等方式，一案一考评，并评定案件等级。办案风险

---

① 曹建明：《强化检察机关内部监督制约　确保严格执法》，载中央政府门户网站 http：//www. gov. cn/jrzg/2009－07/03/content_ 1356765. htm，2009 年 7 月 3 日。

② 周永康：《检察机关要强化自身监督全面履行法定职责》，载新华网 http：//news. xinhuanet. com/politics/2011－07/16/c_ 13989397. htm，2011 年 7 月 16 日。

③ 曹建明：《最高人民检察院工作报告》，在第十二届全国人大一次会议上的报告。

④ 李明蓉：《完善检察机关内部监督机制》，载《检察日报》2013 年 2 月 1 日。

⑤ 《各地检察机关强化自身监督有实招》，载《检察日报》2013 年 4 月 15 日。

⑥ 2010 年最高人民检察院 1 号文《关于印发〈最高人民检察院考核评价各省、自治区、直辖市检察业务工作实施意见（试行）〉和〈最高人民检察院考核评价各省、自治区、直辖市检察业务工作项目及计分细则（试行）〉的通知》。

评估预防，是指在执法办案过程中，对做出不捕、不诉、不立案、不赔偿、不抗诉、撤案等决定和办理重大复杂案件时，事前进行信访风险评估，在办理职务犯罪案件中，落实“一案三卡”制度，强化执法监督，预防因不当行为引起的涉检信访，及时发现和纠正不规范的问题。责任追究是指依照检察机关以及地方党政机关有关工作人员执法过错、工作过错和不当行为责任追究规定，纪检监察部门跟踪监督执法办案，促使检察人员增强执法办案的责任意识和敬畏意识。目前，检察机关对检察人员责任追究的条规依据主要集中在《检察人员纪律处分条例》、《检察机关党风廉政建设责任制责任追究暂行规定》和《检察人员执法过错责任追究条例》三个规定中，各地多依据这三个规定制定适用于本地检察机关的细则办法。

上述办案流程管理、案件质量评查、办案风险评估预防、检务公开的结果均反映在绩效考核之中，而绩效考核的结果则与责任追究直接关联。例如，办案流程中的瑕疵、案件质量评查反映的问题均为绩效考核的扣分项；办案风险评估预防的效果亦为绩效考核中的加减分项，成功化解涉检信访风险会得到加分，而一旦出现涉检上访则必定导致扣分。随着检察机关对自身监督制约的重视，各级检察院均设立案件管理中心，实行案件质量集中统一管理，旨在解决各个诉讼环节监督衔接不力、监督滞后、监督断档等难题，实现事后监督向事前事中监督、静态监督向动态监督、结果监督向诉讼全过程监督的转变。案件质量管理部门的设立以及案件管理监督机制的健全，遂成为当前检察机关强化自身监督的重要举措。

（二）现行自我监督制约机制效果评价

检察权运行的自我监督机制，其内容及措施虽包含多个方面，但最终归结至绩效考核。① 由于检察机关的法律性质及现实地位的复杂性，检察机关的绩效考核是一个多重多元标准体系，至少包括如下层次：首先，最高人民检察院面向地方检察机关的考核，基于检察机关上级对下级的领导关系，对地方检察院总体及各业务部门评分；其次，省、自治区、直辖市检察院对下级院的考

① 张静：《论绩效考核对检察权行使的影响》，南京大学2012年硕士学位论文，第6页。

核，同样基于上级对下级的领导关系，对市、县检察院总体及各业务部门评分；① 再次，地方党委对同级检察院的目标责任考核或效能考核，基于地方党委政府对检察院的领导关系，关乎检察机关在其所在行政区域的荣誉和地位；② 最后，各级检察院对内设机构的考核，旨在通过内部激励，提高工作质量。上述各层次考核的主体不同、目标不同，考核的方式均主要为量化指标式考核。量化评价方式被广泛认为是科学的，因其可通过指标设计相当程度上排除主观干扰，因而近年来在各行业绩效评价中广泛应用，司法机关亦不例外。检察机关的量化考核，如其他量化评价一样，一概事先设定考核指标，用以即时或事后评判检察职能行使的绩效，其间难免许多难以契合之处。于是我们看到，考核指标始终在修改完善，但始终难以克服如下种种弊端：

第一，绩效考核体系虽然在设计时考虑了多元价值，主要细化为工作量、工作效率和以各类差错评分来衡量的办案质量，但实施时则体现为各种"率"，如无罪率、不诉率的要求，数字化衡量办案质量，导致对办案质量的客观评价变为对办案结果的追求，程序正义被忽视。③ 例如无罪率被认为是公诉案件质量的标准，零无罪判决遂成为值得标榜的成绩，为了追求无罪率，撤诉被广泛运用，原本可以因无罪判决解除犯罪嫌疑者仍然面临被追诉的风险，违背刑事诉讼控审分离以充分保障人权的初衷。④

第二，由于考核结果关系到各种荣誉及利益，为取得成绩，原本作为事后评价的绩效指标蜕变为事先下达的工作任务指标，并且这种任务指标呈现逐年递增、层层加码的特点。例如，为强调打击职务犯罪职能的重要性，将查处职务犯罪案件数量作为任务指标下达是普遍的做法，而该任务数量通常逐年递增；又如笔者调查的Y市2010年度民事行政检察工作为该市检察机关近几年

---

① 最高人民检察院《2009—2012年基层人民检察院建设规划》规定：基层检察院的考核，坚持客观公正、公开透明、注重绩效、社会公认的原则，内容科学合理，形式简便易行，对基层检察院进行全面考核。考核工作由省级检察院统一领导，市级检察院组织实施。市级检察院每年都应当对所属基层检察院进行一次全面考核。省级检察院可以根据本地区经济社会和基层检察院发展的差异性和不平衡性等实际情况，制定分类标准，实行分类考核。省级检察院应当将基层检察院的考核结果与对市级检察院的考核挂钩，把基层检察院建设工作的情况作为考核评价市级检察院工作的一项重要内容。

② 该项考核虽然具有外部性，但对检察机关内部考核指标有重要影响。

③ 黄维智：《业务考评制度与刑事法治》，载《中国检察》（第13卷），第258页。

④ 王新环：《定罪率与绩效考核》，载《人民检察》2003年第9期；朱桐辉：《绩效考核与司法环境之辩》，载《刑事法评论》（第21卷），北京大学出版社2007年版，第253页。

的亮点，受到上级表扬，Y市遂要求所辖6个基层院该项工作必须排在全省前6名，该市所在的N省院亦因为Y市院民事行政检察工作的突出成绩，在上一年数据基础上，增加10%的提请抗诉及抗诉案件数任务指标。如此事先下达任务指标，显然有违检察权的性质，众人皆知其非，但由于绩效考核的巨大作用力，不合理的任务指标依然在分解下达。

第三，多重考核指标的设定导致原本目标一致的职能之间发生冲突。例如职务犯罪惩治和职务犯罪预防虽由不同的内设机构负责，但其目标一致，即为减少直至消除职务犯罪，促进国家工作人员的职务廉洁性。而检察业务考核指标之中，查处职务犯罪设定为逐年递增，如此则一些职务犯罪预防工作成效显著的地方，由于查办职务犯罪案件数量减少，将在考核中处于不利地位。从工作的整体目标来看，不论通过惩治还是预防，只要达到遏制职务犯罪的目的，就应该说是取得了好效果，但考核指标则造成惩治与预防职能的冲突。又如侦查监督与职务犯罪侦查及公诉部门在办案中表现出来的一些冲突，大多出于任务指标的压力，而这些刑事检察部门原本行使职能的目标均为通过程序性权力的行使，实现打击犯罪与保障人权的目标。

第四，一些考核指标使得正当行使裁量权反而导致扣分，检察机关的部分裁量权于是缩减或虚置。以不起诉裁量权为例，笔者调查的Y市所在的N省由于2010年不起诉率排名全国倒数前列，2011年即将远远低于全国平均水平的不诉率作为一项硬指标下达。而对合乎法定条件的案件决定不起诉的不起诉裁量权是检察机关公诉权的一部分，有多少合乎不起诉条件的案件，就可以有多少不起诉的决定，这也是贯彻宽严相济刑事司法政策的要求。最高人民检察院对不起诉率进行排名即表明对此问题的态度和导向，很显然不起诉至少是不鼓励的。由于不诉率硬指标的规定，检察机关的不起诉裁量权实际上很难充分发挥作用。

第五，外在考核指标的权重影响检察机关内设机构间的平衡，一方面导致部门间资源配置的不平等关系以及一些“二类”部门如控告申诉、民事行政检察等成为“老弱病残”集散地，影响了部分检察职能的有效行使，这种不平等也是导致一些部门背离职能性质片面强调办案规模化的原因之一。另一方面，考核指标的不断变化直接影响检察工作的阶段重心，为了打造亮点、机制创新等加分项，强调某一职能的专项活动不断出台，加剧执法司法活动的“运动”化。①

---

① 各地检察机关开展各类“专项行动”为工作常态，最高人民检察院网站“地方检察动态”中，半数标题即为专项行动或活动。

第六，基于量化考核结果的排名导致同级检察院之间的"不正当竞争"，影响检察机关的形象和威严。例如，发无具体内容的检察建议，同时为监督对象拟好回复，以迅速增加考核数据；或者随意发检察建议，使得检察建议这种监督措施的严肃性和威慑力大大削弱；又如一些地方检察院动员当事人来申诉等等。至于一些地方出现的数据造假、年底指标突击等现象，更是严重损害了检察机关的形象。

第七，量化指标的设置很难顾及地域差异，而办案数量、案件类型等影响考核评分的因素却很大程度上决定于一个地方的社会特点、经济发展水平、人口等，于是不论怎样考核，总会出现不公平甚至有些荒唐的结果。

上述弊端带来进一步的隐忧则是：首先，《检察院组织法》、《检察官法》空洞化，检察机关不是依照组织法而是依照一套行政化的考核体系在管理，检察机关作为司法机关的特征变得模糊，检察权运行的一贯性、统一性很难实现；其次，使得检察官事实上为指标而非为公平正义而工作，更多注重是否完成任务指标而非是否达到检察权行使的目的，更多注重个人以及部门的工作业绩而非是否很好地实现了法律监督效果；再次，使得理应代表社会公共利益、客观公正的检察机关庸俗化，检察机关及检察官的身份意识、自我认同发生很大偏差。

三、以法治思维重构检察机关自身监督制约机制

（一）原则

目前的检察机关自我监督制约，更多属于现存问题的应对，并且由于陷入"怠工推定"的思维窠臼，不可避免地将企业化的奖惩机制作为自我监督制约的主要措施。如此一来，应当被广泛信任的检察官首先不被自己的机关信任，应有的职业尊严在无处不在的奖励惩罚之中化为乌有。不可否认，由于现行检察官选任机制远非应然的司法官选任机制，一些检察官或者因业务素质不高而导致办案质量不高，或者因思想品质低劣而违法违纪办案，妨碍了司法公正的实现。① 这些都成为强化检察机关自身监督的内在动因。诚然，检察机关作为国家法律监督机关，自身如果不能保证清廉公正，就无法令人信服地行使法律监督权。检察机关建立机制防止不当行为的发生，是十分必要的。但仍然需要推究的是，什么样的监督制约机制才能够真正消除检察人员的不当行为，更需

① 林广成：《多管齐下加强检察机关自身执法办案监督》，载《检察日报》2011年7月13日。

要推究的是，什么样的措施在防止不当行为的同时可以保障检察权的正确行使。①

基于法治思维，合理设计检察机关自身监督制约机制，必须科学分析这一机制应遵从的原则。首先，检察机关自身监督制约机制应合乎检察机关的性质。检察院的组织管理、职权，检察官的选任、纪律监察，均具有法定性，检察机关自身监督制约机制属于管理规范，应当在法律层次上设计，而不应仅仅是随意性很大的机关内部制度。其次，检察院是国家法律监督机关，具有国家属性，即便冠以地方之名的检察机关并非行使地方权力的党政部门，而是行使统一的一体化的检察权的司法机关，因而检察机关自身监督制约机制应有自上而下的统一性，而不应由各个检察院任意试点自行制定。再次，有关检察机关的任何规定均应有利于检察权运行目的的实现，而不应影响检察权的正常运行。检察机关自身监督制约机制从最初提出的目的上来说，就是为了保障检察机关自身的公正，保障检察官行使职权的客观性，在具体内容措施的规定上，自不应违背这一根本目的，因而致使一些检察职能无法发挥作用的考核指标等不应纳入检察机关自身监督制约措施之中。最后，检察官作为司法官，是一种关乎重大公共利益的职业，更是一种“志业”，职业尊严与职业荣誉感对检察官个体激励的重要性远远高于一般的奖惩机制的激励，检察机关自身监督制约机制应当以提升检察官的职业尊严与职业荣誉感为导向，而非通过一些不符合检察机关性质特征的绩效考核反而使得检察官职业庸俗化。

检察机关自身监督制约机制在规范层次上应当是法律而非机关内部制度，该机制应当是各级检察院一致适用而非各地各自为政，该机制应当致力于保障检察官履行客观义务从而保障检察机关自身的公正，该机制应当致力于加强检察职业道德建设从而提升检察官的职业尊严与职业荣誉感。依据这样的原则，去构建或完善检察机关自身监督制约机制，或许可以避免制度越来越复杂、体系越来越庞杂、想要解决的问题依然是问题的问题。

（二）规则

关于如何完善检察机关自身监督制约机制，多有论述。有论者提出应从内部监督制度设计、强化领导干部接受监督的导向和示范作用、构建科学的责任

---

① 笔者曾与多个地方检察院的领导和干警探讨自身监督机制和绩效考核机制，普遍的观点是绩效考核指标存在诸多不合理之处，自身监督机制所严格控制的一些节点也有不合理的地方，例如对于不批准逮捕和不起诉的严格控制，但是没有这些指标和措施，怎么管理？怎么保证大家都好好办案子？怎么能分出各院的水平高低？所以还是要有指标、有绩效考核，尽管有些指标非常令人苦恼。

追究体系和加强信息化建设四个方面着手做好检察机关内部监督工作。[①] 亦有论者认为应当构建纵向监督和横向监督交叉的监督体系，建立完善检务监督和案件质量管理制度体系。[②] 最高人民检察院司法体制改革领导小组办公室主任张智辉在访谈中谈到，检察机关自身监督主要有四个方面的机制，一是加强上级人民检察院对下级人民检察院的监督，包括对下级人民检察院办理案件的督查、督导活动；二是对办案中的一些关键环节交由上级人民检察院审查决定；三是加强对内部执法办案活动的管理实行案件受理与办理相分离的制度；四是实行执法过错责任追究制度。[③] 案件管理中心的设置也被广泛认为是有效的完善措施。这些观点各有洞见，但是也反映出对于如何开展自身监督才能真正起到制度设置的作用，目前并没有统一的认识，当然统一或提高认识，历来是论述此问题者必然要提及的重要方面，最高人民检察院《"十二五"时期检察工作发展规划纲要》中将制定《关于加强检察机关内部监督工作的意见》作为一项重要内容，也是旨在提出纲领性的文件以明确内部监督工作的指导思想、基本原则、重点内容和方式方法。

基于法治思维，关于完善检察机关内部监督，认识应当统一到宪法法律的高度，盖因检察机关自身监督制约机制涉及对各个检察院、检察官的考核评价，涉及检察官的奖惩和身份地位，这些原本就是组织法问题，自应在组织法层面予以规范。因而完善检察机关自身监督制约机制，首要的任务是修订《检察院组织法》，落实《检察官法》，规范各级检察院的组织编制，统一内设机构名称，落实检察官等级制度，保障检察官身份待遇。在这些基本问题未达规范之前，检察机关内部监督制约机制亦很难理顺。当然修订法律，落实法律规定，有现实的困难需要一一克服，而检察机关内部监督制约机制已经初步建立并走在发展的路上，则目前具体的监督制约内容措施体系应当如何完善，是现在要解答的问题，应从以下几个方面着手：

第一，理性引导各地方的创新试点改革，尤其是以制定内部规定的方式创新管理机制的通行做法，不应鼓励而应慎行。目前，各地检察机关对于内设机构名称的规定，对于案件质量评查标准、责任追究办法的规定各不相同，已经

---

① 张志杰：《从四方面着手做好检察机关内部监督工作》，载《检察日报》2011 年 4 月 27 日。

② 杨平：《检察机关内部监督机制的理性思考及制度完善》，载《西部法律评论》2009 年第 4 期。

③ 张智辉：《检察机关四项制度加强内部监督　违法必究》，载人民网 http://legal.people.com.cn/n/2013/0325/c42510-20907946.html，2013 年 3 月 25 日。

造成检察人员自身和公众的困惑。在缺乏统一的纲领性规范的情形下，放任各地自行其是设计自身监督制约机制，尽管日后可以再行收缩规制，但这种各自制定制度的做法弊大于利，可能影响最高人民检察院有关规定的贯彻落实。

第二，科学改造考核机制，废止检察业务量化考核，以及对下级院考核排名的做法，改变“错案”观念，推行无违法即无过错的定性考核机制。目前各地纳入执法过错追责的包括批准逮捕后撤案、批准逮捕后以不构罪决定不起诉、起诉后判决无罪的以及撤回起诉后做无罪处理的刑事案件，应当抗诉而未抗诉、未获上级院支持的提请抗诉建议提请抗诉的民行申诉案件等。检察权是程序性权力，不具有终局裁决的权能，当然也就没有预判终局裁决的义务，只要检察官在办案中依照法律规定的程序和条件对案件事实、证据进行了审查，就不能认为存在执法过错，不应以案件处理结果论过错。出于严格执法、提高执法质量的良好愿望，设定一些量化指标，使得检察机关不得不以审判者的角色考虑问题，实际效果可能适得其反。以起诉后无罪判决率为例，起诉后法院做无罪判决，似乎可以反推出公诉部门在审查处理案件时存在错误，但刑事诉讼法规定的控诉犯罪和做有罪判决的证明标准本就不同，只要符合控诉条件即可提起公诉；另一方面来看，如果要求检察院起诉的所有案件法院都要做无罪判决，那么控审分离的刑事诉讼就失去了意义，要么检察官要么法官就可以从刑事司法程序中撤出。从社会效果来看，由于检察机关的严格内控，绝大多数公诉案件做有罪判决，使得公众认为法院和检察院并没有相互制约，而是相互配合的，反而影响了司法机关的权威。

第三，合理规定责任范围，强化责任追究制度。目前的《检察人员纪律处分条例》、《检察机关党风廉政建设责任制责任追究暂行规定》和《检察人员执法过错责任追究条例》三个规定虽各有侧重，但不免有叠床架屋、职责交叉重复之嫌。应当整合责任追究规定，合理规定过错范围，明确追责程序，作为自身监督制约机制的核心内容之一，将条块分割的追责体系统一为检察纪律监察制度，并应当逐步法定化。

第四，完善案件管理监督及检务公开制度，将程序公正作为监督重点，在“统一受案、全程管理、动态监督、综合考评”的基础上，建立合理的执法办案管理监督机制，实现信息透明、流程规范，通过对每一起案件和每一个办案环节的监督，使检察人员形成内心制约，自觉自我监督。

第五，加强检察职业道德建设，完善检察职业道德体系，提高检察官职业认同、职业尊严和职业荣誉感。外在制约的效果永远不及内在修养的力量，责任追究、业务考核等机制对于检察人员而言是外在的制约，检察职业道德的恪守则是内在的修养。完整的检察职业道德体系应包括检察职业素养、检察官身份意识、检察职业操守和检察职业尊严四个方面。其中，检察职业素养是指检察人员履行职务的能力；检察官身份意识是指在履行职务中以检察官身份立场处理问题的意识；检察职业操守即忠诚、公正、清廉、文明的行为规范，核心是检察官的客观义务；检察职业尊严是指检察人员的自我认同。加强检察职业道德建设，就是要通过教育培训不断提高检察人员履行职务的能力，强化检察官的身份意识和自我认同，恪守以检察官客观义务为中心的行为规范，从而减少直至消除各种违法行为、不当行为、不规范行为，达到检察机关自身监督制约机制的目的。

（三）评估

一项机制要得到发展和完善，既需要全面论证、合理设计，也需要实施过程中的修正，而修正所依赖的则是科学评估。检察机关自身监督制约机制属于组织行为学中的激励制度，激励是指一系列引导人们以特定的方式行事的管理活动，它与个人的能力及其所处的环境共同决定了个人的绩效。① 组织的不同类型，组织中个人的不同特征，都会影响激励的效果。如果不能科学评估，一些长期实行激励机制可能只是看上去有效。例如先进工作者评选作为一种荣誉激励，对于追求高薪金者可能作用不大；反之对于一个以某项职业为志业的人而言，高薪并非激励其留在这一职业的决定因素，而职业成就、职业尊严则是非常重要的因素。波斯纳《法官如何思考》一书中对法官外部约束的详细分析表明，司法行为的评价远比想象复杂，许多人们认为理所当然的影响因子在某种环境下实际并不发生作用。② 正视检察机关所处的司法环境，合理设定各级检察院及每个检察人员的工作目标，以合于法治思维的方式对自身监督制约机制的实施效果进行评估，以正确的反馈实现合理的修正，是重构检察机关自身监督制约机制的必要环节。

基于法治思维，评估应从以下方面着手：第一，评估评价指标与评价体系是否忽视了工作满意度和检察人员所受心理压力水平，不切实际追求高指标、高水平、高速度，导致某些工作的异化。第二，评估评价体系是否造成了组织和个人的角色过载，是否过多的头绪影响了投入本职工作的时间与精力。第三，从总体上评估评价体系是有助于提高执法公信力，是从事实上提高了办案质量，还是仅仅收获了漂亮的数字。第四，引入必要的外部评价，但避免

① 杨忠：《组织行为学：中国文化视角》（第3版），南京大学出版社2013年版，第101页。

② 理查德·波斯纳：《法官如何思考》，苏力译，北京大学出版社2009年版，第117—146页。

“一票否决”等武断做法。

好的制度解决问题，不好的制度则制造问题；恰当的制度使复杂问题简单化，不恰当的制度则使简单问题复杂化。要建立良好的检察机关自身监督制约机制，应当客观理性全面分析既存问题，审视既有机制，作出恰当合理的选择。

法治视野下检察机关内部监督制约制度研究

黄常明*　孙　强**

孟德斯鸠曾言:“权力容易滥用,这是万古不易的一条真理,权力一直使用到遇有界限的地方才休止……从事物的性质来说,要防止权力滥用,就必须以权力约束权力。”现代检察官制度是基于对法官和警察的不信任而产生的,承担着防范法官恣意与警察滥权的功能。但是检察官在肩负挽救人民对司法不信任重任的同时,自身又面临着如何对抗不信任的问题,即如何防范自身的恣意与滥权问题。① 因此,对检察机关内部监督制约制度进行研究,对于保障“公正执法”,具有重要的意义。尤其是十八大召开后,如何用法治思维指导并引领检察机关内部监督制约制度建设显得格外迫切。

一、检察机关内部监督制约制度的法治内涵

法治,作为一个具有明确内涵的独立的概念,最初源于人们的一种政治理想和价值追求。在古希腊,亚里士多德最早揭示了法治的含义,他认为“法治应当包含两重含义,已成立的法律获得普遍的服从,而大家所服从的法律又应该本身是制定的良好的。”② “良法”之说提出了法治的价值判断和法治的标准问题,由此揭示出法治应当具备的两个基本属性,即法律的至上性和法律的正当性。法律至上是指法律在社会规范中具有最高权威,所有的社会规范都必须符合法律的精神,而正当的法律即良法的根本标志是法律体现了人的自由、平等。制度的价值指向问题是一个复杂的观点丛生的世界,也是任何法律制度

---

* 重庆市人民检察院法律政策研究室主任。

** 重庆市人民检察院法律政策研究室干部。

① 林钰雄:《检察官论》,学林文化事业有限公司 1999 年版,第 113 页。

② [古希腊] 亚里士多德:《政治学》,吴寿彭译,北京商务印书馆 2009 年版,第 100 页。

和法律科学包括检察机关内部监督制约制度无法回避的问题。在现代社会，法治的价值包括但肯定不限于秩序、自由、平等、效率、公平、正义、可持续发展等。法治的价值体现在社会生活的所有重要方面。

（一）人权保护

尊重人权，保障人权，体现了各国人民的共同愿望，成为当今世界的社会潮流，并构成现代法治的一个核心价值诉求。只有体现自然正义、体现平等精神、保障人权的法律才是良法，而良法才能取得至高无上的地位，受到人们普遍的拥戴和遵循。因此，实现法治的一个基本条件，就是要以保障人权为核心，全面更新和提升法律的内在精神。从另一角度而言，把人权纳入到法治框架之内对于人权的保障也是至关重要的。① 在法治的框架内，人权的项目得到明确的制度性的确认，权利之间的界限得以明晰，权利的实现也得到更为有力的保障。同时，人权也对法治的内在价值意蕴的塑造提供了营养，以保障人权为己任，最终使检察机关内部监督制约制度得到了更为深厚的合法性基础。

（二）社会秩序维护

在现代民主社会，社会秩序在依赖法律为最基本和最主要的确立方式时，它自身也成为了法治的最基本的价值目标。第一，法治是为创立、维持、发展一定的秩序而产生的。从法律最初的功能来看，法律的目的就是表现人类生活中一些作为社会生存必须予以遵守的基本规则，这些规则构成秩序的核心和基本内容。第二，法治作为行为规则的特性，决定了法律规范对社会秩序的依附性。强调法律的秩序价值，也是基于秩序具有社会功能上的这种优先性，是自由和正义得以存在和发展的前提条件。虽然我们不能因此得出秩序比自由的价值更大、更重要，但世界上可以有不自由的秩序，而绝不存在没有秩序的正义和自由。第三，在人类社会的历史中，存在没有法律的秩序，但没有与秩序无关的法律。在阶级社会里，也没有离开法律的秩序。法律和秩序如此紧密联系，以至于在强调其中一个的价值时，总是把它放在与另一个等而同之的地位。法律依赖秩序是绝对的无条件的，贯穿法律产生、发展和消灭的始终。而秩序依赖法律是相对的和有条件的，是阶级社会的特殊现象。因此内部监督制约制度必定以社会秩序维护为其重要的指向。

（三）国家利益维护

国家利益保护是设立内部监督机制的利益基础。利益最大化原则要求公诉裁量考虑公共利益。社会要发展，必须对其所存在的一些制度和行为，以实现社会利益最大化为考核目标。检察官公诉裁量中的公共利益包括了各种利益因

---

① 叶传星：《人权概念的理论分歧解析》，载《法学家》2005 年第 6 期。

素，既考虑到了不同群体的利益，也考虑到了同一群体对不同利益的价值取向。因此，以公共利益作为检察官公诉裁量的标准，有利于各种利益之间的平衡，从而实现利益的最大化，满足社会的需求。我国刑事诉讼法没有对公诉裁量中的国家利益标准作出明确规定，相关法律也没有明确将“国家利益”作为检察机关的活动原则。但是将公共利益作为人民检察机关的活动原则，不仅符合我国法律的立法精神和联合国刑事司法准则的要求，而且也与我国检察工作的实践状况相吻合。内部监督制约在根本目的上在于增强检察官履职能力和效果，而国家利益是其重要的保护对象，也是内部监督制度设立的根本目的之一。

二、检察机关内部监督制约制度存在的主要问题

（一）部门之间基于诉讼流程形成的监督制约未能充分发挥作用

1. 针对直接受理立案侦查案件的监督制约尚有漏洞

（1）对立案之前的初查环节监督不足。首先，初查期限没有规定。其次，职务犯罪案件经过初查后，主要根据侦查人员意见决定立案或不立案，侦查监督部门对本院的立案监督没有对公安机关立案监督那样严格，造成初查的随意性强。同时，《刑事诉讼法》和《人民检察院刑事诉讼规则（试行）》仅规定对本院侦查部门应当立案而没有立案的实行监督，没有将不应当立案而立案的情形列为监督内容。从实践情况来看，侦监部门对检察机关直接受理立案侦查案件的进行立案监督的情况也较少。

（2）对侦查活动监督力度不够。如何对自侦案件的侦查活动进行监督，《刑事诉讼法》和《人民检察院刑事诉讼规则（试行）》都没有明确规定。这一方面降低了侦监部门对直接受理立案侦查案件监督的合法性和权威性，另一方面也给这种监督的真正有效实施造成了很大的障碍。由于法律上没有明确规定，侦查对象在自身的合法权益受到非法侵犯的时候，很难找到适当的救济程序，也不利于被侦查人权利的保障。① 实践中侦监部门对自侦部门侦查活动实施监督、纠正偏差的情况也确实非常鲜见。

（3）强调配合多于制约，监督的作用被弱化。侦监、公诉部门对提请批准逮捕或移送审查起诉的自侦案件，更多地考虑如何帮助侦查部门完善证据，使案件获得有罪判决，对自侦案件的内部监督制约被放到了一个相对次要的位置。首先，侦监、公诉部门对自侦案件开展的“提前介入”和“引导取证”

---

① 赵旭光：《检察机关自侦案件侦查监督论》，载《莱阳农学院学报（社会科学版）》2004 年第 3 期。

工作多以配合为主。其次，在有的自侦案件中，放宽起诉标准、违规补充侦查的现象仍未杜绝。自侦案件的侦查取证艰难性和侦查手段有限性，使得广泛使用强制措施已成为自侦办案的一种常见现象。检察机关的侦监部门和公诉部门，在“大控方”的思想指引下，往往可能对自侦案件的审查把关放宽。实践中，自侦案件逮捕率要明显高于普通刑事案件。

2. 控申部门对侦、捕、诉环节的监督制约不足

（1）申诉案件管辖制度导致监督力度不足。检察机关作出的诉讼终结的刑事处理决定，本来就是由本院检察长或者检察委员会决定的，现在提出的刑事申诉也由本院管辖，难以从制度上保证复查决定的客观公正。

（2）对存疑不起诉决定监督缺位。《刑事诉讼法》把被不起诉人不服不起诉决定的申诉范围限制为不服相对不起诉决定，但从实际情况看，其他不起诉决定，特别依照《刑事诉讼法》第 171 条第 4 款作出的存疑不起诉决定中确有对被不起诉人处理不当的情况存在。没有违法事实与存疑不起诉，这两个处理对被不起诉人来说，法律后果和意义是截然不同的。

（3）决定立案复查前的审查程序不科学，监督制约效果打了折扣。按照《刑事诉讼法》和《人民检察院复查刑事申诉案件规定》及《不服人民检察院处理决定刑事申诉案件办理》等有关规定，应当立案复查的刑事申诉有五类。对前四类的刑事申诉，只要进行程序性的审查就可以作出是否立案复查的决定，而对第五类刑事申诉，则应当进行实体审查才可能作出是否有错误可能的判断，进而才能作出是否立案复查的决定。但目前对刑事申诉的审查程序还没有明确规定，因此在对申诉材料进行实体审查时，并没有听取申诉人的意见，审查过程不透明、不公开，随意性较大。

（二）上级院的监督力度不强

1. 上级院的领导力度不足

长期以来，我国检察机关实际实行的是地方党委领导与上级检察机关领导并存的领导体制。而上级检察机关对下级检察机关的领导缺乏人、财、物的保障，导致上级检察机关对下级检察机关的领导力度不足。检察机关现行的领导体制发挥了积极的作用。但是也应看到，地方党委的领导，一方面容易使检察机关的执法活动过多地考虑地方利益和地方经济发展的状况，甚至破坏国家法制的统一；另一方面容易为地方上的个别领导过问具体案件，以言代法、以权压法提供机会。当上级检察机关的规定和要求与地方上的利益不一致时，上级

检察机关的领导更是难以贯彻。①

2. 规范性不强

(1) 监督权限不清。实践中的发布指令、请示报告等具体表现方式都是各地检察机关通行的做法，目前尚没有任何一项规范性文件明确规定了上级检察机关对下级检察机关的监督具体包括哪些方式。(2) 监督随意性较强。当前，检察机关上级院对下级院的监督在很多情况下都表现为一种“督促”状态而非规范状态。如案件的请示汇报，都是因案而报、因事而报，并且在人少案多、办案时间紧的情况下，很多案件并没有通过规定的书面请示程序，“电话请示”也普遍存在。(3) 监督没有形成长效机制。上级检察院对下级检察院的业务监督多表现为书面报告、批复的来往，对实际工作细节无法监督到位。同时，上级检察机关对下级检察机关办理案件进行监督的主要方式是请示报告和备案备查，如果下级检察机关未提出请示，案件又不属于备案备查的范围，则上级检察机关无法实现事中的同步监督，最多只能在事后进行责任追究。

(三) 监督制约未形成合力，实效性不强

1. 各项监督制约重复繁杂、效率低下

检察机关办公室、研究室、侦监、公诉、职侦、控申、监所等部门多设、分工细化，在监督制约方面环节多、成本高、难度大。同时各部门自行制定了各种执法办案内部监督制约的规定，但这些规章制度零乱繁杂，重复交叉，形成多头监督、效率低下，同时又监督不力的局面。

2. 检察委员会及办事机构作用未能充分发挥

在检察委员会制度中还普遍存在着委员结构不合理、议事范围不明确、工作流程不规范等现实问题，集中反映为检察委员会工作的质量和效率与法律职责的要求还不相适应，其对检察业务进行监督的职能也就随之减弱。

3. 信息交流不畅，监督的效率和效果有所欠缺

检察机关内部各部门都有一套本条线的监督制约机制，但部门之间的信息交流不多，监督的效率和效果没有达到预期水平。

(四) 监督制约制度执行力不强

1. 承担内部监督制约的主体不明

一般认为，专职承担检察机关内部监督制约职能的应当是纪检监察部门。但监察部门本身还承担了党风廉政建设、党内监督、办理检察人员违法违纪案

---

① 张智辉：《检察改革宏观问题研究》，载张智辉主编：《中国检察》(第7卷)，北京大学出版社2004年版，第252—253页。

件等多项职能，对检察机关内部执法办案的监督主要集中在检风检纪方面，对案件质量方面的监督不属于职能范围。在案件管理方面，职权分散。各级院统计月报、重大案件专报、办案情况定期分析、办案信息审查和对下指导、重大案件督办、案例编纂、办案流程管理、信息网络建设以及办案考核考评等案件管理相关工作分属各业务部门、办公室、研究室、技术等部门。案件质量管理主要通过检察长、主管副检察长的宏观管理，业务部门负责人的直接管理，综合部门的多头管理，上级业务部门的监督管理来实现，没有任何一个部门来牵头负责。各部门“自扫门前雪”，对内部监督制约整体长效机制的形成及落实十分不利。

2. 责任主体不明

目前所采用的办案人员承办案件、部门负责人审核、检察长批准或决定的办案模式带有浓重的行政管理色彩，割裂了事实审查与法律适用的过程。承办人、科（处）室负责人、检察长（主管副检察长）、检察委员会、上级院，它们都在具体案件决定作出的过程中扮演了不同的角色，一旦案件出现差错，不仅责任主体难以确定，而且又会陷入“自己监督自己”的怪圈，监督制约的执行力度大打折扣。

3. 监督权设置空泛

从当前情况来看，有的制度对监督权的设置空泛，没有赋予监督部门必要的调查权和指令权，与其应当担当的使命不相称，使内部监督制约软弱无力；尤其在监督落实方面，务虚多，落实少，只对监督的内容、范围和形式作了原则性规定，而对行使监督权的程序和违法行为的法律责任缺乏明确规定，没有如何抓落实的具体措施。

（五）监督制约机制本身存在缺陷

1. 监督制约以事后为主，同步性不足

检察机关对案件质量的管理从阶段上看，注重结果管理，忽视过程管理，对案件质量的事前预测、事中矫正等救济功能发挥得不够，不能有效预防不规范执法行为的发生。很多监督制约的方式，如撤销变更、执法过错责任追究、违纪违法责任追究等，大多是在案件错误已经发生、无法改变，问题已经彻底暴露出来的时候才能发挥作用。这种事后监督的方式对办案过程中有无徇私舞弊、贪赃枉法、刑讯逼供、暴力取证等违法违纪行为，难以及时尽早发现并予以纠正。[①] 事后无论采取何种弥补、惩戒和责任追究手段，造成的损失和后果也难以挽回。

---

① 张平：《检察机关自侦案件监督制约机制研究》，载《河北法学》2008 年第 3 期。

2. 监督手段以惩戒为主，方式单一

由于对监督制约的效力存在片面认识，目前检察机关的内部监督制约模式过度强调惩戒威慑对人的行为的控制作用，如执法过错责任追究、违纪责任追究等，奖励手段运用较少。从检察干警的角度来看，办理一个普通案件，如果办案质量高没有奖励，质量差却有惩罚，“奖”与“惩”明显不对等，不利于案件质量的提高和办案人员责任心的增强。实践证明，单纯的威慑并不利于人的自律意识的形成，更不利于人的主观能动性的发挥，难以从根本上保障案件质量。同时，由于惩戒主要立足于追究人员的主观过错，造成了原有的监督制约机制重实体、轻程序，重错案认定、轻质量审核的倾向，办案人员在保证案件质量上的能力、水平也难以得到充分体现。

3. 对执法办案中一些具体问题和环节的监督有缺陷

2007 年至 2009 年 10 月，某省检察系统因涉嫌严重违纪违法被立案调查的 26 人中，有 15 人集中在职侦、侦监、监所等执法办案环节，涉案主体均是具有执法资格的检察人员（检察官和具有看管、搜查职责的司法警察）。可以看出，对执法办案的一些具体问题和环节的监督制约仍然存在缺陷。

三、完善检察机关内部监督制约制度的构想

（一）强化内部监督制约意识

党的十八大强调要“提高领导干部运用法治思维和法治方式深化改革、推动发展、化解矛盾、维护稳定能力。任何组织或者个人都不得有超越宪法和法律的特权，绝不允许以言代法、以权压法、徇私枉法”。曹建明检察长在全国检察机关内部监督工作座谈会上强调，要切实把强化自身内部监督制约放到与强化法律监督同等重要的位置来抓，用比监督别人更严的要求来监督自己。因此，检察机关应当强化内部监督制约意识，坚持法治思维，严格、依法、规范执法，确保执法的公正性、廉洁性，法治性。要强化案件质量意识。在完善内部监督制约制度的过程中，始终贯彻保证案件质量的意识，促进执法公正，提升执法公信力。要强化人权保障意识。检察机关加强内部监督制约，要始终注重对人权的保障，在履行法律监督职能的同时，必须把握权力的界限，不能违法侵害和剥夺公民的自由和权利。要强化司法公正意识。检察机关完善内部监督制约制度，要注重维护司法廉洁，确保实体公正和程序公正，彰显社会正义。要增进社会和谐意识。社会主义和谐社会的目标和手段是民主法治。法治的意义不仅在于可以减少矛盾，而且还在于可以有效地解决矛盾，使不和谐的状态归于和谐。对检察机关执法活动进行监督制约，完善刑事法治，在法律的适用过程中达到法律效果、政治效果和社会效果的有机统一，促进社会和谐。

（二）以诉讼业务为主线，建立健全互动型配合制约机制

检察机关检察权的行使贯穿于刑事诉讼的全过程，从控告举报、立案侦查、批准逮捕、审查起诉，到判决执行、刑事申诉，检察机关内设机构正是围绕不同诉讼环节的职权而设立的，各业务部门之间以诉讼业务为主线，天然形成既相互配合又相互制约的关系。一是规范部门业务流程，强化部门业务工作，这是实现彼此间监督制约的前提。业务部门之间的监督制约应当是纯粹的业务监督，与行政监督无关，主要通过检察业务不同诉讼环节的相互监督制约来保障执法质量。在监督其他环节并接受其他环节监督之前，首先应当加强自身的工作。这就需要以规范办案流程为基础，建立检察业务规范管理新机制。规范的办案流程管理是提高办案质量和执法水平的前提，可使案件流转协调有序，从工作程序上保证案件质量，弥补个人素质的不足。各部门可根据自身业务的特点，制定明确的工作细则和办案流程，使业务办理程序和标准一目了然，既利于做好工作，又便于监督和接受监督。二是注重业务之间衔接，加强部门之间协作，这是强化彼此间监督制约的关键。由于检察机关各办案部门之间规范化管理的具体要求不同，实践中往往偏重本部门内部执法规范的完善，却忽略了部门的相互配合，使检察工作缺乏合理协调与沟通，信息不畅通。这也会使监督的效果大打折扣。检察机关内部监督制约机制是一个有机体，业务部门间的相互监督制约原则更是贯穿于案件办理的全过程。这就要求，在受理与初查、侦查与侦查监督、侦查监督与审查起诉、审查起诉与监所检察、控告申诉部门之间以及上述关系相互之间，既要注意自身业务的流程管理，又要注意相互间协调配合，才能相互监督实现制约。

（三）坚持检察机关领导体制，进一步完善上级院对下级院的监督制约

加强上级人民检察院对下级人民检察院工作的领导，充分发挥检察机关的体制优势，不断增强法律监督的整体合力，对于更好地贯彻科学发展观，深入实践“强化法律监督，维护公平正义”的主题，进一步强化执法办案内部监督，推动检察工作健康深入发展，具有十分重要的意义。一是健全目标考核机制。建立和完善上级人民检察院对下级人民检察院全面工作的目标考核机制，引导下级人民检察院自觉执行上级决策与部署，促进严格公正文明廉洁执法，推动检察工作全面健康发展。二是坚持和完善案件请示报告、审批和备案备查制度，通过案件请示报告、审批和备案备查制度，可以实现上级人民检察院对下级人民检察院案件质量的有效监控，从而加大至上而下的内部监督制约力度。三是建立科学的执法监督体系，通过建立科学的执法监督机制，协调好监督主体的关系，即以各监督主体在执法监督中的职责和监督方式为根据，经过科学的整合，使之形成一个互相衔接、运行有序的完整的监督体系。四是建立

专项检查工作机制。针对人民群众和人大代表反映的重点、难点问题，通过定期开展案件质量检查与分析评议、执法规范化检查、检察机关直接立案侦查案件扣押冻结、管理和处理涉案款物专项检查、执法过错责任追究执行情况专项检查，及时发现和纠正问题，着力建立内部监督制约机制，促进严格公正文明执法。五是加强对检察队伍特别是各级检察领导班子、领导干部的管理和监督。利用上级人民检察院领导下级人民检察院的体制优势，坚持对检察队伍严格教育、严格管理、严格监督，引导检察人员牢固树立社会主义法治理念，通过打造一支政治坚定、业务精通、作风优良、廉洁严明、公正执法的专业化检察队伍，促进社会公平正义。

（四）借助网络技术，大力推进案件质量管理信息化

从整体情况看，案件质量管理信息化的运用，不失为加强内部执法监督制约的重要且可行途径。通过严格、规范的程序设计，利用“网上办案”和“网上监督”，可以及时查堵违法办案的漏洞，有效地拓展内部监督制约的途径和范围，进一步增加执法办案活动的透明度，从而实现对执法办案的网上监督、动态监督、全程监督，真正做到防患于未然。在现有条件下，案件质量管理信息化建设应遵循以下主要途径：一是大力推进检察机关案件管理系统的运用，加强对办案活动的流程管理。通过案件管理软件的使用与控制，各业务部门的案件办理流程中集中依照相关法律设定办案期限，记载案件办理时间，及时反映案件在不同业务部门间的流转情况，实现对案件不间断的连续管理，增加有效监督制约机制。二是运用现代科技手段，加强对案件质量的有效监督。通过运用案件管理系统，各业务部门已经完全实现了从案件分配、审查把关、文书制作到报请审批等各个办案环节的网上办理，保证了对执法全过程的网上动态管理、适时监督和质量控制，相关人员不仅能通过该系统审查具体的办案进度和办案人员的办案情况，更能及时、有效地监督每个案件的质量，发现问题及时给予纠正。三是运用先进统计管理方法，加强对案件质量的综合考评。通过对相关信息的收集、整理、分析、汇总的上述信息，实现检察业务信息的集中管理和挖掘利用，并提供各种方式的业务数据分析功能，为领导和业务人员提供科学有效的真实数据分析，以此帮助各级院了解自己院内的业务情况，也方便上级院了解下级院的业务情况，实现对案件办理的远程监控与集中管理。

（五）健全完善执法过错责任追究机制，增强检察机关的公信力

2007 年，最高人民检察院出台了《检察人员执法过错责任追究条例》（以下简称《条例》），自该《条例》实施以来，对于加强检察队伍建设，规范检察人员执法办案行为以及提高检察机关办案质量都起了积极作用。但在该《条例》的实施过程中，也存在一些不容忽视的问题，直接影响到检察机关的

公信力和司法的权威性。要真正发挥现行执法过错责任追究机制的功效，应当提高过错责任追究机制的权威性。一是完善现有《条例》中对怠于行使执法过错责任追究情形的处理规定。在责任处理的部分增加如下内容：上级院也应当定期对辖区内检察院开展执法过错责任追究的情况进行检查、总结和情况通报，对于应当启动而未启动执法过错调查程序的检察院，应当督促其启动调查程序，也可以经检察长决定指令本院调查部门直接启动执法过错调查程序。检查中发现应当启动执法过错调查程序的部门负责人对有关情况隐瞒不报的，可以对部门负责人予以诫勉；情节较重的，予以通报批评或移送纪检监察部门予以纪律处分。二是在条件成熟的时候制定专门的司法人员惩戒法规，提高对司法机关执法过错责任追究的权威。首先要认真总结现行司法监督机制的成功做法和不足之处，吸收现行《法官法》、《检察官法》以及《人民法院审判人员违法责任追究办法（试行)》和《条例》等相关法律法规中的合理成分，其次要比较研究国外关于司法人员惩戒方面相关规定，辩证借鉴相关国家或地区在司法人员管理方面的经验教训，在经过充分的调研及反复论证的基础上，提请全国人大常委会制定专门的《司法人员惩戒法》，从立法的层面统一对司法人员执法办案行为的追究及处理程序，提高执法过错责任追究机制的权威性。

（六）积极探索建立检察人员执法档案，向个案延伸进行监督

建立和检察官执法档案，主要是为了适应新形势下进一步加强和改进检察执法监督和队伍建设，建立健全适合司法工作规律的长效管理机制的需要，为排查纠错、监督考核提供依据，并能有效地预防司法腐败，推进检察人员规范化建设。因此，建立执法档案要适应与执法质量考评的衔接和配套，按照客观真实、全面准确的要求，将执法主体的执法行为以档案的形式记录下来，对执法过程、执法行为的优劣进行考核评估和动态管理，落实执法主体对执法质量的终身责任，形成科学、规范、完善的执法监督体系，实现检察队伍执法质量、绩效考核和干部管理的有机结合，进一步规范执法行为，促进执法公正，为构建和谐社会提供有力的法治保障。执法档案管理系统在设计中，应从缜密性、科学性、规范性、实用性、配套保障等方面入手，明确执法档案的适用范围、执法档案的主要内容、执法档案的管理、执法档案的应用等内容，确保规范执法行为和强化队伍管理的执法档案价值得以实现。

（七）坚持以人为本，建立健全客观公正的目标考核机制

建立和完善符合检察工作规律、符合社会发展要求、体现检察工作特色的目标考核机制，需要对现存的目标考核机制予以完善。一是明确考核的目标与原则，在设计考核指标、完善考评体系等方面要坚持科学化、民主化、制度化的原则。二是健全考核的主体与对象，相关业务处室为相关具体工作考核的承

办部门，分别负责本业务条线相关指标的考核，办公室、政工部门分别为检务保障工作和检察政治工作的考核牵头部门，负责考核结果的汇总。三是完善考核的内容与方法。上级部门制定统一的考核标准，作为对下级考核评价的依据；各院统一制定对各部门考核的岗位责任目标，各部门制定考核不同岗位人员的具体细则。四是注重考核结果的运用。科学合理运用目标考核评价的结果，是考核评价程序中的重要一环，也是考核评价的重要目的。要树立起合理的奖惩观，做到奖惩得当，确保考核结果得到运用。

论检察机关内部监督制约机制建设

——以法治思维视角解读

孟　群* 陈丽琼**

党的十八大报告强调法治是治国理政的“基本方式”，首次提出要提高领导干部运用“法治思维”和“法治方式”的能力，这将我国法治建设提到了一个新的高度。检察机关作为国家法律监督机关，担负着建设法治中国的重要责任和光荣使命，曹建明检察长在全国检察机关第四次侦查监督工作会议上要求“要进一步完善自身监督制约机制”，内部监督制约机制是自身监督制约机制的重要组成部分，① 不断加强内部监督制约机制建设，提升运用法治思维服务法治建设的能力成为新时期的重要课题。

一、法治思维与检察机关内部监督制约机制建设的关系

（一）法治思维的基本内涵

法治即法的统治，强调法律作为一种社会治理工具在社会生活中具有至上地位。所谓法治思维，在本质上区别于人治思维和权力思维，是指运用法治理念、法律规范、法律原则、法律精神和法律逻辑，对所遇到的问题进行综合分析、研究判断、形成决定，并付诸实施的思想活动。

法治思维要求评断和处理一切问题时体现民主、人权、自由等价值目标，具体而言，法治思维应当以法律至上为起点，以公平正义为中心，体现权力制衡、公正司法、保障人权、法律面前一律平等等理念。新时期，检察机关只有牢固树立法治思维，并善于运用其开展检察工作，才能正确履行检察权，服务

---

* 陕西省人民检察院侦查监督二处处长。

** 陕西省人民检察院侦查监督二处助理检察员。

① 检察机关自身监督制约机制包括内部监督制约机制和外部监督制约机制。内部监督是指检察机关内部不同机构之间在行使检察权时进行的相互监督和制约；外部监督是指主要通过党、人大、政协、法院、公安机关、公民等对检察权的行使进行监督制约。

社会科学发展，为我国法治建设贡献力量。

（二）加强内部监督制约机制建设是法治思维的具体体现

检察机关是国家法律监督机关，加强内部监督制约机制建设是法治社会对检察工作的必然要求，也是法治思维在检察工作中的具体表现。

1. 加强内部监督制约机制建设是宪法至上的必然要求

法治首先是宪法之治，宪法在国家治理、社会发展和建设社会主义民主政治中具有基础性地位，要依法治国，必须做到依“宪”治国。法治思维首先是宪法思维，检察机关虽不是监督宪法遵守和实施的专门性机关，但在宪法实施和法律实施方面担负着特殊的使命，是依法治国、保障宪法正确实施的一支重要力量。始终坚持检察机关的宪法定位，切实加强检察机关内部监督制约，提升正确履行检察职能的能力，才能使宪法和法律赋予检察机关的权力得到充分的发挥，维护宪法的权威，实现检察权的合理使用和配置。

2. 加强内部监督制约机制建设是权力制衡的具体体现

孟德斯鸠说过：“一切有权力的人都容易滥用权力，这是万古不易的一条经验。”人类政治文明史也充分表明任何不受监督制约的权力，必定遭到滥用或不当行使。检察权是国家权力的重要组成部分，它本身就是监督制约权力的结果，但这绝不意味着检察权本身可以不受监督制约，如果不健全相应的监督制约机制，检察权同样存在着异化和滥用的可能。曹建明检察长多次指出，要牢固树立监督者更要自觉接受监督的权力观，始终把强化自身监督放在与强化法律监督同等重要的位置。检察机关不仅要自觉接受外部监督，而且要改革和完善内部监督机制，从自律的角度使检察机关的权力得到科学、有效的制衡，保证检察职能的充分发挥，防止滥用人民赋予的权力和侵犯公民的合法权益。

3. 加强内部监督制约机制建设是司法公正的客观需要

“公正是司法的生命”，司法公正是社会正义的一个重要组成部分，也是法治社会的重要特征之一。在我国建设法治国家的进程中，检察机关享有的法律监督权更应该被置于强有力的监督与制约之下，“使权力的运作成为主体所施发的一种具有负责精神的行为过程”①，检察机关作为法律监督机关，如果不能保持其公正性，也就失去了自我存在的社会基础，因此必须建立健全内部监督的长效机制，在监督别人之前首先监督好自己，“用比监督别人更严的要求来监督自己”②，保证司法公正这一终极价值的实现。

---

① 李向阳：《浅议权力腐败及遏制腐败的对策》，载《商丘师范学院学报》2001 年第 1 期。

② 曹建明在全国检察机关第四次侦查监督工作会议上的讲话，2013 年 6 月 21 日。

二、检察机关内部监督制约机制建设现状

（一）取得的建设成效

随着法治建设的发展，检察权运行的内部监督制约机制也相应地不断加强。最高人民检察院认真落实中央司法改革任务，严格规范执法行为，不断出台的一系列意见和规定，对检察权运行的内部监督制约，规范执法行为起到了重要的作用。[①] 一是深入推进执法规范化建设。全面整合执法办案各环节操作流程，颁布和完善检察机关执法工作基本规范。建立和完善案例指导制度，统一执法尺度。二是建立案件集中管理机制。成立案件管理机构，对所办案件统一实行严格的流程管理和动态监督。三是加强对执法活动的监督检查。推行检务督察制度，建立案件评查机制，持续开展扣押冻结款物、警车警械管理使用、规范安全文明执法等专项检查，认真解决自身违法违规办案的突出问题。四是加强对查办职务犯罪工作的监督制约。推行和完善讯问职务犯罪嫌疑人全程同步录音录像制度，尤其是针对职务犯罪案件的立案、侦查、逮捕、起诉均依法由同一个检察院办理，监督制约难以发挥作用的问题，实行职务犯罪审查逮捕程序“上提一级”改革，打破了长期以来检察机关“自侦自捕”的做法，为职务犯罪侦查权的监督制约迈出了重要一步。

（二）存在的问题

近年来，检察机关内部监督制约机制建设虽然取得了显著成效，但是仍然存在不健全、不完善之处，在一定程度上影响了检察职能的充分发挥。

1. 重权力监督，轻权力制约

权力控制包含两种基本方式，即权力监督和权力制约。[②] 两者各有不同的价值和功能，不能相互包含和替代，制约是参与分工分权，在事中和事前发挥作用；监督只能是事后检查察看权力运行结果，主要是通过事后监察责任追究发挥作用。检察机关内部监督制约机制存在一定的滞后性，往往比较重视事后监督作用，相对容易忽视事前和事中的制约作用。检察机关纪检监察部门通过有关违法违纪情况的举报以及对执法执纪情况的检查等，对检察官的行为规范进行监督，属于事后监督；侦查监督和公诉部门通过办理案件，对不符合法定条件或有违反法定程序的，可以不批捕、不起诉，并对侦查活动中出现的违法

---

① 曹建明在第十二届全国人民代表大会第一次会议上所作的《最高人民检察院工作报告》，2013 年 3 月 10 日。

② 樊崇义、徐军：《检察职能与公诉职能辨析》，载《检察日报》2009 年 4 月 28 日第 3 版。

情况提出纠正意见，确实有一定的监督作用，但这种监督也属于事后监督。事后监督对于滥用检察权的情况难以尽早发现和及时制止，从本质上讲，即使有惩戒和责任追究，但损失和后果也难以挽回。

2. 重纵向监督，轻横向监督

检察机关要有效实现检察权内部的监督制约，就要在检察权行使的全过程，即从起点到终点的各个环节实现制度化的相互监督和相互制约，这不仅要求加强检察机关上下级纵向监督，也要求加强检察机关部门间横向监督。检察权的属性决定了检察机关的领导体制是上级领导下级，这也是我国宪法和组织法予以规定的。这种体制既是为了有效保证检察权整体运行，也是防止下级滥用权力的监督制约机制。在实践中，较之检察机关纵向监督制约的力度而言，横向监督制约机制相对薄弱。立案、侦查、批捕和起诉等职能分别由不同的部门行使，这本身是一种制衡机制。但在司法实践中，由于立案、侦查、批捕和起诉等部门都是在一个检察院内的业务部门，在履行各自职能的过程中常常注重协调配合，形成打击犯罪的合力，而容易忽视部门之间的监督和制约。最高人民检察院将职务犯罪案件审查逮捕权“上提一级”，就是借助于上下级纵向监督解决横向监督力度不大的问题，但这也仅限于职务犯罪案件，不能全面、根本解决检察机关内部横向监督的问题。

3. 重集体决策，轻决策保障

检察委员会制度是中国特色社会主义检察制度的重要组成部分，检察机关办理的重大案件和检察工作中的其他重大问题都由检察委员会集体讨论决定，其集体决策的工作机制强化了检察机关对重大案件和重大事项的内部监督制约，但是目前我国检察委员会决策保障机制存在着一些问题影响了监督实效。一是检察委员会信息来源科学化缺失。检察委员会研究案件，基本上只凭简单听取承办人的案情汇报，检察长及检察委员会委员很少具体审查案卷证据材料，因而决策中枢系统所获取的案件信息呈递减状态，影响和制约了决策的正确性。二是检察委员会决策的司法属性欠缺。检察委员会委员的选任机制不健全，委员资格偏重行政资历，另外，检察长的行政权威可能影响甚至左右其他检察委员会成员的意见。三是检察委员会追责机制缺失。根据检察委员会议决案件实行集体负责制的规定，假如出现执法过错往往因追责机制的疏漏而集体不负责，也必将直接影响决策主体的责任心和业务决策的质量。

三、加强检察机关内部监督制约机制建设的建议

检察机关提升法律监督能力，必须运用法律思维，构建分权与分工、横向与纵向相结合的内部监督制约机制，保障检察权正确、依法行使。

(一)从监督流程上讲,形成“事前制约,事中监督,事后追责”的监督制约机制

检察机关要从根本上改变传统重事后监督、补救,轻事前制约、事中监督的错误理念,将监督向前、向后延伸,形成监督的完整链条。首先,要将监督关口前移,强化预防、预警机制的建立和完善,防患于未然。其次,完善事中监督机制,建立跟踪监督制度,确保权力行使到哪里,组织的监督活动就落实到哪里。纪检、案管、督察等部门依据各自职能,分工负责、相互配合、相互制约,采取定期、不定期的方式,对全员执行制度和目标任务完成情况严格督查,及时发现问题、解决问题。再次,完善责任追究机制、强化内部监督的执行力,实现监督职能向后延伸,确保监督实效。应强化监督的执行力,落实执行主体、执行方式、执行与否的相应后果等具体要素,并完善相关责任追究机制,加大对违规违纪检察人员特别是负有责任的领导干部的追究力度。

(二)从监督主体上讲,形成“多主体、多维度”的监督制约机制

检察机关内部监督应建立以案管部门为主导,各业务部门相互制约,纪检、检务督察部门全程监督,领导决策部门重点监督的案件流程控制体系,形成“相互监督、上下监督、内外监督”相结合的网络状监督机制,加强监督的合力。

首先,充分发挥案管部门对案件全程监控的主导作用。进一步加大案件管理工作力度,以案件质量督导为工作重点,通过采取随机抽查与重点案件必查、平时检查与年终全面检查相结合的方式,一方面监督案件办理是否有违反法律规定的情形,另一方面,定期对案件质量情况进行检查、评估、分析、总结和反馈,督促业务部门改进办案工作。

其次,应转变业务部门之间重配合、轻制约的理念,着力强化部门之间的相互监督制约。坚持部门联动,围绕刑事诉讼过程,以相对独立的控申、反贪、反渎、侦监、公诉等职能部门为单位,开展正向和反向的监督,使办案流程从起点到终点各个环节的相互监督和相互制约实现制度化。

再次,强化纪检监察、检务督察的监督职能作用。纪检监察在行使行政检察监督权时,虽然不直接针对案件实体的正确性,但通过对干警执法办案行为的全程监督,能达到内部执法办案监督的根本目的。而检务督察也具有灵活性、多样性等特点,有利于对检察机关和检察人员实现动态管理。

最后,改革完善检察委员会决策机制,充分发挥其最高业务决策作用。一是完善检察委员会的组织结构。重视检察委员会成员的业务水平,淡化行政色彩,注意将没有行政职务的检察业务骨干和优秀检察官吸纳到检察委员会中。二是建立检察委员会委员培训制度。有必要针对各级检察委员会委员组织集中

业务培训，不断提高检察委员会委员的水平。三是规范检察委员会议事的法律程序。确定议案的提交程序、议案的讨论和决定程序，以保证检察委员会决策的质量。四是完善检察委员会责任追究制。在实行集体负责制的基础上，落实个人责任追究制，对因非客观性原因造成决策上的失误，应追究集体责任和影响正确决策的委员个人责任，以此增强其责任感。

（三）从监督方式上讲，形成“全面监督，重点突出”的监督制约机制

检察机关内部监督在保障全方位监督的前提下，必须突出重点，增强监督的针对性和有效性。

一是加强对重点办案环节和重点执法岗位的监督。检察权的行使主要集中在检察机关的重点业务部门和关键执法岗位，公诉、侦监、控申、民行等执法岗位都是行使检察权最主要的部门，执法权比较集中，强化监督更具有现实必要性，重点加强对不立案、不批捕、不起诉、撤案、改变强制措施案件的内部监督制约。特别是自侦部门具有启动和终止刑事侦查的职权，再加上侦查活动较高的独立性、职务犯罪案件的特殊性以及侦查任务的艰巨性，某种意义上决定了可能更容易发生程序违法行为，因此必须加大对其监督力度。另外，群众对检察机关反映最强烈的问题，往往也是执法办案内部监督不到位之处。针对此类案件，要着力建立对执法办案的专项监督机制，集中开展专项检查，及时发现和纠正问题。

二是加强对领导干部的监督。加强对检察机关领导班子特别是检察长的监督，是由其所处的地位、所起的作用决定的。检察机关领导干部特别是检察长，在检察工作中处于领导者、指挥者、组织者、监督者的位置。需要进一步建立和完善巡视和述职述廉制度，加强对领导班子、领导干部特别是检察长的监督，以防范其决策失误、行为失检。另外，还应加强对上级检察院重大工作部署、决议决定和各项规章制度情况的监督，确保检令畅通、令行禁止。

试论法治思维下检察机关内部监督机制的构建

刘力学*

曹建明检察长强调，各级检察机关要牢固树立监督者必须接受监督的观念，要把内部监督放在与执法监督同等重要的位置来抓，用比监督别人更严格的要求来监督自己。这些要求，为检察机关的内部监督指明了方向。结合基层检察院实际，笔者认为构建法治思维下的内部监督机制必须着眼三个方面。

一、认清法治思维下内部监督机制的重要意义

权力是国家行使管理职能的必要手段，但权力一旦失去有效的监督制约，它便犹如脱缰的野马，一发而不可收。正如孟德斯鸠所言：一切有权力的人都容易滥用职权，这是一条千古不易的真理。检察权作为一种国家权力，也同样需要必要的制约。当前，检察机关尤其是基层检察机关，如何构建法治思维下内部监督机制，必须认清四个方面的重要意义。

（一）加强内部监督是构建中国特色检察制度的首要前提

不重视对自身的监督，必将损害检察事业的发展，甚至动摇检察制度的根基，法律监督也就不会有公信力。当前，极少数检察人员违纪违法的个案，导致社会上出现了“检察机关监督别人、谁来监督检察机关”的疑问，进而对中国特色检察制度设计产生非议。可以说，内部监督既是检察机关自我约束、自我完善的基本途径，也是加强检察机关自身建设的客观需要，关系到检察事业的发展，关系到检察制度的根基。因此，必须把构建法治思维下内部监督机制放到完善中国特色检察制度、保证检察事业科学发展的大局中来认识和把握，进一步明确内部监督工作的关键作用，切实保证检察机关更加有效地担负起强化法律监督、维护公平正义的重要职责，提升检察机关的执法公信力和社会形象。

* 黑龙江省大庆市龙凤区人民检察院检察长，高级检察官。

（二）加强内部监督是确保检察权依法正确行使的有力保障

加强内部监督是履行好法律监督职责的基础和前提，是源头治腐，确保严格、公正、文明、廉洁执法的重要举措。检察机关容易发生问题的环节主要有不立案、不批捕、不起诉环节，撤案处理、错案赔偿环节，技术鉴定复核、变更强制措施环节，人民法院作无罪判决以及上级批转、人大转办、新闻媒体曝光和民众反映强烈的案件中所反映的环节。这些环节实质上是检察机关对案件事实的认定、程序的遵守、法律的适用，同时也反映执法质量的问题易发环节。只有不断加强对自身执法活动的监督制约，才能正确行使人民赋予的检察权，确保检察机关按照法定权限和程序行使权力、履行职责，保证检察权依法正确行使。

（三）加强内部监督是检察机关自身廉政建设的客观需要

党风廉政建设和反腐败斗争关系党的生死存亡。[①]“坚持中国特色反腐倡廉道路，坚持标本兼治、综合治理、惩防并举、注重预防方针，全面推进惩治和预防腐败体系建设，做到干部清正、政府清廉、政治清明。”作为国家法律监督机关和反腐败的重要职能部门，检察机关同样面临着加强自身反腐倡廉工作的艰巨任务。必须“坚持和完善反腐败领导体制和工作机制，严格执行党风廉政建设责任制，加强领导干部廉洁自律工作。”[②]必须紧紧围绕执法办案、队伍建设、检务管理、办案安全、廉洁从检等各个方面、各个环节在法治思维下，完善监督体制机制，改进监督方法和措施，加大监督制约力度，促进检察机关自身廉政建设，提升检察机关惩防体系建设的综合效应。

（四）加强内部监督是建设高素质检察队伍的必然要求

法治思维下的内部监督，本质上是对广大干警政治上的关心和爱护，是对广大检察人员切身利益的真正维护，是检察队伍建设的重要保证。作为检察干警，只有自身正、自身硬、自身净，才能严格执法、秉公办案。因此，必须“严格队伍管理。严格政治纪律，始终同党中央保持高度一致。坚持靠制度管人管事管权，切实把权力关进制度的笼子里，形成不敢腐的惩戒机制、不能腐的防范机制、不易腐的保障机制。”[③]必须着眼增强执法能力素质，以做好群众工作、维护社会公平正义、新媒体时代社会沟通、科技信息化应用、拒腐防变五个能力建设为抓手，以构建法治思维下内部监督机制为核心，通过加强内部监管，全面提升检察队伍建设水平。

---

① 党的十八大报告。

② 摘自2013年最高人民检察院《关于加强和改进新形势下检察队伍建设的意见》。

③ 摘自2013年最高人民检察院《关于加强和改进新形势下检察队伍建设的意见》。

二、理清法治思维下内部监督机制的制约因素

检察机关法律监督的性质要求强化自律以实现内部监督制约功能的健全与完善，从而更好地做到"立检为公、执法为民"。近年来，检察机关认真思考和总结了内部监督的经验，加大了内部管理力度，取得了一定的成效，公正执法，文明执法，廉洁执法，高效执法的意识得到加强。但是，从检察实践中不断出现的新情况、新问题看，由于在检察权配置和一些运行环节的内部监督存在着诸多不足，影响了检察职能的正常发挥。主要表现在：

（一）监督主体不敢监督、疏于监督

基层检察院监督体制往往是"检察长—主管检察长—科室长—干警"构成的层级监督模式，并设有纪委派驻的机构——纪检组，但纪检组长的人、财、物掌握在检察长手中，且纪检组长也往往是检察机关内部人员产生。因此，纪检工作很难开展，纪检组必须事事看检察长的脸色行事，无法独立大胆开展监督。而由检察长构成的层级监督体制，又多存在"老好人"思想，过分重视自我保护，对干警多是信任，很少监管，尤其是"八小时"外的掌控，存在不愿监督、疏于监督的问题。

（二）监督客体不愿接受监督、害怕监督

个别检察干警对法治思维下的内部监督认识模糊、意识淡薄，认为监督是组织上对他不信任，甚至认为是有人在挑战他的权威，或者和他过不去，因而不愿接受内部监督。有的执法不严、执法不公、执法不廉，在检察业务上存在一定的问题，担心"出事"，所以害怕内部的有效监督。

（三）监督机制存在缺损、流于形式

检察机关内部虽然也建立了一些横向和纵向的监督制约机制，但在实践中，存在内部监督弱化的倾向。如办理自侦案件，检察机关现行直接受理侦查案件的办案制度是侦查、批捕、起诉分工负责制，但相互制约措施缺乏应有的力度，相互监督观念缺乏应有的主动性。上级院在目标制定上也存在一些困惑，批捕部门有监督自侦部门违规的目标，而自侦部门如果"出现问题"，定会影响全院的"大标"。这种"自相矛盾"的规定，导致自己不会监督自己。

（四）有关法规过于笼统，难以操作

检察机关内部虽然相继出台了《关于检察机关各级领导干部严格执行"六条"要求的规定》和《最高人民检察院九条"卡死"的硬性规定》等许多行为性规范。但是，相关配套的规定还有待完善，一些必要的操作程序规范还没有出台，导致现行的监督法规制度缺乏可操作性。具体表现在监督制度过于原则、笼统。就事论事性制度多，程序性制度少；定性的规定多，定量的规

定少。这样的制度不便操作，必然会给监督造成操作障碍。如廉洁自律规定中严禁用公款大吃大喝、旅游，领导干部个人重大事项申报等制度，就缺乏有效的实施办法。制度的粗、空、虚，必然导致制度约束力的软弱，约束作用就得不到很好的发挥。

三、构建法治思维下内部监督机制的对策回应

加强法律监督是检察机关的立身之本，加强内部监督是检察机关的发展之基。构建法治思维下内部监督机制，既是实现规范、文明、理性执法的必然要求，也是确保司法公正的重要保障。作为基础检察院，必须结合检察工作实际，紧紧围绕“四个环节”，找准加强内部监管的有效措施。

（一）围绕提高思想认识强化内部监督

“以责人之心责己，则寡过”。检察院作为法律监督机关，要深刻认识到，履行好法律监督职责，必须在自觉接受外部监督的同时，切实加强内部监督和制约。“打铁还需自身硬”，只有管好了自己，才能更好地行使法律监督职能。法治是中国民主政治建设的基石，党的十八大对法治建设提出了新要求，作出了新部署，提出了法治思维的新概念，作为检察机关，必须强化大局意识，以法治思维统领检察工作，也包括构建我们内部的监督制约机制。① 在十二届全国人大一次会议期间，在听取南京市检察院职务犯罪预防局局长林志梅代表有关职务犯罪预防的主题发言后，习近平总书记说：“志梅同志讲得好，职务犯罪确实使我们的损失很大。预防职务犯罪出生产力，我很以为然。”他还提到：“我们国家培养一个领导干部比培养一个飞行员的花费要多得多，而更多的还是我们倾注的精神和精力。但是，一着不慎毁于一旦。不管你以前做了多少有益的工作，功罪不可相抵。如果搞不好，领导干部的岗位就真会变成高危职业。要把权力关进制度的笼子里。这项工作要继续坚持，去搞好完善、建设。”习总书记关于预防职务犯罪的讲话精辟而深刻，发人深省。对于检察机关，我们更多的是预防其他国家机关工作人员的职务犯罪，往往忽视了提高自身的免疫力，所以，必须立足法治思维下检察机关内部监督机制的构建，抓好检察干警的内部监管，以自身的“硬约束”打造纪律严明、作风过硬、清正廉洁的检察队伍。曹建明要求，检察院要用比监督别人更严的要求来监督自己。因此，我们要充分认识到，构建法治思维下的内部监督机制，并不是忽视法律监督，而是为了更好地坚持和落实“强化法律监督，维护公平正义”的工作主题。要深刻理解曹建明检察长讲话精神——“强化内部监督，不是对

① 2013年3月8日，习近平参加十二届全国人大一次会议江苏代表团审议时的讲话。

干部的不信任，而是对干部的关心和爱护；不是对干部工作积极性的挫伤，而是对干部的保护；不是对检察工作的束缚，而是促进检察工作发展的重要保证。”这就要求我们始终保持清醒的头脑，把强化内部监督放到与强化法律监督同等重要的位置来抓，真正做到自身正、自身硬、自身净。

（二）围绕检察业务建设强化内部监督

把各项检察业务工作全部置于内部监督之下，努力做到权力行使到哪里，监督就延伸到哪里，把监督措施落实到权力运行的各个环节。一是实行“一案三卡”。即办案人员办理每起案件，都必须按规定分别填写对案件当事人的“办案告知卡”、办案人员的“廉洁自律卡”和案件办结后的“征求意见卡”。“办案告知卡”在检察人员首次讯（询）问犯罪嫌疑人、被告人和证人时向其发放“办案告知卡”，告知其权利、义务和检察人员纪律，讯（询）问结束后，让其签署意见和本人姓名。“廉洁自律卡”在检察人员办结每一起案件后5日内填写（一式两份），如实写明在办案中拒礼、拒贿、拒吃请等情况，送纪检组存入廉政档案。最后通过“征求意见卡”对已办结案件涉及的单位和当事人及亲属进行走访征求意见，监督检查办案人员在执法办案过程中有无吃、拿、卡、要、报和刑讯逼供等违规违法问题。通过“一案三卡”切实加强监督和制约，从而防止和杜绝执法违法、随意执法和办“三案”等问题。二是开展“三个督察”。开展办案制度督察。通过自查、整改、建制等措施，重点督察各项办案制度的执行情况，不断完善工作机制，逐步形成符合本院实际的规范化、制度化工作体系。开展案件质量督察。通过案件质量管理中心进行网上监控，对所有案件一一检查打分，提出问题，切实整改，确保办案质量。开展疑难案件研讨督察。对院内准备讨论的疑难案件，向检察业务咨询专家进行咨询，为检察委员会决策提供参考，从而保证检察委员会的决策质量。三是完善“三个监管”。[①] 改革检察机关现行“纵强横弱、分散管理”的案管模式，把案件的监督管理落实到每一起案件和每一个办案环节中，从而不断加强对检察权运行过程中的内部监督和制约，确保检察职能的正确履行，切实提高执法质量和规范化水平。就是借助信息化案管系统，构建集程序监控、案件督查、综合分析、质量考评四项功能于一体的案件管理体系。施行纵向监管。构建检察长、主管检察长、业务科室层层制约的纵向管理格局。案件办理的每个环节都设置了监管程序，每个案件一旦录入系统，办案人员就必须按照程序进行操作，不能人为更改。院领导通过信息查询平台，及时了解案件是谁在办，办到了什么程度，并通过红黄灯预警，提示干警及时办结案件，克服信息

① 郭洪平：《案管中心：“检察院的司令部”》，载《检察日报》2011年6月15日。

不畅、监管不力的弊端。施行横向监管，依托案管部门和案件质量评查小组，构建案前严格审查、案中实时监控、案后跟踪评查的横向监管格局。案管部门对整体办案情况进行考评，案件评查小组依据督查办法对重点案件进行督查，有效提高案件质量。施行动态监管，将所有案件的基本信息和进展情况整合到一个平台上，通过统一管理和流程监控掌握办案数据信息，从整体上把握办案情况。案管部门每天对业务科室办案情况进行整体排查，随时发现问题，提出整改建议，每月进行一次通报，并反馈给主管检察长督促落实，从而推动业务工作的健康发展。

（三）围绕检察队伍建设强化内部监督

紧贴干警易发生违纪问题的原因和特点，对症下药重点预防，变事后监督被动查处为事前主动出击超前防范。一是实行网络式、立体化的监督。在纪律约束上，把中央的八项规定和最高人民检察院的“四条禁令”、“九条卡死”、“六个必须遵守”等办案规定制成警示牌，摆放在干警案头，随时提示干警牢记并认真执行。在领导约束上，领导带头阅卷、带头办案、不定期监察案件，对精品案件给予奖励，发现问题及时解决。在纪检约束上，由纪检部门对办案前安全措施落实、办案中规范执法和办案后发案单位反馈等情况及时介入约束。二是实行制度化、规范化的管理。建立检察人员录用、培养、使用、考核、监督五位一体的制度规范，使队伍建设有章可遵、有规可循。建立并推行检察人员业绩考核的网上管理办法，对干警的执法情况及效果等进行全面的反映与监督。严格干警绩效奖惩制度，在发挥奖优罚懒作用基础上，对干警违纪违法问题绝不护短，对违纪者在评优晋职上“一票否决”，对违法者及时交付有关机关处理，切实打造风清气正的检察队伍。三是实行针对性、具体化的制约。对公诉案件强化事后监督管理。由纪检组有针对性地实施重点监督，及时发现工作中的差错，并对相关人员及时提醒和纠正。对自侦案件，在实施全程同步录音录像的基础上，完善同步录音录像操作规程和具体规定，有力加强对讯问犯罪嫌疑人环节的监督，防止逼供、诱供或体罚、辱骂犯罪嫌疑人。

（四）围绕反腐倡廉工作强化内部监督

从创新机制入手，着力探索反腐倡廉工作的有效方法和途径，为保障检察权依法正确行使发挥了积极作用。一是完善“业务流程管理机制”。制定《检察业务工作规范化标准》，对侦监、公诉、反贪、渎侦、监所、控申、民行七项主要业务均作出规范化的要求。反贪部门要从办案流程到文书管理、从赃款赃物管理到车辆管理作出详细规定；公诉部门要从受理案件到审查时限、从审查案件到审结案件、从提起公诉到简易程序等作出严格要求。其他各个科室均结合职能特点，制定相关的办案规范。二是完善“目标量化管理考核机制”。

制定《科室业务目标管理量化考核办法》，采用百分基分制考核，得分情况一事一记载，一周一通报，一月一点评，年终一汇总。同时，加强考核奖惩，对各科室所属人员违反最高人民检察院“九条硬性规定”、“廉洁从检十不准”等规定造成恶劣影响的，科室负责人给予降职或引咎辞职处理；对一般干警私自办案、越权办案或违规办案、滥用职权情节严重的，给予待岗学习、试岗处理。三是完善“八小时外预防机制”。加强检察干警生活圈、社交圈的监督和管理。每季度召开一次“八小时以外”情况专题报告会，由每位干警如实汇报“八小时以外”自己干什么，有无出现影响检察形象、单位形象的言行。同时，将预防工作向干警家庭延伸。定期召开干警家属座谈会，并有针对性地对干警家属进行廉洁自律教育，强化干警家属对干警的监督意识，使干警家属当好“监督员”和“廉内助”。

法治思维与检察机关自身监督制约机制建设

吴克利*

一、法治思维下的内部监督机制

“法治思维”是一种法治理念，是建立在法治理念的基础上的思维方式。“法治思维”就是依法治国、依法行政的法制意识。坚持法律至上，坚持法律规则的运用，坚持公平、公正、公开等法治精神和原则。在履行法律职责的行为活动中遵法守纪，杜绝“特权”思想，提高自身的法治意识，形成法治思维习惯，才能做到用“法治方式”来履行自己的行为职责。法治思维是在思想层面提出了法治方式行为准则，也是对操作执行层面提出的明确要求。

检察机关在法治中国建设中的重大责任，对检察干部队伍建设提出了新的要求，“执法为民”是建设法治中国的根本出发点和落脚点。要强化为民意识，积极顺应人民群众对司法公正、权益保障的新期待，有针对性地加强和改进检察工作，以实实在在的行动和效果取信于民。运用法治思维指导实践，通过法治方式促进工作，是建设法治中国的根本要求。打造过硬检察队伍是推进法治中国建设的基础性工程。要坚持政治建检、素质强检、从严治检、从优待检，建设一支忠诚可靠、执法为民、务实进取、公正廉洁的高素质检察队伍。这就需要与完善检察机关执法办案内部监督制约机制的有效结合，是公权力在法制理念的行为指导下，正确实施的基本保证。因此加强检察机关内部监督是加强检察机关依法行为的切入点和着力点，也是最大限度地强化检察人员行为的法制理念，减少检察人员违法违纪，确保严格、文明、公正执法的重要举措。近年来，各级检察机关对此越来越重视，并将其作为检察机关强化法律监督、维护公平正义的重要课题。但从检察实践来看，检察机关仍存在着因内部

* 安徽省滁州市琅琊区人民检察院党组成员、纪检组长，全国检察业务专家，国家检察官学院职务犯罪研究所兼职副所长、兼职研究员、首批驻院教官。

监督不力而发生一些在执法活动中的违法问题。

二、法治思维欠缺影响检察机关自身监督制约

从检察机关内部监督制约存在的问题来看，集中起来是法治思维能力的缺憾。首先是法制理念需要更新，法治理念的认识不足，是当前检察机关执法办案内部监督现状。近年来，检察机关在强化法律监督方面开展了不少教育活动，法律监督的意识有所增强，法制理念有所强化。但是，实际中往往注重的是对外的监督，对自身监督的意识还比较薄弱。从检察机关内部的专门监督机构的监督行为来看，纪检监察部门的内部监督也只是形式上的监督，还没有完全起到监督作用。由于认识上的不足，检察机关尚未形成良好的执法办案内部监督氛围，部门之间、检察人员之间缺乏敢于监督、乐于接受监督的法制理念。内设的纪检监察部门也只是满足于开了几次廉政教育会，或者是违法违纪事件出现后的查处，没有形成法治思维下的内部监督制约的认识。其次是在执法实践中存在的法制理念不强。从基层院开展执法办案内部监督形式看，主要有两种：一是以专职部门为中心的监督。监督的主体主要是检察机关内设的纪检监察部门，主要是通过受理有关涉及干警执法办案中违法违纪情况的举报以及对干警执法办案情况的检查等，对办案人员的行为规范进行监督，包括遵守法律法规情况、执行廉洁从检规定情况、遵守职业道德情况等。二是以办案人员对案件为中心的监督，主要是通过检察机关内设部门的“自治”和各级领导或检察委员会办案人员对案件进行管理和监督。如通过对案件的请示、汇报、审批或决定等环节对案件进行监督。第一种监督形式是专职部门进行监督，虽然有一定的监督能力，但是这种监督具有局限性和被动性，基本上属于事后监督；第二种监督形式虽然可以在事前、事中和事后进行，具有主动性和经常性，但由于监督者和被监督者之间是内设部门之间的监督关系，在这种关系之外还存在管理和被管理的关系，因此监督的力度难免被削弱。

从当前检察人员违法犯罪的情况来看，内部监督制约机制仍然比较薄弱，没有达到监督制约的效果，其犯罪特点主要有以下几个方面：

（一）犯罪主体的特点

犯罪主体多为单位的主要负责人、部门负责人或处于关键岗位的检察人员。分析近十年来滁州市检察机关查处的检察人员违法犯罪案件，基层检察院检察长两名，副科以上职务的人员占检察人员犯罪的70%以上。如全椒县检察院原检察长李建国、凤阳县检察院原检察长王宝金，在其担任检察长期间，利用职务之便，贪赃枉法、造成了恶劣的社会影响，已被判处刑罚。他们一般都掌握一定的决策权或者处分权，都是在执法过程中滥用权力、徇私舞弊、贪

赃枉法，依法办案表现为某些人或者某个人说了算，内部监督制约实为摆设。

（二）作案手段的业务特点明显

检察人员违法犯罪与其承担的职责和其执法活动密切相关，其作案手段带有明显的检察业务特色和规律。如凤阳县原检察长王宝金，1996 年至 2006 年在其担任凤阳县检察院副检察长和检察长期间，利用职务上的便利，先后为他人在工程招标结算、案件处理、职务变动等方面谋取利益，总计 34 次收受 27 人财物 35.2 万元。全椒县检察院原检察长李建国，在对一名挪用公款的犯罪嫌疑人的处理问题上，贪赃枉法、收受贿赂，导致与该案经手的办案人员纷纷落马，犯罪嫌疑人的家属仅用了数十万元，就使得数名检察官“下水”。对此内部监督制约机制不能及时有效地做出反应进行遏制。

（三）违法犯罪的主要表现形式

检察人员利用职务之便收受、索取贿赂则是检察人员违法犯罪的主要表现形式。检察人员履行的执法权力成为个别检察人员进行权钱交易的工具。涉及受贿的犯罪嫌疑人主要采取索取和非法收受的手段，收取犯罪嫌疑人亲朋的钱物，为他人谋取利益，贪赃枉法。这些人之所以能够进行权钱交易，是因为那里的权钱交易的渠道是畅通的，无需通过更大的难度就能够完成。这种无监督力度的畅通通道，和投入的成本小而利大的条件，无疑也是对违法乱纪的心理行为的强化。

（四）违法犯罪行为的隐蔽性

检察人员违法犯罪主要的行为是贪赃枉法，违法犯罪所涉及的对象，大多是本院查办和处理的案件，被处理人为了得到“法外开恩”，便纷纷拿起了“花钱消灾”的敲门砖，去敲手握生杀大权的检察官家的大门。这些来敲门的人，大多都是检察人员的熟人甚至是亲朋好友，送去的财物多在许多理由的掩护下进入检察人员的家门，为了使收财物的人放心，最后还有“天知地知、你知我知”的宽稳话语，让收钱的人放心。这种行为通常是在“给”和“收”两个人之间进行的，这种极强的隐蔽性使收钱的检察人员产生了心理的平衡和侥幸心理的强化，行为结果的危害性认识出现了偏移，导致了法治思维能力的弱化。

三、检察机关内部监督制约法治思维

检察机关内部的检察执法人员违法犯罪的根本原因，就是法治思维能力的缺憾。综观检察机关内部监督制约法治思维，包括以下三个方面。

（一）个体内在的监督制约的法治思维能力

思维是一种由理性思维和非理性思维组成的主观精神活动。法制要求法律至上最大地承认法律的权威性即法律的自我公正制定，故此确认的权威性，来源于对法律的绝对信仰，是法制的根本要求，也是法制的基本内涵，只有信仰也会有约束力，基督教的约束力建立在对基督教的信仰。检察执法人员的法治思维就是法律层面的意识观念，是自我内在监督制约的基本原因，是内在监督体系的重要方面。强化法治思维是法律精神所在，是法律行为的核心，于此个体的行为观念合法性优于客观性，违法行为将被遏制，“不想才会不做”。

（二）以案件为中心的监督

检察机关内设部门的“自治”和各级领导或检察委员会对案件进行管理和监督。但由于监督者和被监督者之间是内设部门之间的监督关系，在这种关系之外还存在管理和被管理的关系，这是监督的客观性，由于客观性优于合法性，监督制约的法制性难免被削弱。

（三）专职部门的监督

监督的主体主要是检察机关内设的纪检监察部门，主要是通过受理有关涉及干警执法办案中违法违纪情况的举报以及对干警执法办案情况的检查等，对办案人员的行为规范进行监督，包括遵守法律法规情况、执行廉洁从检规定情况、遵守职业道德情况等。虽然有一定的监督能力，但是这种监督具有局限性和被动性，基本上属事后监督。这种监督体现了形式合理性胜于实质合理性即法制性。从执法人员违法犯罪行为的隐蔽性的特征来看，监督制约机制的形式合理性，不能达到有效的监督目的。“有做的条件就会有做的思维”。

四、如何发挥法治思维对检察机关自身监督制约机制的作用

（一）强化法律思维方式

法律思维方式的强化，法律思维方法是法治能够得以实现的基本条件。法律思维方法凝结着思维方向和路线，从而使法律思维的规定性充分展现。如果没有思维方法做保障，任意和曲解便可能横行于对法律的解释，就会使法治的制约精神成为泡影。在执法的实践中，对法治冲击和消解的现象仍然存在，因此法律观念亟待更新，与法治相适应的法律价值亟待确立。实践证明法律形式可以在短期内进行修改，而法律思想却很难在短期内进行更换，法律思想是在反思中发展变化的。解决法治建设问题，单方面地依靠提升法律思维方式是不能够解决问题的，从人的思维特点来看，人的思维既可落后于现实也可超越现实，法制思想不能等法治建设搞好了再去研究如何提高人们的法律思维。法律方式的滞后与法治思维有着重要的关系。法治思维的超前才能有效地影响法律思维方式的发展和变化，最终实现法律形式的有效性，达到法制监督的目的。

（二）充分认识法律思维自身所具有的内在矛盾

现实法治并不是纯粹的法的治理，它是在法律的规范性（或结构性）思维和自主性思维的矛盾运用中实现的。按法律思维的要求，主体应该受法律价值、法律规范和法律方法的支配，只有这样才能显示其思维为法律思维。法律思维是由主体来进行的思维，这种思维虽然是以法律思维的规定性为准则，但思维过程中仍少不了主体自己作出选择和判断的自主思维成分，这两个部分在法律思维过程中同时发挥作用，从而产生相互背离的张力。法律思维者只有保持二者之间的有机平衡，才能对法治做出贡献。

（三）法制理念下的法律形式

法制理念下的法律形式，是发挥法治思维对检察机关自身监督制约机制的有效保障。法制理念下的法律监督形式，表现在有关监督的法规制度的操作性。目前检察机关颁布实施的一些监督条列和许多行为性规范。这些条列和规定不仅有待完善，更重要的是必要的操作程序规范没有出台，导致现行的监督法规制度缺乏操作性。具体表现在监督制度过于原则、笼统。就事论事性制度多，程序性制度少；定性的规定多，定量的规定少。这样的制度不便操作，必然会给监督造成操作障碍。同时就目前的实际监督情况来看，监督工作还存在一定形式主义的倾向，各地检察机关为了加强检察机关内部监督，逐步建立和完善了民主生活制度、领导干部廉洁自律与重大事项请示报告、财务监督以及“一案三卡”等相关制度。这些制度的建立与完善无疑对内部监督起到了很好的促进作用。但是仍存在着制度多、宣传教育不够、督促落实不够、缺乏有力执行以及落实措施不到位等问题。检察机关自身监督制约机制的法律程序是必要的监督保障。法律形式下的法律程序的规定，能够解决监督体制和机制存在缺陷。一是监督机构及其权限缺乏独立性和保障性。目前，检察机关的内部监督机构和监督权力往往在被监督者的领导和控制下，监督既缺乏独立性，又受控于被监督者，监督者的权益缺乏保障。二是重业务、重发展，轻监督管理。表现在教育干警执法执纪方面还不十分到位，存在惩处不力等现象，影响了监督的效果和权威。因此，检察机关自身监督制约机制，需要与此相适应的法律程序的更新，或者更新为法律程序，内部监督制约机制只有在“不能为才会不想为”体制下才能得以完善，这是检察机关在法治中国建设中的需要和保障。

探析职务犯罪初查监督机制的完善

吴　斌[*]　张云霄[**]

职务犯罪初查是检察机关办理职务犯罪案件的一个重要阶段和环节，一般认为，职务犯罪初查是指检察机关相关职能部门对经初核后可能存在职务犯罪的案件线索，通过采取一系列必要的具有司法性质的专门调查措施，以判明该案件线索是否具备刑事诉讼立案条件的过程。而职务犯罪初查监督机制是指依法对检察机关相关部门所实施的初查活动从程序性和实体性两方面予以监督制约的规则总和。伴随着新《刑事诉讼法》和2012年《人民检察院刑事诉讼规则（试行)》（以下简称新《刑诉规则》）的正式出台和实施，职务犯罪初查监督机制建设又开始得到学术理论界和司法实务界的进一步重视和关注。有论者指出，“加强初查监督……等方面的研究，是未来初查制度研究的重点，也是初查制度能否真正走向成熟和完善的关键所在。”① 如何建立和完善职务犯罪初查监督机制，确保检察机关初查工作始终沿着法治的轨道运行？成为检察机关必须作出理性思考和回答的问题之一。

一、职务犯罪初查监督机制的基本情况

近年来，各地检察机关就职务犯罪初查监督机制的建立和完善作出了积极的探索，积累了宝贵的经验，尤其是新《刑事诉讼规则》关于职务犯罪初查制度的修订，进一步强化了职务犯罪初查监督机制，笔者就结合职务犯罪初查监督理论和实务的有关内容，将目前职务犯罪初查监督机制的基本情况概括如下：

（一）内部监督机制

1. 同级检察机关的横向内部监督机制

第一，对职务犯罪初查的事前监督，这主要是对职务犯罪案件线索进行统

---

* 北京市朝阳区人民检察院党组成员，反贪污贿赂局局长，四级高级检察官。

** 北京市朝阳区人民检察院反贪污贿赂局办公室干部。

① 卢乐云：《职务犯罪初查制度研究现状及其展望》，载《广东社会科学》2010年第2期，第191页。

一受理和管理来实现监督的，新《刑事诉讼规则》第161条明确规定："人民检察院举报中心负责统一管理举报线索。本院其他部门或者人员对所接受的犯罪案件线索，应当在七日以内移送举报中心"；此外《关于完善抗诉工作与职务犯罪侦查工作内部监督制约机制的规定》第2条规定："人民检察院负责抗诉工作的部门在办案过程中发现职务犯罪线索的，应当对案件线索逐件登记、审查，经检察长批准，及时移送职务犯罪侦查部门办理，并向举报中心通报。"举报中心通过统一的受理、登记、审查、初核后，对将要移送职务犯罪侦查部门初查的案件线索予以把关，从而实现监督前置。

第二，对职务犯罪初查的事中监督，这项监督主要体现为：一是对职务犯罪侦查部门初查情况的知悉权，即新《刑事诉讼规则》第165条规定："侦查部门收到举报中心移送的举报线索，应当在三个月以内将处理情况回复举报中心……情况复杂逾期不能办结的，报检察长批准，可以适当延长办理期限。"在初查实践中，有些地方检察机关职务犯罪侦查部门在初查法律文书制作过程中会专门设有《初查时限单》，其详细记录了初查时限，以便方便举报中心进行监督。二是对职务犯罪初查案件线索的催办权，《人民检察院举报工作规定》（以下简称《举报工作规定》）第37条明确规定："举报中心对逾期未回复处理情况或者查办结果的，应当进行催办；超过规定期限一个月仍未回复的，应当向有关部门负责人通报；据不回复或者无故拖延造成严重后果的，应当报告检察长。"这样有助于在一定程度上实现对职务犯罪初查的动态监督。三是对特定职务犯罪初查案件线索办理情况的知情权，新《刑事诉讼规则》第167条规定："对群众多次举报未查处的举报线索，可以要求侦查部门说明理由，认为理由不充分的，报检察长决定。"举报中心通过此项监督，加强对此类案件线索的监督，在一定程度上有助于做好相关的涉检信访工作，防止大规模的涉检群体性事件的发生。

第三，对职务犯罪初查的事后监督，这主要是通过对不立案线索进行审查来予以实现监督的，新《刑事诉讼规则》第166条明确规定："举报中心应当对作出不立案决定的举报线索进行审查，认为不立案决定错误的，应当提出意见报检察长决定……举报中心审查不立案举报线索，应当在收到侦查部门决定不予立案回复文书之日起一个月以内办结；情况复杂，逾期不能办结的，经举报中心负责人批准，可以延长二个月。"这实际上赋予了举报中心一种内部监督权，是举报中心对职务犯罪初查工作的一种比较强有力的事后内部监督机制，有助于进一步为职务犯罪案件线索"诊好脉、把好关"，杜绝"有案不报、有案不立、有案不查"的现象发生，促进提升职务犯罪初查工作的整体水平。目前，有的地方检察机关职务犯罪侦查部门已经与本院举报中心建立了制度化的“联席会议机制”，定期向举报中心说明不立案的具体理由，主动接受举报中心的监督制约，取得了较好的效果。

2. 上级检察机关的纵向内部监督机制

第一，对职务犯罪初查要案线索的管理监督。最高人民检察院《关于要案线索备案、初查的规定》和新《刑事诉讼规则》都明确规定，“人民检察院对于直接受理的要案线索实行分级备案。县处级干部的要案线索一律层报省级人民检察院备案，其中涉嫌犯罪金额特别巨大或者犯罪后果特别严重的，层报最高人民检察院备案；厅局级以上干部的要案线索一律层报最高人民检察院备案”。此外，新《刑事诉讼规则》第164条还规定：“接到备案的上级人民检察院举报中心对于备案材料应当及时审查，如果有不同意见，应当在十日以内将审查意见通知报送备案的下级人民检察院。”这就在一定程度上强化了备案审查的实际效力，防止了“备而不查”、“备而不管”等现象发生，加大了对要案线索的管理和监督力度，有助于进一步提高要案线索的利用率。

第二，对特定职务犯罪初查结果的审查监督。新《刑事诉讼规则》第177条明确规定：“对上级人民检察院交办、指定管辖或者按照规定应当向上级人民检察院备案的案件线索，应当在初查终结后十日以内向上级人民检察院报告初查结论。上级人民检察院认为处理不当的，应当在收到备案材料后十日以内通知下级人民检察院纠正。”这既包括上级检察机关对下级检察机关在初查程序环节方面的监督，也包括上级检察机关对下级检察机关在初查实体认定方面的监督；既包括了上级检察机关对下级检察机关经初查后“应当立案而不立案”情形的监督，也包括了经初查后“不应当立案而立案”情形的监督，比较充分体现了“职务犯罪侦查一体化”中有关职务犯罪初查监督的有关原则。

3. 职务犯罪侦查部门自身监督

有些地方检察机关职务犯罪侦查部门通过加强内部分工方式方法，进一步加强对自身初查工作的监督力度。比如，有些地方检察机关在反贪局办公室设立“法制审查组”，其主要组成人员包括反贪局负责人、办公室负责人以及专职审查员等，监督的具体操作过程为：在职务犯罪初查工作完毕之后，无论做出是否立案的初查结论，职务犯罪侦查人员都需要将案件法律文书移送给“法制审查组”，“法制审查组”将重点对案件的初查理由、适用依据以及法律文书制作等开展内部审查监督，发现问题有权直接通知承办人予以纠正。

（二）外部监督机制

1. 人民监督员对职务犯罪初查的监督

根据最高人民检察院《关于实行人民监督员制度的规定》（以下简称《监督员制度规定》），人民监督员对发现检察机关在办理职务犯罪过程中对“应当立案而不立案或者不应当立案而立案的”，人民监督员应根据案件情况独立进行评议和表决。人民监督员在评议后，应当形成表决意见，制作《人民监督员表决意见书》，说明表决情况、结果和理由，检察机关案件承办人应当对人民监督员的意见进行审查。

2. 实名举报人对职务犯罪初查的监督

《举报工作规定》第五章“实名举报的答复”确认了实名举报人对职务犯罪初查享有一定的监督权，而这种监督权主要是以“救济权”来实现的，其主要表现为：首先是实名举报人对初查结果的知悉权，即“实名举报除通讯地址不详的以外，应当将处理情况和办理结果及时答复举报人”。其次是实名举报人对初查结果的复议和申诉请求权，即“举报人不服不立案决定提出的复议请求和不服下级人民检察院复议决定提出的申诉，由侦查监督部门办理。”

3. 控告人对职务犯罪初查的监督

新《刑事诉讼规则》第184条规定：“人民检察院决定不予立案的，如果是被害人控告的，应当制作不立案通知书，写明案由和案件来源、决定不立案的原因和法律依据，由侦查部门在十五日以内送达控告人，同时告知本院控告检察部门。控告人如果不服，可以在收到不立案通知书后十日以内申请复议。对不立案的复议，由人民检察院控告申诉部门受理……认为需要侦查部门说明不立案理由的，应当及时将案件移送侦查监督部门办理。”

二、职务犯罪初查监督机制存在的缺陷

随着新《刑事诉讼法》和新《刑事诉讼规则》对于如何进一步完善职务犯罪初查监督机制做出了积极回应，就目前而言，职务犯罪初查监督机制的基本框架已经初步搭建，职务犯罪初查监督机制的实际效能也已初步显现，但是职务犯罪初查监督机制仍然存在着一些缺陷需要加以完善，概括起来主要表现为：

（一）重实体监督、轻程序监督

通过对职务犯罪初查监督机制现状的分析可以看到，目前检察机关十分重视加强对职务犯罪初查的实体监督，主要体现在：职务犯罪初查线索的管理和初核、不立案线索的审查和复查以及特定案件线索初查情况的汇报等方面，这在很大程度上有助于提高职务犯罪初查整体效率和保障职务犯罪初查案件质量。但是对于职务犯罪初查的程序监督却存在比较明显的缺陷，这样不仅容易导致初查中直接或者间接侵犯人权的现象发生，而且容易造成“压案不查、有案不查”的问题出现，甚至极少数职务犯罪侦查人员违规利用案件线索来

谋取个人私利,① 从而大大削弱了职务犯罪初查应有的严肃性和正当性。

（二）重静态监督，轻动态监督

目前，对于职务犯罪初查的内部监督主要是通过“文来文往”书面审查来进行的一种静态监督，这在一定程度上有助于节省职务犯罪初查成本，并且提高职务犯罪初查效率；但是与此同时，正是这样的静态监督使得无论是上级检察机关还是同级检察机关在内部都无法对职务犯罪初查过程进行有效的动态监督控制，这集中体现在两个方面：一方面，对于职务犯罪初查措施适用方面缺乏必要的监督，因为虽然新《刑事诉讼规则》对于职务犯罪初查措施做了规定,② 但是这种规定依然比较笼统，无法涵盖所有的初查措施，从而容易导致职务犯罪初查措施的乱用或者滥用，比如在初查实践中职务犯罪侦查人员在初查过程中为了在立案之前就获取被调查者的有罪证据，往往以收条、借条的形式来行“扣押之实”；此外，还比如，目前针对“化装调查、使用线人、跟踪守候、秘密辨认”等初查措施，虽然在新《刑事诉讼规则》中没有规定但是在初查实践中又被大量适用；与此同时，这些初查措施本身具有的“天然攻击性”很容易对公民权利造成潜在或者现实的侵害，而目前对这些初查措施的监督却处于空白状态。另一方面，“对上级人民检察院交办、指定管辖或者按照规定应当向上级人民检察院备案”等特定案件线索，上级检察机关只是通过书面审查的方式对下级检察机关职务犯罪初查情况进行静态监督，很难发现初查过程中可能存在的问题，导致监督效果不尽理想。

（三）重柔性监督，轻刚性监督

同级检察机关内部对于职务犯罪初查监督往往表现为以“柔性监督”为主。这种监督本身并不具有法律程序上的强制力和执行力，并且由于作为监督者的举报中心等部门和作为被监督者的职务犯罪侦查部门同在一个检察机关之内，即所谓这种“同体监督”较“异体监督”而言本身就比较乏力，从而导致对职务犯罪初查内部监督面临着“刚性不足”的问题比较突出，其主要表现在：第一，举报中心在履行对相关案件线索的催办职能时，由于缺乏相应的“刚性”监督手段，催办效果并不明显，监督效果非常有限，在司法实践中普

① 刘孙承：《检察机关举报工作中存在的问题及其改进》，载《人民检察》2009 年第 24 期，第 18 页。

② 新《刑事诉讼规则》第 173 条规定：“在初查过程中，可以采取询问、查询、勘验、检查、鉴定、调取证据材料等不限制初查对象人身、财产权利的措施。不得对初查对象采取强制措施，不得查封、扣押、冻结初查对象的财产，不得采取技术侦查措施。”

遍存在着举报中心“催归催”、职务犯罪侦查部门“自管自”的状况;[①] 第二，举报中心对于案件线索的办理情况具有知悉权，但是在初查实践中，由于必要的案件线索办理期限预警机制缺乏以及大量的匿名举报案件线索存在，从而导致举报中心一方面根本无法掌握职务犯罪案件线索的初查期限，另一方面无需做答复举报人的工作，这样的结果往往就是举报中心无法形成对职务犯罪初查强有力的内部监督。此外，虽然有些地方检察机关职务犯罪侦查部门从加强自身监督的角度出发，设立“法制审查小组”，但是毕竟没有相应的法律法规作支撑，很难保障其监督效果，同样缺乏刚性监督。

（四）重内部监督，轻外部监督

检察机关按照“加强监督与自身监督”的指导思想，积极探索和不断加强对职务犯罪初查的内部监督机制，已经初步形成了纵横结合的内部监督网络结构，对于依法保障职务犯罪初查的顺利实施发挥了重要作用；但是对于职务犯罪初查的外部监督机制研究和建设却相对滞后，并且存在比较明显的缺陷：第一，人民监督员对于职务犯罪初查的监督机制不尽完善，缺乏必要的操作性，比如《监督员制度规定》没有明确人民监督员对于职务犯罪初查监督的启动权以及启动方式，从而易导致人民监督员的监督效果甚微或者监督流于形式。第二，控告人对于职务犯罪初查的监督权利缺乏保障，即控申部门答复控告人的内容是比较原则和笼统的，而且检察机关内部复议也是不公开的，在这样的情况下检察机关作出的不立案决定往往不能使得控告人信服，[②] 其实是对控告人监督权利一种变相的削弱设置剥夺。第三，从现行规定来看，举报人对于不立案线索缺乏复议复核权。

三、职务犯罪初查监督机制完善的建议

加强对职务犯罪初查监督机制的建设和完善，有助于进一步规范职务犯罪初查行为，提高职务犯罪初查效率，提升职务犯罪初查质量，推动职务犯罪初查制度的成熟。因此，根据上述分析的职务犯罪初查监督机制基本情况和主要缺陷，笔者认为可以从以下几个方面来考虑予以完善：

（一）逐步实现程序监督跟进

逐步实现对职务犯罪初查程序监督的跟进可以考虑在初查询问过程中采取

---

① 上海市人民检察院举报中心课题组：《举报中心监督制约职能之思考》，载《人民检察》2007 年第 11 期，第 49 页。

② 张兆松：《论职务犯罪初查权监督制约机制的完善》，载《宁波大学学报（人文科学版）》2011 年第 24 卷第 5 期，第 93 页。

"两个全程"，即"询问过程的全程同步录音录像"和"查清事实的全程同步调查询问笔录"。具体来说：一是将询问的全过程纳入到同步录音录像范围内，只要进入办案区就进行录音录像，真正做到调查询问过程的透明有效衔接；二是规定调查笔录制作的步骤，即第一份调查笔录告知被调查者的权利义务，核实其主体身份；第二份调查笔录记录被调查者的个人及家庭财产状况；第三份调查笔录让被调查者陈述有罪之事或者无罪之辩解；第四份调查笔录由侦查人员向被调查者提出与案件相关的具体问题；第五份笔录则对调查取得实质突破后进行证据固定。这五份笔录根据时间进度，分配在12小时询问时限的各个节点。①

（二）逐步加大动态监督力度

逐步加大对职务犯罪初查的动态监督就是要进一步充分保障职务犯罪初查过程的合法性和正当性，具体来讲：一是尽快从法律层面至少是司法解释层面上明确职务犯罪初查的基本种类以及适用规则和权限，实现职务犯罪初查措施审批权和执行权相分离，尤其是对于易侵犯公民权利的具有秘密性质的初查措施的审批，可以考虑将审批权限"上提一级"，由上一级检察机关职务犯罪侦查部门予以审批，加强对职务犯罪初查措施适应的动态监督；二是对于"对上级人民检察院交办、指定管辖或者按照规定应当向上级人民检察院备案"等特定案件线索，上级检察机关职务犯罪侦查部门除了要重视对下级检察职务犯罪侦查部门初查结果的审查监督，还应当派员亲自参与职务犯罪初查过程，加强对下级检察机关职务犯罪初查工作过程的动态监督和控制；三是通过"检察信息化"和"侦查信息化"建设工程，将职务犯罪侦查部门的案件初查进展情况及时传送到上级检察机关职务犯罪侦查部门和本院举报中心，实现"网对网"的双重动态监督，一旦发现职务犯罪初查中存在问题就可以及时通知职务犯罪侦查部门予以改正，以进一步增强监督的同步性和实效性。

（三）逐步增强刚性监督力量

检察机关举报中心具有受理和管理线索的重要职能，并且和职务犯罪初查工作联系最为紧密，因此，从优化配置检察机关内部职权来看，应逐步增强检察机关举报中心对于职务犯罪初查的刚性监督力量，这样不仅有助于进一步节省监督成本，而且有助于进一步增强监督效能。具体来讲：一是明确规定举报中心对于职务犯罪初查的"知悉权"、"催办权"等具有法律强制力和约束力，以及职务犯罪侦查部门及其人员的相关职责和义务，确保"同体监督"的刚

---

① 俞启泳、马铁鹏：《职务犯罪立案前调查活动之规范》，载《人民检察》2012年第15期，第69页。

性力量。与此同时，还应明确规定职务犯罪初查期限，对于3个月以内无法初查终结的，职务犯罪侦查部门应将已经初查的相关情况和延期的具体理由以书面形式通知举报中心，接受举报中心的审查监督，以增强举报中心监督效力。此外，应加强对职务犯罪侦查自身监督机制的探索和完善，对于比如已经开展的“法制审查小组”等实践探索所积累的经验，可以以司法解释等形式来进行固化，增强其刚性监督的强制力和可信度。

（四）逐步完善外部监督机制

1. 逐步完善人民监督员监督机制

对不立案线索监督的启动程序上，可以考虑：一是赋予人民监督员通过“定期监督审查”方式来实现对职务犯罪初查不立案线索监督的启动；二是应赋予控告人、举报人有请求人民监督员通过“随机监督审查”方式来实现对职务犯罪初查不立案线索监督的启动。在人民监督员监督审查之后，经表决多数人不同意检察机关不立案决定的，应当将有关材料提交上一级检察机关复核，上一级检察机关经过复核后，将复核结果告知下级检察机关，下级检察机关应当执行。这样就使检察机关的内部监督和外部监督能够较好地实现统一，从而使得人民监督员的监督意见在一定程度上具有了程序上的独立价值。①

2. 逐步完善控告人、实名举报人等权利监督机制

一是应在内容层面上明确控申部门答复控告人的具体事项，包括不立案的理由、依据以及证据材料等，切实提高答复内容质量，增强答复内容公信度；二是应在程序层面上逐步增强复议的透明度，在条件成熟的情况下，可以考虑建立“不立案决定复议听证制度”，以相对公开的形式，通过听取包括控告人、职务犯罪侦查部门、控告申诉部门、人民监督员等各方意见，形成最终结论；三是应当明确赋予实名举报人对于不立案线索的复议复核权，增强“权利监督权力”的力量。

① 张兆松：《论职务犯罪初查权监督制约机制的完善》，载《宁波大学学报（人文科学版）》2011年第24卷第5期，第96页。

法治思维与羁押必要性审查制度完善

——以基层检察院侦查监督部门视角

杨振强*

新修订的《刑事诉讼法》已于2013年1月1日正式实施，新的刑事诉讼法增加了很多实质性条款，意在更加注重尊重和保护人权，其中包括强化律师辩护职能、增加未成年人犯罪、当事人和解等特殊诉讼程序。针对犯罪嫌疑人适用强制措施方面，新修订的《刑事诉讼法》更是通过第79条使旧法中较为概括的逮捕条件更加具体和明确。此外还在第93条规定了：“犯罪嫌疑人、被告人被逮捕后，人民检察院仍应当对羁押的必要性进行审查。对不需要继续羁押的，应当建议予以释放或者变更强制措施。有关机关应当在十日以内将处理情况通知人民检察院。”该条明确规定了羁押必要性审查制度，这项制度对于完善我国的羁押制度，尊重和保障人权具有非常重要的意义，这是社会主义法治建设又迈出的重要一步。

一、羁押必要性审查制度的解析

所谓羁押必要性审查制度，是指根据被羁押的犯罪嫌疑人、被告人涉嫌犯罪的性质、情节以及证据的收集固定情况，犯罪嫌疑人、被告人悔罪态度等，审查具有再次犯罪或者妨碍诉讼的危险性，如果对其取保候审、监视居住足以防止发生这种危险性，在此基础上决定是否继续羁押该犯罪嫌疑人、被告人。① 羁押必要性审查的主体是人民检察院，审查对象是被羁押的犯罪嫌疑人、被告人。开展羁押必要性审查的前提是：对于涉嫌的犯罪事实已经查清，证据已经固定；而所谓的羁押必要性主要是指：犯罪嫌疑人、被告人不会出现重新犯罪，不会打击报复举报人、证人，或者不会再伪造、变造、毁灭证据，

* 北京市石景山区人民检察院侦查监督处助理检察员。

① 孙谦、童建明：《新刑事诉讼法理解与使用》，中国检察出版社2012年版，第116页。

不会出现逃跑、自杀等其他妨碍刑事诉讼顺利进行的情形，无论羁押期限是否届满都应当变更强制措施。但对于涉嫌危害国家安全犯罪、可能判处10年以上有期徒刑、无期徒刑、死刑的犯罪嫌疑人不应将其变更为取保候审。① 按照《刑事诉讼法》第93条规定，人民检察院在开展羁押必要性审查，认为被羁押的犯罪嫌疑人不需要继续羁押的，应当建议予以释放或变更强制措施。公安机关应当在期限内将处理情况回复检察院，法律规定检察机关对于无继续羁押的案件具有建议权，这种权力是非强制性的，其实现还要依靠公安机关的配合，因此在实践中会造成这种建议权被虚置的可能。

二、法治思维与羁押必要性审查的关系

提到法治思维，我们首先要明确法治的含义，法治作为政治学概念，Rule of Law，即法律统治，所蕴含的内容可归纳为：法律至上、善法之治、权利本位、正当程序、平等适用、权力控制。② 笔者理解的法治思维就是运用上述法治精神内涵来思考和处理问题。在中国共产党第十八次全国代表大会的报告中也讲到法治思维的重要性，运用法治思维是建设社会主义法治国家的前提和重要保障。从法治思维在党的十八大报告中被提出，可以看出我们国家经过多年的法治建设，越来越重视法治思维的构建和运用。前文所述的羁押必要性审查制度是刑事诉讼法修订后的一个创新，意在通过法律监督机关的审查减少审前不必要的羁押，该制度的提出彰显了对人权的尊重和保障，是我国法治建设的重要成果。羁押必要性审查在司法实践中能否实现这一立法原意，这与负责操作该制度的司法人员是否具备法治思维有着密不可分的关系。

三、羁押必要性审查在实践中遇到的问题

（一）以S区检察院2013年1月至6月羁押必要性审查工作为例：

羁押必要性审查制度启动至今已有半年有余，羁押必要性审查制度的适用效果如何，笔者作为一名基层检察院侦查监督部门的检察官，更关注在审查逮捕阶段该项制度开展的效果以及存在的问题，为此笔者统计了S区检察院侦查监督部门自2013年1月至2013年6月审查逮捕工作137件167人，批准逮捕105件119人，决定逮捕（侦查监督部门未批捕，移送起诉后由公诉部门决定逮捕）1件1人，批捕率分别为76.6%、71.3%。该院开展捕后羁押必要性审

① 孙谦、童建明：《新刑事诉讼法理解与使用》，中国检察出版社2012年版，第116页。

② 张文显主编：《法理学》，法律出版社2007年版，第84页。

查的案件共计 4 件 5 人，占逮捕案件的比率分别为 3.8%、4.2%，案件类型有盗窃罪、交通肇事罪、故意伤害罪，案件详细情况如下：

案例一：

犯罪嫌疑人情况：李某，26 岁，外地户籍，无业，无前科劣迹，暂住石景山区出租房，有一女一子，其妻子不知去向。

案件情况：2011 年 11 月 15 日晚，王某（已判决）、袁某（另案处理）等人共谋到首钢厂区内盗窃电缆。由袁某纠集犯罪嫌疑人李某参与盗窃。2011 年 11 月 16 日凌晨，王某、李某等近十人来到北京市石景山区北京首钢新钢有限责任公司第三炼钢厂厂房内，共同盗割该厂房内铜芯电缆线 200 余米，将盗割的电缆线经过处理后放置在厂房东北角。被盗电缆线经称重为 1.53 吨，经鉴定价值人民币 44750 元。案发后李某逃逸，后于 2013 年 1 月 8 日主动投案，在投案后能够做到如实供述自己的犯罪行为。犯罪嫌疑人还供述其有两名年幼的孩子无人抚养。

案件办理情况：经过审查，现有证据证实犯罪嫌疑人李某涉嫌盗窃罪（未遂），检察院于 2013 年 1 月 25 日做出对该人批准逮捕决定，并要求公安机关核实其子女抚养情况，如其子女无人抚养应变更强制措施。公安机关经核实该人供述子女无人抚养情况属实，但侦查监督部门还没有开展羁押必要性审查，公安机关就于 2 月 21 日将该案移送起诉到该检察院公诉部门。公诉部门经过审查现有证据，并讯问犯罪嫌疑人，对该人的羁押必要性进行审查，于 3 月 22 日对犯罪嫌疑人变更取保候审。

案例二：

犯罪嫌疑人基本情况：王某，57 岁，北京本市户籍，石景山区实验小学职工，无前科劣迹。

案件情况：2013 年 3 月 11 日 2 时许，犯罪嫌疑人王某驾驶小型客车（车牌号：京 P5EC31）由西向东行驶至北京市石景山区苹果园南路口迤西 150 米处，小客车前部、底部与一躺在路中间的无名男子接触，造成该人死亡，经法医检验为颅脑损伤合并创伤失血性休克死亡，王某驾车逃离现场。道路交通事故认定书确定王某负全部责任。3 月 11 日上午 10 时 30 分许，王某主动到交通支队说明交通事故情况。

案件办理情况：经过审查，现有证据能够证实犯罪嫌疑人王某涉嫌交通肇事罪（逃逸），检察院于 2013 年 3 月 25 日做出对该人批准逮捕决定。由于承办人的意见是无逮捕必要，此外在审查逮捕期间，犯罪嫌疑人家属提交取保候审材料、犯罪嫌疑人所在单位递交证明。因此在批准逮捕后，承办人对该案的侦办情况进行跟踪，在审查逮捕一个月后询问公安机关侦查取证情况，公安机关的侦查工作没有实质性进展。因此检察院侦查监督处启动羁押必要性审查，于5月21日向公安机关发出羁押必要性审查建议书，建议公安机关变更强制措施。公安机关回复检察院侦查监督处已经将该案移送本院公诉部门。

案例三：

犯罪嫌疑人基本情况：刘某，44岁，外地户籍，在京经营一家餐馆；马某，48岁，外地户籍，在刘某饭馆内帮忙，二人均无前科劣迹。

案件情况： 2013年4月14日14时许，段某到犯罪嫌疑人刘某经营的位于北京市石景山区古城南街好哥们餐厅吃饭喝酒，结账时因琐事与服务员即嫌疑人马某发生纠纷，后马某与段某相互殴打，段某还将店内的扎啤机、餐桌砸坏，犯罪嫌疑人刘某见状，便伙同马某对段某殴打，致段某右枕部皮下血肿，右眼眶内上壁骨折，右侧鼻骨、上颌骨额骨突骨折，经法医鉴定属于轻伤。经过法医鉴定犯罪嫌疑人马某、刘某的伤情均达到轻微伤标准。案件在提请批准逮捕时，犯罪嫌疑人尚未与被害人就民事赔偿达成一致。

案件办理情况：公安机关于2013年5月14日提请批准逮捕犯罪嫌疑人刘某、马某，二人均认罪，现有证据证实二人涉嫌故意伤害罪，犯罪嫌疑人与被害人尚未达成民事和解，检察院于5月21日对犯罪嫌疑人刘某、马某作出批准逮捕决定。5月30日犯罪嫌疑人家属向检察院侦查监督处递交书面材料，证实犯罪嫌疑人家属已经赔偿被害人4万余元，被害人对犯罪嫌疑人表示谅解。侦查监督处承办人核实情况后，经过审批，检察院侦查监督处于5月31日向公安机关发出羁押必要性建议书，建议公安机关对两名犯罪嫌疑人变更强制措施，公安机关于6月4日回复侦查监督处，不认可检察院提出的变更强制措施建议。

案例四：

犯罪嫌疑人基本情况：孔某，男，45岁，北京本市人，私营企业法人，在京有固定住所，1986年曾因强奸未遂被劳动教养。

案件情况：2013年2月6日22时许，犯罪嫌疑人孔某与朋友王某、陈某等人在北京市石景山区福华肥牛城吃饭，遇见在此吃饭的被害人赵某、郭某（郭某与王某、陈某认识），双方在一起吃饭聊天，席间孔某与赵某因琐事发生纠纷，后孔某对赵某殴打，致赵某第6、7、8、10肋骨骨折，经法医鉴定属轻伤。

案件办理情况：公安机关于2013年5月21日提请批准逮捕犯罪嫌疑人孔某，在审查逮捕阶段犯罪嫌疑人家属与被害人尚未就民事赔偿达成一致，现有证据能够认定孔某涉嫌故意伤害罪；现有证据中犯罪嫌疑人孔某虽然供认殴打对方，但供述事实与被害人及证人陈述内容相差较大，检察院综合案件情况对犯罪嫌疑人作出批准逮捕决定。6月8日犯罪嫌疑人家属向检察院递交与被害人达成的赔偿协议及取保候审申请，赔偿被害人各项经济损失共计 30 万元，被害人表示谅解。基于上述情况，检察院启动羁押必要性审查，并讯问了犯罪嫌疑人，犯罪嫌疑人供述情况与逮捕前基本一致，不能做到全面如实供述案件事实。经过审查，检察院做出同意继续羁押的决定。

（二）案件分析

共同点：上述几个案件虽然数量不多但具有一定的代表性，四个案件的共同点是都属于较为轻微的刑事案件以及过失犯罪，四个案件的犯罪嫌疑人经过检察机关侦查监督部门的审查均作出了批准逮捕决定，在逮捕后检察机关的侦查监督部门鉴于案件情节较为轻微等情况都开展了羁押必要性审查，其中两件是主动审查，两件是依据犯罪嫌疑人家属的申请开展审查工作，上述案件均由于种种原因在审查逮捕阶段都没有实现变更犯罪嫌疑人的强制措施。

个案的差异：上述四个案件又有各自不同特点，案例一中的犯罪嫌疑人伙同他人盗窃（未遂），盗窃财物数额巨大（此处以“两高”新修订的盗窃犯罪解释实施前的规定为标准），犯罪嫌疑人投案自首，并供认其有无人抚养的子女，但由于该情况未核实，所以做出批准逮捕决定。后公安机关核实该人确有无人抚养子女，但在检察机关侦查监督部门要启动羁押必要性审查前，公安机关就已经将该案移送公诉部门审查起诉。公诉部门经过审查，认为该人不具有羁押必要性，直接对该人做出变更取保候审的决定。

案例二中的犯罪嫌疑人涉嫌交通肇事罪，且在犯罪后逃逸，被撞致死男子身份不明；但犯罪嫌疑人在犯罪后主动到公安机关投案，该人又系本市户籍，有固定工作和户籍，能够做到如实供述犯罪行为。检察院侦查监督部门在作出批准逮捕后，对案件侦查工作进行跟踪，后了解到案件侦查取证没有实质性进展，便主动启动羁押必要性审查，向公安机关发出变更强制措施建议书并向本院公诉部门备案，公安机关答复称已经移送审查起诉。

案例三中的两名犯罪嫌疑人涉嫌故意伤害，但在审查逮捕阶段没有与被害人达成民事赔偿，在检察院做出批准逮捕后，犯罪嫌疑人家属对被害人进行民事赔偿并取得谅解。侦查监督部门鉴于双方已经达成民事和解，并且案件属于普通民事纠纷引发的伤害，主观恶性小，综合考虑后认为两名犯罪嫌疑人不具有继续羁押必要性，遂向公安机关发出变更强制措施建议书，但公安机关对建议书不认可，拒绝变更强制措施，按照法律规定检察机关没有其他强有力的制约手段，因此该案由于公安机关的不配合，导致无法在捕后侦查羁押期限内变更强制措施。

案例四的情况与案例三有相同之处，都是以犯罪嫌疑人家属赔偿被害人并递交申请，继而启动羁押必要性审查。但不同之处在于案例三的事实证据清楚，定罪证据稳定；而案例四的犯罪嫌疑人供述不稳定，不能够做到如实供述犯罪事实，案件事实还需要进一步侦查。因此，检察机关侦查监督部门对案例三向公安发出变更强制措施建议；而对案例四，检察机关在收到犯罪嫌疑人家属申请后，经过审查做出了同意继续羁押的决定。

（三）捕后适用羁押必要性审查存在问题

在前文中，笔者以S区检察院2013年1—6月办理的羁押必要性审查的案件进行分析，虽然案件数量有限，且羁押必要性审查开展仅半年时间，但通过对上述案件的分析还是具有一定代表性，从开展捕后羁押必要性审查案件数量看，数量占逮捕案件数量相对较小，不到5％。此外，通过案件分析是能够发现在适用羁押必要性审查工作中存在的主要问题就是检察机关侦查监督部门发出变更强制措施建议书的效用较低，是否变更的主动权在公安机关手中。

通过上述案件的分析，我们能看出检察机关在做出批准逮捕决定后，在逮捕后两个月侦查羁押期限内开展羁押必要性审查，如果检察院侦查监督部门认为犯罪嫌疑人符合羁押必要性审查相关条件不需要继续羁押，依法向公安机关发出变更强制措施建议书，公安机关收到建议书，是否同意检察院的建议内容，完全取决于公安机关自身。因为刑事诉讼法第93条规定的建议书是不具有强制力，而且依据法律，检察院建议不被认可也没有救济和开展诉讼监督的途径；此外，在检察院做出逮捕后至公安机关移送审查起诉前的期间，是属于公安机关的继续侦查期间。除了刑事诉讼法第94条规定①的发现有不当强制措施，应当依法变更情形外，公安机关对于是否变更强制措施是具有决定权的。这样以来，检察院侦查监督部门开展羁押必要性审查认为无继续羁押必要，并向公安机关发出变更强制措施的情况，如果公安机关对于建议书不认可，那么被羁押的犯罪嫌疑人就不可能变更强制措施。如果长此以往，侦查监督部门开展羁押必要性工作就没有实际作用，那么刑事诉讼法所规定的羁押必要性审查的建议权在审查逮捕阶段的实现就会遇到很大困难，该项权力有被虚置的风险。从另一个角度，作为检察院侦查监督部门的办案人员，如果开展羁押必要性审查并向公安机关发出要求变更强制措施建议书，因为公安机关的不认可、不配合导致不能变更无羁押必要性犯罪嫌疑人的强制措施，办案人员对开展该项工作也会逐渐丧失积极性，致使该项工作的开展遇到困难。

---

①《中华人民共和国刑事诉讼法》第94条规定："人民法院、人民检察院和公安机关如果发现对犯罪嫌疑人、被告人采取强制措施不当的，应当及时撤销或者变更。公安机关释放被逮捕的人或者变更逮捕措施的，应当通知原批准的人民检察院。"

四、完善捕后羁押必要性审查的对策建议

通过对捕后开展羁押必要性审查工作中存在问题的分析，我们可以发现由检察院侦查监督部门在捕后两个月的侦查羁押期间开展羁押必要性审查的效果并不理想，出现上述问题是由现行程序法的规定，以及公安机关和检察机关的职权配备来决定的。新修订的《刑事诉讼法》只赋予检察院在发现不需要继续羁押的情况后应当向公安机关发出变更强制措施的建议权，但这种建议没有强制力，目前法律和“两高”的司法解释中也没有对这种建议规定救济和诉讼监督的途径。在犯罪嫌疑人被逮捕后到被公安机关移送检察院审查起诉前，对于犯罪嫌疑人是否变更强制措施的决定权实际掌握在公安机关手中。因此，检察院侦查监督部门开展羁押必要性审查，如果公安机关不配合就会导致变更强制措施的建议被虚置，起不到应有的监督效果。此外，由于《刑事诉讼法》第93条规定的“无继续羁押必要”与第94条规定的“不当强制措施”不属于同一概念，因此检察机关不能依据该法条撤销不当强制措施。

（一）努力提升检察人员的法治思维，把好审查逮捕关口

一项好的立法设计，要发挥应有作用，关键要有一批具备法治思维的司法工作者。修订《刑事诉讼法》时规定羁押必要性审查就是考虑到目前审查逮捕率过高，逮捕后缺少必要的监督，造成审前羁押过多的现状。为了改变这一局面，规定由检察机关在捕后开展羁押必要性审查，意在减少不必要的羁押。要充分发挥该制度的作用，笔者认为除了要完善相关规范和配套机制，更要加强审查逮捕一线检察人员的法治思维培养，逐渐转变“构罪即捕”的陈旧观念，对于构成犯罪，但情节较轻、认罪悔罪、无前科劣迹、有赔偿意愿即使尚未赔付的犯罪嫌疑人，采取取保候审可以保证诉讼的就应当不予逮捕。此外，对于逮捕的案件，检察人员也应当对可捕可不捕的案件，及时开展跟踪，并主动或者依照犯罪嫌疑人家属申请开展羁押必要性审查，充分保障犯罪嫌疑人的基本权利。

（二）制定检察机关羁押必要性审查规范，明确各部门责权

通过S区检察院开展捕后羁押必要性审查的实践，我们可以看出，对于检察院认为不需要继续羁押而在移送审查起诉前没有变更强制措施的案件，在审查起诉阶段，如果案件证据稳定，多数情况下就会变更强制措施。因为在案件移送检察院公诉部门审查起诉后，犯罪嫌疑人已经换押到检察院公诉部门，因此在审查起诉阶段，由公诉部门对羁押必要性进行审查，如认为不需要羁押，可以直接变更被羁押犯罪嫌疑人的强制措施，不用经过公安机关同意。

要使刑事诉讼法第93条规定的羁押必要性审查起到应有作用，检察机关

应尽快制定包括侦查监督、公诉部门、未成年检察、监所检察在内的多部门协同负责的规范性文件。通过规范性文件明确各部门在羁押必要性审查工作中的权利和责任。针对笔者通过前文的分析提出由检察院侦查监督部门在捕后两个月侦查羁押期限内开展羁押必要性审查效果不好的问题。应通过制定检察机关统一规范，明确侦查监督部门、公诉部门、监所检察部门在羁押必要性审查中的职责。

具体建议内容如下：侦查监督部门在作出批准逮捕决定后，在捕后侦查羁押的两个月时间内，如果有被害人家属、委托代理人、律师递交和解协议或申请变更强制措施的书面材料，侦查监督部门应开展必要审查，如不涉及刑事诉讼法第94条规定的不当强制措施，则应将书面材料备案，并将副本移交本院公诉部门，供移送起诉后公诉部门开展羁押必要性审查作为参考，这也是加强捕诉衔接的一项重要工作。公诉部门在案件移送审查起诉后，根据案件的实际情况，以及当事人双方是否开展或达成刑事和解，直接做出是否变更强制措施的决定，并将决定情况通知本院侦查监督部门。本院的监所检察部门应配合上述机关提供在押犯罪嫌疑人在羁押场所的表现、身体状况、认罪悔罪态度等情况。

（三）加强延长羁押期间的实体审查，强化监督制约机制

笔者认为，检察机关要更好地适用新刑事诉讼法实现尊重保障人权的目的，应当强化对公安机关提请延长羁押期限的审查工作。按照《刑事诉讼法》、《人民检察院刑事诉讼规则（试行）》的规定，由检察院侦查监督部门履行对侦查机关提请延长羁押必要性审查工作。目前，在司法实践中由于种种原因，检察机关审查延长羁押的工作逐渐流于形式审查，很少对案件实体内容、犯罪嫌疑人是否需要羁押等情况进行深入审查。按照刑事诉讼法的规定，在捕后羁押两个月后，如果遇到重大复杂、团伙作案、可能判处10年以上徒刑案件，公安机关可以向检察院申请三次延长羁押期限，最长羁押期限可达到7个月以上。此外根据《刑事诉讼法》第158条规定，侦查期间发现犯罪嫌疑人另有重要罪行的，自发现之日重新计算羁押期限。因此做好延长羁押的审查工作对于保障在押犯罪嫌疑人的权利非常重要。笔者建议应出台规范，检察院侦查监督部门应当加大力度对公安机关申请延长羁押的材料进行实体审查，并针对羁押必要性问题深入进行审查，必要时应当核实公安机关侦查取证工作，讯问犯罪嫌疑人，询问被害人、相关证人等工作。检察机关通过做好对延长羁押的审查，实现对侦查权力的有效制约。

五、结语

新刑事诉讼法在更好的尊重和保障人权方面，应该说做出了很大的努力，

其中不乏一些创新举措。但要真正实现这一目标，还需要司法实践中付出更多的智慧以及切实的努力。羁押必要性审查就是这样一项制度，其目的是减少不必要的羁押，保障犯罪嫌疑人的合法权利，但该项制度刚刚出台，相关规范还需完善，司法人员的法治思维培育也需要时间积累。因此，要使羁押必要性审查制度实现立法原意还需要司法实践者和理论界共同的努力。

新刑事诉讼法背景下以公诉为目的导向的自侦案件内部监督机制研究

——以公诉实务为视角

叶榕勤[*]　范艳利[**]

权力受到有效制约是法治国家的重要特征，作为国家法律监督机关，检察机关在保障国家法律统一正确实施方面发挥着重要作用。在依法行使监督权的同时，检察机关也必须重视监督自身的执法活动，在行使权力时更要主动保持足够的谨慎、自制和谦抑。① 这是树立并强化权限意识的主观内在要求。自侦案件的立案、侦查、逮捕、起诉均由检察机关行使，权力较为集中，容易产生监督不到位的问题，影响检察机关办案的公正性和公信力。因此，如何加强检察机关内部对自侦案件的监督成为近年来各界关注的焦点之一，相应的改革、创新尝试也在不断进行中。笔者从公诉实务的视角出发，结合新刑事诉讼法背景下自侦案件面临的机遇和挑战，明确提出下一步应建立以公诉为目的导向的自侦案件内部监督机制，并提出了具体的建议，希望能够对检察实务有所裨益。

一、新刑事诉讼法对检察机关自侦案件的挑战和影响

（一）新刑事诉讼法对自侦部门办案提出更高的要求

新刑事诉讼法的核心精神是强化刑事诉讼中的人权保障，彰显程序公正的独立价值，加强对司法权的监督制约，在加强检察机关法律监督的同时，也制

---

* 福建省厦门市集美区人民检察院副检察长。

** 福建省厦门市集美区人民检察院检察员。

① 单民、薛伟宏：《检察权监督制约机制研究》，载《人民检察》2012 年第 9 期，第 22 页。

定了一整套程序性制裁措施，对规范检察机关的执法行为提出了许多新要求。[①] 具体到对检察机关反贪和反渎这两个自侦部门的影响，主要体现在侦查手段赋予和强制措施的适用方面的改变，如技术侦查手段的获取、拘传期限的延长、监视居住的规范化。但同时也应看到，在侦查行为规范性方面，法律也提出了更为严格的要求。具体内容如下：

1. 职务犯罪侦查措施的完善对职务犯罪侦查、讯问的合法性提出更高要求。新刑事诉讼法延长了传唤、拘传的时间，新设了指定居所的监视居住，增加了询问证人的地点，增加了强制采样作为人身检查的一个子类，扩充了“查冻扣”的对象范围，特别是授予了检察机关办理自侦案件过程中决定采取技侦手段的权力（但无执行权），这些都有助于解决长期以来自侦案件侦查手段受限的实际困难。但从另一方面来看，严格规范侦查讯问程序的相关修改也给自侦案件的办理带来新的挑战：拘留或逮捕后应当立即送看守所羁押，至迟不得超过24小时，讯问必须在看守所内进行等，这些规定都对自侦部门侦查、讯问的合法性提出了更高的要求。

2. 明示不得强迫自证其罪，确立非法证据排除规则，对证据合法性的审查更为严格。新刑事诉讼法把不得强迫自证其罪写入其中，这就使得犯罪嫌疑人具有了某种意义上的沉默权，再加上确立了非法证据排除规则，对不合法的证据应予以排除，使得取证难度更加大，特别是在口供方面，对侦查人员提出了更高的要求。同时新刑事诉讼法明确规定了公诉机关、侦查机关的举证责任。在刑事诉讼中，公诉机关承担着证明被告人庭前供述来源合法的证明责任。为此，侦查部门也相应承担了向公诉机关提供犯罪嫌疑人供述系合法取得的证据材料的职责，如提供讯问犯罪嫌疑人全程录音录像资料等。此外，新刑事诉讼法还明确了侦查人员出庭作证的新规定，那么自侦案件中的侦查人员就有可能在法庭上以证人身份出现，并接受辩护人、公诉人及法官的询问，这对侦查人员无疑又是新的挑战。

3. 同步录音录像制度纳入新刑事诉讼法，对自侦案件的讯问及合法性提出挑战。全程同步录音录像写入刑事诉讼法给职务犯罪侦查工作来了以下挑战：某些讯问策略可能被认为是对犯罪嫌疑人的指供、诱供。讯问策略是灵活运用的讯问方法，讯问人员往往会利用矛盾、利用薄弱环节进行政策法律教

① 中国政法大学樊崇义教授在最高人民检察院法律政策研究室、人民检察杂志社主办的“贯彻实施修改后刑事诉讼法座谈会”中就明确提出“有权力就必须有一定的义务约束，不存在没有义务约束的权力，权力和义务是对应的，检察机关在享有法律监督职权的同时，应尽维护司法公正的义务。”

育，这些讯问策略往往与暴力、威胁、引诱有本质区别，通常被认为是允许使用的，但是这种讯问手法很可能被辩护人指责为指供、诱供，所以讯问人员如何解决两者之间的矛盾是一个关键，对讯问犯罪嫌疑人提出了严峻的挑战。

（二）新刑事诉讼法进一步提高了公诉标准，强化了公诉部门对证据的审查责任

从公诉职能来讲，新刑事诉讼法提高了公诉的标准，在证明标准上加重了检察机关的证明责任。为了进一步尊重和保障人权，立法规定了非法证据排除制度，进一步明确了刑事被告人不负证明责任，而由检察机关承担被告人有罪的举证责任。同时，辩护人全程介入、会见、阅卷等权益进一步细化等内容，不仅增加了庭审中控辩双方的对抗性，也为控方举证、固定证据提升了难度。总的来说，新刑事诉讼法使得公诉部门在庭审中更为被动，同时面临败诉的风险也大大增加。① 这就意味着，今后的公诉工作将要面临更为严峻的挑战，迫使其必须进一步强化对自侦案件证据的审查责任。

（三）新刑事诉讼法要求公诉部门承担自侦案件证据收集合法性的证明责任

根据新刑事诉讼法的规定，在对证据收集的合法性进行法庭调查的过程中，人民检察院应当对证据收集的合法性加以证明。这个证明责任赋予检察机关，实质上就是要检察机关承担起遏制刑讯逼供等野蛮执法、切实尊重和保障人权的重任。检察机关要落实这个重任，必然是由承担审查起诉职责、履行出庭支持公诉职能的公诉部门来具体实现，这其中当然包括对自侦部门办理的刑事案件的审查。从上述分析可以看出，新刑事诉讼法就公诉部门对自侦案件的审查责任提出了更高的要求，公诉人在庭审中面对的巨大压力使其必须提前对自侦部门办理的案件进行更为全面的审查，对侦查行为、证据收集固定等进行合法性引导，避免被动，同时又不能违背侦查与审查起诉相互监督制约的规律，这就要求我们必须对自侦、公诉部门二者之间的关系重新进行梳理。

---

① 2011年7月11日，浙江省宁波市鄞州区人民法院（2011）甬鄞刑初字第320号刑事判决书以公诉机关提供的证据不能够证实被告人审判前供述的合法性为由，将被告人章某庭审前的有罪供述予以排除，导致认定的受贿金额发生重大改变，尽管在二审中公诉机关又提交了一系列新的证据来证实被告人审判前供述的合法性并被二审法院采纳，依法予以改判，但该案清楚地告诉我们：在非法证据排除面前，公诉机关随时可能面临败诉的风险。

二、自侦案件传统内部监督机制之不足

（一）自侦案件内部监督现状

由于检察机关的反贪、反渎部门对自侦案件享有独立的侦查权，对于防止侦查权滥用就显得更加重要，社会上对自侦案件的监督也格外关注。检察机关近年来也在逐步突出对直接受理立案侦查案件的监督制约，主要表现在：一是建立自侦案件侦查权分权机制。二是强化对检察机关直接受理侦查的案件免予起诉、撤销案件、不起诉决定的内部监督制约。先后制定了对免予起诉案件实行专人审查、集体讨论、检察委员会决定、分级审批、备案审查的制度；对免予起诉的申诉案件，一律由上一级人民检察院控告申诉检察部门复查；省级以下（含省级）人民检察院办理直接侦查的案件，拟作撤销案件、不起诉决定，应当报请上一级人民检察院批准。三是建立案件线索管理与侦查工作相制约机制，防止擅自办案和压案不查。先后制定实行了案件线索由举报中心统一管理、举报中心与侦查部门相互制约、要案线索分级备案等制度，在检察机关内部形成了对案件线索的有效监督制约。四是规范对涉案款物扣押、冻结、处理的内部监督制约机制。五是强化侦查强制措施的内部监督制约机制。除要求侦查与审查逮捕工作相分开、由不同的机构承办外，还突出了上级检察院对下级检察院批捕工作的监督制约，防止错误逮捕、以捕代侦和滥用强制措施。六是对办案人员行为的内部监督制约。对一线执法人员实行“一案三卡”制度；执法档案制度；讯问职务犯罪嫌疑人全程同步录音录像；健全执法责任制和责任追究制。①

尽管近年来检察机关围绕建立现代、科学、高效的内部监督方式作了一些有益的探索，出台了一系列的规章制度，取得了一些可喜的效果。但也应该看到许多问题仍然没有得到根本解决，如检察活动行政化趋势、自侦案件侦查监督体系的缺陷等问题依然存在。

（二）自侦案件内部监督的导向性不明确

考察世界主要国家的立法与实践，对检察机关侦查案件的侦查监督，主要有以下模式：(1) 英美法系的当事人主义监督模式。在英美法系国家中，不承认侦控机关单方面的强制处分权，法官作为第三者介入侦查，监督、制约检察官的侦查活动。(2) 大陆法系的职权主义监督模式。在大陆法系尤其是德、法、意等国家，由于预审法官可随时介入侦查，领导检察官进行侦查，检察官

---

① 王江华：《检察机关内部监督制约机制创新实践回顾》，载《中国检察官》2011 年第 12 期，第 6 页。

侦查案件的监督权归属于预审法官。(3) 日本的折中主义监督模式。在日本，侦查手段也有任意侦查和强制侦查两种，任意侦查手段一律由检察官监督，强制侦查手段不管是警察还是检察官进行的，其监督权都归属于法官，由法官通过司法令状来实施，法官中立化，不介入侦查，无权决定提起侦查和侦查终结。① 不管是哪种监督方式，其监督导向性很明确，都是明确了法官的监督权，即监督的目的是归结于最终的司法审判。而我国对自侦案件的内部监督却比较模糊，有观点认为是为了保障犯罪嫌疑人权益，有观点认为是为了限定检察机关的权力，达到刑事诉讼中的权力制衡。导向性不明确，使得我国对自侦案件的内部监督机制构建还不完善，很多监督措施相互交错、纷繁复杂，但整体效果并不理想。

(三) 自侦案件内部监督的现有不足

1. 监督方式上具有滞后性。首先，检察机关内部监督较多地注重结案后的事后监督审查，这种事后监督的流程一般都由专门部门进行，监督力度比较大，但也具有相应的局限性和被动性。主要表现在具体办案过程中，对于是否有贪赃枉法、刑讯逼供等违法违纪行为，发现的时间往往较晚，必将会影响办理案件的效率。同时，即使事后有相应的惩戒和责任追究机制，但不当行为所造成的损失和后果也是无法挽回的。当然，这里并不是说事后监督可有可无，而是说只注重事后监督，就会产生监督片面性。②

其次，检察机关对于自侦案件的监督，不仅在监督时间上存在滞后性，而且在监督方式上多采用书面监督，主要依靠审查侦查卷宗的形式进行，使得自侦部门侦查活动虽名义上接受侦查监督部门的约束和制约，但事实上却游离于侦查监督之外。

另外，检察机关在反贪、反渎部门执行任务时并没有建立相应的协调、通报机制。这使得反贪、反渎部门在实际办案过程中出现的问题难以被及时发现和纠正。而且，反贪、反渎部门在机构设置上的高配，使得其他部门提出的建议与意见，往往不能被实际重视和接受，从而导致监督制约往往流于形式。实际操作中其他部门对反贪、反渎部门直接受理案件后应行使的刑事立案监督、侦查活动监督、侦查终结监督也基本上处于空白状态。

2. 监督的效力不高。一方面，监督的拘束力有限。现行法律没有明确规定拒绝接受监督所应承担的法律责任，导致对自侦案件的监督拘束力有限；另

---

① 叶晓龙：《论检察机关自侦案件的侦查监督》，载《中国刑事法杂志》2003年第5期，第73页。

② 赵宣：《检察机关内部监督体制建设研究》，山东大学2011年硕士学位论文，第14页。

一方面，对检察机关自侦案件的监督缺乏刚性。目前，对自侦案件的监督主要来自于检察机关内部的程序性监督，即通过侦查与批捕、侦查与起诉职能分离的方式，开展对自侦案件的内部监督。但是，在一个院的体制内不可避免地会存在“同体监督，控制不力”的状况。无论是审查逮捕还是审查起诉，对自侦案件都有监督意识不强、监督措施疲软的问题。

3. 案件承办人的责任缺位。我国现行对自侦案件的内部监督机制，主要对事不对人，即重视对案件的防错纠错，而相对轻视对案件承办人自身的制约。[①] 案件承办人责任的缺位也导致了对自侦案件内部监督的乏力与不足。

三、建立以公诉为目的导向的内部监督机制

结合新刑事诉讼法对公诉部门提出的必须强化对自侦案件的审查和提前引导的要求，笔者建议，通过建立以公诉为目的导向的内部监督机制，来完善检察机关内部对自侦案件的监督，从而在应对新刑事诉讼法的同时，也可以有效解决传统内部监督机制存在的问题。以公诉为目的导向的内部监督机制，指的是在检察机关内部，为确保自侦案件质量及对侦查行为、证据等进行有效引导和监督，建立以公诉部门为主导的制约机制，由公诉部门对自侦案件的立案、侦查、收集的证据等是否合法进行内部引导和监督，确保有效指控和打击职务犯罪。

（一）明确以公诉为目的导向，全面履行检察权

1. 检察权的主要权能之一是公诉。关于检察权的定位，存在不同的学说，主要观点有行政权说、司法权说、双重属性说以及法律监督说。但是不管哪种观点，都不否认公诉是检察权的主要权能之一。[②] 检察权是一个复合性权力，它包括多方面内容，相应地，检察机关也拥有多项职权。例如，对特定人员的职务犯罪有立案侦查权，对一切刑事案件有立案监督权、批准逮捕权、提起公诉权、决定不起诉权以及对法院关于刑事、民事、行政判决、裁定的抗诉权、

---

① 蒋石平：《检察机关自侦案件监督制约机制的完善》，载《广东社会科学》2006年第3期，第193页。

② 有关检察权的定位，参见下列文章：陈卫东：《我国检察权的反思与重构——以公诉权为核心的分析》，载《法学研究》2002年第2期；孙谦：《检察：理念、制度与改革》，法律出版社2004年版，第109—113页；郝银钟：《检察权质疑》，载《中国人民大学学报》1999年第3期；倪培兴：《论司法权的概念与检察机关的定位——兼评侦检一体化模式》，载《人民检察》2002年第3期、第4期；孙谦、刘立宪：《检察理论研究综述（1989—1999）》，中国检察出版社2000年版，第22页；张智辉：《论检察权的构造》，载《国家检察官学院学报》2007年第8期。

执行活动的监督权等。在这些权能中，最主要的权能之一就是公诉，这是由我国的司法体制决定的。所以，检察机关的多种职责都应当围绕着公诉权展开。自侦案件最特殊的地方在于集立案、侦查、公诉于一体，而在这些程序中，公诉是核心，也是结果。因此，在设计对自侦案件的内部监督机制时，就不能忽略公诉权能，反而应当以公诉为目的导向。这并不是要混淆公诉与其他部门的职责，而是要建立公诉部门与其他部门之间的相互制约关系，确保机关内部各职能部门权力的分离，以实现各部门之间的相互监督，从而确保公诉权的有效发挥。

2. 以公诉为目的导向的内部监督机制可以反哺公诉权能。在法院对具体案件的庭审过程中，检察机关公诉人员所享有的辩论对抗权，会导致公诉人员在庭审过程中更容易产生为追求公诉效果而潜意识地加强与侦、控双方的接触，淡化制约关系的倾向，严重影响了法院在庭审过程中的公正性、法律适用的中立性和权威性以及对原被告正当利益的不利倾向性。因此，在对自侦案件进行监督时，就应当更加重视公诉的力量，要强调公诉部门对侦查过程的监督制约。这样可以使公诉与侦查两项权能分工得当，最终有益于公诉权能的实现。

（二）以公诉为目的的导向的内部监督机制，可以确保自侦案件得到全面、有效的监督

公诉部门是职务犯罪案件在检控阶段的最后经手人，负责全案的审查起诉和出庭公诉，新刑事诉讼法对自侦案件的证据确证力提出更高要求，要求必须由公诉部门严格按照“两个证据规定”的要求，审查、鉴别、分析证据，并加强对自侦部门侦查工作的全面引导，以适应新刑事诉讼法对自侦案件证据的更高要求，确保案件质量，为自侦案件的顺利公诉奠定基础，确保立得住、诉得出、判得了。同时，以公诉为目的的导向的内部监督机制，也可以实现对作不起诉处理的自侦案件的监督。尽管现有的对自侦案件不起诉的监督制约机制内部有检务督查、纪检监察、上一级人民检察院审查等制度，外部有人民监督员程序，但上述监督机制能够介入的阶段均已处于自侦案件办理的后期，即该案件往往已由自侦部门以移送不起诉意见书的形式移送到公诉部门，从而导致滞后监督、形式监督，无法保证监督效果。如在检察机关内部建立以公诉为目的的导向的监督制约机制，使得自侦案件在立案、侦查阶段，就由公诉部门依照刑事诉讼法的规定对侦查行为、证据等进行客观审查，形成侦查与公诉互相制约的模式，那么即使个案最终的审查结果是不起诉，也能够保证自侦案件得到有效的监督和制约。

(三) 以公诉为目的导向的内部监督机制的主要内容

1. 公诉引导侦查机制。检察机关作为法律监督机关对刑事诉讼活动实行法律监督，而作为代表国家提起公诉的检察机关公诉部门，可以对侦查机关在侦查中的违法行为、不当行为通过纠正违法通知书、检察建议、检察意见书等形式予以纠正。但在司法实践中，检察机关公诉部门对侦查权的监督多针对公安机关开展，而针对本院的自侦部门在查办自侦案件中的侦查行为是否合法的监督往往流于形式，或者是几乎处于空白状态。因此，我们必须加强对自侦案件的内部监督，具体来看，应注意以下几点：

第一，以公正执法为原则，明确公诉引导侦查但不干预侦查的定位。强化内部分工管辖制度，强调横向制约，严格执行检察机关内部分工管辖制度，由自侦、侦监、公诉等部门各司其职、严格执法，这是搞好内部监督制约机制的前提和基础。① 作为公诉部门，对于职务犯罪案件侦查工作应当坚持引导但不干预的原则，参与公诉引导侦查的公诉人员，不得干涉侦查人员的正常调取证据工作，只从公诉角度引导、监督侦查活动和侦查方向，注重对证据的审查。公诉部门在引导侦查工作时，应当做到到位而不越位，而自侦部门对公诉部门的引导侦查工作要做到积极而不消极，双方既独立履行职责又在工作中相互配合。

第二，以指控成功为原则，紧紧围绕证据的审查开展工作。公诉引导侦查的重点工作之一就是取证，而取证的目的是证明犯罪嫌疑人有罪或保证出庭公诉工作的顺利完成，因此公诉引导侦查工作必须紧紧围绕证据的全面性、体系性、合法性三个方面来展开。

第三，实行事前备案审批与事后总结考核制度，确保内部监督的效果。为保证案件在侦查阶段的保密工作和引导侦查工作的质量，对于引导侦查工作应严格执行事前备案审批制度与事后总结考核制度。对符合提前介入条件的案件，应进行一定的审批手续；而公诉人员提前介入侦查活动后，应当将提前介入情况进行详细记录，全面体现引导侦查、参与办案的进展情况。同时，由公诉部门与自侦部门对提前介入工作分别进行监督、考核，公诉部门将本部门移送起诉案件的判决送达侦查部门；侦查部门及时将交其他检察机关移送审查起诉案件的处理结果反馈公诉部门，对提前介入质量不高的案件，及时总结经验。

2. 以公诉为目的适用新的证据制度。证据是诉讼的核心和脊梁，刑事诉讼全过程就是收集、审查、运用证据的过程，而非法证据的排除，是对司法机

---

① 张平：《检察机关自侦案件监督机制研究》，载《河北法学》2008 年第 3 期。

关调查取证工作的最终的否定和谴责，这有利于公民、法人或其他组织监督执法机关，进而督促司法机关守法并依法办案。对检察机关自侦部门来说，在收集证据时必须严格依法办理，在诉讼程序上严格依法办案，在确保程序合法、公正的情况下，做到实体公正。①

首先，侦查部门在侦查活动中应坚决做到杜绝非法取证。非法证据排除规则在立法上的明确，使得通过非法手段获取的证据效力荡然无存，即使在侦查中获得了对控方有利的证据，在审判中也会被排除，对公诉成功毫无益处。要想做到杜绝非法取证，就要加强初查措施，积极获取口供以外的证据，树立“要口供但不依赖于口供”的意识，要在法律允许的范围内，提高文明规范侦查讯问技巧和能力。在侦查取证中要增强对审讯对象的人文关怀，减小和化解对立情绪。要突出对可以排除非法取证行为的证据的收集力度。在讯（询）问笔录的制作过程中，不仅注重问清犯罪事实，也要重视形成反映检察机关规范文明讯（询）问的内容，还要争取更多的原始录音录像资料，特别是要把刚到案时反映开始供述过程的录音录像保留到案件终审。

其次，提高公诉部门审查取证能力，增强指控犯罪效果。公诉部门在审查案件时首先应注意发现并排除确实存在的非法证据。对侦查阶段合法取得的言词证据，要有积极取证、固定证据的意识 ，强化证据特别是言词证据复核过程，积极搜集并形成侦查人员合法取证的内容，更为有力地证明侦查人员合法取证。公诉部门在审查过程中要关注并掌握被告人认罪态度的变化情况，尽早发现其提出非法取证的苗头，在发现犯罪嫌疑人翻供时要辨明真伪，加强对犯罪嫌疑人的教育引导，减少无中生有的刑讯逼供指控，力争通过事实法律教育打消其翻供的念头。同时要充分运用已有的讯问笔录、原始讯问过程的录音录像、捕诉阶段复核证据形成的笔录、“一案一谈话”证明合法取证的证明材料，认真做好在庭审中应对被告人及其辩护人提出的关于非法取证的方案，做到回应有力。

最后，检察机关各部门之间要着力加强配合，充分发挥侦查一体化工作机制的作用。各业务部门要加强沟通，互通信息，对于犯罪嫌疑人及辩护人的态度及动向，侦查、侦监、公诉、监所、监察等相关部门都要关注，发现苗头及时沟通，并共商对策，合力采取有效措施。各相关部门都要立足自身职能，从不同角度积极为证明合法取证搜集证明材料。公诉部门主动加强庭前与法庭的沟通，用扎实的证据、严谨的分析引导法庭，做好自侦案件的出庭公诉工作。

---

① 陈燕锋：《试论非法证据排除规则对自侦案件侦查的价值》，载《法制与社会》2010年11月，第276页。

3. 全程强化公诉部门参与。自侦案件的刑事诉讼程序应全程强化公诉部门参与，具体的内容有以下几个方面：

(1) 自侦案件立案后，公诉部门应当通过共同研究案情、提前介入，立足于庭审需要，引导反贪、反渎部门的侦查工作，使侦查监督贯穿于整个案件的侦查全过程，转变事后被动监督为事前、事中主动监督。侦监部门应当及时将批捕及侦查建议等情况告知公诉部门，以便于公诉部门熟悉案情，便于对自侦案件的不间断监督，提高公诉效率，同时及时排解错误逮捕或遗漏犯罪嫌疑人的情况，解决两部门各自为政、监督紧密性缺失的问题。

(2) 公诉部门对本院自侦部门移送审查起诉或不起诉的案件，发现侦查人员有违法违纪行为的，可直接向侦查部门提出纠正意见，情节较重的，应报检察长决定。

(3) 针对新规定的非法证据排除规则，公诉人要熟练掌握，并提前应对。在庭审中，公诉人要迅速判断被告人所提是否属于非法证据范畴，要据理说服法庭认真审查被告人及辩护人提供的材料是否具有合理性，是否足以让法庭怀疑存在非法情况，对不合理的明显不存在非法取证情形的，应当建议法庭不予启动非法取证调查。要运用好庭审技巧，注意以先发制人的策略，运用庭前准备的材料，充分证明取证的合法性。

(4) 推行自侦案件侦诉协作责任制。第一，建立公诉检察官和侦查主办检察官均对全案负责的责任机制；第二，侦查主办检察官协同公诉检察官出庭支持公诉。这样既可弥补公诉检察官对案件侦查流程熟悉程度上的缺陷，又因侦查人员被推上庭审一线，促使其提前对证明侦查中没有违法行为责任的承担做好准备。①

---

① 吴艳妮、余菲菲：《自侦案件侦诉协作机制研究——以障碍分析及一体化的制度构建为视角》，载《辽宁行政学院学报》2010 年第 9 期，第 35 页 。

论法治思维下的检察机关自身监督
——以案件管理为视角

杨永华*

党的十八大报告强调，要“提高领导干部运用法治思维和法治方式深化改革、推动发展、化解矛盾、维护稳定能力”。法治思维和法治方式被提到了前所未有的层面，运用法治思维和法治方式，应把握这些基本内涵：法律至上、科学立法、严格执法、公正司法、保障人权、全民守法、法律面前一律平等。人民检察院作为我国专门的法律监督机关，理应坚持法治思维，做到公正司法，履行法律监督职责，把强化自身监督放在与强化法律监督同等重要的位置，自觉接受外部监督，进一步加强内部监督。在法治思维的语境下，提高办案质量、强化案件管理是检察机关加强自身监督制约机制建设的应有之义。

一、案件管理工作的发展

2003 年 6 月，最高人民检察院下发《关于加强案件管理的规定》，开展了“规范执法行为，促进执法公正”专项整改活动，有针对性地完善制度规范，制定了主要业务工作考评办法。该规定颁布之后，全国各地掀起了检察机关案件管理职能探讨及尝试的热潮。2006 年 1 月，深圳市检察院正式设立案件管理处，2007 年该市检察院又建立案件管理中心，开辟了收送案件管理区、统计管理区等七个功能区。案件管理部门承担统一收送案件、统一录用案件信息、统一轮案、统一管理赃证物、统一对提交检察委员会讨论的案件进行全面审查等职能；2006 年 12 月 26 日，重庆市检察院首创大集中式检察业务管理模式在该市三级检察机关全面推开；郑州市检察院在全国检察系统率先成立了案件管理中心，运用计算机网络对检察机关所有案件实行流程管理、动态监控、统一受理和移送案件、统一管理法律文书、对举报线索统一备案、统一监督和考评、统一保管赃款赃物、统一管理业务统计。2010 年 4 月，山西省人

* 北京市大兴区人民检察院党组书记、检察长。

民检察院成立全国首家省级案件管理中心。同年8月，安徽省亳州市检察院案件管理中心挂牌成立。

2011年3月，曹建明检察长在第十一届全国人民代表大会第四次会议上庄严承诺，要“推行案件集中管理，建立统一受案、全程管理、动态监督、综合考评的执法办案管理监督机制”。2011年7月，曹建明检察长在第十三次全国检察工作会议上，对案件集中管理工作做出专门部署。经最高人民检察院党组决定并报中央编办批准，最高人民检察院于2011年10月28日成立案件管理办公室，并自2012年1月开始，对最高人民检察院直接办理的案件实行统一、集中管理，有力地推动了案件管理工作在检察系统的全面开展。2012年2月29日，最高人民检察院第十一届检察委员会第七十三次会议通过《最高人民检察院案件管理暂行办法》，将案件管理部门的性质界定为：专门负责案件管理的综合性业务部门；负有的职能主要为：管理、监督、服务、参谋；承担的主要工作是：统一受理、流程监控、质量管理、统计分析、综合业务考评。该办法成为各地检察机关设立案件管理部门、制定案件管理办法的依据与参考。截至2012年5月，全国共有1541个检察院设立了专门的案件管理机构，占全国检察机关总数的42%，其中26个省级院成立了案件管理部门。①

可见，案件管理部门承担的职能之一就是监督，这里的监督显然是指检察机关内部的监督，监督的对象指向各业务部门办理的案件；监督的方式不外乎案件管理从事的主要工作；监督的目的意在保证执法办案的依法规范运行，提升案件质量。也就是说，案件管理具有内部监督的属性，成为检察机关加强内部监督的又一抓手。

二、案件管理实现检察机关内部监督的方式

对检察执法办案活动进行监督，是强化检察机关内部监督的一项重要内容，建构完善的案件管理机制，加强对检察执法环节各类案件的管理，则是对检察执法办案活动实施内部监督的有效手段。如此，案件管理就与强化检察机关的内部监督有机地联系在一起了，强化内部监督需要对检察执法办案活动进行规制，案件管理机制建构就成了强化检察机关内部监督的重要一环。② 案件管理实现内部监督制约主要通过流程监控、质量评查、质量考核与案件统计等方式。

① 来自于全国检察机关案件管理工作推进会会议报道。

② 向泽选：《案件管理与强化内部监督》，载《检察日报》2012年1月11日。

（一）流程监控

流程管理是案件管理的基础，是发挥内部监督制约作用的重要环节，其中，关键在于流程监控。2012 年 5 月，最高人民检察院案件管理办公室主任王晋在全国检察机关案件管理工作推进会上强调，对于纳入流程管理的案件，要建立细致的管理台账，对办案程序和办案期限进行跟踪、预警和监控，及时发现和督促、纠正办案中存在的违规违法情形，实现事前、事中、事后全程监督。借助案管系统软件，案管中心对网上流转的案件进行全程动态监控，发现问题及时预警，实现事后监督向事前及事中监督、静态监督向动态监督、结果监督向诉讼过程监督的转变。根据检察机关所办案件的期限和相关规定，在案件办理过程中，实行提前预警，以防止违纪违法问题的发生。① 自案管系统开通以来，北京市大兴区人民检察院案管办通过严格受案审查，建立台账规范案件流转，对办案期限及时预警，控制退补侦，缩短了办案周期，杜绝了超期羁押和超时限办案，加强了对执法办案的监督。

（二）案件评查

案件评查是案管部门对执法办案进行监督制约的重要抓手，通过评查，发现问题，进行相应改正，保证案件质量。办案质量评查应当着重从证据采信、事实认定、法律适用、程序规范、风险评估、文书使用和制作、涉案款物处理、办案效果等方面进行，通过审阅案卷、实地调研等，发现、解决办案中存在的问题，实现提高办案质量和效率的目的。北京市大兴区人民检察院按照制定的《案件评查办法》，对自侦部门立案后撤销的案件、刑检部门不予批准逮捕案件、不起诉案件及判决无罪的案件、控申部门的刑事赔偿案件等重点案件进行逐案评查。对其他案件进行抽查，抽查比例不低于各部门办案数量的10%，同时结合案件质量考核、案件督察情况随时抽查案件。重点评查办案程序是否合法、规范；案件汇报呈批程序是否符合相关办案规定；对案件事实及证据的审查是否准确、全面；办案效率和安全、法律文书和卷宗归档是否符合相关规定。评查后将案件存在的问题逐案通知到案件承办人，由承办人签字确认，部门领导认可后予以整改。定期形成类案评查分析报告，加强对各类案件的监控，来保证案件质量。

（三）质量考核

质量是办案的生命线，只有切实保证案件质量，监督制约才算落到实处。案件管理部门重要的职能之一就是质量考核，对进入考核程序的各类案件进行

① 王正海：《检察机关案件管理“云监督”模式新探》，载《人民检察》2010 年第 23 期。

严格审查，在考核管理中发现问题随时与相关部门沟通，加强监督管理。如北京市大兴区人民检察院案管部门强化案件质量考核分析，对考核中自评的案件质量等级进行详细分析，对考核中发现的办案质量问题，及时和相关业务部门沟通，共同查找原因，形成案件质量考核报告并定期提请检察委员会审议，为领导正确研判检察业务工作提供科学依据。考核报告细化到各部门各类案件的数量、比例以及所有A类、C/D类案件的个案详细情况，并同时对考核关注的C/D类案件进行专项调研，形成类案及个案分析报告指导手册，为统一网上考核标准提供依据。如2012年某检察院共考核各类案件2340件，其中，A类案件294件，占所有考核案件的12.56%；B类案件2046件，占所有考核案件的87.44%；无C、D类案件。通过考核发现个别部门存在考核超期、案件质量考核系统中电子文档不完整等问题，提出相应措施予以整改。

（四）案件统计

案件统计工作由案件管理部门负责，可以将静态的统计工作和动态的案件管理工作有机结合起来，更加充分地发挥统计的管理作用。案管部门应当对办案部门报送的案件登记卡、统计数据的规范性、真实性进行审查。发现问题后，及时反馈办案部门，并会同办案部门查明情况，及时纠正。如2013年第1季度，某检察院统计数据出现错情14处，案管部门专职统计员认真分析了统计工作中存在的问题，提出相应的改进对策。案管部门对各办案部门报送的数据进行把关，杜绝办案部门随意更改、删除数据的现象，监督办案部门如实填报，实现办案数据的准确性、统一性。

三、案件管理需要正确处理的关系

作为检察机关内部一个新成立的部门，案件管理部门在履行监督职责的过程中应正确处理与各业务部门以及其他监督管理部门之间的关系。

（一）案件管理部门与检察长、检察委员会的关系

《关于成立最高人民检察院案件管理办公室的通知》中明确规定，最高人民检察院案件管理办公室是专门负责案件管理工作的综合性内设业务机构，在案件管理中主要承担管理、监督、服务、参谋职能。这一规定充分反映了案件管理部门的性质与职能，同样适用于全国检察机关。因此，新设立的案件管理部门是检察机关内部的一个综合性业务机构。那么，其应如何正确处理与检察长、检察委员会的关系？

1. 案件管理部门与检察长的关系。对此，有的检察人员建议，为了增强案件管理部门的地位，各级院必须明确规定“案管部门的工作直接对检察长和检察委员会报告工作”，而不对某一副检察长负责，以便增强案管部门的管

理力度、效果。[①] 无疑，这种想法的初衷是提高案件管理部门的地位，增强其工作决定的权威性，确保其职能的充分发挥。但是，这与我国目前检察机关的机构设置现状是实行主管检察长负责制的现状不相符合，也会引起其他部门的不满。因此，案件管理部门应在主管检察长的领导下开展工作，接受主管检察长的管理考核。《中华人民共和国人民检察院组织法》第 3 条规定："各级人民检察院设检察长一人，副检察长和检察员若干人。检察长统一领导检察院的工作。各级人民检察院设立检察委员会。检察委员会实行民主集中制，在检察长的主持下，讨论决定重大案件和其他重大问题。"所以，案件管理部门与检察长是领导与被领导、管理与被管理的关系，案件管理部门须向检察长汇报工作，检察长对于案件管理部门的工作实行领导审批，如案件管理部门制定质量评查方案应经检察长审批后组织实施。

2. 案件管理部门与检察委员会的关系。检察委员会作为检察机关的法定业务决策机构，是行使最高业务决策权的领导机构，对检察委员会作出的决定，相关单位和部门必须执行。因此，案件管理部门必须执行检察委员会的有关决定，检察委员会认为案件管理部门所作的决定不正确的，有权加以改变或者撤销，案件管理部门必须服从。

总之，案件管理部门应在检察长与检察委员会的统一领导下开展各项工作。

（二） 案件管理部门与各业务部门的关系

作为一个新成立的职能机构，案件管理部门与各业务部门之间存在千丝万缕的关系，为实现部门间的分工合作、相互配合，需要处理集中与分散、管案与办案、平等与差别、权威与有效等几组关系。

1. 集中与分散。案件管理是一项涉及检察业务整体和执法办案全过程的综合性、全局性工作，贯穿于执法办案的全过程，既有案件管理部门的集中管理，又有业务部门的分散管理，如何正确处理案件的集中管理与分散管理问题？案件管理部门能否取代各个业务部门的管理职能？两者能否有机地协调统一起来，实现管理效果的最大化？

位置决定思考，不同部门的人对此可能会有不一样的答案。笔者认为，集中管理与分散管理之间不是简单的取代、叠加关系，也不是所谓的非此即彼关系，而是科学的统筹、整合与统一关系。设立案管部门的目的是强化对执法办

---

① 陈胜才、刘昕、张衍路：《试析案管部门的中心任务》，载《人民检察》2012 年第 12 期。

案活动的集中、全程、动态管理，相当于整个检察机关事务运行的总枢纽。[①] 但是，案件管理是一项错综复杂的系统工程，涉及方方面面，并非一个案件管理部门就能涵盖。因此，案件管理部门既不能取代各业务部门的管理职责，也不能把应承担的管理职责没有限度地“退回”各业务部门，坚持做到“在其位谋其政”。案件管理部门应通过情况通报、联席会议、沟通协商等工作机制，主动加强与业务部门的沟通协调，围绕其职能定位、工作目标和运行机制，制定具体实施办法，细化案件集中管理范围、具体程序，从而明确与有关业务部门工作的业务衔接方式、案件运转流程，明确相互之间的责任义务。[②]

业务部门负责人和办案人员需要克服部门本位主义和个人本位主义，理解并支持案件管理部门开展集中管理工作，避免产生只接受服务，却排斥管理、拒绝监督的想法，也不能因为有了案件管理部门就放松，甚至放弃内部管理的职责，而要自觉地将执法办案行为纳入到案件管理活动的范畴，进一步建章立制、强化管理，对于案件管理部门提出的问题，要及时查明情况，及时整改，及时回复。总之，只有正确处理案件管理部门的集中管理与各业务部门的分散管理之间的关系，确保案件管理的“无缝化衔接”，实现管理效益的最大化。

2. 管案与办案。检察机关作为我国专门的法律监督机关，主要的职责就是依法有效地办理案件，做到惩治犯罪与保障人权并重，切实有效地维护社会秩序稳定。办案是检察机关的生命线。而案件的正确办理离不开对案件的管理，缺乏有条不紊的管理，案件的办理效率与效果势必会受到影响。可以说，管理案件是检察工作顺利开展的重要保障。既然管案与办案都如此重要，都不可缺少，那么，两者之间的关系如何界定？

对于这个问题，最高人民检察院副检察长胡泽君在全国检察机关案件管理工作推进会上的讲话中提到，案件管理要自觉服务于办案工作，通过案件管理促进和保障办案活动规范、有序、高效地进行。要根据办案工作的重点来确定案件集中管理的重点，对重点案件、重点环节进行重点管理、重点服务。要针对执法办案工作的难点、热点和存在的突出问题，深入研究对策，完善管理机制，强化管理措施。[③] 因此，案件管理部门要充分发挥服务的作用，界定案件管理的范围，对于在执法办案中发现的问题，督促各业务部门依照法定程序和

---

① 向泽选、葛琳：《案件管理部门的职能定位》，载《检察日报》2011 年 12 月 5 日。

② 胡泽君：《统一思想　锐意进取　深入推进检察机关案件管理机制改革》，在全国检察机关案件管理工作推进会上的讲话（2012 年 5 月 24 日）。

③ 胡泽君：《统一思想　锐意进取　深入推进检察机关案件管理机制改革》，在全国检察机关案件管理工作推进会上的讲话（2012 年 5 月 24 日）。

手段去解决，避免越俎代庖，不能替代或凌驾于其他业务部门之上，成为办案的又一实质性环节。

各业务部门在执法办案中既要自觉履行分散管理的职责，又要坚决配合案件管理部门的集中管理，把管理作为提升办案质量的重要抓手，不能一味重视办案，而轻视管理，避免形成办案强、管理弱的不平衡局面。总之，正确处理管理案件和办理案件的关系，力争做到"管理而不替代，办案而不片面"，实现两者适度分离基础上的有机融合。

3. 平等与差别。为了加强案件的统一、集中管理，有效提升办案质量，各级检察机关相继成立了案件管理部门。那么，案件管理部门与检察机关内部其他业务部门之间的关系如何认定？是保持一种平等还是实行差别对待？各院的规定和做法均存在差异。如《最高人民检察院案件管理暂行办法》第2条规定："案件管理办公室与其他相关部门在案件管理工作中应当分工负责、互相配合。"《北京市检察机关案件管理工作办法（试行）》第3条规定："案件管理办公室（处）是在检察长和检委会领导下专门负责案件管理的综合性业务部门。"可见，上述两个规定并没有明确案件管理部门与其他业务部门的地位孰高孰低，但其中渗透的精神却又表明案件管理部门与其他业务部门的关系应为平等合作。

为保证案件管理的权威，实务界提出案件管理部门高配的建议，如山西省山阴县人民检察院检察长王划认为，案管中心虽说是检察长和检察委员会的办事机构，负责对全院的检察业务工作进行集中统一管理，但这是个"得罪人"的活儿，规格低了可不行。从一开始，该院党组就明确了一个理念：高看、优待案管工作，创造一切条件，树立案管权威。① 重庆市人民检察院的检察人员认为，案管部门负责人（主任、副主任或处长、副处长）实行职级高配，实现检察业务管理职能和组织结构规格相适应，那种与其他业务部门"平起平坐"的管理模式不可能实施有效的质量管理。②

无疑，案件管理部门的地位高于其他业务部门，改变平起平坐的地位，很大程度上能够保证案件管理的权威性，增强案件管理的实效。可是，不能仅为了显示对一个新成立部门的重视，就给予其"高看一眼"的待遇。否则，很可能会造成今天新设置一个部门给予厚待，明天又成立一个新机构也给予优

---

① 郭洪平：《山西山阴县检察院：把案管中心"捧"起来》，载《检察日报》2012年3月13日。

② 陈胜才、刘昕、张衍路：《试析案管部门的中心任务》，载《人民检察》2012年第12期。

待，最后所有的部门又归于平等，先前的论证与配置流于形式，凸显“荒芜”。所以，从检察机关内部的机构设置现状出发，基于保证机构发展的长远性，案件管理部门与其他业务部门之间不能是领导和被领导的关系，而应是分工负责、互相配合、互相制约的平等部门关系。

4. 权威与有效。案件管理主要涉及对检察机关办理的案件实行统一受理、流程监控、质量管理、统计分析、综合业务考评等管理活动。在履行这些职责的过程中，案件管理部门能否行使指挥权？其对案件进行审查之后作出的结论是否具有强制执行力，办案部门是否必须接受其指令？其作出的决定性质如何，能否具有一定的权威性和约束力？这些问题关系着案件管理部门发挥作用的实效，值得深入思考，有待研究明确。第一，将案件管理部门作出的决定界定为“建议”并不可取。既然是建议，对各业务部门就没有拘束力，各业务部门既可以接受案件管理部门提出的建议，也可以不接受其提出的建议，是否接受管理监督建议，主动权完全掌握在各业务部门手中。由此，案件管理失去其本来的价值，也与设置案件管理部门的初衷不相符。第二，案件管理部门作出的决定界定为“纠正”也不可取。如果将案件管理权定位于纠正，案件管理部门就应当拥有对各业务部门决定的纠正，会导致管理权力的扩张，使案件管理部门的实际地位高于各业务部门，不符合案件管理办法的规定，也不利于业务部门正常地开展工作，引起其抵触情绪，势必会影响其工作的积极性。第三，将案件管理部门作出的决定界定为“督促”，既可以解决建议不利于管理的一面，又能避免定位于纠正权引起的管理过于膨胀的弊端。将案件管理部门作出的决定定位于案件管理的督促，使案件管理部门与各业务部门处于平等的地位，案件管理部门以管理者的身份进行管理，发现业务部门办案中存在的问题，以平等的主体向业务部门提出。业务部门收到案件管理部门就适用法律和案件处理提出的意见后，应当按照法定程序进行审查处理，在一定时限内将处理结果向案件管理部门回复，并说明理由。另外，还应当明确各业务部门不接受案件管理部门的正确管理监督意见应承担的责任，保证督促意见的落实执行。因此，将案件管理部门所作的决定界定为“督促”，能够确保案件管理的权威与有效。

（三）案件管理部门与其他监督管理部门的关系

在检察机关内部，除了新设立的专门的案件管理部门，纪检监察、检务督察等部门也对执法办案具有不同的监督管理职责。因此，需要正确厘清这些部门在执法办案过程中的监督管理职责，做到分工明确、相互制约与通力合作。

1. 案管与纪检。在对执法办案进行监督方面，案件管理部门与纪检监察部门有相似之处，但更多的是不同。第一，监督重点不同。案件管理部门监督的重点主要是对办案程序和办案期限的跟踪、监控以及质量评查，预防和纠正违法办案情形的发生。纪检监察部门的监督重点是执法人员的纪律作风、检察工作纪律的遵守情况和检察干警违法违纪的调查处理，较少关注检察权内部办案的质量。第二，监督途径不同。案件管理部门既能对检察干警在办案中是否严格执行法定程序和有关规定进行同步流程监测、实时监控，又能通过绩效考核进行事后案件质量评查，是一种事中监督与事后监督的结合。纪检监察部门的监督途径主要通过上级机关的统一部署、检察长办公会议或检察长的指示、来信来访反映，经党组书记批准后开展调查等途径开展监督，是一种事后监督。第三，监督效果不同。案件管理部门对违法违纪行为的监督具有发现和示警的功能，但无权进行实质性的调查处理，应当移交纪检监察部门，由其进行违法违纪的处理。

即使案件管理部门与纪检监察部门在监督重点、途径和效果等方面有所不同，但两者缺一不可，从不同角度保障了检察权的正当运行。因此，两者要根据任务分工有原则地分离，在中心任务的指导下紧密配合，对执法办案进行监督。

2. 案管监督与检务督察。案件管理部门与检务督察部门在发挥监督职能方面存有交叉，但又存在明显的不同。第一，监督内容不同。案件管理部门主要是对办案程序和办案期限的跟踪、监控以及质量评查，预防和纠正违法办案情形的发生。检务督察是检务督察部门及其工作人员对督察对象履行职责、行使职权、遵章守纪、检风检容等方面进行的监督检查和督促落实，其内容包括对检察人员执法办案活动中遵守办案程序的情况进行监督。因此，案管监督与检务督察在职能上存在交叉。第二，监督方式不同。案管监督通过案件管理系统自动发现问题，重在日常监督、流程性监督。检务督察主要为阶段性监督，根据督察内容和工作需要，可以采取明察、暗访督察、突击督察、现场督察、专项督察、交叉督察等不同的方式展开督察。第三，监督效果不同。案管监督的结果是纠正不符合目标要求的行为，检务督察的结果除了纠正违法违纪行为之外，还可能导致行为人的责任追究。①

虽然，案管监督与检务督察在监督内容、监督途径、监督方式与效果等方面均有很大不同，但是两者可以并行不悖，在各自的轨道内发挥作用。

---

① 杨小宁：《做好案件管理工作要处理好六个关系》，载《检察日报》2011年11月29日。

四、结语

在法治思维的社会背景下，检察机关既要尽力履行法律监督职责，也要注重自身监督，做到自身正、自身硬、自身净，实现自身监督与法律监督的有机统一。执法办案是检察机关的生命线，案件管理加强对执法办案的监督，无疑成为检察机关强化自身内部监督的一把“利剑”。案件管理部门的成立与运行标志着案件管理从分散走向专门、从条线走向集中、从粗放走向精细，意味着对执法办案的监督更具专业化、多元化。这就要求各级检察机关必须以提升案件质量为目标，深入推进案件管理机制改革，加大对执法活动的监督制约，强化对检察业务工作的统筹管理，把案件管理工作提高到一个新的水平，形成检察机关内部强有力的监督格局。

检察机关自身监督制约机制研究

——以案件集中管理模式为视角

连小可* 窦静华**

"管理"在管理学中指社会组织中为实现预期目标进行的以个人为中心的协调活动。其目的是实现预期目标，本质是协调，使得个人努力与集体目标相一致。① 检察机关工作中的管理是指，在特定环境中，通过计划、组织、领导、控制和创新等活动，协调组织所拥有的各项资源，以便有效地达到既定的组织目标的过程。② 随着社会的进步，检察机关的案件管理工作也在不断发展，传统的案件管理模式逐渐显现出不适应新形势需要的矛盾。作为法律执行和监督机关的检察机关迫切需要运用先进的管理理念，采取进一步优化内部管理和强化自身监督的各项措施，以保证检察权正确、公正、高效行使。为此，最高人民检察院于2003年、2006年陆续下发了《关于加强案件管理的规定》、《关于进一步深化检察改革的三年实施意见》，上述文件明确了对改革案件管理的要求；2009年《关于贯彻落实〈中央政法委员会关于深化司法体制和工作机制改革若干问题的意见〉的实施意见》中也包括了案件管理方面的改革，该文件提出了"完善办案流程和内部制约机制。建立健全符合检察工作规律、科学统一的办案流程管理制度、完善案件管理组织体系、加强对人民检察院办案工作全过程的规范管理和有效控制"，"构建标准具体、责任明确、考评科学、统一实用的检察业务工作考评机制"。随后，最高人民检察院在《"十二五"时期检察工作发展规划纲要》中提出了建立"统一受案、全程管理、动态监督、案后评查、综合考评的执法办案管理新机制"。并于2011年11月设立了"案件管理办公室"，明确了案件管理的职能定位。

---

* 四川省成都市金牛区人民检察院党组书记、检察长。

** 四川省成都市金牛区人民检察院案件管理办公室副主任。

① 《辞海》(第6版)，上海辞书出版社2010年版，第767页。

② 郭朝阳编：《管理学》，北京大学出版社2006年版，第35页。

案件集中管理机制的建立和完善是检察系统对传统管理模式的完善和创新，也是检察机关自我规范的重大举措，如何构建和实施高效可行的案件管理机制，使其真正成为“最具革命意义的改革”，是当前检察机关面临的重要课题。本文根据当前检察工作面临的新形势，结合成都市金牛区检察院的实际情况，探讨基层检察院构建符合自身特点的案件管理机制的一些做法，存在的问题以及解决方式。

一、传统案件管理模式及其存在的问题

（一）我国检察系统案件管理模式

检察机关的案件管理由来已久，它在检察制度建立之初便已存在，主要有以下几种存在模式：

1. 传统模式：即在案件管理方面采用业务部门的自身内部管理和上下级对口管理。这种模式产生于检察机关重建之初，当时由于人员素质、管理理念、管理手段等主客观条件的限制，对案件管理采取在检察长领导下，由各分管检察长、科室领导、办案人员层层负责的方式，实现案件的统一分流和归口管理。这种模式以办案流程环节为抓手，以部门采集信息，统一上报为主要特征，主要依赖于业务部门自身管理和上下级对口管理，体现的是一种多元化线性管理体制，是一种较为粗放性的管理模式。①

2. 事务性模式：即案件管理以事务管理和办理为主的事务中心型管理。这种模式产生于我国法制化进程加快的大背景下，在此前提下的社会公众对司法机关执法规范化的要求不断提高。检察机关执法办案的理念、方式、质量、效率、社会效果等与公众的期待还存在一定差距，需要检察机关进一步改变管理方式，以适应社会发展的需要。一些地区在探索案件管理的过程中，设立了以事务性工作为主的案件管理部门，以达到为办案人员服务、减负的职能。在案件管理改革探索初期，这既是解决检察机关所面临的突出矛盾的有效途径，也是提高司法效率、保障司法公正的有效办法。②

（二）传统案件管理模式的问题

在案件集中管理模式采用前，大部分检察机关还是采用的传统案件管理，即“条线管理和业务部门分别管理相结合”的模式，这种模式在法制化进程

---

① 李建新：《管理学视角中的基层检察院案件管理工作》，载《人民检察》2012 年第 13 期。

② 顾苗、韦东：《检察机关案件管理工作的指导原则和路径选择》，载《人民检察》2012 年第 9 期。

加快的背景下已逐渐显现出其固有的弊端。以成都市金牛区检察院为例，该检察院所辖区域为成都市经济总量以及人口数量第一大区，辖区覆盖火车北站、五块石、荷花池商贸集散中心等区域。由于特殊的地理及人文环境因素，形成金牛区案件数量多、案情复杂的特点，与此同时，办案干警较少，使得金牛区检察院人均办案量长期处于四川省各基层院第一。根据统计，2012 年金牛区院共受理提请批捕案件 1725 件，审查起诉案件 1529 件，全年侦监部门承办人办案总量最高达到 225 件案件，公诉部门人均办案数量也达到 155 件，案多人少的矛盾特别突出。长期以来，该检察院沿用的是以检察长为中心，以各内设机构为方向发散出相应管理线条的条线管理方式，案件由各科室直接受理分流给各承办人，各部门自行分散管理。在这种模式下，案件管理随意性大，可操作性强，也曾经出现过承办人“选案”或拒收案件的情况。同时，由于各科室自行管理案件，信息共享差，数据统计困难，数据可靠性差，甚至出现一案多科室统计并纳入考核的情况。面对这些情况，我们明显感受到传统粗放管理方式存在着以下几个方面的突出问题。

1. 执法办案工作主要靠自律、靠经验，可能导致案件办理质量不高。如承办人制作法律文书时粗心大意，没有对文书进行仔细校对，导致发出错误法律文书；对办案期限漫不经心导致超期羁押的情况发生；对关键证据把握不准导致错捕或错诉等。

2. 对外无法形成监督的有效合力，影响检察机关法律监督效果。虽然检察机关内部已经制定了各部门分工配合的诸多规定，但是由于缺乏横向的监管机制，条线管理的分割与封闭，导致各内设机构之间协调配合的工作机制运作不畅。

3. 对涉案赃款物处理缺乏有效规制。自侦部门在办理案件时，对查封、扣押、冻结的涉案款物处理仍有一定的随意性。对案件和涉案款物由于采取的是纵向监督关系，层级较多，有时因为办案人员的变更和领导的调整，导致涉案款物账目不清、实务保管不善，甚至有发生毁损灭失的可能，最终却无法明确责任人，无法追究责任，引起涉案人员或单位对赃款物的处理不服多次申诉。

4. 对工作中发现的问题缺乏整体性管理。由于管理条线分割，各内设机构各管一段，如果在执法办案工作中出现了问题，大多是各部门各找原因，自寻对策，对于其他部门的业务较少关心，也缺乏对全院工作的整体把握。对在执法办案中出现的困难和问题大多“头痛医头，脚痛医脚”，难以从根本上、全局上提出和解决问题，导致执法办案水平提高较慢。

5. 案多人少的矛盾日益突出，短期内无法得到解决。各业务部门现有办案人员的配置与检察工作任务的发展需求明显存在不相适应的情况，如果仅仅通过增加办案力量来解决这个矛盾，在办公经费和办公场所保障、检察官任命、晋升等许多方面都存在困难。另外，各部门多年来实行的科室自行收案、分案、办案的管理模式在对执法过程的事前监督和外部监督方面，与保障公正与效率的现代司法需求还有不相适应的地方。办案数据由于长期分散管理，检务公开的方式和途径也与社会各界参与和了解司法程序的期待有不相适应的地方。

二、金牛区人民检察院进行案件管理改革的探索

（一）案件集中管理的改革思路

1. 全员参与原则。由于案管工作的特殊性其需要全体干警的积极参与和全力配合。案管部门要统一案件出入口，全面监控案件流程，汇总各类检察业务数据，统一管理法律文书、赃款物等，管理工作涉及检察业务的方方面面，没有全体干警的积极参与配合，案管工作只能是纸上谈兵。

2. 循序渐进原则。在前期筹建的基础上，金牛区院结合自身实际情况提出了案管工作“四步走”方案：第一步，在 2012 年 7 月底全面启动案管工作，全力保障统一受理、分流、分派案件工作的顺利进行，有效开展法律文书监管、流程监管、赃款赃物监管、检察业务统计、案件查询等工作。第二步，在 10 月案管中心改造完毕之后，实现集中办公、统一查询、集中阅卷。第三步，在案件管理系统升级之后，实行法律文书网络化的统一编号、统一打印、统一监管，逐步实现法律文书的集中统一管理。第四步，进一步延伸和强化案管服务职能。案件管理办公室在日常工作中不断总结，查找和纠正工作中存在的问题，及时改进，不断完善。

3. 服务领导决策原则。案件管理办公室把握案件的出入口，意味着案件从进入检察系统流转到处理完毕是一个整体。金牛区院要求案件管理工作不能局限于就案管案，还必须要在更高层面、更深层次发挥重要作用，增加工作的“含金量”。对案件管理办公室在工作中发现的具有全局性、根本性的问题必须进行分析研究，为院领导统筹决策，管理各项检察业务提供参考和依据。

（二）金牛区人民检察院进行案件管理改革的探索

1. 严把案件受理入口。金牛区院案件管理办公室细化了各类案件的受理标准，制定了受案工作的相关规定，确立了不达标准不受理、不按时补全则退回的原则。工作人员不再仅凭经验接收案卷材料，而是有章可循，有效改变了以往受理案件过程中易出错漏的情况。

2. 严格对涉案款物进行规范化管理。针对涉案款物管理缺乏牵头部门、

监管乏力的问题，金牛区院案管办制定了《规范查封、扣押、冻结、保管、处理、处置涉案财物的试行办法》，对涉案款物的接收、保管、移送工作进行了规范。在款物管理相对分离的原则上，对每一管理环节都指定了详细的规定，理顺了操作流程，完善了监管职责，保障了涉案款物管理工作的顺利进行。

3. 加强办案业务数据应用。金牛区院案管办主要从两个方面来发挥案件业务数据的作用：一是通过每月制作的《案件管理情况月报》，对各业务部门办理的案件进行统计，分析典型案例，指出检察监督中的薄弱环节；在对数据汇总的基础上，结合上级院目标考评的要求对每月目标完成情况进行分析，对全院各项工作的完成情况进行梳理，将工作职能从简单的数据汇总延伸至服务参谋决策层面，加强对全院案件办理情况的整体研判，通过数据发现问题，提出建设性对策。二是努力在改进和提高统计服务水平上下功夫，不断提升统计分析能力，通过定期对本地区案发特点及规律、社会治安态势进行总结分析，及时发现执法办案中存在的苗头性、倾向性、深层次问题，有针对地提出风险防控、维稳对策等社会治安综合治理建议，为党委、政府领导统筹决策提供重要参考，并为业务部门部署工作提供决策依据。

4. 建立规范的案件评查机制。金牛区院制定了《案件质量评查办法》、《案件质量考评标准》等制度作为对案件进行动态管理、质量考核的依据。通过对案件在不同办理环节的评查标准进行细化，标准涵盖了自侦、审查批准逮捕、审查起诉、控告申诉等阶段，对案件在办理期限、程序、事实认定、处理结果等方面均有据可依。

5. 保障当事人及律师权利。金牛区院案管办统一负责案件查询和律师接待工作，通过公开为案件当事人和律师提供部分案件程序信息，打造“阳光检务”窗口，从体现检察工作人民性、推进司法民主化、提高检察机关公信力，让检察权在阳光下运行。

金牛区院进行的探索，总体上可以表述为：案件受理“统一化管理”，案件流程“一体化操作”，案件质量“全程化监督”，案件信息“全方位控制”，信息公开“一站式”服务。案管办设立后，改变了原有“纵强横弱”的内部监督管理模式，变以部门领导纵向分散管理模式为集中管理；变自我管理、条线管理为横向制约、第三方监督，在一定程度上实现了对办案活动的统筹管理，有助于推进案管工作向集约化、信息化、规范化、科学化发展。

三、构建案件集中管理过程中存在的问题及改进办法

成立专门的案件管理部门是为了推动案件管理模式的改革。但任何新的模

式从筹划、产生、运作到调整、改进、完善都是一个循序渐进的过程。如何完善则需要反复在实践中积累经验加以改进。经过一段时间的实践，案件管理模式改革中一些矛盾逐渐显现。

1. 案件管理部门成立容易，检察机关内部管理理念转变难——阻力来源于长期以来检察机关形成的管理理念。如前文所述，"条线管理和业务部门分别管理相结合"的模式已存在多年，虽然这种模式存在多种弊端，但要打破长期形成的管理习惯，需要在检察机关内部进行革命性的改革，最重要的就是管理理念的转变。传统管理模式体现的是纵向管理的理念，而现代管理学要求由纵向管理往横向管理过渡，逐步发展为纵横并重，最后形成以横向管理为基础的案件管理模式，即建立完整意义上的案件集约化管理机制。[①] 我们现在进行的案件集中管理，正是由纵向管理往横向管理过渡的关键阶段，需要作为管理者的检察长、副检察长、中层干部转变管理理念，适应案管部门的全程管理，适应办案流程的监督制约，适应内设机构的职能调整。

2. 构建案件管理体系容易，执法人员转变观念难——其阻力主要源于程序监督对办案效率的影响。程序监督的目的是保障实体公正，但是在司法过程中，一直存在着重实体、轻程序的思想。其主要原因是程序监督可能需要牺牲一部分效率。以刑事案件流转为例，以往案件从受理到办结只需要在一个部门内进行流转。设立案管部门后，刑事案件的流转是：案管办收案、分案并录入系统—案管办与科室内勤交接—承办人办理—分管领导层层审批—案管办根据审批结果制作法律文书—送案。比较这两种管理方式，由于案管办对案件流程进行了管理而显得程序更为复杂，可能部分承办人会认为对已经繁重的工作又增加一定压力，影响了办案效率，对推进案管工作造成一定阻力。对于监督和效率的矛盾，我们的观点是，不应当纠结于某一个案件的办案时间是否增加，而应该更重视良好的程序设计对实体公正的保障作用。检察机关在案件监督上投入一定的监管成本是为了在实际工作中减少甚至杜绝错案的发生，最大限度地降低执法办案成本，提高效率，这才是对案件进行监督的目的所在。

3. 案件管理体系独立运行容易，与管理的末端相结合难——其阻力在于缺乏配套的绩效考核机制以落实奖惩措施。检察机关的案件管理活动作为一种刑事司法活动的过程，本质上具有刑事司法活动的程序价值，其应然的功能包括提高案件质量，实现社会公平正义、保障社会秩序等；其实然的功能就是对

---

① 检察机关案件集约化管理，是指在检察长、检察委员会的领导下，以提升执法公信力为目标，遵循诉讼规律和法律监督工作规律，通过设立案件管理机构等举措，整合检察机关的内部资源，合理分工，密切合作，控制风险，优化流程等系统化的新型发展方式。

案件管理制度中的主体——案件承办人的激励与约束功能。[①] 可以说，没有承办人对案件管理制度的接受，就不可能通过承办人的行为实现案件质量的提升，从而实现检察工作对公平正义的价值追求。

目前检察机关案件管理制度对案件质量的评价和承办人的绩效考核之间脱节，无法形成有效的以案件质量为核心的激励与约束机制是一个难以忽视的制度缺失，因此，下一步案件管理工作的重点应该落实在制定合理的绩效考核体系上，通过借助案管信息系统和平台对办案人员的工作绩效进行动态考核，绩效考核评价体系与相应的奖惩规范相对应，使干警的福利待遇、荣誉奖励、职级晋升等都与考评结果挂钩，体现奖勤罚懒的良好风气，发挥案件管理的激励作用。

4. 本院独立运行案件管理体系容易，与公安、法院协调难——阻力来源于其他单位对外部监督的接受困难。通过构建新的内外监督体系，案管办需要对侦查机关刑事侦查活动、审判机关的审判活动加强监督，构建多方位、多层次的监督体系。以往对移送法院审理的案件，检察机关通常只参与开庭，对法院的审理期限监督一般都很薄弱。案管办则可以通过案件流程管理系统的办案节点了解到法院审限是否到期。同时，由于案管办承担着数据汇总的职责，对每个案件的判决罪名、刑罚情况都可以进行查阅比较，能及时发现某一类案件在不同时期判处刑罚是否存在较大差距，为检察机关及时开展实体监督提供依据。对于案管办是否能代表检察机关行使对外监督职能，公检法部门各有不同的认识。笔者认为，在对外监督与对内监督的关系上，应当坚持“管办适度分离”的原则。[②] 对外监督的职能应由相关业务部门行使，案管办提供信息和技术支持即可。

5. 资金投入与信息化工作成效是否形成正比，决定着案件管理工作是否能持续深入推进。案件管理办公室除了需要成立机构、配备人员，还需要完善案件流程管理平台、各类业务数据统计查询系统、律师阅卷系统，配置适应这些系统的硬件设施，这些信息化建设都需要大量资金投入，这些投入和产出的效益是否成正比也是案件管理工作能否持续深入推进的一个关键。通过学习，我们感受到，凡是开展案件集中管理工作较早并取得明显成效的检察院都是信息化基础较好的检察院。金牛区院在市院的领导下于2006年全面开展了网上办案，具备良好的信息化优势，现在需要做的就是通过办案信息化带动管理规

① 石京学：《案件管理机制的理论基础》，载《检察实践》2005年第4期。

② 申云天：《检察机关案件管理工作中的十个关系》，载《人民检察》2012年第10期。

范化，以管理规范化推动信息化进一步发展。同时，我们也要全面认识信息技术在处理海量数据、实现资源共享等方面具有得天独厚的优势。

四、结语

当前，案件集中管理机制改革已在全国检察系统内全面铺开，这既是社会法制进步对检察工作提出的必然要求，也是检察系统内部自发性的大胆创新，既给了我们机遇，也给了我们挑战。面对这项具有革命意义的改革，作为基层检察工作者，认真理解其深刻内涵，进而适应这项创新性的工作，直至发挥主观能动性，主动地思考、推动和深化这项改革，我们责无旁贷。

论检察机关对自侦活动监督制约的发展和完善

王　晶[*]　邓洪涛[**]

一、检察机关职务犯罪侦查活动监督制约的历史发展

（一）外部监督

检察机关职务犯罪侦查活动外部监督制约总体上是针对检察机关整体的监督体系。这一体系中，党的领导、人大监督和群众社会监督随着1954年宪法和1954年人民检察院组织法的制定被确定下来并逐步强化，其中人大监督随着2006年《中华人民共和国各级人民代表大会常务委员会监督法》的制定得到进一步强化，社会群众对反贪工作的专门监督随着2003年最高人民检察院制定《最高人民检察院关于实行人民监督员制度（试行）》得到进一步强化。公安、法院和犯罪嫌疑人、被告人的制约随着刑事诉讼法的制定和完善被确定下来并逐步强化，其中被告方的制约力度随着2007年律师法的修改得到进一步强化。

（二）内部监督

1. 上级监督

上级检察机关的监督制约自1954年人民检察院组织法的制定被确定下来，并从20世纪90年代中后期逐步得到强化。主要包括四个方面的机制：（1）重大案件请示报告机制。（2）备案、审批机制，集中体现为三项，一是《最高人民检察院关于要案线索备案、初查的规定》（1995年10月6日），要求各地检察机关收到的县处级干部要案线索一律报省级检察院备案，厅局级干部要案线索一律报最高人民检察院备案。二是《人民检察院直接受理侦查案件立案、逮捕实行备案审查的规定（试行）》（2005年9月23日），要求地方各级检察院直

* 中国政法大学教授，博士后，北京市丰台区人民检察院副检察长。

** 北京市丰台区人民检察院研究室副主任。

接受理侦查案件决定立案、逮捕的，要向上一级检察院备案审查。该机制于2009年出现了改革，即检察院直接受理侦查案件拟决定逮捕的，改为报上一级人民检察院审查批准。三是最高人民检察院《关于省级以下人民检察院对直接受理侦查案件作撤销案件、不起诉决定报上一级人民检察院批准的规定（试行）》（2005年9月23日），要求地方各级检察院直接受理侦查案件做撤案、不起诉处理必须报上一级检察院批准。（3）加强侦查一体化机制，2007年《最高人民检察院关于加强上级人民检察院对下级人民检察院工作领导的意见》明确要求，上级检察院在职务犯罪侦查中有权统一管理案件线索，统一组织侦查活动，统一调度侦查力量和侦查装备。（4）工作绩效考评和案件质量管理考核机制。在工作考评方面，2010年4月初最高人民检察院制定《基层人民检察院建设考核办法（试行）》，对基层人民检察院包括执法办案在内的各项工作由其上级检察院进行量化考评。在办案质量管理考核方面，2003年《最高人民检察院关于加强案件管理的规定》从10个方面设计了强化包括自侦案件在内的案件管理考核的基本框架。

2. 程序制约

以工作规范促进职务犯罪侦查活动的监督制约始于1956年《各地人民检察院侦查工作试行程序》（1956年8月5日）的制定。这一规定于1958年停止试行。1983年，《人民检察院直接受理、自行侦查刑事案件的办案程序（暂行规定）》初步规定了初查（当时被称为“立案前的审查”）、立案、侦查措施、强制措施和侦查终结的基本程序。1986年，《人民检察院直接受理侦查的刑事案件管理制度（试行）》和《人民检察院直接受理侦查的刑事案件办案程序（试行）》在1983年规定的基础上，规范了管辖和案件备案制度，对部分工作流程进行了微调。1991年，《人民检察院侦查贪污贿赂案件工作细则（试行）》进一步规范了职务犯罪侦查活动的各项基本工作。1999年，《人民检察院刑事诉讼规则》改变了以往刑事检察工作和职务犯罪侦查工作分别制定工作细则的状态，统一规范了检察机关承担的刑事诉讼工作以及在刑事诉讼中的诉讼监督工作，侦查程序进一步规范和完善。2005年，《人民检察院讯问职务犯罪嫌疑人实行全程同步录音录像的规定（试行）》要求各级检察机关办理直接受理侦查的职务犯罪案件，在每次讯问犯罪嫌疑人时，都应当对讯问全过程实施不间断的录音、录像，并实行讯问人员与录制人员分离的原则。对进一步规范自侦活动中讯问犯罪嫌疑人的工作起到了积极作用。2006年，《人民检察院扣押、冻结款物工作规定》进一步规范了检察机关包括自侦办案在内扣押、冻结款物的具体程序以及保管和处理款物的具体规定。

3. 部门监督制约

（1）举报中心和控告申诉检察部门

《人民检察院举报工作若干规定（试行）》（1988 年 11 月 25 日）规定，各级人民检察院设置“人民检察院举报中心（室）”，专门处理举报工作，并规定举报中心对移交侦查部门的线索负有督办催办职责。《人民检察院举报工作规定》（2009 年 4 月 23 日）规定，举报中心与控告检察部门合署办公，控告检察部门负责人兼任举报中心主任，从而进一步完善了举报中心对侦查活动的监督制约。

控告申诉检察方面，1998 年《最高人民检察院关于完善人民检察院侦查工作内部制约机制的若干规定》要求，有关单位或者个人对自侦部门不立案或者撤销案件决定提出复议或者申诉的，由控告申诉检察部门办理，自侦部门不再承担此类情形的复议复查工作。

（2）监察部门

《最高人民检察院、国家机构编制委员会关于设立地方各级人民检察院监察机构的通知》（1990 年 8 月 2 日）规定，在检察机关内设监察机构或监察员，与纪检组一套班子，两块牌子，监察各类检察人员包括职务犯罪侦查在内的各项检察工作。监察机构的设置、职责、权限、工作程序等渐次通过《人民检察院监察工作暂行条例》、《人民检察院监察部门调查处理案件办法（试行）》（1994 年 4 月 4 日）和《人民检察院监察工作条例》（2000 年 5 月 25 日）得以规范。对职务犯罪侦查活动中违法违纪行为的监察通过两个系列的规定逐步规范和强化，一是纪律处分系列，分别为《检察官纪律处分暂行规定》（1995 年 9 月 21 日）、《对违法办案、渎职失职若干行为的纪律处分办法》（1998 年 6 月 8 日）和《检察人员纪律处分条例（试行）》（2000 年 6 月 21 日，2007 年 5 月 14 日修订）；二是执法过错追究系列，分别为《人民检察院错案责任追究条例（试行）》（1998 年 6 月 26 日）和 2007 年的《检察人员执法过错责任追究条例》。执法过错追究系列在外延上涵括了纪律处分系列，对执法办案提出了更高的质量要求。

（3）审查批捕部门和审查起诉部门

审查批捕部门和审查起诉部门对自侦活动的制约始于 20 世纪 90 年代，在此之前实行的是三位一体模式。1958 年《最高人民检察院关于修改办案程序的初步意见》（1958 年 8 月 15 日）规定，检察机关侦查工作的程序包括立案、侦查和起诉三个环节；其后《各级人民检察院办案程序试行规定（草案）》（1959 年 3 月 20 日）规定，对于自行立案侦查的案件，如在侦查开始即要逮捕人犯，可不另行办理批准手续，在立案表上填写需要逮捕的意见，由检察长一并审批即可。由此侦捕诉三位一体的模式开始形成。《最高人民检察院关于审查批捕、审查起诉、出庭公诉工作的试行规定（修改稿）》（1963 年 8 月 26 日）将审查批捕解释为“审查公安机关要求逮捕人犯的材料”，将审查起诉解释为“审查公安机关移送起诉的案件”，这进一步表明当时审查批捕和审查起诉监督的对象不包括自侦活动。

二十余年后，侦、捕、诉分离始见于 1990 年 10 月《最高人民检察院关于进一步加强自侦案件免予起诉工作的通报》。该文件强调，“要坚持立案侦查与决定逮捕、起诉分开的制度，加强内部制约……今后必须坚持凡由检察机关直接受理侦查的案件，在侦查部门侦查终结后，需要起诉或免予起诉的，一律要移送刑事检察部门审查。”1991 年，《人民检察院直接受理侦查的刑事案件审查逮捕审查起诉工作暂行规定》规定自侦案件中的逮捕、起诉事宜统一交由刑事检察部门办理。同年制定的《人民检察院侦查贪污贿赂案件工作细则（试行）》吸纳了这一文件精神。其后 1998 年《最高人民检察院关于完善人民检察院侦查工作内部制约机制的若干规定》明确肯定了自侦案件侦捕、侦诉分离的基本原则。1999 年《人民检察院刑事诉讼规则》首次以规范性文件的形式强调，审查逮捕部门和审查起诉部门应当对自侦部门开展立案监督，对自侦活动中的违法行为应当开展侦查监督。自此，捕诉与自侦分离并监督自侦活动的制度正式形成。

（4）财务装备部门

1996 年，《人民检察院立案侦查案件扣押物品管理规定（试行）》明确规定，检察机关直接受理、立案侦查案件中扣押的物品，应当统一由财政部门管理，自侦部门扣押物品后，必须立即向财政部门移交。2006 年，《人民检察院扣押、冻结款物工作规定》进一步明确了财务装备部门对自侦部门移交扣押款物的审验职能，以防止办案部门和人员随意处理扣押款物。

4. 其他监督制约机制或方式

1998 年制定的《最高人民检察院关于完善人民检察院侦查工作内部制约机制的若干规定》除规定了以上内部监督制约方式以外，还提出了以下两项监督制约机制：一是侦查工作集体决策机制。坚持侦查工作办理权和决定权的分离，坚持侦查人员提出意见、部门负责人审核、主管检察长批准决定的工作流程，坚持疑难和重要事项应该集体讨论，或者提交检察委员会讨论。二是侦查部门负责人轮岗制，要求反贪局局长、副局长应定期轮换，侦查骨干应在反贪局内设机构定期轮岗。

从以上的历史描述可以看出，检察机关自侦活动监督制约机制的发展具有三个特点：一是初期发展不平衡，整体起步较晚。自 1949 年中华人民共和国成立后，最初发展起来的监督制约主要是党委和上级监督，其他监督主体的监督制约则基本处于空白状态，直到20世纪80年代才开始真正有所突破和发展。二是中后期加速发展，并在基本制度层面趋于完整。20世纪80年代涉及监督制约的规范性文件4件，90年代12件，21世纪前十年内15件。这31个文件从内外监督体系着手，对自侦活动的方方面面都进行了规定，监督制约的基本制度可谓日益严密，趋于完整。三是从完善部门监督和规范监督转为完善上级监督和社会监督。20世纪80年代和90年代主要构建了完备的检察机关内部部门监督制约机制和基本的规范制约体系，21世纪前十年里，在规范制约体系进一步强化的同时，上级监督和社会监督得到了更多完善，如同步录音录像、人民监督员监督、案件质量考核等。综上所述，笔者认为，目前检察机关自侦活动的监督制约法制体系总体而言是在不断健全的。

二、存在的主要问题

但是另一方面我们也必须看到，在自侦活动中仍然存在一些不容忽视的现象，由此反映出部分制度设计在实际操作层面的缺陷和不足，需要进一步解决和完善。

（一）存在的主要问题

从监督效果来看，诸多文章指出公安、法院、社会舆论、人民监督员等外部监督力度较弱，同时内部监督中，上级监督的形式意义大于实质意义，部门监督制约则缺乏刚性，难以到位。从监督对象来看，监督体系还不够严密，对于自侦活动中强制措施和强制性侦查措施的监督、对于初查环节的调查活动以及对于不立案和撤销案件的监督，在制度上还比较缺失。从监督方式来看，静态监督多于动态监督，事后监督多于事中监督和事前制约。① 以上三点表明，自侦活动的监督制约机制离真正落实尚有一定差距。

（二）原因分析

普遍观点认为对自侦活动中的各种强制性措施、初查活动、不立案和撤销案件等缺乏基本制度层面的支撑，这种观点笔者不予认同。根据《人民检察

---

① 参见杨怀平、赵靖：《职务犯罪侦查活动监督制约机制研究》，载《重庆工商大学学报》第18卷增刊；姚忠仁等：《职务犯罪侦查权监督制约机制研究》，载《广西社会科学》2009年第8期；姚志清：《我国职务犯罪侦查监督机制评析及模式选择》，载《政治与法律》2006年第4期；叶林华：《建立和完善检察机关自行侦查监督体系》，载上海检察院内部局域网；张兆松：《论检察机关职务犯罪侦查权制约机制的重构》，载中国法律信息网，2009年3月26日。

院刑事诉讼规则》、《人民检察院监察工作条例》、《检察人员执法过错责任追究条例》以及《最高人民检察院关于完善人民检察院侦查工作内部制约机制的若干规定》，对上述活动实行内部监督是具有基本制度支持的。如审查批捕部门和审查起诉部门对自侦活动负有同对公安机关侦查活动同等范围和程度的侦查监督职责；针对初查活动中侦查人员违法调查的申诉控告，监察人员有权受理调查；针对不立案和撤案决定提出的申诉和控告，控告申诉检察部门有权受理调查，等等。因此，问题的症结恐怕不在于基本制度层面的规定，而在于其他方面。

1. 机关部门型监督主体的监督主动性总体不强

内外监督主体依其性质又可大致划分为机关型和非机关型两类。其中非机关型主体如被告人、辩护律师、人民监督员等，监督主动性是较强的，但是监督地位边缘化；而机关型主体如公安、法院以及检察机关内设部门等，虽然承担着十分重要的监督职能，但是监督制约的主动性总体来说则是较弱的。分析其深层的心理动因，公安和法院因其自身的刑事司法活动尚要接受检察机关专门监督，而且对公安来说，执行由检察机关提出和决定的强制措施，是一种替代性劳动，并不能体现其自身的工作业绩，故而比较消极。检察机关内设部门总体上仍存在着重配合、轻制约的意识，而且同属一个机关的工作人员，关系熟稔，从情理上讲难以抹开面子向侦查人员提出监督意见，一般情况下更不可能越过自侦部门直接向检察长汇报情况。此外，受利益一体的影响，发现和纠正违法虽然对监督部门来说是一种成绩，但对同一检察长领导下的整体机关而言则是一种失误和否定。以上三方面原因决定了看似完备的检察机关内设部门监督制约机制，在实际操作中必然要打折扣。

2. 监督发现违法的方式比较传统和落后

导致监督效果不理想的另一个原因就是监督主体发现违法的方式问题。当前的监督主要采用的是书面审查方式。这种方式对于审查案件定性具有明显的作用，但是对于审查证据的真伪、合法性以及侦查程序的正当性等事项，则基本上不起作用。因为一个经验丰富的侦查员完全可以通过伪造或者补强书面材料来掩盖其实际办案活动中的程序瑕疵。监督者要发现真相，就必须深入调查走访，拓展监督方式，否则对侦查违法的监督必然会停留于比较粗浅的阶段，如卷宗整理不够规范、错别字较多等，而对于真正侵犯涉案人权益的违法行为则难以发现和深究。

3. 被监督对象的反监督意识和能力直接影响监督效果

自侦活动中，侦查人员如果有意实施违法行为，则其根据自身的侦查工作经验，极有可能主动地考虑设置反监督调查的障碍，并随时注意消除和湮灭自己实施违法行为的痕迹和证据。这在客观上就加大了监督主体发现被监督对象违法行为的难度。

三、基本对策和建议

针对以上问题和原因，笔者以为当前要强化自侦活动的监督制约效果，从整体思路上讲，可以从两方面着手。一是强化对涉案人控告举报案件的调查和查实力度，二是强化对未出现控告举报案件的管理和监督力度。

（一）强化对涉案人控告举报线索的调查核实

1. 切实保障涉案人的控告申诉权

涉案人的控告举报直接为监督制约主体划定了明确的监督调查范围，使监督活动能够迅速地进入主题。因此对于涉案人的控告举报，必须重视，切实保障。对于被告人，自侦查阶段之始就必须明确告知其有随时控告申诉的权利。涉案人提出控告申诉的，即便是在押的被告人，监督主体也应及时受理和审查，及时答复和反馈。这其中的一个主要问题就是如何实现在押被告人的控告申诉权。在押被告人与外界无法发生直接接触，只能通过看守所、检察机关和法律援助律师与外界发生信息传递。从理论上讲，律师是最理想的信息代传者，而且刑事诉讼法也明确规定此阶段律师有权提供法律咨询和代理控告申诉，因此要进一步保障律师会见犯罪嫌疑人的权利。

2. 明确监督主体和监督程序，强化监督能力

在告知权利时应明确告知涉案人其有权向谁提出控告申诉。笔者认为，当前有权受理控告申诉并开展调查的主体应限于同级法院的刑事审判庭或上一级检察机关的纪检监察机构、侦查监督处或者反贪局、渎检局，作出自侦活动的检察机关原则上不再受理和调查对本院自侦活动的控告申诉。这种设计符合效益原则和监督者无涉被监督事项的原则，而且考虑了当前检察机关内部部门监督软弱无力的客观现状。同级法院刑事审判庭在审判阶段收到被告人提出的针对自侦活动的控告申诉时，理应承担起审查职能。其法律依据为刑事诉讼法第191条，即法庭审理过程中，合议庭如对证据有疑问，可以休庭对证据进行调查核实。上一级检察机关的纪检监察机构、侦查监督处和职务犯罪侦查部门在法庭审理阶段以外的任何时间包括在侦查阶段，都应当受理涉案人提出的针对自侦活动的控告申诉，并在7日内立即开展监督调查。具体操作上，由纪检监察机构、侦查监督处、职务犯罪侦查部门和法警处各自派1人组成联合调查组进行调查，其中纪检监察机构负责调查相关人员的执法过错责任，侦查监督处负责立案监督和侦查监督，职务犯罪侦查部门作为自侦部门的上级管理部门介入其中，负责提供相关的调查思路，并随时发现有无构成职务犯罪的线索；法

警处人员负责提供外调期间调查人员的安全保卫。这种设计看似耗费人力，但是由于有了四个部门的派员参与，调查过程相对而言会更加公正；而且不同部门的人员通过参与调查，能够在一次调查过程中履行各自相关的部门职能，监督调查的综合效果更加明显。在调查手段上，可以比照《人民检察院监察工作条例》中对监察部门权限的规定进行。

（二）强化上级对下级自侦案件的监督和管理

鉴于自侦案件中，可能存在涉案人对自侦违法知情不举的情形，上一级检察机关在加强对控告申诉进行受理调查的同时，还应主动出击，强化事后检查的力度。根据相关文件精神，自侦案件初查后决定立案的，应及时报上一级检察机关自侦部门备案；拟逮捕的，根据最新的检察改革精神，应报上一级检察机关侦查监督处审查批准；拟做撤案处理的，应报上一级检察机关自侦部门审查批准。亦即上一级检察机关有权及时介入下级检察机关自侦活动中的立案、逮捕和撤案工作，但是对于下级自侦活动中的初查活动、不立案、其他强制性措施和侦查过程缺乏直接了解信息的途径。对此在做好事前批准、事中备案审查的同时，应进一步加大事后主动检查的力度。事后检查的主体设为上一级检察机关的自侦部门，具体方法上，则以年度复查的方式，随机抽取或悉数调阅下级检察机关办理的自侦案件侦查卷宗进行书面审查，同时对涉案单位或人员实行电话回访，主动询问侦查人员办案过程中有无违规违法并提供相关证明材料。

检察工作效果管理机制的构建

苟于耀* 金 石**

检察工作效果管理是指围绕检察工作开展，通过一系列职能活动，对检察机关人力、财力、物力及其他资源进行协调或处理，以实现法律监督工作效果最优化目标的活动过程。随着检察改革的深入发展，检察工作的效果管理逐渐进入检察管理的视野，且逐步从包含在检察工作质量管理、检察工作效率管理的混合状态中独立出来，与它们并列成为检察管理的三大目标之一。由此，如何科学构建体现司法属性、符合检察工作规律的效果管理机制，已成为当前各级检察机关努力探索的一项重大课题。

一、检察工作效果管理的必要性

从实践层面来看，对检察工作效果进行管理，对于检察工作的开展具有多种功能和价值。

一是具有导向功能。即通过效果管理过程的不断反馈和调节，可以使检察官随时了解维护公平正义的实现程度，随时发现问题，及时进行调节和控制，使检察工作保持正确的发展方向，并达到实现维护公平正义的目的。

二是具有激励功能。对办案检察官来说，效果管理机制可以直接反映他们的工作成果，让其知晓成绩，看清不足，找到或发现工作成败的原因，激起发扬成绩、克服缺陷、增强动力、推动工作的热情与活力。

三是具有鉴定功能。主要是对检察工作进行价值判断，重点对检察官的理论素质、能力水平以及一个院开展工作的发展水平进行评价。评定的结果可以作为评判检察官综合素质状况的重要依据。

四是具有改进功能。通过效果管理，可以及时获得工作开展的综合信息，判断工作的开展情况，积极的方面继续保留并不断强化，消极的方面立即予以

* 甘肃省人民检察院政治部副主任、国家检察官学院甘肃分院院长。

** 甘肃省人民检察院民行处副处长。

改进，以更好地保证检察工作的有效开展，收到工作开展的最优效果。

二、检察工作效果管理机制的构建原则

检察工作效果管理机制的构建既要充分体现检察机关的职能特色，又要反映检察工作的实际成效。据此，笔者认为，检察工作效果管理机制的构建应遵循以下原则：

（一）指标导向和绩效考评相结合

指标科学与否取决于是否经过系统的经验观察和正确的逻辑推理。构建检察工作效果评估指标体系必须采取严谨的态度，应当以事实为依据，让事实和数据说话，不能用权威或个人判断来左右，应当用统一的、标准化的衡量尺度来进行取舍，注意排除指标选择过程中个人主观因素的影响，进而形成一个对检察工作效果进行整体评价的客观标准和量化依据，从而使其成为检察机关开展检察工作效果管理的“风向标”。同时，要将检察工作效果指标作为绩效考评指标体系的重要组成部分，使其又成为检察人员工作的“体检表”。这样，指标导向与绩效考评相结合，能真正实现其引导、激励和监督的作用。

（二）定量分析和定性分析相结合

管理学认为，定量分析比定性分析更准确、更具说服力。① 但对检察工作的效果完全实现定量分析是非常困难的，也是不尽合理的。为解决这一问题，应采用定性分析与定量分析相结合的方法，以实现对检察工作效果的客观、准确评估。总的来看，检察工作的效果评估本质上是一种定性认识，定量认识要以定性认识为前提和基础，定性指标要尽量量化。但检察工作的效果又是一个多维的复合系统，不是所有因素都能够量化，这就要设计一些定性指标来反映。只有将定性分析与定量研究有机结合起来，才能正确地反映和表明检察工作效果评估的性质与特点。故而，我们不仅要重视对“内部评价”法律效果的定量分析，而且要关注对“外部评价”社会效果的定性分析，实现定量分析与定性分析、法律效果与社会效果的有机统一，以追求效果评估的精确性和效果管理的科学性。

（三）突出重点与全面系统相结合

检察工作具有多样性和复杂性，工作千头万绪，各项具体工作之间又相互联系、相互作用，这就决定了其效果评估指标体系必须是一个即突出重点又全面开放的系统。检察工作效果指标的设计必须覆盖检察工作的所有重要方面和关键领域，某一重要领域的指标缺失，就会产生严重的误导，在理论上将会影

---

① 胡东平、曹祥婷：《对绩效考核信息化建设的思考》，载光明网。

响评估体系的科学性与合理性，在实践中将会使有关部门不重视该项工作，产生消极的后果。但作为一个评估体系不可能也没有必要面面俱到和事无巨细，必须突出一些重点领域和关键性的工作，设计一些关键性的指标来综合反映检察工作的效果。同时，检察工作效果指标的设计要在全面和突出重点的基础上，进行系统分析，综合考虑各类指标在评价指标体系中的合理构成，以及指标之间的逻辑关联度，对指标及其权重进行合理分配与取舍，达到评价指标即能突出重点，又能保持相对均衡统一，实现整体效果的最优化。

（四）法律效果与社会效果、政治效果相结合

检察工作效果的好坏源于检察工作的性质、特点和规律，源于法律规定的原则、程序和规范，也源于党和人民对检察工作的要求。[①] 这是构建检察工作效果管理机制的基础和依据，也是保证检察工作效果管理机制客观性、全面性、准确性不可或缺的原则。对于外界而言，检察机关内部制约的程序再严密，案件办理再公正，也不可避免地存在社会公众对检察机关履行职责是否到位、是否存在瑕疵的怀疑。因此，检察工作效果管理中必须引入外部评价机制，把社会公众的外部评价与检察机关的内部评价结合起来，形成内部评价与外部评价、客观状况与主观认知相统一的评价体系。这样，既可以及时把握社情民意，又可以消弥检察机关内外部评价的反差，使检察工作效果管理机制不仅在检察机关内部消除了怀疑与抵制，而且可以赢得社会公众的认可和赞同。

（五）个案管理和整体管理相结合

个案管理和整体管理相结合就是个案（敏感案件）重点管理与整体全面管理相结合、微观管理与宏观管理相结合。个案管理要突出检察工作效果管理的重点和微观，为整体管理的分析评估提供个性素材；整体管理要突出检察工作效果管理的全面和宏观，为个案管理提供方向。两者相结合，可以有效提高检察工作效果管理的针对性和实效性，反映检察工作效果管理的全貌。

三、检察工作效果管理的具体构成

（一）构成要素

检察工作效果管理的构成要素应该包括评价主体（谁去评价）、评价对象（评价谁）、评价内容（评价什么）、评价方法和标准（如何评价）等。从宏观上看，检察工作效果管理的构成要素应包括社会效果和法律效果、政治效果；从技术层面上看，要素构成涉及了从管理方法选择与运用，从评价主体的确定到公众的参与度，从内部反应到社会反响等环节。一是评价主体。评价主

① 裴欣：《浅谈检察机关的办案质量管理》，载《北京检察》2004年第2期。

体是指对检察工作进行评价的组织、群体或个人。自我评价时，从事检察工作者即为评价主体。他评时，人大代表、人民群众、相关组织等，都可以作为评价主体。二是评价对象。根据法律规定，检察工作内容的确定，主要包括立案活动、侦查活动、审判活动和刑罚执行活动的监督以及民事审判监督和行政诉讼活动的监督等。三是评价指标。评价指标是人为设定的一种量化检察工作的标准，是反映测评对象属性的指示标志。指标体系，则是根据测评目标和测评内容的要求，构建的一组相关指标，据以搜集测评对象的有关信息资料，能够综合反映测评对象的基本情况、运作水平和实际结果。

（二）评价内容

对于检察工作的评价内容，我们从法律效果、社会效果与政治效果三个层面上展开。

一是对法律效果的评价。“法律效果”是指检察机关通过严格按照刑事法律、司法解释查办案件，做到实体公正、程序合法、符合刑事司法政策精神。这里面包含了两个方面的内容：一方面是看案件承办人是否具有强烈的监督意识，另一方面是看案件承办人是否能够准确发现监督对象有违法行为。就前者而言，在评判时我们可以重点审查案件承办人所制作的案件审查报告、检察建议书等司法文书的说理、分析部分，考察承办人在进行法律适用分析时，是否具有强烈的监督意识。就后者而言，我们可以从案件是否符合法律规定、处理是否适中、适度，是否存在畸轻或畸重的问题。

二是对社会效果的评价。“社会效果”是指检察机关通过依法查办案件使案件当事人和社会公众能够普遍接受某一案件的处置结果，实现刑罚的基本功能，实现案结事了、有效化解社会矛盾、修复受损的社会关系。在评价某一案件的社会效果时，应当从案件当事人层面和社会公众层面分别加以考察。对于前者，应当侧重于考察以下几个方面：能否切实保护案件当事人的非诉讼权益、能否积极有效地开展释法说理工作、能否在办案过程中关注当事人双方的矛盾化解等。对于后者，应当侧重于考察以下几个方面：能否做到程序公开透明、释法说理到位、能否有效参与社会治安综合治理工作。

三是对政治效果的评价。“政治效果”是指检察机关通过依法办案，切实履行自身的法律监督职能，对内树立并维护党和国家以及司法机关的良好社会形象，维护社会秩序的稳定，对外维护国家依法治国的良好形象。对于办案政治效果的评判，可以从以下几个方面入手：能否有效化解社会中的不稳定因素，维护社会和谐稳定；能否做到服务大局，在案件处理结果上体现出不同时期的政策性要求；能否满足国家在对外交往中的政治需要，最大限度地保护国家利益。

（三）评价方法

一是专项报告评价。为提高评价的准确性，除书面报告检察工作情况外，还可以采取现代传媒，如制作专题片、播放工作实况或发送背景材料等形式将检察工作的详细情况向全体人大代表汇报，并将效果评价表发给每一位代表，然后进行评价分析。二是总结评价。即检察机关自身对一段时期的工作进行总结和回顾，这是一种自评。自评既可采用定量的方法，亦可采用定性的方法，互相印证。三是问卷调查评价。为了体现评价的客观性、民主性和公正性，需要社会各方面的广泛参与。可以通过每年采取问卷征询人大代表、被监督单位、公民和社会组织及律师的意见和建议，目的在于了解其对检察工作的知晓度和参与度，广泛征求改进检察工作的意见，吸引更多的人关心和参与这项工作。四是定性评价与定量评价。由于评价主体的多元性，且在评价中的地位和作用不尽相同，因此需要采取定性评价与定量评价相结合的方法，既要综合反映各方面的意见，也要突出评价主体的权威性和公正性。

四、检察工作效果管理机制的构建内容

（一）个案效果的管理机制

1. 个案效果管理的对象。个案效果管理的对象是指那些社会影响大、群众关注度高，容易引起媒体炒作，易引发不稳定问题的敏感性案件。主要包括但不限于以下几类案件：一是涉及社会热点敏感问题，有可能影响社会稳定的案件；二是涉及群体性诉讼或者群体性矛盾，有可能影响社会稳定的案件；三是经济犯罪、治安问题和社会管理等方面引发的可能影响社会稳定的案件；四是当事人扬言要铤而走险并可能产生影响社会和谐稳定的恶性案件；五是有敌对势力插手利用或有演变为群体性事件动向的重大矛盾纠纷。

2. 个案效果管理的流程。为做到对存在办案风险案件的“早发现、早应对、早管理”，要结合办案实际，切实加强对重大敏感、涉众及可能存在不稳定隐患案件的评估预警，对属于个案效果管理对象的案件，案件承办人应当填写《个案效果管理对象流转单》并随案件材料一起流转到后续环节。在审查阶段，实行确定个案效果管理对象的动态评估。案件承办人通过审查，在充分听取涉案当事人意见的基础上，在作出处理决定时，对个案效果进行全面的分析评估。若属于个案效果管理对象的，案件承办人应当填写《个案效果管理对象流转单》并附终评报告。在案件办理终结之后，实行确定个案效果管理对象的跟踪评估，以有效化解社会矛盾纠纷，及时总结经验教训。

3. 个案效果管理的方式。对于重大、敏感案件，案件承办人必须在全面了解案件发生背景、当事人分歧及当事人与其亲属对决定作出后的态度等具体

情况的基础上，综合案件情况，对案件处理决定可能引发的各种风险进行预测，提出风险评估意见。在案件提交部门研究、报主管检察长或检察长、检察委员会决定时，将风险评估情况一并提交研究，以确定风险等级。承办人则应针对风险等级制定化解预案，经部门审核，主管检察长审定后，在对案件进行客观评估的基础上，依照法律程序做出相应处理决定，必要时应当在化解风险后再做出决定，以实现办案法律效果与社会效果的有机统一。

（二）整体效果的管理机制

整体效果管理是指对检察工作的整体效果进行收集反馈、分析评估，从中得出规律性的认识，以规范指导以后的检察工作，以达到不断提高检察工作效果，实现检察工作效果管理良性发展的活动。

1. 收集反馈工作。根据主动性和日常性标准，收集反馈工作可分为主动性、非日常性收集反馈工作和被动性、日常性收集反馈工作。前者主要是指检察机关不定期地就检察工作效果问题主动征求人大代表、政协委员、社会团体、专家学者、其他法律工作者、基层群众等社会各界的意见建议。后者主要包括以下三个方面：一是案件信访收集反馈渠道。控申部门作为检察机关的信访中枢部门，要形成大信访管理格局，在集中处理来信、集中窗口释明、集中处置重信重访等工作中汇集当事人直接对案件效果的监督和评价，提供给领导和有关部门进行分析评估。二是廉政作风收集反馈渠道。设立由检察机关纪检监察部门专门负责的廉政作风举报投诉窗口，一方面确保人民群众的投诉得到及时有效的处理，消解当事人对于检察机关和检察人员的不满情绪；另一方面将投诉反映的廉政作风问题汇集整理，以待相关部门分析评估。三是检务公开收集反馈渠道。由办公室承担检务公开的网络集约管理职能，在检察机关门户网站上按检务公开的内容类别设置相应的信息公开版块和栏目，每个版块和栏目下均设有当事人或社会公众对单项公开内容的评价意见。办公室定期将网络民意以及当事人和社会公众的评价意见进行汇总、分类梳理，提供给相关部门。①

2. 分析评估工作。检察工作的效果是当事人和社会公众对检察工作运行状态的一种特殊的条件反射，因此，检察工作效果包含客观属性和主观属性两方面的属性。鉴于此，除了对相关检察工作效果指标的定量分析外，有必要建立一套定性分析原则，以能最大限度地过滤掉检察工作效果社会评价中的非理性成分。该定性分析原则主要有：一是全面系统原则。为了实现“强化法律监督，维护公平正义”的检察工作主题，检察工作效果的评估要从法律监督、

① 姚秀权：《审判效果管理机制的构建》，载《人民法院报》2011年3月23日。

权益实现、公信度、诉讼成本、廉洁状况、司法保障、社会支撑等方面设计评价指标，以全面、系统地反映当事人和社会公众对检察工作效果的评价和意见。二是发展性原则。当事人与社会公众的社会价值观念和需求会随着时间的推移、社会的发展而变化，因此，当事人和社会公众对检察工作效果的评价标准也应随着时间的变化而不断发展变化。相应地，我们必须坚持用发展的眼光来分析评估当事人和社会公众的评价和意见。三是区别性原则。地域和工作的差异将导致检察工作效果在总体和个体上存在差异。为此，在分析评估当事人和社会公众的评价和意见时要充分考虑不同检察机关的特殊性，充分考虑不同部门之间的工作差异所带来的标准差别，防止效果评估的简单化和“一刀切”等现象。四是公众导向性原则。检察机关对公众的回应程度与满足程度，检察工作效果的好坏、检察执法是否公正严明、检察人员的廉洁奉公与否，是公众最为关注的地方。为了满足自身的利益诉求，公众也有向检察机关表达诉求的意愿，希望检察机关采取有效措施予以回应。检察工作效果管理要倡导公众导向，使他们能够成为效果评价的一个主体，才能真实反映检察工作的社会效果。在指标设计时，应充分考虑到检察工作与公众之间的关系，重视社会组织和公众的参与，突出指标的公众导向性。五是可接近性原则。司法的人民性决定了通过司法程序解决纠纷不应当成为一种奢侈，因此，民众接近司法和正义的成本不能过高。但也要注意，通过司法程序解决纠纷也不应当呈现出一种泛滥的态势，要把好可接近性原则的“度”。[①] 六是可接受性原则。可接受性原则是指司法的过程和结果是否能够让当事人和社会公众所接受、认同、信任。在这里，我们应将分析评估的重点放在相对理性的主体对检察工作效果的评价和意见上。

3. 规范指引工作。在分析评估好当事人与社会公众对检察工作效果的评价和意见后，检察机关相关部门再将之与量化指标相结合，进行综合分析、研判，及时发现影响检察工作效果的各种潜在问题。在此基础上，总结规律、把握动向，及时向检察委员会、检察长以及其他管理部门提出切实可行的检察工作决策建议，以规范指引今后的检察工作。

（三）检察工作效果管理的考核机制

运用检察工作效果指标体系开展检察工作效果管理，归根结底要通过对检察人员的有效激励才能真正取得成功，故在检察工作效果管理的考核机制中，应当注意以下几点：一是科学设定考核内容。检察工作效果考核的内容要严格体现依法履行法律监督、维护社会公平正义的实际成效，既要涵盖各项检察工

① 姚秀权：《审判效果管理机制的构建》，载《人民法院报》2011 年 3 月 23 日。

作，又要体现相互之间的协调、制约，注重检察工作效果的发挥。如依法抗诉是体现法律监督的重要方面，但如果一个地方始终重视公诉工作建设，确实没有需要抗诉的案件，就不能简单地评价他们审判监督工作不到位。二是合理运用考核方法。在坚持考核的激励性目标的前提下，考核还需要考虑检察工作自身的规律和特点，体现考核的准确性与公正性。在考核中，要尽可能地实行动态考核并注意提高考核的透明度，要尽量增强考核标准的具体性、数量性和可操作性，便于在实际操作中运用，要注意兼顾不同岗位、不同层次干警的工作实际，建立标准化、合理化的考核标准及体系，使考核能够准确反映出不同业务部门和不同检察人员的工作效果，并在横向比较中体现出相对公平性。同时，考核过程中应当实行考核者与被考核者之间的双向沟通，让被考核者了解考核的目标、执行状况及考核结果，并给予被考核者发表意见和提出质疑的机会，以提高被考核者对考核结果的认同感。三是有效利用考核结果。要将考核结果与激励机制联系起来，考核结果的好坏与被考核者的升、降、奖、惩直接挂钩，作为升、降、奖、惩的主要依据，使考核真正成为检验检察工作效果的重要手段，切实改变“考与不考一个样，考好考坏一个样”的现象，以充分发挥考核工作的激励作用。

运用法治思维方式防控检察执法风险的实践应用

钟国庆[*]　王　剑[**]

十八大报告提出："法治是治国理政的基本方式。"但何谓法治？相对人治而言的法治，《现代汉语词典》解释为"指先秦时期法家的政治思想，主张以法为准则，统治人民，处理国事；指根据法律管理国家和社会"。十八大报告所说的法治，是指后者，用法律手段治理国家。法律思维，是指执政者在法治理念的基础上，运用法律规范、法律原则、法律精神和法律逻辑对所遇到或所要处理的问题进行分析、综合、判断、推理和形成结论、决定的思想认识活动与过程。以上是宏观方面，那么作为基层检察院自身监督建设这样微观层面上来讲，如何运用法治思维来强化内部监督至关重要。

近年来，全国检察机关开始创新性尝试将现代管理学中的风险管理理论和质量管理方法应用于工作实际，针对因教育、制度、监督不到位产生的执法办案风险，各级检察院对执法办案中的风险实施科学评估，采取预防、监控等措施，按计划、执行、考核、修正循环机制（PDCA 循环机制），通过标准化风险评估将执法规范化建设全面展开；执法流程评估、执法系统评估、过程监控分析评估系统等业务管理相继应用；网络监控、便捷传输等一系列业务改革措施逐步落实。执法办案风险评估机制作为改革的一个重要组成部分也被纳入到业务改革中。经过一个时期的探索和实践，在基层检察院工作中积累不少经验。但作为一项新的机制和技术手段，实施过程中遇到一系列问题，特别是在风险评估活动中，如何将法治思维融入其中，对科学量化评价司法廉洁、建立完整"廉洁指数"指标体系、运用法治思维来加强反腐倡廉和廉政风险防控体系建设具有重要意义。因此用法治思维和法治方式融入执法办案风险防控，完善风险评估体系，使其科学化和系统化，将有效化解上述矛盾。我们将通过

* 黑龙江省大庆市红岗区人民检察院检察长。

** 黑龙江省大庆市红岗区人民检察院法律政策研究室主任。

探索和剖析红岗区人民检察院在建立和完善执法办案风险防范体系过程中遇到的法治思维和法治方法问题，根据实际情况，充分借鉴先进经验，提出有效提高基层检察院风险管理工作效能和完善检察风险管理体系建设的一些解决方案，对如何完善基层检察机关执法办案风险防控体系建设进行系统、深入的研究与探讨。

一、法治思维与执法风险防范原则

如果用一句话说明用法治思维去建设基层检察院执法风险防控体系的话，那就是“用严密的制度和机制建设”去科学构建，再用法治方式去执行和运用。再通俗一点说就是“按规矩办事”。俗话说：没有规矩不成方圆。显然这规矩就是规则，按规则来规范国家的行为、规范公民的行为。在检察执法见险防控的定义中，就是按照规则来规范检察机关执法行为。检察执法风险防控，指检察机关围绕执法办案风险防范的总体目标，通过在检察执法办案中的各个环节和执法过程中风险进行有效科学防控的基本流程，培育良好的风险防控机制，建立健全全面风险防控体系，包括风险防范策略、风险防范措施、风险防范的组织职能体系、风险防范信息系统和内部控制系统，为实现风险防范的总体目标提供合理保证的过程和方法。这里我们说的几个关键词是机制和过程方法，实际就是“严密的制度和机制建设”，就是法治方式和方法，微观上就是我们上面所说的制度执行和制度建设，制度科学性的体现就是以法治思维更新为基层和导向。然而我们在运用法治思维设计执法风险防控机制过程中需把握以下几个原则：

（一）院务管理规则和群众民主至上原则

从微观层面讲，检察风险防范机制或者可以说制度体系，是按照基层院的管理规则和民主测评结合形成。机制管理也就是法治本身，就是防控体系本身应当是反映基层干警期望、符合基层实际、体现基层共同信念和理想的。

（二）科学建制

从目前检察执法办案实际出发，科学合理规定在执法风险防范过程中的责任，就是权力与责任。换言之，基层检察院对必须由风险防范机制和制度进行调整的执法行为进行合理的利益分配并形成规范的活动。

（三）严格执行

严格执行的内容包含权由制度规定、权责相等、用权受监督、违反制度受追究。无权不需要进行防范，没有执法行为就不需要风险防范，标准要一样，不能放松，不能走样，要严厉、公平、公正。

（四）保护干警

这个是从预防的角度来说，实际上，执法风险防范过程就是保护干警的过程。

（五）全员参与

全员参与指的是全体执法干警的参与。

二、法治思维与执法风险防范体系建设

基层检察机关探索执法风险防范的方法，就是法治思维转化为法治方式的过程，也就是机制体系转化为制度执行的过程。在检察执法风险防范上讲就是，从重点领域、重点部门、重点环节入手，排查执法办案风险，确立评估科学化标准，健全内控机制，构筑制度防线，形成以评估为核心、以强化防范为手段的科学风险管理，推进基层检察机关执法规范化建设。针对基层院实际情况，融入法治思维的内涵过程，探索构建“五步风险防范法”，即法治意识（即风险防范意识）、机制体系（即防范机制）、法治思维过程（即风险防范流程）、法治方式（即风险防范方法）、法治保障。参照《中央政法委员会、中央维护稳定工作领导小组关于深入推进社会矛盾化解、社会管理创新、公正廉洁执法的意见》和2010年2月《最高人民检察院关于深入推进社会矛盾化解、社会管理创新、公正廉洁执法的实施意见》分别对建立社会稳定风险评估机制，健全执法办案风险评估预警机制提出明确要求，进行框架与功能设计，以COSO－ERM为基础，建立检察风险防范的整体业务框架。通过提供简单易用的风险防范平台，使各项工作有机地联系起来，在检察执法办案长期发展上改进质量标准和法治方式。这种融入法治思维和法治方式的执法风险防范系统，适用对象为基层院干警，进一步规范、标准化风险防范的法治化工作，优化、完善基本流程。通过打造一个高效、协同的执法办案法治信息平台，及时、准确、真实传递和共享各种风险信息和质量标准，优化、完善风险防范、各项工作过程和成果。

（一）用法治思维聚焦风险共识，让公平正义的阳光普照

基层检察机关应坚持把法治的责任意识贯穿队伍建设始终，用法治思维引领风险防范意识导向，增强防范的自觉性。（1）主题教育引导。深化政法干警核心价值观主题教育，强化法治作为风险防范体系建设核心和方式基础的重要性认识。（2）党风党纪教育约束。通过学习党的十八大会议关于法治的具体论述，通过讲党课、讲廉政课、讲法制课、讲警示教育课的方式，认识缺失法治带来的严重后果和违法违纪的风险、成本和后果。（3）先进典型教育示范。树立勤政廉政的典型，弘扬新风正气，凝聚社会主义法治精神。（4）廉

政文化教育熏陶。加强班子导廉、机制保廉、教育思廉、家庭养廉、社会促廉，营造积极向上廉政氛围。（5）职业道德教育强化。以规范履职行为和提升履职能力为目标，明确法治思维中的“岗位与权力”、“权力与风险”、“化解风险与风险评估”的关系，营造人人关注执法风险、个个参与风险防范、个个善于用法治思维思考问题、个个熟练用法治方式解决执法风险问题的良好氛围。

（二）用法治思维科学确定标准，让机制制度的构建严密

检察执法办案风险评估标准是风险评估是否科学的基础和依据。围绕权力运行这条主线，突出在执法办案权、人事任免权、行政事务管理权等重点环节，找出风险存在“哪些岗位、哪些流程、哪些制度、哪些环节”，明确风险点和风险级别，确立评估标准。（1）排查岗位风险。针对领导岗位和执法岗位，对照岗位职责、工作权限、法律法规规章要求，逐一查找、分析在履行岗位职责中存在或潜在的岗位风险点。（2）排查流程风险。分析流程，查找管理不到位、流程不规范、衔接不紧密、监督不明晰等程序隐患。（3）排查制度风险。查找原有制度不落实、不适用、不合理等隐患。（4）排查环节风险。走访涉案单位等，征求社会各界意见，查找腐败易发、群众关注和权利失衡等办案环节隐患，判定环节风险点，分析归纳判定风险点。确定类别，明晰风险性。根据风险发生的几率、危害程度和性质，对判定风险点确定三个风险等级。从业务、队伍、行政事务三个层面清权确权；从领导、中层干部和一般干警三个岗位层次进行评估。权力运行到哪里，风险防范就跟到哪里，对照三级风险点，进行节点预警和适时监控。一级风险由检察委员会和检察长监控，二级风险由检察长和纪检督查组监控，三级风险由主管领导适时监控。让风险评估标准的确定为制定风险评估措施和风险评估预警机制明确方向和重点。

（三）用法治思维科学反腐预警，让风险防控尽在掌控之中

法治思维，首先要建立科学的规则，这个规则的科学化，在于前期的模块控制。放在微观的执法风险防控过程中表现为：（1）信息搜集。信息平台和数据库。（2）信息识别。问卷调查和矩阵。（3）防范管理。即制度管理，上升层面即法治。对风险进行敏感性分析、情报分析及风险热力图。（4）应对管理。文件、组织架构与业务流程、风险知识、风险指标和应对方法。（5）报告管理。产生风险应对执行报告和风险体系分析报告。（6）防范预警。维护风险预警指标和规则，与 IT 系统进行数据集成。根据风险事件指标值所处不同预警范围，进行红、黄、绿灯预警。（7）重大风险事件防范。进行风险损失事件报备和损失事件统计分析。环节流程分为：第一环节，执法风险信息搜集。分布图将“两权”运行过程中容易发生问题的薄弱环节和苗头性、倾向性问题作

为风险评估信息采集的重点，收集执法权力运行和行政事务管理中存在的各种信息作为风险评估信息。第二环节，执法风险信息识别。将搜集的风险信息，对照级别，确认级别。从细节入手，对风险信息的风险度进行量化和排序。按权力运行可能带来损害程度确定数值。如基层院执法办案中流程进行全面分析，并找出各环节潜在的风险因素，获得所需要的资料。第三环节，评估节点监控。对照分布图，在风险评估过程中，进行节点预警和适时监控。对可能由低级别转变为高级别或高级别转变为低级别的风险，由主管领导监控，转变为零级别的风险在一周内取消监控，强化风险评估的动态科学。第四环节，评估决策处置。在本院抽调政治坚定、业务精炼骨干组成涉检舆情处理办公室，制定《涉检舆情信息和风险处理办法》，进行分流处理。通过风险管理信息系统清晰展现风险咨询成果，体现工作进度，呈现各类报告，为体系建设提供良好支持。借助风险评估信息系统解决方案，以季度为周期，预警管理，消除评估中出现的风险隐患。

（四）用法治思维创新法治手段，用严格严密促进制度执行

法治思维转化为法治方式，是实现法治化的必要手段。风险防控技术就是机制措施，也就是微观的法治方式，是检察执法办案风险防范工作的核心。风险防控技术手段也就是法治方式，具体如下：（1）廉洁指数。分为：指标量化机制、风险预警监控机制、发布奖惩机制。具体是通过检察风险防范信息管理等多种手段随时采集范围对象的风险信息，并进行数字转化和分析，达到信息全面、评价客观、廉洁量化、制约长效目标，从公众视角、检察干警视角、主管部门的视角以及纪检监察部门的视角，通过可行防控实施程序建立一个集多种监督手段于一体的系统化廉政客观监督载体。（2）基本框架是“六个三模式”。即“三个层级、三项指标、三级评定、三级指数、三级预警、三重监控”模式。“三个层级”包括单位廉洁数、科室廉洁数、干警个人廉洁数；“三项指标”包括内部管理、社会评价、目标管理；“三级评定”指廉洁指数认定要经过一级评定、二级评定、三级评定这样一个定量定性评定过程；“三级指数”就是对范围对象的廉洁指数评价按得分高低分为廉洁程度较高、一般廉洁、不廉洁；“三级预警”就是在第三部分说到的，按廉洁指数不同（风险程度高低）分别实施一、二、三级预警；“三重监控”指对廉政风险范围对象，根据风险程度的高低，由院党组、纪检监察室、科室负责人进行监控。具体做法是：纪检部门从办公室、控申、投诉、举报、案件质量评查、案件统计报表和效果分析、电子监控、人民监督员、执法档案、舆情信息预警和特约检察员等渠道获取相关风险信息。根据以上信息测算出廉洁指数，单位廉洁指数＝内部管理指标＋考核指标＋社会评价指标。社会评价内部管理指标、社会

评价指标取扣分件次的平均数。廉洁指数程度较高，发出绿色预警，由科室负责人监控；廉洁程度一般，发出黄色预警，由院领导、纪检重点监控；廉洁程度较差，发出红色预警，发放《廉政风险预警告知书》，由院党组重点监控，责成部门落实整改。指数“三项指标”具体包括内部管理指标：按照业务流程7类岗位、18个工作环节和已经设定的廉政风险点，确定每个风险点的扣分幅度。干警包括领导干部在内，违反廉政规定的，将从基础分中扣减相应分数，所余分数为干警的“廉洁指数”，个人廉洁指数总和除以部门总人数为部门廉洁指数；考核指标：在这类党风廉政工作考核排名、干警（包括领导干部）受到纪委、违纪处分、单位、部门、个人廉洁状况接受级上级、纪委巡查情况作为扣分点；社会评价指标：单位、部门、个人廉洁情况民主测评，公务员年底考核廉洁勤政综合评价，廉政知识测试、纪律测试，干警亲属因廉洁问题被查处，领导干部社会廉政信息、社会上有关检察执法廉洁的调查和社情民意的信息反馈（包括检察院面向社会进行的问卷调查、行风评议、专项巡视、走访群众、社会调查等形式活动采集的信息）等作为廉洁指数的测算扣分标准。

（五）用法治思维强化法治保障，让防线防控制度长效有力

（1）确立检察执法办案风险防范组织“搭骨架”。将风险防控作为一项长期、持久性工作来抓，通过检察长办公会，成立领导专组，检察长为组长、班子成员为副组长，科室长为成员，设置执法办案评估督导组，纪检组长负责，抽调骨干为督导员，保障有效开展和长期运行。（2）完备制度“备规矩”。这里指检察院内部管理，以基层检察院内部管理推进机制建设。检察机关内部管理是持续监测、识别、预警检察人员在执法办案中违纪违规行为，防范、控制、化解风险的管理活动和内控机制。主要通过制定实施风险评估措施，特别是按照外部法规要求，统一制定并持续修改内部管理规范，监督执行并强化内控，提高检察权行使者的自律意识及其行政行为合法性，有效预警道德风险和执法风险。在完善基层检察院内部管理具有双重含义：一是各科室执法办案的内部制度、业务程序和管理流程要“合规”，“规”囊括了相关法规制度和司法规律。二是检察人员的执法行为要“合规”，通过提高决策、执行、裁判和服务等各环节的合规性，切实降低司法行为失当、失误、失职等风险系数。强化岗位控制和业务执法流程内控机制建设。实施有效的“一岗双责”评价制，根据各岗位业务性质和人员要求，相应地赋予办案任务和职责权限。各岗位应规定操作规程和处理手续，明确纪律规则和检查标准，以使职、责、权、利相结合。要制定清晰的执法流程图流程控制是评估思想、内部控制程序和检察业务活动风险三位一体的集成。以流程形式将全部业务活动装入分工牵制的制度

化组织过程，确保思想和程序落实到全部具体的执法办案业务过程。流程控制的核心是权限分割是否科学的评估。基层检察机关执法办案风险管理依托质量管理方法，通过较为完善的、开放的、可修正的管理措施，有效防范权力运行腐败，建立预防腐败工作的长效机制。对评估属于制度不完善导致风险，对符合体系要求的予以保留、修改、完善，不符合的予以废止，矛盾和重复的予以整合，没有更新的予以补充，使之系统化和条理化。保证权力在制度轨道上运行，在监督下行使。制定《廉政风险评估标准手册》，录入风险评估系统中，实现风险有章可查、有制可循、有措可解。对评估流程不严密导致风险，进一步完善流程再造，使每一个风险点都有严格的流程控制。（3）监督问责“求公正”。按照“谁主办，谁负责”，结合《党政领导干部问责的暂行规定》等，建立相应的《风险评估责任追究制度》，做到评估事事有人管、环环有规定、处处有章法。对落实不力的，严格实行责任追究。对创新防范举措、妥善评估和预警风险事件的个人给予奖励和表彰。通过风险评估管理，促进队伍不断提高廉洁执法能力。

三、结语

以上是基层检察院通过法治思维，用法治方式实践探索检察执法办案风险防控的尝试，在理论和实践上都尚存在困难，如内部考核和社会评价之间关系没有理顺、社会评价主体选择的代表性不足、社会评价的范围不够广泛、相关评价缺乏必要的制度支持，从而制约了该评价体系的进一步推广和运用。虽然，对腐败的定量研究存在一系列问题，但不可否认的是，我们势必会在此基础上修改，让其日趋完善，打造出一批又一批的廉洁检察队伍。

重视法治思维与推进检察规范文化建设研究

杨宏亮*

一、问题的提出

多年来，检察机关始终正确认识、准确把握自身的职能定位，十分重视自身的规范化建设。在工作思路上，坚持树立和落实科学的发展观，强调着眼于长期建设和科学发展，以创先争优为导向，以改革创新为动力，明确提出了"加强执法规范化、队伍专业化、管理科学化和保障现代化"建设的总体要求。在工作措施上，根据强化法律监督职能的需要和实际，在有的部门实施了规范化建设创建活动，推出了一批在于加强队伍管理的检察官职业行为基本规范等自律与监督相结合的规定。结合我国全面推进法治建设的实际需要，以及修改后刑事诉讼法、民事诉讼法的实施，在完善办案业务流程的基础上，汇编了全面反映和涉及检察业务各个工作环节的检察机关执法工作基本规范等。通过抓工作规范、抓科学管理、抓队伍建设等有效措施，全面提高各项检察工作的质量和水平，并对各级检察院进一步实行动态管理，增强激励和鞭策效能，形成了科学、规范的检察工作管理机制。

党的十八大提出的"法治思维是一种整体性的思维，是一种国家治理的理念、视角和思路"①。笔者认为，确立法治思维和法治理念，最重要的是要确立规则意识和规范方式。检察机关作为法律监督机关理应成为遵守和执行法律规范的楷模。近年来，检察机关大力推进自身的规范化建设，同时，在推进检察机关规范化建设中形成的规范性文件也已被广大检察干警所接受，并且内化为一种自觉的规范意识，体现和作用于各项检察工作中，有效地确保了检察机关法律监督职能的全面履行，促进了检察队伍的全面建设和健康发展。但也

---

* 上海市宝山区人民检察院研究室主任、副处级检察员、检察委员会委员。

① 参见蒋传光：《法治文化的内涵及其特点》，载《人民法院报》2012年9月21日第5版。

应当看到，当前检察机关规范化建设也存在一些问题和不足：一是在思想认识上。有的干警对执法规范与公正执法的内在联系缺乏足够的认识；有的较重视执法活动中的规范，而忽视工作之余或日常行政事务中的规范。二是在内容规定上。还存在操作性、系统性不强，涵盖面不广的情况；有的较注重程序的设定，而缺乏具体的标准化、精细化要求；有的内容还发生相互冲突，存在滞后等问题。三是在落实执行上。表现为重规范制订、轻规范检查；较重视业务规范的信息化软件设计与运用，对行政综合性事务相关规范的信息科技转化与运用缺乏系统性和普及性；在规范操作上有时较为随意，存在以领导意见临时调整有关规定以及制订规范缺乏民主讨论基础等情况。这些都有待于在进一步提高和深化对“法治思维和方式”重要性认识的同时，积极采取措施，予以解决。

二、法治思维视域下规范文化建设的内涵及基本价值

党的十八大报告关于法治思维和法治方式的论述要求明确、立意深远、操作性强。法治思维强调思想转变，突出党对法治的理念态度，在思想层面提出了明确要求；法治方式是行为准则，在操作执行层面提出了明确要求。可以说，法治思维和法治方式从思想和工作两个层面为实现依法治国指明了具体路径。① 运用法治思维和法治方式，首先就要坚持宪法和法律至上。俗话说：没有规矩不成方圆，显然这规矩就是规则，用规则来规范国家的行为、规范公民的行为。规则治理与民主治理相辅相成。法治本身也是通过民主程序制定出来，反映民众期望，符合民众利益的，体现了共同信念、共同理想，故法治应当受到尊重和遵从。国家行为和公民行为都应在法治框架下进行，法不阿贵，法不阿权，法律是平衡器。无论国家机关、人民团体、企事业单位，还是社团组织、中介机构和公民个人在做决策、解决问题时，都要遵从法律，依法办事，如违反法律，就要受到法律制裁。② 从检察工作实际来审视，检察机关强调并强化法治思维和法治方式应当成为当前和今后一个时期履行职能、完善管理和加强队伍建设的基本要求和重要环节。因此，从文化层面加深对规范化问题的认识，对推进检察机关法治化进程、基础性建设并开展好相关工作，及检察官法治思维的养成，均具有十分重要的意义。

---

① 王新友：《“法治思维”“法治方式”提法有何新意》，载《检察日报》2012 年 11 月 9 日第 4 版。

② 陈垚：《法治思维的主要内涵》，载 http：//www.chinawriter.com.cn，2013 年 6 月 20 日访问。

“规范”一词，有模范、典范和标准、准则的意思，属名词。规范是一种约定俗成或明文规定的标准，由此而形成的规范文化，就是以一定标准为内容载体，反映一个群体或社会行为准则的意识形式。历史和现实都表明，规范文化是人们内在的精神活动在社会行为中的自然流露，有什么样的内在的文化自觉，就有什么样的规范实践。规范文化也是政治文明的基本体现，符合科学发展观和检察职能特性的规范文化，更是先进文化的重要组成部分。

当前，我国正处在加强社会主义民主政治制度建设的进程中，对司法机关及其执法司法实践提出了不同于以往的要求。“实行依法治国，建设社会主义法治国家”已载入宪法，党的十八大也明确提出，要全面推进依法治国，推进科学立法、严格执法、公正司法、全民守法。推进权力运行公开化、规范化，完善党务公开、政务公开、司法公开和各领域办事公开制度。因而规范文化建设必然成为在新形势下和新体制的基础上创建与社会主义政治民主相适应的新观念、新机制的过程。由此，重视规范文化建设，必须着眼于改革创新，进一步建立和完善适应社会主义民主政治发展要求的规范文化体系。重视规范文化建设，还必须坚持以人为本，要有利于最大限度地调动和发挥人的积极性、创造性。

从检察院机关的实际来研究，规范文化也是检察文化的组成部分，既有法治文化的共性，又有检察职业的特性，规范文化必须坚持为全面履行检察职能服务，必然对检察人员的思想观念、道德情操、品行习惯有着深刻的影响。最高人民检察院在2010年制定下发的《关于加强检察文化建设的意见》中，确定的“始终坚持突出检察文化建设的重点”之一，就是要“加强执法规范化建设”。明确提出了“突出重点岗位和关键环节，把各种规范要求融入执法办案流程、岗位职责和办案质量标准之中，以信息化为手段，通过细化执法标准、严密执法程序、加强执法监督、完善执法考评，实现对执法办案的动态管理、实时监督和科学考评，促进公正规范执法”。笔者认为，切实加强规范文化建设，至少有以下四个方面的价值。

（一）增强文明意识

良好的规范意识与行为，是一支队伍、一个人文化和道德素养的综合反映和直接体现。重视规范文化建设可以使检察干警在良好丰富的文化氛围中不断提高文明程度，同时也有助于进一步提高检察机关的文明管理水平，促进检察干警文明、公正执法。

（二）增强自律意识

规范虽然是一种标准，但也是一种要求。通过规范文化的建设及其教育，形成一定的明行、慎独氛围，有助于提高检察干警的素质和修养，能够进一步增强检察干警遵纪守法的自觉性，养成时时以规范自律、处处以规范行事的良好习惯，落实检察职业道德操守，自觉树立良好的检察职业形象。

（三）增强程序意识

规范的内容一般首先是以具体工作或事项的程式规定为重点的。通过规范文化的建设及其教育，可以使干警在注重实体和结果的传统文化背景中，不断强化依程序、依规则行事的理念，真正确立在规范的机制下追求和实现目标的意识，确保执法的程序公正，维护司法权威。

（四）增强和谐意识

规范是以井然有序、讲究章法为标志的。通过加强规范文化建设，可以使人与人、人与工作以及各项工作之间达到一种最佳的关系及状态，从而形成和谐的人文环境和执法环境，有效促进人的全面发展和各项检察工作的健康顺利开展。

总之，具有检察特色的规范文化建设，是检察机关牢固树立法治思维，进一步运用法治方式，实践新时期检察工作主题，加强法律监督能力建设，提高队伍素质，树立法律监督权威，促进执法公正的根本要求和基本保证。

三、以法治的思维和方式深入推进检察机关规范文化建设

诚然，法治要付诸实施，只讲理论是不够的，只在法律精英、社会精英阶层中讲法治也是不够的，一定要让整个社会的民众明白什么是法治，形成对法律的信仰。但对法律的信仰首先要从法律共同体做起，否则很难将其推广到整个社会。[①] 在此意义上，检察官以及其他司法人员对法治的遵从、以法治的思维和方式执法办案，对于树立法治的权威，推进社会民众法治意识的形成，将是法治发展的重要环节和重要基础。同时，法治文化作为一种先进法律文化形态，在追求法治价值目标的过程中，是一个动态的过程，也就是说，法治的价值目标是与时俱进的，其内容随着时代的发展变化而变化，不同的时代，法治追求的目标不同。[②] 笔者认为，规范文化建设的具体内容和本质规定性，既是历史的，又是发展的。随着我国全面推进依法治国和我们对现代文明相关概念的消化理解，民主政治制度建设正不断得到新的补充完善与发展。作为上层建筑的检察机关历来非常重视具有检察职业特性的规范文化建设，为建立和完善

① 参见张伯晋：《道理、布道、道路：三学者纵论法治之道》，载《检察日报》2013年6月11日第3版。

② 参见张伯晋：《道理、布道、道路：三学者纵论法治之道》，载《检察日报》2013年6月11日第3版。

有中国特色的检察制度奠定了良好的基础。各级检察院以及检察人员一定要善于把握最高人民检察院提出的“检察工作机制更加健全……检察职业行为进一步规范，检察职业形象进一步提升”[①] 的总体目标要求，切实加强组织领导，采取措施，扎实推进，力争使检察机关的规范化建设上一个新的台阶，推动检察工作和检察队伍建设取得新的成效。

（一）重视建章立制，推进规范文化的基础和机制建设

规范文化的突出表现就是规章制度，它既是一种标准，也是一种共识，集中反映了检察职业群体的思想认识、工作要求、基本准则和目标追求等。因此，建立健全规章制度是加强规范文化建设的基础和体现，对于规范文化建设具有十分重要的支撑意义，对于检察人员法治思维的养成具有基础性作用。要牢固树立固本强基的思想，各级检察院应从有利于检察工作持续健康发展，消除制度及管理的空白点出发，进一步充实、完善各项规章制度。要着眼于以信息化促进规范化，切实发挥信息技术在规范执法行为、促进执法公正、强化法律监督职能、提升检察工作管理水平等方面的功能与作用。

检察机关要积极适应修改后刑事诉讼法、民事诉讼法的新要求，切实从增强人权意识、程序意识、证据意识、时效意识、监督意识出发，进一步完善案件管理监督机制，敢于克服和完善内部监督的不足，做到不留情面，强化对办案程序和执法办案活动的监督。要进一步强化办案责任制。规范内部请示报告制度，积极探索主任检察官制度，充分发挥办案检察官在防止案件差错中的主体作用。要进一步完善执法办案考评机制。在尊重执法和司法规律的前提下，切实完善执法办案考评机制和奖惩机制，统筹兼顾执法办案数量、质量、效率、效果、安全，树立正确的政绩观。要坚持并完善信访动态排查机制，重点关注反映执法问题、错案隐患的信访件，及时启动预警通报和防范机制，从苗头性问题上自觉发现和防止错案和不规范执法情况的发生。

（二）增强规范意识，发挥规范文化的激励和导向作用

检察职业规范与法律一样，具有“正人心”、“校行为”的作用。检察规范文化是检察机关工作人员当下普遍自觉的观念和规则系统，也是检察文化的基本组成部分，必然对检察干警讲规范、守规范起到能动的促进作用。有道是“铁打的营盘，流水的兵”。近年来，随着形势和任务的变化，检察机关的职能虽然没有大的变更，但一些工作要求和工作规范正在发生变化和逐渐更新。而各级检察院检察人员结构较前几年也正发生着变化，最为突出的就是新进的

① 参见《最高人民检察院关于加强检察文化建设的意见》，高检发政字［2010］120号文。

年轻干部比例增大。据此，必须大力宣传和普及规范文化，通过对新进人员的上岗培训和全体干警的经常性教育，采取资深检察官带教、检察礼仪示范等形式，增强规范文化的影响力和导向作用，使规范文化起到激励人心，塑造健康人格的积极作用，为推动检察工作和队伍建设的科学发展奠定基础。

建立严格的监督机制是法治社会存在的标志之一。谈法治，谈依法治国理论模式或实践功能时，我们必须把监督机制问题纳入到依法治国的价值体系之中，确保法治与监督之间价值观念的统一。法治社会的存在如果离开了监督功能，就会变为形式意义上的法治，不可能实现实质意义上的法治。[①] 现代司法制度的开放性，以及我国司法工作的服务性和保障性，决定了检察机关要继续从过往的相对封闭不断走向公开、亲民，不断增强并发挥检察权的社会功能。检察执法活动要切实增强监督和被监督意识，这也是法治以及法治思维的基本要求及基本含义。所以，检察机关要处理好监督与支持的关系，在建立健全强化法律监督体制制度机制的同时，要自觉接受社会各界以及诉讼各方的监督制约，要牢固树立监督就是支持、监督与支持相统一的理念，切实做到在监督中支持，在开放中接受监督，在支持中加强监督，从而有效推动社会主义法治建设的顺利进行。

（三）深化检察改革，促进规范文化的完善和发展

要着眼于全面推进依法治国和健全权力运行制约和监督体系的总体发展要求，围绕建设公正高效权威的社会主义司法制度，结合检察工作和司法改革实际，及时对不适应检察规律和工作要求的规范作出调整和扬弃，要以与时俱进为要求，着眼于制度创新，消除不适应或者是过时的内容，迅速完善和逐步建立起符合中国检察机关特性以及检察工作特点的规范文化体系，使规范文化从形式和内容上不断得到调整、完善和充实，从而更好地为检察事业发展提供服务和保障。

检察机关要进一步研究依法独立行使检察权的路径、方法和方式，努力促进监督的力度、质量、效率、效果、安全的有机统一。认真落实党的十八大和中央关于司法体制改革的部署和要求，积极稳妥地推进检察工作机制改革，建立健全内外部监督机制、检察业务人才培养选拔机制，着力强化对检察权的制约和监督，着力解决影响司法公正的体制性、机制性、保障性障碍和弊端。坚持严格依照法律赋予的职权，按照法律规定的程序，规范刑事诉讼、民事诉讼监督机制和手段，严格依法运用查处职务犯罪、抗诉、纠正违法通知书、检察

---

① 韩大元：《依法治国与完善监督机制的基本思路》，载 http：//www.calaw.cn/article/default.asp？id＝3776，2013 年 6 月 12 访问。

建议等方式开展监督工作，及时纠正诉讼活动中的严重违法行为，严肃查处司法不公背后的职务犯罪，全力维护司法公正。

（四）强化规范管理，确立注重规则的价值取向和工作方式

规范文化的形成和确立，始终离不开人的能动作用。笔者认为，我们在牢固树立“理性、平和、文明、规范”检察执法理念的同时，也可以将这“八字”理念作为检察管理的基本理念，贯穿于检察管理的始终。在加强规范文化建设的过程中，要重视对执行情况的督促检查，确保落到实处，取得实效。必须注重运用规范文化，提高干警的思想认识，努力把握规范的操作性、管理的规律性，切实将落实规范与考核、奖罚等挂钩，从而在检察干警中形成广泛的意志基础，形成普遍的规范自觉，规范才能真正得以贯彻，效果才能真正得以体现。

在新形势下，法律监督工作面临的环境越来越复杂，承担的任务越来越繁重，注重法治思维和法治方式要求下的监督者必须具有更高的法律水平、更强的业务能力，只有这样，才能做到依法监督，才能发现问题，进行有效的监督。为此，应建立健全符合法律监督工作实际、具有检察机关特色的教育培训和队伍管理机制，切实加强对检察人员的专业化教育培训，要以“忠诚、为民、公正、廉洁”为核心，大力加强检察职业道德建设，把检察职业道德建设与执法规范化建设紧密结合起来，把检察职业道德的基本要求变成执法、司法工作的规则、机制，真正使检察人成为社会公平正义的守护者，中国特色社会主义事业的建设者和捍卫者。

社会信赖视阈下检察机关执法公信力研究

刘志松[*]　谢超群[**]

党的十八大明确提出了不断扩大人民民主的总体目标，其中就包括：依法治国基本方略全面落实，法治政府基本建成，司法公信力不断提高，人权得到切实尊重和保障。近年来，随着各级检察机关法律监督能力建设的不断加强，执法办案的力度、效果和社会影响力不断增强，检察工作的公信力也相应地大幅提升。但随着改革的进一步深入，社会结构转型和体制转轨不断深化，社会对于公平正义的要求不断提高，执法公信力的水平与人民群众的期待之间的差距依然突出。所以，新时期如何满足人民群众的新要求、新期待，提高检察机关执法公信力，是当前检察机关面临的一项重大课题。

一、检察机关执法公信力及其意义

（一）公信力概述

对“公信力”一词的理解具有主体性的差异，“公”可以理解为公众，具有社会主体性，同时又可以理解为公权力，具有国家主体性。所以，公信力的本质是一种交互关系，是社会公众与国家公权力之间的一种交互关系，是一个具有双重维度的概念。从国家主体性的角度来看，公信力是国家机关通过其职权活动使国家公权力在整个社会生活当中建立起来的一种公共信用，也就是国家机关赢得社会公众的信任和信赖的态度和能力。而从社会主体性的角度来看，公信力则是公权力的运行在社会公众心目中的心理认知，是社会公众对国家机关、人员以及他们行使职权的一种主观评价和心理反映，它体现了人们对公权力的信任、尊重和认同的程度。公权力的运行只有取得了公信力才能真正实现，因为，只有当社会公众对公权力的运行及运行结果建立了普遍的信任和心理认同感，才会自觉地服从并尊重公权力的运行及运行的结果，公权力的职

* 天津社会科学院法学研究所副研究员，法学博士。

** 天津市滨海新区人民检察院助理检察员。

能和目的才能最终实现。

(二) 检察机关执法公信力

执法公信力是执法机关与社会公众之间建立起来的一种信任关系，是执法机关在行使执法权过程中对社会的信用和社会公众对执法机关行使执法权的过程和结果的信任，是执法机关在长期履行职能过程中社会公众对执法机关执法规范性、公正性、廉洁性、权威性的总体评价和认知。执法公信力的高低，是衡量一个社会法治程度与文明程度的标杆，也是构建法治国家的重要精神要素。

检察机关作为国家的法律监督机关，要充分发挥惩罚犯罪、保障人权、化解矛盾、促进和谐的职能作用，树立强化法律监督、维护公平正义的良好执法形象，则必须着力加强执法公信力的建设。检察机关执法公信力的获得是其通过全面、有效地履行法律监督职能，维护和实现社会公平正义，从而使社会公众对检察机关公正执法的权威性产生普遍信任和尊重，从而逐步形成和积累起来的公众信任度和权威性的过程，也是检察机关与公众之间的信任交往与相互评价的过程。

从检察机关的主体性而言，其公信力意味着其依法行使宪法和法律赋予它的职责，维护国家法律统一正确的实施，实现人民群众对检察机关的期望。国家法律是人民意志的集中体现，法律赋予检察机关的职能，也就是人民赋予检察机关的法律责任和义务，检察机关的执法公信力就是对这一责任和义务的承诺。只有严格履行这一承诺，才能取信于民，才能在社会中建立起权威和信誉。同时，检察机关惩治犯罪、加强法律监督、维护公平正义也是法治社会基本的价值追求。检察机关在执法过程中必须把维护社会公平正义作为一切工作的总纲，严格依法办案、公正办案、规范办案，杜绝执法不作为或者乱作为，才能赢得社会公众的信赖、理解和支持，这也是检察机关获得执法公信力的基础和前提。

从社会公众的主体性而言，社会公众对检察机关执法公信力的认知是检察机关有效行使检察权、树立司法权威的保障，也是评价检察机关工作水平的标尺。一方面，检察机关公正执法，社会公众对检察机关的信任度则会提高，检察机关的执法活动就能体现出司法权威，执法行为才能让社会公众信服，公众就会自愿配合检察工作，减少执法运行的成本，使执法更为顺畅，更有效果。反之，信任度低则司法权威就难以树立，检察机关的执法行为就会受到抵制，执法效果必然受到影响。所以说，真正的权威不在于暴力的多少，而在于信仰的程度。另一方面公众是否相信检察机关的执法行为在法律上所具有的强制力，是否相信检察机关具有公允地认定事实、执行法律的理性判断能力，是否感知并相信检察机关具有必要的自我约束能力而不被外部诱惑、压力及个人情绪、欲望所左右，是否相信检察机关具有排除一切外界施加的不当干扰和非法妨害的能力。因此，在构建社会主义和谐社会，建立社会主义法治国家的语境下，检察机关提高执法公信力便具有了重要的现实意义。

（三）提升检察机关执法公信力的意义

1. 检察机关执法公信力是社会诚信体系的重要组成部分

现代社会诚信体系是包括现代诚信文化、有效的产权制度、民主政体、健全的法制及社会信用服务组织等在内的一个广泛的社会系统。社会诚信体系要求在公权力的主导下建立起一套以社会诚信制度为核心的维护政治活动、经济活动、社会生活正常秩序和促进诚信的社会机制，必然是一项由国家推动和全社会参与的社会系统工程。检察机关执法公信力正是这一社会系统工程的重要组成部分，是其作为公权力的实施者所呈现给社会的最重要的诚信，那就是法律的权威性。而法律的权威在社会生活当中的体现就是以法治理念和法律制度为基础的社会管理模式，其核心就在于通过权利、义务的规则化配置，通过宪法和一系列法律法规等规定公民参与社会信用管理的程序、方式、方法，进而实现社会的和谐发展。树立检察机关执法公信力就是依照宪法和法律对社会行为进行公正的评价，从而保证社会的有序运行。

2. 检察机关执法公信力是社会主义法治建设的内在要求

社会主义法治建设是一个系统工程，它既包括法律规范、法律组织、司法程序等有形的法律制度，还包括法律知识、法律意识、法律心理和法律思想等无形的法律文化，有形的法律制度可以通过学习和借鉴从而在较短的时间内建立起来，但无形的法律文化却不是一朝一夕能形成的，它深深植根于一个民族的文化和心理中。在无形的法律文化中，对法律的认同和信仰至关重要。伯尔曼说，“法律必须被信仰，否则它将形同虚设”①。所以，在当前我国社会主义法治建设进程中，提升执法机构的执法公信力是培养公民对法律认同的重要途径。执法机关及其工作人员如果在每一个具体的个案处理过程中，都能给社会公众一个事实清楚、证据确凿、程序合理、适用法律正确、执法公正不阿的形象，社会公众自然就会产生对法律的认同进而产生对法律的信仰，从而推进社会主义法治目标的实现。

3. 检察机关执法公信力是检察工作科学发展的重要保障

检察机关能否高效、公正的行使检察权，既与检察机关自身工作人员的素质、水平、观念有关，也与检察机关自身机制设置是否合理、装备配备是否科

---

① ［美］伯尔曼：《法律与宗教》，梁治平译，三联书店1991年版，第28页。

学、程序设置是否公正有关，还与社会公众对执法机关执法的支持和配合有关。[①] 通过检察机关准确执行法律，严格依法办案，社会公众对检察机关执法活动形成信任，从而支持、配合检察机关的工作，从而降低检察机关执法活动成本，提高诉讼效率，实现检察机关依法、及时、有效办案。而如果检察机关执法丧失了公信力，就会导致社会公众对检察机关的不满，引起涉检上访，不利于社会和谐稳定。提升检察机关执法公信力，有助于社会公众信任检察执法活动，敬仰、崇尚宪法和法律，从而更好地促进检察机关公平、科学、高效地行使检察权，也有利于塑造检察机关工作人员良好的职业道德形象，还有利于激励广大检察机关工作人员自觉维护司法权威、清正廉洁、公正执法。

4. 检察机关执法公信力是立法为公、执法为民的重要标志

检察权来自人民，对人民负责，受人民监督，“立检为公，执法为民”是行使国家权力的本质要求。提升检察机关执法公信力是检验检察工作是否赢得人民群众信任支持和是否坚持正确政治方向的重要标志。检察工作必须始终体现为人民服务的宗旨，即是不是为了人民，是不是满足了、关注了人民群众最关心、最直接、最现实的问题。如果检察机关执法办案不能获得人民群众的信赖和认同，社会公众对检察机关执法办案的公正性产生怀疑，执法公信力必然发生动摇和危机，执法为民就成了一句空话。[②] 执法公信力问题之所以集中体现了检察机关的执法能力，就在于它综合反映了检察人员能不能很好地把执行法律与贯彻党的意志主张、实现群众的利益诉求有机结合起来，真正贯彻于执法实践、体现在群众满意的效果上来。

二、当前我国检察机关执法公信力的社会信赖分析

（一）社会对公平正义的期望越来越高

随着我国经济社会的快速发展和依法治国方略的大步推进，社会公众的民主意识、法治意识、权利意识日益增强，对司法公正的要求越来越高、越来越强，对司法公正有了新要求、新期待。人民群众对自身权益的实现和保护也越来越重视，试图运用法律手段来保障自身合法权益的愿望也越来越强烈。在新形势下，人民群众对同工同酬权、社会保障权、受教育权等经济社会文化权利越来越重视；对机会公平、规则公平、分配公平越来越重视；对选举权、知情权、参与权、表达权、监督权等政治权利越来越关注。检察工作必须适应形势

① 杜敏、李昌文：《检察机关执法公信力缺失的原因及对策》，载《理论建设》2010年第6期。

② 赵立志：《着力加强检察机关执法公信力建设》，载《共产党人》2010年第7期。

的不断变化，不断提高满足社会公众对司法公正的新要求、新期待的能力。如果检察机关不能以更高的标准来衡量自身执法水平，就可能落后于时代的要求。

（二）社会监督方式日益多元和普遍

随着网络和各种媒体的快速发展，社会监督方式空前多元化，社会舆论的监督力度加大。社会舆论尤其是相关媒体对执法司法活动的报道力度加强，社会各界对执法司法中存在的问题比较关注。网民频繁地通过网络举报腐败现象或提供反腐线索，纪检监察机关和检察机关也在积极推行网络举报。从实际效果来看，网络监督已发挥着实实在在的作用，许多执法不公的案件都是通过网络曝光、网友热议、网上提供线索等方式发现的，网上言论甚至对腐败案件的处理也产生了重要的影响，网络监督已成为畅达民意、鞭挞腐败的便捷而有效的手段。另外，在当前的社会转型时期，社会结构、社会组织形式、社会利益格局发生深刻变化，社会矛盾容易激化，社会心理比较脆弱。网络媒体对涉及检察机关的行为、事件做出的综合表达，可能或者已对检察机关的职能发挥或形象产生了重大影响，并进而形成具有一定倾向性，不利于检察机关执法公信力的提升。

（三）社会公共事件突发和多发

随着中国经济社会的发展，民主法治的不断进步，利益主体多元、利益诉求多样、利益纠纷多发成为鲜明的时代特征。但同时也应看到，一方面是人民对社会公平正义的要求越来越高，另一方面是我们的执法能力、执法水平还不能完全适应这种需要。在开放、透明、信息化条件下，执法机关的活动越来越成为社会各界和新闻媒体关注的焦点，执法不公不廉很容易引起民怨甚至激起民愤，最终导致执法公信力受损。近几年，自然灾害、事故灾难、公共卫生事件、社会安全事件等突发公共事件频繁发生，给人民群众的生命和财产造成了严重损害，甚至危及社会的安全稳定。当前的群体性事件有一个共同点，即首先是社会矛盾形成一定的社会基础和群众基础之后，一旦有适当的导火索，往往迅速爆发，呈现出冲突升级快、对抗激烈、社会破坏力强、处置难度大的特点。这些突发事件使涉检涉诉上访数量急增，案结事未了的在上访，案结事已了的有的还要上访，有的案件刚进入检察环节就开始上访，合法合理的在访，违法无理的也在访。而且一般都是多人访、集体访，有的还越级访，闹访缠访。虽然涉检涉法案件上访持高不下的原因很多，有观念因素、有传统文化的因素，但不可否认，检察机关执法公信力缺失也是一个重要原因。

（四）社会转型期司法需求与供给不平衡

社会转型过程中司法需求剧增与司法供给不足的矛盾，是阻碍司法公信力形成的现实制约因素。随着我国市场经济的迅猛发展，整个社会结构、社会组织方式和社会利益格局正在发生深刻变化，党和政府在执政治国方略上也在作相应的调整，原先“全能国家”观念下的政府正在向法治观念下的“精简、廉洁和高效”的有限政府转变，政府的职能不断地从市场这只“看不见的手”的势力范围中退出，对社会的控制也随之放松。而伴随着社会急剧变革的是各种利益主体间的矛盾和摩擦日益加剧、社会纠纷不断涌现，由于政府转型后社会控制力的减弱，使得大部分纠纷的解决都压到了司法的身上，公众对司法公正的期望因此更加迫切。[①] 这样就会形成一个恶性循环，一方面是司法机关面对大量案件不能为社会提供公正、高效和便捷的司法服务，另一方面，当人们对司法资源的需求远远超过司法机关的供给能力时，这个“溢出效应”必然对司法机关产生不良评价。司法实践中案件严重积压，一些本应通过司法途径解决的矛盾纠纷目前也只能排除在司法程序之外，由此带来的当事人投诉无门等一系列问题，无疑加重了人们对司法现状的失望和不满。

（五）新旧体制交替之际的道德失范与信用危机

在当前新旧体制交替之际，社会急剧变革，伴随着体制和价值观念的深刻变化，社会出现了严重的道德失范现象，整个社会信用体系面临前所未有的道德危机，由公平、公正、诚实守信等价值系统所建立起的“信用”、“信任”，已经成为当前中国最需要又最稀缺的社会资源。在这种全社会性的信任危机面前，司法的公信力同样遇到了严重挑战。尤其是新旧体制交替过程中制度短缺造成的权力约束真空，使得部分群众对司法的不信任泛化为一种普遍的社会心理，进而动摇了法律在公众心中本来就脆弱的地位。[②]

三、当前我国检察机关执法过程中存在的问题及其根源

（一）当前我国检察机关执法过程中存在的问题

1. 检察工作与社会公众评价之间存在差距。近几年，我国检察机关加大打击职务犯罪力度，一大批职务犯罪案件被检察机关查处，查办贪污贿赂、渎职案件的力度越来越大，取得了很大成绩，但与我国公众对检察机关的要求和评价相比仍有差距。作为法律监督机关，社会公众认为检察机关是伸张权利的最后一座堡垒，是实现公平正义的最后一道关口。但从其职能的发挥现状上

---

① 郭鲁生：《关于检察机关执法公信力问题的若干思考》，载《中国司法》2008 年第 9 期。

② 郭鲁生：《关于检察机关执法公信力问题的若干思考》，载《中国司法》2008 年第 9 期。

看，有些方面还做得不够，还没有赢得社会公众的充分认可。从办案的实际看，立案后起诉少，判刑轻，缓刑多，抗诉少，出狱早，已成为社会公众密切关注的话题，成为影响检察机关执法公信力的重要因素。

2. 检察监督职能有待进一步加强。在职务犯罪的查处上，虽然近年来检察机关加大了惩处力度，但现实生活中的腐败现象屡有发生，社会各界对这方面的呼声仍然很高。在诉讼监督方面，实践中不敢监督、不愿监督、不善监督，以及监督越位、错位和缺位的问题比较普遍。检察机关立案监督案件的侦结率低，移送起诉率更低，这很大程度损害了检察机关的公信力。再有，对行政执法领域以罚代刑、徇私枉法、滥用职权、执法不公等社会反映强烈的热点问题，检察机关大多很难监督到位。对一些重大失职、渎职、贪腐类大要案件也未及时有效查处，从而影响了人民群众对检察机关的认可和信任。

3. 检察工作透明度需要进一步加强。检察机关办案或诉讼公开度、透明度不高，忽视了将检察工作向社会公开，以及让广大人民群众对检察工作进行监督这一重要环节，是影响执法公信力的又一重要因素。尤其是在查办职务犯罪案件过程中，不能积极向社会公众或案件当事人公开相关的工作制度、办案规定、流程等方面的内容，缺乏完善的案件当事人权利义务告知制度，致使案件当事人很难了解案件处理的整个过程和相关程序，使他们在思想、认识、感情上对检察机关的各种检察活动难以认可和支持。

4. 法律文书需要加大释法说理的比重。法律文书作为检察机关执法办案的“终端产品”，其本身就是执法公信力的重要载体和体现。在司法实践中，不少基层检察院在法律文书中没有开展释法说理工作，许多法律文书不能以理服人，没有讲清案件事实与法律法规、处理结论之间的因果关系，即便相关案件的处理结果是正确的，也很难得到案件当事人及被监督机关的认同，被监督者时常产生抵触情绪，质疑检察机关决定的合理性，检察机关与公众之间猜测多于信任、博弈多于配合。[①] 严重影响了检察机关在社会公众心目中的形象，降低了执法公信力。

5. 不文明办案的现象依然存在。近年来，通过开展各种专项活动和教育培训，提高了检察职业道德、促进了公正廉洁执法，检察机关的执法作风有了明显改变。在实体与程序并重的环境下，执法行为的规范与否直接关系到执法效果的优劣。执法效果作为公信力的窗口，又直接影响着社会对检察工作的评判，因而规范执法行为已成为提高检察公信力的重要途径和手段。但当前检察

---

① 杜敏、李昌文：《检察机关执法公信力缺失的原因及对策》，载《理论建设》2010年第6期。

工作中执法不严、司法不公、行为不规范、不文明现象仍未绝迹，这些现象的存在很难让普通公民产生对检察机关的认同和信任，严重削弱着检察机关的公信力。

6. 检察人员的职业能力和素质需要进一步加强。近年来，各级检察机关在推进执法规范化方面做了大量工作，但是某些具体环节还没有完全规范，个别地方执法随意性较大，尤其是办案人员对于一些非程序化、非规范化工作方式的依赖，导致某些环节上执法不严格、不规范、不文明。加之现阶段执法公开化程度仍然较低，社会公众对检察机关执法办案活动缺乏监督和理解，进而对执法公正性产生质疑。执法者素能的高低直接影响着执法公信力的强弱。素质高，能力强，行为规范，执法才有可能公正。然而，当前检察队伍的执法水平和整体素质与新形势、新任务的要求还有一定的差距。少数干警业务素质和执法水平欠佳，不能很好地适应当前繁重、复杂和高标准的检察工作。① 而且随着司法体制改革的深入，队伍素质面临更新更艰巨的考验。

（二）当前制约检察机关执法公信力提升的因素

1. 地方政府财政和人事体制对检察工作的制约。从现行检察机关管理体制来看，目前检察机关在双重管理体制下运行，检察机关的财政权和人事权受制于地方，司法公正赖以生存的两个关键要素不可避免地受到干预和影响，给检察权的依法独立、公正行使带来困难。② 检察权应当是中央事权，但是在一些地方却演化为地方事权。特别是在少数地方，检察机关的地位被等同为地方政府的一个执法部门，有的对检察权的行使实施不当干预，致使一些应当受到追究的犯罪特别是职务犯罪受不到追究，损害了法律的尊严。

2. 执法理念因素。执法理念是执法活动的先导，正确的检察执法理念是对检察执法实践经验的总结和创新，它能引导我们把握检察工作的客观规律，驾驭检察工作的发展，提升检察机关执法公信力。正确的检察执法理念不仅能引导我们把握检察工作的客观规律，从全局的高度驾驭检察工作，还能提升检察机关执法公信力。然而，当前仍有少数诸如“重实体、轻程序”、“重口供轻证据”、“有罪推定”、“先入为主”、“口供至上” 等践踏司法公正的错误理

① 吴细辉：《影响检察机关执法公信力因素探析》，载《法制与经济》2010 年第 8 期。

② 吴细辉：《影响检察机关执法公信力因素探析》，载《法制与经济》2010 年第 8 期。

念游离于检察执法活动中，这些问题的存在直接冲击着检察机关的执法公信力。[①] 检察机关执法理念决定着其执法行为的质量和性质，也决定着办案的公正性。因此，如果检察机关的执法公信力在民众心目中大打折扣，检察机关的权威性也就难以树立。

3. 执法机制因素。检察执法机制是开展检察工作的载体，只有建立符合检察工作规律，保证检察机关准确、公正和有效地执行法律的执法机制，检察机关才能担当起履行法律监督的责任，才能赢得社会公众的信任和支持。建立起符合检察工作规律、确保检察权公平、公正、有效地实施的执法机制，是检察机关公正、高效运转并取信于民的前提。然而，当前检察机制还存在不少有待完善的地方，如检察资源配置不够科学；职务犯罪侦查一体化很大程度上还停留在理论层面，侦查工作缺乏统一的组织、指挥及协调；情报、信息沟通渠道不畅通，资源共享水平不高；系统内部协调、配合机制有待加强，尚未形成强劲的检察合力；侦、捕、诉各部门、各环节之间相互制约、配合达不到预期效果；队伍管理、检务保障等有待进一步完善等，这些问题的存在不同程度地影响着检察公信力的发挥。[②] 只有这些问题得到有效解决，检察工作才能得到公众的广泛认同和积极评价，我们才能更加有力有效地维护社会主义法制的统一、尊严和权威，进而推动建设公正、高效、权威的社会主义检察制度。

4. 职业能力和素质因素。执法者素能的高低也是影响执法公信力的一个重要方面。执法者的素质决定着执法者的行为，只有执法者的素质提高了，能力增强了，行为规范了，才能促进执法公正。检察官要履行好客观公正的义务，除了要有正确的执法观外，还必须具备较高的执法素质，否则难以承担起法律赋予的职责。当前，检察队伍的执法水平和整体素质与新形势、新任务的要求还有一定的差距。[③] 特别是在基层检察机关中尤为明显，部分检察机关工作人员职业道德低、专业能力不足、责任意识不强，导致其在执法过程中执法不文明、不规范，甚至办人情案、违法办案等。这很大程度上影响了检察机关权威、公正、文明的形象，也使公众对检察机关的公正、廉洁产生了怀疑，严

① 吴细辉：《影响检察机关执法公信力因素探析》，载《法制与经济》2010 年第 8 期。

② 吴细辉：《影响检察机关执法公信力因素探析》，载《法制与经济》2010 年第 8 期。

③ 杨武力：《论检察机关执法公信力的提升途径》，载《湖北师范学院学报（哲学社会科学版）》2010 年第 1 期。

重影响了公众对检察机关执法活动的信任和尊重，也导致了其公信力的下降。[①] 随着司法体制改革的深入，检察队伍素质面临更新更艰巨的考验，唯有不断提高执法者的素质和能力，打造出一支业务精通的检察队伍，才能更好地维护公平正义，提升检察机关执法公信力。

5. 执法环境因素。当前，我国正处于社会转型期，社会结构、利益格局、组织形式等各方面均发生着深刻的变化，各种矛盾容易激化，公众的社会承受能力进一步降低。在复杂、敏感的社会环境下，检察执法活动稍有不慎或不公，极易诱发各种社会矛盾，削弱人民群众对检察工作的信任。[②] 更进一步而言，工业化和科技的发展在促进社会进步的同时，也引发了人口膨胀、社会治安、环境恶化等诸多社会问题，政府所面临的公共问题的复杂性、动荡性和多元性环境，导致了政府不可治理性的增加，客观上引发了政府的信任危机。检察机关执法公信力危机只不过是政府信任危机的一个缩影，社会公众对检察机关在内的国家机关缺乏信任，在加上各种问题还没彻底解决，新的问题接踵而至，检察机关面对公众问题的复杂性，导致问题不可治理性的增加，从而导致执法公信力弱化。[③] 在当前社会转型过程中，社会诚信体系缺失，公众对包括司法机关在内的国家机关缺乏信任，对司法的不正当期待及期望值过高等，影响了对检察机关的信任度，从而使检察执法公信力下降。

四、提升检察机关执法公信力的基本路径

（一）完善执法理念

1. 全局意识与法制意识并重。服务大局是社会主义法治理念的重要内容之一，应当始终成为指导检察工作的重要原则。要坚持把服务大局作为提升执法理念的关键，正确处理履行职能与服务大局的关系，既严格公正执法，又自觉服从大局，通过维护社会和谐稳定，保障经济又好又快发展。立足本职是服务大局的基础，服务大局不能脱离检察监督职能，检察机关服务大局的基本途径是严格依照宪法和法律履行法律监督职能。检察机关只有立足法律监督职能，把法律监督职能履行好，把职能作用发挥好，才能实现和体现服务大局的要求。检察机关的法定职能是法律监督，如果在服务大局过程中为了服务而影

---

① 王涛、王辉、杜晓涛等：《检察机关执法公信力问题研究》，载《山东行政学院学报》2011 年第 1 期。

② 吴细辉：《影响检察机关执法公信力因素探析》，载《法制与经济》2010 年第 8 期。

③ 司徒瑞芳：《略论检察机关执法公信力》，载《法制与社会》2010 年 11 月（下）。

响法律监督职能的正常发挥，那就是失职。因此，必须防止服务失职化，要增强重点工作实效，用长远眼光理解服务大局的价值目标和实践内容，以检察活动为大局服务，从本职做起，从份内事做起，从办好每一起案件做起。使人民群众体会到检察机关不可替代的地位和作用，感受到检察工作不可低估的重大贡献，增强检察公信力。

2. 追究犯罪与保障人权并重。检察机关履行法律监督职责，运用法律手段既要依法惩治犯罪，匡扶正义，又要充分尊重和保护当事人包括犯罪嫌疑人、被告人的合法权利，保障在诉讼活动中实现公平正义。建立社会主义和谐社会，促进经济发展和政治文明，是全社会的努力目标。坚决打击严重危害国家、社会和人民利益的犯罪行为，是维护社会稳定，保证人民安居乐业的需要；尊重和保护人权，在法治框架下行使司法权力，是创造以法治文明为核心的政治文明的内在要求，是促进社会和谐健康发展的重要保障。二者在促进社会发展和保护人民利益方面具有内在的统一性，在刑事司法活动中应当并重不能偏废。我国检察机关是国家的法律监督机关，担负着保证国家法律统一正确实施和维护社会公平正义的重要职责，在刑事司法活动中承担着维护司法公正的客观义务。作为特定的刑事司法主体，检察机关更应该树立打击犯罪和保障人权并重的科学执法观，在检察工作中正确处理二者之间的矛盾冲突，进一步提高法律监督能力，促进法律效果和社会效果的统一。

3. 司法权威与执法为民并重。“立检为公，执法为民”是检察工作的根本宗旨，如何在检察工作中切实维护群众利益，体现为民宗旨，是检察机关特别是基层检察机关需要认真思考的命题。而司法权威是指司法机关应当享有的威严和公信力，是保障法律得以实现的重要因素。司法权威与执法为民是统一的，对检察机关来说，“权为民所用，情为民所系，利为民所谋”，就应把坚持公正执法，运用法律手段为民排忧解难，维护人民群众的合法权益作为根本出发点，把执法为民的宗旨落到实处。检察权源自人民，关注民生、执法为民是其根本内涵。检察机关应通过履行职能，关注群众需求，化解民生矛盾，破解民生难题，切实维护好人民群众的切身利益。为此，应树立护民、亲民、利民等执法理念，发挥好打击犯罪、化解矛盾、维护公平正义等职能，为社会经济发展创造和谐稳定的社会环境和公正、高效、权威的法治环境。

4. 实体公正与程序公正并重。从价值论的角度看，实体公正主要是指立法在确定人们的权利和义务时所要遵循的价值标准；程序公正主要是指司法程序运作过程中所要遵循的价值标准。从司法实践的角度看，实体公正是指诉讼的结果在正确的事实认定基础上产生并且符合实体法的要求；程序公正是指法律程序在具体运作过程中所要实现的价值目标。检察机关在执法办案中，既要严把案件的事实关、证据关、适用法律关，又要严把程序关；既要加强对违反实体法的监督，又要注重纠正违反程序法的行为。真正把程序公正作为保证办案质量、实现实体公正的前提和基础，必须使每一个执法办案环节都符合刑事司法程序规范，以促进实体公正与程序公正的有机统一。

（二）建立完善的工作机制

1. 规范以办案流程为中心的运行机制。检察机关要建立健全执法办案的规章制度，细化办案流程，对执法办案各个具体环节做出严格的规定。建立健全以规范办案流程为重点的办案机制运行体系，牢固树立公正、公平、公开、统一、文明、廉洁、效率等现代司法理念，执法重监督、重人权、重程序，做到惩治与保护并重，实体与程序并重，质量与数量并重。对办案工作实行流程管理，从案件受理、审查、起诉到审结，根据各项业务工作的特点，都严格按照诉讼法的规定进行规范，明确办案程序和时限，明确办案各阶段、各环节必须遵循的基本原则和基本程序，确立规范化办案的具体标准。使各执法环节和执法行为都有法可依，完善执法责任追究制度，把责任落实到每个人、每个岗位，切实维护制度和规范性文件的严肃性及有效性。

2. 规范以办案质量为核心的考评机制。案件质量是检察业务的生命线，是事关检察业务、检察形象、人民群众切身利益的大事。检察机关应把执法行为的规范与案件质量的提高紧密联系起来，变案后检查为适时监控，努力构建案件质量评查和保障体系，完善对案件质量的自查、督察和专项检查制度，形成办案程序专项审查、办案过程适时监控、案件质量逐级把关、重大案件检察委员会集体研究的工作机制。制定科学、详细的案件质量标准、案件质量评价标准和质量监督管理办法，规范办案流程。既要加大力度，确保一定的规模，又要摒弃片面追求办案数量的错误观念，在确保办案质量的前提下，加大力度，依法打击刑事犯罪、查办职务犯罪、加强诉讼监督工作。健全案件程序监控、质量层层把关、案后跟踪督查等机制，完善防错、查错、纠错机制，切实让每一宗案件都经得起历史检验。

3. 规范以公正公开为核心的监督机制。检察机关应完善内外部监督制约机制，强化对自身执法活动的监督。建立健全检务监督制度，继续开创检务监督工作新局面，从源头切断检察人员违法违纪。要从改进检察工作机制入手，以加强权力制约和监督为重点，强化对自身执法办案活动的监督。突出重点部位和关键环节开展内部监督，以具有执法办案职能的部门为重点，以控告、初查、立案、侦查、审讯、审查逮捕、审查起诉、支持公诉、执行监督为关键环节，开展执法办案活动的内部监督。在外部监督方面，要自觉接受人大和社会各界对检察工作的监督，倾听他们对检察工作的意见和建议。建立向人大年度汇报制、人大代表和政协委员例会制、执法监督员评议制等机制。大力推行以“公开、公正、公信”为内涵的“阳光检务”，努力将其精髓渗透贯穿到执法办案的各个环节中。采取多种手段增强检察工作透明度，保障检察人员依法履行职责、严肃检察纪律，提高法律监督能力，努力树立检察机关的正面形象和执法威信，提升执法公信力。

4. 建立系统高效的多元化宣传体系。系统高效的多元宣传体系对于提升检察机关执法公信力意义重大。一方面，通过普法提高人民群众遵守法律、依法办事的自觉性，在全社会形成学法、用法的良好风气，从而使人们能够自觉地理解、支持、接受、配合执法。另一方面，利用新闻媒体进行必要的警示教育，从侧面提醒人们要事事用法、处处以法律为镜，鞭策自己的行为，为严格、公正、文明执法提供一个整体大气候、大环境，进一步提高公众对检察工作的认可和接受程度。司法只有公开，才能保证公正。如果司法机关连按照正规的办案程序都不能做到，更不能将其明目于公众的话，不但不能获得人民群众的信赖和认同，反而会让群众对我们执法办案的公正性产生怀疑，执法公信力必然发生动摇和危机。重点要加快培育网络宣传阵地，建立网络信息发布团队，注重在检察门户网站平台宣传检察职能和检察工作，集中力量培育有影响力的检察官微博，放大宣传效应。重视做好舆情搜集应对工作，开展网上信息巡检，加强对涉检舆情的收集、研判和回应。与优势媒体和网络意见领袖开展良性互动，通过网络、座谈、邀请参观、寄送宣传资料等方式，加强与网络媒体的互动交流，加强合作交流，不断改进检察网络宣传工作。

5. 建立完善的涉检网络舆情监管和风险评估预警体系。在涉检网络舆情方面，要紧密布置，加强防范，严格贯彻落实相应措施，把涉检问题及时解决，涉检矛盾及时化解，充分做好涉检网络舆情工作，提高检察机关的司法公信力。第一要按照涉检网络舆情的性质、危害程度、涉及范围，将涉检网络舆情确定等级，并建立相应的应急预警机制，做到及早发现舆情危机苗头，及早对可能产生的现实危机的走向、规模进行判断，及早通知各有关职能部门共同做好应对危机的准备。第二要建立和完善涉检网络信息的发现机制。检察机关在面对数量庞大的网络信息时，准确掌握涉检网络信息，拓宽信息的了解渠道，是有效应对涉检网络舆情的前提所在。第三要建立和完善检察机关与网民沟通互动机制。在涉检网络舆情危机发生后，要以虚心、坦诚的态度接受广大网民的监督，建立检察机关与广大网民的沟通互动工作机制。应对涉检网络舆情危机的首要意义和准则，是要虚心接受网民的监督，对于网络披露的一些检察机关执法行为或检察队伍建设中的问题，要做到不避讳、不护短，切实提高检察机关执法能力和检察队伍素质，促进司法公正。各级检察机关的领导干部要敢于直面问题和错误，不能让某一次不规范的执法行为或某一个检察人员的不良行为，影响到检察机关的整体形象和检察机关的执法公信力。

（三）职业道德建设

加强检察职业道德建设，是提高检察机关执法公信力的重要内容和有效途径。最高人民检察院出台的《检察官职业道德基本准则》提出了以“忠诚、公正、清廉、文明”为核心的检察官职业道德基本要求，成为检察官在职业活动中应该遵循的基本行为准则，是对长期以来检察职业实践的系统总结，反映了社会主义基本道德规范的本质要求。提高检察官职业道德，就是要使检察人员的职业品质进一步提高，一是理想信念进一步坚定，二是维护社会公平正义的价值取向进一步增强，三是检察机关的社会形象进一步提高。

1. 始终保持“忠诚”的政治品格。要坚持不懈地用中国特色社会主义理论体系武装头脑，牢固树立社会主义法治理念，始终保持忠于党、忠于国家、忠于人民、忠于宪法和法律、忠于人民检察事业的政治本色；坚持检察机关政治属性、人民属性、法律监督属性的统一；坚持以人为本、执法为民的执法观，把维护最广大人民的根本利益作为各项检察工作的出发点和落脚点。

2. 始终保持“公正”的价值追求。要牢牢把握检察工作科学发展的根本目标，坚持法律面前人人平等，重视维护弱势群体的合法权益，使人民群众享受法律的公正；崇尚法治，客观求实，坚持以事实为依据，以法律为准绳，坚守检察官的客观义务，严把事实关、证据关、程序关、法律适用关，维护程序公正和实体公正；要深入推进检务公开，让检察权在阳光下运行，以公开促公正，以公正赢得公信；要依法独立行使检察权，讲原则、守纪律，秉公办案，公正执法，让违法者依法受到惩处，让守法者依法得到保护，真正做社会公平正义的守护者。

3. 始终保持“清廉”的职业操守。坚持把落实党风廉政建设责任制纳入检察工作的整体格局，与检察业务一起部署、一起落实、一起检查、一起考核。狠抓廉政教育，创新教育载体，丰富教育形式，筑牢干警拒腐防变的思想道德防线。检察人员要淡泊名利，克己奉公，坚守正确的职业价值取向，不以权谋私、以案谋利，一身正气，严格自律，自尊自重；要筑牢拒腐防变、廉洁从检的思想防线，从细节做起，把好工作圈、生活圈、社交圈，规范八小时以外的言行，约束检察官业余活动，切实维护检察队伍的荣誉和尊严；牢固树立正人先正己、监督者必须接受监督的观念，加强对自身执法活动的监督制约，以自身的清正廉洁赢得人民群众的信任和支持，进一步提高检察机关的公信力。

4. 牢固树立“文明”的执法形象。要牢牢把握法律监督这个本质特征来开展检察工作，真正担负起宪法法律赋予的神圣职责，理直气壮地履行法律监督职能，切实把功夫下在监督上；要依法严格履行职责，敢于监督，敢于碰硬；要具有刚正不阿、不畏权势、严格执法的品质，坚决捍卫宪法和法律尊严。要坚持严格依法办案，规范执法行为，改进执法方式，既平等保护人权，又平等保护物权，依法保护公民的人身权利和财产权利；要弘扬优良执法作风，坚决克服特权思想、霸道作风，坚持热情服务，文明办案，注重人文关怀，树立检察人员可亲、可信、可敬的良好形象。①

（四）提升职业能力与素质

1. 完善职业准入制度。检察机关执法公信力与检察机关执法工作人员之间也有着密切的联系。如果检察机关某些工作人员的资质让民众产生质疑，那么在一定程度上也会影响检察机关执法公信力。所以，要严格按照公务员法和具体检察机关的需求来选择新的检察机关执法工作人员。要按照《检察官法》的规定，严格检察人员准入的“门槛”，保证检察人员的素质。坚持凡进必考制度。各级人民检察院补充人员，必须经过省级人民检察院组织的统一测试、考核。人员的选拔条件和过程要公开、公正、公平，选拔结果要在网上进行公告，接受民众的监督。如果有民众对选拔结果有质疑必须要认真对待，然后把最终的结果和意见予以公布。

2. 重视职业能力与执法素质的培训。坚持把检察人员执法能力的培养作为提高执法公信力建设的关键环节来抓，适应不同执法岗位的职责和特点，有针对性地加强素能培养、正规化岗位培训和广泛开展岗位实践锻炼，切实提高发现违法犯罪、分析研究矛盾、侦查突破案件等法律监督能力，努力使执法能力、执法水平、执法公信力有一个质的提高。同时要鼓励、支持检察人员在职攻读硕士、博士学位，大力培养高层次法律人才，大幅度提高研究生学历学位人员比例，不断优化检察队伍文化结构。实行培训考核，以考促学，检验成果。通过考核评比与年终评优奖励挂钩作为检察教育培训工作的量化标准，以期达到教育培训形式多样、能力提升效果明显的目标。还要强化检察人员的综合素养建设，充分发挥检察文化潜移默化、陶冶情操、凝聚力量、激发活力的功能，让干警在耳濡目染、潜移默化中提升思想境界，处处体现一个当代检察官的精神风貌和涵养，从而促进能力的提升和人民群众的良好评价。

3. 岗位培训和专项业务培训。围绕提高法律监督能力来提高队伍素质，通过经常性正规化的培训以及岗位练兵活动，不断提高检察人员对事实证据的

① 敬大力：《推进检察职业道德建设提高检察机关执法公信力》，载《检察日报》2009年11月25日第8版。

判断能力、法律政策的把握能力、对矛盾纠纷的调处能力，消除部分干警执法随意性的弊端，提高队伍的专业化程度。以执法一线检察官为培训重点，开展专项业务培训和岗位练兵活动。开展以加强法律监督、法律专业素质、执法办案能力和技能、群众工作方法、突发事件处置以及履行岗位职责必需的科学文化知识和其他知识等为内容的培训。积极开展正规化岗位培训，使检察人员实现由能力型到知识型的升华。倡导终身学习的理念，大力开展多层次、多形式的岗位培训和专项业务培训，多措并举地提高检察人员的文化素质、知识水平、学历层次、岗位技能和群众工作能力。

4. 完善执法跟踪机制。加强对检察人员履行职责、遵守法律法规、办案纪律的监督，定期不定期地检查办案质量，采取办案期限跟踪、超期办案预警、办案质量分析和违法办案否决相结合的措施，完善个案跟踪监督机制。组织纪检监察部门跟踪自侦案件的侦查和监督审查部门的办案质量，做好案件的事前、事中、事后各个环节的监督，落实跟踪、检查和评比措施，及时发现和纠正执法活动存在的问题。使执法办案的各个环节都置于纪检监察部门的监督之下，防止检察人员在执法中出现滥用职权、违法办案现象，促进检察人员严格执法，促进公正执法，努力实现司法公平和社会正义。

5. 为办案查错与纠错机制建立制度保障。建立由专职检察委员会委员、监察科长、人民监督员办公室负责人组成的执法质量督察组，并制定如《执法责任制》、《错案责任追究制》、《案件质量评审制度》、《检察人员廉洁自律制度》等一系列监督管理制度，结合上级检察机关、纪检监察机关的有关规定，进一步明确执法质量考评的主要职能、工作的方式方法，明确各考评人员的职责范围和责任，完善考评体系。针对执法质量问题的易发部门和多发环节，深入分析产生问题的根源，突出考评重点，促进各执法部门提高执法质量。